德化年鉴

2016

YEARBOOK OF DEHUA

德化县地方志编纂委员会 编

方志出版社
Publishing House of Local Records

图书在版编目（CIP）数据

德化年鉴. 2016. / 德化县地方志编纂委员会编. --
北京：方志出版社，2016.10
ISBN 978-7-5144-2175-0

Ⅰ.①德… Ⅱ. ①德… Ⅲ. ①德化县-2016-年鉴
Ⅳ. ①Z525.74

中国版本图书馆CIP数据核字（2016）第267361号

德化年鉴（2016）

编　　者：德化县地方志编纂委员会
责任编辑：刘方圆
出 版 人：冀祥德
出 版 者：方志出版社
地址 北京市朝阳区潘家园东里9号（国家方志馆4层）
邮编 100021
网址 http://www.fzph.org
发　　行：方志出版社发行中心
电话（010）67110500
经　　销：各地新华书店
印　　刷：福州远榕印刷有限公司
开　　本：889×1194　1/16
印　　张：26
字　　数：791千字
版　　次：2016年10月第1版　2016年10月第1次印刷
印　　数：001～700册
ISBN 978-7-5144-2175-0　定价：220.00元

《德化年鉴（2016）》编纂委员会

《德化年鉴（2016）》编辑部

《德化年鉴（2016）》供稿单位

县委办
县人大办
县政府办
县政协办
县纪委办
组织部
宣传部
统战部
政法委
台工办
外事侨务办
编办
县直党工委
非公企业工委
老干局
文明办
信访局
农办
教育工委
党校
党史研究室
档案局
发展和改革局
经济和信息化局
商务局
教育局
公安局
民族与宗教事务局
监察局
民政局
司法局
财政局
人力资源和社会保障局
公务员局
国土资源局
住房和城乡规划建设局
交通运输局
农业局
林业局

文化体育新闻出版局
卫生局
人口和计划生育局
审计局
统计局
环境保护局
人民防空办公室
安全生产监督管理局
水利局
科技和知识产权局
行政执法局
陶瓷产业园区管理委员会
森林公安分局
戴云山国家级自然保护区管理局
广播电视事业局
旅游事业局
市政公用事业管理局
县志办
城镇集体工业联合社
供销合作社联合社
教师进修学校
德化一中
物资公司
地震办
国资办
行政服务中心管委会
效能办
招商办
重点办
统筹办
粮食局
老龄办
交通战备办公室
林业实业公司
石龙溪采育场
大张溪林场
法院
检察院

总工会
团县委
妇联
工商联（商会）
侨联
科协
计生协会
文联
残联
贸促会
老年大学
关工委
老促会（新四军研究会）
人武部
泉州工艺美术职业学院
龙门滩管理处
泉州出入境检验检疫局德化办事处
国税局
地税局
市场监督管理局
工商局
气象局
公路分局
瓷研所
消防大队
武警中队
质量技术监督局
食品药品监督管理局
国家统计局德化调查队
邮政局
葛坑国有林场
泉州住房公积金德化管理部
九仙山气象站
人民银行德化支行
泉州银监分局德化监管办事处
工商银行德化支行

建设银行德化支行
农业银行德化支行
中国银行德化支行
德化农村信用联社
邮政储蓄银行德化支行
泉州银行德化支行
人保德化公司
财保德化公司
国投公司
供电有限责任公司
电力国投公司
电信公司
移动通信公司
联通公司
汽车运输公司
阳山铁矿有限责任公司
双旗山金矿有限责任公司
烟草公司
龙浔镇
浔中镇
盖德镇
三班镇
龙门滩镇
雷峰镇
南埕镇
水口镇
国宝乡
赤水镇
美湖镇
大铭乡
春美乡
上涌镇
汤头乡
葛坑镇
桂阳乡
杨梅乡

德化县地图

图例
县级行政中心
镇、乡
农林场
居委会、村委会
自然村
国家重点风景名胜
省级风景名胜
文物古迹
其他游览点
1856 山峰及高程
国家自然保护区界
设区市行政区域界
县级行政区域界
镇、乡行政区域界
高速公路及互通
在建高速公路
铁路及车站
国道及编号
省道及编号
县道
其他道路
街道
比例尺 1:34万
地图审图号:闽S[2016]98号
福建省制图院 2016年12月编制

城市名片

世界陶瓷之都
千年古县
中国瓷都
中国最佳生态旅游县
国家生态县
全国科普示范县
全国科技进步先进县
全国绿化模范县
全国水电农村电气化县
全国循环经济典型模式示范县
国家智慧城市试点县
全国绿色能源示范县
中国电子商务百佳县
全国电子商务百强县
中国陶瓷之乡
中国民间文化艺术之乡
中国小水电之乡
中国油茶之乡

中国竹子之乡
中国陶瓷历史文化名城
全国文明县城
国家卫生县城
国家生态文明建设示范区
全国低碳旅游示范区
国家电子商务示范基地
国家外贸转型升级专业型示范基地
全国版权保护先进单位
中国产业集群百佳
国家非物质文化遗产保护项目
国家地理标志保护产品

戴云山国家级自然保护区
石牛山国家 AAAA 级旅游景区
九仙山国家 AAAA 级旅游景区
岱仙湖国家级水利风景区
石牛山国家地质公园
石牛山国家森林公园
福建省知识产权强县
福建省优秀旅游县
福建省文化先进县
双拥模范县
福建省最佳人居地

数字德化

总面积：2232.16 平方公里
户籍人口：33.21 万人
常住人口：28.40 万人
地区生产总值：182.36 亿元
人均地区生产总值：64438 元
第一产业：9.55 亿元
第二产业：109.22 亿元
第三产业：63.59 亿元
第一、第二、第三产业构成：5.2:60:34.9
规模以上工业产值：220.23 亿元
陶瓷业产值：1882018 万元
矿业产值：262843 万元

旅游业收入：17.35 亿元

一般公共预算总收入：153083 万元

税收收入：130787 万元

一般公共预算支出：248674 万元

全社会固定资产投资总额：99.25 亿元

社会消费品零售总额：605906 元

外贸出口总额：22837 万美元

外贸进口总额：98 万美元

实际利用外资：1172 万美元

金融机构存款余额：155.33 亿元

金融机构贷款余额：136.46 亿元

城镇居民人均可支配收入：26987 元

农村居民人均可支配收入：11961 元

居民消费价格指数：101.90

城镇单位在岗职工平均工资：43223 元

公路通车里程：2791 公里

汽车数：28120 辆

在校学生数：5.20 万人

教职员工数：3714 人

医院床位数：1063 张

卫生技术人员：801 人

全县用电量：14.39 亿千瓦时

全县供水总量：1623 万吨

12月，德化县城区

1月23日，德化县城全景　　（王双季　摄）

8月24日，德化县陶瓷博

（黄谷莹 摄）

（张奎如 供）

1月23日，美丽乡村—水口镇村场村石柱自然村　（德化报　供）

3月6日，南埕桃花岛　（林惠玲　摄）

10月22日，九仙天池　　（陈志明　摄）

10月23日，石龙溪皮划艇漂流　　（王双季　摄）

2月13日，外交部原部长、中国公共外交协会会长李肇星（右一）到德化参观访问

（陈志明　摄）

6月26日，全国人大常委会原副委员长陈至立（右二）到德化参观考察陶瓷产业发展情况

（王双季　摄）

5月22日，省委常委、省政府常务副省长张志南（前右二），省政协副主席张燮飞（前右一）、市政府市长郑新聪（前右四）到德化彭村水库工程检查工程建设情况　　　　（县水利局　供）

3月10日，省政府副省长、省政协副主席陈荣凯（右二）到德化调研推进农村土地流转、发展适度规模经营情况　　　　（李宏图　摄）

9月9日，省政府副省长黄琪玉（右二）带领省水利厅、农业厅主要负责人到德化彭村水库工程检查指导工作　　（县水利局　供）

9月17日，市委书记郑新聪（右四）到德化调研扶贫开发和村级组织换届工作　　（王双季　摄）

7月12日，市委副书记、市政府党组书记康涛（右三）带领市直有关部门负责人到德化彭村水库工程调研　　（县水利局　供）

1月5日，县委书记吴深生（左二）调研厦沙高速德化段建设情况
（陈志明　摄）

2月28日，县政府县长欧阳秋虹（右一）到电商、物流企业调研
（王双季　摄）

1月16日，国家铁路总公司专家组现场踏勘吉永泉铁路德化盖德站点　　（李宏图 摄）

3月8日，德化县与甘肃省敦煌市缔结为友好县市　　（王双季　摄）

3 月 31 日，德化“石冻王”（棘胸蛙）进京启运仪式进行　　（张圆圆　摄）

4 月 30 日，九仙山 AAAA 级旅游景区揭牌开园　　（王双季　摄）

6 月 16 日，国家铁路总公司专家组踏勘吉永泉铁路德化段线路和站点设置　　（ 陈志明 摄）

7 月 1 日，厦沙高速公路德化段建设（王双季　摄）

7 月 26 日，德化县政府与厦门航空有限公司在厦门举行战略合作框架协议暨厦门航空、中国白·陈仁海、希腊设计师关于客舱升级三方签约仪式　　（陈志明　摄）

8月17日，阿里巴巴首家中国供应商合伙人德化试点授牌启动仪式暨德化云图跨境电商生态圈共建大会举行（张圆圆　摄）

9月8日，德化县组团参加2015厦门国际投资贸易洽谈会（陈志明　摄）

11 月 11 日，德化县农村电子商务运营中心落成揭牌　　（张圆圆　摄）

12 月 29 日，阿里巴巴农村淘宝项目启动仪式暨首届年货节启动仪式举行　　（张圆圆　摄）

① ② ③ ④

⑤

① 1月9日，德化县儿童乐园建设 （王双季 摄）
② 2月28日，德化县城北环路全线通车 （李宏图 摄）
③ 4月15日，龙浔瓷都大道绿化提升 （县市政公用事业管理局 供）
④ 4月16日，南埕镇塔兜温泉 （周长锋 摄）
⑤ 8月5日，龙浔镇英山淮山观光园 （连江水 摄）

德化窑

8月14日，德化彭村水库工程建设 （连江水 摄）

8月24日，浔中镇百德小区

10月10日，闽江防洪工程德化段

（张奎如　供）

8月28日，民宿建设　（陈林森　摄）

（陈志明　摄）

11月20日，梨坑民宿　（王双季　摄）

2月3日，“欢乐泉州·走进浔中”泉州市2015年“三下乡”启动仪式暨春节慰问演出在德化瓷都广场举行

3月31日，德化县第十九届全民健身暨老年人健身节启动仪式在瓷都广场举行 （陈志明 摄）

4月3日，德化县各界人士悼念革命

（陈志明　摄）

2月28日，2015年德化县春季人才招聘交流会举行
（李宏图　摄）

（陈志明　摄）

5月4日，“中国梦·德化美”风光摄影大赛作品展开展在县图书馆开展（陈志明　摄）

5月6日，台湾自驾游车辆首次经厦入闽踩线活动走进德化（王双季　摄）

5月16日，德化县实验小学举行“同写中国字、共圆中国梦”首届千人书法活动（李宏图　摄）

6月11日，国家版权局和世界知识产权组织WIPO在厦门市联合举行德化陶瓷产业版权保护优秀案例示范点调研项目结项暨新闻发布会（陈志明　摄）

6 月 30 日，庆"七一"德化县直机关干部职工卡拉 OK 大赛文艺汇演举行　　（张圆圆　摄）

9 月 19 日，德化县举办首届"美伦杯"广场舞大赛　　（陈志明　摄）

9月23日，德化县第十五届瓷都广场文化活动开幕　　（王双季　摄

11月9日，第十四届亚洲艺术节暨第二届海上丝绸之路国际艺术节精品节目展演在德化举行
（黄谷莹　摄）

11 月 11 日，第四届中国泉州国际木偶节德化专场演出在德化举行　　（黄谷莹　摄）

11 月 13 日，清风明月・赵朴初书法展暨郑雄文郑雄彭德化瓷造像展在北京举行　（寇婉琼　摄）

1 月 4 日，德化县第二届淮山文化节举行　　（陈志明　摄）

3月6日，老人们在“万寿图”上签名　（陈志明　摄）

6 月 16 日，德化县 2015 年“安全生产月咨询日”活动举行　　（张圆圆　摄）

8 月 10 日，德化县梅园酒店举办主题为“情满梅园，爱暖人心”募捐活动　　（李宏图　摄）

11 月 25 日，大铭乡举行“农信杯”生姜王评比大赛　　（李宏图　摄）

9 月 2 日，赤水镇猛虎村老人爱心午餐　　（连江水　摄）

3月23日，泉州海外交通史博物馆向文莱王储赠送德化白瓷——梅花瓶　　（寇婉琼　摄）

5月26–30日，百余名援外培训学员到德化体验“陶瓷文化之旅”　　（王双季　摄）

5月29日，德化县申报“世界陶瓷之都”考评工作汇报会　　（寇婉琼　摄）

5 月 29-30 日，世界手工艺理事会对德化申报“世界陶瓷之都”进行复评　　（寇婉琼 摄）

5 月 30 日，世界手工艺理事会专家组全票通过，授予德化县“世界陶瓷之都”称号　　（寇婉琼 摄）

6月12日，德化佳美集团将刚获得大世界基尼斯之最的作品——“和谐瓷花篮” 捐赠给县陶瓷博物馆
（陈志明 摄）

7月7日，“纪念中国人民抗日战争暨世界反法西斯战争胜利70周年”德化抗战瓷专题展开幕
（王双季 摄）

7月20日，2015中外艺术家泉州对话“回归与启航”首届国际当代陶瓷艺术创作暨论坛在德化万旗中心开幕
（王双季 摄）

7 月 25 日，三班镇获评“中国茶具之乡”　　（李宏图　摄）

8 月，阿拉伯语国家城市国际化专题研讨班学员在德化体验陶瓷制作　　（张圆圆　摄）

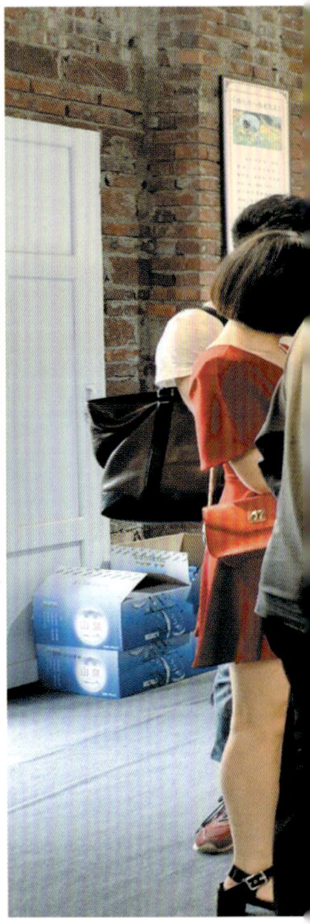

① ② ③ ④
⑤ ⑥
⑦

① 9 月 21–22 日，2015 中国技能大赛首届陶瓷成型职业技能竞赛福建产区预赛在泉州工艺美术职业学院举行（王双季　摄）

② 9 月 30 日，“采样·德化当下陶瓷艺术生态展”在德化陶瓷博物馆开幕（王双季　摄）

③ 10 月 13–14 日，泉州市工艺美术（陶瓷类）现场创作考评活动在德化举行（陈志明　摄）

④ 10 月 16 日，纪念陈其泰诞辰 100 周年作品展开幕（陈志明　摄）

⑤ 10 月 20 日，德国诺伊施塔特市市长到德化体验陶瓷之旅（李宏图　图）

⑥ ⑦ 11 月 9 日，第十四届亚洲艺术节暨第二届海上丝绸之路国际艺术节世界瓷都·德化陶瓷（柴烧）艺术交流展在三班镇洞上陶艺村开幕（李宏图　摄）

世界瓷都·德化2015

8月24日，德化顺美陶瓷生活馆　　（张奎如　供）

10月20日，德化茶具展厅　　（德化报　供）

10月20日，包装车间　　（德化报　供）

10月20日，德化憨鼠购　　（德化报

10月20日，德化陶瓷电商产品琳琅满目　　（德化报　供）

10月20日，配货车间　　（德化报　供）

10月20日，物流配送　　（德化报　供）

10月20日，德化电子商务创业园”　　（德化报　供）

10月20日，三班镇蔡径电商孵化园

10月27日，德化洞上陶艺村　　（德化报　供）

（德化报　供）

10月20日，德化建窑青年创业孵化园　（德化报　供）

10月29日，首届中国陶瓷电商峰会在德化举办　（王双季　摄）

编辑说明

一、《德化年鉴》是全面记述德化地情的年度资料性文献。它以马克思列宁主义、毛泽东思想、邓小平理论、“三个代表”重要思想、科学发展观为指导，深入贯彻习近平总书记系列重要讲话精神，遵循国务院《地方志工作条例》《福建省实施〈地方志工作条例〉办法》和《地方综合年鉴编纂出版规定（试行）》等有关法律法规和规定进行编写，坚持辩证法，实事求是，存真求实，力求思想性、科学性、资料性三者有机统一，努力为经济建设、政治建设、文化建设、社会建设、生态文明建设服务。

二、记载时空范围，原则上为2015年1月1日至12月31日德化县自然、政治、经济、文化、社会等方面情况；为保持内容资料的完整性和和连续性，部分文字资料适当上溯和下延。采用的主要统计数据以德化县统计部门资料为准。因部门之间统计口径不同，个别数据在不同条目中不尽一致，使用时请注意出处。

三、《德化年鉴》采用分类编辑法，主体内容设类目、分目、条目三个结构层次，以条目为表现内容的基本形式。

四、资料主要由县党政机关、人民团体、企事业单位、驻德部队、乡镇和省、市驻德单位提供，酌用报刊、瓷城快讯、德化政讯等资料。

五、对各分目、条目间的交叉重复现象，在分清主次和互相协调的基础上，采取此详彼略、区别视角等记述方法。

六、以现代语体文记述。一律用第三人称书写，德化县一般简称“县”。文字、标点符号遵照国家公布的《简化字总表》《标点符号用法》使用，数字、量和单位的使用力求规范统一，符合国家有关标准的规定，其中面积统一使用“亩”。

七、本卷年鉴由德化县地方志编纂委员会编纂，疏漏、错误之处，谨请批评指正。

德化县地方志编纂委员会

2016年10月

目 录

特 载

德化县人民代表大会常务委员会工作报告
Work Report of the Standing Committee of the People's Congress of Dehua County
——2015年12月24日在德化县第十七届人民代表大会第五次会议上……01
- On the Fifth Session of the Seventeenth People's Congress of Dehua County on December 24, 2015

政府工作报告
Government work report
——2015年12月23日在德化县第十七届人民代表大会第五次会议上……04
- On the Fifth Session of the Seventeenth People's Congress of Dehua County on December 23, 2015

在县十七届人大五次会议闭幕式上的讲话……12
Speech on the Closing Ceremony of the Fifth Session of the Seventeenth People's Congress

务实创新　主动作为　全力推进人民政协事业向前发展
Focus on practical innovation and initiate to fully move forward the cause of CPPCC
——2015年12月22日在政协第九届德化县委员会第五次会议上……14
-From CPPCC in 5th session of 9th Dehua County committee on December 22, 2015

在县政协九届五次会议闭幕式上的讲话……17
Speech on the Closing Ceremony of the Fifth Session of the Ninth CPPCC Committee of Dehua County

大事要闻

……19

县情概览

自然地理……30
Natural& geography
地理位置……30
Geographic Location
地质地貌……30
Geology and landform
山脉……30
Mountain
河流……31
River
土壤……31
Soil
植被……32
Vegetation
资源……32
Resources
气候……33
Climate

人文地理……34
Human geography
建置沿革……34
Evolution of establishment
行政区划……34
Administrative regionalization
人口……35
Population
民族……35
Nationality
宗教……35
Religion

风俗……35
Custom

旅游景点……36
Tourist attractions
人物……37
People

专　记

德化县获评世界陶瓷之都……39
Dehua county awarded as the world ceramic capital
新老接力的国际交流……39
International exchange of new and old relay
历史碎片孕育的新生……40
The rebirth from history
世界专家的圆梦之旅……40
World experts' journey to realize dreams
专家点评……41
Expert comments
德化县与甘肃省敦煌市缔结为友好县市……42
Dehua County and Dunhuang City (Gansu Province) establish friendship
签约仪式……42
Signing ceremony
海陆友好缔结丝路明珠相映……42
Sea and land mutually complementing and reinforcing
融入一带一路战略德化敦煌携手发展……43
Dehua and Dunhuang grow together with the Belt and Road Initiative
首届中国陶瓷电商峰会在世界瓷都·德化举办……44
Is the first Chinese ceramic e-business summit in the world ceramic capital Hosted by Dehua
峰会活动方案……44
Summit activities plan
峰会嘉宾……45
Summit guests
峰会议程……46
Summit agenda
峰会现场……49
Summit scene

中共德化县委员会

综述……54
Generals
概况……54
Overview
经济工作……54
Economic work
项目协调调度……54
Project coordination scheduling
城乡发展……55
Urban-rural development
生态建设……55
Ecological construction
深化改革……55
Intensify reform
民生事业……56
People's livelihood work
党的建设……56
Party Construction
重要会议……57
Important meetings
上级领导视察调研……57
Leader inspection and investigation
县委主要领导调研……59
County committee leader investigation
纪检监察……59
Disciplines inspection and supervision
监督检查……59
Supervision and inspection
宣传教育……60
Propaganda and education
创新执纪方式……60
Innovative discipline approach
纪律审查……60
Disciplinary review
作风建设……60
Working style construction
体制改革……60
System reform
组织工作……61
Organization work
干部教育培训……61
Cadre education and training
领导班子和干部队伍建设……61
Construction of leaders and cadres group
干部人事制度改革……61
Cadre personnel system reform
干部宏观管理……61
Cadres and macroscopic management
干部监督工作……61
Cadre supervision and inspection work
人才队伍建设……62
Talent team building
"三严三实"专题教育……62
Education with topic of "Three Self Disciplines and Three Practicalities"

基层组织建设……62
Primary-level organization construction
党组织设置和发展党员工作……63
Party organization setting up and party member development
村级组织建设……63
Village-level organization construction
非公有制企业党建……63
Party construction in non-public enterprises
党员教育管理……64
Educational management of party members
党员电化、远程教育……64
Party member distant education with electrical audiovisual aids
信息、网宣工作……64
Information and network propaganda work
重要活动……64
Important activities
宣传工作……65
Promotion work
“理论武装”工程……65
“Arming the people with the scientific theory” project
“舆论引导”工程……65
“Public opinion guidance” project
“文明创建”工程……67
“Civilization construction” project
“文化瓷都”工程……67
“Cultural ceramic capital” project
统战工作……68
United front work
贯彻会议精神……68
Implement the spirit of the meeting
统战“同心”工程……68
Unified front of “being of the same mind” project
新社会阶层人士统战工作……69
United front work in new social strata
民族宗教界人士统战工作……69
United front work in ethnic and religious
港澳台及海外统战工作……70
United front work in Hong Kong, Macao, Taiwan and overseas
党外人士队伍建设……70
Team building of representatives out of the party
精神文明建设……70
Spiritual civilization construction
群众性精神文明创建……70
The mass spiritual civilization construction
公民思想道德建设……70
Moral education for citizen
未成年人思想道德建设……72
Moral education for minors
机构编制……72
Institution preparation
行政审批制度改革……72
Administrative approval system reform
行政体制改革……72
Administrative system reform
事业单位分类改革……73
Reform of public institutions
机构编制管理……73
Institution preparation management
中文域名注册……73
Chinese domain name registration
县直机关党务……73
County party organs
思想建设……73
Moral construction
组织建设……73
Organizations construction
作风建设……74
Working style construction
信访工作……74
People’s Letters and Visits
概况……74
Overview
矛盾纠纷排查……74
Contradictions and disputes investigation
信访突出问题化解……74
Resolving the outstanding problems of letters and visits
县级领导接访活动……74
County-level leader reception and visits
信访网络建设……74
Letters and visits network construction
信访制度建设……75
Letters and visits system construction
老干部工作……75
Veteran cadre work
概况……75
Overview
落实政治待遇……75
The implementation of political treatment
落实生活待遇……75
The implementation of life treatment
活动阵地建设……75
Construction of activity position
关心下一代活动……75
Youth concern activity
日常服务管理……75
Daily services management
发挥老干部作用……76
Take advantage of veteran cadres’ contribution

党校……76
Party school
干部培训……76
Cadre training
党史工作……76
Work concerning Party's history
党史征集研究……76
Research on party history
编印出版文献……76
Publication of published literature
党史宣传教育……77
Party's history propaganda and education

德化县人民代表大会常务委员会

德化县人民代表大会……78
The People's Congress of Dehua County
常务委员会……78
The Standing Committee
代表大会……78
The People's Congress
常务委员会会议……79
The Standing Committee Meeting
监督工作……79
Supervision work
人事任免……81
Personnel appointment and removal
代表工作……81
Representative work
信访工作……82
People's Letters and Visits
重要活动……82
Important activities

德化县人民政府

综述……84
Generals
概况……84
Overview
三农工作……84
"Three Agriculture" (i.e. "Agriculture, Countryside and Peasant")
改革统筹……84
Reform and coordination
工业经济……84
Industrial economy
第三产业……84
Tertiary industry
内外经贸……84
Domestic and foreign trade
项目带动……85
Project driven
品牌建设……85
Brand building
城乡建设……85
Urban and rural construction
民生事业……85
People's livelihood work
重要会议……85
Important meetings
县政府全体会议……85
Plenary sessions of country government
县政府常务会议……86
Executive meeting of country government
县长办公会议……87
County office meeting
重要活动……87
Important activities
首届中国陶瓷电商峰会……87
The first Chinese ceramic e-business summit
申报创建"世界陶瓷之都"……88
Declaration to create "the world's ceramic capital"
陶瓷版权保护……88
Ceramic copyright protection
行政服务……88b
Administrative service
概况……88
Overview
规范化管理……88
Standardized management
标准化审批……88
Standardization approval
个性化服务……89
Personalized service
透明化运作……89
Transparent operation
人事人才……89
Personnel talent
人事管理……89
Personnel Administration
人才队伍建设……89
Talent team building

政协德化县委员会

政协德化县委员会……91
CPPCC Committee of Dehua County
重要会议……91
Important meetings
政治协商……92
Political consultation
提案工作……92
Proposal work
民主监督……92
Democratic supervision
调研考察……93
Investigation and study
文史工作……93
Literary and historical work
重要活动……93
Important activities

法治 军事

公安……96
Public security
维护社会稳定……96
Maintain social stability
强化打击整治……96
Strengthen the attack and management
社会治安防控……97
Public security prevention and control
消防工作……97
Fire protection work
法院……99
Court
概况……99
Overview
刑事审判……99
Criminal trial
民商事审判……99
Civil and commercial trials
行政审判……99
Administrative trial
案件执行……100
Case execution
审判监督……100
Trial supervision
调解工作……100
Mediation work
诉讼服务……100
Litigation service
普法宣传……100
Law popularization and propaganda
检察……100
Procuratorial work
概况……100
Overview
服务发展大局……101
Service development
维护社会稳定……101
Maintain social stability
查办和预防职务犯罪……102
Investigation and prevention of crime by taking advantage of duty
诉讼法律监督……102
Litigation supervision
司法行政……103
Judicial Administration
基层基础……103
Grassroots foundation
人民调解……103
People's mediation
矫正帮教……103
Redress, Help and Education
普法依法……103
Popularize and pursuant to the law
法律服务……104
Legal services
人民武装……104
The Armed Forces of the People
双拥共建……104
Mutual Support and Joint Construction
国防教育……104
Defense education
思想政治教育……104
Political and ideological education
人民防空……104
People's Air Defense
人防工程建设……104
People's Air Defense
指挥通信建设……105
Command communication construction
人防审批管理……105
Fire protection approval management
人防宣传教育……105
People’s air defense propaganda and education

人防专业队伍……105
Professional team of fire protection
组织机构……105
Organization
武警中队……105
Armed police squadron
重要活动……105
Important activities

工商联 群众团体

工商联……106
Federation of Industry and Commerce
参政议政……106
Participation in the administration and discussion of state affairs
组织建设……106
Organizations construction
服务会员……106
Service member
加强交流……106
Strengthen communication
推荐典型……107
Recommend typical
招商引资……107
Attraction of investment
公益慈善……107
Charity
总工会……107
Federation of Trade Unions
概况……107
Overview
工会组织建设……107
Construction of trade unions
维护职工合法权益……107
Employees' rights and interests protection
职工经济技术创新活动……108
Economic and technological innovation activities of employees
基层民主管理……108
Democratic management of grassroots
劳动模范管理……108
Model worker management
扶贫帮困送温暖……108
Help the poor to deliver warmth
实施职工素质工程……108
Staff quality construction
职工文体活动……108
Staff recreation activities
共青团德化委员会……109
Committee of Communist Youth League of Dehua
基层团建工作……109
Grassroots league construction
主题实践活动……109
Thematic practical activities
就业创业服务……109
Employment and entrepreneurship services
思想政治教育……109
Political and ideological education
妇女联合会……110
Women's federation
妇女创业就业……110
Entrepreneurship and employment of women
妇女儿童维权……110
Women and children' rights protection
关爱妇女儿童……110
Care for women and children
和谐家庭创建……111
Harmonious home creation
基层组织建设……111
Primary-level organization construction
归国华侨联合会……111
Returned overseas Chinese federation
服务华侨……111
Service overseas Chinese
联络联谊……111
Contact and friendship
自身建设……111
Self construction
文学艺术联合会……112
Federation of literary and art
文艺精品创作……112
Literary creation
开展文艺活动……112
Carry out cultural activities
文艺创作基地建设……112
Literary and artistic creation base construction
科学技术协会……112
Science and technology association
科普创先……112
Popularization of science and excelling in competition
科普宣传……112
Popularization and propaganda of science
科普活动……112
Science popularization activities
青少年科技活动……113
Science and technology activities for youth
农函大工作……113
Secondary technical school work

学会（协会）工作……114
Institute (Association) work
残疾人联合会……114
Disabled persons' federation
康复工作……114
Rehabilitation work
就业工作……114
Employment work
扶贫工作……114
Poverty alleviation work
维权信访……115
Rights protection by letters and visits
专项调查……115
Special survey
宣传工作……115
Promotion work
计划生育协会……115
Family Planning Association
计生宣传……115
Family planning propaganda
生育关怀……116
Reproduction care
组织建设……116
Organizations construction
国际贸易促进委员会……117
International trade promotion board
机构情况……117
Institutional situation
国际交流……117
International communication
国际拓展……117
International expansion
法律服务……117
Legal services
会员联络……117
Membership contact
老龄事业……117
Business of the elderly
概况……117
Overview
老龄工作宣传……118
Publicity of work for the elderly
落实老年人优待政策……118
The implementation of preferential policies for the elderly
帮扶慰问活动……118
Help and condolence activities
惠老办实事活动……118
Do practical things for the elderly
基层老龄工作……118
Grassroot work for the elderly
专项调研……118
Special survey

外事 侨务 港澳台事务

外事……119
Foreign affairs
经贸合作……119
Economy and trade cooperation
联络联谊……119
Contact and friendship
侨务……119
Overseas Chinese affairs
联络联谊……119
Contact and friendship
侨务宣传……120
Propaganda of overseas Chinese affairs
服务侨企侨胞……120
Service overseas Chinese and their enterprises
港台事务……120
Hong Kong and Taiwan affairs
联络联谊……120
Contact and friendship
经贸合作……120
Economy and trade cooperation
联络联谊……120
Contact and friendship
对台宣传……121
Propaganda to Taiwan
服务台企台胞……121
Service Taiwan enterprises and Taiwanese

农业和农村工作

综述……122
Generals
种植业……122
Crop farming industry
粮食……122
Grain
果树、茶叶……123
Fruit trees and tea
林业……123
Forestry
概况……123
Overview

林区治安管理……124
Forest area security management
戴云山国家级自然保护区……125
Daiyunshan National Nature Reserve
葛坑国有林场……126
State-owned forest farm of Gekeng town
大张溪林场……127
Dazhangxi forest farm
石龙溪采育场……127
Shilongxi mining field
林业实业公司……127
Forestry industrial company
畜牧业……128
Animal husbandry
概况……128
Overview
地方品种资源保护和开发……128
Protection and development of local resources
项目建设……129
Project construction
调查统计……129
Statistical survey
渔业……129
Fisheries
大水面渔业……129
Large surface fisheries
特色水产养殖……129
Special aquiculture
溪流增殖放流……129
Stream proliferation and release
质量安全管理……129
Quality and safety management
生产服务……129
Production services
休闲渔业……129
Recreational fishery
农业机械化……129
Mechanization of farming
装备情况……129
Equipment situation
作业水平……130
Operational level
农村工作……130
Rural work
美丽乡村建设……130
Construction of beautiful village
危房改造……130
Renovation of dilapidated buildings
水利……130
Water conservancy
概况……130
Overview
水利改革……130
Water conservancy reform
重点项目建设……130
Important programs construction
基础设施建设……131
Construction of infrastructure
防汛减灾……131
Flood control and disaster mitigation
行政执法……132
Administrative law enforcement
龙门滩引水工程……132
Longmentan water diversion works
水文……133
Hydrology

工 业

陶瓷产业……134
Ceramics industry
概况……134
Overview
陶瓷生产……134
Ceramics production
陶瓷研究……135
Ceramics research
电力工业……135
Power industry
概况……135
Overview
国有电力投资经营……135
State-owned power investment and management
供电建设……136
Power supply construction
矿业……136
Mining
阳山铁矿……136
Yangshan iron mine
双旗山金矿……137
Shuangqishan gold mine
城镇集体工业……138
Urban collective industry
服务企业发展……138
Service enterprise development
调整优化结构……138
Adjust and optimize the structure
职工社会保障……138
Social security for staff

服务工美发展……138
Service development

建设 环保

城市规划与建设……139
Urban planning and construction
城市规划……139
Urban planning
城市建设……139
Urban construction
村镇规划与建设……140
Village and towns planning and construction
建筑业……141
Construction industry
建设工程招投标……141
Bidding for construction projects
市场监管……141
Market supervision
质量安全管理……141
Quality and safety management
建筑节能和建筑设计……141
Building energy conservation and design
建筑队伍管理……142
Construction team management
房地产业……142
Real estate industry
市场管理……142
Market management
住房保障……142
Housing security
物业管理……143
Property management
房屋征收……143
House levy
项目建设……143
Project construction
市政建设……143
Municipal construction
概况……143
Overview
城区路桥建设……143
Urban road and bridge construction
市政设施建设……143
Municipal facilities construction
供水供气……144
Water and gas supply
污水处理……144
Sewage treatment
市容管理与执法……145
Urban appearance management and law enforcement
市容环境卫生整治……145
Hygiene remediation of the urban environment
清理违法建筑……146
Clean up illegal buildings
执法宣传……146
Law enforcement propaganda
环境保护……147
Environment protection
污染减排……147
Pollutants discharge reduction
环境监测……147
Environment monitoring
环境监管……147
Environmental regulation
环境宣传……147
Environmental advocacy
环境规划……147
Environmental Planning
水环境综合整治……147
Comprehensive regulation of the water environment

商贸服务业

国内贸易……149
Domestic trade
对外贸易……149
Foreign Trade
电子商务……150
E-commerce
供销合作……150
Supply & Marketing Cooperation
农资供应……150
Agricultural supply
专业合作社……150
Professional cooperatives
电子商务……150
E-commerce
维修服务……151
Maintenance service
物资流通……151
Material circulation
概况……151
Overview
市场开拓……151
Market development
粮食贸易……151
Grain trade

烟草专卖……151
Tobacco monopoly
概况……151
Overview
专卖管理……151
Monopoly management
营销网络建设……152
Marketing network construction
精益管理……152
Lean management

旅游业

旅游业……153
tourism
概况……153
Overview
旅游策划规划……153
Tourism planning and programming
旅游项目建设……153
Tourism project construction
旅游品牌宣传……153
Tourism brand publicity
旅游行业管理……153
Tourism industry management

交通 邮政 通信

交通运输……155
Transportation
概况……155
Overview
公路建设……155
Highway construction
交通运输业……156
Transportation industry
运输市场管理……156
Transportation market management
安全生产工作……156
Safety production
综合行政执法……157
The comprehensive administrative law enforcement
交通战备……157
Traffic Combat Readiness
泉州市汽车运输总公司德化公司……157
Dehua Branch of Quanzhou Automobile Transportation Company
公路管理……158
Highway Administration
概况……158
Overview
工程项目推进……158
Promotion of construction project
生态公路建设……158
Ecological highway construction
公路养护管理……159
Management and maintenance of highway
路产路权管理……159
Road property rights management
邮政……160
Postal service
概况……160
Overview
代理金融业务……160
Financial services on commission of others
速递物流类业务……160
Express logistics services
邮政传统业务……160
Traditional business of China post
邮政网络建设……160
Network construction of China post
服务“三农”……160
Serve for "Three Agriculture" (i.e. “Agriculture, Countryside and Peasant”)
中国电信德化分公司……160
Dehua Branch of China Telecommunications Corporation
概况……160
Overview
企业转型……161
Enterprise transformation
网络建设……161
Network construction
安全生产……161
Safe production
中国移动德化分公司……161
Dehua branch of China Mobile Communication Corporation
移动网络建设……161
Mobile network construction
数字及信息化建设……161
Construction of digital and information technology
中国联通德化分公司……161
Dehua Branch of China United Network Communications Corporation Limited
概况……161
Overview
规模效益……162
Scale capacity

网络质量……162
Network quality

金 融

金融监管……163
Financial supervision
概况……163
Overview
监管督导……163
Supervision
风险防控……163
Risks prevention and control
法人监管……163
Regulation of legal person
“引银入德”工程及金改工作……163
Project of “Attract Investment into Dehua County” and Financial Reform
案防机制建设……164
Construction of mechanism for the prevention and control
银行业协会和金融团工委工作……164
Work of banking associations and financial organizations working committee
中国人民银行德化支行……164
Dehua Subbranch of People's Bank of China
服务经济……164
Serve for economic development
服务民生……164
Improve the livelihood
外汇管理……164
Foreign exchange administration
金融维稳……165
Maintain financial stability
内部监管……165
Internal supervision
中国工商银行德化支行……165
Dehua Subbranch of Industrial and Commercial Bank of China
概况……165
Overview
壮大客户规模……165
Expand customer relationships
存款业务……165
Deposit services
信贷客户培育……166
Develop credit customer
重点产品营销……166
Marketing of key products
中国农业银行德化支行……166
Dehua Subbranch of Agricultural Bank of China
概况……166
Overview
经营战略调整……166
Management strategy adjustment
重点项目带动……166
Promote by key projects
其他业务……166
Other businesses
中国银行德化支行……167
Dehua Subbranch of Bank of China
概况……167
Overview
强化营销……167
Strengthen marketing
强化合作……167
Strengthen cooperation
风险防控……168
Risks prevention and control
中国建设银行德化支行……168
Dehua Subbranch of Construction Bank of China
概况……168
Overview
扩大客户基础……168
Expand customer base
拓宽服务渠道……168
Broaden service channels
推广特色产品……168
Employ featured products
强化内控管理……168
Strengthen internal control management
中国邮政储蓄银行德化支行……168
Dehua Subbranch of Postal Savings Bank of China
概况……168
Overview
服务“三农”……168
Serve for "Three Agriculture" (i.e. “Agriculture, Countryside and Peasant”)
储蓄业务……168
Saving services
推动新业务……168
Promote new services
把控资产质量……169
Control assets quality
农村信用合作联社……169
Credit Cooperative Association
概况……169
Overview
普惠金融……169
Inclusive finance
电子银行、自助银行……169
Electronic banking, self-service banking

服务“三农”……169
Serve for "Three Agriculture" (i.e. “Agriculture, Countryside and Peasant”)
业务创新……169
Service innovation
信用村镇建设……169
Construction of credit villages and towns
泉州银行德化支行……169
Dehua Subbranch of Bank of Quanzhou
概况……169
Overview
金融业务……170
Financial services
中国人寿保险德化支公司……170
Dehua Subbranch of China Life Insurance Company
概况……170
Overview
个险渠道……170
Individual insurance channel
银保渠道……170
Bank insurance channel
团险渠道……170
Group insurance channel
拓展业务……170
Expand business
风险管控……171
Risk management and control
客户服务……171
Customer service
中国人保财险德化支公司……171
Dehua Subbranch of Property and Casualty Company Limited
业务经营……171
Business operation
客户服务……171
Customer service
风险管控……171
Risk management and control

财政 税务

财政……172
Public finance
概况……172
Overview
结构调整……172
Structural adjustment
资金杠杆和导向……172
Capital leverage and direction
财政管理……172
Fiscal management
国家税务……172
State taxation
概况……172
Overview
税收执法……173
Tax law enforcement
税务宣传……173
Tax advocacy
税务改革……173
Tax reform
提升服务……173
Increase service level
地方税务……173
Local taxation
概况……173
Overview
组织收入……174
Organization income
征管改革……174
Reform of tax collection and administration
纳税服务……174
Tax service

综合经济管理

宏观经济管理……175
Macroeconomic management
编制发展规划……175
Development plan formulation
经济运行监测……175
Economic operation monitoring
主要课题研究……175
Research on major issues
重点项目建设……175
Important programs construction
政策项目对接……175
Policy project matching
行政审批审核……176
Administrative approval
经济体制改革……176
Economic system reform
国防经济动员……176
Defense Economic Mobilization
信息化管理……176
Information Management
“一带一路”战略……176
The Belt and Road Initiative

国土资源管理……176
Land and Resources Administration
保障发展用地……176
Protection of Land for Development
土地征收储备……176
Land Acquisitions and Reserves
重点项目建设……176
Important programs construction
耕地保护……176
Protection of cultivated land
执法监察……176
Law enforcement supervision
库区移民帮扶……177
Support immigrants from reservoir area
地质灾害防治……177
Geological disaster prevention and control
办事环境优化……177
Optimize work environment
国有资产管理……177
Management of State-owned Assets
概况……177
Overview
下属企业管控……177
Subsidiaries management and control
对外投资监管……177
Supervision of foreign investment
应急保障资金……177
Emergency protection funds
融资……177
Financing
职工服务……177
Services for staff
审计……177
Audit
概况……177
Overview
预算执行情况审计……177
Budget execution auditing
固定资产投资审计……177
Fixed assets investment auditing
领导干部经济责任审计……177
Leaders' economic liability auditing
政策措施落实情况跟踪审计……178
The implementation of policy measures auditing
企业经营情况审计……178
Enterprise operation auditing
公务支出和公款消费情况审计……178
Public expenditure and consumption by public money auditing
专项资金审计……178
Special fund auditing
审计整改检查……178
Audit rectification and inspection
统计……178
Statistics
统计服务……178
Statistical services
普查工作……178
Census work
抽样调查……178
Sampling survey
常规统计调查……179
Conventional statistical survey
法制建设……179
Legal construction
调查……179
Survey
专项调查……179
Special survey
常规调查……179
Conventional survey
居民收支调查……179
Household income and expenditure survey
价格与企业调查……179
Prices and enterprises survey
市场监督管理……180
market supervision and management
机构改革……180
Institutional reform
市场主体管理……180
Market subject management
品牌发展管理……180
Brand development management
惠民惠企服务……181
Services benefited people's livelihood and enterprises' development
食品安全监管……181
Food safety supervision
药品安全监管……181
Drug safety supervision
质量监管……181
Quality supervision
特种设备安全监管……181
Special equipment safety supervision
企业后续监管……182
Enterprise follow-up supervision
市场管理……182
Market management
执法办案……182
Law enforcement
行政事务……182
Administrative affairs

价格管理……182
Price management
价格调控和价格服务……182
Price regulation and price services
商品服务价格……182
Goods and services prices
行政事业性、经营服务性收费……183
Administrative and operating service charges
依法治价……183
Price administration by law
安全生产监督……183
Safe production supervision
概况……183
Overview
安全生产责任体系……183
Safe production responsibility system
安全发展县创建……183
Create a county with safe development
隐患排查治理……183
Hidden trouble inspection and administration
标准化提升工程……184
Standardization upgrade project
安全生产……184
Safe production
重点领域专项整治……184
Special rectification in key areas
道路交通、消防安全综合整治……184
Comprehensive rectification for road transportation and fire safety
宣传教育培训……184
Publicity and education training
检验检疫……185
Inspection and quarantine
概况……185
Overview
检验监管……185
Inspection supervision
农产品出口宣传……185
Agricultural products export promotion
通关单无纸化及“三个一”通关模式……185
Customs clearance paperless and "three one" customs clearance mode (i.e. “one-step declaration (one document for two declarations), one-step inspection (inspection jointly with quarantine) and one-step release (online certificate issuance and release))

科学技术

科学技术……186
Science and technology
概况……186
Overview
科技项目管理……186
Scientific and technological project management
科技创新……186
Technological innovation
企业技术进步与技术创新……187
Technical improvement and innovation of enterprises
科技交流与合作……187
Scientific and technological communication and cooperation
科技成果与专利……187
Scientific and technological achievements and patents
知识产权宣传……187
Promotion of intellectual property rights
农业科技……187
Agricultural science and technology

教 育

综述……188
Generals
概况……188
Overview
课程改革试验……188
Curriculum reform experiment
德育工作……188
Moral education
教育督导……189
Educational supervision
校园安全……189
Campus security
硬件建设……190
Hardware construction
学前教育……190
Preschool education
概况……190
Overview
义务教育……190
Compulsory education
推进义务教育均衡发展……190
Promote the balanced development of compulsory education
优化义务教育片区管理……190
Optimize the management of compulsory education areas
撤点并校……190
Dismantle teaching points and combine schools
就学电脑派位……191
Computer allocation of choosing school areas

办学特色……191
School-running characteristics
建立中考激励机制……191
Establishment of incentive mechanism for senior high school entrance examination
规范义务教育办学……191
Standardize the running of compulsory education
普通高中教育……191
General senior middle school education
概况……191
Overview
德化一中……191
Dehua No.1 High School
职业教育……191
Vocational education
泉州工艺美术职业学院……191
Quanzhou Arts And Crafts Vocational College
德化职业技术学校……192
Quanzhou DehuaTechnology College
特殊教育民办教育……194
Special and private education
特殊教育……194
Special education
民办教育……194
Private education
老年教育……194
Elderly education
政治思想教育……194
Political and ideological education
重视示范创建……194
Emphasize creation of models
远程教育……194
Distant education
服务学员……194
Serve for students
以学促为……195
Promote conduct by learning
理论研讨……195
Theoretical Studies
基层队伍建设……195
Grassroots team building
教师队伍建设……195
Teacher team building
概况……195
Overview
课题研究……195
Research project
教学指导……196
Teaching instruction
教师培训……196
Teacher training

文 化

文化事业……198
Cultural undertakings
文化服务体系……198
Cultural service system
群众文化活动……198
Mass cultural activities
陶瓷文化产业……198
Ceramic cultural industry
非物质文化利用……198
Employ of non-material cultural heritage
文物保护……198
Preservation of cultural relics
文化市场管理……199
Cultural market management
档案……199
Archives
依法治档……199
Archives administration by law
监督指导……199
Supervision and guidance
保管利用……200
Reservation and utilization
信息化建设……200
Information construction
宣传教育……200
Propaganda and education
广播电视……201
Radio and television
概况……201
Overview
新闻报道……201
News report
电台品牌节目……201
Radio brand programs
电视节目创新……201
Television program innovation
基础设施建设……201
Construction of infrastructure
电影发行放映……201
Film distribution and exhibition
新闻出版……202
Press and publication

印刷品市场监管……202
Print market supervision
版权服务……202
Copyright services
版权保护……202
Copyright protection
瓷都德化报社……202
"Dehua porcelain" newspaper office
概况……202
Overview
县委、县政府中心工作宣传报道……202
Propaganda reports on county, the county government center work
县委、县政府各项活动宣传报道……202
Propaganda reports on county, the county government activities
陶瓷文化、海丝文化宣传报道……203
Propaganda reports on ceramic culture and maritime silk road culture
典型人物事迹宣传报道……203
Propaganda report on typical characters
旅游资源宣传报道……203
Propaganda report on tourist resources
地方志……203
Chorography
二轮修志……203
The second round of chorography revision
年鉴编纂……203
Annals compilation
部门志编纂……203
Compilation of department records
乡镇志审稿……204
Reviews of township records
宣传工作……204
Promotion work
库网建设……204
Library network construction
业务培训……204
Profession training
省级会议……204
Provincial meeting

卫生 体育

卫生……205
Hygiene
公立医院综合改革……205
Comprehensive reform of public hospitals
医疗基础设施建设……205
Medical infrastructure construction
新农合保障……205
New rural cooperative medical care system
医疗机构服务……205
Medical institution services
基本公共卫生服务均等化……206
Equalization of essential public health service
妇幼保健……206
Maternal and child health
疾病控制……206
Disease control
乡镇卫生院管理……206
Management of town health center
卫生监督综合执法……206
Health supervision and comprehensive law enforcement
体育……206
Sport
群众体育……206
Mass sports
竞技体育……206
Competitive sports
设施建设……206
Facilities construction

社会民生

居民生活……207
People's living
居民收支情况……207
Income and expenditure of residents
流通和消费价格……207
Circulation and consumption prices
就业与劳动……207
Employment and Labor
就业……207
Employment
职业培训……207
Vocational training
劳动争议仲裁……207
Labor dispute arbitration
劳动监察……207
Labor supervision
社会保障……207
Social security
养老保险……207
Endowment insurance
医疗保险……208
Medical insurance

失业保险……208
Unemployment issuance
工伤保险……208
Work-related injury insurance
生育保险……208
Maternity insurance
人口和计划生育……208
Population and family planning
概况……208
Overview
计生基础工作……208
Family planning basic work
计生服务……208
Family planning services
重点难点工作……208
Key and difficult work
利益导向……208
Interest- oriented
民政……208
Civil affairs
社会救助……208
Social assistance
基层民主政治建设……209
Grassroots democracy construction
双拥优抚……209
"Two Supports"—preferential care and place against privileged elites
社会专项事务建设……209
Social special affairs construction
民族宗教事务……210
Ethic and religious affairs
民族工作……210
Ethnic work
宗教工作……210
Religious work
防震抗灾……211
Earthquake resistance and hazardous prevention
地震监测……211
Earthquake monitoring
震灾预防……211
Seismic disaster prevention
应急体系……211
Emergency response system
关心下一代工作委员会……211
Youth Concern Committee
“百万大手牵小手”活动……211
"Do Beneficial things for Young People" Activity
为青少年办实事办好事……212
Do practical and beneficial things for young people
组织建设……212
Organizations construction

乡镇概况

龙浔镇……213
Longxun Town
概况……213
Overview
经济发展……213
Economic development
项目建设……213
Project construction
宜居环境建设……213
Livable environment construction
社会事业……214
Project for public service
浔中镇……214
Xunzhong Town
概况……214
Overview
经济发展……214
Economic development
重点项目建设……215
Important programs construction
城镇建设……215
Urban construction
社会事业……216
Project for public service
盖德镇……216
Gaide Town
概况……216
Overview
经济发展……216
Economic development
城乡建设……216
Urban and rural construction
社会事业……217
Project for public service
三班镇……218
Sanban Town
概况……218
Overview
经济发展……218
Economic development
小城镇建设……218
Small town construction

社会事业······218
Project for public service
龙门滩镇······219
Longmentan Town
概况······219
Overview
经济发展······219
Economic development
项目建设······219
Project construction
城乡建设······219
Urban and rural construction
社会事业······219
Project for public service
重要活动······220
Important activities
雷峰镇······220
Leifeng Town
概况······220
Overview
农林业······220
Agricultural and forestry projects
重点项目建设······220
Important programs construction
城乡建设······221
Urban and rural construction
社会事业······221
Project for public service
南埕镇······221
Nancheng Town
概况······221
Overview
经济发展······221
Economic development
城乡建设······222
Urban and rural construction
社会事业······222
Project for public service
水口镇······223
Shuikou Town
概况······223
Overview
经济发展······223
Economic development
城镇化建设······223
Urbanization construction
生态环境建设······224
Eco-environment construction
社会事业······224
Project for public service
国宝乡······225
Guobao Village
概况······225
Overview
经济发展······225
Economic development
重点工程······225
Key projects
城乡建设······225
Urban and rural construction
社会事业······226
Project for public service
赤水镇······226
Chishui Town
概况······226
Overview
经济发展······226
Economic development
农林业······226
Agricultural and forestry projects
招商引资······227
Attraction of investment
城乡建设······227
Urban and rural construction
社会事业······227
Project for public service
美湖镇······230
Meihu Town
概况······230
Overview
经济发展······230
Economic development
镇村建设······230
Town and village construction
社会事业······231
Project for public service
大铭乡······231
Daming Village
概况······231
Overview
经济发展······231
Economic development
城乡建设······231
Urban and rural construction
社会事业······231
Project for public service
春美乡······232
Chunmei Village
概况······232
Overview

农林生产……232
Agricultural and forestry production
项目建设……232
Project construction
城乡建设……232
Urban and rural construction
社会事业……233
Project for public service
上涌镇……233
Shangyong Town
概况……233
Overview
产业转型……233
Industrial Transformation
名镇创建……234
Creation of famous town
招商选资……234
Investment selection
项目建设……234
Project construction
民生保障……234
Livelihood security
汤头乡……235
Tangtou Village
概况……235
Overview
特色农业……235
Featured agriculture
林业生产……235
Forestry production
矿业招商……235
Investment attraction for Mining
项目建设……235
Project construction
新村建设……235
New village construction
社会事业……235
Project for public service
葛坑镇……236
Gekeng Town
概况……236
Overview
农业经济……236
Agricultural economy
工业经济……236
Industrial economy
基础设施……236
Infrastructure
项目建设……236
Project construction
社会事业……237
Project for public service
“平安葛坑”创建……237
Creation of safe village in Gekeng
杨梅乡……237
Yangmei Village
概况……237
Overview
经济发展……237
Economic development
城乡建设……238
Urban and rural construction
社会事业……238
Project for public service
桂阳乡……238
Guiyang Village
概况……238
Overview
基础设施建设……238
Construction of infrastructure
农业经济……238
Agricultural economy
社会事业……239
Project for public service

人物 名录

2015年度领导人名表……240
Leader list in 2015
一、县四套班子……240
I. Four sets of team leadership in Dehua County
二、县委各部门……241
II. Departments of Dehua County
三、县人大常委会工作机构……244
III. Working organs of the Standing Committee of the People's Congress of Dehua County
四、县政府各部门……244
IV. Departments of county government
五、县政协及其工作机构……256
V. County CPPCC and its working organ
六、县纪委及其工作机构……257
VI. County Commission for Discipline Inspection and its working organs
七、法院检察院……257
VII. Courts and procuratorates
八、县群团……258
VIII. County group

九、县直各系统党委……260
IX. The Party Committee of various system directly under the county
十、省市驻德单位……261
X. Provincial and municipal units in Dehua County
十一、企业……264
XI. Enterprises
十二、乡镇……266
XII. Villages and towns
荣誉榜……283
Honors
先进集体……283
Advanced collectives
先进个人……285
Advanced individuals
德化县委、县政府 2015 年度表彰先进名单……287
List of honored advanced of the Party Committee and government of Dehua County in 2015
2015 年度获表彰企业（个人）名单……287
List of enterprises (individuals) to be honored in 2015
德化县 2015 年度企业工作先进乡镇名单……288
List of advanced township of enterprise work of Dehua County in 2015
德化县 2015 年度农业和农村工作先进单位、先进个人名单……290
List of agricultural and rural work advanced unit, advanced individual of Dehua County in 2015
2015 年职称变动情况……302
Change of Professional Titles in 2015
高级职称……302
Senior Titles
中级职称……303
Intermediate Titles
2015 年度人物……307
Men of the Year in 2015
逝世人物……307
People Passed Away

附 录

文件选编……309
File Selection
践行五大发展理念 全面推进脱贫攻坚……309
Practice five development concepts and fully promote poverty alleviation program
落实新理念 引领新常态
奋力开创农业农村工作新局面……314
Implementation of New Concept to Lead New Normal
Work Hard to Make Breakthroughs in Agricultural and Village Work
稳中求进 创新转型 加快突围……316
Seek progress in stability and make innovation and transformation for more breakthroughs
审时度势 敢拼敢赢
在引领经济发展新常态中再续企业发展新辉煌……321
Keep up with the time and Work with Great Ambition
Work Hard to Make New Progress for the Development of Enterprises while Leading the New Normal of Economic Development
德化县国民经济和社会发展第十三个五年规划纲要…323
The Outline of the Thirteenth Five - Year Plan for National Economic and Social Development in Dehua County
索引……342
Pinyin search （Search by using pinyin）

【工作报告】

德化县人民代表大会常务委员会工作报告

——2015 年 12 月 24 日在德化县第十七届人民代表大会第五次会议上

德化县人大常委会主任 涂健圻

各位代表：

我受县第十七届人民代表大会常务委员会的委托，向大会报告工作，请予审议，并请列席人员提出意见。

2015 年工作回顾

2015 年是全面完成“十二五”规划的收官之年，是全面深化改革的关键之年，也是全面推进依法治国的开局之年。常委会在县委的领导下，坚持发展导向、民生导向、法治导向、问题导向，围绕中心工作，与时俱进，求真务实，依法履职，圆满完成县十七届人大四次会议确定的工作任务。一年来，召开常委会会议 7 次、主任会议 7 次，听取和审议“一府两院”专项工作报告 11 项，组织对 4 部法律法规实施情况进行执法检查，开展视察、调研和检查活动 17 次，作出决议、决定和审议意见 18 个，开展审议意见办理情况满意度测评 1 次，配合国家、省、市人大到我县开展活动 13 次，为推动社会主义民主法制建设，促进全县经济社会发展做出了积极的贡献。

一、围绕中心，服务大局，法定职责履行到位

（一）始终坚持党的领导。常委会把坚持党的领导，作为开展一切工作的基本要求，高度重视政治理论学习，严格遵守党的政治纪律，凡属重大问题或重要工作，都及时向县委请示报告；凡是县委的决策部署，都通过积极履行各项职权，以法律程序转化为全县人民的自觉行动，做到在思想上与县委同心、目标上与县委同向、工作上与县委同步。

（二）积极参与中心工作。常委会紧扣全县的总体发展思路，制定了常委会 2015 年工作要点，重点针对全面深化改革、推进依法治县、农业农村发展、保障改善民生和群众关注的热点难点问题，拟定课题，开展调研，强化监督，主动作为，提出了一些有针对性、建设性的意见建议，有力促进了全县各项工作。抓好教育实践活动后续整改项目跟踪落实，扎实开展“三严三实”专题教育，常委会领导深入基层，密切联系代表和群众，并服从组织安排，直接参与陶瓷发展、上寮片区、中国茶具城、三班小城镇建设、新秀园、融资工作等重点项目与任务。

（三）依法进行人事任免。坚持党管干部原则和人大依法任免相统一，严格任免程序，规范权力运行，为“一府两院”工作提供了有力的组织保证。一年来，共依法任免“一府两院”干部 35 人。其中：决定任免县政府组成人员 10 人；任命县法院庭长 3 人，审判员 2 人，任免人民陪审员 20 人；任命县检察院检察员 2 人。在人事任免过程中，坚持对拟任命人员进行情况介绍、任前了解、任职表态、任后考察，增强了人事任免工作的严肃性和实效性。

（四）配合省市人大活动。对省、市人大在我县开展的各类活动，常委会高度重视，提前介入，扎实准备，主动配合。2015 年，常委会共配合省、市人大开展执法检查、视察调研活动 13 次，其中：省人大立法调研 1 次，视察调研 5 次；市人大执法检查 2 次，视察调研 5 次，向市人大

提出立法建议1次。

二、聚焦热点，突出重点，监督工作开展有力

（一）关注发展，强化经济工作监督。**一是监督计划预算执行。**坚持把国民经济和社会发展计划、预算执行情况作为监督重点，定期审查，作出决议决定，促进经济健康运行。听取和审议2014年预算执行和其他财政收支审计情况的报告、2014年度财政收支决算和2015年上半年预算执行情况的报告、2015年上半年国民经济和社会发展计划及预算执行情况的报告。针对依然困难严峻的经济形势，提出要落实积极财政政策，确保收入平稳增长；不断优化支出结构，提升民生保障水平；加强预算执行管理，提升预算管理水平等建议意见。**二是强化重点项目监督。**始终把重点项目建设作为每年监督工作的重点，组织组成人员和市县人大代表深入到重点产业、重点企业、重点项目、重点部门、工业园区调查研究，了解情况，出谋划策。组织视察调研我县电子商务发展情况，听取和审议关于我县电子商务发展情况的专项工作报告，组织我县2015年度重点项目建设情况专项视察，了解重点行业和重点项目进展情况，排查、剖析重点行业和重点项目建设中存在的突出问题，并提出有针对性和可操作性的对策建议。

（二）重视环境，紧盯清水工程进展。以“河畅水清、岸绿景美、人水和谐、安全生态”为目标，坚持巩固成果，提高层次，深化我县生态环境建设，提升城市品位。持续跟踪监督浐溪流域清水工程建设，4月，组织视察县浐溪流域清水工程污水管网建设情况、城区餐饮业油烟废水整治情况；6月，组织视察县查处企业污水直排、偷排或超标排放情况、城区养猪污染及周边环境整治情况、市容环境行政执法情况，听取和审议关于市容环境行政执法开展情况的专项工作报告；11月，组织视察关于大力实施浐溪流域清水工程议案决议执行情况，12月，听取和审议关于大力实施浐溪流域清水工程议案决议执行情况的专项工作报告。同时，强化督办，按照《关于浐溪流域清水工程督办工作实施方案》的要求，细化督办工作方案，严格落实督办责任制，加强与承办单位的沟通协调，及时了解治理情况、进度，结合视察调研，找准问题，剖析症结，寻找办法。县政府根据清水工程进展情况和存在的实际问题，进行详细的责任分解，责任细化到人，任务具体到点，且每个月进行一次专项督办，并形成每个月的责任分解落实情况汇总表送交县领导、人大工委及相关部门，确保件件落实，项项推进。

（三）着眼民生，推动社会事业发展。坚持把改善民生作为监督工作的出发点和落脚点，运用法定监督方式开展监督，回应社会和群众关切。3月，组织检查我县“三农”工作及农资储备情况，以保障农民春耕生产的正常进行，维护群众的切身利益。4-10月，组织调研我县农村土地承包经营权确权登记颁证试点工作情况，形成有决策参考作用的调研报告提交给县政府研究处理。6月，组织视察我县学校周边食品安全情况，11月，组织《食品安全法实施条例》实施情况执法检查，推动县政府进一步强化食品安全监管工作，保障人民群众，特别是学生的食品安全和身体健康。7月，听取和审议关于水利工作开展情况的专项工作报告，提出了要主动对接，进一步用足用好国家的水利扶持政策；要健全机制，进一步加强水利工程建中监督和建后管护等审议意见。8月，组织开展县医院新增城东院区用地调研，提出了建设性的意见建议。

（四）保障公正，推进民主法治建设。坚持以推进社会主义民主法治建设、强化社会公平正义为己任，进一步加大监督力度，全力促进依法行政和社会公平正义。**一是开展执法检查。**组织对《旅游法》《婚姻法》《城市房地产开发经营管理条例》《食品安全法实施条例》等4部法律法规开展执法检查，组织对《安全生产法》进行调研。通过听取汇报、召开座谈会、调查走访等方式，全面了解法律法规在我县的实施情况，在肯定成绩的同时及时、准确地发现存在的问题，并据此提出审议意见交“一府两院”办理，并对审议意见落实情况进行跟踪督办和满意度测评，保障法律的正确实施，推进依法行政和公正司法。**二是强化备案审查。**常委会不断完善工作机制，提高人员素质，依法规范开展规范性文件备案审查工作，听取内司工委关于2014年规范性文件备案审查工作的报告，2015年备案审查县政府报送的35件规范性文件，确保规范性文件的权威性和合法性。**三是办理来信来访。**把受理和接待群众来信来访作为履行职能，强化监督的重要抓手，不断健全完善信访工作长效机制，加大信访案件转督办力度。一年来，共受理人民群众来信96件，接待来访48批63人（次），在促进社会和谐稳定方面发挥了积极作用。**四是关注基层选举。**听取和审议关于村（居）委会换届选举情况的专项工作报告，肯定成绩，分析问题，促进基层选举规范有序进行，保障基层民主的实现。

三、夯实平台，激发活力，人大代表履职有为

（一）搭建平台，激发代表履职活力。坚持常委会组成人员联系代表、代表联系选民制度，加强与代表、群众的联系沟通。每个常委会组成人员每年至少联系4个代表，全年共走访联系代表180多人次，代表每年至少联系4个选民，全年共走访联系700多人次；组织代表异地调研考察35人次，并配合其他县区人大代表到德化

异地视察2批 87人次，邀请人大代表列席常委会会议35人次，畅通代表知情知政渠道；继续深入开展“先进代表小组”创建、代表小组联组异地视察等活动，不断创新代表履职方式，为代表履职搭好平台，增强代表履职实效。

（二）强化督办，增强代表履职动力。县十七届人大四次会议期间，共收到代表建议、批评和意见153件，内容涉及设施建设、市政管理、交通秩序、食品安全、教育发展等方面，常委会确定其中7件为重点督办件。常委会在四次会议期间就做好分类登记，并于1月26日及时交办，县政府抓紧梳理分解，于2月10日就完成办理工作的文件制发。常委会领导带领相关委办负责人，经常深入各乡镇、各部门了解办理情况和进程，并于3月召开重点督办件办理计划汇报会，于9月召开重点督办件办理情况汇报会，听取7件重点督办件的办理措施、时间安排、进展情况、办理成效等，领衔代表和相关工委分别提出建议意见，落实办理时限和标准。10月30日，常委会还专门听取和审议县政府关于代表建议、批评和意见办理情况的专项工作报告，有效促进代表议案建议的办理工作。县政府高度重视代表建议办理工作，欧阳县长多次在县长工作例会上提出强调和要求，并多次作出批示。经过各方的共同努力，代表建议办理工作的首次反馈满意、基本满意率达100%。目前，代表建议已经解决或基本解决的76件，正在解决或列入计划的62件，占总件数的90.19%，再创新高。

（三）加强指导，提高代表履职能力。坚持向代表赠阅报纸杂志，定期寄送《人民政坛》和《德化人大》简报等，组织代表参加各种培训，为代表学习法律和人大业务知识创造条件。健全和完善常委会领导联系乡镇人大制度，常委会领导同乡镇人大保持定期联系，参加乡镇人大召开的重要会议，深入现场互动，加强对乡镇人大工作的指导。坚持乡镇人大主席列席常委会会议制度，开展乡镇人大主席培训、邀请乡镇人大主席参加常委会组织的视察检查调研活动，全面提高人大主席和代表履职能力，切实提高乡镇人大工作水平。一年来，邀请18个乡镇人大主席列席常委会会议7次，组织代表、人大主席团秘书、人大主席培训100多人次。

四、改进作风，增强素质，自身建设推进扎实

（一）在学习教育中转变作风。坚持学习制度，深入学习贯彻党的十八大和十八届三中、四中、五中全会精神和习近平总书记系列重要讲话精神，系统学习《宪法》《监督法》《代表法》《组织法》等法律法规和人大业务知识；抓好教育实践活动后续整改项目跟踪落实，扎实开展“三严三实”专题教育，通过认真学习、自我剖析、开展讨论、撰写心得，加强了理论武装，提高了自身修养，转变了工作作风。常委会围绕大局把握定位、强化职能的思路更加清晰，思想上重视群众、感情上贴近群众、工作上服务群众、履职上依靠群众的意识更加自觉牢固，常委会的工作面貌呈现出新变化、新气象。一年来，常委会及机关全体干部厉行节约，轻车简行，务实低调，机关会议减少，三公经费支出下降。同时，深入基层，组织干部到社区开展志愿服务，密切党群干群关系，全年下基层200多人次。

（二）在规范运作中提升服务。按照精简、管用、全面的原则，对常委会及机关原有的各项规章制度进行了清理，做好制度的废、改、立工作，修订汇编成《德化县人大及其常委会权力公开透明运行工作手册》，制定完善机关学习、考勤管理、车辆管理、公文运转等制度。通过建立完善科学合理、程序严谨、操作性强的工作制度，全面提高了常委会及机关工作的科学化、制度化、规范化水平；按照“规范、优质、高效”的要求，做好“三会”（人民代表大会、常委会、主任会议）、监督活动、代表履职的服务工作，做到超前谋划，提前协调，精心筹备，细致周到，做细做实工作的每一个环节，确保材料准确、程序规范、保障到位。

（三）在立体宣传中展示形象。进一步加强人大宣传工作，突出宣传重点，密切与新闻媒体和上级人大的沟通联系。认真撰写宣传报道和工作信息，共编发《德化人大》简报12期，在省、市人大征文征稿活动中，3篇文章获奖。加强机关网络信息化建设，办好德化人大网站，及时发布工作动态，宣传法律法规和各级会议精神，宣传人民代表大会制度。积极宣传代表履职风采，增强代表履职的责任感，在《瓷都德化》、德化电视台等媒体刊登、播放代表风采宣传材料16篇。

各位代表，经过全体组成人员的共同努力，常委会圆满完成了县十七届人大四次会议确定的工作任务，圆满完成了2015年工作计划。常委会取得的工作成绩，得益于县委的正确领导和对人大工作的高度重视，得益于“一府两院”和广大人民群众的大力支持，得益于全体人大代表和人大工作者的共同努力。在此，我谨代表县人大常委会，向所有关心、支持、帮助人大工作的同志们、朋友们，表示崇高的敬意和衷心的感谢！

与此同时，我们也清醒地认识到，常委会工作与人民群众和代表的期望相比，与新时期人大工作的要求相比，还存在着一定的差距。如审议质量有待进一步提高，监督实效有待进一步增强，代表履职和联络机制有待进一步完善，自身建设还需进一步强化等。对于这些问题和不足，我们将在今后的工作中认真加以改进。

【工作报告】

政府工作报告

——2015 年 12 月 23 日在德化县第十七届人民代表大会第五次会议上

德化县人民政府县长　欧阳秋虹

各位代表：

现在，我代表德化县人民政府向大会报告政府工作，请各位代表连同《德化县国民经济和社会发展“十三五”规划纲要（草案）》一并审议，并请县政协各位委员和其他列席人员提出意见。

一、2015 年和“十二五”工作回顾

2015 年，在上级党委、政府和县委的坚强领导下，县政府认真贯彻落实上级各项决策部署，主动适应新常态，把握大势，抢抓机遇，积极作为，克难攻坚，敢拼敢赢，在科学发展中增创新优势，在跨越发展中取得新进步。

（一）保持定力、精准发力，发展支撑力不断增强

“三比一看”深入开展，比学赶超氛围浓厚，经济发展稳中有进，预计全县生产总值 182 亿元，增长 7.5%；一般公共预算总收入 15.1 亿元，增长 1.2%；一般公共预算收入 10.26 亿元，增长 2.5%；工业总产值 249 亿元，增长 6.5%；农业总产值 19.3 亿元，增长 0.8%；第三产业增加值 60.5 亿元，增长 8%；全社会固定资产投资 97 亿元，增长 15%；自营出口 2.35 亿美元，增长 5%。*政策扶持精准定向*。贯彻上级稳增长政策，落实市政府关于促进德化陶瓷行业健康发展六条措施，出台陶瓷产业发展、规范矿业管理、促进服务业发展、稳定住房消费支持刚性住房需求等政策，全年兑现涉企资金 1.66 亿元；争取上级补助 11.66 亿元，增长 27.3%。*企业帮扶力度加大*。开展“促进项目落地、帮扶企业发展”活动，召开 16 场现场办公会、10 场专题调研座谈会、9 场企业家座谈会、6 场政银企对接会，解决企业难题 243 个。*企业股改步伐加快*。新增海峡股权交易中心挂牌企业 6 家达 24 家，其中 5 家完成股权改制并实现挂牌交易，占全市 27.8%；3 家列入省新三板挂牌后备企业，5 家列入省重点上市后备企业。*风险防控有力有效*。财政出资 1500 万元建立企业应急保障专项资金，为 12 家企业提供应急还贷周转资金 1.06 亿元。全县金融机构贷款余额 139.42 亿元，增长 36.3%，存贷比 89.9%；不良贷款率全市最低。*有效投资稳定增长*。建立重点项目日会商、周协调、月调度、季推进制度，着重突破前期、开工、进度、投产“四个环节”，122 个城乡“6+4”提升工程重点项目完成投资 70.33 亿元，增长 23%；101 个进一步扩大有效投资项目完成投资 13.6 亿元。

（二）创新驱动、转型提升，内生增长力不断增强

创新创业激发活力。深化商事制度改革，全面实施“三证合一、一照一码”登记，新注册市场主体 3991 个，增长 26.9%。实施陶瓷艺术创业导师行动计划，成功举办全国陶瓷技能大赛福建赛区选拔赛，建立健全“名师带徒”、大师评选机制，“学徒制”传承陶瓷技艺列入省级试点。加快 6 个众创空间示范点建设，顺美集团获批设立国家级博士后科研工作站，冠福被认定为国家技术创新示范企业，福杰陶瓷 LED 灯具荣获德国纽伦堡国际发明展金奖。*传统产业转型升级*。出台产业转型升级等一系列政策，制定陶瓷业、矿业、旅游业转型升级路线图。实施产业龙头促进计划，抓好两化融合、数控一代应用、陶瓷智能化改造等一批示范项目，完成国家循环化改造投资 7.93 亿元、省市重点技改投资 8.5 亿元，列入省市龙头企业 13 家，规下转规上企业 7 家。新增国际注册商标 2 件、中国驰名商标 1 件、省著名商标 5 件、授权专利 1118 件，两项“陈设艺术瓷”国家标准获准发布。新增版权登记 1.4 万件，占全省全年登记总量的 1/3。列入国家新型工业化产业示范基地。加强矿业资源勘查整合，完成邱村、东洋矿区部分矿段金矿详查和盖德、美湖瓷石矿资源整合，推进矿山企业技改、绿色矿山建设，力促矿业可持续发展。*特色农业提升壮大*。修订农业现代化发展政策，落实强农惠农富农政策，支农支出 4.94 亿元，增长 35.2%。粮食生产保持稳定，特色农业提质提效，林下经济持续发展。创建众筹农业企业 6 家，新增“三品一标”产品 4 个，列入国家农业科技园区示范企业 5 家、省林业产业化龙头企业 4 家。特色农林业实现产值 9.8 亿元，占农业总产值的 50.8%。*旅游产业培育发展*。出台实施《旅游发展总体策划及近期行动计划》，旅游重点项目扎实推进，完成戴云山脉旅游区游客服务中心主体工程，九仙山晋级国家 AAAA 级旅游景区，乡村民宿悄然兴起，乡村生态游、陶瓷文化游成为新宠。全年接待游客、旅游总收入均增长 10%。*招商选资积极推进*。与厦门航空、新奥集团、中商投实业等签订合作框架协议，美图铝业、红星

美凯龙、道畋智慧农业示范园等项目洽谈落地，全县引进项目16个，实际到资1.04亿元，实际利用外资（验资口径）770万美元。

（三）政府主导、电商换市，电商引领力不断增强

陶瓷电商引领业界发展。出台实施"互联网+"行动计划，成立电商分销协会、电商物流协会，全国首家阿里巴巴中国供应商合伙人试点、全国首批中国国际电商中心培训学院泉州分院落户德化。成功举办首届中国陶瓷电商峰会并成为创会会址。获评中国日用陶瓷十佳网货品牌、中国工艺陶瓷十佳网货品牌5家。互联网科技产业孵化园入选省互联网孵化器，城东电子商务创业园列入国家电商示范基地、省电子商务示范园区。预计网络零售交易额突破16亿元，增长33%。*社区电商突出民生服务*。创新建立"基地生态种植+平台运营推广+社区O2O仓储配送"模式，率先建成社区电商O2O平台，城区半小时O2O服务圈加快形成。*农村电商连接城乡服务*。全市首家农村淘宝县级服务中心落地德化，县农村电子商务运营中心成立运营，三班镇被认定为全国淘宝镇、中国茶具之乡，4个村被认定为全国淘宝村；获评电子商务进农村省级示范县。成为同时获评中国电商百佳县、中国电商百强县、国家电子商务示范基地全国唯一的陶瓷产区、全省唯一的县份，阿里研究院、淘宝大学在全国推广政府推动型德化电商经验。

（四）改革先行、统筹发展，环境承载力不断增强

改革更加稳妥、更富成效。扎实推进城乡统筹8大类127项工作任务、33项改革试点，完善全省首个县级农村产权交易中心建设，南埕镇农村土地承包经营权确权登记颁证省级试点顺利完成，完成国家林地占补平衡试点县建设任务，龙浔、浔中列入省级机构改革试点镇，浔中、三班列入全国重点镇。*交通更加便捷、更加完善*。成功争取兴泉铁路途经德化并设立客货站点、德化城关至永泰嵩口高速公路列入海西高速公路网规划；投入3.07亿元，完成北环路、车碓岭至观音岐道路建设和蒲坂路段沥青加铺，环城路形成闭合；投入16.86亿元，超时序进度推进厦沙高速德化段建设，完成三班市政大道建设，交通条件改善力度空前。城市更加配套、更加宜居。城市更新改造持续推进，市政配套设施持续改善，25个市政提升工程项目完成投资18.98亿元。投入2.2亿元，动工建设蒲坂高位水厂，完成城区5处停车场建设、龙津桥重建工程、城区污水处理厂二期工程、高内坑生活垃圾卫生填埋场建设。全县城镇生活污水处理考评排名全省县级第一。瓷都大道获评全市十大最美道路。列入国家智慧城市试点县并启动建设。*乡村更重整治、更加美丽*。投入1.36亿元，抓好省"千村整治、百村示范"工程18个村、省智慧家庭10个示范村、市人居环境整治6个村1条景观带建设，创建县级"美丽乡村"10个示范村（社区），改造石结构房屋1.65万平方米。水口镇列入全国宜居小镇示范镇，2个镇1个村获评省特色景观旅游名镇名村，4个村列入省传统村落。上涌省级历史文化名镇和三班、水口市级小城镇试点建设取得进展。*生态更重保护、更加优美*。生态文明示范创建扎实开展，全年造林绿化2万亩，列入全省重点生态功能区。"河长制"有效落实，投入1.61亿元，实施浐溪流域清水工程，开展"赛水质"活动，抓好一批重点流域水环境、水土流失综合治理。投入5亿元，加快彭村水库建设，完成闽江防洪工程城东试验段。生猪养殖污染整治取得成效。推进节能减排，完成黄标车淘汰年度任务。

（五）改善民生、践行宗旨，社会凝聚力不断增强

县财政民生支出19.56亿元，占一般公共预算支出比重达77.1%，28件省市为民办实事项目全面完成。城镇居民人均可支配收入26930元，增长7.5%；农村居民人均可支配收入11954元，增长9%。*教育事业优先发展*。投入6300万元，加快城区学校扩容提质，完成金锁小学及幼儿园、三班中心小学扩建，推进丁墘中学、阳光小学及幼儿园、城东幼儿园、后所小学东校区、第二实验幼儿园等新扩建工程。"义务教育发展基本均衡县"通过省级评估。获评全国老年远程教育示范区。*社保体系持续完善*。新增城镇就业7865人，农村劳动力转移就业6583人。城镇职工"五险"参保人数累计增加1.2万人次，城乡居民养老保险续保率达97.2%，城乡低保基本实现应保尽保。医疗、慈善、灾害、关爱老年人、残疾人、留守老人儿童等社会救助体系更加完善。全年支出社会保障资金3.26亿元，发放各类困难救助3348万元。实施精准扶贫，投入扶贫资金3644万元，造福工程搬迁3800人。出台城区住房困难户政策，开工建设各类保障性安居工程3395套。*卫计医疗普惠于民*。投入7855万元，完成中医院新院区综合大楼、浔中社区卫生服务中心主体工程建设及3个乡镇卫生院、15个村卫生所改造。新农合参合率达99.99%，享受新农合补偿达99087人次。单独"二孩"生育政策全面实施。*文体事业繁荣发展*。与甘肃省敦煌市缔结友好城市。德化电视台获评全国县级广播电视系统"十佳电视台"。投入5900万元，完成县体育场改建、老干活动中心、妇女儿童活动中心、数码影视城和一批乡村文体设施建设。*社会治理和谐有序*。投入4080万元，完成公安技侦大楼主体工程，推进应急指挥中心、看守所迁建、司法人防森林公安龙浔法庭业务用房等项目建设。安全发展县创建取得成效，安全生产态势平稳，社会保持安定稳定。获评省第三轮首批平安县、省食品安全社会共治示范县。深化精神文明创建，3人荣登福建好人榜，2人获评市道德模范，邱双炯获评市最美文化工作者，刘志军获评市最美农民。出版《德化民俗》。双拥、审计、统计、物价、工青妇、民族宗教、外事侨台、防震减灾、档案等工作取得新进步。

（六）勤政廉政、依法行政，政府公信力不断增强

扎实开展“三严三实”专题教育，贯彻落实党风廉政建设责任，认真执行“八项规定”，作风建设走向常态化。全力配合省委巡视、省经济责任审计工作，切实抓好反馈意见整改落实。自觉接受县人大依法监督、县政协民主监督和社会舆论监督，办理人大代表建议153件、政协提案111件，满意率和基本满意率达100%。加强政府法制建设和政府信息公开，建立政府与法院、检察院联席会议制度，完成县政府机构改革，推行行政权力清单制度，推动权力阳光运行。“六五”普法通过省市验收。村级组织换届选举顺利完成。深化机关效能建设，推行“马上就办”，行政审批提速提效，政府服务发展水平进一步提升。

2015年工作任务的完成，标志着“十二五”规划主要目标顺利实现，也为“十三五”开好局奠定了厚实基础。

这五年，我们始终坚持科学发展、稳中求进，经济实力迈上新台阶。全县地区生产总值净增80.33亿元，年均增长11.2%；人均地区生产总值突破1万美元，年均增长10.8%；一般公共预算总收入突破15亿元，一般公共预算收入提前实现比2010年翻一番。全社会固定资产投资五年累计311.2亿元，一批重大项目建成投产。稳增长与促转型齐头并进，成立县陶瓷、矿业、土地管理、旅游发展委员会，出台实施陶瓷业转型升级“1+7”等一揽子政策，实体经济发展质量效益进一步提升，工业增加值突破86亿元，产值超亿元企业从21家增加到60家，高新技术产业增加值占GDP比重从5.3%提高到6.2%。建成全国首个省级出口陶瓷质量安全示范区，列入国家外贸转型升级示范基地、国家循环化改造示范试点园区，全省唯一列入国家资源综合利用“双百工程”示范基地。

这五年，我们始终坚持先行先试、稳妥推进，城乡发展更显协调性。深化“大城关”战略，开展全省首个统筹城乡发展试点县建设，累计实施项目118个，完成投资114.8亿元。出台全县统一的城建、矿区、旅游区征安迁政策，争取土地指标2.04万亩、林地指标1.78万亩、上级资金42.52亿元，财政性项目融资78亿元；建成工业园区5个、面积1.15万亩，新增入驻企业495家达1681家，完成投资8亿元。城乡交通条件全面改善，投入34.26亿元，用于高速公路、国省道、县乡村道建设，新增通车里程331公里达2800公里。城区建成区比2010年扩大15平方公里达26平方公里，城镇化率比2010年提高4个百分点达73.5%。获评国家卫生县城、福建十大醉美县城，三届蝉联全国文明县城。

这五年，我们始终坚持高端运作、文化展示，品牌影响获得大提升。成功发行德化窑瓷器特种邮票，德化窑瓷器入选马尔代夫、坦桑尼亚、柬埔寨邮票题材，成功举办德化窑国际学术研讨会、首次澳门推介会、第十四届亚洲艺术节暨第二届海上丝绸之路国际艺术节首届中国陶瓷电商峰会和世界瓷都·德化陶瓷（柴烧）艺术交流展、泉州陶瓷文化生态旅游节，支持大师举办德化名瓷全国巡回展、故宫博物院、国家博物馆艺术作品展等活动，鼓励大师走出国门开展陶瓷文化交流，在国内不同大中城市新设陶瓷营销中心33家达78家；德化陶瓷作为《文化福建》《南海1号》主要题材、岱仙瀑布旅游广告在央视等主流媒体播出，央视寻宝、国宝档案等5个栏目拍摄德化专题片，海峡两岸生物多样性与森林保护文化研讨会纳入海峡论坛；福建省陶瓷专业化标准委员会落户德化；世界知识产权组织在全球推广陶瓷版权保护“德化经验”。四届蝉联中国民间文化艺术之乡，获评中国陶瓷历史文化名城、千年古县、全球首个“世界陶瓷之都”。

这五年，我们始终坚持生态立县、科学开发，三赢发展实现可持续。以创建科学发展示范县为动力，持续推动资源节约型、环境友好型社会建设。持续推进“四绿”工程，累计造林绿化21.2万亩。全县林木蓄积量、森林覆盖率分别从2010年的1308万立方米、77.3%增至2015年的1847万立方米、79.05%，林木蓄积量占全市一半以上，森林覆盖率保持全市首位。全市“美丽乡村”试点县建设扎实开展，投入8360万元，创建“美丽乡村”示范村（社区）45个。节能减排任务全面完成，县长环保目标责任书考核连续五年居全市首位。获评国家生态县、国家生态文明建设示范区、国家水土保持生态文明县、省级园林县城、省级森林县城。

这五年，我们始终坚持民生优先、共建共享，公共服务加速均等化。财政民生支出累计68.39亿元，年均增长20.1%。城镇居民、农村居民人均可支配收入分别年均增长10.9%、10.2%。校安工程、义务教育标准化学校全面建成，全县94%的学生集中在城区就学，教育发展基本实现均衡化。全力支持泉州工艺美术职业学院建设与发展，职业教育取得长足进步。城乡居民养老保险、医疗保险和社区居家养老服务站、乡镇敬老院实现全覆盖。医疗卫生条件明显改善，文化体育服务体系更加健全。率先在全省开展农村土地整治与城乡建设用地增减挂钩，获得12亿元政策资金，已投入8.3亿元建设城东旧村复垦安置房3263套。列入省政府县级基本财力保障县，纳入原中央苏区振兴发展规划实施范围。地方志工作走在全省前列。获评省食品安全示范县。连续两届获评省双拥模范县。群众安全感连续9年居全市首位、连续5次进入全省前十位。是全市唯一连续三年获评“市绩效评估暨五大战役考评先进县”的县份。

各位代表，回望这五年，全县上下牢牢把握发展第一要务，化挑战为机遇，化不可能为可能，经济社会生态取得了一个又一个进步；回望这五年，全县上下牢牢把握统筹第一主线，以改革精神先行先试，以统筹城乡协调发展，城乡事业建设取得了一个又一个突破；回望这五年，全县上下牢牢把握民生第一目的，坚持权为民所用、情为民所系、利为民所谋，百姓得到实惠一年更比一年多。五年的历程令人难忘，五年的成就来之不易。这是上级党委、政府和县委正确领导的结果，是县人大、政协和社会各界监督支持的结果，是全县上下敢拼敢赢的结果。在此，我谨代表县人民政府，向全县广大干部群众、人大代表、政协委员，民主党派、工商联、无党派人士和人民团体，离退休老同志，向驻德机构、驻德部队、武警官兵，企业界人士和来德创业务工人员，向海内外乡亲朋友，表示衷心的感谢和崇高的敬意！

我们也清醒地看到，发展过程中还存在一些困难问题：一是经济下行和财力增长压力较大，转型升级和结构调整仍然任重道远；二是统筹城乡改革试点亟待更大突破；三是农林业、旅游业资源优势转化为发展优势步伐偏慢；四是招商选资力度仍需加大；五是政府职能转变还需加快。对此，我们将高度重视，强化举措，全力以赴加以解决。

二、“十三五”和2016年工作安排

未来五年，我国经济进入新常态，中央支持福建和泉州加快发展，省里支持我县开展城乡统筹试点，我县进入高速、高铁“两高”时代，迎来一小时经济圈、半小时生活圈“两个圈”机遇。我们必须准确把握战略机遇，抢抓重大政策利好，敢于担当，主动作为，奋力拼搏，争先进位，努力把潜在优势转化为发展优势，全力推动德化科学发展、跨越发展。

根据县委十二届十五次全会通过的“十三五”规划《建议》，县政府编制“十三五”规划《纲要》（草案）。指导思想是：高举中国特色社会主义伟大旗帜，全面贯彻党的十八大和十八届三中、四中、五中全会精神，以马克思列宁主义、毛泽东思想、邓小平理论、“三个代表”重要思想、科学发展观为指导，深入贯彻习近平总书记系列重要讲话精神和对福建工作的重要指示，坚持“四个全面”战略布局，坚持发展是第一要务，树立创新、协调、绿色、开放、共享的发展理念，以转型升级、跨越发展为主线，以提高发展质量和效益为中心，以争创科学发展示范县和统筹城乡发展先行县为抓手，加快形成引领经济发展新常态的体制机制和发展方式，统筹推进经济建设、政治建设、文化建设、社会建设、生态文明建设和党的建设，推动经济社会生态发展再上一个新台阶，全面建成“实力、文化、美丽、幸福、清纯”的现代化瓷都。

主要目标是：力争至2020年，全县生产总值年均递增7.8%以上，人均地区生产总值年均递增7.1%以上，在更高水平上全面建成小康社会。主要任务是：一是打造“实力瓷都”。坚持科学发展，着力稳增长、调结构、重创新、抓改革、促转型，激发市场主体新活力，增强创新驱动新动力，培育开放型经济新优势，构建健康产业新体系，促进主导产业高端化、特色产业集群化、新兴产业规模化发展，争创科学发展示范县。力争研发投入占地区生产总值比重达2.3%，高新技术产业增加值占GDP比重达9%；陶瓷产值年均增长9%；矿业产值年均增长8%；旅游总收入年均增长10%。二是打造“文化瓷都”。推动文化大发展大繁荣，提升文化软实力。注重文化挖掘保护、传承创新，充分展现底蕴深厚的陶瓷文化、兼容并蓄的民俗文化、勤劳质朴的传统文化、无私奉献的红色文化，丰富完善“崇文尚德、包容善化、传承创新、敢拼敢赢”德化精神的内涵和实质。三是打造“美丽瓷都”。完善经济、社会、生态“三赢”发展模式，加强生态文明建设，建设美丽城市、美丽乡村、美丽社区，走集约、智能、绿色、低碳的新型城镇化道路，把城市建在“森林中、浐溪旁、瓷海里和市民群众心坎上”，把农村建成“白墙黑瓦、绿树成荫、设施配套、天蓝水净、和谐宁静”的绿野仙踪。力争至2020年，城镇化率达75%，城区建成区人口达25万。四是打造“幸福瓷都”。破解城乡“二元”结构，加快农民市民化进程，补齐均等化服务短板，激发农村发展活力，缩小城乡发展差距，加快实现学有优教、劳有多得、病有良医、老有颐养、住有安居，使德化成为首善之区、幸福之城。五是打造“清纯瓷都”。充分发挥党的领导核心作用，深化执政能力、先进性和纯洁性建设，营造干部清正、政府清廉、政治清明、社会清淳的良好政治生态。为实现上述目标，我们策划实施重大项目342个、总投资724.19亿元，推动“十三五”规划《纲要》落到实处。

2016年是“十三五”开局之年，我县经济社会发展主要预期目标为：全县生产总值增长8%；一般公共预算总收入增长5%，一般公共预算收入增长5%；全社会固定资产投资增长13%；自营出口增长5%，实际利用外资增长5%；社会消费品零售总额增长10%；居民人均可支配收入增长7%；完成市下达节能减排任务。着重抓好以下四个方面工作：

（一）以发展为要，着力打造产业“升级版”

抓住经济发展新动能加快成长的机遇，激活存量，做足增量，打造经济增长“双引擎”。

1. 激活存量，力促转型升级。实施工业强基工程，加大传统产业改造提升，推动经济发展方式从规模速度型粗放增长转向质量效率型集约增长。

（1）以创新驱动为核心加快引领型发展。实施创新驱动发展战略、人才优先战略，深化陶瓷产业人才聚集基地建设，建好专业人才库，启动培育百家亿元企业、百名优秀企业家、百名省级陶瓷艺术大师“三百”工程，为创新发展提供动力支撑。突出企业创新主体，实施龙头企业引领、成长型企业带动、小微企业扶持等科技专项，引导创建各类技术创新中心，统筹推进“六大创新”。健全技术创新体系，实施技术创新平台提升计划，强化关键共性技术研发，加速科技成果转化。着力推进大众创业、万众创新，积极发展众创、众包、众扶、众筹等新模式，重点发展基于“互联网+陶瓷”的特色众创空间，打造一批创业示范基地、大学生创业场所和新型众创空间。

（2）以三项行动为抓手提升制造业质量。坚持“传统瓷雕精品化、工艺陶瓷日用化、日用陶瓷艺术化、新兴陶瓷规模化”发展方向，对接实施“中国制造2025”，谋求在新一轮产业变革中占据领先优势。一是实施智能制造专项行动。以数控技术和智能设备推广应用为着力点，实施“机器换工”专项行动，推动本土自动化机械设备产业化生产，鼓励企业引进运用国内外先进数控技术、管理系统、自动化生产设备，探索建设智能工厂、数字化车间，完成工业技改投资10亿元，创建一批市级以上“两化”融合示范企业。二是实施服务型制造专项行动。实施加快发展现代服务业行动，大力发展2.5产业，推动服务业与制造业深度融合。以工业设计创新引领智造升级，支持引进高端设计机构，创建一批工业设计中心，推动工业设计与关联产业融合发展。加快培育现代物流，规划建设城东物流中心、城南物流园，支持第三方物流企业融入生产企业供应链管理。三是实施提升质量品牌专项行动。强化质量基础建设，推进省日用陶瓷产品质量检测中心建设，鼓励参与各种标准制修订，创建全国首家出口陶瓷质量安全示范区。实施品牌提升工程，组建“产品+企业+大师+德化”品牌联盟，启动世界陶瓷之都品牌运作十大行动计划，举办“藏瓷”活动；鼓励企业开展商标注册、创建，支持大师赴国内外博物馆、艺术馆办展，力促“德化白瓷”“德化玉瓷”“德化窑瓷器”获评地理标志商标；推动企业股改上市，打造德化陶瓷板块；抓好国家知识产权强县工程试点县建设，提升世界陶瓷之都的国际影响力和品牌价值。

（3）以陶瓷文化为依托展现德化软实力。重视陶瓷文化挖掘保护、传承创新和宣传展示。实施陶瓷博物馆提升工程，规划建设屈斗宫窑遗址公园，推进陶瓷历史文化街区、文化创意产业园项目建设；加强陶瓷文化研究和交流，筹划首届“何朝宗”杯陶瓷文化艺术设计大赛，开展“人人是德化陶瓷讲解员、家家（企业）是德化陶瓷博物馆”活动，抓好海上丝绸之路•德化瓷遗迹群落保护展示项目，推动屈斗宫窑遗址纳入“海上丝绸之路：泉州史迹”，争取德化瓷烧制技艺、戴云山自然保护区纳入泉州申报世界文化遗产、世界自然遗产。

（4）以园区建设为载体推进集聚式发展。把园区经济作为集群集约发展的载体，发挥县陶瓷产业园区管委会作用，抓好城东三期四期、龙浔中小企业园、上寮、紫云等园区建设，满足企业用地需求。注重规范园区管理，依法处置闲置用地，盘活有限土地资源。加快引进与园区发展相配套的公共平台和研发机构，实现要素集中、功能集成、产业集聚，打造集约型、创新型陶瓷产业园区，推动陶瓷产业园区向国家级园区迈进。

（5）以上下结合为路径拓展更广阔市场。线下：加强国家级陶瓷外贸转型升级示范基地、陶瓷工艺品省级重点商品出口基地建设，组织参加各类知名展会，巩固传统市场，开拓新兴市场。加快中国茶具城建设，打造全国茶具产业集聚区。鼓励企业设立分销网点、健全营销网络，扩大国内市场份额。支持有条件的企业“走出去”，推进国际产能合作，融入全球产业链、价值链，提升竞争力和市场空间。线上：加大电商品牌培育，抓好德化网商学院、中国国际电商中心培训学院泉州分院建设，启动实施打造十家超亿元零售网商、培育百个网货品牌、引导千家传统企业上网开设旗舰店、培训万名网商人才“十百千万”工程，营造全民电商氛围。以村淘落地和列入电子商务进农村省级示范县为契机，大力发展农村电商和快递业，支持农业企业抱团在第三方电商平台开设特色展馆，推动“农产品进城、工业品下乡”，争创全国供销总社电商示范县。把握当前发展跨境电商良机，加快构建适应德化跨境电商发展需求的“生态圈”，依托中国陶瓷在线交易平台及陶瓷全球购平台，引导发展跨境电子商务，开拓陶瓷市场新蓝海，促进“买全球、卖全球”。规划建设网商（虚拟）产业园、陶瓷信息文化产业园，提升电子商务创业园，放大电子商务聚集效应，打造全国最大的陶瓷电子商务示范基地。

（6）以增储扩能为重点推动矿产业提升。发挥县矿业发展委员会作用，实施矿产资源总体规划，壮大以阳山矿区为主体的铁矿生产基地、以双旗山和东洋矿业为龙头的金矿生产基地、以海峡水泥为重点的水泥生产基地，着力打造福建重要的矿产业基地。加大探矿采矿力度，加强阳山、丘埕铁矿区资源勘探，抓好北部金矿区整装勘查项目，扩大后续资源储备。推进矿山技改、成本控制、手续办理和尾矿库建设，引进瓷土精深加工企业，推进国家级绿色矿山试点建设，力促矿山企业增产增效。拓展与矿业相配套的“矿业+”板块，适度开发地热水、矿泉水等产业，打造“闽南温泉之都”和矿泉水生产基地。

2. *做足增量，力促结构调优。*启动实施新兴产业倍增计划和创新示范工程，大力发展以食品产业和休闲旅游为主体的健康产业，推动经济支撑由“一业独大”向“多业俱兴”转变。

（1）突出旅游业发展。把旅游业作为战略性支柱产业来培育，推动“双十双百双遗一区”工程的建设与申报，打造生态旅游养生宜居之城。加快构建大旅游格局，一是优化结构布局。落实旅游发展总体策划和近期行动计划，突出陶瓷文化和栖养度假“两大主题”，构建“一城、一环、两区”旅游发展空间布局。二是突出项目带动。以龙头为引领，以项目为支撑，抓好7个旅游重点项目建设，协调推进石牛山景区开发建设，拓展提升九仙山景区产品业态和配套功能，建成开放顺美海丝陶瓷文化博物馆，积极打造一批省级观光工厂。完善旅游产品体系，延伸旅游产业链条，推进旅游与文化、工业、农业等产业相融合，积极培育健康、养老等新业态，加快发展民宿、森林休憩等乡村旅游，探索将雷峰山樱花等基地发展成观赏型旅游点。三是提升品质品牌。注重提升旅游服务品质，加快推进省级智慧旅游试点县工作，力促县游客服务中心建成投用。加大旅游品牌塑造，强化旅游产品策划与包装，组织参加各类旅游展会和大赛，争取列入国家东部生态旅游实验区，借助新媒体开展多元化营销，打响德化旅游品牌。

（2）突出农林业增效。培育发展精致型、集约型、外向型和高附加值型农林业，提升农林业比较效益。一是发展休闲农林业。以新的理念创意谋划发展农林业，推动农林业“牵手”旅游、“嫁接”美丽乡村建设，抓好龙浔江山美人茶庄园、三班康乐金兰园、汤头春秋农场葡萄园、南埕“东风水库”水乡渔村等项目建设，把农林业打造成一二三产业融合发展的新业态。二是发展现代农林业。对接实施特色现代农业科技创新行动计划，抓好道�智慧农业示范园、观音海森林文化创意园、上涌娃娃鱼现代养殖基地等项目建设，提升农业智能化、信息化水平。三是发展特色农林业。稳定粮食播种面积。按照“德者耕、福者享”理念，打好“德”字系列“健康牌”产品，适度规模发展“三黑三黄三红三白三菌”和“林下三宝”等特色农林业，培育发展农特产品加工产业，推进质量安全可追溯体系、监管体系建设，加快建成全省最大棘胸蛙驯养繁殖基地，力争德化黑兔、“十八学士”茶花列入国家农产品地理标志保护。四是培育新型经营主体。健全现代农业经营体系，继续实施农业农村“十百千万”工程，鼓励农民返乡创业，扶持发展家庭农场、农庄、“众筹农业”“三农创客村”以及“龙头企业+农民合作社+基地+农户”等新型农业经营主体，提高农林业综合效益。

（3）突出新业态培育。一是发展“互联网+”经济。支持基于互联网的各类创新，加快移动互联网、云计算、大数据、物联网与传统产业结合，实施产业、民生等全方位“互联网+”行动，开展工业互联网创新试点，建好信息数据库，培育产业发展新形态。二是发展大师经济。强化传统工艺美术的传承与发展，实施大师提升工程，鼓励陶瓷艺术工作者参评各级大师，加快青年大师新秀园建设，健全“名师带徒”机制，支持“大师+企业”“大师+创业园”“大师+电子商务”等发展模式，充分释放大师潜在价值。三是培育新兴产业。立足资源优势、产业基础，围绕填补产业空白、延长产业链条，持续深化“三维”对接，强化“山海协作”，推进德台产业对接，更好地吸引海内外德化籍乡亲回乡投资创业，加快引进和发展电子信息、新能源、新材料、节能环保等科技低碳效益型新兴产业。

（二）以统筹为题，着力打造全省“先行县”

把城乡统筹作为协调发展的主抓手，推动以城区为中心、中心镇为依托、美丽乡村为单元三级联动发展，打造全省统筹城乡发展示范样板，积极争创国家新型城镇化综合改革试点县。

1. 突出城区核心。充分发挥龙浔、浔中省级机构改革试点作用，持续深化“大城关”建设。一是依托通道建设增优势。加快推进厦沙高速德化段建设，抓紧做好兴泉铁路德化段开工准备、德化城关至永泰嵩口高速公路规划前期工作，拓宽对外连接通道。坚持组团发展思路，抓好北环路至盖德市政道路建设，扩大城关对周边卫星乡镇的辐射带动面。二是依托更新改造提品位。健全完善城市规划体系，统筹考虑外环路闭合城市空间布局、城区南北畅通工程。注重融入“山魂、水魄、瓷韵、人文”城建理念，抓好城市改造建设，探索利用城中“小山包”改造建设文化主题公园，推动闽江防洪工程德化段、安全生态水系项目与市政景观建设有机结合，打造14公里“会呼吸的河道”、28公里“能静心的慢道”，增强城市宜居性。三是依托功能提升扩承载。探索推进“海绵城市”和地下管廊建设。实施市政建设提升工程，探索解决停车难问题。健全“大城管”机制，强化环境卫生、道路交通、两违建筑等专项整治。以创建国家级智慧城市试点县为抓手，加大基础通信网络设施建设，建设一批智慧应用云平台，提高城市信息化水平。

2. 完善集镇功能。引导农民自愿向集镇转移，推动乡镇连片融合发展。注重提升集镇规划水平，前瞻谋划盖德动车站点，积极抓好上涌省级历史文化名镇、三班和水口市级小城镇试点建设，加快推进镇镇有干线、农村公路提级改造，着力打造“规划科学、设施配套、环境优美”的新型集镇。

3. 形成美丽示范。坚持“生态、宜人、文化”理念，加快美丽乡村标准化建设，打造山水、人文一体的宜居宜业宜游村庄。实施宜居环境行动计划，启动新一轮“千村整治、百村示范”工程，拓展延伸“点、线、面”，继续培育10个县级美丽乡村（社区）示范典型。加大历史文化街区、历史建筑、传统村落保护，探索将农耕、饮食、休闲、养生等文化融入美丽乡村建设，规模展现“白墙黑瓦”戴云山筑风貌，打造美丽家园。

4. 激发城乡活力。持续推进统筹改革试点，努力在更多领域取得率先突破。以中央《深化农村改革综合性实施方案》为指导，坚持和完善农村基本经营制度，实施不动产统一登记制度，全面展开土地承包经营权确权登记，加快推进农村宅基地、集体建设用地确权登记。开展宅基地置换和流转试点，扩大林权“两换”流转规模，优化调整生态公益林布局，抓好县属公司林场改革，探索农村产权抵押贷款机制，健全县农村产权交易中心，规范农村产权交易，盘活农村资产资源。

（三）以绿色为本，着力巩固提升“生态县”

坚持生态立县、绿色发展，牢固树立节约集约循环利用的资源观，加快建设资源节约型、环境友好型社会。

1. 注重绿化美化。落实重点生态功能区规划，严守生态保护红线，推进森林资源管护网格化、全覆盖，抓好森林火灾扑救指挥平台、戴云山林业有害生物防控体系、生物防火林带建设，争取戴云山脉纳入国家重点生态功能区规划。继续开展“全县动员、全民参与、绿满德化、香遍瓷都”行动，开展造林绿化和森林经营8.7万亩，抓好景观提升、林分修复、绿色创建，争创国家生态文明建设试点示范区和国家级园林县城。

2. 注重治污减污。实施水、大气、土壤污染防治计划，落实“河长制”，推进城乡水利保障体系建设，综合整治重点流域水环境，强化饮用水源保护，控制农业面源污染，推进城乡生活污染、工业污染、畜禽养殖污染专项整治，治理水土流失面积3.1万亩，打造蓝天净水；加强重点行业企业大气污染物、涉重金属行业、扬尘等综合治理，加快黄标车淘汰，坚决查处环境违法行为，改善生态环境质量。

3. 注重低碳循环。强化“绿色GDP”理念，持续开展循环化改造实践，完成国家循环化改造示范试点园区建设并通过验收。开展全民节能行动计划，加强国家资源综合利用“双百工程”示范基地建设，强化高耗能行业监管，加快淘汰落后产能，积极推进排污权、水权、碳排放权交易改革，提升生态文明建设水平。

（四）以民生为重，着力提升群众“获得感”

民生工作离老百姓最近。坚持像抓经济一样抓民生，坚守底线、突出重点、完善制度、引导预期，全力保障改善民生，使人民群众在共建共享发展中有更多获得感。

1. 就业是民生之本、住房是民生之要，我们要努力提供更好的就业生活空间。落实就业政策，加强对灵活就业、新就业形态的支持，抓好高校毕业生、就业困难人员、农业转移劳动力、退役军人等重点群体就业，力促新增城镇就业7500人。调整优化住房建设结构，支持首套房、首改房刚性购房，加快与进城务工农民购买力相适应的住房建设，推进城东保障性住房、城东和宝美进城务工人员安居工程及彭村水库、王厝山、乐陶、大洋等安置房建设，努力让广大群众安居乐业。

2. 教育关乎孩子成长、医疗关乎百姓健康，我们要努力提供更好的教育医疗条件。坚持教育优先，以机会公平、均衡发展为主线，加快城区学校扩容提质，推进丁墘中学、鹏祥中小学、阳光小学及幼儿园、城东小学、龙浔第二中心幼儿园、荣昌幼儿园、城东中心幼儿园等项目建设，扩大优质资源覆盖面。招录部分新教师，优化教师队伍结构。加快教育信息化，深化“管办评”分离改革，加快发展远程、职业、社区、老年、特殊教育。针对看病难、看病贵，优化医疗卫生机构布局，加快中医院新院区搬迁投用和县医院医技楼、浔中社区卫生服务中心建设，规划建设县医院城东分院，推进复合付费方式改革，鼓励医师多点就业，健全城乡上下联动、衔接互补的医疗服务机制。

3. 社保事关百姓福祉、养老事关晚年幸福，我们要努力提供更好的社会保障体系。完善全民医保体系，深化机关事业单位养老保险改革，完成新老农保衔接，扩大失业保险支出范围，加快发展补充医疗保险和商业健康保险。建立居家养老服务中心，完成土坂老人活动中心建设并投用，为特困失能老人提供政府购买服务。加强社会救助体系建设，促进社会福利、慈善和妇女儿童、残疾人事业健康发展，落实残疾人生活补贴、重度残疾人护理补贴制度，健全农村留守儿童和妇女、老人关爱服务体系。

4. 扶贫事关全面小康，计生事关千家万户，我们要努力提供更好的人口发展环境。坚持把脱贫攻坚作为第一民生工程，按照“六个精准”和“四个一批”要求，落实脱贫工作责任，着力精准扶贫、精准脱贫。完善帮扶工作机制，对丧失劳动能力的实施兜底性保障政策，对因病致贫的提供医疗救助保障，推动低保政策和扶贫政策相衔接，力争实现脱贫5000人。坚持计划生育基本国策，开展应对人口老龄化行动，实施一对夫妇可生育两个孩子政策，探索建立孕产妇和儿童健康管理中心，提升妇女儿童保健水平。

5. 文化是精神食粮，稳定是重要保障，我们要努力提供更好的舒心安心环境。实施文化惠民工程，加大民俗文化等非物质文化的挖掘抢救保护力度，推动文化与科技、建筑、制造等产业融合发展，推进基层综合性文化服务中心建设，改造提升广电网络。深化“平安德化”建设，完善社区网格化服务管理、立体化社会治安防控、“大调解”工作体系，健全社区矫正制度，依法处理信访事项，严厉打击违法犯罪，维护社会安定稳定。深化“安全发展县”

创建。提升食品安全社会共治水平。有效化解防范金融风险。全力做好彭村水库等移民安置工作。开展第三次全国农业普查。统筹推进双拥、武装、审计、地震、民宗、档案、县志和外事侨台等工作，支持工青妇等人民团体和行业商（协）会依照法律和章程开展工作。

三、切实加强政府自身建设

时刻不忘政府前面“人民”二字，突出忠诚干净担当，带头践行“三严三实”，树立新形象、展示新作为，努力把人民期望变成现实。

1. *建设法治政府，做到心中有规矩*。落实依法治国方略，推进依法治县工作，完善政府与法院、检察院良性互动机制，实施“七五”普法规划，推进公共法律服务体系建设。坚持依法行政，紧盯经济体制、作风建设和群众反映的突出问题，强化市场、政府、社会三大抓手，实施行政权力清单制度，做到法无授权不可为、法定职责必须为。自觉接受人大法律监督、政协民主监督，重视司法监督、舆论监督、社会监督，让权力在法治的轨道上运行。

2. *建设服务政府，做到心中有人民*。统筹推进简政放权、放管结合、审批提速，构建服务实体经济、小微企业、草根创业的新机制。深化以简政放权为重点的审批制度改革，优化服务流程，打破多规壁垒，加快部门间信息共享和业务协同，坚决砍掉各类无谓的证明和繁琐的手续，取消和暂停一批行政事业性收费，方便企业、群众办事。坚决纠正不作为、慢作为、乱作为，打通服务群众“最后一公里”，努力实现社会环境清新、工作作风清新。

3. *建设责任政府，做到心中有担当*。以干部队伍新状态适应经济发展新常态，强化担当意识，严格落实“党政同责、一岗双责”，坚持做到抓执行不打折扣、不搞变通，抓落实不敷衍塞责、不推诿拖沓，把全年的各项目标任务落到实处。尤其是加大“三比一看”力度，充实投资项目库，抓好明年在建重点项目，落实项目月度工作计划安排、重大项目前期工作推进节点计划安排，确保143个“6+4”提升工程在建重点项目完成投资77.11亿元。

4. *建设廉洁政府，做到心中有戒尺*。严格落实党风廉政建设责任制，严格执行《廉洁自律准则》《纪律处分条例》，不折不扣落实“八项规定”，坚决把纪律和规矩挺在前面。深入开展廉政风险防控，深化政务公开和权力运行网上公开，强化行政监察、审计监督，进一步规范公共资源交易管理，从源头上预防腐败。厉行节约反对浪费，严格控制“三公”经费和一般性支出，把有限的财力用在促进发展、改善民生上。

各位代表，德化新一轮大建设大发展的蓝图已经绘就。我们正站在新的起点上，唯有倾注全部的热情与心血，才能担当时代重任，不负人民重托。让我们紧密团结在以习近平同志为总书记的党中央周围，在县委的坚强领导下，解放思想，奋勇争先，凝心聚力，扎实工作，为全面建成“实力、文化、美丽、幸福、清纯”的现代化瓷都而努力奋斗！

【领导讲话】

在县十七届人大五次会议闭幕式上的讲话

吴深生

（2015 年 12 月 25 日）

各位代表、同志们：

县十七届人大五次会议，经过全体代表和与会同志的共同努力，圆满完成了各项议程，即将胜利闭幕。会议审议通过的县“十三五”规划纲要、政府工作报告和其他各项报告，描绘了全面建成“实力、文化、美丽、幸福、清纯”现代化瓷都的宏伟蓝图，凝聚着全体代表的集体智慧，代表了全县人民的共同意愿，必将进一步激励和动员全县广大干部群众主动适应新常态，积极展现新作为，推动德化经济社会生态发展再上一个新台阶。会议还选举产生了县人大常委会主任、县人大常委会委员和 1 名市人大代表，为人大工作注入了新血液、新动力。在此，我代表县委，向大会的圆满成功，向新当选的县人大常委会主任、县人大常委会委员和市人大代表表示热烈的祝贺！

“十二五”时期，面对宏观环境的急剧变化，全县上下牢牢把握“稳中求进”总基调，以创建科学发展示范县和统筹城乡发展先行县为抓手，全力以赴稳增长、调结构、促改革、惠民生、防风险，经济社会生态平稳持续“三赢”发展，一批打基础、利长远的基础设施和产业项目落地动建，构建了总长 18.4 公里环城路和“一心四组团”城市框架，成功举办泉州市陶瓷生态文化旅游节、首届中国陶瓷电商峰会，发行《中国陶瓷 -- 德化窑瓷器》特种邮票，列入全省首个统筹城乡发展改革试点县、国家智慧城市试点县和《赣闽粤原中央苏区振兴发展规划》，三届蝉联全国文明县城，获评千年古县、国家生态县、中国最佳生态旅游县、中国电商百佳县等称号，荣膺全球首个“世界陶瓷之都”。这是全县上下精诚团结、求真务实、奋力拼搏的结果，也凝聚着县人大及其常委会和各位人大代表的心血和汗水。五年来，县人大及其常委会紧紧围绕县委中心，认真履行宪法和法律赋予的职责，在依法监督、重大事项决定、代表工作、加强自身建设等方面做了大量富有成效的工作，为全县发展大局做出了重要贡献。在此，我代表县委向县人大常委会、人大代表，表示衷心的感谢和崇高的敬意！

这次会上，涂健圻同志由于年龄关系，辞去了县人大常委会主任职务。他成长在德化、工作在德化、奉献在德化，几十年如一日，兢兢业业，勤勤恳恳，尽职尽责，尽心尽力，为德化的改革发展稳定倾注了大量心血，做出了积极贡献；担任县人大常委会主任期间，团结带领常委会一班人，开创了我县人大工作新局面，赢得了广大干部群众的赞誉。这里，我提议，以热烈的掌声向涂健圻同志致以诚挚的感谢和崇高的敬意！

王传敬同志，政治素质好、政策水平高、领导经验丰富，成熟稳重、作风扎实、年富力强，这次当选县人大常委会主任是众望所归，希望传敬同志忠实履行法定职责，不辱使命，勤勉敬业，不辜负各位代表和全县人民的重托和期望！

各位代表，同志们，今后五年是全面建成小康社会的决胜期，是全面深化改革的攻坚期，我们的使命更加光荣，任务更加艰巨，责任更加重大。全县上下要继续满怀创新创业的激情，继续增添与时俱进的锐气，以新状态适应新常态，以新担当实现新作为，以新成效展示新形象，努力把催人奋进的宏伟蓝图变为美好现实。下面，我代表县委提三点希望：

一、围绕中心、服务大局，在助推发展上贡献智慧和力量

县委十二届十五次全会和本次人大会议，深入贯彻党的十八届五中全会和省市委全会精神，牢牢把握全面小康和跨越发展目标，坚持“四个全面”战略布局，树立创新、协调、绿色、开放、共享的发展理念，提出要以转型升级、跨越发展为主线，以提高发展质量和效益为中心，以争创科学发展示范县和统筹城乡发展先行县为抓手，推动经济社会生态发展再上一个新台阶，全面建成“实力、文化、美丽、幸福、清纯”的现代化瓷都。这是县委县政府的中心任务，更是全县上下的共同目标、共同责任、共同行动。县人大及其常委会要站住全局，紧紧围绕县委决策部署、政府工作报告和县“十三五”规划纲要，广泛深入地开展调查研究、视察和督促检查，努力提出高质量、有前瞻性和可操作性的意见和建议，为县委、县政府民主决策提供科学依据；找准人大工作与中心工作的结合点，在支持中更好地发挥监督作用，促进“一府两院”依法高效开展工作，为全面建成小康社会铆劲，为全面深化改革出力，为全面依法治县履职，为全面从严治党监督。人大代表要充分发挥来自基层、接触面广的优势，及时把县委的决策意图和本次会议确定的奋斗目标传导到广大群众中去，统一思想、凝聚智慧、团结力量，形成“创新创造、敢拼敢赢、共创大业”的强大合力。

二、发挥优势、主动作为，在推进落实上展现责任和担当

实现大会确定的各项目标任务，最根本最关键的在于狠抓落实，县人大及其常委会要以维护公平正义为核心，综合运用听取和审议专项工作报告、执法检查、视察等形式，推动工作落实。一要把监督作为最有力的保障。加强对“一府两院”的监督，促进依法行政和公正司法；加大对涉及人民群众切身利益的重大决策实施和经济建设重大项目的监督力度，广泛开展视察、调研、检查活动，依法行使重大事项决定权；紧紧围绕我县执法问题较多、人民群众反映集中，诸如征地拆迁、环境保护、交通安全、医患纠纷、社会救济等问题，开展行政执法监督，切实纠正有法不依、执法不严等问题，努力推进依法治县进程。二要把为民作为最崇高的追求。人大代表来自于人民，人民的事情就是人大的事情。要“身”入基层，“心”系百姓，把群众的心声与需求反映上来，使我们的决策更合乎民情、顺应民心、体现民意。要充分发挥人大代表在全县扶贫攻坚中的作用，通过提出议案、建议等方式，推动贫困群众最迫切、最急需问题切实有效解决。在此，县委大力倡议，各位代表以选区为服务半径，倾情助力扶贫攻坚，结对帮扶贫困户，带动搞好生产生活，提高自主脱贫致富能力，在扶贫攻坚中树榜样、作表率，引领形成“人人献爱心、同圆小康梦”的良好氛围。三要把务实作为最可贵的品质。习近平总书记强调，“干部就要有担当，有多大担当才能干多大事业，尽多大责任才会有多大成就。”这是党员干部的立身之本、从政之要，也是衡量“好干部”的重要标准。要强化“作为”意识，提升“能为”本领，找准“善为”路径，着力在产业转型升级、全面深化改革、生态文明建设、增进民生福祉、维护社会安定稳定等方面广泛深入开展调查研究，积极建言献策，提出更多更好的问题解决方案，努力推动县委县政府各项决策部署落到实处。

三、与时俱进、开拓创新，在自身建设上当好表率和榜样

新形势、新常态对人大工作提出了新的更高要求。县人大及其常委会要深入贯彻党的十八大和十八届三中、四中、五中全会和习近平总书记系列重要讲话精神，准确把握新时期人大工作的特点和规律，加强人大工作理论创新、制度创新、实践创新，不断规范监督制度、代表工作制度和日常工作制度，不断探索创新工作运行机制，努力在新常态下推动人大工作创特色、上水平。县人大党组要认真落实从严治党主体责任，把纪律和规矩挺在前面，加强作风建设，巩固提升教育实践和“三严三实”活动成果，始终保持同人民群众的血肉联系，使人大机关成为更具凝聚力、更具战斗力的为人民服务团队。要加强乡镇人大建设，明确乡镇人大在闭会期间的活动方式，组织代表开展视察、调研等活动，听取和反映代表、群众的意见建议。各位代表要倍加珍惜人民的信任，不断提高政治素质和履职能力，创佳绩、作表率、展风采，尤其是代表中的党员要时刻牢记党员身份，自觉践行“三严三实”要求，严格执行八项规定精神和《廉洁自律准则》《纪律处分条例》，始终做到党性坚强、党纪严明。

人大工作是党的全部工作的重要组成部分。县委将认真落实中共中央转发《中共全国人大常委会党组关于加强县乡人大工作和建设的若干意见》文件要求，进一步加强和改进对人大工作的领导，继续全力支持县人大及其常委会依法行使职权。“一府两院”要自觉接受人大监督，认真执行人大决议决定，不断提高依法行政和公正司法水平。各级各部门要积极支持人大依法行使职权，认真办理人大代表提案建议，主动为人大代表开展调研、视察、检查创造有利条件，形成全社会关心支持人大工作的良好氛围。

各位代表、同志们，时代赋予重任，人民寄予厚望。让我们紧密团结在以习近平同志为总书记的党中央周围，进一步提振精神、抢抓机遇、埋头苦干、务实奋进，为推动经济社会生态发展再上一个新台阶，全面建成“实力、文化、美丽、幸福、清纯”的现代化瓷都而努力奋斗！

值此元旦佳节来临之际，祝大家在新的一年里身体健康、工作顺利、万事如意！

【工作报告】

务实创新 主动作为 全力推进人民政协事业向前发展

——2015年12月22日在政协第九届德化县委员会第五次会议上

苏兴羽

各位委员、同志们:

我受政协第九届德化县委员会常务委员会的委托，向大会做工作报告，请予审议，并请列席会议的同志提出意见。

2015年工作回顾

2015年，是“十二五”规划的收官之年，是全面深化改革的关键之年，也是推进依法治国的开局之年。一年来，县政协常委会在中共德化县委的坚强领导下，认真贯彻落实党的十八大和十八届三中、四中、五中全会以及习近平总书记系列重要讲话精神，牢牢把握团结和民主两大主题，紧紧围绕改革发展稳定大局，充分发挥协商民主重要渠道作用，主动作为，务实创新，较好地完成了九届四次会议确定的目标任务，为推进科学发展示范县和统筹城乡发展先行县做出了积极贡献。

一、围绕中心，协商议政，着力服务改革发展

坚持把服务科学发展作为履行职能的第一要务，自觉围绕全县工作大局，通过开展多种形式的协商建言，献计出力。

1. *全面贯彻落实协商民主*。协商民主是人民民主的重要形式，在中央出台《关于加强社会主义协商民主建设的意见》后，今年中央又以中办文件出台《关于加强人民政协协商民主建设的实施意见》，为推进政协协商民主提供了基本遵循和制度保障，对此县政协认真贯彻，积极践行。**一是围绕大局开展全面协商**。九届四次全会期间，委员们听取了“一府两院”工作报告和其他工作报告，以分组集中讨论等形式进行协商建言，形成意见建议49条，县委吴书记、县政府欧阳县长对此作重要批示，要求以切切实实办理落实政协委员建议的具体成效取信于民，树立政府尽心履职、勤勉尽责的良好形象。**二是紧扣中心开展专题协商**。主动适应经济发展新常态，围绕人才引进机制、陶瓷历史与文化、发展壮大现代物流业等重要议题开展调研，并提交常委会专题协商，有目的性地组织与邀请专业人才、部门领导或界别群众参加相应的专题协商，提升专题协商“含金量”。在三次专题协商中都提出具有系统性的意见，为经济社会发展建有用之言、献有效之策。**三是把握重点开展对口协商**。主动与党政职能部门商定协商课题和调研重点，相关部门在重大工作部署、专项检查活动中积极邀请专委会为其谋策建言。针对我县卫生人才队伍建设相对滞后、制约卫生事业发展的现状，组织科教文卫体委员、卫计局等对口部门，深入调研，充分协商讨论，提出《创新人才引进培养机制，加强卫生人才队伍建设》报告。

2. *主动融入改革发展大局*。紧紧抓住中央批准福建设立自贸园区、支持福建加快发展的重大机遇，把政协工作融入保持经济平稳较快发展、全面深化改革的工作重心，通过组织各类协商、调研视察等活动，提出见解，为发展献力。针对我县陶瓷产业面临竞争力不足、创新驱动不强等问题，将《加快转变发展方式，推动产业创新提升》列入重要议政课题，提出要通过政策引导、市场拓展、品牌打造等措施，推进陶瓷产业生产方式、产品结构、管理模式的转变。针对如何利用德化陶瓷精湛技艺名扬海外、产品远销世界各地的优势，提出德化陶瓷要在建设“21世纪海上丝绸之路”“丝绸之路经济带”中发挥重要作用的建议，助推德化申报、获评全球首个世界陶瓷之都。

3. *积极助推“五大升级”工程*。围绕打造全国最大陶瓷电子商务基地、完善社会保障体系、乡村公共卫生事业等课题深入调研，努力推动产业转型、项目带动、城镇建设、绿色生态、民生事业“五大升级”工程的进程。对电子商务作为陶瓷业拓展市场的新商业模式，提出要加快发展电子商务，提升我县企业市场竞争力的建议，为县委、县政府成功举办首届中国陶瓷电商峰会献计出力。针对如何发展现代农业促进城乡统筹发展的问题，组织委员到上海学习考察现代农业，提出要多业态拓展功能、多形式推广技术、多元化筹措资金等建议，欧阳县长做出重要批示，要求相关部门在发展现代农业要有新作为、新突破、新亮点。

二、不断探索，拓宽渠道，努力推进民主监督

坚持在监督中参与发展、在参与发展中监督，扎实推进政协民主监督创新发展。

1. *完善机制拓展监督渠道*。召开民主监督工作座谈会，总结经验、查找不足；委员轮流列席县委常委会、政府常务会、情况通报会、新闻发布会已成为一种机制，开展日

常监督；综合运用会议协商监督、民主评议监督、视察监督、参与党政部门组织监督等多样化监督，加强与县委、人大、政府执行监督职能的合作，使民主监督与党内监督、舆论监督、法律监督、行政监督相互配合、相互促进；完善委派制和聘用备案制相结合的监督机制，挑选“政治素质硬、监督能力高、参与意识强”的委员委派到县直执纪执法单位担任民主监督员，推荐敢讲话、讲真话的委员到27个单位担任民主监督员，促使单位转变作风、提高效能、解决问题。

2. 抓好提案督办落实监督。对县政协九届四次会议期间立案的111件提案，经过归类整理，及时移交，通过列入职能部门绩效考评内容、深入承办单位协商办理、召开提案工作协商座谈会等方式，狠抓政协提案的办理和落实。所立的提案在承办单位的努力下，全部在规定的时间内答复完毕，委员满意率和基本满意率达100%。《关于加快建造体育场的建议》《关于德化外销陶瓷企业抱团发展的建议》等一大批提案已经解决或正在解决，《关于解决城关交通拥堵的建议》，相关部门加强重点路段交通巡逻管控，翻新城区道路交通标志标线，建设部分临时停车位等，改善了城区道路交通面貌。《关于加强我县卫生人才队伍建设的建议》《关于加快建设百德畔山小区东北侧农贸市场的建议》等主席、副主席领衔督办的重点提案，得到县领导和承办部门的重视，收到了明显的办理效果。

3. 开展专项监督促进发展。一是全县发展的重点。根据县委、县政府决策部署，县政协民主监督集聚监督力量，切实做到真帮忙、出满力、求实改。选派机关工作人员参与重点工程建设和督查工作。把加快现代物流园区建设作为监督工作的重要内容，深入部门调研，到福州、三明等地学习考察，在常委会上进行专题协商，提出了《关于加快我县现代物流园区建设的建议》，促进选址规划大坂片区物流园的建设步伐。二是群众关心的热点。只有抓住群众关心关注热点，才能使政协民主监督接上地气。先后围绕医疗卫生、生态环境、低保社保等热点问题开展民主监督活动，推动政府及有关部门解决民生底线问题。针对城区学校建设跟不上生数增长速度的问题，组织开展学校扩容提质工程建设的专项视察监督，提出要根据我县城镇化的发展趋势，统筹考虑全面放开二孩带来的人口增长高峰，科学预测，全面规划学校扩容建设的建议。三是工作推进的难点。发挥自身优势，县政协领导班子成员挂钩全县重点工程瓷都大道大洋段两侧改造一期、二期、城东三期、泉州陶瓷文化古镇等项目建设，对项目建设化解阻力、增加助力、形成合力，促进疑难问题有效解决，推进建设。

三、立足民情，反映民意，致力改善民生福祉

坚持把履职为民理念贯穿于政协工作始终，倾心全力做好维护民利、改善民生的工作。

1. 真诚建言突出民生。针对教师人才队伍出现的师资结构不合理、职称聘后管理滞后、人事关系复杂等问题，县政协按照省政协“协商议题共同确立、计划共同制定、人员共同参与、实施共同推进”的“四个共同”机制，确定了《关于加强教师人才队伍建设》专题，开展为期一个月的专题调研活动。调研期间召开了校长、教师、社会人士专题座谈会；实地走访、调查城区、乡镇中小学、幼儿园；到泉州五中、惠安县、安溪县等地学习考察。调研组仔细分析我县教师人才队伍建设中存在不足、认真借鉴外地有关教师队伍建设的经验，提出了要支持学校创办教育促进会、及时招收新教师、盘活现有教师资源、拓宽人才引进渠道、增加职称聘任职数和设立奖励职称、完善教师绩效奖励机制等有针对性、有实质性和可行性的对策和建议，得到县委县政府主要领导的充分肯定和采纳实施。针对基本公共卫生服务职能在乡镇而服务对象在城区 “管”“户”分离的问题，提出要改变现有管理服务模式，在城关组建全县孕产妇儿童健康管理服务中心的建议，县委吴书记、县政府欧阳县长分别做出重要批示，肯定“这次调研很有前瞻性，提出的建议很有针对性和可操作性，完全契合党的十八届五中全会精神。”

2. 调研视察服务民生。围绕重大民生工程、城乡公共体育设施、农贸市场建设等课题，组织委员深入一线、深入基层开展专项调研视察、座谈走访等活动，形成重点课题调研视察报告8份，提出意见建议40多条，为县委、县政府决策提供参考。其中在视察城市建设与管理工作时，提出了要定期召开城市建设与管理工作专题会、着力抓好市民急需项目的建设、制定长效运行机制、建设一支过硬的管理队伍等意见建议，欧阳县长做出重要批示，要求相关部门认真梳理政协意见，提出相应的整改措施，认真加以落实；在视察厦沙高速德化段建设工程时，提出了要在“保安全、保质量、保速度”前提下做好工程建设，工程的建设要体现德化特色、德化元素等建议。

3. 社情民意关注民生。注重发挥各界别和专委会作用，不断增强反映社情民意的时效性。全年收集社情民意60多件，单独或综合刊发35件，为党委、政府了解民意、掌握社情动态，解决社会热点问题提供了便利。其中《关于加强整治浐溪两岸、进城大道路口等摆摊设点的建议》《关于新型农村合作医疗管理的几点建议》《关于加强城区学校周边地区整治管理的建议》等得到高度重视，相关部门采取有力措施，加以解决，改善了市容市貌、减轻了居民治疗重病的负担、进一步消除了学校周边地区安全隐患等问题。

四、发挥优势，凝心聚力，助力构建和谐社会

坚持把发扬民主与加强团结统一起来，调动一切积极因素，为促进改革发展稳定凝心聚力。

1. 巩固团结协作基础。坚持以人为本，关注民情民意，协助配合党委政府做了大量维护团结、凝聚人心的工作。

不断加强与工商联、各人民团体、民主党派人士的联系，着力营造宽松和谐、民主活跃的参政议政环境，优先安排参与政协的会议和调研、座谈、视察、专项民主监督等活动，支持他们就我县经济社会发展中的重大问题提出建议。推荐党外委员参加党委、政府部门的监督、评议活动，参加各种征求意见会、政情通报会，为各界人士参政议政创造条件。认真贯彻党的民族宗教政策，组织视察我县宗教场所建设管理情况，积极引导宗教界人士和信教群众与社会主义社会相适应，促进民族团结、宗教和睦。

2. *广泛开展联谊活动*。加强与上级政协和兄弟县（市）区政协的联系，配合台盟中央、省、市政协到我县开展专题调研考察活动。认真接待景德镇、醴陵、河源、佛山、北京东城区等地政协参观考察活动，以及驻永春县、南安市市政协委员来我县开展异地视察活动。加强与外地政协的联系交往，组织到南安、三明等学习考察，互帮互学，增进友谊。加强与驻外地县政协委员联系，采取“走出去”方式，由主席、副主席带队分组到北京、郑州、厦门等走访外地委员和部分乡贤，传递乡音、联络感情、引资引智；以“请进来”的方式组织驻外地县政协委员回乡考察，寻找商机、对接项目、以商引商。

3. *积极创造和谐氛围*。坚持定期分批走访委员制度，在新春开工、广交会前后等时间节点，深入委员企业，关心委员的工作和生活，积极为委员排忧解难。引导委员深入基层，收集民意，倾听民声，排查问题，解除民忧。组织视察调研我县“六五”普法和依法治县、知识产权保护情况，促使学法、知法、用法成为主流。组织医卫界委员到上涌镇开展义诊活动，为农村群众送医送药。组织县直有关部门到龙门滩镇霞山村、硕儒村调研农村农业建设情况，帮助筹措建设资金。组织委员开展结对帮扶、捐资助学等扶贫济困活动，为困难群体献爱心、送温暖。同时，县政协领导还利用春节、重阳节、六一节等节日走访慰问困难群众、老人、学生等弱势群体。

五、求真务实，开拓创新，不断提高自身水平

坚持把加强自身建设作为做好政协工作的重要环节，不断打牢工作基础，着力提升履职能力和服务水平。

1. *加强自身建设*。**一是抓好班子建设**。扎实开展县政协领导班子“三严三实”专题教育，坚持学习教育为先，认真查找“不严不实”突出问题并加以整改，积极参与“促进项目落地、帮扶企业发展”“比服务、看实效”等活动，增强活动实效；深入学习《中国共产党廉洁自律准则》《中国共产党纪律处分条例》，增强政治自觉，树立道德高线、坚守纪律底线，坚持“作风建设永远在路上”，切实把作风建设落实到思想、工作、生活上。**二是抓好机关建设**。通过学习理论业务知识和相互交流工作经验，进一步提高机关干部的思想政治素质和整体工作水平；认真贯彻落实“八项规定”，厉行勤俭节约、反对铺张浪费，改进工作方法、改变会风文风、规范公务接待，切实增强机关服务能力和统筹协调能力；积极创建政协“五型”机关和文明机关，为委员履职尽责创造更加宽松便捷的环境，把政协机关精心打造成“委员之家”。**三是抓好委员管理**。创新推行委员履职量化考评电子动态化管理，建立履职档案，完善评价机制，实行考评通报，明确委员职责，规范委员行为，调动委员积极性；及时调整对不能正常履职、有违纪行为的委员，保持委员的生机和活力；充实调整委员活动组，选择有热心、有激情、有责任的委员为组长，优化活动组委员组合，丰富委员活动载体，增加活动面和活动实效。

2. *激发委员活力*。**一是创造履职环境**。通过举办报告会、政情通报、赠阅报纸杂志等形式，努力为委员搭建知情明政平台，帮助委员准确掌握经济社会发展情况，提高委员参政议政能力；组织委员到永春北溪讲堂听取专题讲座，到永春县、南埕镇、水口镇考察美丽乡村建设情况，到安溪学习考察电子商务发展，开阔委员履职的视野。**二是健全激励机制**。组织评选优秀提案、优秀社情民意，进一步激发委员履职热情，调动委员为民呼吁、为民办事的积极性；将委员履职情况的考核结果作为优秀政协委员和下一届是否保留政协委员资格或进入常委会班子的主要依据。**三是鼓励争先创优**。引导委员积极投身经济社会建设，在各行各业发挥表率作用。其中林福文委员率队发明的陶瓷LED灯具获纽伦堡国际发明展金奖，林鸿福委员入选国家科技创新创业人才，连紫华委员被评为第十二届全国技术能手，陈明良、林建胜等多名委员在“全国陶瓷艺术与设计创新评比”活动中获奖等。

3. *扩大社会影响*。坚持政协文史的地方特色和资政作用，征编、出版第33辑文史资料《德化苏区红色史料选辑二》。积极撰写调研文章和交流材料，其中《发挥职能作用，提高监督实效》的民主监督工作经验交流材料，在全省政协工作座谈会上作为典型发言，是在会上发言的4个县（市、区）之一。改版升级政协门户网站，建立政协委员微信群、德化政协微信公众号手机平台，及时发布政协信息。加强与广播电视台、瓷都德化报和德化网联系，办好《委员风采》和《委员之窗》。

积力所举无不胜，众智所为无不成。各位委员，这些成绩的取得，是县委高度重视，县政府及各部门大力支持，社会各界密切配合，全体委员共同奋斗的结果。在此，我代表县政协向大家表示衷心的感谢和崇高的敬意！

在肯定成绩的同时，我们也清醒地看到，县政协常委会工作中还存在一些不足，主要是新常态下如何在深化改革中构建程序合理、环节完整的协商民主体系，如何围绕中心工作进一步发挥委员主体作用，如何在推动发展中促进协商成果进一步转化，这些问题需要我们在今后的工作中认真思考、积极探索、切实加以改进。

【领导讲话】

在县政协九届五次会议闭幕式上的讲话

吴深生

（2015年12月23日）

各位委员、同志们：

县政协九届五次会议，经过大家的共同努力，圆满完成了各项议程，即将胜利闭幕。会议期间，各位委员以饱满的政治热情和精神状态，广泛协商讨论，积极议政建言，提出了许多建设性的意见和建议，展示了热爱瓷都、心系发展、情牵民生、团结鼓劲的风采和智慧。在此，我代表中共德化县委向大会的圆满成功表示热烈的祝贺！

事在人为，天道酬勤。“十二五”期间，面对宏观环境的急剧变化，我县坚持“稳中求进”工作总基调，以争创科学发展示范县和统筹城乡发展先行县为抓手，全力以赴稳增长、调结构、促改革、惠民生、防风险，经济社会生态平稳持续“三赢”发展，一批打基础、利长远的基础设施和产业项目落地动建，构建了总长18.4公里环城路和“一心四组团”城市框架，成功举办泉州市陶瓷生态文化旅游节、首届中国陶瓷电商峰会，发行《中国陶瓷--德化窑瓷器》特种邮票，列入全省首个统筹城乡发展改革试点县、国家智慧城市试点县和《赣闽粤原中央苏区振兴发展规划》，三届蝉联全国文明县城，获评千年古县、国家生态县、中国最佳生态旅游县、中国电商百佳县等称号，荣膺全球首个“世界陶瓷之都”。这是全县人民奋力拼搏、共同努力的结果，也凝聚了县政协、全体政协委员和社会各界人士的心血和智慧。五年来，县政协与县委、县政府同心同德、同向同行，广泛团结民主党派、工商联、人民团体和社会各界人士，政治协商有为、民主监督有力、参政议政有方，为我县“十二五”持续健康发展做出了重要贡献。县委对政协工作是肯定和满意的。在此，我代表中共德化县委向县政协和全体政协委员，以及关心支持德化发展的社会各界人士，表示衷心的感谢和崇高的敬意！

展望未来，任重道远。即将到来的“十三五”，是全面建成小康社会的决胜期，是全面深化改革的攻坚期。县委十二届十五次全会，认真贯彻落实党的十八届五中全会和省市委全会精神，提出了全面建成“实力、文化、美丽、幸福、清纯”的现代化瓷都奋斗目标。县政协和全体政协委员要进一步增强责任意识、进取意识和机遇意识，继续发挥独特优势和优良传统，多谋发展之计、多谏和谐之言、多聚落实之力，为实现“十三五”目标展现更大作为、发挥更大作用。借此机会，我再强调三点意见。

一、围绕中心、服务大局，奏响咨政建言“奋进曲”。今后五年，我县将牢固树立创新、协调、绿色、开放、共享的发展理念，以转型升级、跨越发展为主线，以提高发展质量和效益为中心，以争创科学发展示范县和统筹城乡发展先行县为抓手，推动经济社会生态发展再上一个新台阶。县政协和广大政协委员要找准着力点、结合点和创新点，做到政治协商着眼发展、民主监督助力发展、参政议政服务发展。**一要勤于谋事。**主动适应经济发展新常态，紧盯制约发展的矛盾点、事关全局的牵动点、未来竞争的制高点和社会各界的关注点，精心选择课题，深入调研视察，广泛咨询论证，找准问题症结，提出破解之策，寻求社会意愿的最大公约数，多提有分量、有见地、操作性强的锦囊妙计，为党委、政府科学决策提供有力依据。**二要敢于干事。**切实增强作为意识和实干意识，对有利于改革发展、社会民生、和谐稳定的事，直言不讳、不绕弯子，真抓实干、冲在一线，看准了、认清了就大胆说、务实做、尽力推。尤其要围绕重大项目建设、产业结构调整、城乡统筹发展、社会事业布局、生态文明建设等，有针对性地实施多形式的专项监督，勇于提出建议和批评，帮助查找不足、解决问题、理顺情绪，推动各项决策部署、政策措施落到实处、取得实效。**三要善于成事。**各位委员都是各行各业的精英，要将自己事业与德化发展融为一体，在招商选资、深化改革、转型升级、创新创业上当好排头兵，谋一项做一项，做一事成一事，争当世界陶瓷之都建设的开拓者、领跑者，以精彩出色的业绩在德化“十三五”发展征程中写下浓墨重彩的一笔。

二、发挥优势、主动作为，投身改革发展“主战场”。贯彻推进全面建成小康社会、全面深化改革、全面依法治国、全面从严治党“四个全面”战略布局，县政协和全体政协委员担负着重要的历史使命。**一要当推进全面小康的生力军。**要坚持发展是第一要务，围绕打造德化经济升级版，共同为培育经济新增长点、发挥投资关键作用、加快产业结构向中高端迈进等方面想办法、出实招、下功夫。

注重发挥同业公会和异地商会作用，深入实施“回归”工程，吸引更多的项目资金、技术人才和发展要素涌向德化、投向德化。切实当好群众的“代言人”、稳定的“压舱石”，聚焦突出问题和明显短板，回应人民群众诉求和期盼，全力做好理顺情绪、协调关系、化解矛盾等工作，培育理性、包容、平和的社会心态，更加关注教育、就业、医疗、社保、交通、食品安全、生态环境等涉及群众切身利益的问题，共同落实领导挂钩、基地托养、社会参与等“精准扶贫”机制，为全面小康强担当、争作为、做贡献。企业家委员是经济发展的标杆，既要焕发创新创业激情，努力做大财富“蛋糕”，又要敢担当、重情义、讲奉献，自觉履行社会责任，积极投身公益事业。在此，县委大力倡议各位委员，心系乡邻、饮水思源，以自己家乡为服务半径，倾情助力扶贫攻坚，结对帮扶贫困户，带动搞好生产生活，提高自主脱贫致富能力，在扶贫攻坚中树榜样、作表率，引领形成“人人献爱心、同圆小康梦”的良好氛围。**二要当全面深化改革的先行者**。要围绕经济体制、作风建设和群众反映的突出问题，牢牢把握重点领域、关键环节和主攻方向，进一步加强综合性调研、专项性视察，研究深层次瓶颈问题、体制障碍，提出实质性改革举措、设计方案，助力统筹城乡发展试点和市场体制机制、民营经济综合改革，不断探索改革新路，增添发展内生动力。广大政协委员要争当改革的坚定拥护者、主动参与者和积极推动者，既在各自领域勇于探索、勇于建言，又大力引导各方正确对待深化改革带来的利益格局调整，减少不和谐因素、增加和谐因素，共同为改革出招、一起为改革发力。**三要当全面依法治县的助推器**。全面依法治县、建设法治德化，需要全县上下共同参与，更离不开县政协和全体政协委员的民主监督。要紧盯党委决策贯彻执行、政府部门依法行政等领域，加强执法、司法的监督检查，积极推进政协民主监督与行政监督、法律监督、舆论监督等有效衔接，敢于较真碰硬各种以言代法、以权压法、徇私枉法现象，维护群众利益，捍卫公平正义，确保执法公正、司法严谨。政协委员要在学法、用法、守法中带头做好表率，善于运用法治思维和法治方式想问题、作判断、提建议，带动群众成为民主法治的忠实崇尚者、自觉遵守者、坚定捍卫者，在全县营造“全民守法”的良好氛围。**四要当全面从严治党的实践者**。要围绕管党治党新要求，健全完善民主监督与各方面监督有效结合的监督体系，加强对权力运行的监督，注重对不作为、慢作为、乱作为问题的督促，推动全面从严治党落到实处。要坚持释疑解惑、增进理解、扩大共识，让县委主张决策成为各界人士的共同意志和自觉行动，不断夯实党的群众基础和执政基础。县政协党组要认真落实从严治党主体责任，建立健全政协与党政对接机制，把党委、政府的重大决策部署贯彻到政协各项工作中。政协委员要牢记身份、锤炼品行、严于律己，在大是大非面前立场坚定、旗帜鲜明，尤其是委员中的党员要自觉践行“三严三实”要求，把纪律和规矩挺在前面，严格执行八项规定精神和《廉洁自律准则》《纪律处分条例》，始终做到党性坚强、党纪严明。

三、创新机制、加强建设，展示履职尽责“新形象”。习总书记强调，人民政协要以改革思维、创新理念、务实举措大力推进履职能力建设，努力在推进国家治理体系和治理能力现代化中发挥更大作用。县政协和全体政协委员要以习总书记系列重要讲话和党的十八届三中、四中、五中全会精神为指引，大力探索新常态下政协工作的特点和规律，与时俱进加强政协理论创新、制度创新、工作创新，促进政协工作沿着科学化、制度化和规范化轨道前进。要认真落实中央加强协商民主建设的意见，拓展政治协商新领域，探索民主监督、网络议政和远程协商新形式，搭建机制化、常态化的民主协商参与平台。要切实加强政协常委会、各专委会和机关建设，进一步优化委员构成，不断强化对委员的培训、教育和管理，着力提高委员的政治把握、调查研究、联系群众和合作共事能力，不断开创政协事业发展新局面。各位委员要把政协工作作为施展才华、实现抱负的广阔舞台，把荣誉和责任有机统一起来，主动履职、靠前担当，发挥好带头作用、主体作用和代表作用，团结带领广大群众和衷共济、创新实干、建功立业。县委将一如既往大力支持政协按照宪法、政协章程和相关规定履行职能，确保政协“政治有地位、建言有机会、出力有舞台”；各级各部门也要积极配合政协开展调查研究和视察、考察活动，自觉接受政协民主监督，认真办理政协委员提出的提案或意见，为政协发挥更大作用创造良好环境，进一步形成党委重视、政府支持、各方协调配合的局面。

各位委员、同志们，集众智可定良策，合众力必兴伟业。让我们紧密团结在以习近平同志为总书记的党中央周围，以“四个全面”战略布局为总引领，振奋精神、群策群力，改革创新、真抓实干，为推动经济社会生态发展再上一个新台阶、全面建成“实力、文化、美丽、幸福、清纯”的现代化瓷都而努力奋斗！

值此元旦佳节来临之际，祝大家在新的一年里身体健康、工作顺利、万事如意！

大事记

责任编辑：傅建洋

1月

1月1日，县第二届“淮山文化节”在龙浔镇英山村举行。

1月5日，县委书记吴深生，县委常委、政法委书记王志安到厦沙高速德化段施工现场调研。

1月6日，县举行“石冻王”（棘胸蛙）进京启运仪式。

1月7日，2015年廉政文化作品展在福尧图书馆举办。

1月8日，省煤监局副局长戴文鹏带领督查组到德化督查2014年落实安全生产目标责任制工作。

1月8日，县政府县长欧阳秋虹到大铭乡调研。

1月8日，县纪委召开县直派驻纪检组长述职会议。

1月8日，中国瓷都·德化——山东济南槐荫交流中心正式授牌开业。

1月9日，县第二期“老师傅讲故事”沙龙活动在德化职业技术学校举行。

1月9日，县举行第二批进城务工人员安居工程选房顺序号确认现场会，151户进城务工人员获得选房顺序号。

1月11—17日，市文联主办的“我们的价值观”——书法家作品巡回展在县文庙举行，展出作品98幅。

1月12日，加拿大瓷器艺术代表团到德化参观考察陶瓷产业发展情况。

1月13日，省扶贫协会副会长余有江带领调研组到德化调研扶贫开发工作。

1月15日，龙鹏集团获评2014年度全省民营企业文化建设优势企业称号。

1月15日，由福建省摄影家协会、中共德化县水口镇委员会联合主办，德化县文体新局、泉州市摄影家协会、德化县摄影家协会、视界影像工作室承办的“美丽乡村·魅力水口”全省摄影大赛落下帷幕，百幅获奖作品在德化福尧图书馆展出。

1月16日，国家铁路总公司计统部长期处副处长赵长江等专家组一行现场踏勘吉永泉铁路德化盖德站点。

1月17日，“德化县作家龙翰创作基地”在吉盛黑兔养殖有限公司揭牌成立。

1月18日，上涌镇商会暨第一届理（监）事会成立大会举行。

1月19日，“百态观音·慈航普渡”全国巡回展在南安市体育馆开展。

1月20日，县委召开（扩大）会议。

1月20日，国家住房和城乡建设部公布全国第二批建设宜居小镇、宜居村庄示范名单，水口镇被确定为宜居小镇示范，全省有三镇两村入选。

1月27日，县委召开乡镇党委书记抓基层党建工作述职评议会。

1月27日，国家林业局计财司副司长张艳红带队到雷峰镇调研林业“十三五”发展规划思路。

1月28日，县举行电商分销协会成立大会暨第一届理事会就职仪式。

1月28日，“点亮电商之路”诚信通培训会德化站在城东电子商务创业园举行。

1月29日，县直系统党委书记抓机关党建工作述职汇报会召开。

1月29日，德化公路分局郑珠桂获泉州市“最美养路工”称号，并被授予泉州市“五一劳动奖章”和“市技术能手”称号。

1月30日，“电商头脑风暴”之阿里日用百货掌柜见面交流会在城东电子商务创业园举行。

1月31日，浔中镇获评“第四届全国文明镇”荣誉称号。

2月

2月2日，石家庄栾城区考察团到德化考察现代农业发展情况。

2月2—3日，市委常委、宣传部部长、教育工委书记陈庆宗到浔中镇调研指导党的群众路线教育实践活动整改落实情况“回头看”工作，并到彭村水库建设工地和国宝乡等联系点调研指导彭村水库项目建设、美丽乡村建设等工作。

2月3日，县政府县长欧阳秋虹深入到困难群众、困难职工、困难老党员、计生困难户、重大病党员、离退休干部、全国劳动模范等人家中，开展慰问活动。

2月3日，“欢乐泉州·走进浔中”泉州市2015年“三下乡”启动仪式暨春节慰问演出在瓷都广场举行。

2月4日，市政府副市长陈荣洲到德化召开企业调研座谈会。

2月4日，省气象局副局长葛小清、县政府副县长苏锡培到九仙山气象站，看望慰问长期坚守在高山上的工作人员。

2月5日，县委书记吴深生深入龙浔镇，走访慰问困难党员、优抚对象、低保户和计生户。

2月6日，县委十二届十一次全体（扩大）会议召开。

2月6日，省文明办常务副主任叶向平到德化走访慰问第四届全国道德模范提名获得者——毛碧华。

2月6日，全县人口和计划生育工作会召开。

2月7日，由县陶瓷文化研究中心和县文联联合举办的新海丝·新梦想“戴云山”百家姓书法·陶瓷文化艺术交流会在德化戴云山艺术馆举行。

2月8日，“百态观音·慈航普渡”全国巡回展在晋江市博物馆开展。

2月9日，县组织收听收看国务院、省、市第三次廉政工作视频会。

2月9日，县人大常委会主任涂健圻到实验小学慰问病困党员。

2月10日，省人大常委会副主任刘群英带领调研组到德化调研陶瓷产业发展情况。

2月10日，县森林消防大队揭牌成立。

2月11日，市政协副主席陈明福与爱心企业家一行在县委常委、纪委书记叶长青，县政协副主席刘志阳的陪同下，到盖德镇看望慰问李启环、林春花、林秀锭等贫困户。

2月13日，外交部原部长、中国公共外交协会会长李肇星到德化参观访问。

2月13日，县成立陶瓷行业协会柴烧分会。

2月19日，县委、县政府举行异地商会新春茶话会暨回归创业恳谈会。

2月26日，县陶瓷基地入选国家工信部第六批新型工业化产业示范基地。

2月28日，县政府县长欧阳秋虹到电商、物流企业调研。

2月28日，由县公务员局主办，县人力资源和社会保障局、县总工会协办的“2015年德化县春季人才招聘交流会”在第二实验小学举行。

3月

3月2日，市委常委、宣传部部长、教育工委书记陈庆宗，市纪委常委吴清水带领检查组到德化检查2014年落实党风廉政建设责任制工作情况。

3月2日，市“推进企业转型升级发展若干惠企政策解读”宣讲团走进德化，为企业家和相关部门负责人解读惠企相关政策，帮助企业适应经济新常态，推进转型升级。

3月3日，省发改委副主任林文斌到德化调研电子商务发展及智慧城市建设工作。

3月3日，市委常委、宣传部部长、教育工委书记陈庆宗到海峡水泥股份有限公司调研项目建设情况。

3月3日，市政协副主席李冀平到德化调研“海丝”先行区建设情况。

3月3日，省残联理事长柯少愚到德化督导验收残疾人专项调查工作。

3月4日，全县农村工作会议召开。

3月4日，全县企业工作会议召开。

3月4日，德化恒忆陶瓷艺术股份有限公司董事长林鸿福入选国家“科技创新创业人才”。

3月6日，中国民间文艺家协会调研组参观考察福建省工艺美术大师陈明良瓷艺堂和县陶瓷博物馆。

3月6日，“山水情·陶瓷缘”桃仙溪桃花文化旅游节在南埕镇桃仙溪景区开幕。

3月6—10日，县委书记吴深生带领党政考察团到甘肃省敦煌市参观考察。

3月8日，德化县与甘肃省敦煌市签约缔结为友好县市。

3月8日，40名来自泉州市德化商会、晋江市德化商会、上海市德化商会的乡贤返回桂阳乡彭坑村慰问困难家庭邱振极、郑玉花夫妇，并送上近10万元的爱心慰问金。

3月9日，中国音协音乐考级委员会德化考点落户德化音协。

3月10日，省政府副省长、省政协副主席陈荣凯到德化调研推进农村土地流转、发展适度规模经营情况。

3月10日，县人力资源和社会保障局、公务员局、总工会、妇联联合在瓷都广场举办“德化县2015年新春人力资源招聘会”，35家大中型企业参加招聘会，为求职者提供3250多个就业岗位，2780多人到现场参与求职应聘，达成就业意向1013人。

3月10—11日，县政府县长欧阳秋虹到浔中镇、国宝乡开展调研重点项目建设情况。

3月11日，县人民法院家事审判庭揭牌成立。

3月12日，县委书记吴深生到冠福、协发光洋、必德等陶瓷企业调研。

3月12日，县政府县长欧阳秋虹、县委副书记王传敬、县政府副县长苏毅君带领县直有关部门负责人到龙鹏集团现场办公。

3月12日，“全县动员、全民参与、保护浐溪、香遍瓷都”义务植树活动在唐寨山省级森林公园全面启动，县委书记吴深生、县政府县长欧阳秋虹、县人大常委会主任涂健圻、县政协主席苏兴羽、县委副书记王传敬等县领导和干部群众、青年志愿者种下2500多株台湾樱花、福建山樱花等珍贵苗木。

3月13日，县委书记吴深生、县政府县长欧阳秋虹、县人大常委会主任涂健圻、县政协主席苏兴羽、县委常委陈金忠、县政府副县长苏锡培带领部分乡镇负责人到漳平市永福镇泽祥樱花文化园考察旅游业发展情况。

3月19日，省水利厅副厅长刘子维带领检查组到德化检查水利科技、农田水利和对台交流工作。

3月19日，福建日报报业集团《茶道》杂志社德化办事处授牌成立。

3月19—22日，县组团参加第31届中国北京国际礼品、工艺品及收藏品展。

3月22日，2015北京第31届国际礼品及工艺品展览会闭幕，县40位工艺美术师120件陶瓷艺术品参评，获25金18银。

3月22日，第30届福建省青少年科技创新大赛落幕，县青少年科技创新项目获2个一等奖、2个福建省贤銮科学基金专项奖、2个二等奖。

3月23日，泉州德化厦沙高速公路有限公司召开农民工工资现场管理工作观摩会。

3月24日，县委书记吴深生到阳山铁矿、鑫阳矿业、海峡水泥等企业调研。

3月24日，中国乡协泉州文化艺术研究院暨中国乡土艺术协会艺术发展中心德化创作基地揭牌成立。

3月27日，市政府副市长陈荣洲到冠福、佳美等企业调研。

3月31日，县举办瓷都讲坛第十八讲暨国际国内经济形势透析及“一带一路”战略的机遇和挑战专题辅导讲座。

3月31日，县高阳南音社与县南音协会、艺苑南音社、世科南音社、浔中南音社、缨溪南乐社在高阳南音社联合举办演唱会，纪念南音始祖孟昶逝世1050周年。

4月

4月1日，县委书记吴深生，县委常委、组织部部长方建生到上涌镇、雷峰镇调研美丽乡村建设和村级组织换届选举工作。

4月3日，县委常委（扩大）会议召开。

4月6日，泉州山东商会德化分会揭牌成立。

4月7日，《德化县城东物流中心可行性研究报告》专家评审会召开。

4月7—10日，福建省总工会“聚焦一线 体验劳动”采风团到德化采风。

4月8日，省扶贫协会副会长余有江带领调研组到英山珍贵淮山农民合作社调研。

4月8日，市侨联青年委员会“海西春雨·侨青助学”资助仪式在德化一中举行。

4月9日，世界知识产权组织中国办事处副主任吕国良带领考察团到德化考察版权工作。

4月9日，中国瓷都·德化（国际）陶瓷艺术城开发建设合作方案汇报会召开。

4月10日，市委常委、宣传部部长、教育工委书记陈庆宗，市政府副市长陈荣洲带队到德化企业一线和项目现场调研，开展“促进项目落地、帮扶企业发展”活动。

4月11日，由省政府新闻办、省旅游局指导，市委宣传部、市旅游局主办，南安商报等协办的2015年国际旅游小姐中国·海峡赛区总决赛暨颁奖晚会在南安泛华大酒店举行，德化姑娘许文婷夺得2015年国际旅游小姐中国·海峡赛区亚军。

4月14日，全国人大常委、台盟中央副主席苏辉到德化参观考察。

4月14日，市政府副市长林万明到德化调研农业农村工作。

4月14日，市农村土地承包经营权确权登记颁证试点工作座谈会在南埕镇召开。

4月16日，市委常委、政法委书记许昆贞到德化调研经济社会发展情况。

4月16—17日，省综治办副主任陈勇带领考评组到德化检查考评2015年省第三轮第一批平安县创建工作。

4月16—18日，省文联文学党支部到德化进行陶瓷文化、生态旅游文化采风，并在泉州工艺美术职业学院举行“福建文学创作基地”“福建文学读者俱乐部”揭牌仪式。

4月18日，“国粹凝韵”邱玫瑰青花艺术展在泉州开展。

4月20日，全县保障性住房建设工作汇报会召开。

4月22日，省档案局局长丁志隆、市档案局局长夏丽清带领调研组到德化开展下基层调研活动。

4月22日，纪录片《海上丝绸之路》到德化取景录制。

4月23日，省委县（市、区）巡视二组巡视德化县工作动员会召开。

4月23日，省水利厅厅长尤猛军到德化调研水利工作。

4月27日，菲律宾侨领陈永栽一行到宏益陶瓷研究所、龙鹏集团以及顺美陶瓷文化生活馆等参观考察陶瓷文化。

4月28日，县举行创建2015年全省食品安全社会共治示范县启动仪式暨宣传活动。

4月29日，大连现代博物馆与福建民俗博物馆联合举办的《瓷国明珠——福建民俗博物馆藏德化瓷展》开展。

4月30日，县召开庆祝“五一”国际劳动节暨劳模表彰大会。

4月30日，九仙山AAAA级旅游景区正式揭牌开园。

4月30日，县政府县长欧阳秋虹，县委常委、常务副县长吴顺情，县委常委、政法委书记王志安，县政府副县长陈祥端、苏锡培、张传晖，县政协副主席刘志阳等带领相关部门负责人调研重点项目建设情况。

5月

“五一”期间，全县接待游客10.57万人次，同比增长9.23%，实现旅游收入5813.5万元，同比增长9.56%。

5月3日，美湖镇举办一年一度“祭樟王”民俗活动。

5月4日，由泉州市摄影家协会、县总工会和县地税局主办的“中国梦·德化美”风光摄影大赛作品展在福尧图书馆举行。

5月5日，县委书记吴深生带队到憨鼠智慧电商、憨鼠爱心小分队调研。

5月6日，县委书记吴深生、县委常委陈金忠到南埕、水口等乡镇调研民宿发展工作。

5月6日，县政府县长欧阳秋虹到陶瓷管委会现场办公。

5月6日，台湾自驾游车辆首次经厦入闽踩线活动走进德化。

5月6日，泉州市举行福建省高技能人才先进事迹报告会（泉州专场），连紫华、赖礼同、林禄扬分别获得“第十二届全国技术能手”“首届福建省技能大师”“第二届泉州市技能大师”荣誉称号并在报告会上接受表彰。

5月7日，市委常委、秘书长、统战部部长翁祖根到德化调研彭村水库项目推进情况。

5月7日，县政府县长欧阳秋虹到市政公用事业管理局现场办公。

5月7日，MOON骑行大使李聪明、德化桂阳人新作《独闯西藏》在上海国家会展中心举行新书首发仪式。

5月7日，县供销社、县农业局等部门联合在美湖镇开展“春耕放心农资下乡进村”活动，为困难群众、种植大户等50多户发放有机肥10余吨。

5月9日，希腊客人和中华陶瓷大师联盟代表到德化参观考察陶瓷产业发展情况。

5月10日，南平市委常委、市政府副市长范朝晖带领考察团到德化参观考察电子商务发展情况。

5月11日，福建省与阿里巴巴集团在福州市共同举办福建省县域电子商务峰会，德化入围全国电商百佳县。

5月12日，市人大常委会主任陈万里带领调研组到德化调研人大工作。

5月12日，团县委、县消防大队、地震办、职业技术学校联合开展以“科学减灾，依法应对”为主题的青年志愿者“5•12”防灾减灾系列活动。

5月13日，县政府县长欧阳秋虹到三班镇调研小城镇综合改革建设试点工作。

5月13日，全县村级组织换届选举工作会议召开。

5月14日，县政府县长欧阳秋虹到葛坑镇、汤头乡现场办公。

5月15日，市政协副主席吴共湖到德化调研旅游业和电商产业发展情况。

5月15—16日，由酒泉市委常委、敦煌市委书记詹顺舟带领的敦煌市考察团到德化参观考察。

5月16日，县实验小学开展“同写中国字、共圆中国梦”首届千人书法活动。

5月19日，县委常委（扩大）会召开。

5月20日，中国工程院院士、原常务副院长潘云鹤一行到德化考察陶瓷产业发展情况。

5月23日，第五届中小学生现场陶艺比赛暨首届“瓷都儿女·幸福家庭”亲子陶艺比赛举行。

5月26—30日，来自埃及、埃塞俄比亚等17个国家的51名援外培训学员和来自非洲21个国家的50名学员到泉州工艺美术职业学院参加为期两天的考察交流和学习培训，体验“陶瓷文化之旅”。

5月26日，县委书记吴深生，县委常委、组织部部长方建生到龙浔镇调研村级组织换届选举工作。

5月26日，省邮政公司到德化考察农村电商发展工作。

5月27日，县委书记吴深生，县委常委、宣传部部长、教育工委书记曾宪堡开展“六一”儿童节慰问活动。

5月27日，“义务教育发展基本均衡县”通过评估认定。

5月28日，县政府县长欧阳秋虹、副县长许华忠开展“六一”儿童节慰问活动。

5月28日，县人大常委会主任涂健圻、副主任黄耀昆开展“六一”儿童节慰问活动。

5月28日，县政协主席苏兴羽、副主席李金鼠到龙浔中心小学、实验幼儿园、双鱼幼儿园开展“六一”儿童节慰问活动。

5月30日，德化县荣膺“世界陶瓷之都”称号。

6 月

6 月 1 日，县委书记吴深生为全县领导干部上了一堂以“领导干部要做践行‘三严三实’的表率”为主题的党课。

6 月 1 日，县举行 2015 年政银企农行专场对接会。

6 月 2 日，县委书记吴深生到县关工委调研指导工作。

6 月 2 日，县政府县长欧阳秋虹到佳美集团公司、环宇陶瓷有限公司等陶瓷企业调研。

6 月 3 日，国家商务部公布第二批“国家电子商务示范基地”名单，德化电子商务产业园入选。

6 月 3 日，县委书记吴深生到雷峰镇和胜赛车场农庄等项目调研。

6 月 3 日，漳州市平和县考察团到德化考察市政建设情况。

6 月 3 日，泉州工艺美术职业学院举行“梦・回首”主题毕业晚会。

6 月 4 日，县政府县长欧阳秋虹，县委常委、统战部部长温文英，县政府副县长苏锡培带领县财政局、农业局、交通运输局等单位负责人到水口镇调研。

6 月 4 日，县政府副县长刘惠煌向 5 家企业代表颁发加载“统一社会信用代码”的“一证一码”营业执照，标志着在全县范围内复制推广自贸试验区“一照一码”登记制度正式实行。

6 月 5 日，县委书记吴深生、县政府县长欧阳秋虹到德化一中、三中、八中巡视高考考场。

6 月 5 日，全县纪检监察系统“三严三实”（严以修身、严以用权、严以律己、谋事要实、创业要实、做人要实）专题教育党课暨动员部署会议召开。

6 月 5 日，县举办“六・五”世界环境日系列活动暨环保监督员聘任仪式。

6 月 8 日，县政府县长欧阳秋虹到陶瓷企业调研。

6 月 9 日，县政府县长欧阳秋虹为全县领导干部上了一堂以“践行‘三严三实’，争做新时期合格的党员干部”为主题的党课。

6 月 10 日，市政协副主席骆沙鸣带领市农业专家到汤头乡福山村调研生态农业发展情况。

6 月 10 日，县政府县长欧阳秋虹主持召开“世界陶瓷之都”考评工作反馈意见落实交办会议。

6 月 10 日，县人大常委会主任涂健圻为县人大常委会班子领导成员、各乡镇人大主席、人大机关全体干部职工上“三严三实”专题教育党课。

6 月 10 日，县政协主席苏兴羽为全体政协常委及政协机关干部上“三严三实”专题教育党课。

6 月 11 日，德化陶瓷产业版权保护优秀案例示范点调研项目结项暨新闻发布会举行。

6 月 11 日，市人大常委会副主任张建生带领调研组到县老年大学调研。

6 月 12 日，世界知识产权组织副总干事王彬颖带领考察团到德化考察陶瓷版权保护工作。

6 月 12 日，县全面深化改革领导小组召开 2015 年第一次会议暨做强城关统筹城乡推动城镇化健康发展试点工作推进会。

6 月 12 日，省食品药品监督管理局调研组到德化调研食品安全社会共治工作。

6 月 12 日，泉州高层次人才陶瓷艺术大师沙龙在德化举办。

6 月 12 日，佳美集团将获得大世界基尼斯之最的作品——“和谐瓷花篮” 捐赠给县陶瓷博物馆。

6 月 12 日，县“富贵红”“中国龙瓷”2 个陶瓷企业荣膺中国轻工业百强。

6 月 13 日，县委书记吴深生参加憨鼠爱心小分队活动。

6 月 13 日，由国家版权局主办，十多家中央媒体记者组成的相关热点问题媒体研修班到德化考察采访。

6 月 14—20 日，“禅境三味——吕章申、范扬、连紫华作品联展”在泰国曼谷中国文化中心举行。

6 月 15 日，作为“第七届海峡论坛•2015 年海峡科技专家论坛”系列活动之一的第六届海峡两岸生物多样性与森林保护文化研讨会在德化开幕。

6 月 16 日，国家铁路总公司专家组到德化对吉永泉铁路德化段线路和盖德站点设置进行现场踏勘。

6 月 16—30 日，“百态观音・慈航普渡”德化瓷艺大师暨全国书画名家作品展在山东潍坊齐鲁酒地国际艺术会展中心举行。

6 月 17 日，市委副书记周银芳到德化调研村级组织换届选举工作。

6 月 18 日，县政府县长欧阳秋虹参观考察第十三届中国・海峡项目成果交易会。

6 月 25 日，市人大常委会副主任吕竞、市政府副市长林万明带领检查组，到英山珍贵淮山农民合作社、戴云黑鸡养殖有限公司、吉盛黑兔养殖公司等开展《中国人民共和国农产品质量安全法》执法检查。

6 月 25 日，惠安县委书记肖汉辉带领党政考察团到德化考察。

6 月 26 日，全国人大常委会原副委员长陈至立到德化参观考察陶瓷产业发展情况。

6 月 26 日，由县禁毒委主办，县公安局承办的“6•26”国际禁毒日宣传文艺晚会在瓷都广场举行。

6 月 28 日，城东保障性住房——嘉德新苑一期举行交房仪式，765 套住房分批次交付给参与农村旧村复垦的农民。

6 月 29 日，县委书记吴深生到中国人民共和国成立前入党老党员郭少青和盖育培家中慰问。

6 月 30 日，县政府县长欧阳秋虹走访慰问中国人民共和国成立前入党老党员赵文广和林朗春。

6 月 30 日，庆“七一”县直机关干部职工卡拉 OK 大赛文艺汇演活动在瓷都广场举办。

7 月

7 月 2 日，市政府副市长林万明带队到德化检查彭村水库工程进展情况。

7 月 2 日，中国梦・曹圣书法作品展在县文庙开幕。

7 月 2—3 日，湖南省醴陵市政协主席杨龙带领考察团到德化参观考察陶瓷产业发展情况。

7 月 3 日，县召开乡镇党委书记抓村级组织换届工作专题汇报会。

7 月 3 日，由德化县质量计量检测所牵头、佳美集团公司主导修订的 GB/T 13524.1-2015《陈设艺术瓷器 第 1 部分：雕塑瓷》、GB/T 13524.3-2015《陈设艺术瓷器 第 3 部分：文化用瓷》两项国家标准，经国家质检总局、国家标准委以 2015 年第 22 号公告，联合批准发布。

7 月 7 日，县福门优特农业专业合作社、县禾木生态农业专业合作社、县供销社珍禽农民专业合作社、县儒园种养殖专业合作社、县康绿食用菌种植农民专业合作社、县永德生态农业专业合作社被评为市级农民专业合作社示范社。

7 月 7 日，由泉州市新四军研究会、德化县陶瓷发展委员会主办，中共德化县委宣传部、中共德化县委党史研究室、德化县新四军研究会、德化县陶瓷博物馆承办的“纪念中国人民抗日战争暨世界反法西斯战争胜利 70 周年”德化抗战瓷专题展在县陶瓷博物馆开幕。

7 月 7 日，市委常委、宣传部部长、教育工委书记陈庆宗，市政府副市长陈荣洲到陶瓷博物馆参观抗战瓷专题展。

7 月 7 日，国宝乡祥云村葡萄观光园举行采摘节。

7 月 7 日，省新闻出版广电局调研组到德化调研村级文化与食安协管员队伍建设、农家书屋管理使用及农村新闻出版广电公共服务工作情况。

7 月 7—8 日，市委常委、宣传部部长、教育工委书记陈庆宗，市政府副市长陈荣洲带领市直相关部门负责人到德化开展“促进项目落地、帮扶企业发展”第二个活动周活动。

7 月 8 日，市人大常委会副主任王远东到德化调研加快实体经济发展情况。

7 月 8—9 日，市委常委、宣传部部长、教育工委书记陈庆宗到德化调研指导村级组织换届选举工作和新农村建设工作情况。

7 月 8—9 日，县应邀参加第二届中国县域电子商务峰会。

7 月 10 日，浔中镇乐陶村、三班镇蔡径村青少年社会教育活动中心揭牌。

7 月 12 日，德化籍著名音乐艺术家罗浪因病医治无效，在北京逝世，享年 95 岁。

7 月 13 日，来自欧美、亚洲 8 个国家的 29 位国际知名艺术家，齐聚县万旗艺术中心，展开一场关于当代陶瓷艺术创作的对话。

7 月 14 日，县委常委会召开“三严三实”专题教育第一次专题研讨会。

7 月 15 日，县“关爱老年人幸福基金”理事会成立。

7 月 19 日，国家级非物质文化遗产项目五祖拳在德化瓷都广场举行展示会。

7 月 20 日，县政府党组召开“三严三实”专题教育第一次专题研讨会。

7 月 20 日，2015 中外艺术家泉州对话“回归与启航”首届国际当代陶瓷艺术创作暨论坛在县万旗艺术中心开幕。

7 月 21 日，由香港大公报发起，港澳各大学青年传媒学子组成的“永远在路上：纪念范长江西部纪行 80 周年——文化寻根之旅”寻访团一行近 30 人到德化采风。

7 月 21—22 日，全省重点生态区位防御松材线虫病等重大林业有害生物工作推进会在德化召开。

7 月 22 日，县举办德化玉瓷新梦想暨 2015 德化陶瓷互联网 + 大师交流会。

7 月 22 日，三班镇获评“中国茶具之乡”荣誉称号。

7 月 22 日，县举行党风政风监督员聘任仪式。

7 月 23 日，县政府县长欧阳秋虹到县文庙看望正在参加由县计生协会和文庙管理处共同举办的“瓷都女孩 走进国学”暑期培训班的 72 名计生户女孩。

7 月 25 日，县组团到丰泽、石狮、南安、安溪等地，考察学习兄弟县市电子商务发展、创意园区建设、物流产业发展等方面的成功经验。

7 月 25 日，德化三中教育促进会成立。

7 月 25 日，“百态观音・慈航普渡”全国巡回展第七站在安徽省合肥市开展。

7 月 26 日，县政府与厦门航空有限公司在厦门举行战略合作框架协议暨厦门航空、中国白・陈仁海、希腊设计师关于客舱升级三方签约仪式。

7 月 28 日，省委编办主任林武一行在市委常委、组织部部长陈沈阳陪同下，到德化调研机构编制工作。

7月30日，省道安办第三督查组到德化督查上半年道路交通安全隐患整治工作。

8月

8月2日，县林氏源流研究会成立。

8月3日，泉州市第三届基层“最美人物”系列评选活动10名获奖者、10名提名奖获得者名单正式出炉。县戴云黑鸡养殖有限公司总经理刘志军获“最美农民”，县凤凰陶瓷雕塑研究所所长邱双炯获“最美文化工作者”，县聚益瓷雕工艺厂艺术总监林建胜获“最美职工”提名奖。

8月4日，县政府县长欧阳秋虹检查征兵体检工作。

8月5日，县委举行“三严三实”专题教育第二次专题研讨会。

8月5—6日，2015年俄语、阿拉伯语国家城市国际化专题研修班24名学员到德化参观学习。

8月10日，县政府党组召开“三严三实”专题教育第二次讨论会。

8月10日，县小城镇机构改革试点工作会召开。

8月11日，县政府县长欧阳秋虹调研政府职能转变和机构改革工作。

8月12日，县旅游发展总体策划和近期行动计划评审会召开。

8月12日，县政府县长欧阳秋虹调研防洪工程和智能大棚建设工作。

8月12日，《我是知青》画册首发暨德化知青合唱团首演在泉州万维生邮票艺术馆举行。

8月14日，国宝乡佛岭村入选首批国家级乡村品牌，成为德化首个入选乡村。

8月14日，市政协副主席、台盟泉州市主委骆沙鸣带领义诊队到汤头乡开展“海西春雨行动”义诊活动，并为汤头乡福山村“农家科普书屋”揭牌。

8月17日，阿里巴巴首家中国供应商合伙人德化试点授牌启动仪式暨德化云图跨境电商生态圈共建大会在电子商务创业园举行。

8月18日，市县两级人大常委会主任座谈会在德化召开。

8月19日，“2015威尔杯”海峡两岸大学生陶瓷工业设计大赛举行参赛选手设计效果图发布会。

8月20日，省委县（市、区）巡视二组巡视德化工作情况反馈会召开。

8月20日，“千年不息德化窑：‘中国白’陶瓷及其艺术传承展”在重庆中国三峡博物馆开幕。

8月20—21日，省物价局局长吴晓丁带领调研组到德化调研物价工作。

8月23日，市委市政府为民办实事“百村义诊活动”走进雷峰镇。

8月26日，县委书记吴深生到广电局调研广电工作。

8月26日，龙浔镇高阳村爱心互助协会成立。

8月26日，中国书法家协会福建省书法考级在德瓷缘文化发展股份公司书画室举行。

8月26日，首届中国陶瓷电商峰会新闻发布会召开。

8月27日，县政府县长欧阳秋虹带队检查安全生产工作。

8月27日，山东烟台龙口市市委常委姜开带领山东烟台选派到泉州的挂职干部到德化开展调研活动。

8月28日，“数字德化地理空间框架建设项目设计书评审会暨合作共建协议签约仪式”在德化举行。

8月份，在国家工商总局新认定的中国驰名商标中，顺美集团有限公司“顺美SHUNMEI及图”商标榜上有名，成为县第6件“中国驰名商标”。

9月

9月1日，县政府县长欧阳秋虹，县委常委、政法委书记王志安，县政府副县长陈祥端带队检查厦沙高速公路德化段各合同段安全生产工作。

9月1日，市委常委、宣传部部长、教育工委书记陈庆宗在市行政中心会议中心主持召开市级新农村建设试点示范村南埕镇塔兜村帮扶工作专题会。

9月1日，县委书记吴深生走访慰问抗战老兵李兴银，并为李兴银颁发由中共中央、国务院、中央军委制作的中国人民抗日战争胜利70周年纪念章。

9月1日，县政府县长欧阳秋虹走访慰问抗战老兵盖育培，向盖育培颁发由中共中央、国务院、中央军委制作的中国人民抗日战争胜利70周年纪念章，并送上慰问金。

9月1日，“中国人民抗日战争暨世界反法西斯战争胜利70周年书画展”在福尧图书馆举行，展出广大基层党组织和党员、干部职工90多幅书画作品。

9月1日，县文庙举行2015年秋季小学新生拜师开笔礼仪式。

9月2日，首届中国陶瓷电商峰会筹备工作推进会召开。

9月3日，县举行纪念抗战胜利70周年暨九三学社成立70周年座谈会。

9月5日，中央电视台4套播出德化陶瓷烧制技艺《瓷艺大师赖礼同》专访纪录片，片长55分钟。

9月5日，第八届海峡两岸（泉州）农产品采购订货会在南安市成功会展中心举行，县组织10家农业专业合作社的100多个名特优农产品现场展销。

9月6日，中共德化县委十二届十四次全体（扩大）会议召开。

9月7日，县第二实验小学举行“道德之星”和“道德大富翁”表彰仪式，98名“道德之星”和10名“道德大富翁”获表彰。

9月7日，县委书记吴深生、县委副书记王传敬带队调研扶贫开发工作。

9月7日，县政府县长欧阳秋虹、县人大常委会主任涂健圻、县政协副主席刘志阳带领相关部门负责人踏看市拉练项目路线。

9月7日，阿里巴巴研究院公布2015年网商创业最活跃的25个县榜单（统计区间为2015年1月至8月）中，德化位居全国第九位。

9月8日，县人大常委会主任涂健圻、副主任连继续调研中国茶具城项目进展情况。

9月8日，2015厦门国际投资贸易洽谈会在厦门国际会展中心盛大开幕，县签约2个项目，投资总额2500万美元，拟利用外资2200万美元。

9月9日，县委、县政府举办“瓷都讲坛”第二十讲，邀请泉州市纪委常委、机关党委书记林开通作题为《准确把握反腐倡廉建设新要求，防控廉政风险，争做勤廉表率》专题辅导讲座。

9月9日，2015年全省设区市地方志机构主任会暨地方志工作创新经验交流会在德化召开。省方志委主任冯志农，县政府县长欧阳秋虹、副县长张传晖以及各设区市地方志负责人参加会议。

9月9日，省政府副省长黄琪玉带领省直有关部门负责人到彭村水库工程检查指导工作。

9月9日，新奥集团到德化考察解生态旅游业的现状、资源优势、投资需求和建设规划等情况。

9月9日，福建省电视台《平安福建》栏目组到德化拍摄生态司法福建样本宣传片。

9月10日，县政府县长欧阳秋虹，县委常委、纪委书记叶长青，县政协副主席刘志阳带领财政、农业、住建等部门负责人到盖德镇下寮村现场办公，协调解决基础设施建设、产业规划发展等相关困难问题。

9月10日，2015年全省乡镇志编纂业务培训班在德化开班。

9月10日，县举行庆祝第31个教师节暨表彰大会。

9月14日，县政府县长欧阳秋虹，县委常委、政法委书记王志安到浔中镇凤池社区调研网格化管理工作。

9月14日，首届中国陶瓷电商峰会大会logo“腾飞”正式确定并对外公布。

9月15日，县举办瓷都讲坛第二十一讲暨《人心、智慧、力量——学习中央统战工作会议精神》主题辅导讲座。

9月15—18日，由省政协常委、香港福建社团联会副主席、东莞市福建商会会长、德化县居港人士同乡会永远荣誉会长、环球制帽有限公司董事长颜纯炯，德化县居港人士同乡会会长、泉州市海外联谊会副会长、东莞市福建商会副会长、福建省港区政协委员联谊会秘书长、金仑实业有限公司董事长郭金发等一行50多人组成的德化县居港人士同乡会、东莞市福建商会访问团到德化访问考察。

9月16-17日，福建德化陶瓷制品产业示范基地成为全国第六批34家“国家新型工业化产业示范基地”授牌基地。

9月17日，省农民运动项目（跳绳）基地在德化三中揭牌。

9月17日，市委书记郑新聪到德化调研扶贫开发和村级组织换届工作。

9月18日，全国基层人才工作创新案例获奖代表到德化考察交流。

9月18日，阿里巴巴农村淘宝事业部福建省负责人一行到德化实地考察，就农村淘宝项目落户德化事宜对接交流。

9月18日，“何燕丹书画篆刻作品展”在泉州博物馆开幕。

9月19日，“舞动快乐 跳出健康”——德化县首届“美伦杯”广场舞大赛在山景叠院举办。

9月21-22日，2015中国技能大赛首届陶瓷成型职业技能竞赛福建产区预赛在泉州工艺美术职业学院举行。

9月22日，新奥集团总裁张叶生带领考察团到德化参观考察。

9月23日，全国政协委员、中国作家协会全委会委员、著名作家赵丽宏到德化参观交流。

9月23日，市人大常委会副主任朱团能带领调研组到德化开展“十三五”规划编制情况调研。

9月23日，“同筑中国梦·文化进万家”德化第十五届瓷都广场文化活动开幕。

9月24日，县南音艺术家协会举行2015年秋祭郎君暨中秋南音会唱。

9月25日，县举行邮政储蓄银行德化县支行“小微企业政银企对接会”。

9月25日，全市法院家事审判工作现场会在德化召开。

9月25-30日，浔中中心小学跆拳道队代表德化县在泉州市第十届运动会跆拳道锦标赛中，摘得4块金牌、6块银牌、6 块铜牌、5 个第五、4 个第七。

9 月 26 日至 10 月 11 日，由首都博物馆、县陶瓷发展委员会主办，北京收藏家协会、北京电视台等单位协办的“典雅明静　如脂如玉——瓷艺大师陈明良作品展”在首都博物馆展出。

9 月 26 日，海西公益联盟联合团县委、县公安局等部门的志愿者到赤水、葛坑等乡镇开展“中秋月·海西情”关爱留守老人公益行活动。

9 月 28 日，县乙未年祭孔暨孔子文化教育奖颁奖典礼在文庙举行。

9 月 28 日晚，县政府县长欧阳秋虹、县委常委沈俊旭、县政府副县长苏锡培看望慰问到德化支援第 21 号台风“杜鹃”抢险救灾的驻泉某部队官兵。

9 月 28 日，首届“美伦杯”广场舞大赛决赛举行。

9 月 29 日，市委常委、宣传部部长、教育工委书记陈庆宗到德化检查指导防抗第 21 号台风“杜鹃”工作。

9 月 29 日，县人大常委会主任涂健圻到三班镇指导防御第 21 号台风“杜鹃”工作。

9 月 30 日，《采样——德化当下陶瓷艺术生态展》在县陶瓷博物馆开幕。

9 月 30 日，县组织干部群众在塔尖山革命烈士陵园举行烈士纪念日公祭活动。

10 月

10 月 9 日，福建省姓氏源流研究会颜氏委员会首届会员大会暨理监事就职庆典在德化举行。

10 月 9 日，凤凰卫视中文台《丝路文明》海丝系列节目，专期播出德化外销瓷内容。

10 月 13-14 日，台湾导报社社长林文雄带领考察团一行 40 多人到德化考察陶瓷产业和生态旅游业发展情况。

10 月 13-14 日，泉州市工艺美术（陶瓷类）现场创作考评活动在德化职业技术学校举行，来自全市各县（市、区）的 202 名陶瓷从业者报名参加现场创作。

10 月 16 日，纪念陈其泰诞辰 100 周年系列活动在县陶瓷博物馆举行。

10 月 18 日，县委常委会召开“三严三实”专题教育第三次专题学习研讨会。

10 月 19 日，县政府党组举行“三严三实”专题教育第三次学习研讨。

10 月 20 日，县委书记吴深生、县政府县长欧阳秋虹带领相关部门和乡镇负责人，走访慰问百岁老人和部分困难老人，向老人们致以节日的问候和祝福，送去党和政府的关怀与温暖。

10 月 20 日，德国诺伊施塔特市市长汉斯·盖奥格·瑞夫勒一行参观县陶瓷博物馆和陶瓷企业。

10 月 21 日，县政协主席苏兴羽，副主席陈明灿、李金鼠、刘志阳带领视察组视察厦沙高速德化段建设情况。

10 月 23-24 日，县政府县长欧阳秋虹、县政府副处级干部徐文福等带领有关部门负责人到广州琶洲展馆，走访第 118 届广交会德化参展企业。

10 月 27 日，首届中国陶瓷电商峰会新闻通气会召开。

10 月 27 日，来自全国各地的 40 多家晚报的社长、总编、记者 80 多人到德化，参加“行进中国　精彩故事”全国晚报总编记者走进“世界瓷都”德化采访活动。

10 月 28 日，中国陶瓷工业协会六届三次理事会在世界瓷都·德化召开。

10 月 28 日，首届中国陶瓷电商峰会在世界瓷都·德化开幕。

10 月 30 日，县深化精准扶贫工作会召开。

10 月 30 日，张家口市宣化区委常委、区人大常委会主任席玉东带领考察团到德化考察新型城镇化建设。

10 月 30 日，县第十一期社会青少年陶瓷手绘技术培训班举行开班仪式。

10 月 30 日，第八届海峡两岸（厦门）文化产业博览交易会在厦门国际会展中心举办，县 9 家陶瓷企业参展。

11 月

11 月 3 日，市委副书记周银芳到德化调研农村基层党建工作。

11 月 3 日，县农村淘宝项目执行小组会议召开。

11 月 3 日，黄思魁“我写我心”书法展在县广电局一楼大厅开展，展出作品 40 多幅。

11 月 5 日，县委书记吴深生带队到龙浔镇英山村走访困难户，并到挂钩的英山珍贵淮山农民合作社开展精准扶贫工作调研。

11 月 5 日，县委常委（扩大）会议召开。

11 月 5 日，县委常委会举行“三严三实”专题教育第四次研讨。

11 月 5 日，市人大常委会副主任张建生带领视察组到德化视察食品安全监管议案决议执行情况。

11 月 6 日，县委书记吴深生带领相关单位部门负责人到双全农业公司调研，并主持召开协调会。

11 月 8 日，台湾著名诗人余光中到德化参观交流。

11 月 9 日，第十四届亚洲艺术节暨第二届海上丝绸之路国际艺术节世界瓷都·德化陶瓷（柴烧）艺术交流展在三班镇洞上陶艺村开幕。

11月9日，市人大代表、县委书记吴深生，市人大代表、县政府县长欧阳秋虹，市人大代表、县人大常委会主任涂健圻等带领德化代表团的市人大代表到惠安县开展“泉州制造2025”专题调研。

11月9日，第十四届亚洲艺术节暨第二届海上丝绸之路国际艺术节精品节目展演在德化举行。

11月9—10日，来自全国各地的30名中国当代艺术家到德化参观考察陶瓷艺术发展情况。

11月11日，县政府县长欧阳秋虹到浔中镇走访挂钩扶贫对象。

11月10日，县举行农村电子商务运营中心揭牌仪式。

11月10日，第四届中国泉州国际木偶节德化专场演出在德化举行。

11月12日，全国县级广播电视台发展实战论坛暨中广联合会城市台县级工作委员会2015年全体理事会在德化召开。

11月12日，由市总工会、市人社局、县总工会联合举办的全市陶瓷行业职工技能大赛在泉州工艺美术职业学院举行。

11月13日，全县农村基层党建暨非公有制企业（园区）党建工作会召开。

11月13日，由文化部恭王府管理中心主办的“清风明月·赵朴初法书展暨郑雄文郑雄彭德化瓷造像展”在恭王府举行开幕式及陶瓷艺术研讨会。

11月15日，第二十七届国际科学与和平周扶贫义诊赠药活动走进三班镇奎斗村。

11月16—19日，第五届福建省陶瓷艺术与设计创新评比在泉州工艺美术职业学院举行，来自全省各地的166件作品参评，最终10件作品获得金奖。

11月17日，市十五届人大代表惠安县代表团到德化开展“泉州制造2025”年专题调研。

11月18日，九三学社德化县小组成立二十周年座谈会召开。

11月19日，县老区建设促进会举行2015年福建省黄仲咸教育基金会奖学金发放仪式。

11月20日，莆田市城厢区区委书记林桦带领党政考察团到德化考察。

11月20—22日，首届广西钦州“坭兴杯”陶瓷技艺大赛落下帷幕，评出全国优秀奖18名，县组织12名选手现场参赛，全部入围全国优秀奖，其中林禄扬获得金奖，林建胜获得银奖，林灵月、林素英、苏荣德获得铜奖。

11月21—23日，全县村（社区）主干培训班举行。

11月24日，县阿里巴巴农村淘宝合伙人招募大会召开。

11月24日，由泉州市总工会主办，德化县总工会、泉州市工人文化宫、泉州市职工艺术团、泉州歌舞剧团和民生银行艺术团承办的2015喜迎亚洲艺术节“心系基层·情暖职工”慰问演出活动在厦沙高速德化段A5项目部举行。

11月25日，全县陶瓷企业标准化知识讲座举行。

11月25日，大铭乡举行“农信杯”生姜王评比大赛。

11月26日，泉州银行德化支行召开小微企业融资对接会。

11月27日，2015年全国日用陶瓷标准化技术委员会年会暨标准审查会在德化召开。

11月28日，“以陶为媒——探索与续航”海峡两岸青年艺术家创作成果展开幕。

11月30日，县“十三五”规划编制工作务虚会召开。

12月

12月1日，市政府副市长张永宁到德化主持召开座谈会，征求《市政府工作报告》和十三五规划纲要的修改意见建议。

12月1日起，县市场监管局开始核发电子营业执照。

12月3日，县领导欧阳秋虹、涂健圻、王传敬、陈金忠、林祖传、李金鼠等到泉州工艺美术职业学院现场办公。

12月3日，县残疾人联合会开展第24次“国际残疾人日”慰问活动，慰问贫困残疾人100户，发放慰问金5万元和食用油等慰问品价值1万元。

12月4日，省市人大代表及社会群众代表到德化开展“走进美丽乡村，体验生态检察”年度检察开放日活动。

12月4日，中国石雕与瓷塑艺术交流会暨中国石雕艺术大师王经民收曾素妹为徒拜师仪式在世界陶瓷之都·德化举行。

12月9日，县政府党组召开落实党风廉政建设主体责任集体谈话暨“三严三实”专题教育工作征求意见会。

12月11日，县委十二届十五次全体（扩大）会议召开。

12月11日，县“三严三实”专题教育党外代表人士座谈会召开。

12月11日，泉州市第十届运动会落下帷幕，德化县代表团以总分2635分和64金78银81.5铜，位居总分榜和奖牌榜全市第三名，创历届最佳成绩。

12月12日，德化与长白山两地民间剪刻纸艺术交流会在县青少年校外活动中心举行。

12月15日，由县综治办、泉州市派德化县驻村蹲点工作队等单位主办的“平安德化·和谐家园”文艺演出在瓷都广场举行。

12 月 16 日，县委领导班子民主生活会落实整改情况通报会召开。

12 月 16 日，县举办瓷都讲坛第 22 讲暨《学习贯彻党的十八届五中全会精神》专题辅导讲座。

12 月 17 日，县政府县长欧阳秋虹、副县长刘惠煌到泉州海天材料科技股份有限公司参观学习互联网 + 纺织服装产业发展模式。

12 月 18 日，市政府副市长陈荣洲到三班镇桥内村调研新农村建设情况。

12 月 19 日，县瓷都自驾游协会举行成立大会。

12 月 22 日，广东省大埔县政府县长朱汉东带领考察团到德化考察。

12 月 22—23 日，县政协九届五次会议召开。

12 月 22—25 日，县十七届人民代表大会第五次会议召开。

12 月 23—28 日，中韩艺术国际交流展在青岛举行，中国东方文化研究会文教艺术专业委员会精选德化多位艺术家 100 多件陶瓷艺术精品参与中国瓷艺文化交流活动。

12 月 25 日，2015 年度县委领导班子“三严三实”专题民主生活会召开。

12 月 26 日，泉州工艺美术职业学院举行办学 35 周年暨升格 10 周年校友开放日活动。

12 月 29 日，县举办瓷都讲坛第 23 讲，专题解读《中国共产党廉洁自律准则》《中国共产党纪律处分条例》。

12 月 30 日，县政府党组召开“三严三实”专题民主生活会。

12 月 30 日，香港新闻教育基金主席陈淑薇带领香港媒体负责人访问团到德化参观考察。

12 月 31 日，县召开乡镇党委书记基层党建工作述职评议会。

自然地理

【地理位置】 德化县位于福建省泉州市西北部，北纬25°33′—25°56′，东经117°55′—118°32′之间，东西宽62.1公里，南北长60.4公里，总面积2232.16平方公里。大地构造位于华南褶皱带东部周宁至华安断隆带。地形以中低山地为主。地势西北高，东南低，呈阶梯状下降，千米以上山峰258座，最高点为戴云山主峰，海拔1856米。县城位于戴云山南侧山间河谷阶地之中。

【地质地貌】 德化县地势较高，山脊多呈北东—西南走向，地貌以低中山地为主，部分为丘陵、山间盆地和河谷各阶地。最高点戴云山，海拔1856米，最低点仅217米。大部分地区海拔700米，素有闽中屋脊之称。德化县中部高耸，往四周呈阶梯状渐降，东南低于西北。海拔在800—1856米的山地，占土地总面积的39.3%，主要分布在赤水、上涌、桂阳、葛坑、汤头、大铭、雷峰、南埕等乡镇；海拔500—800米的山地，占土地总面积的46.5%；海拔在217—500米的山间丘陵、盆地、河谷阶地仅占总面积的14.3%，主要分布在雷峰、浔中、三班等乡镇。全县山岭连绵，河谷剧烈下切，峡谷、嶂谷十分发育，如猛虎格附近河谷深切达400米，谷宽不过百米，两岩坡度50°。散布在群山之中的山间盆地和河谷阶地，面积较大的有浔中、三班、上涌、美湖、水口等乡镇。全县75%以上的村驻地在海拔600—900米以上；洋坑、金黄、榜上、吾华、铭爱、小铭、吉山7个村都在千米以上，最低的是湖坂村，海拔仅240米。

【山脉】 概况 德化县地处闽中屋脊戴云山区，全县地势较高、地形复杂，地貌以低中山为主，全县海拔1000米以上的山峰有258座，福建第二大山脉戴云山主峰横亘境内，是典型的山区县。

主要山脉 戴云山曾名迎雪山、佛岭，海拔1856米，是福建省中部主要山脉，走向为北东—南西和北西—南东，由大戴云、小戴云和中尖、白鹿贡、莲花池贡、牛皮尖、大格贡（海拔均达1660米以上）等七座山峰组成，远望仅见五峰，似莲花。主峰大戴云位于北纬25°40′，东经118°11′。1985年5月16日

德化全景 （郑永集 摄）

经福建省人民政府批准成立戴云山自然保护区，包括九仙山，隶属德化县人民政府。保护范围位于上涌、赤水、雷峰、大铭四个乡镇交界处，总面积 145957 亩，约占全县总面积的 1/23。自然保护区内地势一般为海拔 900 米以上的中山地，山体坡度都在 40°—60°之间。

九仙山海拔 1658 米，在赤水、上涌、大铭 3 个乡镇交界处，位于北纬 25°42′，东经 118°06′，面积约 35 平方公里，构成以火成岩为主，地面起伏较大，西北坡陡峭，东南坡较平缓，北西—南东走向。

石牛山海拔 1782 米，位于水口镇与南埕镇交界处，北纬 25°37′，东经 118°28′，北西—南东走向。西起南埕，东至秀才山，北起水口，南至石龙溪，面积约 140 平方公里。山腰石壶寺前池中和顶峰各有石似牛而得名。山巅由火山喷出含镁铁成分多的基性岩浆形成盾形火山锥，地下热水丰富，山陡林密，木材蓄积量大，是德化县重要林区和天然的中草药库。

【河流】 德化县境内河流以戴云山为中心，向四周分流，分属闽江水系和晋江水系。河流水力资源丰富但河水流量随季节变化，夏季较大。温泉分布在老断裂带，水温高，可利用的价值较大。境内集雨面积在 50 平方公里、长度在 10 公里以上的有浐溪、涌溪、大张溪、小尤溪、雷潭溪、双芹溪、梓溪、蕉溪、大溪、下甸溪、岭脚溪、双翰溪等 12 条，其中以浐溪、涌溪集雨面积最大，河流最长，流量最大。

【土壤】 概况　德化县境内土壤可归纳为 6 个土类，其中林业用地土壤有 5 个土类，以红壤面积最大，占林地土壤总面积的 84%；黄壤次之，占 16%。成土母岩主要有 5 类：酸性岩占 48.5%，主要为流纹岩、凝灰熔岩、花岗岩；中性岩占 27.3%，主要为英安岩、安山岩、石英闪长岩、粗面岩；

九仙山　（黄谷莹 摄）

基性岩占 0.1%，主要为辉绿岩、辉长岩；泥质岩占 8.7%，主要为粉碎岩、变粒岩、灰绿二云母片岩、石英片岩；砂质岩占 12.8%，主要有砂岩，砾岩。成土母质中，山地土壤多为残积、坡积物，部分为堆积物；水稻土，梯田以坡积物为主；山垅田多为坡积、洪积二元结构；河流沿岸以冲积物为主，部分为坡积、冲积二元结掏。

类型　土壤类型有明显的垂直分布，海拔 800 米以下为红壤分布地带，800—1300 米为红壤与黄壤过渡地带，1200—1500 米为黄壤地带，1500 米以上有粗骨性黄壤和山地草甸土分布。林地土壤土层深厚，有机质含量较高，含水量适宜，质地较疏松，理化性状较好，但磷、钾含量普遍较低或缺乏。耕地主要是水稻土，耕地土壤肥力较低，茶果园地等以红泥土为主。一级肥力田仅占全县耕地总面积 1.7%。有机质含量：中等的占 41.43%，丰富的占 55.42%。

分布　红壤面积 127.04 万亩，是全县最大的林业用地土壤类型，较集中分布于东南部及西北部的低山、丘陵，海拔 300—1000 米左右，自然植被为常绿阔叶林，以马尾松、矮灌及芒箕骨等为主的次生林。粗骨性红壤面积 9736 亩，多分布于植被受破坏，水土流失严重的山顶或陡坡。黄红壤面积 76.15 万亩，主要分布于赤水、上涌、南埕、水口、雷峰等地。暗红壤面积 11.1 万亩，发育于植被茂密的山坡上，土壤深厚达 80—160 厘米之间，质地为轻壤或中壤，腐殖质层厚 0—40 厘米，淀质层厚 45—140 厘米。红土面积 3.6 万亩，分布于桂阳、赤水、南埕等乡镇。水化红壤面积 13.5 万亩，主要分布于水口、南埕、汤头等乡镇的低山、高丘的中下坡，植被较茂密，多生长马尾松、乌饭芒箕骨、竹、桃金娘、青岗、枫树等。黄壤面积 31.7 万亩，分布于海拔 1000—1400 米的中山坡的中下坡地，植被为稀疏松林，土层厚 75—155 厘米，质地为砂壤或轻壤，腐殖质厚 0—16 厘米，淀积层厚 40—110 厘米。粗骨性黄壤面积 12.1 万亩，主要分布于赤水、水口、美湖、葛坑、雷峰等地，海拔 1100—1600 米的中山山脊或陡坡地带。黄泥土总面积 3274 亩，主要分布于美湖、赤水、桂阳等乡镇。草甸土面积 3885 亩，主要分布于戴云山、石牛山，海拔 1600 米以上的孤峰，地势较低的山间洼地也有小块分布。紫色土面积 280 亩，分布于赤水街、村，由紫色凝灰熔岩构成的中山西北坡中段，海拔 835 米，坡度 26，坡形平直，生长杉木、马尾松、黄瑞木、芒箕骨等。潮土面积 205 亩，零星分布于水口、浔中、上涌溪流沿岸，成土母质为冲积、洪积物，土层较厚，剖面中可见到粗细分选的沉积层理，具有不同的质地层次。水稻土德化耕地的主要土壤类型，面积 18.31 万亩，占耕地面积的 92.7%，从海拔 210 米的湖坂涌口至 1300 米的昆坂均有分布，但集中于海拔 500—800 米的山丘坡地、垅谷、溪谷平地。

【植被】 德化县属常年暖湿的照叶林地带的南岭东部山地常绿槠类照叶林区，闽中东戴云山鹫峰山绿槠类照叶林小区，即属于南亚热带照叶林区。这里地处南亚热带和中亚热带的交界处，因而植物区和植被类型便具有某些过渡性的特点，原始常绿阔叶林已不多见，而代之以次生阔叶林、针叶林和针阔混交林等。常绿针叶林的马尾松、杉本等遍布全县，以甜槠、米槠、硬斗柯、木荷、梨茶、阿丁枫、楠、樟树等主要组成，与杉、松、竹形成针、阔叶混交林、竹阔混交林。在林下灌木中，通常以杜鹃属、柃木属、冬青属，以乌药、黄杞、石斑木等一些种类为主。草本植物一般都较稀疏、种类也不多，通常以里白、狗脊、蕨类植物，以及乔木科、莎草科的一些种类为多。

针叶林有常绿针叶林和落叶针叶林，多系次生林、人工林。常绿针叶林遍布全县，主要是马尾松、杉木、黄山松、建柏、油杉和柳杉，落叶针叶林面积很小，建群种主要是水杉。马尾松次生林，在海拔 1200 米以下普遍种植，1200 米以上则多为黄山松，林冠低矮。戴云山保护区马尾松分布上限海拔 1300 米，在永安岩（海拔 1290 米）南坡，坡度 18°仍生长，一般在 1100—1200 米为马尾松、黄山松过渡带。

针阔叶混交林多分在海拔 1000 米以下山地，以红壤为主，较常见的有马尾松、杉木、毛竹、甜槠、米槠混交林和马尾松、木荷混交林。

阔叶林常绿阔叶林、多为次生林，保留于交通不便的边远、偏僻山谷，树种繁多。落叶阔叶树种常见的有南酸枣、拟赤杨、擦树、栓皮栎，还有引种的黑荆树、火力楠、湿地松等热带、南亚热带树种。

竹林有毛竹林、毛竹与针、阔叶混交林。除毛竹外，常见的尚有石竹、桂竹、刚竹、苦竹、麻竹、绿竹、枞生竹、藤枝竹以及少量雷公竹、四方竹、斑竹、紫竹、花竹等，高海拔山头还有箭竹。

次生灌丛有丘陵、低山次灌草丛，中山和林下灌草丛。在较湿润的林地，常见的有水团花、天仙果、变叶榕、掌叶榕、山乌桕、毛冬青等；常混生的有绵毛猕猴桃、山葡萄；较干燥的林地常见的有野茉莉、肖梵天花、映山红、石斑木、狗骨柴等。地被层常见的有芒箕骨、草珊瑚、百两金、老鼠刺、狗脊及其他阴性蕨类。层外藤本植物常见的有忍冬科、菊科和瓜馥木、龙须藤、鸡血藤和藤黄檀等。

荒山草坡主要有禾本科、玄参科、菊科、莎草科，其中芒箕、五节芒分布最为广泛，在村庄附近的丘陵、低山以及中山地带都有。它属于原生植被破坏后而形成的逆行演替的次生植被。

【资源】 *概况* 德化县地处闽中屋脊戴云山区，全县地势较高、地形复杂，地貌以低中山为主，境内资源丰富，拥有“山多、水足、矿富、瓷美”四大优势，素有“闽中宝库”之称。

土地资源 2015 年，获批农转用和土地征收 11 批次 5136.92 亩，供应土地 65 宗 6193.02 亩。收储国有土地 13 宗 311.72 亩，征收集体土地 58 宗 459.09 亩；完成房屋征收 749 宗，建筑面积 7.98 万平方米；安置集体土地征迁户 565 宗，建筑面积 6.12 万平方米。全年经市级验收土地开发整理项目 19 个，新增耕地 2414.19 亩；经市县两级验收旧村复垦项目 8 个，新增耕地 382.97 亩。

矿产资源 德化县境内有高岭土、煤炭、石灰石、铁矿石、泥煤、叶蜡石、金、铅、锌、铜、钨、锰等矿藏 40 多种，其中铁矿石、高岭土、石灰石储量均在亿吨以上，已探明黄金储量 20 吨以上。矿产资源潜在的价值可达几百亿元，开发潜力很大。目前已发现的大小矿产地 270 多处。2014 年，矿产资源勘探完成投入 1253.01 万元，圈出铜多金属矿体 12 个，铁矿体 2 个，钾长石矿体 5 个。发现铜多金属矿化蚀变带 1 条，金矿带 3 条，金矿（化）体 3 个，铜矿（化）体 3 个。岭头格钼矿估算（334）类钼矿石量 144.61 万吨，钼金属量 2503.03 吨；上漈煤矿估算预测的煤炭资源量 470.53 万吨。

水资源 德化县年均降水量 1800 毫米左右，为福建省多雨区之一；人均水资源拥有量为福建省平均水平的 2.5 倍，全国平均水平的 3.8 倍，高于世界平均水平。全县可供开发的水力资源 30.2 万千瓦，位居福建省前列，是我国首批 100 个农村电气化试点县之一，2004 年在全省率先成为全国水电农村电气化县，荣获“全国‘十一五’水电农村电气化县”称号。

生物资源 德化县地处中亚热带季风区，气温条件好，地形、地势复杂多样，动植物和微生物种多量丰，其中有世界特有的树种“活化石”银杏、水杉，世界珍稀的动物角怪。德化珍稀树种有鹅掌楸、福建柏、油杉、黄檀等国家二、三类保护的树种，珍贵树种有三尖杉、南方红豆杉、黄山松、百日青、戴云栎、阔瓣白兰花、木荚红豆树、建宁椴等；还有黄连、土洋参（属国家三类保护的珍稀植物）、瑞香、七叶一枝花、石香薷、大血藤、卷丹、山含笑、杜鹃花及多种兰花等。美湖乡小湖村的古樟树为唐代所植，现树高 28.01 米，胸围 16.7 米，地围 27.05 米，冠幅东西 33.8 米，南北 39.95 米，为福建最古老的樟树。淳湖久住村亦尚存几株古樟，永安岩寺庙前有数株大柳杉，其中最大一株高 34.6 米，胸径 1.9 米，誉为“柳杉王”。赤水乡戴云村、葛坑乡大正村还有“杉

树王”等。

【气候】 概况 2015年德化主要气候特点：气温异常偏高，降水和日照正常。冬季降水偏少，温度和日照均正常，冷空气频繁但强度较弱。春季气温偏高，降水偏少，日照偏多；3-4月对流性天气较弱，5月开始对流性天气较为频繁，多阵雨或雷阵雨。夏季气温显著偏高，降水和日照均正常。秋季气温异常偏高，降水异常偏多，日照正常。全年影响台风有2个（“苏迪罗”和“杜鹃”）。主要的气象灾害有：热带气旋、暴雨及持续性强降水、强对流天气、寒潮及低温霜冻等。综合评价2015年气候属较差年景。

气温 2015年平均气温（2015年1月—12月）19.4℃，比历年平均值偏高1.1℃，属异常偏高。四季中冬季正常，春季偏高，夏季显著偏高，秋季异常偏高。全年各月平均气温6、11月异常偏高，12月显著偏高，10月偏高，其余各月均属正常（各月平均气温见附表2）。年极端最低气温0.4℃，极端最高气温34.7℃。

降水 年总降水量1870.3毫米，比历年偏多46.5毫米，属正常。其中冬季、春季偏少，夏季正常，秋季异常偏多。各月降水量2、11月显著偏少，3、4、6月偏少，10月显著偏多，9、12月异常偏多，其余各月均属正常（各月降水量见附表2）。暴雨日数8天。日最大雨量为82.6毫米，出现在7月20日。

日照 2015年日照时数1878.1小时，比历年偏多108.8小时，属正常（各月日照时数见附表2）。除春季日照偏多以外，冬季、夏季、秋季均正常。

表1

德化县2015年各季气温（℃）、雨量（毫米）、日照（小时）及评价一览表

项目／季节	气温	评价	雨量	评价	日照	评价
冬季	10.6	正常	125.4	偏少	446.1	正常
春季	18.5	偏高	420.2	偏少	397.7	偏多
夏季	26.2	显著偏高	725.9	正常	612.5	正常
秋季	21.1	异常偏高	511.4	异常偏多	479.5	正常

表2

德化县2015年各月、年气温（℃）、雨量（毫米）、日照（小时）及评价一览表

项目／月份	气温	评价	雨量	评价	日照	评价
1月	9.9	正常	61.2	正常	169.7	偏多
2月	12.1	正常	26.5	显著偏少	111.0	正常
3月	14.5	正常	91.1	偏少	123.1	正常
4月	19.0	正常	95.3	偏少	170.4	显著偏多
5月	22.1	正常	233.8	正常	104.2	正常
6月	26.6	异常偏高	152.3	偏少	237.2	异常偏多
7月	26.3	正常	208.4	正常	188.2	正常
8月	25.7	正常	365.2	正常	187.1	正常
9月	23.5	正常	410.6	异常偏多	145.8	正常
10月	21.2	偏高	93.8	异常偏多	184.3	正常
11月	18.6	异常偏高	7.0	异常偏少	149.4	正常
12月	13.1	显著偏高	125.1	异常偏多	107.7	偏少
全年	19.4	异常偏高	1870.3	正常	1878.1	正常

人文地理

【建置沿革】 德化建县前疆域分属尤溪县、永泰县管辖。唐贞元年间（785－795年）析永泰县归义乡置归德场，场址设在今德化县城，隶属永泰县，初具德化县雏形。五代后唐长兴四年、闽龙启元年（933年）由永泰县析出归德场置德化县，后晋开运二年、闽天德三年（945年），德化县隶属闽国东都（今福州）。后汉乾祐二年、南唐保大七年（949年）尤溪县析常平、进城二乡归德化县辖，时属南唐清源军（今泉州）。宋属清源军、平海军和泉州。元属泉州路、泉宁府和泉州分省。明属福建布政使司泉州府。清初沿袭明制，雍正十二年（1734年）划属福建布政使司永春直隶州。民国年间，历属福建兴泉永道（南路道、厦门道）之第四、第六、第七、第九行政督察区。1949年11月24日德化解放，属福建省第七专区（后改称永安专区）。1950年10月划归晋江专区；1971年晋江专区改称晋江地区，1985年撤地建泉州市，德化县仍属其管辖。

【行政区划】 2015年末，德化县辖12个镇（龙浔、浔中、盖德、三班、龙门滩、南埕、雷峰、水口、赤水、上涌、葛坑、美湖），6个乡（杨梅、汤头、桂阳、国宝、大铭、春美），19个社区、191个村委会。

表3　　2015年德化县行政区划分类表

乡级行政单位名称	社区委员会（个）	村民委员会（个）	社区、村（民）委员会名称
全　县	19	191	
龙浔镇	10	6	社区：浔东、德新、兴南、南门、金锁、龙鹏、湖前、园丁、浔南、龙井 村：宝美、丁溪、丁墘、大坂、英山、高阳
浔中镇	8	11	社区：凤池、富东、东埔、龙东、凤凰、金凤、阳光、东顺 村：浔中、乐陶、后所、凤洋、龙翰、石鼓、仙境、祖厝、石山、蒲坂、世科
盖德镇		14	村：盖德、下寮、有济、下坑、福阳、大墘、上地、吾华、三福、上坑、林地、仙岭、凤山、山坪
三班镇		10	村：三班、泗滨、东山洋、奎斗、儒坑、锦山、龙阙、桥内、蔡径、岭头
龙门滩镇		12	村：硕儒、霞碧、碧坑、苏洋、磻坑、石室、湖景、内洋、村兜、朱地、霞山、大溪
雷峰镇		14	村：朱紫、蕉溪、潘祠、坂仔、雷峰、格后、溪美、肖坑、长基、瑞坂、李溪、荐解、上寨、双芹
南埕镇		12	村：西山、高漈、前峰、半岭、南埕、塔兜、枣坑、许厝、望洋、连山、蟠龙、梓垵
水口镇		16	村：亭坑、丘坂、凤坪、上湖、久住、祥光、八逞、樟境、村场、湖坂、淳湖、毛厝、昆坂、梨坑、承泽、榜上
国宝乡		8	村：国宝、佛岭、上洋、南斗、祥云、内坂、厚德、格头
赤水镇	1	14	社区：赤水 村：戴云、东里、苏坂、猛虎、湖岭、岭边、福全、吉岭、永嘉、苏岭、西洋、锦洋、小铭、铭爱
美湖镇		8	村：上岸、小湖、美湖、上漈、洋坑、洋田、斜山、阳山
大铭乡		7	村：大铭、联春、金黄、上徐、琼英、琼山、琼溪
春美乡		7	村：古春、梁春、上春、春美、新阁、尤床、双翰
上涌镇		17	村：上涌、黄井、辉阳、后坂、后宅、刘坑、下涌、曾坂、云路、西溪、桂格、传豪、桂林、中洋、下村、门头、东山

续表 3

乡级行政单位名称	社区委员会（个）	村民委员会（个）	社区、村（民）委员会名称
汤头乡		7	村：汤头、草村、福山、格中、岭脚、汤垵、吉山
葛坑镇		12	村：葛坑、下玲、湖头、漈头、邱村、水门、大岭、蓝田、富地、大正、龙漈、龙塔
桂阳乡		9	村：桂阳、溪洋、王春、安章、涌溪、洪田、彭坑、梓溪、陈溪
杨梅乡		7	村：杨梅、白叶、西埯、上云、云溪、安村、和顺

【人口】 2015年，全县总户数93703户，总人口332104人，人口出生率15.65‰，人口自然增长率12.06‰；农业人口232603人，占70%；非农业人口99501人，占30%。

【民族】 德化县有畲族、回族、壮族、苗族、土家族、侗族、布依族、瑶族、蒙古族、彝族、满族、高山族、水族、藏族、维吾尔族、傣族、毛南族、锡伯族等18个少数民族，其中以畲族为最多。有2个民族村和1个民族自然村落，分别为龙门滩镇的大溪畲族村、葛坑镇的龙塔畲族村和雷峰镇瑞坂村义民自然村落。其他少数民族一般因工作或婚嫁而迁移，散居分布在全县各乡镇。

【宗教】 德化县现有佛教、道教和基督教三大宗教。除宗教信仰外，民间信仰历史悠久，庙宇几乎遍及每个乡镇的各个自然村落。据2006年底的调查统计，全县建筑面积10平方米以上的民间信仰活动场所有311处。在311处民间信仰活动场所中，始建于秦代的1处、汉代1处、唐代10处、宋代16处、元代7处、明代50处、清代72处、民国至新中国成立前兴建的6处、新中国成立后兴建的（含部分因重修造成始建年代不可考据的场所）96处、建造年代无法考据的52处。民间信仰在群众，特别是农村群众中的影响，不亚于佛、道、基督教三大宗教。

【风俗】 德化地处"闽中屋脊"戴云山麓，境内崇山峻岭，重峦叠嶂，山脉连绵，地貌大部分以低、中山为主，德化人民"农居山谷专事稼穑，妇女辟绩之外无他业，园蔬、池鱼、山果仅取自给，弗鬻于市"；"市无巨商大贾，稍有力者营田积谷，以图温饱，不肯出资营什一之利"；"处万山之中""舟楫不通"（《德化县志》清·乾隆）。然土地肥沃，宜居宜耕，交通闭塞，社会稳定，成为中原南迁汉人一个重要的安居乐业之地；中原汉人或避战乱、饥荒，或屯田，或随军几经辗转、播迁，进入德化，拓荒垦殖，渐成村落，孕育形成有浓厚中原色彩，又具有地方特色的德化民俗。

德化的衣、食、住、行以中原文化为特征，尤以德化的民居——古式大厝，建有厅堂、住房、厨房、护厝、附有天井、门庭、围墙、花台绣土等配套设施，屋顶有歇山式、硬山式、庑殿式等燕尾脊曲线，明显带有中原特点。德化农业亦带有中原的农耕文化，自给自足的自然经济色彩浓厚，世世代代以农为主，以土为本，以家庭为主要单位，为了丰收，农民们迎春、育种、播种、田管、送灾、祈福、祈雨、占天象测农事等等。先民们在逃避战乱南迁中，为求得精神安慰，得到神灵保佑，德化民间信仰带有中原遗风，他们崇信孔夫子、五谷真仙、玉皇大帝、观音菩萨、释迦牟尼等等。德化的祖先崇拜与早期中原密切相关，家祭、祠祭、墓祭，慎终追远，一般家族在门匾上刻挂有"鲁国传芳""颍水永泽""江夏衍派""清河留芳"等字样，以表郡望，尊崇宗法制度，提倡人们行善举、崇厚德。德化的称谓体现了中原文化制度的特点，传承中原文化的礼仪，讲究嫡庶之别、男尊女卑、卑已尊人，行为严谨规范、雅俗有别，谦卑恭敬。

文化在繁荣昌盛之时，民俗的地方特色也逐渐形成。由于德化古代交通闭塞，交往不便，处于相对隔绝状态，因而为古文化的保存提供了得天独厚的条件，许多在中原发祥地逐渐式微甚至湮没，而在德化却被较完整地保存下来，或发扬光大。德化的民间信仰除了信奉全国多地的神祇，也形成了自己的民间信仰，对有显迹深受人们爱戴的神祇，从传扬推崇到建宫庙奉祀，如法主公、三代祖师、窑坊公、苏公尊王、陈统军、陈公祖师、史公祖师、吴公真仙等。还有自己独特的对自然现象和动物的崇拜，如四灵崇拜（龙、凤凰、龟、麒麟）、飞禽崇拜（喜鹊、燕子、鸡、乌鸦、猫头鹰）、走兽崇拜（虎、狮、獐、狐狸）以及蛇、鲤鱼崇拜。德化人认为，万物有灵，植物常被人们视为有神灵附着而被人崇拜、敬祀，如樟树、椿树、桃树、竹子等。德化民间艺术带有闽南特色，如提线木偶、布袋戏、梨园戏、高甲戏等；民间舞蹈（八仙舞、拍胸舞、苏岭蚌舞、道士舞、蒲扇舞、龙虎旗）保持古朴、原始风貌；德化山歌种类有劳动歌、时政歌、仪式歌、历史传统歌、情歌，它是由人民在生产、生活、劳动中提炼，激发出来的民间歌谣，它们来源于生活，演唱时均用德化方言，大部分以对答形式表达，具有非常浓厚的民间色彩。在农历五月十六日窑坊公诞辰纪念日，当地制瓷业者、窑主汇聚祖龙宫，设坛隆重庆贺，摆满各窑主新烧制的陶瓷产品供奉。龙浔镇大卿宫在农历三月十五日保生大帝诞辰日，每年均制造糯米大龟12个（闰月13个），每个大龟以糯米40公斤精制而成，每个龟与“八仙”桌一样大。祖龙宫陶瓷供品和大卿宫“摆大龟”，成为别具一格的传统供品文化。

民俗的发展演变有其自身的规律，德化民俗也受其规律制约而沿着一定的轨迹发展、演变，婚嫁、生育、丧葬在德化民俗中最具特色，它有一个发展演变的过程：由古朴到文雅，如童养媳、指腹婚、冥婚、纳妾、交换婚、转房婚、冲喜婚等旧式婚姻被取缔，由一夫一妻多妾制，再发展为一夫一妻制，由繁琐到简单，如传统婚礼的“六礼”婚俗，近现代以来趋于简单，婚礼从简、婚事新办，甚至出现旅游结婚的新风尚；又如丧葬习俗，由土葬习俗中的送终、搬铺、守灵、大殓、封棺、哭丧、出殡、下土、回龙、做七、服丧守孝、拾骨等一系列繁文缛节，到21世纪火葬逐渐实行，很多环节被简化或取消；又如生育，传统上有怀孕禁忌、分娩接生、满月、洁月、周岁、命名等烦琐习俗，随着科学知识的普及和少生优生的推行，孕妇保健、生育均在医院，“洗三”也由医院护士代为完成；再如寿庆，要筹办做寿物品、寿堂等，交给酒家办理寿宴。

民俗作为一种文化，一旦形成便世代相沿成习，如德化的陶瓷制作技艺与文化传承密切相关，从唐代颜化采编纂《陶业法》，绘《梅岭图》将制作技艺传给后世开始，至今传承未断，其传承习俗有家传、师承、学校教育三大类。古代德化重视一技之长，孩子长大成人，父母要为他们选择某种职业，以便自食其力，建家立业，因此各类拜师学艺成为旧时人们的一种时尚，流传至今。传统的家教、家规、家训、家范在人们思想和行为规范影响深远，《弟子规》《朱子家训》家喻户晓。孝道被视为诸德之首、百善之先和教化之始，善事父母、勤俭节约、尊师爱生、尊老惜幼、拾金不昧、热心公益、互助救济等美德得到发扬光大。德化的传统节日（春节、元宵节、端午节、中元节、中秋节、重阳节、除夕）、时令（春夏季、秋冬季）等节令习俗丰富多彩。

【旅游景点】

陶瓷文化旅游

陶瓷街　在瓷都德化，有一条飘着浓郁“瓷香”的特色街道那就是位于龙鹏街的陶瓷街，这也是瓷都德化的形象窗口。为了汇集德化陶瓷精品，展示德化陶瓷风采，方便游客的购买，德化从2002年决定开始有意识地把这条街整合为陶瓷商品专营街。店铺专门经营陶瓷商品，产品琳琅满目，涉及日用陶瓷、传统雕塑工艺瓷、西洋工艺瓷、红壤陶等四大类近万个品种，是德化陶瓷产品的大观园。

屈斗宫古窑址　窑长51.7米，宽1.4-2.95米，有17间窑室，出土了800多件生产工具和6790多件完整的和残缺的瓷器标本。其产品以纯净莹润的乳白色为特征，其造型和烧制方法具有明显的宋元时代瓷器的特点。出土的器物中，品种有碗、盘、碟、壶、罐、瓶、高足杯等，在日本、菲律宾和印度尼西亚等国家发现有不少同类器物，证实为外销瓷生产的重要遗址。屈斗宫古窑址对研究宋元时代我国的民窑体系，以及瓷业的生产规模、窑炉发展、烧制工艺和外销状况具有重要的价值。发掘以来，日本、英国、美国、荷兰、德国、丹麦、澳大利亚等一些国家的考古专家、学者以及香港地区，国内20多个省、市、自治区的考古工作者先后前来参观考察。

自然生态旅游

戴云山景区　素有“闽中屋脊”之称的戴云山地处北纬25°38′07″—25°43′40″，东经118°05′22″—118°20′15″，因戴云峰“一柱撑空”，高出云表，常被云雾所盖而得名；又因往年顶峰常有积雪，故又名迎雪山，是福建省中部主要山脉。山体由大戴云、小戴云、中尖、白鹿贡、莲花池贡、牛皮尖、大格贡等七座海拔均达1660米山峰组成，其中主峰——大戴云海拔1856米，为福建省境内第一高峰，故古时有“天下无山高戴云”之说。戴云山景色秀丽，奇峰异石，使人神移目迷，叹为观止。明代张助曾把戴云山的风光景物概括为“戴云秋献”“迎雪春潮”“三山

陶瓷街　（黄谷莹　摄）

戴云山黄山松　　（陈金殿　图）

耸秀”“一柱擎空”“七里盘谷”“六朝真僧”“石帽顶冠”“凤髻通玄”“云窝古寺”“涧畔石舟”“天池丽雪”“石壁悬松”“云中石厂”“天外线泉”“山西石鼓”“岩东石钟”等十六胜景。

九仙山景区　“中土蓬莱第一山”美称的九仙山，是一座集秀美风光、宗教圣地和文物古迹于一山的旅游胜地，位于德化县西北部，距离泉州市区 140 公里，距离德化县城关 22 公里，景区面积约 35 平方公里，主峰“尺五天”海拔 1658 米，现已开发弥勒洞、金顶、灵鹫岩寺、永安岩四个景区，莲花峰、广钦寺景区正在开发中。山上的湿度、风速、雾天均居全国第二位，故有佛光、云海、雾凇等气象奇观。九仙山年均气温 12℃，尤其是炎夏季节，山中处处凉爽宜人，是避暑的理想去处。

石牛山景区　石牛山国家地质公园和国家森林公园位于福建省德化县的东北部，地处戴云山脉中段，主峰位于水口镇，海拔 1782 米，总面积 86.82 平方千米，由石牛山、岱仙、浐溪 3 个景区组成。公园以极具科学性、稀有性的地质遗迹，优美的地貌景观，良好的生态环境和源远流长的人文景观为其特色，是集旅游观光、休闲度假、科研及科普教育于一体的综合性地质公园。2003 年石牛山被国家林业部授予“国家森林公园”称号，2005 年 9 月被国土资源部授予“国家地质公园”称号，是第四批国家地质公园。

【人物】

颜仁郁　字文杰，号品俊，唐大和年间（827 — 835）生。德化县三班镇泗滨村人。唐末任归德场场长，后梁开平三年（909），闽王王审知任命颜仁郁为闽国农官。唐代著名诗人，其诗作《农桑》第一首和《山居》第二首入编《全唐诗》。仁郁卒后，民怀其德，建“颜长官祠”“忠应庙”，塑像祀之。

颜化綵（864 — 933）　又名颜徒纹，德化县三班镇泗滨村人。德化有史记载最早的陶瓷研究名家。颜化綵总结德化先辈制作陶瓷的技术和经验，编著德化第一部陶瓷工艺专著《陶业法》，绘制《梅岭图》，介绍泗滨梅岭制瓷工场和工艺技术。

苏奉礼　号长源，德化县春美乡人。五代末参谋军事，北宋初礼部右侍郎，北宋建隆三年（962）礼部尚书、仆射，封开国公，授绿袍靴笏。北宋太平兴国二年（977）进士及第。

苏十万（1232—1280）　原名一侯，字万仁，号留义，排行纶千五，德化县雷峰镇长基村人。为宋太中大夫、翰林院太博学士、国师校书郎苏总龟三世孙。官武职忠义军都指挥使，为德化宋末组织义军抗元的著名将领。

何朝宗（出生于明嘉靖至万历年间）　又名何来，讳容海，字来观，德化浔中镇后所村人。明代著名瓷雕艺术家，瓷雕艺术达明代瓷坛艺术高峰，被誉为瓷圣。何朝宗吸收中国泥塑、木雕、石刻等艺术风格，融会于瓷雕，运用捏、塑、雕、镂、贴、接、推、修等技法，独创“何派”瓷雕艺术，作品采用优质胎釉材料烧制，瓷质“如脂似玉、莹润透彻”，是“中国白”（亦称猪油白、象牙白）的杰出代表，被誉为“东方艺术”和“天下共宝之”的珍品。北京故宫博物馆收藏其盘膝观音菩萨、达摩，泉州文馆会收藏其渡海观音，均为国家一级文物，瓷雕艺术达明代瓷坛艺术高峰，被誉为瓷圣。

凌辉（1389 — 1461）　又名邦辉，字清峰，德化县葛坑镇田地村人。永乐三年（1405 年）中举人；永乐十年会试，登进士第，初任广东道监察御史，后改任河南道；升江西按察司副使、都察院监察御史、中宪大夫等职，屡次跟随成祖皇帝出征，居官 33 年曾参与编修《大明一统志》，廉洁自持，政绩斐然。辞官后回乡，于天顺二年（1458）主修完成德化县第一部县志，惜已散失。

赖垓（生卒年不详）　字宇肩。德化县大铭乡琼溪村人。明天启七年（1627 年）在顺天府（今北京）考取举人。崇祯元年（1628 年）中进士。初为浙江平湖县知县，擢为翰林院简讨，转右春坊（太子宫）任右庶子，为太子讲学。其后，给假省亲，得册藩之役，晋升伯宗任学士。未及回京，值清兵入关，遂归琼溪故乡，隐居不仕。清廷差使征召，垓托病固辞，家居近 20 年。

李道泰（明万历四十五年生）　字

子交，号藿思，德化县浔中镇诗墩人。清顺治八年（1651）乡试中式，十八年中进士。任江西南康府建昌县（今江西省永修县）知县。康熙十二年（1673）冬，因平定“三藩之乱”（平西王吴三桂、靖西王耿精忠、平南王尚之信叛乱）有功，战后以功晋升南康府同知，不久擢云南省开化府知府。

邓启元（生卒年不详） 字幼季，号蓝阳，德化县浔中镇蒲坂村人。雍正元年（1723）入京，上《劝学赋》，钦点第二名。雍正五年（1727），邓启元应礼部会试中第9名，殿试榜眼及第，授翰林院编修、武英殿纂修。年少任职，勤勉谨慎，为众人所佩服。雍正十年（1732），主持湖北乡试。乡试结束后，邓启元又将落选的数千试卷加以评点。邓启元回朝后，参与编纂《三礼》，日夜操劳，积劳成疾，终年34岁。

王必昌（1704—1788） 字乔岳，号后山，德化县浔中镇凤池社区人。清乾隆十年（1745）中进士，受赐吏部观政。乾隆十一年（1746）应德化知县鲁鼎梅聘，纂修《德化县志》；乾隆十七年又应台湾知县鲁鼎梅之聘，赴台编修《台湾县志》。乾隆十八年，任湖北郧西县知县，兼理竹溪县事。

郭鸣高（1774－1843） 乳名瑞，字行祥，号怀莪，别号蔼士，德化县浔中镇世科村人。嘉庆十五年（1810）中举；二十四年（1819）中二甲进士。历任则例纂修、文选司员外郎、监察御史、贵州思南府知府。著有《经史印示儿浅说》及《虫鸟吟诗稿》传世。

苏学金（1869—1919） 名光铨，号蕴玉，字学金，别号博及渔人，德化县龙浔镇宝美村人。毕生以瓷雕为业，民国4年（1915），苏学金所作“梅花”入选参加巴拿马万国博览会展出，获得金奖，为明代以后德化瓷雕名艺人的杰出代表和德化瓷塑参与大型国际展览评比首次金奖获得者。

苏履吉（1779－卒年不详） 乳名发祥，字其旋，号九斋，德化县春美乡双翰村人。清嘉庆十八年（1813）年登拔萃科，十九年（1814）在京参加廷试，以二等第一名入选，钦点知县，签分甘肃，授甘肃省敦煌县知县，安西直隶州知县，提拔哈密知府，广东佛山分府正堂。

王光张（1866—1936） 字金义，号石峰，德化县浔中镇凤池社区人。清光绪二十九年（1903）举人，江西省布库大使，敕授文林郎，钦加五品衔，赠奉直大夫。民国德化县县长。

徐会春（1900—1986） 乳名德旺，别号光宇，曾用名徐英，德化县盖德镇三福村人。民国18年（1929）任国民党军营长，民国25年（1936）任陆军独立37旅109团中校团副，民国26年（1937）任陆军194师581团团副，民国30年（1941）因战功升任194师上校副师长，民国32（1943）年秋因战功被授予“陆军少将”军衔，民国38年（1949）1月任194师师长。2005年，获由中共中央总书记胡锦涛题词，中共中央、国务院、中央军委颁发的“纪念抗日战争胜利六十周年”勋章。

蔡尚思（1905.11—2008.05） 号中睿，德化县浔中镇诗墩村人。我国当代著名文史学家、思想家、哲学家。曾任复旦大学教授、副校长、社会科学学术委员会副主任、研究生部副主任、中国思想文化研究室主任、上海市政协委员等。蔡尚思研究领域涉及中国通史、中国古典文学、中国文化史、学术史、中国思想史、哲学史。主要学术专著有：《中国思想研究法》《中国历史新研究法》等20多部。

许兴泰（1941—2006） 德化县龙浔镇湖前社区人。中国工艺美术大师、中国陶瓷艺术大师，高级工艺美术师。曾任德化县政协委员、政协常委、泉州市政协委员。1990年，被中华全国总工会授予“全国自学成才者”称号。“立龙观音”被中国工艺美术馆珍藏，另有5件作品被中国历史博物馆、国家珍宝馆、福建工艺美术珍品馆收藏。

苏清河（1941.06—2012.03） 德化县龙浔镇宝美村人。中国工艺美术大师、中国陶瓷艺术大师，高级工艺美术师，国家级非物质文化遗产“中国白瓷烧制技艺”的传承人。作品12寸“泰国佛”被中国国家博物馆收藏；“提如意坐石观音”“立莲观音”被中国工艺美术珍品馆收藏，“坐莲观音”“海蚌姑娘”等被福建省工艺美术珍品馆收藏。

杨剑民（1945.11－2012） 泉州市鲤城区人，定居德化县龙浔镇龙鹏社区。中国陶瓷艺术大师，高级工艺美术师，中国工艺美术协会高级会员，福建省工艺美术协会常务理事，享受国务院政府特殊津贴，省级非物质文化遗产代表性传承人。1989年9月，国务院授予全国劳动模范称号。代表作品：“维纳斯影灯”“渡海观音”“八仙过海”“闽龙出海”。

许兴泽（1947.07－2014.04） 德化县龙浔镇湖前社区人。中国陶瓷艺术大师，福建省工艺美术大师，高级工艺美术师，享受国务院政府特殊津贴。作品“立龙观音”荣获1984年中国工艺美术百花奖珍品金杯奖，并被中国工艺美术馆、福建省工艺美术馆收藏；“滴水观音”荣获1991年中国工艺美术百花奖珍品金杯奖，并被中国工艺美术馆、福建省工艺美术馆收藏；“戴冠观音”获得2008年中国传统工艺美术精品大展金奖。

德化县获评世界陶瓷之都

5月29—30日，德化县迎来世界手工艺理事会国际专家考评组对“世界陶瓷之都”的复评。该专家团队包括世界手工艺理事会执行主席，该理事会亚太地区、拉丁美洲地区、北美地区的负责人，联合国教科文组织特派代表以及澳大利亚墨尔本大学教授等。经过复评，世界手工艺理事会国际专家考评组全票通过，授予德化县“世界陶瓷之都”的荣誉称号。

5月29日，德化申报“世界陶瓷之都”汇报会现场。

（德化报 提供）

【新老接力的国际交流】

站在父亲——中国陶瓷艺术大师邱双炯的旁边，邱宏烈用流利的英语向世界手工艺理事会专家们介绍自己父亲的作品，脸上是自信的微笑。

邱双炯现已80多岁高龄，仍然坚持创作，其代表作《水浒传》人物瓷雕，是在深入研读古典原著后而创作的，每一尊人物都深得原著精髓，展现出不同的形体和精神风貌。邱宏烈虽然没有接过父亲的衣钵，而是成了美国加州州立大学地球与环境科学系的一名教授，但邱宏烈的视野无疑为宣传德化陶瓷打开了更大的空间。如今，邱宏烈正筹备一个项目，计划用3D技术和地理遥感技术等新技术，为陶瓷生产提速增效。

邱宏烈向世界手工艺理事会专家们介绍作品

（寇婉琼 摄）

用英语交流，在德化陶瓷业界并不少见。在顺美陶瓷文化生活馆，顺美集团总经理郑鹏飞和池珠香夫妇用英语向专家讲述集团产品的设计和创新，自信而从容。用作品语言进行国际交流，更是苏献忠、陈仁海、柯宏荣和陈桂玉夫妇等陶瓷艺术大师们的专长，陶瓷艺术大师们积极融合国际艺术语言，参与国际艺术展出，作品得到了更大范围的认同。

专家组到泉州工艺美术职业学院考评期间，恰逢外国学员来此培训。来自埃及、埃塞俄比亚等17个国家的51名援外培训学员和来自非洲21个国家的50名学员，通过在德化为期两天的考察交流和学习培训，体验千年瓷都的“陶瓷文化之旅”。

千年来，德化陶瓷的骨子里就一直流淌着对外交流的血液。宋元时代，德化瓷器随着“东方第一大港”——刺桐港的兴起而畅销海外，成为古代“海上丝绸之路”的重要商品之一。明代德化一代“瓷圣”何朝宗的白瓷瓷雕成为世界各大博物馆的“镇馆之宝”。明清时期，德化陶瓷生产和外销都进入了鼎盛时期，畅销全球。

如今，国际交流的薪火相传，人才辈出。除了德化陶瓷艺术大师的努力，德化正致力将陶瓷文化和技艺融入中小学的教学实践中。在尚思小学陶瓷实践课堂，小学生的创意让国家专家们既惊叹又欣喜，多名专家纷纷表示这种从小孩子抓起的经验值得世界很多国家学习，“这样的场景让我感到很震撼”。

世界手工艺理事会专家组观看小学生制作陶瓷作品
（寇婉琼 摄）

【历史碎片孕育的新生】

“喏，这块瓷片就是典型的‘象牙白’。”在宋元时期古窑址——屈斗宫，德化窑古陶瓷研究专家、泉州市博物馆馆长陈建中来到窑址右侧的小土坡上，低头稍微寻找了一会儿，就捡到了两块碎瓷片。陈建中向参观的专家们介绍说这两块就是宋元古瓷，而且釉色很不错。专家们仔细端详瓷片的色泽、质地，并发出赞叹说“这土坡里该藏着多少宋元古瓷片啊！”

历史在这里触手可得。德化屈斗宫宋元古窑址是我国宋元古外销瓷的重要遗址之一，属全国重点文保单位。其窑址系独特窑炉类型——“鸡笼窑”，其长度居同时期福建古瓷窑之最，也是我国目前发掘最长的宋元时期窑址。

专家们到月记窑了解传统柴烧技艺　（寇婉琼 摄）

在德化县蔡径村的月记窑，已有近400年历史的古龙窑窑火不熄。龙窑依着大概20度的斜坡而建，长约60米，因形状似龙而得名。古窑周边白色的碎片随处可见，在夕阳下点点闪光。不远处的作坊中，有人在制作瓷坯，有人在上釉，有人肩挑坯板，稳步走向窑洞……专家们随窑工走入龙窑内部，一探神奇瓷器烧成过程。传统柴烧技艺的保留，让专家们感触颇深，纷纷表示这种活性传承十分可贵。

围绕着古龙窑，洞上陶艺村逐渐兴起。一帮来自德化和外地的青年陶瓷艺术爱好者在此扎根生长。这些青年陶瓷艺术爱好者在此汲取德化瓷的历史和文化，并注入自己的创意，在古龙窑柴火的锤炼下，一件件新作诞生，续写德化瓷的新篇章。

【世界专家的圆梦之旅】

在德化陶瓷博物馆，一个放着许多位罗汉的陶钵中，有一位戴着三角帽的荷兰人形象。有人说，这是“来样定制”的作品，根据外国人形象而创作的。有人说，这意味着中外文化的交流。无论如何，这样的陶瓷人物形象，都说明了当年德化瓷与世界各地畅通交流的盛景。

“我很年轻时，就听说过德化白瓷，当时就十分向往。”世界手工艺理事会亚太地区副主席曼扎瑞·妮茹拉说，这一次来德化参加复评工作，也是一次“圆梦之旅”。世界手工艺理事会亚太地区主席加达·易加薇也有同样的感受，加达·易加薇指出，在中东地区，德化陶瓷是珍贵艺术品的代表，当地作坊都极力仿制德化瓷器的质地、花纹等，但无论如何，“德化瓷就是德化瓷，‘中国白’就是‘中国白’，它是独一无二、无法复制的，它属于德化。”

专家组体验陶瓷制作　（寇婉琼 摄）

世界手工艺理事会亚太地区副主席、吉尔吉斯斯坦手工艺理事会主席迪娜尔则告诉我们，在中东地区的手工艺是木制品和皮制品，而木制、皮制品都是用来装中国瓷器的，可见对陶瓷有多么喜欢很珍惜。

欧洲同样流传着“中国白”的传奇故事。联合国教科文组织特派代表、达卡办事处总代表卡贝斯说：“我是德国人，众所周知，德国迈森瓷厂是从仿制德化瓷开始的，我对此亦有所了解，因此非常希望有就会来实地感受德化瓷，所以这次德化之行，可以说是非常荣幸地目睹了德化瓷的辉煌历史和灿烂文化。”

世界手工艺理事会专家在陶瓷作品上署名（寇婉琼 摄）

【专家点评】

德化申报“世界陶瓷之都”复评工作意见反馈会上，世界手工艺理事会国际专家考评组成员发表感受和建议。以下节选刊发部分专家的点评。

世界手工艺理事会执行主席、中国工艺美术协会副会长兼秘书长王山：

今天，德化通过了‘世界陶瓷之都’的考评，大家应该感到珍贵，因为这是世界第一个拿到“世界陶瓷之都”称号的城市。这两天，对每一个专家来说，都可以用三个成语来形容。一是“梦寐以求”，这里是每一个人梦中都想来的地方。二是“流连忘返”，这里让大家来了就不想离开。三是“回味无穷”，专家们回去后，都还会时刻想起这里的情况，成为文化使者，将德化陶瓷宣传出去，让德化陶瓷到世界各地发扬光大。

世界手工艺理事会亚太地区主席加达·易加薇：

德化县政府对陶瓷产业十分重视和支持，在方方面面都做了努力，尤其是陶瓷的技艺传承从小学生抓起，让我很感动。同时德化对历史遗迹、文化方面的保护工作也做得很好，值得很多国家学习。知识产权保护对手工艺者非常重要，德化在这方面所做的努力很全面，希望能从德化学习经验，推广到其他地方去。德化有一个很好的教育系统，从儿童开始抓起，这是未来手工艺可持续发展的最基础的一点。

世界手工艺理事会拉丁美洲地区主席阿尔伯托·博托拉扎：

我们在制定世界手工艺城市评选规则的时候设置了很多条件，德化基本上各个条件都满足了，这让我们十分惊讶。所以德化表现得很杰出，希望德化作为表率，带领世界其他城市手工艺的发展。

世界手工艺理事会北美地区副主席琳达·特瑞柯：

作为手工艺城市，拿到“世界陶瓷之都”这个牌子挺困难的，但你们（德化）达到了所有的要求，其实你们做的比写的汇报材料中更好。我觉得特别不寻常的是你们的设计、制作、生产等各个环节连接很紧密，所以这几天去大师工作室参观，都让我们很高兴。

世界手工艺理事会亚太地区首席副主席王良民：

为什么大家都喜欢“中国白”？因为这是德化陶瓷最优质的特色，就是洁白。要保护好这个特色，让白瓷文化发扬光大。在薄如蝉翼的白瓷面前享受你们的生活，这就是你们的方向。

世界手工艺理事会亚太地区副主席曼扎瑞·妮茹拉：

对于德化陶瓷界艺术家的努力，我们很感动，他们对手工艺的坚持和成就都值得学习。大师们都有自己的特点，没有同质化竞争，竞争是良性的。这点十分不易。

德化县与甘肃省敦煌市缔结为友好县市

【签约仪式】

3月8日，德化县与甘肃省敦煌市签约缔结为友好县市。甘肃省酒泉市委常委、敦煌市委书记詹顺舟，敦煌市人大常委会主任翟福林、敦煌市政协主席曹理等敦煌市领导和德化县委书记吴深生，县委常委、常务副县长吴顺情，县委常委、宣传部部长、教育工委书记曾宪堡，县人大常委会副主任徐明侃、县政府副县长林祖传、县政协副主席林文昌参加在敦煌市举行的缔结友好县市签约仪式。

签约仪式上，甘肃省酒泉市委常委、敦煌市委书记詹顺舟和县委书记吴深生分别介绍敦煌市和德化县经济社会发展情况。詹顺舟指出：敦煌和德化虽远隔万水千山，却因为一条光荣的丝绸之路、一位先贤名仕苏履吉和一个伟大的复兴梦想，紧紧连在一起，并倡议今后两地应加强文化交流，深化经贸合作，互相学习借鉴，实现携手共进、共同发展。

吴深生指出：习总书记提出建设“一带一路”的伟大战略构想，赋予了古老丝绸之路以崭新的时代内涵，也给敦煌与德化这两座丝绸之路重要节点城市带来了新的缘分，此次敦煌与德化缔结为友好城市关系，既是两条丝绸之路的结对，也是两座历史名城的联姻。吴深生希望，今后两座城市将充分发挥各自的比较优势，在“一带一路”建设中互相学习借鉴，可以在文化艺术、产业培育、人才培养等方面加强协作，探索产业合作对接和资源优势互补，促进“陆上丝绸之路”与“海上丝绸之路”的文化碰撞融合，争取在国家“一带一路”战略大局中有新作为、新贡献。

德化县与甘肃省敦煌市缔结为友好县市（签约仪式）（王双季　摄）

签约仪式上，敦煌市委常委、常务副市长苟小卫与县委常委、常务副县长吴顺情签订《甘肃省敦煌市与福建省德化县缔结友好市县协议书》，并互赠县志。

【海陆友好缔结 丝路明珠相映】

3月6—10日，在德化县与甘肃省敦煌市举行缔结友好县市签约仪式期间，县委书记吴深生带领党政考察团先后参观考察莫高窟数字展示中心、丝绸之路国际会展中心项目、莫高镇高效节水农业产业园等十多个项目、园区，全面深入地了解敦煌旅游文化、城市建设、光热能源产业和现代农业等各个领域的发展情况。

在莫高窟数字展示中心，这里通过球幕电影、3d模拟洞窟展示莫高窟，游客再统一乘车前往洞窟参观，使莫高窟日接待能力从3000人提高至6000人。敦煌博物馆，整个建筑外形、色调融长城、烽燧及古城堡式建筑等文化符号于一体，美观、庄重、大方。馆内通过参观自汉代以来敦煌出土的珍贵文物，领略到了敦煌这座“华戎交会都市”的历史变迁和两千年风雨沧桑。

考察团在敦煌丝绸之路国际会展中心参观（王双季　摄）

在敦煌画家村、敦煌大乘艺术公司，风格各异、活力四射的文化艺术产业带呈现在眼前，处处洋溢着浓厚的艺术氛围。走在敦煌“古老”的街道上，两边的建筑都是青灰瓦，墙身带有敦煌文化元素的牵驼、莲花、画像石砖等图案，窗户也带有古典纹样装饰，古朴典雅。特别是夜晚临街建筑物的夜景灯光，使古老的敦煌文化元素和流光溢彩的城市夜景灯光交相辉映，展现出敦煌旅游名城的无穷魅力。

置身于敦煌天赐一秀文化博览园和丝绸之路国际会展中心项目园区，敦煌市高标准高起点谋划大项目，招商选资，用世界的眼光、专家的智慧规划建设国际文化旅游名城，更是让考察团成员赞不绝口。

此外，敦煌经济社会各项事业协调发展。其中，包括风机总装维护和年产能百万千瓦风电场的敦煌海装风电总装维护基地，占地254平方公里、规划装机550万千瓦的光电产业园区，敦煌市万亩高效节水农业产业园区，以及高考成绩连续七年名列酒泉市前列的敦煌中学，也给考察团留下深刻的印象。

县政协副主席、冠福现代家用股份有限公司董事长林文昌表示：敦煌打造文化大旅游格局非常值得德化学习借鉴，并建议，可将莫高窟的艺术宝窟文化与德化陶瓷文化完美融合，与中国china陶瓷文化古镇融合，围绕“一带一路”主题联合开发旅游产品。

“只有树种好了，凤凰才会来！”座谈会上，中国白艺术宫馆长陈仁海一语中的地表达了对敦煌城市规划建设的感慨。

“这次考察，让我增长了见识，拓宽了视野。”县经贸局局长温明源说，敦煌充分发挥自身文化资源优势，积极争取对接国家实施的战略政策，持之以恒发展旅游文化产业，取得丰硕成果。县陶瓷文化和旅游资源丰富，应该学习借鉴敦煌的做法，举全县之力，推动陶瓷产业和旅游业发展。

考察后，龙浔镇党委书记苏惠生认为，敦煌与德化有着不同的文化资源优势，可引导陶瓷艺术大师去敦煌进一步交流对接，将莫高窟的宗教文化、彩绘工艺与陶瓷技艺结合起来，开发一些物美价廉的旅游工艺品。同时可培养营销人才，在敦煌开设德化陶瓷分销店，销售德化陶瓷产品。

正如县委书记吴深生在座谈会上所说，通过这两天的考察学习，深切感受到敦煌是一部历史文化的百科全书，百读不厌，令人回味无穷，同时又是一座改革发展的模范城市，百业大兴，催人奋进图强，是我们学习的榜样、追逐的标兵！

两座历史文化名城缔结为友好县市后，将在党务、教育、旅游、文化、农业、经贸等多领域进行长期、深层次的交流与合作，促进敦煌旅游文化与德化陶瓷文化的深入交流融合，推动双方产业、科技、人才、商贸等全方位的合作。

【融入一带一路战略 德化敦煌携手发展】

5月15—16日，由酒泉市委常委、敦煌市委书记詹顺舟带领的敦煌市考察团到德化参观考察。县委书记吴深生、县政府县长欧阳秋虹、县人大常委会主任涂健圻、县政协主席苏兴羽、县委副书记王传敬等陪同调研并出席座谈会。

敦煌市考察团到德化参观考察 （王双季 摄）

敦煌市考察团一行先后到陶瓷博物馆、城市规划展示馆、职业技术学校、工艺美术职业学院、中国白艺术馆、顺美陶瓷文化生活馆、山花陶瓷和南埕镇美丽乡村、水口镇生态文明建设项目等实地考察，围绕德化陶瓷历史、产业发展、人才培养、城市规划和生态文明建设等主题进行全面深入的考察。

考察结束后，两地举行座谈会。吴深生指出：在习近平总书记“一带一路”伟大战略构想的指引下，德化与敦煌两座丝路古城、历史名城的姻缘结对并肩携手，既是两地抢抓机遇完成历史的共识碰撞，也是优势互补、合作共赢的生动实践，更是两地人民的热切期盼和共同追求，两地虽相隔千里，但在教育、文化、旅游、农业等领域有很强的共通性和互补性，战略合作的前景广阔，空间极大。

会上，德化县与敦煌市签署2015年度合作备忘录和2015年度教育合作备忘录；中国白与大唐文化发展公司签署合作开发协议；县供销电子商务有限公司、泉州酒立方公司与敦煌葡萄酒业公司签署三方协议；憨鼠智慧电商与敦煌敦垦果品公司签署协议。今后两地将在党务、教育、文化、旅游、农业、经贸、民生等多领域进行长期、深层次的交流与合作，促进两地融合发展。当天，还举行捐赠仪式，双方互赠书籍，德化企业向敦煌市慈善协会捐资。

首届中国陶瓷电商峰会在世界瓷都·德化举办

【峰会活动方案】

随着互联网经济的蓬勃发展，中国电子商务环境已日趋成熟，李克强总理在2015年政府工作报告中正式提出“互联网+”行动计划，鼓励各行各业拥抱互联网，更是掀起新一轮的“互联网”热潮。

陶瓷的故乡在中国，柴、汝、官、哥、定已成为当今中国陶瓷产业乃至世界陶瓷产业的代表。“经济新常态”下互联网的迅猛发展，将为陶瓷产业的转型升级、发展创新带来了新机遇。在阿里研究院日前公布的“2014年全国电商百佳县”“2014年中国电商百佳城市”榜单中，多个中国传统陶瓷产区的县（市、区）均榜上有名。其中，百佳县中，福建省德化县排名第7、江苏省宜兴市排名第58、浙江省龙泉市排名第78；百佳城市中，广东省佛山市排名第11，广东省潮州市排名第46，山东省淄博市排名第73，江西省景德镇市排名第79，其他陶瓷产区如广西北流、湖南醴陵、河北唐山等，也已开始积极推动互联网工程，加快陶瓷产业与电子商务的融合发展和转型升级。

德化的陶瓷电商走在中国各陶瓷产区前列，是唯一进入中国电商百佳县或中国电商百佳城市十佳的陶瓷产区。在5月29日世界手工艺理事会国际专家组投票评选中，德化获评“世界陶瓷之都”称号。

为进一步营造环境、促进转型、弘扬创新，拟在世界瓷都·德化举办首届中国陶瓷电商峰会。本次活动拟由中国陶瓷工业协会、中国国际电子商务中心、福建省商务厅和泉州市人民政府共同主办；德化县人民政府、阿里研究院、阿里巴巴闽汕大区承办。峰会将以“互联网+陶瓷产业”为主题，以活动为纽带，以“交流协作、互动共赢”为目的，为中国陶瓷产区的电子商务聚集发展、抱团发展和特色发展营造良好的交流氛围，搭建中国陶瓷产区之间交流合作平台，融合各大陶瓷产区的资源优势，共同探索“互联网+陶瓷”新思路，为陶瓷产业转型升级和跨越发展插上互联网的翅膀。

一、活动时间

2015年10月27-29日

二、活动地点

（一）主会场地点：县会议中心三楼大会场、二楼会议室、公务大厦十三楼会议室

（二）分会场地点：公务大厦十三楼会议室

三、活动主题

互联网+陶瓷产业

四、组织架构

（一）主办单位：中国陶瓷工业协会、中国国际电子商务中心、福建省商务厅、泉州市人民政府

（二）承办单位：德化县人民政府、阿里研究院、阿里巴巴华南大区

（三）媒体合作：21世纪经济报、福建日报、福建电视台、泉州晚报、泉州电视台、闽南日报；凤凰网、新浪网、网易网、新华网、中新网、亿邦动力网、派代网、天下网商、中国电子商务研究中心、闽南电商频道；陶城报、陶瓷信息、陶城网、陶瓷网、中国陶瓷网

五、活动目的

（一）搭建平台，营造“互联网+陶瓷”发展全新环境

通过举办首次陶瓷行业的电商峰会，搭建一个持续性的属于陶瓷产区之间的交流沟通平台，积极开展各陶瓷产区间的对话交流，营造一个积极向上的“互联网+陶瓷”发展氛围，共同为陶瓷产区的电子商务产业创造良好的发展环境，为陶瓷电子商务的应用创新提供崭新的发展机遇。

（二）共谋发展，促进“互联网+陶瓷”融合跨越转型

通过嘉宾的交流互动和陶瓷产区之间的思维碰撞，共同探索“互联网+陶瓷”未来发展的新方向和新思路，启发各陶瓷产区发现符合各地实际的“互联网+陶瓷”发展模式，加速促进互联网和陶瓷产业的深度融合，助推陶瓷产业互联网化的跨越转型。

（三）弘扬智造，激发“互联网+陶瓷”创业创新热情

通过峰会及其一系列配套活动的协同推进，树立陶瓷行业先进典型，打造标杆陶瓷电商企业，总结形成各具特色的陶瓷电子商务区域发展模式和企业发展样板，利用“互联网+”机遇，引导陶瓷行业从“传统制造”向“互联网智造”转变，将传统陶艺文化与互联网消费新需求结合。

通过峰会的举办，刺激并促进传统陶瓷企业加速借助“互联网+”机遇转型升级，推进传统陶瓷品牌企业由信息流服务向信息流、商流、物流和资金流综合服务发展，加快陶瓷产业互联网进程。

通过峰会的举办，倡导大众创业万众创新，激发全社会通过互联网创新创业热情，建立电子商务应用的经验交流和知识共享渠道，引导示范社会青年、团队开拓思维，借助互联网工具就业创业。

六、活动内容

1场高峰论坛，1场主题大会，1场答疑解惑的互动式大会，2场精彩访谈对话（3位重量级行业专家学者精彩解读，14位实际操盘手案例+实战精彩分享）。

七、活动话题

1、陶瓷行业与电商产业的融合“新势力”。电子商务的崭新销售渠道和创新营销手法，不仅让那些一起步便做线上销售新兴企业受益，更促使传统的线下销售巨头们应

势而为。陶瓷行业电商，如何借助传统产业的结构优势，实现闭环，值得深思。

2、陶瓷跨境电商的创新“新思路”。陶瓷产业传统外贸格局受限，而跨境电商蓝海初现，要如何运用跨境电子商务平台拓展海外市场，如何解决陶瓷跨境电商的物流环节，亟须探讨。

3、陶瓷网货品牌评选“新视野”。陶瓷企业利用电子商务发展实现了企业和品牌双向快速发展，通过评选活动，挖掘推荐行业标杆，借鉴先进经验，分享交流陶瓷企业如何“线上创牌”与营销推广。

八、活动亮点

1、中国陶瓷在线交易平台（chinachinaonline.com）和陶瓷全球购（go.chinachinaonline.com）首次公开对外推介。

2、中陶协和阿里研究院联合首次评选中国“十大陶瓷网货品牌”“十大陶瓷茶具网货品牌”。

3、陶瓷主产区就陶瓷电商首次深入交流。

4、专家学者与电商实操手首次分享对话。

5、开展举行项目揭牌授牌系列活动。

峰会 logo“腾飞”

★ 大会logo标志设计上，以关键字母c（象征中国\陶瓷）、e（象征电商）、瓷瓶、祥云（象征云商）等元素，构成一只腾飞四海的“火凤凰”，寓意全国各地陶瓷产区团结合作，推动中国陶瓷电商不断发展腾飞。

★ 中间的白瓷瓶，象征着闻名中外的“中国白”（即德化白瓷），体现峰会举办地——瓷都德化的千年陶瓷文化底蕴。

★“火与凤凰”象征陶瓷艺术特征，体现出自强不息、浴火永生的精神，也寓意中国陶瓷电商“红红火火”。

【峰会嘉宾】

领导嘉宾	各陶瓷产区政府
杨志海（中国轻工业联合会名誉会长）	佛山市人民政府
杜同和（中国陶瓷工业协会理事长）	醴陵市人民政府
王晨（文化部外联局党组成员、局长助理）	潮州市潮安区人民政府
陆建栋（中国国际电子商务有限公司副总裁）	景德镇市人民政府
刘德培（福建省商务厅副厅长）	龙泉市人民政府
陈荣洲（泉州市政府副市长）	唐山市人民政府
吴深生（德化县委书记）	淄博市人民政府
欧阳秋虹（德化县政府县长）	北流市人民政府
汪向东（中国社会科学院信息化研究中心主任）	宜兴市人民政府
谢德忠（阿里巴巴华南大区副总经理、闽汕总经理）	四川省乐山市夹江县人民政府
李鸣涛（中国国际电子商务中心电商研究院副院长）	陕西省铜川市耀州区人民政府
刘　钢（复旦大学软件学院副院长）	山西省怀仁县人民政府

续表

领导嘉宾	各陶瓷产区政府
余立威（福建省商务厅电子商务和信息化处处长）	山西省平定县人民政府
涂健圻（德化县人大常委会主任）	山西省介休市人民政府
苏兴羽（德化县政协主席）	山东省临沂市人民政府
钟发亮（泉州工艺美院院长）	辽宁省沈阳法库县人民政府
李　怡（中央电视台广告中心副主任）	江西省高安市人民政府
陈德庆（泉州市经济和信息化委员会副主任）	江西省丰城市人民政府
翁坤海（中国海峡人才市场办公室主任）	湖北省宜昌市人民政府
贺南（淘宝拍卖小二）	河北省邯郸市人民政府
周湘沂（淘宝“极有家”小二）	河北省高邑县人民政府
李　治（河南省开封大学国际教育学院院长）	广东省清远市人民政府
粘学清（泉州市商务局副局长）	广东省梅州市大埔县人民政府
谢荷金（中国国际电子商务中心福建代表处总代表）	广东省潮州市人民政府
熊一凡（速卖通讲师）	福建省闽清县人民政府
林　鹏（阿里巴巴国际事业部华南大区泉州区域经理）	福建省晋江市人民政府
陈火全（泉州师院副教授、博士）	河南省禹州市人民政府
黄玉树（阿里巴巴全国首家 LBS 德化云图公司总经理）	河南省洛阳市人民政府
郑健伟（云图跨境电商顾问）	河南省汝州市人民政府

【峰会议程】

开幕式

时间：10 月 28 日上午

时 间	主 题	嘉宾姓名	单位职务
9:00-9:03	开场视频		
9:03-9:05	主持人开场	主持人	福建电视台武燕楠
9:05-9:10	致欢迎辞	吴深生	中共德化县委书记
9:10-9:20	致辞、宣布创会会址并授牌	杜同和	中陶协理事长
9:20-9:25	致辞	陈荣洲	泉州市人民政府副市长

续表

时 间	主 题	嘉宾姓名	单位职务
9:25-9:30	开幕启动仪式	杨志海	中国轻工业联合会名誉会长
		杜同和	中陶协理事长
		陆建栋	中国国际电子商务有限公司副总裁
		刘德培	省商务厅副厅长
		陈荣洲	泉州市人民政府副市长
		吴深生	中共德化县委书记
		欧阳秋虹	德化县人民政府县长
		汪向东	社科院信息化研究中心主任、研究生院教授、博士生导师
		谢德忠	阿里巴巴华南大区副总经理闽汕总经理
9:30-9:35	介绍中国陶瓷官网	张文启	中国陶瓷官网总监
9:35-9:40	介绍中国陶瓷在线交易平台建设筹备并宣布启动	李 强	厦华电子总经理
9:40-10:10	**〔主题演讲〕** 关于县域电商平台策略的几个观点	汪向东	社科院信息化研究中心主任、研究生院教授、博士生导师
10:10-10:40	**〔主题演讲〕** 凤凰涅槃，直面互联网+的机遇和挑战	刘 钢	复旦大学软件学院副院长
10:40-11:10	**〔主题分享〕** 打造两岸陶瓷电商合作新天地	陈定震	台湾网际网络营销研究协会秘书长
11:10-11:30	**〔品牌发布〕** 网货品牌视频发布	盛振中	阿里研究院高级专家、阿里数据经济研究中心副主任
11:30-11:40	**〔授牌仪式〕** 双“十佳”网货品牌	杨志海等领导	出席领导同开幕启动仪式的领导
11:40-11:55	**〔揭牌仪式〕** 1. 国家电子商务示范基地	杨志海等领导	出席领导同开幕启动仪式的领导
	2. 中国国际电子商务中心培训学院泉州分院	杨志海等领导	
	3. 中国茶具之乡	杨志海等领导	
	4. 淘宝镇、淘宝村	杨志海等领导	
11:55-12:00	**〔交接旗仪式〕** 中国陶瓷电商峰会会旗交接仪式	程曙光	景德镇市人民政府副秘书长
		刘惠煌	德化县人民政府副县长

论坛一：国内陶瓷电商论坛

时间：10 月 28 日下

时 间	主 题	嘉宾姓名	单位职务
14:00-14:03	开场视频		
14:03-14:05	主持人开场	主持人	福建电视台武燕楠
14:05-14:35	〔主题分享〕 拍卖会助力传统文化产业腾飞	贺 南	淘宝拍卖会工艺品负责人
14:35-15:05	〔主题分享〕 “极有家”政策支持及方向、双十一规则解读	飞 鸿	淘宝网“极有家”生活类目负责人
15:05-15:25	〔主题分享〕 艺术陶瓷如何“互联网 +”	黎泽恒	醴陵御品坊陶瓷总经理
15:25-15:45	〔主题分享〕 发挥陶瓷电商协会作用	蒋卫民	景德镇市陶瓷电商协会会长
15:45-17:00	〔主题对话〕 互联网 + 陶瓷电商	主持并对话陈火全	泉州师院副教授、博士
		李建阳	福建省德化县唐丰陶瓷有限公司总经理
		林福镇	福建省德化县博为艺品有限公司总经理
		戴晨光	宜兴藏壶天下紫砂陶有限公司 总经理
		陈图楷	潮州市庆发陶瓷副总经理

论坛二：陶瓷跨境电商论坛

时间：10 月 28 日下午

时 间	主 题	嘉宾姓名	单位职务
14:00-14:03	开场视频		
14:03-14:05	主持人开场	主持人	德化电视台王晓玲
14:05-14:45	〔主题演讲〕 跨境电商规划前瞻	李鸣涛	中国国际电商中心国家电商研究院副院长、商务部电子商务专家组成员、教授
14:45-15:15	〔主题分享〕 建设电商创业团队 + 全网 020 营销	鲁永茂	泉州陶的卫浴公司总经理
15:15-15:40	〔主题分享〕 德化跨境电商解决方案和智能德化	黄玉树	阿里巴巴全国首家 LBS 德化云图公司总经理
15:40-17:00	〔互动环节〕 陶瓷跨境求“合体”	郑健伟主持人并对话	云图跨境电商顾问
		苏继业	潮州海博陶瓷总经理
		林丽荣	德化威尔陶瓷总经理
		林 鹏	阿里泉州区域经理
		熊一凡	纳什电子商务有限责任公司 CEO、外贸熊学堂创始人、速卖通讲师

【峰会现场】

德化成为中国陶瓷电商峰会创会会址

“第十四届亚洲艺术节系列活动将在历史文化名城泉州开启，作为亚洲艺术节的活动内容之一，我为首届中国陶瓷电商峰会的举办点赞！”10月28日，在首届中国陶瓷电商峰会开幕式上，泉州市政府副市长陈荣洲表示，古老的“海上丝绸之路”同时也是一条“陶瓷之路”，历经千百年的薪火相传，德化已发展成为全国最大的陶瓷工艺品生产和出口基地，被评为“世界陶瓷之都”。电子商务作为互联网经济重要的组成部分，正深刻的影响我国社会经济发展，这对于传统陶瓷产业的转型升级发展创新是一个新的契机。此次峰会作为一场高规格高层次的陶瓷行业电商盛会，汇聚全国各大陶瓷产区的专家和领军人物，大家共同探索“互联网+陶瓷”的新格局、新思路和新方向，我们相信智慧的盛宴将带来有益的启迪。

28日上午9点，一段融合各大陶瓷产区业态，拥抱互联网时代的开场视频拉开了本次活动的精彩帷幕。德化县委书记吴深生在会上致欢迎辞：陶瓷是中华文明的杰出代表。随着国家“一带一路”和“互联网+”战略的实施，陶瓷的文化元素、经济影响、历史地位将更加凸显。此次理事会和峰会的召开，是陶瓷界和电商界的一次“强强联合”，为各陶瓷产区的电商发展、抱团发展和特色发展搭建一个持续性的交流沟通平台，必将进一步推动中国陶瓷行业积极适应经济发展新常态，抢抓国家“一带一路”战略机遇，拓展“互联网+陶瓷”发展空间，加快转型升级步伐，促进我国陶瓷产业整体水平的进一步提升。我们真诚期待，通过聆听各位领导和业界精英的主题演讲、现场分享，与会各方能够擦出更多智慧创新的火花，收获更多新思路、新观点、新灵感，结出更多真诚合作、多方共赢的成果。我们热切希望，与会嘉宾多为中国陶瓷产业、陶瓷电商发展建言献策、把脉开方，发出更多“好声音”，带来更多“金点子”，帮助德化陶瓷产业、助力全国各陶瓷产区由“传统制造”向“互联网智造”转型升级，构建互联网新瓷路。我们衷心期盼，本次盛会能成为大家的一次美好之约、难忘之旅，希望各位领导、各位来宾一如既往地关注、宣传、支持德化，常来德化度假养生、指导工作，携手合作、互利双赢，共同开创陶瓷电商更加灿烂美好的未来！中陶协理事长杜同和宣布：瓷都德化为“中国陶瓷电商峰会创会会址”，德化县政府县长欧阳秋虹上台接过创会会址牌匾。阿里“中国电商百佳县”第7、京东“全国电商百强县”第19、商务部第二批国家级电商示范基地……成为全国唯一同时荣获阿里、京东“电商县20强”和国家级电商示范基地的县份。这一项项殊荣，造就了德化成为中国陶瓷电商峰会的创会会址。

德化县成为中国陶瓷电商峰会的创会会址

领导嘉宾启动峰会并为获得荣誉揭牌

与会的领导嘉宾共同点亮开幕式启动球，并为德化县“国家电子商务示范基地、中国国际电子商务中心培训学院泉州分院”，三班镇“中国茶具之乡、中国淘宝镇、中国淘宝村”揭牌。其中德化电子商务产业园，2015年被评

开幕式现场

为第二批国家电子商务示范基地、2014年被评为福建省电子商务示范园区和泉州市首批科技企业孵化器、泉州市大学生创业瓷都孵化基地；三班镇拥有悠久的制瓷历史，现有陶瓷企业500多家，其中茶具企业400多家，2014年全镇实现陶瓷茶具总产值15亿元，约占总产值80.6%。今年7月被中国陶瓷工业协会授予“中国茶具之乡”称号。

首届中国陶瓷电商峰会启动开幕

“双十佳”网货品牌德化占五席

在开幕式上，阿里研究院发布中国日用、工艺陶瓷“双十佳”网货品牌，共有20个席位。德化5家电商企业品牌上榜。其中中国日用陶瓷十佳网货品牌有4个，分别为辉跃经典旗舰店的“辉跃经典”、甲馨家居旗舰店的“甲馨”、南埕旗舰店的“南埕”和唐丰旗舰店的“唐丰”；中国工艺陶瓷十佳网货品牌1个，为戴玉堂旗舰店的“戴玉堂”。获得2015年中国陶瓷十佳网货品牌的其他产地和数量分别为景德镇7家、唐山2家、宜兴1家、佛山1家、龙泉1家、上海1家、合肥1家、深圳1家。

据了解，阿里研究院从“知名度、认知度、美誉度、活跃度、忠诚度”五方面，分别对一年来“网店的顾客数，网店收藏量，网店动态评分、退款率，网店交易金额、交易笔数，熟客数、熟客率”等进行了严格筛选，最终评选出2015年中国陶瓷十佳网货品牌。

中国十佳工艺陶瓷网货品牌颁奖

开幕式上还举行会旗交接仪式，景德镇市作为第二届中国陶瓷电商峰会的举办地，从德化县领导手中接过会旗。

汪向东／中国社会科学院信息化研究中心主任

汪向东教授在开幕式上作《关于县域电商平台策略的几个观点》的主题演讲，汪向东表示本次峰会“中国陶瓷在线交易平台”首次向外界发布推介，依托德化很好的陶瓷产业基础，这一自建县域电商平台大有可为。不光是德化，也包括为这个行业，包括其他地方的陶瓷产业同仁，利用该平台可以帮助陶瓷企业克服信息弱势，打破时空界限、缩短流通环节、沟通供需双方，直接对接大市场。如今，电子商务主流化趋势已经十分明显，电子商务不再仅仅作为一种交易手段存在，而是可以更直接地助力包括“三农”、民生、经济发展与转型、城镇化等经济社会主要战略目标的实现。汪向东认为，有了专业的陶瓷电商平台，进驻平台的陶瓷电商依然要立足于用户的需求，将用户体验放在第一位，让产品和服务说话是商业的根本。汪教授指出，现在国家正在大力提倡大众创业、万众创新，要把陶瓷产业作为创业创新的基础，可以吸引更多大学生利用微平台创业，同时本地落地的服务体系也十分重要，围绕产品控制、品牌、质检、物流、包装等产业链要相应做好建设和支撑。未来可以做的事情是很多的，比方说包括机制的构建，地方政府如何和本地的服务商，如何和平台的运营商，如何和包括协会、商会、联盟等等，这样的一种社会的主体，共同地构建一个更好的发展机制。

李鸣涛／商务部电子商务专家组成员、中国国际电商中心国家电子商务研究院常务副院长

在全球经济下行的大背景下，德化在考虑跨境电商下一步发展规划的时候，还要充分去挖掘传统外贸的走势。在利用好整个产品优势的基础上更多的是要把品牌建设作为发展跨境电商的一个重点，充分利用好电子商务这种信息传导的直接性，通过跨境电商可以直接去面对海外的消费者，面对新的消费需要，基于这些消费需求，可以通过大数据的传导，引导生产商，生产出更多适应个性化需要的陶瓷制品，在这个过程当中，非常关键的一点就是打造德化产品的品牌。围绕整个跨境电子商务一个出，一个进，这两个供应链，需要从多层面系统性，多角度去完善整个产业环境，这里面既包括要去争取一些政策性资源，还要围绕跨境电商的需要加强人才培养，同时也要下大力气打造一个适应跨境电商的产业链，因为跨境电商涉及平台、物流、支付，涉及客户服务，甚至涉及将来产品的设计，生产加工，这里面有些产业链的环节已经具备了，但是也有需要调整的，比如柔性化的定制，个性化产品的生产，

所以从政府引导这个产业发展的角度上，需要去引导原来的这种产业链的资源去适应这样一个新的挑战，新的变化，形成未来的新的优势。

刘钢 / 复旦大学软件学院副院长

刘钢教授在《直面“互联网 +”的机遇与挑战》的主题演讲中表示，电子商务终将成为基本经济形态。宏观层面，是商业形态、供应链形态、产业链形态到经济形态的演变，微观层面则是企业内部形态的变化。互联网条件下的市场经济将发生重构。人力资源是“互联网 +”区域经济的第一要素和关键瓶颈，要将招商引“资”的观念改变为招商引“人”，将职业教育及培训直接纳入地方经济发展的核心工作中。

陈定震 / 台湾国际网络营销研究协会秘书长

在《打造两岸陶瓷电商合作新天地》主题演讲中，陈定震表示两岸电商发展氛围很浓厚，台湾的陶瓷产业由泉州传入台湾莺歌、苗栗等地，在业态上与德化陶瓷有相同之处，主要归纳为生活用品类和高度工艺类，并从早期的产销一条龙到现在的产销分离，归纳在文创产业上，从人才、资金、电商平台和渠道上进行合作，将迎来两岸陶瓷电商的新天地。陈定震指出德化陶瓷电商的转型经验，能为台湾的电商发展带来启迪。随着两岸电商的深入合作，两岸的陶瓷电商模式将在多方面得到“互补”，在文创设计类和陶瓷工艺类开展的合作，如台湾设计，德化生产等方面，将加强人才培训与交流，双方有望合作打造中国最大的陶瓷电商集聚。

“干货”分享 实战交流

10 月 28 日下午，首届中国陶瓷电商峰会分论坛——国内陶瓷电商论坛举行。

论坛上，围绕着国内陶瓷电商“互联网 + 陶瓷”这一主题，阿里巴巴集团淘宝拍卖小二贺南、淘宝“极有家”小二飞鸿、醴陵御品坊陶瓷总经理黎泽恒、景德镇市陶瓷电商协会会长蒋卫民根据各自涉足的领域带来了实实在在的“干货”分享。

首届中国陶瓷电商峰会分论坛——国内陶瓷电商论坛

贺南首先带来《提升“互联网 + 陶瓷”的档次》的主题分享，贺南指出 2014 年全年交易额近千亿元，2015 年拍卖会的重点项目是“文化中国”，希望通过拍卖会能够达到三方面的成效，“政府实现城市名片和经济驱动力，手工艺人可以得到推广、传承和创新，企业实现转型和创收”。飞鸿则为全场嘉宾解读“极有家”政策支持及方向和“双十一”规则。

来自湖南醴陵的黎泽恒认为，传统企业面对“互联网 +”需要的是升级，而不是转型。“首先要把产品做精，满足客户的用户体验；其次，产品的变化是相对用户需求的变化而变化的。”黎泽恒分析艺术瓷企业常见的误区，并提出三把达摩克利斯之剑为“道、术、器”，道即定位，术须极致，器则应该试错，做好布局。最后，黎泽恒提出工业和商业就是两个不同的业态，让专业的人做专业的事，就是“艺术瓷电商企业拥抱变化，艺术瓷厂家专注产品”。

电商事业风生水起，其间的协会作用也是功不可没的。景德镇市陶瓷电商协会会长蒋卫民的《从草鞋码头到国际风云》，分享的是陶瓷电商协会应当发挥起文化引领、深挖蓝海、助推政策落实、建立陶瓷电商诚信体系、服务企业人才培养、促进行业交流等作用。

此外，论坛中还进行了一场“互联网 + 陶瓷电商”主题对话。对话由泉州师范学院副教授、博士陈火全主持，德化唐丰陶瓷总经理李建阳、德化博为艺品总经理林福镇、宜兴藏壶天下紫砂陶总经理戴晨光、潮州庆发陶瓷副总经理陈图楷围绕主题展开交流，奉献出自己的实战经验以及对行业未来的看法，为与会者提供学习和借鉴的机会。

头脑风暴 共谋蓝海

28 日下午，作为分论坛之一的“跨境陶瓷电商论坛”在公务大厦召开，中国国际电商中心国家电子商务研究院副院长、商务部电子商务专家组成员李鸣涛教授受邀出席论坛并作主题演讲：跨境电商发展规划前瞻。现场，陶瓷电商及阿里资深业者等电商界权威人士还进行了一场生动的主题对话，共同探讨陶瓷电商的发展之路。

李鸣涛表示，2014 年我国跨境网络零售交易额达到 718 亿美元，同比增长 44%。跨境电子商务是“一带一路”的重要组成部分，符合全球产业发展大趋势，存在巨大的发展机遇。跨境电子商务可以在“一带一路”中发挥重要的先导和核心作用。

随后，泉州陶的卫浴总经理鲁永茂作了实操分享，并表示做跨境电商最核心的应该是产品，现在目前跨境非常热，但不是说什么样的产品都非常适合于跨境市场，如果想走出西方，一定要把适合做跨境的产品分析出来，踏出这一步，才比较现实一些。目前因为卫浴产品和德化日用瓷，都属于家装里面的一个产品，对于一个家装客户来说，其卫生间里面需要的家装洁具，客厅需要的一些日用器皿是相结合的，所以目前打算德化的一些企业联合在一起，整个家装化和一些配套产品来推向家装的客户。

德化云图信息技术有限公司总经理黄玉树作主题分享，黄玉树作为阿里巴巴国际贸易在德化的合伙人及服务平台，黄玉树及黄玉树的团队致力于帮助德化线上线下企业充分利用阿里的资源，将德化陶瓷等产品通过电商渠道卖到全球，实现品牌全球化。

论坛最后是互动环节，云图跨境电商顾问郑健伟、福建省威尔陶瓷股份有限公司总经理林丽荣、纳什电子商务公司 CEO 熊一凡以及阿里巴巴国际站泉州区域经理林鹏就“陶瓷跨境求‘合体’”做主题对话。

熊一凡认为，与传统的外贸交易形式相比，跨境电子商务它最核心的价值点在于一端连通了国内生产商，另一端连通了海外的消费和贸易主体，缩短了环节，提高了效率，利润的增值也相应增加。目前，陶瓷企业做跨境电商的还不是很多，这块领域属于“新蓝海”，现在正是迈入的好时机。

从事电商十余年的林丽荣表示，跨境陶瓷电商面临的较大难题是产品零售价低、运费高。为了改变这一局面，自主创新是关键。

阿里巴巴国际站泉州区域经理林鹏认为，目前已从人口红利、信息红利、营销红利过渡到互联网红利的时代，跨境电商要充分做好大数据的整合利用，再将这些数据沉淀到生产、销售、物流、服务等环节，最终分享给广大买家，实现多赢。

游学考察收获多

10 月 29 日，参加首届中国陶瓷电商峰会的部分与会网商企业、传统企业高管及媒体组成考察团，到德化国家电子商务示范基地、顺美瓷客部落众创空间、三班镇蔡径电商孵化园、三班洞上陶艺村进行考察参观，亲身感受德化陶瓷电子商务的蓬勃发展。

考察团到陶艺村参观

【峰会成果】

一、峰会规格高、规模大，成为引领业界的全国盛会

1、规格高，是一场全国性峰会。中国陶瓷工业协会是中国陶瓷行业唯一的行业组织，中国国际电子商务中心、福建省商务厅是电子商务主管部门，阿里巴巴及阿里研究院是国内外电商界的“领头羊”，主办、承办单位均为行业领域的“老大”，是国内陶瓷界和电商界的一次“强强联合”，促使本次峰会成为国家级盛会。

2、规模大，是一场“千人盛会”。向全国 18 个省份的 29 个陶瓷产区政府、电商协会、陶瓷电商企业、传统陶瓷企业发出邀请，参加峰会规模上千人，其中中陶协代表约 260 人，主承办单位、陶瓷产区政府、电商协会及主要电商企业代表约 150 人，境内外记者约 150 人，德化陶瓷企业、电商企业约 400 人，成为全国陶瓷界和电商界的“千人盛会”。

二、我们敢担当、走前列，促使峰会取得圆满成功

1、围绕“一个主题”，紧扣发展广受赞誉。站在全国的视野和高度，确定以“互联网 + 陶瓷产业”为主题，得到了与会领导、专家和媒体记者的高度认同，形成了广泛共识。一是德化先行先试，发展“互联网 + 陶瓷产业”，为全国陶瓷产区发展互联网经济提供了成功案例。认为德化未雨绸缪，依托自身特色产业集群优势，大力发展电子商务，不仅获评国家电子商务示范基地，而且成为唯一进入中国电商百佳县和中国电商百佳城市十佳的陶瓷产区，德化陶瓷电商走在国内陶瓷产区前列，德化陶瓷成为中国制造走向世界的鲜活名片。二是德化勇于担当，举办首届陶瓷电商峰会，为全国陶瓷产区交流合作搭建了良好平台。认为德化主动担起举办首届中国陶瓷电商峰会的重任，邀请全国陶瓷界和电商界精英齐聚德化共商大计，同时将会旗移交景德镇市举办第二届峰会，为全国陶瓷产区电商发展、抱团发展和特色发展搭建了一个持续性的交流合作平台。三是德化在中外交流中充当“陶瓷大使”，为抢抓“一带一路”机遇发挥了引领作用。一致认为德化在古代“海上丝绸之路”促进中外陶瓷文化艺术交流发挥了重要作用，同时抢抓“一带一路”机遇先行一步，获评中国电商百佳县、国家电子商务示范基地、世界陶瓷之都当之无愧，充分展示了德化作为世界陶瓷业界引领者的大家风范。

2、强化“两个保障”，办会环境高效舒适。一是坚持统筹安排，统一指挥调度、一盘棋推进，确保组织保障全面到位。把峰会作为“一把手”工程来抓，统筹组织、策划、协调和实施工作。建立每两周召开一次推进会、各小组每周召开一次碰头会、各责任单位每天汇报一次进度的“三个一”工作机制，确保工作落到实处。二是围绕关键环节，细化每一流程、抠实每个细节，确保会务保障万无一失。会议报到采用会腾软件报名系统快速完成报到，会场布置委托专业服务商设计注重融入德化陶瓷、绿色生态元素，会务组织采取一岗一人、专业服务，后勤接待采用“一对一”对口接待，安全卫生着重营造舒适安全环境。

3、突出“三个重点”，峰会规模盛况空前。一是以嘉宾邀请工作为重点，围绕谁来办、谁来讲、谁来听、谁来宣传这四个问题，有针对性开展来宾邀请工作，邀请到“来办”“来讲”的嘉宾47名、“来听”的嘉宾近千人、“来宣传”的媒体共100余家、记者150多名。二是以宣传推广工作为重点，围绕全媒体、全领域、全方位这三个关键，打造了一个峰会LOGO、一个峰会官网、一部开场视频、一本宣传画册、一本旅游画册“五个一”宣传载体，50多家境内外媒体、全国晚报协会51家晚报媒体共150多位记者陆续在境内外媒体刊发新闻报道或专版集中宣传近300篇次，其中新华每日电讯、福建日报专版宣传，泉州晚报、台湾导报连续三天进行专版宣传报道。三是以活动策划为重点，围绕“互联网+陶瓷产业”这一主题，精心安排开幕式、主题演讲、论坛、游学考察等活动，确保有成效、有特色、有亮点。

4、打造“四个第一”，先发优势精彩呈现。一是推动中陶协和阿里研究院联合第一次评选发布“中国日用陶瓷十佳网货品牌”“中国工艺陶瓷十佳网货品牌”，获评企业有景德镇7家、德化5家、唐山2家、宜兴1家、佛山1家、龙泉1家、上海1家、合肥1家、深圳1家。二是德化县自主建设的中国陶瓷在线交易平台和陶瓷全球购第一次公开对外推介，将充分整合全国陶瓷产区各类陶瓷制品，打造一个全国性陶瓷在线垂直交易平台，直接对接国内外市场。三是协调推动全国陶瓷主产区聚首德化就陶瓷电商第一次深入交流，分别举办国内陶瓷电商论坛、跨境陶瓷电商论坛，共同探讨陶瓷电商发展之路。四是邀请两岸权威专家学者与电商实操手第一次分享对话，共同构建一个更好的电商发展机制，着力打造两岸最大的陶瓷电商集聚新天地。

5、凸显“五大亮点”，德化经验更具内涵。一是把“包容善化”的德化精神融入峰会。此次峰会不仅邀请各陶瓷产区参会，而且在制作电商画册、开场视频及官网系统介绍时充分体现各大陶瓷产区发展情况，在安排活动时注重邀请各陶瓷产区精英与会，评选网货品牌时兼顾各陶瓷产区。二是把“权威专业”的专家教授请到峰会，“权威”体现在主、承办单位都是行业领域的“老大”，“专业”体现在峰会论坛邀请了业界领军人物与会。三是把“陶瓷文化”的特色内涵融入峰会，赋予新时期陶瓷产业“互联网”文化特性。四是把“德化元素”最大限度地融入峰会，精心设置游学考察点，举行授牌揭牌仪式，全面展示德化陶瓷电商发展水平和特色。五是把“务实细致”的办会要求融入峰会，严格按照“八项规定”办会，同时做到周到细致服务，做到少花钱、办好事、办实事。

综 述

【概况】 2015年，县委把握“稳中求进”总基调，深入开展“三比一看”和“促进项目落地、帮扶企业发展”活动，统筹抓好稳增长、调结构、促改革、惠民生、防风险工作，推进经济、政治、文化、社会、生态文明和党的建设，各项事业取得新成效。

【经济工作】 用好市政府关于促进德化陶瓷行业健康发展六条措施，实施产业龙头促进计划、“万家企业手拉手”三年行动，对接实施“数控一代”示范工程和省市技改专项行动计划，推广应用10多条陶瓷自动化生产设备，全年完成工业技改投资9亿元，国家循环化改造示范试点园区完成投资9.09亿元，被列入第六批国家新型工业化产业示范基地。建成全国首个陶瓷知识产权保护教育基地、全省首个陶瓷类省级企业重点实验室，主导修订的两项“陈设艺术瓷”国家标准获准发布，“学徒制”传承陶瓷技艺列入省级试点，三班镇获评“中国茶具之乡”、全国淘宝镇，陶瓷产业版权保护“德化经验”被世界知识产权组织列为全球典范，获评国家知识产权强县工程试点县，被世界手工艺理事会授予“世界陶瓷之都”称号。推进企业股权改制，新增海峡股权交易中心挂牌企业6家、总数24家，其中5家实现挂牌交易，占全市18家挂牌交易企业的27.8%；3家企业被省发改委确定为新三板挂牌后备企业，5家企业被省发改委确定为重点上市后备企业。实施《电子商务产业发展三年规划》，举办首届中国陶瓷电商峰会，县电子商务发展经验成为淘宝大学县长电商研修班教材，被列入首届全国电子商务人才培养峰会分享案例和阿里研究院的经典案例，阿里全国首个国际站LBS试点落户德化。引导矿山企业加大勘探增储投入，持续推进资源整合、精深加工、项目技改和企业满负荷生产，全年实现规模以上矿业产值28.5亿元。全年实现GDP182亿元，增长7.4%；一般公共预算总收入15.3亿元，增长2.6%；一般公共预算收入10.7亿元，增长7.0%；工业总产值253亿元，增长7.3%，其中规模以上工业产值217亿元，增长6.6%。

【项目协调调度】 保障资金、用地需求，沟通各银行业金融机构，执行下调基准利息等货币信贷政策，争取土地和林地指标5028亩、1992亩，完成供地6173.36亩。健全重大项目协调调度制度，持续强化项目领导负责、干部返乡解难、项目遗留问题限时解决攻坚、周碰头月督查、和谐征迁等机制，重点抓好前期、开工、进度、投产“四个环节”，122个城乡“6+4”提升工程重点项目完成投资70.33亿元，完成年度计划101.26%，

厦沙高速公路德化段建设　　（王双季 摄）

增长22.95%。结合“十三五”规划编制，申报中央、省、市项目147个，总投资65.61亿元，已获得上级资金补助项目43个，总投资20.42亿元，已下达补助资金1.884亿元。总投资48亿元、长54公里的厦沙高速德化段安征迁工作实现“零上访”“零障碍”“零阻工”，完成投资17.458亿元，完成年计划120.4%；投资2.5亿元的闽江防洪工程德化段加快推进，投资13.3亿元的彭村水库成为福建在建重大水利枢纽工程中进度最快项目。出台吸引沿海产业转移的实施意见和优惠政策，加强项目的策划、包装、引进和建设，与厦门航空、新奥集团、中商投实业控股签订合作框架协议，红星美凯龙等项目洽谈落地，全县新引进项目12个，协议总投资44.86亿元；在谈项目13个，协议总投资94.95亿元。争取兴泉铁路途经德化并设立客货站点，可研方案通过国家铁路总公司专家组评审，报送国家发改委审批；争取德化城关至永泰嵩口高速公路列入海西高速公路网规划，通过省发改委和交通运输厅专家组评审。

【城乡发展】 坚持“山魂、水魄、瓷韵、人文”的城建理念，完成城市景观风貌专项规划、“多规融合”暨“十三五”规划以及“三边三节点”城市设计初步方案。完善城区公共基础设施，继续实施浐溪流域清水工程，加强城区桥梁、休闲道、水电气路、污水垃圾处理等配套设施建设，完成浐溪南岸山水陶瓷文化建设，全县城镇生活污水处理考评排名全省县级第一，瓷都大道被评为“泉州市十大最美道路”。国省干线联二线盖阳段、三班市政大道建成通车，盖德市政大道及杨梅至葛坑、上涌至汤头2条乡镇干线规划建设加快推进，龙津桥重建通车，高内坑生活垃圾卫生填埋场建成投用。持续实施“美丽乡村”五年行动计划，推进18个省级“千村整治、百村示范”工程村、4个市级人居环境整治工程村、10个县级“美丽乡村(社区)”建设，落实建设项目34个、完成投资2625万元。三班村、蔡径村、碧坑村、淳湖村4个村列入省级传统村落，水口镇、南埕镇、佛岭村入选第二批省级特色景观旅游名镇名村。

【生态建设】 开展国家生态文明试点示范县建设，出台《德化县国家生态文明建设试点示范县建设总体规划》《德化县国家生态文明建设试点示范区实施方案》。严格执行生态红线管控制度，加强生态功能区划管理，完成造林绿化1.98万亩，开展中央、省财政森林抚育项目14.95万亩，实施封山育林3.85万亩，新建生物防火林带167公里；以国家坡耕地水土流失治理项目为重点，治理水土流失面积5.4万亩。修订扶持现代农业发展规定，引进“道畋农业”，建设高效生态循环旅游农业示范园，新增无公害农产品3个、市级示范合作社6家、农民专业合作社103家（总数800多家），5家农业企业列入市级农产品质量安全可追溯试点单位。编制完成《德化县旅游发展总体策划和近期行动计划》，10个旅游重点项目累计完成投资3.78亿元，完成年度投资计划的97.2%；对接新奥集团、福建华闽集团、福建中旅集团等招商企业，九仙山国家AAAA级旅游景区揭碑开园；全县接待游客315.38万人次，旅游收入17.35亿元，分别增长10.03%、10.08 %。

【深化改革】 244项具体目标任务和33项改革试点扎实推进，118项投资性建设项目完成投资42.5亿元，累计完成投资114.8亿元。推进小城镇建设综合改革试点，龙浔、浔中两个镇列入省级小城镇机构改革试点，三班和水口两个市级小城镇综合改革提前完成年度投资计划，上涌镇列入省级“历史文化名镇”建设重点扶持乡镇。开展国家级智慧城市建设试点，形成《德化县“智慧德化”规划》评审稿和规划设计效果图。通过建设10个省级数字家庭示范村，开展智慧旅游试点。开展国家林地占补平衡试点，完成林地审核审批8014亩，建立完善林地储备库，增加林地1.3万亩。完善农村产权交易中心建设，开展产权流转交易96宗、金额9080.17万元。持续实施“林权两换”（林权换收益、收益换限价房）改革试点，流转森林面积2.6万亩，可置换进城农民工限价房购买指标212套。开展全县林业资源整合试点，拟定《县属公司林场改革实施方案》。开展省级林下经济示范基地试点，建立林下中药材、珍贵树种套种等林下经济示范基地5000多亩，棘胸蛙养殖基地3处，创建省级林业产业化龙头企业4家，创建市级以上林业专业合作社示范社10家，其中国家级2家、省级4家。推进工商登记制度和行政审批制度改革，新增市场主体3991个，其中新增内资企业1170家、个体工商户2691户，分别增长30.4%、26%。推进金融服务实体经济综合改革，创新“税易贷”“陶瓷通宝”“创业贷”“电商互助贷”等金融产品和融资担保、还款方式等金融服务方式，支持陶瓷企业利用商标专利权质押贷款，形成“银行、大师、瓷商、瓷企”的“瓷金融”银企合作新模式。推进政府机构改革和行政审批制度改革，县政府机构改革工作全面完成，事业单位分类改革稳妥推进，推行“三张清单”（权力清单、公共服务事项清单、责任清单），通过政府门户网站向社会公布39个单位的责任事项5356项、多部门监管责任事项91项。推行农村薄弱校与城区优质学校捆绑或委托管理的“小片区管理”模式，整合资源，促进城乡教育均衡发展。启动实施医疗卫生体制改革，全力推进县级公立医院综合改革，以县医院和县中医院为龙头，通过实行分级诊疗、家庭医生基层签约服务、五个差别化政策（差别化的财政投入、医保支付、医疗价格、人事、绩效考评）等，引导并方便群众就近就医。实现城乡社保一体化，取消企业养老保险户籍限制，将外来务工人员子女纳入新农合，新农保、新农合执行城乡居民统一标准。推进社区网格化服务管理，与泉州市形成五级信息网络。完善城乡住房保障体系，进城务工人员安居工程完成首批150套选房工作，第二批房源已有151套确认选房顺序、其余260套开始报名申购；推进保障性安居工程建设，争取中央、省级专项补助资金8000万元，其中保障性安居工程专项资金4031.49万元，棚户区改造任务开建3395套，开工率109%。开展市场主体登记后置审批项目清理工作，实施注册资本认缴登记制、“先照后证”登记制、外商投资企业“直接登记制”等多个涉及外资审批事项，《对外贸易经营者备案登记表》统一社会信用代码。对接国家“一带一路”战略和泉州海丝先行区建设大局，8个项目列入市行动计划盘子，与甘肃敦煌缔结友好城市。深化对台交流合作，举办第六届“海峡两岸生物多样性与森林保护文化研讨会”、海峡两岸大学生陶瓷工业设计大赛等，组织陶瓷文化创意、现代农业、生态旅游、林下经济等产业人才赴台考察交流。打造台湾农民创业园区，9家台湾农业企业落户德化。

【民生事业】 针对“进城”和“留守”两大农民群体，优化城乡公共资源配置，投入2500万元新增校舍面积1.1万平方米，新增学位1800个，“义务教育发展基本均衡县”通过省级评估。县医院升格为华侨大学附属医院，完成县中医院新院区主体工程。省级食品安全示范县通过考核验收。人口计划生育管理服务改革和“单独二孩”政策有序推进。完成县老干（年）活动中心主体工程，实现农村敬老院乡镇全覆盖，推进县体育场改建、妇女儿童活动中心、数码影视城、乡村文体设施等建设。实施大学生回乡就业创业促进计划，向下岗失业人员、城镇退伍军人、未就业高校毕业生发放小额贴息贷款688万元，全县城镇新增就业7865人。成功纳入《赣闽粤原中央苏区振兴发展规划》实施范围和2014—2018年省级基本财力保障县范围，连续四届获评中国民间文化艺术之乡。高分通过全国文明县城复评，实现创建文明县城“三连冠”。召开县深化精准扶贫工作会议，加大对重点村、贫困人口的精准扶贫力度，省市县共有91名干部驻村任职或蹲点，实施领导挂钩、干部驻村、山海协作、基地托养、社会参与等5项扶贫机制，推进基础帮扶、产业帮扶、搬迁帮扶、技术帮扶、老区扶贫等5项帮扶工程，申报市级基础设施项目63个、产业化发展项目22个，争取省级造福工程危房改造补助资金1215万元、市级造福工程补助资金160万元；开展以“县处级领导挂钩帮扶合作社、科级以上干部挂钩帮扶贫困户”为主要内容的精准扶贫“双挂钩”活动。深化“党支部＋老人协会＋互助组＋志愿者”关爱农村留守老人机制，发挥“关爱老年人幸福基金”“党员互助基金”作用。加强对政法工作的领导，支持政法机关依法履行职责，推进社会公平正义。开展“平安德化”创建活动，打造具有德化特色的刑事“零发案”乡镇、刑事“零发案”村等基层平安创建品牌，获评福建省第三轮首批平安县。建立和完善领导接访、带案下访和约访制度，健全“大调解”工作体系，推动“事要解决、息诉罢访”。完善社会治安防控体系建设，保持对违法犯罪活动严打整治高压态势，社会治安持续平稳。强化食品药品安全监管，物价水平保持稳定。推行安全生产“党政同责、一岗双责”，健全完善重点行业领域隐患排查治理和安全预防控制体系，安全生产态势平稳。

【党的建设】 组织开展“三严三实”专题教育，制定下发县总体实施方案，县四套班子主要领导带头上党课，在确保4个“关键动作”落实到位的基础上，设计“自选动作”，依托坂里省委旧址、丁墘德化第一支部等本地红色资源开展学习教育。县四套领导班子完成4个专题集中学习研讨，联系反面典型，开展警示教育，找准领导干部中存在的“不严不实”突出问题及表现，查摆整改“不严不实”突出问题39条，确定实践比学项目40个；抓好后续整改项目跟踪落实，开展基层干部不作为、乱作为等损害群众利益问题专项整治，把群众反映强烈、影响面大的“不严不实”问题纳入专项整治内容，落实整改项目330个。召开以践行“三严三实”为主题的年度专题民主生活会和组织生活会。开展处级领导干部“改革发展稳定廉政”年度专项述职评议，定期约谈乡镇党委书记，完善“五步成像”考察法，推行干部选拔任用全程纪实，推进新一轮政府机构改革及科级干部调整，对25个单位正职人选提交全委会票决。推行“一线工作法”等制度，选派200多名干部到扶贫开发重点村、项目建设等急难险重岗位培养锻炼，树立基层一线选人用人导向，新提拔的科级干部中来自乡镇、重点项目建设等一线的占76.8%、到乡镇任职的占71.6%。开展“三超两乱”、领导干部违规兼职等专项整治，整改消化超职数配备科级干部34名，清理违规在企业兼职干部65名，规范退（离）休领导干部在社会团体兼职54名。实施“陶瓷艺术创业导师行动”“电商创客孵化”等市人才试点项目，评选表彰首批县优秀青年人才、优秀农村实用人才，授予首批县高级人才证37名。深化“名师带徒”制度，创新开展“老师傅讲故事”、高层次人才沙龙等活动，探索建设新型智库，承办全国基层人才工作创新案例评选交流活动，荣获全国最佳案例奖。健全落实乡镇党委书记抓党建工作专项述职、党建工作督查考评、党员领导联系挂钩等制度，开展“三级联述联评联考”活动。推行竞职承诺审核制和乡镇党委与竞选人集体谈话制度，探索实行“全程签字”制度，完成全县210个村（社区）村级组织换届选举。实施基层党建工作特色创新课题项目化管理，探索“党支部+合作社+基地+农户”促增收、“党支部+老年协会+互助组+志愿者队伍”关爱留守老人机制等党建特色项目，经验做法在中组部《组工信息》刊发；“听老党员忆传统”教育活动、“瓷都德化共产党员”微信公众平台等经验做法得到中组部新闻办肯定；推行工业园区特色党建，探索“互联网+党建”工作模式，经验做法在省《组工信息》《八闽快讯》等刊发。配合做好省委巡视组巡视德化和省审计组在德化开展经济责任审计工作，针对省委巡视组反馈的4方面、16个具体问题和5条意见建议，逐一研究梳理，整改落实到位。制定《落实党风廉政建设党委主体责任的实施方案》《落实党风廉政建设纪委监督责任的实施方案》等，与各乡镇党委、县直各系统党委签订责任书，18名党员县领导带队检查责任制落实情况。县委书记、纪委书记逐一约谈18个乡镇党委书记，开展乡镇党委书记向县纪委全会述廉述责并接受评议。学习宣传新修订的《中国共产党廉洁自律准则》和《中国共产党纪律处分条例》，在全县开展为期1个月的自查自纠工作；开展明察暗访22次，约谈相关单位负责人10人，查处违反八项规定精神案件14起，处理党员干部14人，通报违反八项规定精神典型案例8起。出台《德化县党的纪律检查体制改革实施方案》，支持纪检监察机关转职能、转方式、转作风，突出主责主业，将纪委参与的议事协调机构由129个精简到9个。支持纪检监察机关加大纪律审查力度，全年立案92件，涉及科级干部16人，结案92件，结案率100%；给予党政纪处分92人，移送司法机关6人。

【重要会议】 2月6日，县委十二届十一次全体（扩大）会议召开。县委书记吴深生强调三点意见：一、深入贯彻习近平总书记来闽考察重要讲话精神和省、市委全会部署，加快德化科学发展跨越发展；二、认真贯彻中共十八届四中全会精神，全面推进依法治县；三、认真落实从严治党政治责任，切实加强和改进党的建设。

3月4日上午，全县农村工作会议召开。县委书记吴深生强调三点意见：一、认清新常态，紧跟“三农”发展新形势；二、适应新常态，明确“三农”发展新方向；三、引领新常态，开创“三农”发展新局面。

3月4日下午，全县企业工作会议召开。县委书记吴深生强调三点意见：一、冷静分析、顺应大势，以新高度认识新常态；二、改革求进、创新谋变，以新姿态适应新常态；三、加强领导、狠抓落实，以新作风引领新常态。

4月28日，全县党的建设工作会议召开。县委书记吴深生强调三点意见：一、准确把握形势，不断增强从严治党的责任感和紧迫感；二、科学谋划工作，全面落实从严治党各项具体要求；三、强化组织领导，确保从严治党各项要求落到实处。

5月13日，全县村级组织换届选举工作会议召开。县委书记吴深生强调三点意见：一、明确意义，形成共识；二、把握重点，稳步推进；三、加强领导，落实责任。

6月12日，县全面深化改革领导小组2015年第一次会议暨统筹城乡发展试点工作推进会召开。县委书记吴深生强调三点意见：一是深化思想认识，增强改革责任；二是明确目标方向，提高改革实效；三是强化责任担当，形成改革合力。

9月6日，县委十二届十四次全体（扩大）会议召开。县委书记吴深生强调三点意见：一、把握大势，加快打造德化产业升级版；二、紧抓当前，努力打好“十二五”收官战；三、严字当头，切实种好管党治党“责任田”。

12月11日，县委十二届十五次全体（扩大）会议召开。县委书记吴深生强调三点意见：一、把握精神、主动贯彻，；二、紧抓当前，努力打好“十二五”收官战；三、严字当头，切实种好管党治党“责任田”。

7月14日，县委常委会召开“三严三实”教育专题研讨会　（王双季 摄）

【上级领导视察调研】 2月2—3日，市委常委、宣传部部长、教育工委书记陈庆宗到浔中镇调研指导群众路线教育实践活动整改落实情况“回头看”工作，到彭村水库建设工地和国宝乡等联系点调研指导彭村水库项目建设、美丽乡村建设工作，走访慰问浔中镇的“二女户”和困难户等。县委书记吴深生、副书记王传敬等陪同。

2月3日，市委常委、宣传部部长、教育工委书记陈庆宗，市人大常委会副主任张建生，参加在瓷都广场举行的泉州市2015年“三下乡”启动仪式暨春节慰问演出。县委书记吴深生，县委常委、宣传部部长、教育工委书记曾宪堡等陪同。

2月12日，市委常委、纪委书记温惠榕到德化参观陶瓷博物馆、顺美陶瓷文化生活馆，并召开座谈会。县委书记吴深生，县委常委、纪委书记叶长青陪同。

3月2日，市委常委、宣传部部长、教育工委书记陈庆宗带队到德化检查2014年度党风廉政建设责任制落实情况。县委书记吴深生、县政府县长欧阳秋虹，县委常委、纪委书记叶长青陪同。

4月14日，全国人大常委、台盟中央副主席苏辉到德化华达陶瓷有限公司、宏益陶瓷雕塑研究所实地参观考察。市政协副主席骆沙鸣，县委常委、统战部部长温文英，县政协副主席陈明灿陪同。

4月15日，香港中联办副主任殷晓静到德化考察陶瓷博物馆、凤凰陶瓷雕塑研究所、三德陶瓷有限公司。县委书记吴深生，县委常委、统战部部长温文英陪同。

4月16日，市委常委、政法委书记许昆贞到德化调研经济社会发展情况，在三班紫云工业园区参观松峰陶瓷工艺厂和协峰茶具厂，了解企业生产运营情况，并听取工业园区关于地理区位优势、项目规划建设和招商引资力度等情况汇报，在中国茶具城项目施工现场，查看了解项目建设进展情况，在丁溪村德龙大酒店，检查了解酒店装修过程中的消防安全工作。县委书记吴深生陪同。

4月16—17日，省综治办副主任陈勇带领考评组到德化考评第三轮平安县创建工作情况，县委书记吴深生作开展第三轮平安县创建工作情况汇报。

5月7日，市委常委、秘书长翁祖根到德化察看2015年省委省政府工作检查点彭村水库及七库连通水利工程迎检准备工作情况。县委书记吴深生、县委副书记王传敬，县委常委、常务副县长吴顺情陪同。

5月22日，省委常委、常务副省长张志南，省政协副主席张燮飞到德化察看彭村水库及七库连通水利工程、电子商务创业园。市政府市长郑新聪，市委常委、秘书长、统战部部长翁祖根，县委书记吴深生、县政府县长欧阳秋虹、县委副书记王传敬陪同。

6月17日下午，市委副书记周银芳到浔中镇石山村调研村级组织换届工作。县委书记吴深生、副书记王传敬，县委常委、组织部部长方建生陪同。

6月26日，全国人大原副委员长陈至立到德化考察宏益瓷研所、顺美陶瓷文化生活馆、陶瓷博物馆。省人大常委会副主任陈桦、刘群英，市政府市长郑新聪、市人大常委会主任陈万里，市委常委、秘书长、统战部部长翁祖根，县委书记吴深生、县人大常委会主任涂健圻，县委常委、县政府常务副县长吴顺情陪同。

7月7日，市委常委、宣传部部长、教育工委书记陈庆宗到德化开展“促进项目落地、帮扶企业发展”第二个活动周活动，调研洞上陶艺村项目、高内坑生活垃圾卫生填埋场项目、厦沙高速德化段A1标段梁场、彭村水库项目、厦沙高速德化段A4标段戴云山隧道。县委书记吴深生陪同。

7月8日，市委常委、宣传部部长、教育工委书记陈庆宗听取德化县村级组织换届工作汇报，到英山村调研村级组织换届工作。县委书记吴深生、副书记王传敬，县委常委、组织部部长方建生陪同。

7月9日，市委常委、宣传部部长、教育工委书记陈庆宗到南埕镇塔兜村调研新农村建设。县委常委、宣传部部长曾宪堡、县人大常委会副主任张秋英陪同。

8月5日，市委常委、宣传部部长、教育工委书记陈庆宗到德化参加指导“三严三实”专题教育第二次讨论会。县委书记吴深生、县政府县长欧阳秋虹、县委副书记王传敬、县人大常委会主任涂健圻、县政协主席苏兴羽参加会议。

8月8日，市领导陈庆宗、朱团能、陈荣洲分别到美湖、水口、上涌等乡镇检查指导防抗工作。县委书记吴深生等县领导陪同。

8月18日，市人大常委会主任陈万里，副主任洪泽生、王远东、张建生、曾巍到德化参加市县两级人大主任座谈会。县委书记吴深生等参加座谈会。

8月20日，省委县（市、区）巡视二组组长黄建生，市委常委、纪委书记温惠榕到德化参加省委县（市、区）巡视二组巡视德化工作情况反馈会。

9月17日，市委书记郑新聪带队到德化调研盖德镇下寮村（市级扶贫村）、大铭乡琼溪村（市级扶贫乡镇、村）、上涌镇辉阳村（市级扶贫乡镇、村）、雷峰镇李溪村（市级扶贫村）精准扶贫开发项目。市委常委、秘书长、统战部部长翁祖根，市政府副市长林万明以及县委书记吴深生、县委副书记王传敬陪同。

9月29日，市委常委、宣传部部长、教育工委书记陈庆宗到德化检查指导防抗第21号台风“杜鹃”工作。县委书记吴深生、县政府县长欧阳秋虹、县委常委陈金忠陪同。

10月8日，市政协主席杨俊峰、市委副书记周银芳，市委常委、政法委书记许昆贞，市人大常委会副主任洪泽生带队到德化检查工作，察看海峡水泥生产项目、厦沙高速德化段A1标段、美图铝业生产项目、闽江防洪工程德化段。县委书记吴深生、县政府县长欧阳秋虹等领导陪同。

11月3日，市委副书记周银芳到龙浔镇英山村调研“党支部+合作社+基地+农户”促增收机制建设情况和龙浔镇英山村换届后村级班子建设情况，并在县政府召开农村党建工作座谈会。县委书记吴深生，县委副书记王传敬，县委常委、组织部部长方建生陪同。

12月25日，市委常委、宣传部部长、教育工委书记陈庆宗到德化参加县委常委“三严三实”专题民主生活会。

【县委主要领导调研】 1月5日，县委书记吴深生到厦沙高速德化段7处施工现场调研，了解工程建设进度，协调解决相关困难问题，对厦沙高速德化段建设工作提出具体要求。

2月4—5日，县委书记吴深生走访慰问部分困难党员、优抚对象、低保户、计生户、驻德部队官兵、贫困户、困难老人、特困群众等，送上新春的祝福。

3月13日，县委书记吴深生、县政府县长欧阳秋虹、县人大常委会主任涂健圻、县政协主席苏兴羽等带领有关部门、乡镇和企业负责人到漳平市永福镇考察观光农业发展情况。

4月1日，县委书记吴深生，县委常委、组织部部长方建生到雷峰镇、上涌镇调研，指导农业农村工作和村级组织换届选举工作。

4月30日，县委书记吴深生、县委常委陈金忠到赤水镇出席九仙山国家AAAA级旅游景区揭牌开园仪式。

5月5日，县委书记吴深生带队到“憨鼠购”智慧电商，了解“互联网+”发展情况；在电商创业园与憨鼠爱心小分队部分爱心网友座谈交流，了解志愿服务活动开展情况。

5月6日，县委书记吴深生带队到南埕镇、水口镇调研乡村旅游发展情况。

5月26日，县委书记吴深生带队到龙浔镇高阳村、英山村调研村级组织换届选举工作准备情况。

5月27日，县委书记吴深生，县委常委、宣传部部长、教育工委书记曾宪堡到第二实验小学、实验小学、浔中中心小学看望学校师生，并送上慰问金。

6月2日，县委书记吴深生带队到陶瓷产业园区调研，实地了解企业供地及开工建设进展情况，协调解决存在的困难和问题。

6月3日，县委书记吴深生到雷峰镇和胜赛车场农庄等项目调研，了解乡村旅游发展情况。

6月29日，县委书记吴深生等县领导分别走访慰问部分老党员。

8月17日，县委书记吴深生到电子商务创业园参加阿里巴巴首家中国供应商合伙人德化试点授牌启动仪式暨德化云图跨境电商生态圈共建大会。

9月1日，县委书记吴深生慰问抗战老兵李兴银，为其颁发由中共中央、国务院、中央军委制作的“中国人民抗日战争胜利70周年”纪念章。

9月30日，县委书记吴深生、县政府县长欧阳秋虹、县人大常委会主任涂健圻等县领导以及县直单位负责人、干部职工代表、烈士家属代表、老战士代表、驻德部队官兵等参加公祭活动。

10月27日，县委书记吴深生、县政府县长欧阳秋虹带队检查首届中国陶瓷电商峰会筹备工作进展情况，强调要抓细抓好服务、安全保障和宣传等各项筹备工作。

11月5日，县委书记吴深生带队到精准扶贫挂钩的龙浔镇英山村贫困户和珍贵淮山农民专业合作社调研，了解存在困难，研究帮扶措施。

（县委办 供稿）

4月1日，县委书记吴深生（左三）到雷峰镇调研美丽乡村建设和村级组织换届选举工作（陈志明 摄）

纪检 监察

【监督检查】 全县各级纪检监察组

2月13日，县纪委十二届五次全会召开 （县纪委 供）

织全面履行监督责任，县纪委监察局通过调研督查、走访约谈、“一案双查”等形式，督促各乡镇、县直单位党组织及时报告党风廉政建设责任制落实情况，促进各级领导干部增强责任意识。乡镇纪委、县直单位派驻纪检组把监督乡镇和县直单位领导班子及其成员落实党风廉政建设责任制情况作为主要任务，突出主业，履行监督职责。

【宣传教育】 抓好廉洁自律准则、党纪处分条例和王岐山同志来闽重要讲话精神的学习、宣传、贯彻，邀请市纪委监察局领导作专题辅导报告2场次，组织县反腐倡廉宣讲团成员深入乡镇、县直单位宣讲37场次。重新建设县纪委监察局网站，编印《落实中央八项规定精神教育读本》；组织任前廉政知识测试，召开4场任前集体谈话会、对371名科级干部进行任前廉政教育；组织新提任或非领导职务转任领导职务的科级干部到泉州监狱、泉州华侨革命历史博物馆开展廉政警示教育。组织廉政文化下乡和廉政文化作品展览，营造崇廉尚廉的社会风气。

【创新执纪方式】 把握运用监督执纪“四种形态”（党内关系要正常化，批评和自我批评要经常开展，让咬耳扯袖、红脸出汗成为常态；党纪轻处分和组织调整要成为大多数；对严重违纪的重处分、作出重大职务调整应当是少数；而严重违纪涉嫌违法立案审查的只能是极极少数。），针对党员干部不同违纪情形，及时采取批评教育、诫勉谈话、组织处理等方式处置。县纪委负责人同下级党政主要领导谈话14人次，对科级干部诫勉谈话19人次，信访约谈4人次，发出信访通知书3份，为7名受到失实举报的党员干部澄清问题。

【纪律审查】 2015年，受理各类信访举报390件（次），其中检控类初信初访210件（次）；立案92件，同比上升8.23%；涉及乡科级干部16人，同比上升128.57%，结案92件，结案率100%；给予党政纪处分92人，移送司法机关6人，通过办案为国家集体挽回经济损失85万多元。配合市纪委、市检察院对曾某、许某案件的调查取证工作。全力做好省委巡视组反馈意见后续整改和问题线索处置，巡视组交办的信访举报件和问题线索3批129件，均按照五种处置方式在要求时限内办理完成。

【作风建设】 紧盯“四风”新形式、新动向，突出重要时段、关键节点，加大监督检查力度，严肃查处超标准接待、收送礼品、公车私用、违规消费、转嫁消费等问题。强化8个纪检监察巡查工作室的监督职能，开展对县直单位“三公”经费管理、乡镇和村级党风廉政建设等巡查，着力发现和解决问题。全县组织开展明察暗访22次，播出“正风肃纪在行动”系列节目2期，对违规现象公开曝光。对“三公”经费管理存在问题较多的10个单位，县纪委主要领导逐一约谈单位负责人。对违反中央八项规定精神的行为发现一起查处一起，查处违规问题14起，处理党员干部14人，点名道姓通报8起典型案例。针对省委巡视组指出的部分单位存在超标准接待和违规送礼等问题，在全县开展为期1个月的自查自纠工作。开展扶贫专项资金检查，督促扶贫专项资金管理使用进一步规范。

【体制改革】 制定《德化县党的纪律检查体制改革实施方案》，明确改革的主要任务、责任分工、时间进度。深化转思想、转职能、转方式、转作风、强自身，做好县纪委监察局机关内设机构调整，调整后直接参与执纪监督、纪律审查的人员占干部总数的70%以上。继续清理参与的议事协调机构，在2014年由129个减少为17个的基础上，再次精简为9个。组织开展乡镇纪委书记、县直派驻纪检组长分工及兼职情况清理，规范工作分工，突出主责主业。加强派驻机构建设，在县直部门新设立10个派驻纪检组。在全县纪检监察系统开展“三严三实”专题教育，举办“纪检监察讲坛”10场，加强纪检监察干部思想政治建设和业务培训。选派5名干部参加上级纪委及市委党校学习培训，抽调20多名基层纪检监察干部参加纪律审查，增强干部履职水平。

（撰稿人：苏学江 审稿人：周瑞佳）

组织工作

【干部教育培训】 制定实施全县干部教育培训计划、领导干部专业化培训意见，健全干部培训需求预报、自主选学、调训、学风建设等机制。举办科级干部进修班，组织协调县、乡党校及相关部门按照年初拟定的61个班次抓好干部培训，协助开展处级干部网络教育培训，选送71名科级以上干部参加各类培训和挂职锻炼。协同县纪委组织新提任科级干部到泉州监狱、华侨革命历史博物馆、县反腐倡廉教育基地等接受现场教育，引导干部增强纪律规矩意识和修身律己自觉性。依托“瓷都讲坛”、网络远程教育公共服务平台等载体，邀请领导干部、专家学者、重点项目建设和农村基层一线工作者、优秀企业家、先进人物代表等上讲台，先后培训干部4100多人次，增强干部理想信念、党性、法治观念，提高服务改革发展能力。

【领导班子和干部队伍建设】 坚持大稳定、小调整、适当补缺原则，在摸清全县职数配备情况和做实做细干部思想工作的基础上，对涉改单位领导班子及科级干部队伍进行调整配备，做到机构改革期间人员思想稳定、工作平稳顺利过渡。稳步开展届中调整，围绕干部选任工作“7+3”（清理规范干部选拔任用有关文件，整治“三超两乱”，规范机构设置和报告审批程序，规范和调整干部切线改非和办理提前离岗、提前退休，规范干部任期调整和履行相关程序，整治“裸官”，整治领导干部违规兼职；整治违反干部任用标准、程序，整治跑官要官和说情打招呼，整治干部档案造假）专项整治和省委巡视组巡视、省经济责任审计反馈问题的整改，按照6个更加注重原则（体现专项整改整治精神、做好与乡镇换届的衔接、树立基层一线用人导向、体现公平公正原则、关心事业干部成长、选拔优秀年轻干部），综合运用届中考察、专项考核、绩效考评、平时考核、组织推荐等结果，对县直单位部分职位、乡镇党政班子进行补缺，乡镇班子成员年龄结构、学历层次、专业构成等进一步优化；全县现有科级干部846名，平均年龄44.35岁，35岁以下49人占5.79%，学历大学以上679人占80.26%，女干部125人占14.77%，非中共党员46人占5.44%，少数民族11人占1.3%。

【干部人事制度改革】 严格执行《干部任用条例》，规范“动议”环节和公示内容，对拟提任科级职务人选在提交县委常委会研究决定前，再次进行民主推荐、考察。探索完善干部考核综合评价分析办法，完善“五步成像”考察法，坚持县管领导班子和县管干部平时考核及谈心谈话、定期分析研判等制度，充实完善干部信息库，为县委选人用人提供依据。推行干部选拔任用全程纪实制度，健全完善民主推荐、常委会署名票决、全委会票决等制度，对县人社局等27个单位正职人选提交全委会票决。完善“三位一体”科学考核评价机制，配合开展处级领导干部“改革发展稳定廉政”年度专项述职评议活动，并延伸到乡镇一级。实施年轻干部成长工程，推行“一线工作法”“干部返乡解难”和年轻干部到项目、信访、维稳等重点岗位挂职锻炼等制度，先后选派300多名干部到急难险重岗位培养锻炼。落实关于加强乡镇干部队伍建设的意见，强化一线育人选人用人导向，选拔重用在乡镇及重点工程建设、返乡解难等一线表现优秀的干部，2015年新提拔的科级干部来自乡镇、重点项目等一线的占76.82%，到乡镇任职的占71.59%，营造选人用人向基层和一线倾斜的氛围。

【干部宏观管理】 完善干部管理系统、人事信息系统、全国公务员管理系统，推进干部日常管理信息化、科学化。做好年度考核工作，对符合条件的468名机关事业单位工作人员进行嘉奖、97名记三等功。加强选调生、大学生村干部的培养管理，对7名2013年大学生村干部进行聘任期满考核并安置。开展干部人事档案专项审核工作，对全县2043名公务员、参照公务员管理人员及县直属国有企事业单位中层以上干部档案进行全面审核，收录、更新干部档案信息1100多人次。落实县以下机关公务员职务与职级并行制度，制定实施乡镇工作补贴实施细则，指导基层完善竞争性选拔干部、轮岗交流办法，做好科级干部兼任社团领导职务、股级干部任免、机关事业单位工作人员基本工资调整审批等干部日常管理服务工作。制定《关于进一步加强和改进退休干部管理服务工作的通知》，落实好老干部的政治、生活等各项待遇。

【干部监督工作】 坚持和完善借用人员报备制度和干部调配管理相关规定，规范干部流动管理。完善从严管理干部制度体系，开展新选拔任用干部民主评议工作，做好换届以来干部选拔任用、“7+3”专项整治工作检查及“带病提拔”科级干部选拔任用过程倒查工作，持续开展领导干部违规兼职、领导干部亲属担任公职和社会组织职务、违规办理和持有因私出国（境）证件等专项整治。健全干部工作信息公开和干部监督信息通报机制，做好“12380”举报受理查核工作，严格执行个人有关事项报告及抽查核实、任期经济责任审计等制度，抽查核实117名拟提任科级干部人选个人有关事项报告，对27名科级干部进行离任经济责任审计。强化正风肃纪，严把干部选任廉政关口，组织101名拟提任干部进行任前廉政法规知识测试。加大镇村干部驻勤管理、日常考勤及请销假等管理制度的监督检查，加强对“庸懒散”、为官不为乱为、诚信缺失等治理，从严管理监督干部。

【人才队伍建设】 立足培育本土传统陶瓷产业人才，承办市高层次人才（陶瓷艺术大师）沙龙活动，深化“名师带徒”机制，延伸开展“老师傅讲故事”活动，实施陶瓷艺术创业导师行动市级试点项目，探索创新人才培养“传帮带”模式。向《中国人才》杂志社倡议并联合承办全国基层人才工作创新案例评选活动和全国基层人才工作创新案例交流会，探索培育本土特色人才支撑产业发展的做法在全国交流会上作典型发言，获评全国最佳案例。实施“电商创客孵化计划”市级试点项目，建立“一对一”创业辅导扶持机制，服务电商人才创新创业。实施企业家素质提升、本土化职业经理人培养等工程，壮大专业化企业经理管理人才队伍；建设市级农业科技示范企业、科技型农民专业合作社等8家，壮大农村实用人才队伍。完善重点人才信息库，编发紧缺急需人才引进指导目录，培育急需紧缺的创业创新人才，新增享受国务院政府特殊津贴专家和高技能人才各1名，国家科技创新创业人才1名，市“海纳百川”高端人才聚集计划6名，入选市引才“百人计划”1名。深化陶瓷产业人才聚集基地建设，组织企业参加省“4•18”“6•18”人才项目对接，培育省工程中心、高新技术企业等市级以上平台载体18个，建成首个省级陶瓷类重点实验室和国家高技能人才培训基地，推动顺美集团获批设立国家级博士后科研工作站。依托德化与敦煌市友好城市关系制定合作备忘录，探索“敦煌大师班”、优秀人才互访等人才交流项目。联合相关部门举办国际当代陶瓷创作暨艺术论坛，支持大师举办名瓷全国巡回展、故宫博物院、国家博物馆艺术作品展等大型国内外交流活动，承办第二届泉州市工艺美术大师（陶瓷类）评选等，推动本土人才与境内外高层次人才交流合作。推行“大师+”众创模式，探索“大师+企业”“大师+创业园”等特色人才载体，将大师的技艺价值与其他领域进行跨界重构。创建德化新型智库，吸收具有正高职称或博士学位的德化籍专家教授300多名入库，为新一轮发展储备厚实的智力支撑。健全人才工作领导小组例会、信息沟通、督查考评等制度，加强对人才工作的宏观指导；注重人才工作经验总结推广，“三问双推双学”等3个人才案例入选《泉州市365民营企业人才工作典型案例汇编》。兑现人才优惠政策，加大人才经费投入，评选表彰首批县优秀青年人才、农村实用人才20名，授予首批县高级人才证37名，完善人才选拔激励、体检就诊、子女入学等精细化服务措施。整合人才服务市场和劳动力资源服务市场，成立县人力资源服务中心，选派10名人才工作特派员到50个重点企事业单位开展“点对点”服务，在全省率先开通官方“德化人才”微信公众号，参与“爱泉州•重人才”广播公益报时活动，营造爱才、敬才、重才氛围。

【“三严三实”专题教育】 突出因地制宜，建立专题教育联络员和工作旬报制度，在确保四个“关键动作”落实到位的基础上，设计“自选动作”，立足坂里省委旧址、丁墘第一支部等本地红色资源，加强学习教育。突出问题导向，县处级领导干部对照对党忠诚、个人干净、敢于担当的要求和省、市、县委主要领导上党课点到的问题，联系自身思想作风实际，找准“不严不实”突出问题39条。结合“三比一看”活动和统筹城乡改革试点，在4个专题学习研讨中确定40个实践比学项目，形成比学赶超氛围。突出整改整治，把推进省委巡视反馈问题整改与解决不严不实问题结合起来，在全县开展为期1个月的自查自纠工作及基层干部不作为、乱作为等损害群众利益问题专项整治活动，逐一整改落实省委巡视组反馈的4方面、16个具体问题和5条意见，完成县四套班子领导330个教育实践活动后续整改项目。召开开放式“三严三实”专题民主生活会和组织生活会，确保专题教育取得实效。

【基层组织建设】 实施“党建富民强村”工程，推广农村“168”、社区“135”、机关“1263”等基层党建工作机制，召开“党支部+社会组织”

6月12日，泉州市高层次人才（陶瓷艺术大师）沙龙活动在顺美陶瓷文化生活馆举行 （寇婉琼 摄）

现场推进会，推广“党支部＋合作社＋基地＋农户”促增收机制，落实双向联席会议、挂钩联系、生产扶持、营销扶持、政策扶持等制度，培育龙浔英山淮山合作社等18个示范点，带动农户2万多户，促进农业增效农民增收。全县160个村（社区）注册各类农民专业合作社443家，其中由党员或产业带头人创办113家；引导280家合作社建立党小组356个，吸纳党员680多名，带动农户1.8万多户。

推行“党支部＋老年协会＋互助组＋志愿者”关爱农村留守老人机制，组织开展生产互帮、生活互助、发展互促和精神互慰等活动，组织开展关爱农村留守老人活动400多次，慰问3000多户农村留守老人，构建全民参与的关爱网络。

实施基层党建工作项目化管理，推进33个创新项目和73个示范点建设，培育党代会年会制和党代会代表提案制、党员旁听、党代会代表列席同级党委会议、“党支部＋社会组织”、流动党员服务中心“五联五定”管理、乡镇驻城关便民服务中心等一批特色亮点党建工作品牌。“党支部＋社会组织”模式在中组部《组工信息》第57期单条刊发，得到市委领导和县委主要领导批示肯定。

统筹推进社区、机关、国企、学校等行业党建工作，构建适应统筹城乡发展的组织网络。

【党组织设置和发展党员工作】 不断优化党组织设置，新成立党支部10个，撤销18个。全县现有基层党组织626个，其中党委40个，党总支10个，党支部576个，党员16775名。落实《中国共产党发展党员工作细则》，实施党员“培源提质”工程，坚持严格标准、严格把关、严格培养、严格管理，推行发展党员交叉预审、发展党员自查、抽查等做法，抽调7名乡镇党委组织干事交叉预审乡镇发展党员材料，提高发展党员工作质量。2015年，全县发展新党员247名，其中35岁以下的党员181名，占73.00%；大专以上文化程度的党员126名，占51.01%；女党员69名，占27.82%；农村党员139名，占56.28%；非公有制经济单位党员31名，占12.50%，党员队伍年龄、文化、性别结构得到优化。

【村级组织建设】 针对村级组织换届贿选难认定、竞职承诺难兑现等难题，开展乡镇党委书记抓村级组织换届专题汇报活动，确定44个工作基础好、条件成熟的村（社区），进行村党组织班子成员、书记直接选举的“两推一选”做法试点；推行竞职承诺审核制和乡镇党委与竞选人集体谈话制度，探索实行“全程签字”制度，联合县纪委召开专题会议，下发专门文件严肃选风选纪，明确贿选行为的情形和处理办法，将拉票贿选等列入不合格党员处置的6种重点情形之一，严肃选举纪律；全县18个乡镇210个村（社区）全面完成“两委”班子换届，依法选举出新一届村“两委”1284人。开展举办一次交接仪式、开展一次约谈活动、进行一次矛盾纠纷排查、修订一份村级发展规划、整顿转化一批后进村等村级组织换届选举成果巩固专项行动，举办全县新任村主干任职示范培训班，提升村干部履职能力和服务统筹城乡发展的素质。

对新开工建设村级活动场所的龙门滩镇霞碧村、水口镇祥光村，在政策、资金上给予重点帮扶；集中力量推进13个村（社区）活动场所建设，并从外观标识、功能布局、制度牌匾等方面对南埕镇高漈村等村部进行规范化建设，打造村级活动场所样板工程。

对27个软弱涣散村级党组织，采取一名党员县领导联系，一个县直单位挂钩，一个先进党支部结对，一名县党务干部指导，下拨一笔专项帮扶资金等“十个一”措施，促进转化提升。

承接和选派省市县99名党员干部驻村蹲点或任职，建立部务会议成员挂钩联系、乡镇领导干部结对帮带、业务科室定期沟通联系及乡镇领队月会商等制度，为驻村干部做好服务保障工作。落实上级关于加强和改进大学生村干部工作等会议精神，采取“联、挂、导、传、帮、带”等方式，引导大学生村干部尽快融入农村工作。

提高村（社区）主干工资待遇和村办公经费，对各村运转经费不足10万元的补助至10万元，对社区每年补贴10万元，在职村（社区）主干工资每人每月提高到1100元，同时把党建经费、党费向薄弱党组织倾斜。

探索推广“村自管理”机制，采取明确职责、责任包干、落实奖惩等办法，健全党组织领导下的村民自治机制；推行农村集体“三资”网络监管和“四议两公开”工作法、“六要”群众工作法、党务村务网上公开、“中心户”公开，规范村级组织运转。

驻村干部开展“生活补助慈善一月捐”活动，探索“众筹农业”助力精准扶贫，实施“一亩良田·稻米众筹计划”等。

【非公有制企业党建】 开展软弱涣散非公企业党组织整顿提升行动，从县直机关单位选派10名非公企业党建工作指导员对问题突出的44家非公企业党组织进行整顿转化，相关做法在《八闽快讯》刊发。

开展“红色力量·助推发展”系列专项活动，会同工商、税务、经信、金融等涉企部门，落实惠企强企政策，发挥非公企业党组织在助推“全方位创新”中的作用；探索实施“瓷海红心—公益党建行动”，组织开展环保志愿服务、爱心助学、访贫慰问等7个公益党建项目，经验做法得到市委领导批示肯定。

立足工业园区小微企业多、支部党员数少、支部活动难开展的实际，发挥园区企业集中、组织活动方便、发展思路相近、学习需求相似的优势，整合园区党建资源开展陶艺技能竞赛等活动，构建“关系在企业、教育在园区”的党员教育管理新模式。

探索“互联网+党建”工作新模式，按地域、行业、年龄、兴趣爱好等分类建立爱心、青春、网商、个私协会、企业家等6个虚拟党支部，打造指尖上的“红色堡垒”。经验做法在《八闽快讯》《省组工信息》刊发。

【党员教育管理】 制发《德化县贯彻落实〈2014—2018年全国党员教育培训工作规划〉的实施意见》和《德化县2015年党员教育培训计划》，开展“听老党员忆传统”教育活动，组织系列微型专题报道，指导各基层党委开展各类微报告、微讲座93场次，选树叶尚谋、曾再兴、陈必物等一批老党员典型，强化党员党性党风党纪教育。

依托县流动党员教育管理服务中心，开展党员教育、村级组织换届业务培训等130场次，培训党员1.3万多人次。

制发《关于在职党员到社区报到为群众服务工作意见》，开展全县机关事业单位在职党员进社区报到为群众服务活动，组建91支服务队，实行“群众点单、支部下单、党员接单”服务模式，在职党员认领服务项目3800多个，帮助解决具体问题300多个；发挥党员互助协会作用，开展党员互助基金“四进”（进农村、进社区、进机关、进企业）活动，“七一”“两节”期间走访慰问困难党员和新中国成立前入党老党员840多人次，发放慰问资金26.56万元。

运用网络、微博、微信等新兴媒体，开展党员教育管理服务，将“群众路线在瓷都德化”升级为“瓷都德化共产党员”微信公众平台，制作“一张图读懂”系列学习材料，定期定时发布党建信息、先进典型、党史知识等信息，经验做法得到中组部新闻办肯定。

结合村级组织换届，开展党员登

9月18日，全国人才宣传工作座谈会暨基层人才工作创新案例交流会的获奖单位代表到凤凰陶瓷研究所考察　（德化报 供）

记工作，处置89名不合格党员。

【党员电化、远程教育】 加强远程教育网络运行管理，制定下发《关于做好全县党员干部现代远程教育终端站点整改提级有关事项的通知》，对全县246个远程教育站点进行全面自查整改，修整站点78部，选育典型，整合资源，提级设置县流动党员教育管理服务中心远教站点。

摄制具有本地特色的课件参评全省第四届远程教育课件观摩交流活动，《奏响国歌的第一人——罗浪》专题课件获全省三等奖。

制定农村党员干部现代远程教育集中教学计划，开展《筑梦中国》专题学习培训，联合县委农办做好2015年全省农村实用技术远程培训工作；德化网“党员教育”频道坚持更新内容，设置专题栏目，发动广大党员订阅使用共产党员微信、易信。

【信息、网宣工作】 健全部机关全员信息员、信息通报、重大信息约稿、定期分析会制度，编发《德化组工信息》13期，向上级报送组工信息110多条次，被上级信息刊物采用68条次，1名干部被评为优秀信息员。《“虚拟支部”聚力量，网络爱心不虚拟》得到市委领导批示，被市委组织部评为2014年度“好信息”，5条信息和1篇网评文章被中组部和中央办公厅采用。围绕统筹城乡发展进程中党员干部人才工作的热难点问题，开展务虚研讨和调研，形成《山区县特色产业本土人才支撑路径的探索与研究》等一批较高质量调研成果。

【重要活动】 6月12日，泉州市高层次人才（陶瓷艺术大师）沙龙活动在顺美陶瓷文化生活馆举行，150多名陶瓷艺术大师、企业家、各县市区工艺美术大师、国内知名专家学者、经纪人共同研讨发展“大师经济”。《中国人才》杂志主编温金海、福建省工艺美术研究院院长余卫平，县委常委、组织部部长方建生，市委人才办主任廖晓凌参加沙龙活动。

6月13日，福建省工艺美术行业发展促进中心副主任、福建省工艺美术研究院院长余卫平到德化调研人才工作并举办“当下工艺美术创作、评奖与人才成长”专题讲座，122名省市级工艺美术大师和学徒参加讲座。

6月17日，市委副书记周银芳到浔中镇调研村级组织换届选举工作。

9月12日，中组部办公厅巡视员纪红到顺美集团、陶瓷博物馆、协发光洋陶瓷公司、博古陶瓷研究所考察。

9月17日，由中国人才杂志社主办，福建省委人才办、泉州市委组织部协办，晋江市委组织部、德化县委组织部承办的全国人才宣传工作座谈会暨基层人才工作创新案例交流会在晋江举行，德化选送的《从“筑巢育凤”到“百凤齐鸣”——福建省德化县探索山区县特色产业人才支撑路径》获全国基层人才工作创新最佳案例奖，并在会上作典型发言和推广，9月18日，全国人才宣传工作座谈会暨基层人才工作创新案例交流会的获奖单位代表到德化陶瓷博物馆、凤凰陶瓷研究所、月记窑、顺美陶瓷文化生活馆等考察。

11月4日，市委副书记周银芳到龙浔镇英山村调研“党支部+合作社+基地+农户“促增收机制建设情况和换届后村级班子建设情况。

（撰稿人：刘玉珊　黄秉文　张秋香　林鸿伟　审稿人：彭钦毅）

宣传工作

【“理论武装”工程】　理论学习　深入学习宣传贯彻中共十八届三中、四中、五中全会精神和习近平总书记系列重要讲话精神，结合“三严三实”专题教育，发挥“瓷都讲坛”宣传引领作用，邀请深圳大学金融研究所所长、博士生导师国世平教授，福建天衡联合律师事务所一级律师张照东教授，市纪委常委林开通、省社会主义学院党组书记李韧，市委讲师团童宝平副教授，市监察局副局长林振约举办“两会经济形势”“推进依法行政”“推进反腐倡廉”“强化统战工作”“党的十八届五中全会精神”及《中国共产党廉洁自律准则》和《中国共产党纪律处分条例》等专题辅导讲座。利用“瓷都中心组学习”“瓷都德化共产党员”等理论学习公众微信号平台，不时更新学习内容，方便基层干部理论学习；编发理论学习文章227篇，精选“新华社发布”“央视财经”“学习小组”等优秀公众微信号，在《德化网》公布，供广大党员干部参考订阅、关注学习；向县委中心组学习成员订阅和推荐《习近平谈治国理政》《中国共产党廉洁自律准则》《中国共产党纪律处分条律》《我们的价值观知识读本》《项南的故事》等学习资料。编发《德化县委中心组学习贯彻习近平总书记系列重要讲话精神交流研讨会材料汇编》《政治理论学习参考》12期。

理论宣讲　举办全县科级干部进修班，学习“四个全面”战略布局和统筹城乡发展、创新驱动发展、依法治县等重大战略。组织理论骨干和业余讲师团成员参加全市理论骨干学习，发动县业余讲师团等理论工作者进行集中备课，下发宣讲菜单，围绕“三严三实”专题教育、“中国梦”、中共十八届三中、四中、五中全会，培育和践行社会主义核心价值观等内容，深入基层开展宣讲活动156场（次）。举办村（社区）主干培训班，学习贯彻习近平总书记系列重要讲话精神和全国、全省、全市农村基层党建工作座谈会精神，提高村（社区）主干的群众工作能力、依法办事能力、带领群众发展致富能力。

理论运用　结合县委、县政府工作大局，组织理论调研活动，加强理论研讨和总结，推出有实践指导意义的理论研究成果；协助省委讲师团“理论宣讲进基层工作活力和实效”课题小组来德调研，调研小组走访凤池社区和憨鼠爱心小分队，并在浔中召开专题座谈会；组织参加“建设21世纪海上丝绸之路先行区”和“加强基层宣传思想文化工作”理论征文活动，其中，《以“基层工作加强年”为抓手　全面提升基层宣传思想文化工作水平》一文在《泉州晚报—理论版》刊发，《建设智慧德化的若干思考》《做好德化县电子商务的若干思考》《德化县围绕统筹城乡试点改革扎实推进新型城镇化》《德化县建设全省首个农村产权交易中心》等理论文章和经验做法在《泉州通讯》《泉州改革情况》发表。

【“舆论引导”工程】　主流宣传　围绕县委、县政府的各项中心工作，在县级主要媒体推出专栏、专版，重点开展对“一带一路”“三比一看”“记得住乡愁”“统筹城乡发展”“特色新型农业”“美丽乡村”“社会民生”等主题的宣传。组织开展党风廉政建设、统战工作、综治平安、双拥工作、国防教育、“两违”综合治理、科普宣传、交通安全、爱国主义教育、人口与计划生育、科技、食品卫生、安全生产、政策法规、特色农业、环境保护等的宣传工作，宣传推介德化创建新一轮全国文明县城重要活动。做好德化县陶瓷博物馆申报省级爱国主义教育基地工作；加强对全县新闻工作者的培训，提高新闻宣传工作队伍整体素质；在各乡镇设立“善行义举榜”102个，立榜学习宣传基层善行义举人物380多人，传播社会正能量；加强《瓷都德化》、县有线电视台、广播电台和德化网等宣传阵地建设，福建日报《茶道》杂志在德化设立办事处，成为宣传推介德化的一个重要窗口。

对外宣传　以“努力打造全方位、多层次、宽领域”的大外宣工作格局为目标，加强与中央、省、市各类媒体通联，形成协调一致的外宣机制。扩展外宣渠道，与新华社合作建立《瓷都德化》客户端平台，审核发布相关信息1010条（次）；与泉州晚报社合作开设“海丝明珠　瓷都德化”专栏，推广县域特色经济和文化，提升德化的知名度；与《台湾导报》等合作宣传推介德化，在《台湾导报》刊发相关新闻报道50多条（次），包括《德化推动智慧旅游创新发展》等9个专版。主动对接新华社、中央电视台、中新社、经济日报、光明日报、福建日报、福建电视台、海峡卫视、人民中国杂志和香港文汇报、香港大公报、香港商报等境内外媒体，到德化对海上丝绸之路、陶瓷文化、生态旅游等开展实地采访采风活动；策划做好“一带一路”、首届中国陶瓷电商峰会、“德化县抗战瓷专题展”“第六届海峡两岸（德化）生物多样性与森林保护文化研讨会”等活动的对外宣传工作。加强对外对台文化宣传交流，承接越南新闻代表团、港澳传媒学子寻访团、台湾中南部基层民众参访团、香港媒体负责人访问团等到德化采风陶瓷文化、生态建设等活动。

首届中国陶瓷电商峰会宣传 做好峰会LOGO征集、确定和宣传，制作《首届中国陶瓷电商峰会》宣传片、宣传画册，邀请中央、省级及境内外100多家新闻媒体、150多名总编、记者到会采访，对德化陶瓷电商、陶瓷文化、生态建设情况进行采访报道。各新闻媒体刊发转载新闻报道450多篇（条、次），其中，全国晚报协会刊发《品“山水”赏“瓷都”感受泉州德化文化魅力》《“互联网+陶瓷”今起上路》《千年瓷都扬名天下——首届中国陶瓷峰会在福建省泉州市德化县隆重举行》等38个专版。9月30日，新华每日电讯刊发《德化：千年瓷都踏上“互联网+”风口》；10月9日，新华社《福建领导参考》《一周热点分析》分别刊发《千年瓷都踏上“互联网+”风口——福建德化陶瓷产业转型升级观察》；10月21日，福建日报头版刊发消息《德化拟建全国最大陶瓷电商产业基地》，第9版“视点”栏目刊发《电商换市 德化陶瓷赢“互联网+”先手》，配发记者评论《优势成就自信》；10月26日，福建日报第5版彩色专版刊发《德化经验 打造陶瓷产业“升级版”》；10月9—25日，泉州晚报天天报道电商动态新闻，10月26日推出12版特刊《世界瓷都》报道峰会盛况；峰会期间，《台湾导报》连续每天专版刊发峰会盛况，《泉州晚报》《瓷都德化》连续整版刊发报道，泉州通、新华社客户端《瓷都德化》、微信公众号《瓷都德化》、憨鼠微生活、“观音德化”手机微信公众号和APP客户端等新媒体平台现场实时更新报道。

“世界陶瓷之都”品牌宣传 通过举办陶艺展览、陶艺技能现场交流、参加国内外知名博览会等方式，德化陶瓷文化进一步传播，品牌影响持续扩大。德化申报评选“世界陶瓷之都”，获国际专家考评组全票通过，成为全球第一个“世界陶瓷之都”。评选过程中，先后邀请境内外新闻媒体到德化采风陶瓷文化，刊发或转载相关宣传报道70多篇（条、次）；举办“第十四届亚洲艺术节暨第二届海上丝绸之路国际艺术节世界瓷都·德化陶瓷（柴烧）艺术交流展”，来自大陆主要陶瓷产区、台湾地区和日本韩国的陶瓷艺术家近200人在德化就柴烧艺术的传承与发展进行传统与现代的对话；亚洲艺术节期间，国内当代著名艺术家30多名来德参观、创作和交流。举办“2015年全国陶瓷现场技能大赛”“第二届泉州市工艺美术大师（陶瓷类）现场创作考评”活动；开展“百态观音·慈航普渡”德化瓷艺大师暨全国书画名家作品展活动；在重庆中国三峡博物馆举办“千年不熄德化窑——中国白陶瓷及其艺术传承展”，在恭王府组织开展“清风明月·赵朴初法书展暨郑雄文郑雄彭德化瓷造像展”，在首都博物馆举办“典雅明静 如脂如玉——瓷艺大师陈明良作品展”。举办“纪念中国人民抗日战争暨世界反法西斯战争胜利70周年”德化抗战瓷专题展和“纪念陈其泰大师诞辰100周年陶瓷作品展”；开展以“回归与启航”为主题的“2015中外艺术家泉州对话”艺术交流活动；组织企业参加首届湖南（醴陵）陶瓷博览会、广西北流国际陶瓷博览会、第十届（莆田）海峡工艺博览会、第五届全国（北京）陶瓷艺术创意设计精品展。编辑出版《德化名瓷鉴赏·宋元篇》《德化抗战瓷图集》等著作。

舆论引导 规范网络舆情动态管控工作流程和相关制度，加强网络舆情监控值班工作，社区论坛24小时对更新内容和新帖进行2次以上的审核把关；组建近百人的网络舆情管理员、信息员队伍，建立网络信息和管理工作QQ群，对社区论坛每个栏目、

8月26日，首届中国陶瓷电商峰会新闻发布会召开　（德化报 供）

版块至少配备负责人、管理员各1名。组织德化网及论坛管理人员进行新闻采编、网络管理法规等知识培训；积极向市委网络办上报舆情，报送信息1973条，被上级网络办采用304条，18条信息转报市级相关部门处理；开展网评工作235次，发布专题跟帖、评论1000多（条）次。开通并管理好微信公众号“瓷都德化”，及时更新相关资讯，加强线下沟通联系，邀请有关单位共同参与举办各种网友活动50多场次，在德化网开设“国家网络安全宣传周”“全国法治动漫微电影展播”“第十四届亚洲艺术节”等专栏，举办互联网信息工作季度座谈会。加强与纪委、行政执法局、规划建设局等部门沟通联系，处理有关热帖48条；支持憨鼠爱心小分队开展爱心活动，组织活动8场，慰问留守老人、困难群众2000多人，发放款物金额50多万元，为各类特定对象募捐善款80多万元；5月份，县委书记吴深生到憨鼠爱心小分队调研，并以一名普通网友身份参加小分队的爱心活动。

【“文明创建”工程】 *培育践行社会主义核心价值观* 抓住春节、元宵节、清明节、端午节、中秋节、重阳节等节点，开展新春摄影展、庆新春古筝演奏会、唱南音庆元宵、祭扫革命烈士墓和“爱心粽子”庆端午、中秋爱心下乡、慰问孤寡老人等“我们的节日”主题活动；开展“正家风 传美德——老前辈道家风”主题活动，在《瓷都德化》、德化广播电视台、德化网开设专栏，刊播6期老前辈人物访谈，讲述“正家风、议传统、说奉献”等家教故事，弘扬良好家风。在车站、主要交通路口、宾馆、旅游区等公共场所悬挂“遵德守礼”“社会主义核心价值观”“勤俭节约”等公益广告，组织志愿者4000多人次深入乡镇村和老人院、学校等慰问关爱留守老人、特困对象、孤寡老人、残疾人及贫困学子1500多名，发放慰问金和物资75万元；组织志愿者7000多人次，开展环保、文明交通、环境卫生、义诊义治、便民利民等活动。开展泉州市第三届基层“最美人物”系列评选活动人选推荐，邱双炯、刘志军分别被评为福建省和泉州市“最美文化工作者”“最美农民”，林建胜获泉州市“最美人物”提名奖，郭昌城、苏伟嘉、李建忠3人被评为“福建好人”，2人被评为第四届泉州市道德模范；评选表彰15名道德模范、10名孝敬之星。

强化基层基础文明创建 以开展文明县城创建为抓手，调整文明片区理事长单位，定期与不定期对环境卫生、农贸市场、交通秩序、建筑工地等开展督查，及时发现问题，协调相关部门进行整改，迎接全省县城文明程度指数测评，巩固全国文明县城创建成果。做好2014—2016年度市级文明单位的初评工作，组织各单位申报2015—2017年度省级文明单位以及2015—2017年度县级文明单位。制定文明行业创建、诚信建设、文明旅游等具体意见，坚持“以城带乡、城乡共建”的文明创建机制，组织40个市级文明单位、文明学校与20个村镇、10个社区志愿服务站结成共建对子，开展共建帮扶。

开展未成年人思想道德建设 坚持每季度召开一次未成年人工作联席会议，研究部署未成年人工作；在中小学部署开展“清明祭英烈”“百名美德少年展示”“向国旗敬礼”等网上签名寄语主题实践和“童心向党”歌咏比赛、优秀童谣征集展示活动；开展“文明办网、文明上网”活动，净化社会文化环境。推进文明单位、文明学校与乡村学校少年宫结对共建；发挥县未成年人心理健康辅导站作用，举办各类心理健康知识辅导和普及推广活动；评选表彰第二届德化县美德少年12名。

【“文化瓷都”工程】 *文化服务体系* 组织开展全县公共文化服务体系建设情况调研，完成浔中、杨梅等10个乡镇文化信息共享工程验收；推进图书“四下基层”活动，扶持石鼓村、大铭村的农家书屋建设，与水口、上涌、葛坑共建流动书屋3个，在县公务大厦安装电子借阅机，在建窑陶瓷厂建立职工图书阅览专柜，在武警中队设立流动书屋；深化“大馆带小屋”和“大店带小屋”活动，县图书馆与冠福集团图书室结对共建，方舟、新天利等书店获市实体书店专项资金补助；推进“记得住乡愁——名镇名村”。保护工作，完成浔中、龙浔两镇文化生态专项规划基础材料的收集整理，

9月30日，“采样·德化当下陶瓷艺术生态展”在县陶瓷博物馆开幕

（王双季 摄）

做好部分非物质文化遗产实物收集，上涌镇获评2015年省级历史文化名镇。开展版权服务工作，代理作品版权登记3000多件，解决版权侵权纠纷9起，销毁侵权产品2198件；组织艺韵、吉元瓷业、顺美等5家企业申报省级版权示范单位，将城东、城后、宝美、诗墩、鹏祥、科技园6个工业区捆绑申报福建省版权示范基地；《版权保护促进中国德化陶瓷产业发展的研究》由福建人民出版社以中英文版本面向全世界发行，“德化经验”全球共享。加强文化市场管理，组织校园周边文化市场专项整治行动8次，检查各类网吧、书店、音像市场及歌舞娱乐场所等650多家次，责令整改21家次，查缴盗版音像制品2800多片，盗版出版物（图书）2100多册；协助省文化厅在德化举办2015年全省村级文化协管员培训。

文化惠民活动　承办省“文化、科技、卫生”三下乡集中服务分会场、泉州主会场活动，组织10多支义务服务小队分别到瓷都广场，葛坑、上涌、水口等乡镇开展义诊、赠书及送春联活动。组织开展以“中国梦”为主题的第二批新创作歌曲宣传推广、第十五届瓷都广场文化、德化县民间传统文化展演、“珍爱生命 远离毒品”禁毒宣传文艺晚会、“美伦杯”广场舞大赛等群众性文化活动150多场次；在县文庙、图书馆、广电局等举办“以德化人”曹圣书法作品展，“记得住乡愁•昔日知青点”“中国梦 德化美”德化人拍德化专题摄影展，“德化广电——戴云书画展”以及纪念世界反法西斯暨抗战胜利70周年书画展；12月28日，举办纪念蔡尚思诞辰110周年暨蔡尚思生平事迹展活动。加强文化交流，积极筹划与敦煌市文化项目对接，征集图书、地方文献资料，建成敦煌图书馆德化图书专柜；收集整理苏履吉生平所著诗文，完成纲目章节编著。遴选《法语瓷心》《局外人之蕴玉瓷庄》等6部微电影送市参加第十四届亚洲艺术节展播；做好新丝绸之路——中国德化陶瓷希腊文化之旅中华陶瓷大师联盟代表来德开展活动；组织排练文艺节目参加各类展演，少儿舞蹈“梨园俏妞妞”获泉州市第七届少儿电视艺术节舞蹈大赛一等奖，5人获演唱组三等奖；张晴文小说创作《幸存者》获省文艺发展资金专项补助。

陶瓷文化产业　发挥龙头企业示范带动作用，扶持壮大龙头企业、后备上市企业和民营文化企业，佳美集团获省“文化企业十强”、龙鹏集团获市“优秀文化企业十佳企业”，中国白、成艺、蕴窑等3家企业获评市级文化产业示范基地，林鸿福、连紫华分获中国民间文艺山花奖，佳美、顺美、恒忆、龙鹏等6家企业分获省市文化产业发展专项资金补助；组织9家企业18个展位亮相第八届海峡两岸文博会。协助省委党校第88期处级干部进修班、第25期青年干部培训班在德化开展“加强知识产权保护、发展、文化创意产业”为主题的现场教学活动。组织瓷艺大师参加在景德镇举办的“2015中国技能大赛——首届陶瓷职业技能竞赛决赛”，荣获陶瓷雕塑组全国第一、第二、第四名，李锦锋、兰全盛获“全国技术能手”称号，另6名获“全国陶瓷行业技术能手”称号；抓好德化电子商务创业园、宝美（建窑）电商孵化园、顺美集团创客空间、三班洞上陶艺村、青年大师新秀园、海峡两岸大学生创业园孵化基地等6个县级特色众创空间示范点建设；协助做好规下限下等非网报文化产业统计工作。

（撰稿人：孙延燕　审稿人：陈大孝）

统战工作

【贯彻会议精神】　2015年，把传达学习中央统战工作会议精神和《中国共产党统一战线工作条例（试行）》（以下简称《条例》）当成全年的首要任务，提出初步贯彻意见4项建议，将会议精神、《条例》及贯彻意见在县委常委会上汇报，得到研究通过；组织统一战线成员学习贯彻习总书记系列重要讲话及省、市、县有关贯彻会议精神，组织各类学习座谈会、通报会、征求意见会等6场，200多人次；邀请省社会主义学院党组书记李韧到德化授课，讲解习近平总书记在中央统战工作会议上的重要讲话和《条例》精神，分析新时期统一战线的形势与任务和正确处理“五大关系”问题。

【统战“同心”工程】　*同心•献良策*　围绕全县工作大局，向市政协提出建设“泉州畲族风情北大门”项目议案，在葛坑镇龙塔畲族村、汤头乡汤垵村落实“北大门”项目。组织统战系统干部、九三学社社员深入一线开展调研，撰写《发挥历史名人效应，提升千年瓷都品位》《加强党外代表人士队伍建设的思考》《关于进一步规范我县政协委员提名工作的探索与思考》《打造畲族风情德化北大门的探索与思考》等4篇调研课题，为县委、县政府科学决策提供参考。

同心•助发展　开展“回归工程”，召开“异地商会新春座谈会暨回归创业恳谈会”，为产业项目对接牵线搭桥，现场签约德化北大门农家乐、春秋农场、豪峰陶瓷产业园等3个回归项目，项目投资3000多万元，引导德商回归创业。致力小微企业成长计划，开展“三比一看”活动，开展陶瓷小微企业和新进政协委员走访活动，了解经济发展新常态对非公有制企业发展和非公有制人士思想带来的影响，了解相关诉求和困难，为4家小微企业解决用地问题，并跟踪解决企业用工、融资等方面存在的问题，推进企业稳住发展、转变提升、发展壮大。推进商会网络组织建设，加强与在外企业家沟通联系，参加异地商会活动，成立郑州市德化商会、泉州市泉德商会、上涌镇商会，筹备福州、上海、成都

传达学习中央统战工作会议精神　　（县委统战部　供）

等地异地商会，发挥商会聚集作用，促进企业形成抱团发展合力。拓展平台载体建设，“世界德商瓷都总会馆”建设，完成主体工程10层，在高阳村规划建设“同心公园”，规划面积300多亩，投资500多万元，进行河道综合整治、廊桥、空地绿化等建设。

同心·惠民生　开展第三期“同心梦·职业教育奖教助学促业行动”，为“优秀工作室、名师带徒、职校毕业生初创业者、学生创业小能手、宏志班”等5种类型60位师生发放奖教助学促业金18.5万元；成立由60多名党外专家组成的统一战线医疗服务队和农业服务队，开展送医下乡、扶贫帮困、农业服务等；开展“同心·爱心行”义诊下乡活动，联合县卫计局、县医院到龙门滩镇大溪畲族村开展义诊活动，为少数民族群众送医送药，免费发放1万多元药品；开展“光彩·粉红丝带行动”，向企业患病女职工发放慰问金每人5000元。协助市统一战线农业专家服务团，在汤头乡福山、岭脚村建设“农村科普书屋”；配合台盟泉州市委会专家服务团到高阳村开展“三下乡”活动，为村民书写对联300多幅，上门慰问8户困难群众；引导上涌镇商会、晋江德化商会、上海德化商会、泉州泉德商会等，开展爱心活动，慰问上涌镇51名困难老人，发放慰问金15000多元；组织近40名异地商会爱心人士，慰问桂阳乡彭坑村困难家庭邱振极、郑玉花夫妇，送上爱心慰问金近10万元；组织在外乡贤到雷峰镇潘祠村、李溪村开展慰问活动，联合晋江圆爱服务队到汤头乡吉山村开展“关爱老人，与爱同行”慰问活动，为困难群众送去生活用品及慰问金等。

【新社会阶层人士统战工作】　开展非公企业“创二代”走访调查，建立资料库，着力实施创二代成长工程；开展留学人员情况调查，建立50多人微信群，走访5名德化网等新媒体代表人士，开展重点团结对象统战工作。邀请深圳大学金融研究所所长、博士生导师国世平教授为全县纳税50万元以上的企业家们授课，指点经济新常态下的投资发展策略，把握“一带一路”战略带来的新机遇。加强人才队伍建设，开展非公企业人员职称评定工作，评审通过助理工程师26名，助理工艺美术师46名，报送高级职称材料20份；组织36名执委到台商投资区、惠安县参观学习雕艺发展情况，组织企业参加上海国际陶瓷艺术博览会等5场次，协助哈尔滨义乌城举办项目推荐会，促进德化陶瓷产业转型升级。加强非公有制经济人士理想信念教育，引导履行社会责任，促进非公有制经济健康发展和非公经济人士健康成长。

【民族宗教界人士统战工作】　民族工作　学习贯彻全国、全省民族工作会议精神，开展民族团结进步宣传活动；争取到各级民族补助款56万元，大溪村完成通村道路40个错车道建设、新铺设通角落水泥路1.5公里、完成80亩杜仲中药材基地整地，改造旧茶园150亩；龙塔村建成珍贵苗木基地300多亩、大果油茶252亩；筹集资金2.15万元慰问民族村弱势群体22人、补助少数民族大学生3人。筹划“畲族风情北大门”建设，规划畲族寨门、廊桥、住房立面装修、河道治理、空地绿化等20多个项目，县长主持召开“北大门”建设现场会，落实项目资金300多万元，部分项目开始实施；龙塔畲族村申报“中国少数民族特色村寨”获得市民宗局同意上报到省民宗厅，待按申报周期向国家民委申报。

宗教工作　开展“安全生产月”活动，以“安全标准化提升工程三年行动”“安全发展行业”为主要内容，开展专项检查，发出整改通知书15份，排查安全隐患38条。依照《宗教事务条例》，梳理行政权力和公共服务，规范审批程序和推进依法管理民族宗教事务。编纂《民族宗教志》，完成初稿；完成道教协会换届，选举产生新一届道教协会领导班子。开展宗教慈善活动，春节期间发放善款16.25万元，慰问各类对象493人，邀请泉州市基督教义诊队到上涌镇开展免费义诊赠药活动；以“宗教慈善周”为契机，发动宗教团体、宗教场所积极参与慈善事业，道教场所捐资1.15

2015 年，“同心梦·职业教育奖教助学促业行动”资助金发放仪式举行
（县委统战部 供）

万元慰问大溪民族村弱势群体，城关基督教堂为县特殊教育学校学生捐助5000 元，西天寺按收入的 10%发放助学金，缨溪宫为所在地 60 岁以上老人发放养老金，全县宗教活动场所发放慈善款 94.27 万元。

【港澳台及海外统战工作】 接待马来西亚、新加坡等国家和港澳台地区 5 个团 50 多人次；指导赤水镇、龙浔镇召开第二次归侨侨眷代表大会暨换届选举大会，选举产生第二届侨委会班子；发挥德化籍港澳政协委员的影响力，开展港澳专项工作；建立和扩充乡情数据库，扩大交流交往，做好海外新生代和海外留学人员的“同心”工作；发挥德台“五缘”优势，协助开展第六届海峡两岸生物多样性与森林保护文化研讨会活动，促进德台信仰、文化、产业等对接；开展“送温暖”活动，慰问贫困高龄老归侨 26 人，发放“黄仲咸教育基金会”慰问金 13000 元，为 4 位空巢老人争取省侨联救助资金 4800 元。

【党外人士队伍建设】 召开 2 场党外代表人士情况通报会，通报全县经济社会发展、反腐倡廉和统战工作开展情况，同时组织考察省、市重点项目和美丽乡村示范点，提升党外代表人士建言献策水平。在党外代表人士中开展“纪念中国人民抗日战争胜利 70 周年”书画作品展征集活动；开展统一战线人物调查，完成《德化县统战人物名录》初稿，收录统战人物 280 多名。协助九三学社德化小组开展成立 20 周年纪念活动；建立党外代表人士“人才库”，党外后备干部 19 名，占总数 15.7%，新提拔 5 名党外副科级干部，推荐 2 名党外干部异地挂职，选送 3 名无党派人士、3 名党外干部参加泉州市社会主义学院无党派代表、党外干部培训班；深化、拓展党外知识分子工作，加大培养、教育和引导力度。

（撰稿人：黄文山 审稿人：陈 峰）

精神文明建设

【群众性精神文明创建】 全国文明县城创建 2015 年，以第三次获评全国文明县城为契机，深化创建工作。制定《2015—2017 年深化全国文明县城创建工作规划》，调整文明片区理事长单位，严格落实“门前三包”制度，确保日常创建工作责任到位。落实《2015 年全国文明县城测评体系》（德化任务分解），调整 6 个工作组，组织 3 轮大督查，全面部署迎检工作，并通过测评。探索文明县城创建长效机制，草拟《德化县进一步健全文明县城创建长效机制的意见》。

文明行业创建 制定《2015 年德化县创建文明行业活动意见》，组织开展创建文明行业竞赛活动，完善行业和示范窗口制度建设，促进各行业提高服务质量和服务效率，提升行业整体创建水平。全县有福建省创建文明行业竞赛活动示范点 8 个、泉州市创建文明行业竞赛活动示范点 11 个，德化县文明行业创建工作先进行业 3 个。九仙山气象站三届蝉联全国文明单位，17 个单位获评省级文明单位、文明学校。做好 2014—2016 年度市级文明单位的初评工作，组织各单位申报 2015—2017 年度省级文明单位以及 2015—2017 年度县级文明单位。

文明村镇创建 开展“美丽乡村”、文明家庭、文明村镇创建，推进乡风文明。坚持“以城带乡、城乡共建”文明创建机制，组织 40 个市级文明单位、文明学校与 20 个村镇、10 个社区志愿服务站结成共建对子，在完善基础设施、服务“三农”、开展志愿服务、精神文明创建等方面进行共建帮扶。浔中镇获评全国文明镇，4 个村镇获评省级文明村镇。

【公民思想道德建设】 “我们的节日”活动 春节、元宵节期间，开展新春摄影展、庆新春古筝演奏会、唱南音庆元宵、羽毛球比赛、“大鼓吹”“舞狮”等多项文体和民俗活动。清明节期间，县四套班子领导、县直单位干部职工、离退休干部、驻德化部队官兵、中小学师生及部分群众 3000 多人，到塔尖山祭扫革命烈士墓、敬献花圈，瞻仰革命烈士纪念碑，参观革命烈士纪念馆。开展“文化、科技、卫生”三下乡服务活动，发放计生、科技、农业、司法、职工医疗互助等相关宣

12 月 15 日，县领导与第二届德化县美德少年合影留念　　（县文明办 供）

传材料 11000 多份。端午节期间，各社区开展“爱心粽子”庆端午、诗歌赏析会等活动。中秋节期间，组织各级文明单位、文明学校、文明村镇开展“发微博，颂中秋”、爱心下乡、慰问孤寡老人等活动。重阳节期间，开展孝文化诗文诵读比赛和“敬老暖心”等爱心活动 20 余场，为留守老人送生活用品、表演节目等。

“正家风 传美德——老前辈道家风”活动　在德化电视台、《瓷都德化》、德化网开设专栏，刊播 10 期老前辈人物访谈，讲述“正家风、议传统、说奉献”等家教故事，被中国网、福建文明风、泉州文明网报道 6 次。

“善行义举”立榜活动　在各乡镇、社区（村）公开栏等设立 120 多个“善行义举”榜，并择优向市推荐，宣传身边的好人好事，展示凡人善举。推荐评选宣传各类模范人物，刘志军、邱双炯获 2015 年度福建省“最美人物”，孙炳章、苏进全被评为第四届泉州市道德模范，蒋玲玲入选“网上中国好人馆”，3 人入选“福建好人榜”。评选表彰第四届德化县道德模范 15 名、第三届德化县“孝敬之星”10 名，并在德化电视台、《瓷都德化报》、德化网刊播人物事迹 14 期。

公益广告宣传　在电视台、《瓷都德化》《德化网》等媒体定期刊播“图说我们的核心价值观”“讲文明树新风”“勤俭节约”“为道德模范点赞”等公益宣传，展播平面类公益广告 80 多幅、影视类 10 余件。文明单位、村镇和社区宣传栏定期刊登“讲文明树新风”宣传内容，单位 LED 电子显示屏经常滚动播出 24 字社会主义核心价值观；在车站、主要交通路口、公园、商店、酒家、宾馆、旅游区、建筑围挡等公共场所悬挂“遵德守礼”“讲文明树新风”公益宣传。联合电信、移动等部门利用短信平台发送公益广告短信，对手机用户进行社会主义核心价值观宣传教育。2015 年度全国文明县城迎检期间，投入 10 多万元用于城区公益广告宣传。

志愿服务活动　组织志愿者 4000 多人次慰问帮扶留守老人、特困对象、孤寡老人、残疾人及贫困学子 1500 多名，发放慰问金和物资 70 多万元。邀请省志愿者协会专家为各级文明单位开展“志愿云”系统专题讲座，近 100 人参加培训，努力提升志愿服务信息化建设水平；加强平台管理，提升应用效果。

社会诚信建设　印发《德化县推进诚信建设制度化实施意见》，探索建立信用信息征集共享和应用制度。县法院在德化网开设“失信老赖”曝光台，曝光 30 期“失信黑名单”；市场监督管理局、银行等部门也建立信用信息共享平台，定期发布“失信黑名单”，推动诚信瓷都建设。

8 月 21 日，县文明办在瓷都广场举办志愿服务活动　（县文明办 供）

【未成年人思想道德建设】

完善未成年人工作制度 坚持每季度召开一次未成年人工作联席会议，研究部署未成年人工作。加强未成年人思想道德建设，构建"学校、社会、家庭、网络"四位一体工作机制。组织4所市级文明学校与3所乡村学校少年宫结成共建对子，定期开展送科技、送文化、送知识、送健康和志愿帮扶、帮教等各种活动。

开展各种主题实践活动 评选表彰第二届德化县美德少年12名，分别在德化电视台、《瓷都德化》报刊播人物事迹各3期，并向上级媒体推送人物事迹8人次。开展"道德模范进校园"活动，以先进人物事迹教育学生崇德向善；举办各类学雷锋演讲比赛、诗歌会、文艺晚会30多场，丰富道德实践形式。在中小学开展"清明祭英烈""百名美德少年展示""向国旗敬礼"等网上签名寄语主题实践，开展"童心向党"歌咏比赛、优秀童谣征集展示活动。

搭建家校合作平台 举办家教讲座和咨询活动60多场次，帮助家长树立正确的育人观，听课家长4.7万多人次；在城区7所幼儿园开展社区早教活动，让幼儿家长掌握幼儿教育方法。利用母亲节、父亲节、六一儿童节等节日，开展"同学习、共成长"亲子读书、"瓷都儿女·幸福家庭"亲子陶艺比赛、"亲子远足"、绘画制作比赛等亲子实践活动，增强孩子和父母之间的感情。开展"生日问候"感恩行动等，培养学生动手能力，对学生进行感恩教育；开展家庭教育骨干培训，评选家庭教育优秀论文52篇；新建家长学校25所，评选表彰"美丽家庭"150户、"最美家庭"45户。

社会教育延伸活动 发挥大学生志愿者联盟作用，组织志愿者到各个社区开展暑期阳光义教，免费为社区未成年人开展音乐、英语培训和课业辅导，充实未成年人的暑期文化生活；组织10名大学生志愿者走进外来务工人员子女集中的兴南、湖前、南门等3个社区，开展"12355青春自护 暑期安全"宣传教育活动。调整充实县未成年人思想道德建设报告团成员，现有67人，到各中、小学校开展报告106场次（其中思想道德22场，心理健康22场，法制教育23场，师德教育15场），报告员受邀到各社区、老年学校、企事业单位做报告24场，受教育人数7.89万多人次。

（撰稿人：邱振堆 审稿人：苏义和）

机构编制

【行政审批制度改革】 *推行"三张清单"（权力清单、公共服务事项清单和责任清单）* 1月底，组织梳理完成县、乡镇级行政审批事项清单和公共服务事项清单，保留并向社会公布县、乡镇级行政审批事项240项，公共服务事项374项，填报信息表1142张。在此基础上，于5月底完成县级行政权力清单编制和公共服务事项清单调整，向社会公布保留的县级行政权力事项3928项、公共服务事项290项。9月份，根据省市清单调整动态和法律法规立改废释情况，组织对18个单位47项行政权力和43项公共服务事项进行调整，调整后保留县级行政权力3923项、公共服务事项302项。10月底，组织梳理完成责任清单，通过政府门户网站向社会公布39个单位的责任事项5356项、多部门监管责任事项91项。12月初，根据《泉州市行政审批制度改革领导小组办公室关于调整市级行政权力事项和公共服务事项的通知》（泉审改办〔2015〕64号），再次组织各有关单位做好市级调整事项的衔接工作。调整后，县直36个单位保留行政权力事项3883项，其中行政许可255项，保留公共服务事项291项。按照"权责一致"原则，根据行政权力事项和公共服务事项调整，同步对122项责任事项进行调整，其中取消43项，调整为政府内部审批事项9项，新增47项，其他调整23项。调整后，保留县级责任事项5442项。

绘制并公布权力运行流程图 根据保留的行政权力事项和公共服务事项，逐项绘制权力运行流程图，严格将行政许可和公共服务事项办理环节控制在5个以内，将承诺期限压缩到法定时限的60%，明确每个环节的承办机构、办理要求办理时限，绘制运行流程图1139张，通过县政府门户网站及各权力行使单位门户网站、公开栏向社会公开，接受群众监督，推动权力事项依法、公开、透明、规范运行。

加强事中事后监管 按照泉州市行政审批制度改革领导小组办公室《关于深化行政审批制度改革加强事中事后监管工作的通知》（泉审改办〔2015〕54号）的要求，坚持"谁审批、谁监管"和"谁主管、谁负责"的原则，要求有行政审批权的单位（指"两张清单"内有行政许可、公共服务事项，或者行政确认、其他行政权力中有审批性质事项的单位）制定加强事中事后监管工作的实施意见，对取消、下放、前置改后置、转变管理方式的审批事项，明确监管内容、监管措施、监管责任分工，建立切实可行的监管机制，做到行政权力"放"和"管"的有效衔接，避免出现"监管真空"，确保部门职责监管落实到位。

【行政体制改革】 *完成县政府机构改革工作* 2014年县政府机构改革后，县政府工作部门24个，精简了5个，按时完成涉改的16个党政机关部门"三定"工作，涉改部门内设机构由96个精简到84个，精简率12.5%；食药监、工商与质监、卫生与计生、人社与公务员局等机构合并后，行政编制精简10%以上，精简的编制统筹调剂到任务重的单位。

完成工商、质监管理体制调整相关工作 承接省、市下放的工商、质

监监管职能、机构和人员编制，整合优化管理体制，组建市场监督管理局，为县政府工作部门。通过整合机构、融合队伍、集中办公、综合执法，提升市场监管力量。组建9个市场监督管理所，编制占系统编制的70.6%，推进执法重心下移，不断提升监管效能。

推进浔中镇列入全省小城镇机构改革试点工作　主动与省委编办等相关部门对接，掌握工作动态，积极采取对策。3月份，经省委省政府主要领导同意，省编办发文公布第三批全省小城镇机构改革试点镇，龙浔镇、浔中镇名列其中，浔中镇为新增试点。9月份，结合实际，研究制订龙浔镇、浔中镇小城镇机构改革试点工作方案并上报市里审核。根据市里提出审核意见，再次完善方案。

【事业单位分类改革】　推进分类改革工作　根据省制定的分类目录、分类标准和意见以及市里的要求，完成全县375个事业单位分类工作。

推进事业单位整合撤并　坚持控制总量、盘活存量、动态调整的原则，采取“撤一建一”方式，对功能作用长期不发挥或职能单一、弱化以及规模小的事业单位进行清理整合，优化机构编制总量配置，满足经济社会发展重点项目、民生领域的需求，撤销拖拉机站等8个职能弱化的单位，成立阳光小学等8个社会发展需要的单位。

规范事业单位登记管理工作　严格按照《事业单位登记管理暂行条例》和《事业单位登记管理暂行条例实施细则》的规定，保证事业单位法人年度报告公示工作的完成。改革完善事业单位法人年检制度，将年检制度改为年度报告公示制度，并进行换证。全县事业单位法人应进行年度报告公示291家，公示报告率100%，换证率100%。规范事业单位登记，结合年度报告工作，办理变更登记85家。做好年度报告材料的归档工作。

【机构编制管理】　严格遵守机构编制管理制度，控制机构编制总量。按照编制“总量控制，有增有减，动态管理”的方式，对职能减少和弱化的部门相应核减编制，增加和强化职能的部门调整增加编制，及时调剂余缺。对要求成立机构、机构升格、增加编制等问题进行充分调研，严格把关。同时，探索政府购买公益服务等方式，进一步创新机构编制管理，不再因社会力量能够承担的公益服务而新设机构、新增编制。2015年，除省市下放工商、质监行政编制65名、事业编制10名、工勤编制6名外，编制总量与2014年相比没有增加。严格审批编制的使用申请。严格把好入编源头，严格控制实有人员增长。截至2015年9月底，全县财政供养人员与2014年相比净减1人（含省市下放工商、质监行政人员64人、事业人员9人、工勤人员1人）。严格控制满编和超编的单位进人，对缺编单位确实需要补充人员的，根据实际情况给予审批，对专业不对口、逆向调动的原则上不予审批。批准招考机关事业单位人员共128名，其中公务员36名，参公工作人员7名，事业单位人员85名。制定并下发《德化县控编减编工作实施意见》，细化工作目标，明确工作期限，落实工作责任，确保完成控编减编目标。

【中文域名注册】　按照上级要求，继续抓好机关事业单位中文域名注册或续费工作。根据省、市要求，下发《关于进一步推进党政机关和事业单位网上名称管理工作的通知》（德委编办〔2015〕10号），做好域名注册和网站挂标工作。截至2015年年底，有250家机关事业单位注册中文域名，63家网站通过审核，并加挂网站标识。

（县委编办　供稿）

7月28日，省委编办主任林武（左四）到德化调研　（陈志明　摄）

县直机关党务

【思想建设】　召开县直系统党委书记抓机关党建工作述职汇报会，县委常委、组织部部长方建生进行点评，县委副书记王传敬参加会议。举办县直机关入党积极分子培训班1期，39名学员参加培训；与县委党校联合举办1期县直机关党务干部培训班，160名学员参加培训。

【组织建设】　结对共建活动　党工

6月30日，庆"七.一"县直机关干部职工卡拉OK大赛暨文艺汇演举行　（县直党工委 供）

委带头推进"1+N"县直党支部与农村、林场、学校党支部结对共建的模式，先后与九仙山气象站、实验幼儿园、南埕林果场、石龙溪采育场、上涌镇辉阳村、云路村，雷峰镇长基村、南埕镇塔兜村、盖德镇有济村、美湖镇上漈村开展结对共建活动。国网德化供电公司党委与南埕镇党委结对共建，解决当地企业的用电问题；县地税局党委与九仙山气象站支部联合开展上一堂党课，举办一系列文体活动；县中医院党支部协同团省委一行与南埕许厝村支部开展结对共建并进行义诊活动；县食药监局党支部与龙浔湖镇前社区开展文明共建活动；城区学校党支部与乡镇农村学校结对共建，开展送教下乡活动。

党支部建设　推进"六好"党委、"五好"党支部创建活动；指导县直机关涉改单位做好党组织设置调整、组织关系转移及班子组建工作，全年县直机关成立支部8个，撤销支部17个，支部更名5个；严格按照《中国共产党发展党员细则》要求，指派专人对县直机关各级党组织发展对象进行审核，全年审核发展新党员11人，确保发展党员质量。

【作风建设】　组织全体党员前往九仙山气象站党支部开展结对共建活动，学习九仙山气象站党支部高山奉献精神。

（县直党工委 供稿）

信访工作

【概况】　2015年，受理群众信访件309件次1802人次，化解286件，正在办理23件；接待群众来访158批1296人次，其中集体访66批1183人次。

【矛盾纠纷排查】　按照"未访先知、争取主动，重点稳控"的思路，变访后被动查为事前主动抓，明确乡镇党委书记和部门主要负责人为信访工作第一责任人，设立专门信访接待地点，坚持月排查，重要节点乡镇、部门坚持每天搜集整理上报重大信访信息，随时掌握信访动态。按照"属地管理、分级负责"的原则，对排查出来的各类信访突出问题和群体性事件，逐件登记建档，明确责任主体，召开信访分析会，摸清问题症结，制定化解方案。对一时难以解决的案件和长期缠访户等重点信访案件，落实化解稳控责任，建立与重点信访人员对话平台，随时掌握其思想动态，对重点人员加强训诫和监控，并在政策允许范围内，尽可能解决他们生产生活中的困难和问题。

【信访突出问题化解】　对信访中的突出问题和历史积案，按照"五个一"（一名包案领导、一个工作专班、一套化解方案、一份会议纪要、一套稳控措施）要求，从维护权益上着想，因案施策，多措并举，化解矛盾消除积案。宣传上级关于诉访分离、逐级走访、网上受理信访等信访工作制度改革，引导群众通过行政复议、司法诉讼、仲裁等渠道解决相关问题，以理性合法的形式表达利益诉求、解决矛盾，规范信访秩序；对上访过程中发生的违法行为，及时收集相关证据，依法处置进京异常上访行为。

【县级领导接访活动】　2015年，县级领导接待上访群众31批36人次，受理信访事项31件，28件办结，3件正在办理中。

【信访网络建设】　全县18个乡镇、

17个县直单位接入并运用福建省信访信息系统；开通德化信访信息网，实行群众网上信访，使信访渠道更加畅通，减少群众上访成本，提高信访工作效率。

【信访制度建设】 建立领导干部定期接待群众来访实施办法和法定途径分类处理信访投诉实施办法，完善七项机制（初访分析和首办责任机制、信访问题风险评估机制、信访积案化解机制、信访听证机制、信访终结机制、违法信访处置机制、信访工作督查问责机制）。

（县信访局 供稿）

老干部工作

【概况】 至2015年12月，全县共有离休干部36人（含委托管理3人），“5·12”退休干部22人，原任副处级以上退休干部26人（含军转干部2人），离休干部遗属 75人（其中无公职遗属43人）。离休干部中，年龄最大的96岁，最小的83岁，平均年龄达87岁，普遍进入高龄期和高发病期。

【落实政治待遇】 坚持每月20日集中学习、送文阅文、参观考察等制度，免费为老干部订阅《福建老年报》《福建支部生活》《瓷都德化》等报纸杂志，依托老干部活动中心、老年大学、离退休干部党支部等阵地，组织老干部学习中央、省、市有关会议精神。坚持每半年向老干部通报一次政府工作情况，常态化邀请部分老干部列席县委、县政府重大会议、参与干部推荐等，定向推荐“两代表一委员”，搭建平台让老干部参政议政，激发老干部政治参与热情。组织开展纪念抗战胜利70周年系列活动，在全县离退休干部中开展“我看建设新福建”主题活动；结合实际创新开展“听老党员忆传统”活动，组织3名老干部深入10个党委、15个党支部，开展主题报告会30多场次，2000多名党员干部受教育。举办“铭记历史、开创未来”主题书画展，在《瓷都德化》连续8期刊发德化16位抗日华侨人物故事，传承革命传统正能量。

【落实生活待遇】 贯彻执行省、市提高老干部生活待遇和医疗待遇等政策，出台关于调整提高部分离休干部护理费、离退休干部遗属定期定额补助标准，及时足额发放老干部各项补助。建立定期慰问走访制度，利用春节、“七一”、重阳节、纪念抗战胜利70周年等重大节日，走访慰问老干部、抗战老战士，促进感情互动。建立健全异地安置离退休干部联系慰问和上门走访制度，安排专项资金，走访慰问安置在省内外离（退）休干部及遗属。

【活动阵地建设】 老干（年）活动中心建设 以创建省级示范性老干部活动中心为目标，预算投入资金1000多万元，建设老干（年）活动中心，目前主体内外装修全部完成，届时将集中全县涉老组织统一办公。

老年大学建设 在巩固“全国先进老年大学”“省一级示范校”建设的基础上，加大软、硬件配套设施建设，创新教学方式，扩大办学规模，不断提升办学能力水平。目前，县老年大学设有政治经济、科技、卫生保健、文化、艺术、体育、远程老年教育等7个系，开设41个专业52个班8个学会，共有学员1524名；推进老年远程教育工作，县老年大学入选“全国老年远程教育示范区”。

【关心下一代活动】 充实壮大未成年人思想道德报告团队伍，开展爱心助学、帮教转化等活动，定期深入全县各中小学作革命传统、爱国主义专题报告。加强青少年社会教育工作，成立7家“青少年社会教育活动中心”，开展青少年社会教育实践活动。实施“百万大手牵小手”关爱系列活动，发动社会各界奖教助学，筹集资金193.86万元，奖学奖教2293人；资助贫困生4567人，发放助学金392.5万元。

【日常服务管理】 社区服务示范点建设 在凤池、德新、兴南社区，探索“四就近”服务方式和途径，健全完善“三张网”（社区老干部医疗保健网、生活服务网、志愿者服务网），人均配齐“两卡”（爱心服务卡、服务登记卡），组织相关部门、社区、

县委书记吴深生（右一）走访慰问抗战老兵 （县老干局 供）

志愿者队伍为老干部提供医疗保健、学习活动、困难帮扶和精神慰藉等服务，让老干部能就近学习、就近活动，就近得到关心照顾、就近发挥作用，打造“老干部社区亲情服务”工程，建设老干部社区服务示范点，以点带面，逐步扩展。

为老干部办实事　组织开展老年文体活动，丰富老干部生活；开展患病老干部关爱活动，开辟就医绿色通道，实行医药费“记账式”管理实报实销、“一免三优先”“结对子”和上门服务等措施，及时到医院或上门探望住院老干部；组织全县离退休老干部开展健康体检，健全健康档案；针对老干部的特殊困难，采取个别慰问等方式给予关心照顾。

汇聚社会力量关爱老干部　发动企事业单位、个人等社会力量，关心照顾老干部，团县委等单位组织开展“敬老、助老、爱老”志愿者服务活动，县医院、中医院医生定期到老年大学为老干部讲授老年保健知识，县广电网络公司、文体局、自来水公司、公交公司等单位在有线电视收看、旅游景点门票、供水、公交卡办理等方面给予费用优惠或减免，为老干部送去生活上的关心和精神上的关爱。

【发挥老干部作用】　以县老年大学、离退联、关工委、新四军研究会、老区促进会、老科技协会等涉老组织为平台，鼓励、支持老干部充分发挥自身优势，继续发挥余热建言献策。

（撰稿人：郑东兴　审稿人：赖素文）

党　校

【干部培训】　主体班次培训　举办科级进修班一期，培训科级干部学员40名；联办县直机关党务干部培训班，培训对象约200名；联办新一届村（社区）负责人培训班，培训对象约430名。在办班培训过程中，结合德化的中心工作和提升培训对象素质的实际需要，开展形式多样、内容丰富的系统培训。

2015 年德化县科级干部进修班开学式　（县委党校　供）

流动党员培训　利用县委在党校设立县流动党员教育管理服务中心的平台，开展流动党员培训。以通俗易懂、地方本土的形式，为流动党员宣传解读党委政府各项经济发展帮扶政策，进城人员依法维权法律知识等，宣传中国特色社会主义和中国梦、社会主义核心价值观等，使流动党员感受到党组织的关怀和服务。

学习宣讲　组织教师宣讲省政府支持德化县做强城关统筹城乡推动城镇化健康发展的相关政策文件精神，把统筹城乡发展工作列入干训主体班次教学内容；围绕“四个全面”战略和最新重大理论成果，组织教师系统学习、参加上级党校相关培训，力求自身学深学透，参加业余讲师团深入县直机关、乡镇和村社区开展理论宣讲 13 场次，参学人员 500 多人次。

协同办好《瓷都讲坛》　与县领导及相关部门密切沟通，精选确定热点或前沿专题，邀请权威专家教授现场授课。

协助县直有关单位举办各类培训班　发挥党校硬件和师资培训资源，协助县安监局、县文体局等单位举办各类业务培训班 15 场次，参训学员 1300 多人次。

（撰稿人：王鑫　审稿人：李远平）

党史工作

【党史征集研究】　在纪念抗战胜利 70 周年之际，挖掘、整理《德化凤林慈儿院——抗战烽火中的“难童乐园”》，在 8 月 25 日《泉州晚报》刊发，并与泉州电视台拍成抗战纪录片，在《泉州新闻》播出。编写《徐志荣：22 岁上战场　历经战斗近百次》，在 8 月 26 日《泉州晚报》刊发；整理、编写《“驱逐倭寇　还我河山”——凝固烽火年代的抗战瓷器》，在《泉州党史》刊发。完成《泉州（德化）华侨抗日事迹资料汇编》的史料征集；继续做好中共德化党史人物资料的收集；汇总整理 2014 年县委大事记。

【编印出版文献】　完成《中国共产党德化历史》第二卷（1949—1978）的出版发行工作，该书客观地展示 1949 年 6 月至 1978 年 12 月，德化县城第一次解放到中共十一届三中全会，党领导德化人民取得社会主义革命和建设的重大成就及探索中国社会主义建设道路过程中德化遭受挫折的历史，是一部进行爱国主义教育、革命传统教育、艰苦奋斗教育和县情县史教育的纪实性教材。该书经省委党史研究室审稿，中共党史出版社出版。

【党史宣传教育】 撰写论文《试述抗战时期泉属党组织的贡献与成就》，在泉州市纪念抗战胜利70周年学术研讨会上交流，并在《泉州党史月刊》发表；完成县委《加强党史教育　提升党员干部党性修养》的党建课题调研。为盖德、三班等6个乡镇的流动党员举办题为《光辉的旗帜　伟大的历程》党史专题讲座；与县新四军研究会在《瓷都德化》开设“纪念抗战胜利70周年”专栏，撰写、刊发德化人抗日事迹文章16篇；与相关部门联合举办“铭记历史 珍视和平”德化抗战瓷专题展。收集、整理中共福建省委旧址（德化坂里）、德化县革命烈士陵园等省级党史教育基地资料；编写石牛山国家AAAA级旅游景区、九仙山旅游度假区、岱仙湖国家水利风景区、桃仙溪竹筏漂流、南埕塔兜温泉、石龙溪橡皮艇漂流等景区资料，编入《福建省红色旅游指南》一书，宣传德化的红色旅游资源。

（撰稿人：陈艺斌　审稿人：刘劲松）

德化县人民代表大会常务委员会

【代表大会】 德化县第十七届人民代表大会第四次会议　1月20—23日召开，会议听取和审议县人民政府工作报告、县2014年国民经济和社会发展计划执行情况与2015年国民经济和社会发展计划（草案）的报告、县2014年预算执行情况和2015年预算（草案）的报告、县人民代表大会常务委员会工作报告、县人民法院工作报告、县人民检察院工作报告、县人民政府关于县十七届人大二次会议议案决议执行情况的报告；审查、批准县2014年国民经济和社会发展计划执行情况的报告与2015年国民经济和社会发展计划、2014年预算执行情况和2015年预算的报告。

会议以举手表决的方式，逐一表决通过县政府、县人大常委会、县法院、县检察院等6个报告的决议；大会投票选举林耀雄、赖诗坛同志为德化县第十七届人民代表大会常务委员会委员；与会代表向大会提出建议、批评和意见231件（合并后153件）。

德化县第十七届人民代表大会第五次会议　12月22—25日召开，会议听取和审议了县人民政府工作报告、县2015年国民经济和社会发展计划执行情况与2016年国民经济和社会发展计划（草案）的报告、县2015年预算执行情况和2016年预算（草案）的报告、县人民代表大会常务委员会工作报告、县人民法院工作报告、县人民检察院工作报告、县人民政府关于县十七届人大二次会议议案决议执行情况的报告，审议县国民经济和社会发展"十三五"规划纲要；审查、批准了县2015年国民经济和社会发展计划执行情况的报告与2016年国民经济和社会发展计划；审查、批准2015年预算执行情况和2016年预算的报告。

会议以举手表决的方式，逐一表决通过县政府、县人大常委会、县法院、县检察院等七个报告的决议；大会投票选举王传敬为德化县第十七届人民代表大会常务委员会主任、泉州市第十五届人民代表大会代表，苏华

1月20-23日，德化县第十七届人民代表大会第四次会议召开　（王双季　摄）

廉同志为德化县第十七届人民代表大会常务委员会委员；与会代表向大会提出建议、批评和意见231件（合并后153件）。

【常务委员会会议】 十七届人大常委会第二十三次会议 2月5日召开，县人大常委会主任涂健圻主持会议。会议听取和审议《德化县人大常委会2015年工作要点和监督工作计划》，审议了有关人事任免议案。

十七届人大常委会第二十四次会议 5月21日召开，县人大常委会主任涂健圻主持会议。会议审议县人大常委会内司工委关于2014年规范性文件备案审查工作情况的报告、县人大常委会调研组关于《中华人民共和国安全生产法》贯彻执行情况的调研报告、县人大常委会视察组关于县城餐饮业油烟废水整治情况的视察报告和浐溪流域清水工程污水管网建设情况的视察报告；会议对县政府《关于实施〈森林防火条例〉情况执法检查审议意见》研究处理情况进行满意度测评；会议还审议有关人事任免议案。

十七届人大常委会第二十五次会议 6月30日召开，县人大常委会主任涂健圻主持会议。会议听取和审议县人民政府关于市容环境行政执法开展情况的专项工作报告；审议县人大常委会视察组关于查处企业污水直排偷排或超标排放情况的视察报告、学校周边食品安全情况的视察报告、城区养猪污染及周边环境整治情况的视察报告；会议还审议有关人事任免议案。

十七届人大常委会第二十六次会议 8月28日召开，县人大常委会主任涂健圻主持会议。会议听取和审议县人民政府关于水利工作开展情况的专项工作报告、县人大常委会执法检查组关于《中华人民共和国旅游法》情况执法检查的报告、县人民政府关于2014年度预算执行和其他财政收支审计情况的报告、县人民政府关于2014年度财政决算和2015年上半年预算执行情况的报告、县人民政府关于2015年上半年国民经济和社会发展计划执行情况的报告。会议还审议有关人事任免事项。

十七届人大常委会第二十七次会议 10月30日召开，县人大常委会主任涂健圻主持会议。会议听取和审议了县人民政府关于县十七届人大四次会议代表建议、批评、意见办理情况的专项工作报告、县人大常委会执法检查组关于实施《中华人民共和国婚姻法》情况执法检查的报告、县人大常委会执法检查组关于实施《城市房地产开发经营管理条例》情况执法检查的报告；会议决定授予加达·易加薇等人“德化县荣誉市民”称号；会议还审议有关人事任免事项。

十七届人大常委会第二十八次会议 11月27日召开，县人大常委会主任涂健圻主持会议。会议审议县人民政府关于村（居）委会换届选举情况的专项工作报告、县人大常委会视察组关于2015年度重点项目建设情况的视察报告，听取和审议县人大常委会执法检查组关于实施《食品安全法实施条例》情况执法检查的报告、县人民政府关于电子商务发展情况的专项工作报告、县人大常委会调研组关于农村土地承包经营权确权登记颁证试点工作情况的调研报告；审查批准德化县2015年国民经济和社会发展计划主要经济发展预期目标调整方案的议案、德化县人民政府关于提请批准2015年度预算调整方案的议案；会议审议决定2015年12月22日至25日召开德化县十七届人大第五次会议及建议议程等事项，还审议了有关人事任免事项。

十七届人大常委会第二十九次会议 12月17日召开，县人大常委会主任涂健圻主持会议。会议听取和审议县人民政府关于大力实施浐溪流域清水工程议案决议执行情况的报告；听取县十七届人大常委会代表资格审查委员会关于个别代表资格的审查报告；讨论通过县人大常委会工作报告；审议决定县十七届人大五次会议有关事项；会议还审议了有关人事任免事项。

【监督工作】 听取和审议一府两院专项工作报告 6月30日，县十七届人大常委会第二十五次会议听取和审议县人民政府关于市容环境行政执法开展情况的专项工作报告，并做出审议意见，要求县政府及有关部门要

5月12日，市人大常委会主任陈万里（右一）到德化调研人大工作

（张圆圆 摄）

夯实行政执法基础，优化行政执法过程，提高行政执法成效。8月28日，县十七届人大常委会第二十六次会议听取和审议县人民政府关于水利工作开展情况的专项工作报告，并做出审议意见，要求县政府及有关部门要主动对接，进一步用足、用好国家的水利扶持政策，健全机制，进一步加强水利工程建中监督和建后管护。10月30日，县十七届人大常委会第二十七次会议听取和审议县人民政府关于县十七届人大四次会议代表建议、批评、意见办理情况的专项工作报告。11月27日，县十七届人大常委会第二十八次会议审议县人民政府关于村（居）委会换届选举情况的专项工作报告；听取和审议县人民政府关于电子商务发展情况的专项工作报告，并做出审议意见，要求县政府及有关部门要进一步发挥电商协会作用，进一步加强电商人才培养，进一步优化电商配套服务。

听取和审议计划、预算执行情况和审计工作报告　8月28日，县十七届人大常委会第二十六次会议听取和审议县人民政府关于2014年度预算执行和其他财政收支审计情况的报告，并做出审议意见，要求县人民政府及审计部门以服务发展大局为重，充分发挥审计监督职能，以保障资金安全为重，加大审计监督力度，以规范预算管理为重，抓好整改工作；听取和审议县人民政府关于2014年度财政决算和2015年上半年预算执行情况的报告，并做出审议意见，要求要落实积极财政政策，确保收入平稳增长，优化支出结构，提升民生保障水平，加强预算执行管理，提升财政管理水平；听取和审议县人民政府关于2015年上半年国民经济和社会发展计划执行情况的报告，并做出审议意见，要求县政府要强化保障措施，确保完成全年目标任务，优化经济结构，持续提升产业发展水平，推进项目建设，增强经济发展后劲，推进城乡统筹，提升新型城镇化水平，全力推进民生改善，提升全民幸福指数。11月27日，县十七届人大常委会第二十八次会议审查批准德化县2015年国民经济和社会发展计划主要经济发展预期目标调整方案的议案、德化县人民政府关于提请批准2015年度预算调整方案的议案。

执法检查　8月5日，开展实施《中华人民共和国旅游法》情况执法检查，8月28日，县人大常委会议听取和审议执法检查组关于德化县实施《中华人民共和国旅游法》情况的执法检查报告，并做出审议意见，要求县政府及其相关部门要形成发展合力，突出瓷都品牌优势，打造生态精品景区，提升旅游配套环境，提高推介宣传实效，强化旅游市场监管。9月10日，开展实施《中华人民共和国婚姻法》情况执法检查，10月30日，县人大常委会议听取和审议执法检查组关于实施《中华人民共和国婚姻法》情况执法检查的报告，并做出审议意见，要求县政府及其相关部门要进一步加大宣传力度，提升执法水平，提高联动实效。9月29日，开展实施《城市房地产开发经营管理条例》情况检查，10月30日，县人大常委会议听取和审议执法检查组关于德化县实施《城市房地产开发经营管理条例》情况的执法检查报告，并做出审议意见，要求县政府及相关部门要多做精品，突出亮点、民俗特色及陶瓷文化内涵；规范监管，突出安全、工程质量及部门协同配合；加强指导，突出宣传、业务培训及公共管理服务。11月12日，开展《中华人民共和国食品安全法实施条例》贯彻情况执法检查，11月27日，县人大常委会议听取和审议执法检查组关于《中华人民共和国食品安全法实施条例》贯彻情况执法检查报告，并做出审议意见，要求县政府及相关部门深化机制改革，夯实食品安全监管工作基础；创新工作机制，提升食品安全监管水平；突出工作重点，加大食品安全监管力度；凝聚工作合力，营造食品安全社会共治良好格局。

视察调研　3月31日，视察浐溪流域清水工程污水管网建设情况，对浐溪流域清水工程污水管网建设提出意见建议，要求建立完善污水管网建设、监管体系和机制；加快污水管网配套建设进度；统筹协调，规范管理、维护污水管网；抓好乡镇污水处理设施建设。4月8日，视察县城餐饮业油烟废水整治情况，对存在的问题提出建议意见，要求县政府和相关部门继续推行片区整治，加强日常跟踪巡查，加大油烟处理力度，加强流动摊点管理，加强油烟通道建设。4月10日，开展贯彻执行《中华人民共和国安全生产法》情况调研，对贯彻执行《中华人民共和国安全生产法》工作提出意见建议，要求县政府和相关单位要深化宣传，增强安全生产法律意识；明确职责，加强安全生产监督管理；狠抓落实，强化安全生产主体责任；夯实基础，提升安监队伍建设水平。6月11日，视察企业污水直排、偷排或超标排放的查处工作情况，对存在的问题提出意见建议，要求县政府和相关部门要注重舆论宣传引导，营造知法守法氛围；整合环保执法力量，加大环境执法监督力度；立足推动绿色长远发展，着力构建环境监管长效机制。5月28日，视察学校周边食品安全管理情况，对学校周边食品安全管理工作提出意见建议，要求提高食品安全意识，整合资源发挥效能，不断加强队伍建设，强化执法监督检查，加强食品安全监测。6月9日，视察城区养猪污染及周边环境整治情况，对城区养猪污染及周边环境整治工作提出意见建议，要求加强宣传，营造氛围；严格出租房管理，防止变成养殖点；疏堵结合，分类整治；全面巡查，杜绝回潮。7月21日，视察水利工作情况，对存在的不足和今后的工作提出意见建议。4月至10月，开展农村土地承包经营权确权登记颁证试点工作调研，对试点工作提出意见建议，要求县政府和相关部门、乡镇要解决“二个问题”，严把“三道关口”，做到“四个到位”，完善“五个机制”。11月3日，开展电子商务发展情况调研，听取了县商务局关于电子商务发展情况汇报，实地到云图信息、农村淘宝、辉跃经典、甲馨、戴玉堂等电商企业调研，并提出了意见建议。11月10日，视察全县重点工程建设情况，对重点工程建设工作提出意见建议，要求深挖潜力，加快推进项目建设；创新举措，大力开发生产性项目。11月26日，视察县十七届人大二次会议议案决议执行情况，对议案决议执行提出了意见建议。

【人事任免】 县十七届人大常委会第二十三次会议，任林耀雄同志为县人大农经工委主任。

县第十七届人大常委会第二十四次会议，接受颜义昌同志辞去县第十七届人大常委会委员和县第十七届人民代表大会代表职务；苏华廉同志任县人大常委会内务司法工作委员会主任，免去颜义昌同志县人大内务司法委主任职务；温明源同志任县经济和信息化局局长，免去其县经济贸易局局长职务；郑信东同志任县商务局局长，免去其县统计局局长职务；林耀心同志任县科技和知识产权局局长；张朝荣同志任县农业局局长；杨厚操同志任县卫生和计划生育局局长，免去其德化县卫生局局长职务；陈能慎同志任县统计局局长；甘建安同志任县市场监督管理局局长；免去陈为垦同志县公务员局局长职务；免去张昌联同志县农业局局长职务；免去林宝贝同志县人口和计划生育局局长职务；免去黄激文同志县食品药品监督管理局局长职务；免去刘劲松同志县人民防空办公室主任职务。林明贵、童其倡同志任县人民检察院检察员。

县十七届人大常委会第二十五次会议，审议通过邓瑞明等20名同志为县人民法院人民陪审员；吴金碧同志为县人民法院刑事审判庭庭长，郑开明同志为县人民法院行政审判庭副庭长，陈千钟同志为县人民法院立案庭副庭长，陈庆谋同志为县人民法院审判员、民事审批第一庭副庭长，曾凯旋同志为县人民法院审判员，李平同志为县人民法院审判员；免去郑华峰同志县人民法院刑事审判庭庭长职务、林其坤同志县人民法院审判员职务。

十七届人大常委会第二十六次会议，洪忠建同志任县水利局局长。

十七届人大常委会第二十七次会议，审议通过县人民政府关于提请授予加达·易加薇等人士“德化县荣誉市民”称号的议案；接受王传换、甘建安、李仁殿、张黎明、林承墩、林国旺、洪忠建、涂世泽、郭新福、赖胜德、赖清德等11位同志辞去县十七届人民代表大会代表职务。

十七届人大常委会第二十八次会议，接受徐永生、张美川2位同志辞去县第十七届人民代表大会代表职位，免去郭仙仙同志县人大人事代表工作委副主任职务，免去郭启建同志县人大教科文卫委（县人大华侨民族宗教委）副主任职务，任林廉敬同志为县人大常委会人事代表工作委副主任。

十七届人大常委会第二十九次会议，免去温明源同志县经济和信息化局局长职务；免去陈国城同志县民政局局长职务。

十七届人民代表大会第五次会议，投票选举王传敬同志为县第十七届人民代表大会常务委员会主任、泉州市第十五届人民代表大会代表，苏华廉同志为县第十七届人民代表大会常务委员会委员。

【代表工作】 *搭建平台* 坚持常委会组成人员联系代表、代表联系选民制度，加强与代表、群众的联系沟通。每个常委会组成人员每年至少联系4个代表，全年走访联系代表180多人次，代表每年至少联系4个选民，全年走访联系700多人次；组织代表异地调研考察35人次，配合其他县区人大代表到德化异地视察2批 87人次，邀请人大代表列席常委会会议35人次，畅通代表知情知政渠道；引导18个乡镇人大代表小组严格按照“先进代表小组”的规范要求，完善“代表活动室”的建设，为代表的依法履职搭建学习、沟通、活动等三大平台。

督办工作 县十七届人大四次会议期间，收到代表建议、批评和意见153件，内容涉及设施建设、市政管理、交通秩序、食品安全、教育发展等方面，1月26日交办，县政府抓紧梳理分解，于2月10日完成办理工作的文件制发，3月，县人大常委会召开重点督办件办理计划汇报会，9月召开重点督办件办理情况汇报会，听取7件重点督办件的办理措施、时间安排、进展情况、办理成效等，领衔代表和相关工委分别提出建议意见，落实办理时限和标准。10月30日，县人大常委会专门听取和审议县政府关于代表建议、批评和意见办理情况的专项工作报告，促进代表议案建议的办理工作，代表建议办理工作的首次反馈满意、基本满意率达100%。代表建议已经解决或基本解决的76件，正在解决或列入计划的62件，占总件数的90.19%。

代表培训 坚持向代表赠阅报刊杂志，定期寄送《人民政坛》和《德化人大》简报等，组织代表参加各种培训，为代表学习法律和人大业务知识创造条件；健全和完善常委会领导联系乡镇人大制度，常委会领导同乡镇人大保持定期联系，参加乡镇人大召开的重要会议，加强对乡镇人大工作的指导；坚持乡镇人大主席列席常委会会议制度，开展乡镇人大主席培训、邀请乡镇人大主席参加常委会组织的视察检查调研活动，提高人大主席和代表的履职能力。2015年来，邀请18个乡镇人大主席列席常委会会议7次，组织代表、人大主席团秘书、人大主席培训100多人次。

服务工作　做好各级人大代表履职的有关服务、组织、协调、保障等工作，为人大常委会开展代表工作做好保障；十二届全国人大三次会议召开前期，协助收集和整理全国人大代表谢利英参会期间的建议，到县人社局、卫生局、林业局等部门调研，本次会议谢利英代表提出的《关于将棘胸蛙产业列入林下经济重点扶持项目的建议》，省林业厅将棘胸蛙养殖纳入省级林下经济发展重点品种进行规划，并将德化县优先列入2015年全省林下经济示范基地建设试点县进行政策扶持。

【信访工作】　县人大常委会把信访工作作为倾听群众呼声，帮助群众解决问题，维护全县社会和谐稳定的重要工作来抓，对来访来信及时按有关程序做好处理、协调、督办、落实工作，常委会主任、副主任亲自过问和阅批信访件，对群众关注的一些热点信访件做出具体的批示意见；加强与“一府两院”及有关部门、乡镇的联系，把信访工作融于日常监督工作之中，促进信访问题解决。2015年来，县人大常委会受理来信来访141件（批）（包括上级人大转办、交办），其中来信99件，来访42批67人次。

【重要活动】　1月22—23日，省人大常委会委员、教科文卫工委主任宋闽旺一行到德化开展非物质文化遗产保护调研。

2月9日，省人大常委会副主任刘群英到德化调研陶瓷企业科技创新及成果转化情况。

4月1—2日，大田县人大常委会主任陈汉良带对到德化考察生态及美丽乡村旅游，县人大常委会主任涂健圻、副主任黄耀昆陪同。

4月14日，江西省景德镇市人大常委会副主任胡志荣一行到德化调研陶瓷碎瓷综合利用情况，县人大常委会主任涂健圻，副主任黄耀昆、徐明侃陪同调研。

6月25日，市人大常委会副主任吕竞带领检查组到德化开展《农产品质量安全法》执法检查（陈志明　摄）

4月16日，惠安县人大常委会主任曾玉山带队到德化考察美丽乡村建设情况，县人大常委会主任涂健圻、副主任张秋英陪同。

5月9日，河南省郏县人大常委会主任肖根胜到德化考察人大工作及陶瓷业发展情况，县人大常委会副主任黄耀昆陪同。

5月14日，丰泽区人大常委会组织部分市、区代表到德化参观考察陶瓷文化建设情况，参观九仙山气象站，县人大常委会主任涂健圻、副主任连继续陪同。

5月21日上午，省人大常委会委员、人事代表工作室主任李元兴一行3人在市人大人事代表委主任郑玉宝陪同下，走访全国人大代表谢利英。

6月11日，市人大常委会调研组到德化调研全民健身工作情况，县人大常委会副主任黄耀昆陪同。

7月8日，市人大常委会副主任王远东到德化调研加快实体经济发展情况（李宏图　摄）

6月12日，省人大财经工委副主任张炯佳一行到德化开展2014年科技专项资金管理使用情况调研，县人大常委会副主任连继续陪同。

6月25日，市人大常委会副主任吕竞带领检查组到德化开展《农产品质量安全法》执法检查。

7月2日，市人大常委会副主任张建生赴德化走访挂钩联系重点项目德化中国茶具城项目建设进展情况，县人大常委会副主任连继续陪同。

7月8日，市人大常委会开展加快泉州实体经济发展情况调研，市人大常委会副主任王远东带队到德化查看2家实体经济企业，县人大常委会副主任连继续陪同。

8月18日，市、县两级人大常委会主任座谈会在德化召开。

8月20—21日，广东省潮州市枫溪区委副书记、管委会主任周永龙带领枫溪区人大代表团到德化考察陶瓷业发展及企业节能减排情况。

9月16日，市人大常委会副主任张建生带队到德化开展《泉州市人大常委会关于专题询问义务教育均衡发展情况的审议意见》研究处理情况调研，县人大常委会副主任黄耀昆陪同。

9月23日，市人大常委会副主任朱团能到德化进行泉州市“十三五”规划编制情况调研，县人大常委会副主任连继续陪同。

8月18日，市县两级人大常委会主任座谈会在德化召开　　（李宏图　摄）

10月27日，省人大常委会委员、法制委委员、研究室主任徐平带队到德化开展《福建省旅游条例》立法调研，县人大常委会副主任连继续陪同。

11月5日，市人大常委会副主任张建生带队到德化视察关于进一步加强食品安全监督管理工作的议案决议执行情况，县人大常委会副主任连继续陪同。

11月9日，泉州市十五届人大代表（德化代表团）到惠安开展“泉州制造2025”的专题调研活动，县委书记吴深生、县人大常委会主任涂健圻带队调研。

11月17日，惠安县委书记肖汉辉、县人大常委会主任曾玉山、县政府县长洪于权带队到德化开展专题调研活动，县委副书记、县政府县长欧阳秋红、县人大常委会主任涂健圻、县委副书记陈金忠、县人大常委会副主任张秋英陪同调研。

12月9日，宜兴市人大常委会副主任赵菊明同志带教科文卫工委和相关镇人大负责人一行11人到德化学习考察瓷文化建设情况，县人大常委会主任涂健圻、副主任黄耀昆陪同。

（县人大常委会办公室　供稿）

综　述

【概况】　2015年，全县实现生产总值182.38亿元，比上年同期增长（下同）7.4%；一般公共预算总收入15.3亿元，增长2.6%，其中一般公共预算收入10.7亿元，增长7%；城镇居民人均可支配收入26987元、农村居民人均可支配收入11961元，分别增长7.7%、9.1%；三次产业结构比例为5.3:59.9:34.8。

【三农工作】　全年支农支出4.94亿元，增长35.2%，农业总产值达18.45亿元。创建众筹农业企业6家，新增“三品一标”产品4个，列入国家农业科技园区示范企业5家、省林业产业化龙头企业4家。特色农林业实现产值9.8亿元，占农业总产值的53.1%。泉州首家农村淘宝县级服务中心落地，县农村电子商务中心成立运营，三班镇和三班村、泗滨村、东山洋村、蔡径村等4个村分别被认定为全国淘宝镇、全国淘宝村，获评电子商务进农村省级示范县。

【改革统筹】　扎实推进城乡统筹8大类127项工作任务、33项改革试点，完善全省首个县级农村产权交易中心建设，南埕镇农村土地承包经营权确权登记颁证省级试点顺利完成，完成国家林地占补平衡试点县建设任务，龙浔镇、浔中镇列入省级机构改革试点镇，浔中镇、三班列镇入全国重点镇。持续实施“林权两换”（林权换收益、收益换限价房）改革试点，流转森林面积2.6万亩，置换进城农民工限价房购买指标212套。

【工业经济】　开展“三比一看”活动，研究制定重点产业转型升级路线图，争取泉州市政府专门出台《关于促进德化县陶瓷行业健康发展六条措施》，配套出台产业转型升级、智能制造、现代服务业、“互联网+”行动、提升品牌、发展高技术陶瓷、扶持企业出口等一揽子政策，全年累计兑现涉企资金1.66亿元，争取上级补助11.66亿元，增长27.3%。深化商事制度改革，全面实施“三证合一、一照一码”登记，新注册市场主体3991个，增长26.9%，新办工业企业870家。列入省市龙头企业13家，新增规上工业企业14家、亿元企业5家。新增海峡股权交易中心挂牌企业6家总数达24家，其中5家实现挂牌交易，占泉州市的27.8%。新增国家知识产权优势企业1家、高新技术企业3家，省科技型企业3家、市科技小巨人企业8家、市级工程技术研究中心2家、市级众创空间4家。全县全年实现工业总产值、规模以上工业产值分别为253.36亿元、217.04亿元，分别增长7.3%、6.6%；其中陶瓷业、规模以上矿业、规模以上电力业产值分别为188.2亿元、26.28亿元、7.03亿元；全县工业纳税5.95亿元，其中陶瓷纳税3.64亿元。

【第三产业】　出台实施《旅游发展总体规划及近期行动计划》，完成戴云山脉旅游区游客服务中心主体工程，九仙山晋级国家AAAA级旅游景区，瓷文化之旅、绿色生态之旅入选泉州十大经典旅游线路。全年接待游客、旅游总收入均增长10%。全县金融机构存贷款余额为155.33、136.46亿元，分别增长20.7、33.3%。商品房销售面积24.62万平方米，增长13.8%，实现商品房销售额14.3亿元，下降8.6%。实现第三产业增加值、社会消费品零售总额63.47亿元、49.55亿元，分别增长9.5%、13.2%。

【内外经贸】　出台实施“互联网+”行动计划，成立电商分销协会和物流协会；成功争取阿里全国首个国际站LBS试点落户，电子商务创业园列入省电子商务示范园区、省互联网孵化器，成为同时获评中国电商百佳县、中国电商百强县、国家电商示范基地的全国唯一陶瓷产区、全省唯一的县份，阿里研究院、淘宝大学在全国推广“政府推动型”德化电商经验，全年网络零售交易额突破16亿元，增长33%。组织321家企业参加中国进出口商品交易会、德国法兰克福礼品展等国内外知名展会；新增自营出口权企业45家达336家。全社会出口交货值126.86亿元，增长3.0%，其中自营出口2.28亿美元，增长1.9%。

【项目带动】 完成固定资产投资（不含农户）97.84亿元，增长15%；完成工业投资11.79亿元，其中工业技改投资8.5亿元。122个城乡“6+4”提升工程重点项目完成投资70.33亿元，增长23%，101个进一步扩大有效投资项目完成投资13.6亿元。全县新引进项目16个，实际到资1.04亿元，实际利用外资（验资口径）779万美元，增长51.3%。

【品牌建设】 全球唯一获评“世界陶瓷之都”。版权保护“德化经验”成为全球典范，入选国家知识产权强县工程试点。成功举办首届中国陶瓷电商峰会并成为创会会址。成功举办世界瓷都·德化陶瓷（柴烧）艺术交流展、“百态观音·慈航普渡”德化瓷艺大师作品巡回展；积极推动陶瓷艺术大师参与中法文化论坛艺术陶瓷展览。陶瓷产业园区列入第六批国家新型工业化产业示范基地。三班镇获评“中国茶具之乡”。新增国内注册商标1075件、马德里商标3件；新增中国驰名商标1件、省著名商标5个；8家企业被认定为省名牌企业；两项“陈设艺术瓷”国家标准获准发布。新增授权专利1381件，增长76.2%；新增授权发明专利42件，每万人口发明专利拥有量达3.01件。

【城乡建设】 市政配套设施持续改善，25个市政提升工程项目完成投资18.98亿元。投入2.2亿元，动工建设蒲坂高位水厂，完成龙津桥重建工程、城区污水处理厂二期工程、高内坑生活垃圾卫生填埋场建设。成功争取兴泉铁路途经德化并设立客货站点、德化城关至永泰嵩口高速公路列入海西高速公路网规划；投入16.86亿元，超时序进度推进厦沙高速德化段建设；投入3.07亿元，完成北环路、车碓岭至观音岐道路建设和蒲坂路段沥青加铺，环城路形成闭合，城区建成区面积达26平方公里。投入1.36亿元，抓好省“千村整治、百村示范”工程18个村、省智慧家庭10个示范村、市人居环境整治6个村1条景观带建设，创建县级“美丽乡村”10个示范村（社区）。水口镇列入全国宜居小镇示范镇。生态文明示范创建扎实开展，全年造林绿化2万亩，列入全省重点生态功能区。“河长制”有效落实，投入1.61亿元，实施浐溪流域清水工程。投入5亿元，加快彭村水库建设，完成闽江防洪工程城东试验段。全县城镇生活污水处理考评排名全省县级第一。列入国家智慧城市试点县并启动建设。

1月19日，“百态观音·慈航普渡”全国巡回展在南安市体育馆举行

（陈志明 摄）

【民生事业】 县财政民生支出19.56亿元，占一般公共预算支出比重达77.1%。新增城镇就业7865人，农村劳动力转移就业6583人，培训各类劳动者15101人、互联网创业从业人员1039人。投入6300万元，完成金锁小学及幼儿园、三班中心小学扩建，推进丁墘中学、阳光小学及幼儿园、城东幼儿园、后所小学东校区、第二实验幼儿园等新扩建工程。“义务教育发展基本均衡县”通过国家评估。获评全国老年远程教育示范区。全年支出社会保障资金3.26亿元，发放各类困难救助3348万元。投入扶贫资金3644万元，造福工程搬迁3800人。开工建设各类保障性安居工程3395套。投入7855万元，完成中医院新院区综合大楼、浔中社区卫生服务中心主体工程建设及3个乡镇卫生院、15个村卫生所改造。与甘肃省敦煌市缔结友好城市。德化电视台获评全国县级广播电视系统“十佳电视台”。投入5900万元，完成县体育场改建、老干活动中心、妇女儿童活动中心、数码影视城和一批乡村文体设施建设。深化精神文明创建，3人荣登福建好人榜。获评省第三轮首批平安县、省食品安全社会共治示范县，群众安全感连续10年居泉州市首位。

重要会议

【县政府全体会议】 1月23日，县政府召开第一次全体会议。会上，县政府县长欧阳秋虹从“心中要始终装

1月23日，县政府第一次全体会议召开　　（张圆圆　摄）

着发展，履职尽责抓好工作落实；心中要始终装着规矩，依法行政建设法治德化；心中要始终装着百姓，带着感情办好民生实事；心中要始终装着敬畏，秉公用权做到廉洁从政”等四个方面部署工作。

9月28日，县政府召开第二次全体会议。会上，县政府县长欧阳秋虹从“讲责任、讲工作、讲担当”等三方面部署工作。

【县政府常务会议】　2月2日，召开第三十五次常务会议，研究讨论《县政府依法行政与县法院行政审判良性互动工作机制意见》《切实保障和改善民生的落实的意见》《切实加快科学发展跨越发展的落实意见》《切实加快特色现代农业建设的落实意见》《德化县安置房建设开发权益招标转让转让投标人资格要求及价款计算商洽纪要》及相关协议、县土地复垦项目贷款事项等问题。

3月31日，召开第三十六次常务会议，研究讨论《县企业应急保障周转资金实施意见》、大洋片区改造项目（庠柄小区、儒林小区）及周边道路工程建设招标事项等问题。

5月15日，召开第三十七次常务会议，研究谈论《德化县陶瓷产业发展规划（2015—2020年）》《关于支持鼓励发展高技术陶瓷的扶持措施》《关于鼓励支持陶瓷企业争创知名品牌的实施意见》、2014年度全县绩效评估工作情况等问题。

5月28日，召开第三十八次常务会议，研究讨论《县“十三五”规划重点项目征集情况（2016—2020年）》《推行县级行政权力清单制度》《万旗非金属材料有限公司纳米碳酸钙生产线招租方案》《双旗山矿业有限责任公司持有的云南镇康县金宏矿业有限公司股权和债权处置方案》《出售“冠福家用”股票及购买涌溪水电股权方案》《转让涌溪水电股权方案》《在浔中镇城东开发区范围内新成立东顺社区、阳光社区事宜》《王厝山棚户区改造安置房、阳光小学、幼儿园及周边道路工程建设招标方案》《扶持矿业发展五项措施》《2014年度全县机关事业单位科级以下工作人员年度考核拟嘉奖及记三等功人员名单》等问题。

7月23日，召开第三十九次常务会议，研究讨论《各有关部门及有关乡镇安全生产监督管理具体职责》《县贯彻〈法治福建建设纲要（2014－2020年）〉意见》《县深化医药卫生体制改革实施方案》《县行政机关和事业单位差旅费、培训费、会议费管理规定》《县党政机关国内公务接待管理规定》《德化成功村镇银行股份有限公司参股企业问题》《浔中镇凤洋村被征地人员纳入养老保障问题》《城区住房困难户安置实施方案》《拟解除迎宾馆土地开发建设项目合作合同后续相关事宜》《支持新型农业经营主体发展合作基金方案》等问题。

8月24日，召开第四十次常务会议，研究讨论《传达全国、全省、全市安全生产电视电话会议精神及研究我县贯彻意见》《关于进一步加快产业转型升级的实施意见》《关于进一步提升品牌发展的实施意见》《2015年度县绩效评估工作方案》《关于推进“互联网+”行动的指导意见》《关于促进服务业发展的扶持措施》《关于贯彻实施〈泉州制造2025发展纲要〉的若干意见》《关于发展智能制造的实施意见》《关于提请授予加达·易加薇等人士“德化县荣誉市民”称号的议案》等问题。

9月17日，召开第四十一、四十二、四十三次常务会议。第四十一次常务会议学习传达贯彻《中国共产党巡视工作条例》和中共福建省委关于认真学习贯彻《中国共产党巡视工作条例》有关精神；研究讨论《县政府落实省委县（市、区）巡视二组〈关于对德化县巡视情况的反馈意见〉整改任务与分解方案》等问题。

第四十二次常务会议传达学习2015年中秋国庆期间严格落实中央八项规定精神、2015年中秋国庆期间严格落实中央八项规定精神、市委书记郑新聪到市纪委监察局走访调研讲话精神；研究讨论《我县贯彻落实中央八项规定精神实施意见》《县政府落实省委县（市、区）巡视二组《关于对德化县巡视情况的反馈意见》整改任务与分解方案》等问题；研究讨论《我县贯彻落实中央八项规定精神实施意见》《县政府党组落实党风廉政建设责任主体实施方案和县政府党风廉政建设责任状》《调整县级行政权力事项和公共服务事项》《县 2015 年推进简政放权放管结合转变政府职能工作方案》等问题。

第四十三次常务会议研究讨论《全国环境保护督察方案（试行）》《〈党政领导干部生态环境损害责任追究办法（试行）〉》《全省全市环境保护工作推进会会议精神并提出我县贯彻意见》等问题。

10 月 30 日，召开第四十四次常务会议，传达学习《中国共产党廉洁自律准则》和《中国共产党纪律处分条例》《关于省人力资源和社会保障厅副厅长黄小梅同志违反保密法规泄露国家秘密案件的通报》《七省处分 59 名“不作为”干部的报道》等文件；研究讨论《公布县级责任清单》、给予曾华付开除公职处分等问题。

11 月 17 日，召开第四十五次常务会议，传达学习《市委书记郑新聪在市委常委（扩大）会上的讲话》等文件、研究讨论《德化县 2016 年城乡“6+4”提升工程重点建设项目初步安排情况》《部署全县黄标车淘汰工作》《德化县 2015 年国民经济和社会发展计划主要经济发展预期目标调整方案》《关于数字德化地理空间框架建设项目招标采购有关事宜》等问题。

12 月 9 日，召开第四十六次常务会议，研究讨论《德化县科学技术奖励规定》《德化县“十三五”中小学、幼儿园布局专项规划》《调整县级行政权力公共服务事项和责任事项》《德化县 2016 年财政性投资项目资金拼盘情况》《县〈政府工作报告〉（征求意见稿）》《2015 年预算执行情况和 2016 年预算（草案）报告》《德化县国民经济和社会发展“十三五”规划纲要》《德化县 2016 年国民经济和社会发展主要预期目标安排及德化县 2015 年国民经济和社会发展计划执行情况与 2016 年国民经济和社会发展计划（草案）的报告》等问题；传达学习贯彻省、市委常委会议精神研究有关环保工作视频会议精神。

【县长办公会议】 1 月 8 日，县长欧阳秋虹主持召开现场办公会议，研究大铭乡项目建设有关问题。

3 月 12 日，县政府县长欧阳秋虹主持召开现场办公会议，研究龙鹏集团文化产业创意园项目建设有关问题。

4 月 22 日，县政府县长欧阳秋虹主持召开现场办公会议，研究唐寨山大酒店、停车场等项目建设问题。

5 月 6 日，县政府县长欧阳秋虹主持召开现场办公会议，研究陶瓷产业园区管理委员会2015年度建设项目有关问题。

5 月 7 日，县政府县长欧阳秋虹主持召开现场办公会议，研究 2015 年县市政公用事业建设项目有关问题。

5 月 13 日，县政府县长欧阳秋虹主持召开现场办公会议，研究奎斗现代高效生态循环旅游农业示范园、三班镇垃圾填埋场、中国茶具城、上寮工业区等三班镇小城镇建设有关问题

5 月 14 日，县政府县长欧阳秋虹主持召开现场办公会议，研究葛坑镇、汤头乡联合建设德化民俗文化旅游特色“北大门”等项目建设有关问题。

6 月 4 日，县政府县长欧阳秋虹主持召开现场办公会议，研究祥光村、水口镇、淳湖村项目建设有关问题

8 月 12 日，县政府县长欧阳秋虹主持召开现场办公会议，研究闽江防洪工程德化段城东试验段、诗泰桥、凤洋村水尾廊桥、福建省道畋智慧农业科技有限公司农业示范园区相关拉练项目问题

9 月 10 日，县政府县长欧阳秋虹主持召开现场办公会议，研究盖德镇下寮村扶贫开发有关问题。

11 月 17 日，县政府县长欧阳秋虹主持召开现场办公会议，研究《2016 年城乡“6+4”提升工程重点建设项目安排》《德化县 2015 年国民经济和社会发展计划主要经济发展预期目标调整方案》《数字德化地理空间框架建设项目招标采购问题》有关问题。

重要活动

【首届中国陶瓷电商峰会】 第十四届亚洲艺术节暨第二届海上丝绸之路国际艺术节——首届中国陶瓷电商峰会，由中国陶瓷工业协会、中国国际电子商务中心、福建省商务厅、泉州市政府主办，德化县人民政府、阿里研究院、阿里巴巴华南大区承办，于

5 月 30 日，世界手工艺理事会对德化申请“世界陶瓷之都”进行考评

（寇婉琼 摄）

10月27—29日在世界陶瓷之都·德化成功举办并成为创会会址。全国18个省份的29个陶瓷产区政府、电商协会、陶瓷电商企业、传统陶瓷企业代表参加，规模达上千人，中陶协和阿里研究院联合第一次评选发布“中国日用陶瓷十佳网货品牌”“中国工艺陶瓷十佳网货品牌”，全国陶瓷主产区聚首德化就陶瓷电商第一次深入交流，两岸权威专家学者与电商实操手第一次分享对话，德化县自主建设的中国陶瓷在线交易平台和陶瓷全球购第一次公开对外推介，成为引领全国陶瓷界和电商界的“千人盛会”。

【申报创建“世界陶瓷之都”】 德化县在连续三次获评“中国瓷都”基础上，于2013年启动“世界陶瓷之都”申报创建，2014年7月通过世界手工艺理事会专家组初评，2015年5月全票通过复评，成为全球首个获评“世界陶瓷之都”的城市。多年来，坚持“传统瓷雕精品化、工艺陶瓷日用化、日用陶瓷艺术化”发展思路，突出科技、创新、文化、品牌四轮驱动，率先在全国推行窑炉技术改革，先后开展“以电代柴、天然气烧瓷、微波烧瓷”三次能源革命，全面实现清洁生产，成为全国首个无黑烟污染的陶瓷产区，德化瓷烧制技艺被列入国家非物质文化遗产，国家版权局和世界知识产权组织向全球推广陶瓷版权保护德化经验，阿里研究院、淘宝大学在全国推广政府驱动型德化电商经验。全县现有陶瓷企业1400多家，陶瓷产值从1980年的1785万元到2015年突破188亿元，80%的产品销往190多个国家和地区，成为全国最大的陶瓷工艺品生产和出口基地。

【陶瓷版权保护】 6月11日，版权保护促进德化陶瓷产业发展的研究调研项目顺利结项，并在厦门举办新闻发布会，世界知识产权组织、国家版权局、福建省政府、泉州市政府、德化县政府、省市县版权局相关领导及中外媒体等160多人参会。目前，德化版权保护建立并形成了政府+协会+司法“三位一体”版权保护体系。

（撰稿人：阮崇文　涂东明　林振忠　林玲玲）

行政服务

【概况】 2015年，县行政服务中心现入驻部门36个、审批服务事项762项，设立独立窗口20个、综合窗口1个。

【规范化管理】 建立标准体系　对照《行政服务中心标准体系与编制规则》（DB35/T951—2013），结合中心运行实践，制定行政审批服务标准762项；按照行政服务方法规范、服务过程标准、服务目标高效便捷的要求，制定中心决策层、中层管理人员、一般管理人员和窗口人员岗位工作标准和管理制度115项，将标准化建设工作细化到行政审批、便民服务和日常管理的各个环节，形成中心监督管理标准体系，做到按章理事、制度管人；建立18个乡镇便民服务中心，标准化创建率100%。

推行服务标准　对进驻中心所有行政审批事项的行使依据、条件、申报材料、告知单、收费、流程、时限、结果公示等，严格按标准进行规范，做到每一个审批事项、每一个审批环节、每一个时限节点都有标准可依；各窗口及其工作人员按照标准履职，实现科学规范与提速增效相统一。统一中心形象标识，规范窗口名称和序号，方便服务群众导询办事；设立9个行政服务中心分中心，按标准化要求运作。

倡导文明服务　通过举办授课会、培训会、业务答疑、知识测试等方式，增强窗口工作人员依法行政意识和业务素质。窗口人员实行统一着工作服，做到服装整洁、举止端庄、用语文明。中心管委会被县委、县政府授予2012－2014年度“文明单位”。

深化争先创优　针对服务窗口工作时间性强、压力大、管理严的实际，发挥党组织优势，开展各种文体活动，加强沟通与交流，增进友谊和情感，营造宽松和谐的工作环境。开展“征集温馨服务事迹”活动，挖掘在创新服务、提高效能等工作中涌现出的典型。开展“五个带头”党员公开承诺活动（带头学习提高，做学习型党员；带头争创佳绩，做实干型党员；带头服务群众，做公仆型党员；带头遵纪守法，做讲规矩党员；带头弘扬正气，做讲正气党员）。开展“寻标杆、找差距、促效能”活动，组织党员干部到兄弟县（市）服务中心考察学习，寻找差距，推进工作。开展“优质服务窗口、先进个人”评选活动，营造“比学赶超”“争先创优”的工作氛围，增强中心的凝聚力、创造力和战斗力，评出优质服务窗口6个、先进个人15名。与县总工会联合开展行政服务标准化建设“岗位练兵”活动，评出“岗位服务标兵”15名。

【标准化审批】 简政放权　以推进行政服务标准化建设为契机，对全县所有行政审批和公共服务事项进行全面梳理，形成县级行政权力和公共服务事项目录清单544项（其中：行政审批事项255项、公共服务事项289项），入驻行政服务中心单位目录36个，审批服务事项目录清单762项；新入驻部门单位6个、合并办事窗口3个，新进驻审批服务事项163个。建立入驻事项动态机制，实行动态管理。规范审批服务事项名称，统一制作流程图，进行重新授权和流程再造，削减申报材料11项、清理兜底性条款19项、简化环节69个、缩短时限86个工作日，累计提速74.7%。

在线审批　所有入驻“中心”的审批服务事项与省网上办事大厅统一

服务平台进行数据对接并正式运行，为公众提供统一的办事指南查询、网上咨询、在线申报、进度查询、结果反馈等办事服务，建立并使用电子监察系统，对审批服务事项同步开展电子监察。

商事制度改革　推行“先照后证”，简化场所登记，放宽经营范围，降低准入门槛；启动实施“一照一码”登记制度，将工商、食药监、质监合并为1个办事窗口，方便企业登记注册，提高办证效率。全年新登记注册企业1471户，增长33.36%，注册资金21.68亿元；个体工商户2876户，增长6%，注册资金1.53亿元；农民专业合作社140户，注册资本3.35亿元。

【个性化服务】　并联审批　出台《德化县推进建设项目并联审批提速增效的实施意见》，审批流程优化为立项会商、用地审批、设计会审、施工许可、竣工验收5个阶段，项目审批总时限压缩至38个工作日以内；建立“1+N”会商会审联席制度，在项目审批各阶段，由发改、国土、住建等部门分别牵头开展联合审批、联合踏勘、联合验收或提供与审批相关的其他服务，及时协调解决项目审批中的问题；组建项目审批前期指导服务办公室（简称前期办），挂靠县行政服务中心，负责对业主的集中培训、答疑解惑、政策辅导和上门指导等服务。

“绿色通道”服务　对重点企业、三维对接等项目，推行“容缺预审”和缺席默许、超时默认制，审批时限在现有承诺时限的基础上再提速一倍，做到“快接、快审、快办、快结”；把“五大战役”、城乡“6＋4”提升工程重点建设项目及部分小微企业列入“绿色通道”服务，通过召开联审会、协调会等方式，解决城东陶瓷园区、宝美创业园、中国茶具城等重点项目审批过程中遇到的困难问题45个，提速357个工作日。

“马上就办”　完善首办负责、一次性告知、否定报备、即办制度和限时办理承诺等制度，对进入行政服务中心办理的审批服务项目，审批环节一律控制在4个以内，需现场勘查的项目审批环节控制在5个以内，审批时限压缩至法定时限的35%以内，窗口即收即办、办完即转。全年受理各类事项89509件，办结88874件，按期办结率、当日办结率分别为100%和80.2%。住建局窗口被团中央、住建部授予2013—2014年度“全国青年文明号”。

延伸审批服务　开展“审批进园区、服务进企业”活动，实行管委会领导干部分片挂钩1—2个项目园区，干部职工及窗口负责人分别挂联5—8个重点建设项目制度，主动跟踪回访、上门服务；对需上报省、市有关部门审批的重点项目，实行专人陪同上报协办；推行导办、协办、代办制度，提供“保姆式”服务1000多件次；推行“一线服务法”，开展延时加班、预约上门等特色服务900多件次。服务大厅分别被省、市总工会授予“工人先锋号”。

【透明化运作】　公开服务承诺　重新制作服务指南，在省网上办事大厅、中心门户网站和服务大厅触摸屏完整、详尽地公开各进驻部门的服务职能、办理条件、办事流程、办结时限、服务承诺事项、范本等内容，自觉接受社会监督，方便群众咨询。

加强跟踪监督　建立健全行政审批配套制度和责任追究、问事问效问责机制，通过考勤、电子监察、随时抽查、随访申办人等形式，对办件情况、办件程序、服务态度等方面进行跟踪监管，跟踪回访各类办件956件次，其中回访退、补件468件次；开展政风行风民主评议活动，2014年列居全县公共服务类第一名、2015年被列为“免评单位”。

规范交易行为　公共资源交易中心按照“五统一”的运作模式，规范交易申请、信息发布、投标、开标、评标、定标、合同签订等环节，利用电子监察系统全方位、立体式的录像录音监察功能，推广网上开标，对交易过程、交易现场加强监管，确保交易行为信息公开、机会公平、结果公正、阳光交易。全年成交171宗15.16亿元，节约0.95亿元，增收0.29亿元。

（撰稿人：苏金峤　审稿人：郑文欣）

人事人才

【人事管理】　组织招考政府系统公务员31人，录用特警2名，招聘泉州工艺美术职业学院教师3名，招考卫生系统事业单位工作人员39名。办理专业技术人员聘任手续846人次。完成2014年机关、事业单位工作人员年度考核工作，给予398人嘉奖，给予97人记三等功。以县政府名义任免干部12次189人，办理人事调动46人、股级干部任免12人、转正定级69人，学历更改36人，续聘机关工勤人员6人，机关事业单位工作人员辞职13人。完成3名军转干部的安置工作。办理机关事业单位干部职工退休审批手续61人，办理在职工作人员和退休人员牺牲、病故的手续41人，办理遗属定期定额生活困难补助20人，办理退休干部高龄补贴41人，办理归侨补贴1人。

【人才队伍建设】　举办国际当代陶瓷创作暨艺术论坛，承办中国技能大赛——首届陶瓷成型技能竞赛福建产区预赛、第二届泉州市工艺美术大师（陶瓷类）评选活动。创建全省首个陶瓷类重点实验室、首个国家级博士后科研工作站，重点培育省工程中心2个、高新技术企业5家。创建德化新型智库，吸收具有正高职称或博士学位的德化籍专家教授300多名入库。

2月28日，2015年德化县春季人才招聘交流会举行　　（李宏图 摄）

新增享受国务院政府特殊津贴专家和高技能人才各1名，国家科技创新创业人才1名，市“海纳百川”高端人才聚集计划6名，入选市引才“百人计划”1名。组织评选表彰首批县优秀青年人才、优秀农村实用人才各10名，授予首批县高级人才证37名。评审通过专业技术职务任职资格399人（其中：高级73人、中级204人、初级122人），工艺美术专业技术职务资格54人（其中：高级8人、初级46人）。

（撰稿人：郑富源 审稿人：陈能玺）

政协德化县委员会

【重要会议】 县政协九届第四次会议　1月20—21日，中国人民政治协商会议第九届德化县委员会第四次会议在县会议中心召开。县政协主席苏兴羽代表九届县政协常务委员会向大会作题为《凝心聚力 开拓创新 以奋发有为精神助推改革发展大局》工作报告。县政协副主席刘志阳向大会作九届县政协三次会议以来提案工作情况报告。县委书记吴深生在大会开幕式上作重要讲话，对政协工作提出与时俱进，适应履职“新常态”；围绕中心，展示担当“新作为”；加强建设，开创工作“新局面”等意见。会议期间，委员们提交提案111件，意见、建议49条。

县政协九届十七次常委会议　3月31日，县政协主席苏兴羽主持召开九届十七次常委会议。会上，县政协副主席陈明灿传达全国、省、市政协会议精神，协商通过《九届县政协常委会2015年工作要点》和《县政协2015年协商、调研、视察、专题活动课题》以及协商通过委员有关事宜，并部署县政协当前相关工作。县政协副主席李金鼠、刘志阳、林文昌等出席会议。

县政协九届十八次常委会议　7月16日，县政协召开九届十八次常委会议。会议听取县政府副县长张传晖通报2015年以来县经济社会发展情况，就“创新人才引进培养机制 加强卫生人才队伍建设”进行专题协商。会上，县卫计局、县医院、中医院、赤水镇卫生院等单位围绕“创新人才引进培养机制 加强卫生人才队伍建设”专题作发言，县政协常委和邀请参加的委员就专题协商积极建言。

县政协九届十九次常委会议　10月13日，县政协召开九届十九次常委会。会议听取2015年提案办理情况通报，并围绕“陶瓷历史与文化”进行专题协商；县政府副县长林祖传通报2015年以来政协提案办理情况，县经信局、文体新局、龙浔镇、浔中镇等单位就如何推进陶瓷历史文化的保护传承与创新作专题发言，与会委员围绕议题积极建言献策。

县政协九届二十次常委会议　12月7日，县政协召开九届二十次常委会。会上，听取县委常委、纪委书记叶长青通报2015年反腐倡廉建设工作情况；协商通过县政协九届五次会议有关事宜和有关委员事宜；就“发展壮大现代物流业”进行专题协商，县交通局、国土资源局、经信局、商务局、市政局、龙浔镇等单位围绕“发展壮大现代物流业”专题作发言，与会人员就专题协商积极建言。县政协副主席陈明灿、李金鼠、刘志阳参加会议，县政府副县长林祖传应邀列席会议。

1月19—21日，县政协九届四次会议召开　（李宏图 摄）

县政协九届第五次

会议　12月22日—23日，中国人民政治协商会议第九届德化县委员会第五次会议在县会议中心召开。县政协主席苏兴羽代表九届县政协常务委员会向大会作题为《务实创新 主动作为 全力推进人民政协事业向前发展》的工作报告。县政协副主席刘志阳向大会作九届县政协四次会议以来提案工作情况报告。会上表彰2015年度优秀提案者和优秀社情民意反映者。县委书记吴深生在大会闭幕式上作重要讲话，对政协工作提出围绕中心、服务大局，奏响咨政建言“奋进曲”；发挥优势、主动作为，投身改革发展“主战场”；创新机制、加强建设，展示履职尽责“新形象”等意见。会议期间，委员们提交提案86件，意见、建议40多条。

3月3日，市政协副主席李冀平到德化调研“海丝”先行区建设情况

（陈志明 摄）

【政治协商】　全面协商　九届四次全会期间，集中协商讨论“一府两院”工作报告和其他工作报告，委员们以分组集中讨论等形式进行协商建言，就企业工作、旅游发展、教育卫生、文化建设等事关经济发展和民生改善问题进行全面协商，形成意见建议49条，县委书记吴深生、县政府县长欧阳秋虹对此作重要批示，要求以切切实实办理落实政协委员提案的具体成效取信于民，树立政府尽心履职、勤勉尽责的良好形象。

专题协商　主动适应经济发展新常态，牢牢把握“稳中求进、改革创新”的工作总基调，围绕人才引进机制、陶瓷历史与文化、发展壮大现代物流业等重要议题开展调研，并提交常委会专题协商，有目的性地吸收专业人才、部门领导或界别群众参加相应的专题协商，提升专题协商“含金量”。在三次专题协商中都提出具有系统性的意见，为经济社会发展建有用之言、献有效之策。

对口协商　主动与党政相关职能部门商定课题和调研重点，联合开展活动、共同研讨工作，同时相关部门有重大工作部署、专项检查活动等邀请相关专委会为其谋策建言，推动协商活动更加深入有效。针对卫生人才队伍建设相对滞后、制约卫生事业发展的现状，组织科教文卫体委等相关专委会委员、卫计局等相关对口部门，深入调研，充分协商讨论，提出《创新人才引进培养机制，加强卫生人才队伍建设》报告。

【提案工作】　把提案办理落实情况列入职能部门绩效考评内容，发挥委员提案在民主监督中的作用。对县政协九届四次会议期间立案的111件提案，通过深入承办单位协商办案、召开提案工作协商座谈会、主席领衔督办重点提案及带案视察等方式，狠抓政协提案的办理和落实。所立的提案在承办单位的努力下，全部在规定的时间内答复完毕，委员满意率和基本满意率达100%。《关于加快建造体育场的建议》《关于德化外销陶瓷企业抱团发展的建议》等提案已经解决或正在解决，如《关于解决城关交通拥堵的建议》，相关部门加强浔北、浔南路等重点路段交通巡逻管控，及时清理车辆乱停乱放等交通乱象，城区道路交通标志标线进行翻新施划，利用一些空地建设临时停车位，改善城区道路交通面貌。特别是县政协主席、副主席领衔督办的《关于加强我县卫生人才队伍建设的建议》《关于加快建设百德畔山小区东北侧农贸市场的建议》等重点提案，得到县领导和相关部门的重视，收到明显的办理效果。

【民主监督】　完善机制　召开民主监督工作座谈会，总结经验、查找不足；委员轮流列席县委常委会、民主生活会、政府常务会、征求意见会、情况通报会、新闻发布会已成为一种机制，开展日常监督；综合运用会议协商监督、对口监督、民主评议监督、委员视察监督、提案监督、反映社情民意监督、委派民主监督员监督、参与党政部门组织监督、联动联合监督等多样化监督，加强与县委、人大、政府执行监督职能的合作，使民主监督与党内监督、舆论监督、法律监督、行政监督相互配合、相互促进；完善委派制和聘用备案制相结合的监督机制，挑选“政治素质硬、监督能力高、参与意识强”的委员委派到县直执纪执法单位担任民主监督员，在单位聘用委员担任民主监督员到县政协备案审定时，将敢讲话、讲真话的委员推荐到27个单位担任民主监督员，促使单位转变作风、提高效能、解决问题。

开展监督 坚持县委、县政府决策部署到哪里，县政协民主监督就跟进到哪里，同时选派机关工作人员参与重点工程建设和督查工作。为加快物流业发展，推进县域经济发展，提升“世界陶瓷之都”建设水平，把加快现代物流园区建设作为监督工作的重要内容，组织相关委员和相关部门，深入调研，并到福州、三明等地学习考察，在常委会上进行专题协商，提出《关于加快我县现代物流园区建设的建议》，选址大坂片区进行规划设计物流中心、城东大型货车停车场等物流园。将群众亟须解决的热点问题作为重点监督内容，先后围绕医疗卫生、食品安全、生态环境、低保社保等热点问题开展民主监督活动，推动政府及有关部门解决民生底线问题。针对人口出生率不断提高及二孩政策的放开，学校建设比不上出生数增长速度的问题，组织开展对城区学校扩容提质工程建设的专项视察监督，提出要根据城镇化的发展趋势和新出生人口的增长情况，统筹考虑全面放开二孩带来的人口增长高峰，科学预测、全面规划建设的建议。发挥自身优势，县政协领导班子成员挂钩全县重点工程瓷都大道大洋段两侧改造一期、二期、城东三期、泉州陶瓷文化古镇等项目建设，对项目建设化解阻力、增加助力、形成合力，促进疑难问题有效解决，推进建设。

【调研考察】 *组织调研* 针对教师人才队伍出现的师资结构不合理、职称聘后管理滞后、人事关系复杂等问题，提出要支持学校创办教育促进会、及时招收新教师、盘活现有教师资源、拓宽人才引进渠道、增加职称聘任职数和设立奖励职称、完善教师绩效奖励机制等对策和建议。针对服务职能在乡镇而服务对象在城区这种基本公共卫生服务“管”“户”分离，不利于孕产妇、儿童健康管理的问题，提出要改变现有管理服务模式，在城关组建全县孕产妇儿童健康管理服务中心的建议。

开展视察 围绕重大民生工程、城乡公共体育设施、农贸市场建设等课题，组织委员深入一线基层开展专项调研视察、座谈走访等活动，形成重点课题调研视察报告8份，提出意见建议40多条，为县委、县政府决策提供参考。其中在视察城市建设与管理工作时，提出要定期召开城市建设与管理工作专题会、着力抓好市民急需项目的建设、制定长效运行机制、建设一支过硬的管理队伍等意见建议；在视察厦沙高速德化段建设情况时，提出要在“保安全、保质量、保速度”前提下做好工程建设，工程的建设要体现德化特色、德化元素等建议。

反映民意 全年收集社情民意60多件，单独或综合刊发35件，为党委、政府了解民意、掌握社情动态、解决社会热点问题提供便利。其中《关于加强整治浐溪两岸、进城大道路口等摆摊设点的建议》《关于新型农村合作医疗管理的几点建议》《关于加强城区学校周边地区整治管理的建议》等得到县政府及相关部门高度重视，采取措施加以解决，改善了市容市貌、减轻了农民治疗重病的负担、进一步消除学校周边地区安全隐患等问题。

【文史工作】 坚持政协文史的地方特色和资政作用，征编、出版第33辑文史资料《德化苏区红色史料选辑二》。配合做好《泉州政协志》县（市、区）政协部分以及《德化县志》《德化年鉴》人民政协部分。

【重要活动】 1月29日，县政协召开民主监督员工作座谈会。县政协主席苏兴羽、副主席陈明灿出席会议。

2月12日，县政协召开机关新春工作座谈会。

2月26日，县政协主席苏兴羽、副主席陈明灿、李金鼠、刘志阳带队到永春北溪讲堂听取北京大学教授徐寒《醉卧桃花笑春风——中国酒文化漫谈》的专题讲座。

2月28日，尤溪县政协副主席纪优梓带领考察组到德化考察陶瓷发展情况。县政协副主席李金鼠陪同考察。

3月3日，市政协副主席李冀平带领“海丝”先行区建设调研组到德化调研 “海丝”先行区建设推进情况。

3月5日，县政协九届四次会议委员提案交办会召开。县政协副主席刘志阳出席会议。

3月10日，省政府副省长、省政协副主席陈荣凯到德化调研推进农户承包地经营有序流转发展农业适度规模经营情况。

3月12日，县政协副主席李金鼠带领委员到南埕镇塔兜村、水口镇村场村考察美丽乡村建设情况。

3月16—19日，县政协主席苏兴羽，县委常委、统战部部长温文英等在德化县的14名市政协委员，参加泉州市政协十一届四次会议。

4月14日，全国人大常委、台盟中央副主席苏辉在市政协副主席骆沙鸣，县委常委、统战部部长温文英，县政协副主席陈明灿的陪同下到德化参观考察。

4月21日，景德镇市政协副主席李金有带领“推动陶瓷产业积极纳入‘一带一路’战略布局”专题考察组在县政协副主席李金鼠的陪同下，到德化参观考察陶瓷文化和产业发展情况。

5月15日，市政协副主席吴共湖带领部分市政协委员到德化开展旅游行业和电商产业发展情况调研。

5月28日，县政协主席苏兴羽、副主席李金鼠到龙浔中心小学、实验幼儿园、双鱼幼儿园开展“六一”儿童节慰问活动。

5月21日，县政协召开委员活动组组长座谈会，县政协主席苏兴羽对如何开展好活动组工作提出三点要求：

一要热心，这是一种态度；二要激情，这是一种方法；三要责任，这是一种担当。县政协副主席陈明灿、李金鼠出席会议。

6月10日，县政协召开“三严三实”专题教育党课暨动员部署会。

6月10日，江西省崇义县政协副主席黄义华带领考察组在县政协副主席李金鼠的陪同下，到德化考察生态文明建设情况。

6月11日，县政协副主席李金鼠带领浔中镇委员活动组委员到安溪学习考察电子商务发展情况。

6月11—13日，县政协副主席刘志阳带领县政协农林水系统委员活动组委员到上海市崇明岛竖心镇前卫村上海喆畋农业科技有限公司总部及农业基地、浦东新区生茂养园、青浦区中国梦谷产业园、闵行区中国南梦谷产业园等地考察现代农业，学习借鉴当地发展现代农业的新理念。县政府副县长苏锡培陪同考察。

6月29日，县政协副主席陈明灿带领视察组先后到盖德镇、龙浔镇、唐寨山法治广场等视察“六五”普法工作落实情况。

7月2日，河源市政协副主席具铁祥带领考察组在市政协港澳台侨和外事委主任骆志成、县政协副主席陈明灿陪同下到德化考察民营经济发展情况。

7月2—3日，县政协主席苏兴羽带领考察组到福州市、三明市学习考察城市物流园区建设的先进做法和经验，加快推进城市物流园区建设步伐。

7月2—3日，湖南省醴陵市政协主席杨龙带领考察团在县政协主席苏兴羽等陪同下到德化参观考察陶瓷产业。

7月8—9日，佛山市政协副主席杨德基带领调研组在县政协副主席刘志阳陪同下到顺美陶瓷文化生活馆、陶瓷博物馆等考察。

7月21—24日，县政协主席苏兴羽、副主席林文昌带领走访组到北京走访县政协委员及部分乡贤，了解委员及乡贤在外发展情况，进一步加深情谊，积极引资引智，为德化县经济社会事业建设献计出力。

8月6日，县政协主席苏兴羽、县政府副县长苏毅君带领视察组对城市建设与管理情况进行视察。

8月20日，新罗区政协副主席张学强带领考察组在县政协副主席陈明灿陪同下到陶瓷博物馆、恒忆陶瓷等参观考察德化县向海外弘扬传播传统文化工作情况。

8月25日，县政协举行“爱心助学”活动，为11位大学贫困学生发放助学金。县政协副主席陈明灿出席发放仪式，并为受资助学生发放助学金。

9月6—10日，县政协副主席陈明灿带领走访组到成都、郑州、上海走访县政协委员及部分乡贤，了解委员及乡贤在外发展情况，进一步加强情谊、传递乡情。

9月25日，县政协组织驻外地县政协委员回乡考察，外地委员一行在县政协主席苏兴羽，县委常委、统战部部长温文英等陪同下考察九仙山旅游项目、厦沙高速德化段A2标段、彭村水库主体工程、物流园区、三班市政大道和中国茶具城项目、电子商务创业园、顺美陶瓷文化生活馆等。

10月21日，县政协主席苏兴羽，副主席陈明灿、李金鼠、刘志阳等带领视察组在县委常委、政法委书记王志安和泉州厦沙高速公路有限公司总经理傅远辉的陪同下，到厦沙高速德化段7个合同段的施工现场，详细了解各个标段的建设进展情况，听取业主单位泉州厦沙高速公路有限公司和德化县厦沙高速公路建设指挥部的工作情况介绍。

10月21日，江西省南丰县政协主席李履才带领考察组在县政协副主席陈明灿陪同下，到顺美陶瓷文化生活馆等参观考察陶瓷业发展情况。

10月22日，永春县政协主席康思坚带领驻永春县市政协委员和县政协机关委办负责人在县政协主席苏兴羽的陪同下到德化考察经济社会发展情况。

11月3日、26日，县政协副主席李金鼠带领走访组分别到晋江、厦门走访县政协委员和德化籍企业家，了解创业和企业经营发展情况。

11月7日，北京市政协委员、东城区政协副主席、民革东城区委主委姚卫海带领考察组在县政协副主席陈明灿陪同下，到德化参观考察陶瓷业发展情况。

11月10日，县政协副主席李金鼠带领视察组到阳光小学、阳光幼儿园、龙浔中心小学、二实小分校等地，视察城区学校扩容提质工作进展情况。

11月13日，县政协副主席陈明灿带领视察组到盖德五华寺、金液洞等视察宗教活动场所管理工作情况。

11月16日，连城县政协副主席沈满云带领考察组在县政协副主席陈明灿陪同下，到德化考察陶瓷电子商务产业发展情况。

11月17日，市政协副主席陈益带领驻德化县市政协委员视察组，在永春县政协主席康思坚等陪同下到中国香都·永春达埔、余光中文学馆、五里街镇大羽村等视察特色文化和美丽乡村建设情况。

11月18日，市政协副主席吴共湖带领驻南安市市政协委员视察组，在县政协主席苏兴羽等陪同下视察彭村水库、顺美陶瓷文化生活馆、电子商务园区等发展建设情况。

11月18日，九三学社德化县小组举行成立二十周年座谈会，市政协副主席、九三学社泉州市委主委王祖耀，县委常委、统战部部长温文英，县政协副主席李金鼠等出席会议并发表讲话。

11月19日，县政协副主席李金鼠带领视察组到县体育场改造现场、灯光球场、富东社区多功能运动场、县青少年校外体育活动中心、裕民小区等视察城区公共体育设施建设情况。

11月20日，县政协副主席李金

鼠带领医卫界委员等医务工作者在“墟日”人多时到上涌镇开展义诊活动，为农村群众送医送药。

11月27日，县政协副主席刘志阳带领部分委员到冠鸿陶瓷、中昱陶瓷等城东二期部分企业，详细了解城东二期企业生产和经营情况。

12月2日，县政协主席苏兴羽、副主席刘志阳带领农林水系统委员活动组到上涌镇考察农业发展情况。

12月16日，龙浔镇委员活动一组组织委员到电子商务园、顺美陶瓷文化生活馆、金马车陶瓷等参观考察，县政协副主席刘志阳参加考察活动。

（政协德化县委员会办公室 供稿）

公　安

【维护社会稳定】　反恐处突应急工作　在"9•3"大阅兵、亚洲艺术节、陶瓷电商峰会等大型活动举办期间，响应相应的社会治安防空等级，特警队、应急巡防队严格落实24小时值班备勤制度，落实"显性用警、屯警街面、动中备勤、武装处突"的工作要求，按"重点部位1分钟中心城区3分钟，其他部位5分钟"的要求，加强应急处突装备保障，确保大型活动举办。

情报信息收集研判　发挥情报信息专班作用，每周开展情报信息研判，形成专刊48期，实行情报信息"日报告""周研判"。重点时节和重大节日活动期间，专班成员根据需要集中办公，开展反恐维稳信息收集研判，及时为领导决策提供依据。搜集各类情报信息914条，上报市公安局国保支队10条，县委办、县政府办采用19条。

矛盾纠纷排查化解　坚持局长信访接待日制度，接群众信访来访78件，办结率达100%，信访总量下降25%，无省级、市级督办信访件，无新增公安环节信访案件，无发生涉公安环节越级上访。发挥派出所"调解室"作用，开展矛盾纠纷排查化解，协助党委政府化解征地拆迁、劳资纠纷等各类矛盾纠纷，调解各类矛盾纠纷782起，调解成功率达100%，没有发生民转刑案件。妥善处置"10•7"国宝乡格头村300余名村民因与厚德村祖墓纠纷聚众堵路事件。

重点人员稳控　组织开展宗教、邪教等领域的专项调查工作，掌握社会动态，加强情报信息工作。对全县信访尤其是涉公安环节信访重点人员、易肇事肇祸精神病人等基本摸清底数，做好稳控工作，重点时期，采取措施，逐人落实稳控措施，没有发生涉及公安信访环节非正常访，没有发生个人极端暴力案事件和影响社会稳定的案（事）件。

【强化打击整治】　严打各类刑事犯罪　坚持"小案大治安、小事大民心"理念，结合打击严重暴力犯罪专项行动、打击防范虚假信息诈骗犯罪专项行动、打击整治传销犯罪专项行动以及第四季度破案打击攻坚冲刺等专项行动，注重在合成侦查、循线深挖、串并分析等工作上下功夫，着力提高破案打击效能。全县立刑事案件1846起，同比上升18.41%，其中立八类案件40起，同比上升29.03%，立侵财类案件1597起，同比上升25.16%，立诈骗案件415起，同比上升70.08%；破获各类刑事案件637起，同比下降13.80%，破案率为34.51%，其中破获八类案件46起，与去年持平，破案率为102.50%；破获侵财类案件402起，同比下降3.83%；破获诈骗案件67起，同比上升13.56%；命案发1起破1起；抓获犯罪嫌疑人314名，逮捕110人，起诉275人，抓获网上逃犯33名，追缴赃款赃物价值近100万元。5月15日，刑侦大队联合研判中心、网安大队赴广东深圳抓获犯罪嫌疑人罗某，破获系列入室盗窃案件4起，涉案价值40多万元，追回赃物价值20多万元。

整治"黄赌"等突出治安问题　结合"扫黄打非"专项行动等活动，严肃查处"黄、赌"违法行为。查获各类赌博案件48起，查处涉赌违法犯罪嫌疑人293人，其中，赌博刑事案件8起，抓获犯罪嫌疑人46人，查处赌博治安案件40起、违法人员247人；破获组织、介绍卖淫案件2起、抓获犯罪嫌疑人5人，查处卖淫案件1起8人。

强化行业场所管理　开展旅馆业专项整治等行动，完善旅馆业常态化"严查、严管、严防、严控"工作机制，严格落实"黑名单"制度，督促指导全县32家旅馆业落实"四实"登记制度，提升旅馆业"四实"登记率。组织开展旅馆业、娱乐场所治安检查47次，发现整改安全隐患32处。

严格危爆物品安全监管　组织民爆物品大检查大排查大整治、"缉枪治爆"专项行动、治安"大清查"等活动，严格对涉枪涉爆等单位每月不少于 3 次的安全检查，加强涉爆单位安全监管。对全县 10 家涉爆单位、4 支护农狩猎队、1 家烟花爆竹批发企业、1 家剧毒化学品使用单位开展全面检查整治，全力消除安全隐患。检查涉枪涉爆从业单位仓库、爆破点 200 多家次，发现整改安全隐患 42 处。开展“缉枪治爆”行动，严厉打击查处涉枪涉爆违法犯罪活动，破获涉枪案件 1 起、涉爆案件 1 起，抓获违法犯罪人员 3 人，收缴非法枪支 2 支、子弹 235 发、炸药 95.2 公斤、雷管 58 枚、炮弹 1 枚。

【社会治安防控】　构建立体巡防网络　建设城市安全信息系统，安装高清监控摄像机 549 个、治安卡口 24 个，基本覆盖县际公路交界处、城区主要道路路口和重点要害部位。成立情报信息研判中心，建设 3 个可视化勤务室，组建专门队伍 24 小时视频巡查，与派出所、刑侦、治安等部门实行例会制度，通报治安形势，指导巡防方向，提高治安巡逻针对性。与移动公司联手，实施“平安商铺”计划，整合沿街店面监控视频资源，建成后可与城安系统形成互补，有效消除监控盲区。

推行治安联防制　在陶瓷园区、开发区等企业集中区域推行“联巡联防”制，统筹力量轮流值勤巡逻，在农村组织“邻里守望”，将路口店面、农户作为治安联系点、信息员。在通往断头路的村庄路口设置治安岗，实现半封闭式管理，各村治保人员轮流值守，对进出人车进行盘查，及时向村民提醒、通报疑人疑事，向公安机关报告违法犯罪信息。重视新兴媒体宣传，利用微信、短信不定期向群众发送防盗、防骗警示信息。与银行联合开展防信息诈骗提醒活动，对有效劝阻群众被骗的职员给予奖励。针对农村留守老人多、安全防范能力较低的现状，免费为 1 万多农户安装 1.8 万个禽舍报警器，家禽牲畜被盗案件大幅下降。

社会面巡逻防控　最大限度地把警力摆在街面，强化重点要害部位、案件高发时段地段和公共复杂场所的治安巡逻。投入 500 万元，进行城市安全信息系统 4 期建设，扩建 408 个高清视频监控点，由刑侦大队牵头开展点位选定等工作，完成全部点位的标注，争取年底前完成设备安装，并投入使用。

社区警务战略　按照省公安厅、市公安局《关于进一步加强和改进城乡社区警务工作的意见》要求，主动融入党委、政府“网格化管理、组团式服务”的工作部署，推进社区网格化服务管理，全县划分 33 个社区警务网格、16 个农村警务网格，分别配备 34 名专职社区民警、16 名驻村民警和 163 名协勤人员，基本实现社区民警专职化要求。同时，还探索推行社区民警兼任村干部制度和“便民驻勤岗”警务新机制，推进社区警务工作。

户口登记和流动人口管理工作　开展疑似双重户口、虚假户口、死亡未注销户口和 2000 年以来出生申报户口的核查清理工作。上门入户核对 13572 户 29688 人，发现疑似双重户口 30 人，应销未销户口 25 人，清理户口逻辑信息错误 250 余人，删除双重户口 35 人，收缴假出生证 3 张，核实 2010 年 1 月 1 日以来出生申报户口 291 人，发现问题 12 人，采集指纹办理二代证 11783 人次。登记流动人口 24877 人，办理流动人口居住证 3815 张，县流动人口协管员绩效考评优秀率多次排名全市第一，流动人口登记率、出租房屋备案率、信息准确率等“三率”达 100%。

交通安全监管　坚持严查酒醉驾、超载超速等严重交通违法行为，整治道路交通安全隐患，结合“柔性执法”，继续采取节假日机关民警协助派出所，加强旅游景区道路管控和指挥疏导交通等做法，无发生群死群伤等重特大道路交通事故，全县道路交通安全形势相对平稳。2015 年，发生各类道路交通事故 3848 起、死亡 47 人、受伤 1801 人、直接经济损失 273 万元，与去年同期相比分别 -1.79%、+30.56%、-23.53%、-3.39%。

基础信息采集　坚持专业化采集和社会化采集相结合，围绕“人、地、物、事、组织”和“吃、住、行、消、乐”等重点内容，加大对流动人口、出租房屋、社会化视频探头、非标准化信息等基础信息实时采集、动态录入、常态化管理。采集各类治安信息 50 多万条。1 至 9 月，流动人口登记率、出租房屋备案率、信息准确率达 100%。

【消防工作】　岗位练兵　在全市消防部队道路水源图册评比中，荣获第一名；在支队 2015 年度业务技能比武竞赛中，荣获第 7 名；在支队组织的条令条例知识竞赛中，大队龙浔中队干部李学宁获得干部组第一名，中队战士刘曦获得士兵组第一名。

双拥共建　县消防大队与 15 家驻地单位签订警民共建协议书，建立警民共建关系。在元旦、春节、八一等重大节假日期间，做好慰问走访、联谊联欢等警地交流活动。应辖区单位邀请，完成泉州工艺美术职业学院、德化县第三中学、梅园国际大酒店等单位的军训工作。与县财政局共建单位被德化县委、县政府授予 2012—2014 年度“军民共建精神文明先进单位”。2015 年，召开座谈会 20 余次，演讲比赛 10 余次，官兵撰写心得体会 80 余篇；走访单位 120 余家，走访群众 850 余人，慰问困难户、二女户、孤寡老人等。

后勤保障　向地方党委政府汇报消防部队建设中遇到的难题，获得地方政府支持，县财政局拨款 430 万元（专项经费 70 万元；正常经费 360 万元：三合一经费 3 万元，执勤补助 40 万元、高危补助 20 万元、合同员经费 202.5 万元，业务经费 137.5 万元。其中，县政府将执勤补助纳入财政预

县消防大队开展“防灾减灾”系列宣传活动　　（县消防大队 供）

算）。投入49.4余万元购置消防头盔20个、多功能消防腰斧55个、防静电服10套、防蜂服2套、机动橡皮舟1艘、救生衣15件、气动破门器1台、进口机动消防泵1台等。加强城东消防站及县综合应急救援大队指挥中心、训练中心工程建设。城东消防站位于城东片区，包含室外训练场、消防车库、官兵宿舍楼、办公、食堂等建筑，工程总投资约850万元，消防站于11月初投入使用。县综合应急救援大队指挥中心及训练中心位于德化县浔中镇凤洋村污水处理厂旁，总投资为2000万元，依托公安训练基地项目完成工程立项等工作。向县政府请示，按每人每月300元标准，作为在岗一线官兵的高危补贴，并按照相关规定，发放伙食补助、住宅公务电话通讯补助和公务移动通信补贴等，提高官兵福利待遇。为大队全体官兵办理保额为50万元的意外伤害保险，每半年组织全体官兵及合同员进行体检，并建立健康档案。

提请政府下发《德化县2015年“三合一”场所消防安全专项整治工作方案》《德化县深入开展夏季消防检查工作方案》《2015年今冬明春火灾防控工作方案》等文件，部署各专项排查整治工作。4月13日、6月18日、9月25日、12月31日，先后4次提请县政府召开消防工作联席会，部署2015各项工作。在第二次消防工作联席会议上，县政府分管副县长与18个乡镇及18个县直部门签订《德化县2015年度消防工作责任状》。提请县政府创新消防工作举措，坚持落实每月消防安全工作例会制度。9月、10月及11月上旬，县政府先后3次召开月消防安全工作例会，会议主要回顾、总结上个月整体消防工作情况，研究分析本月消防安全形势，对有关重点、难点问题提出解决办法，并布置消防安全下一阶段的工作。

强化监管　在“3·15”整治活动期间，会同工商、质监部门联合下发《“3·15”期间全县开展消防产品专项执法检查活动工作方案》，开展专项整治活动，检查单位20余家，依法查扣不合格安全出口、疏散指示标志、灭火器、应急照明灯等30余具（个）。从3月份至12月在县范围内开展“三合一”专项整治工作，对存在“三合一”火灾隐患的企业，及时登记造册，排查发现“三合一”火灾隐患场所10家，责令“三停”10家，处罚7.73万元，清理住宿人员30余人，全部完成整改。提请县公安局下发《德化县公安局易燃易爆危险品场所安全隐患大排查大整治工作方案》（德公综〔2015〕140号），出动警力48人次，检查易燃易爆生产企业1家、加油站21家、液化石油气供应站1家、煤气储配站1家，发现隐患72处，整改隐患48处。对发现的消防违法行为，采取责令限期整改、责令当场整改、责令停止施工、责令停止使用、责令停产停业、罚款、查封、行政拘留等措施予以整治，检查单位1375家，发现火灾隐患1551处，下发责令改正通知书638份，责令“三停”24家，临时查封21家，下发行政处罚决定书67份，处罚82.31万元，拘留4人。

宣传教育　在德化电视台、德化广播台设“重大火灾隐患曝光台”专栏，分时段曝光具有重大火灾隐患的企业，并指出隐患问题，介绍火灾隐患的危害性；在瓷都广场户外电子显示屏播放“清剿火患”战役、《纲要》宣传、《福建省消防条例》（以下简称《条例》）、消防安全知识等为主要内容的公益视频广告，向广大人民群众宣传消防安全常识。将消防安全知识宣传片发放给全县各大型公共娱乐场所，并要求各娱乐场所将消防知识宣传片装入KTV点歌系统，循环播出，提高群众防灭火和逃生自救能力。同时借助微信、LED屏助阵《条例》宣传，在社会各界营造学习新《条例》的浓厚氛围。发放宣传材料2万余份，悬挂宣传横幅近百条；组织开展社会单位“四个能力”建设培训30余次。开展消防宣传活动，利用电视、网络、报纸等新闻媒体，通过手机短信、微信、QQ、LED屏等载体，向广大人民群众宣传消防安全常识。开展消防培训70多次，消防演练60多次，发送手机短信15万余条。同时，“德化消防大队”微信公众平台关注人数达7500多人，发送各类信息量达800多条/篇。向社会公布“96119”投诉举报电话和举报投诉奖励制度，广泛发动群众查找举报火灾隐患、参与各项消防安全工作。

（县公安局 县消防大队　供稿）

法院

【概况】 2015年，受理各类案件11231件，审结9431件，同比分别增长55.9%和49.2%。

【刑事审判】 把维护社会稳定作为首要任务，审结各类刑事案件281件，判处罪犯383人。开展涉枪、涉爆、打拐等专项行动，审结故意伤害、强奸、抢劫等暴力犯罪和抢夺、盗窃等多发性侵财犯罪52件81人。推进反腐败斗争，依法审结晋江市水利局原局长柯某受贿等职务犯罪案件5件5人。回应民生关切，审理拒不支付劳动报酬等涉民生案件3件3人，审结危险驾驶案件120件120人。创新少年审判，强化心理帮教，封存犯罪记录11人，引导失足少年回归正途。加强人权保障，落实最高人民法院刑事司法政策，在押被告人均去除囚服出庭受审。深化量刑规范化改革，建立同类案件文书档案库，避免“同案不同判”。推行庭前和解，帮助19名被害人及时获得赔偿款296万元。

【民商事审判】 审结各类民商事案件4887件，标的5.36亿元。服务县委、县政府“三比一看”和“促进项目落地、帮扶企业发展”等活动，审结买卖、承揽、保险等涉及企业纠纷98件，标的1944.3万元。加强金融审判，成立领导小组，设立专门合议庭，实行简案快审、专案专审、难案精审，审结金融借款纠纷111件，标的3020万元。审结涉及房地产纠纷89件，标的493.7万元，维护房地产市场秩序。妥善审理劳动争议、劳务合同纠纷77件，标的182.4万元，保护职工合法权益。健全完善速裁机制，快审快结民间借贷纠纷2690件，标的3.98亿元，同比分别增长57.2%和192.5%。关注“三农”，审结农村土地承包合同纠纷、侵害集体经济组织成员权益纠纷等涉农案件33件，助力和谐乡村建设。推行交通事故案件“一个月理赔”机制，调解交通事故纠纷329件，帮助当事人及时获得理赔款3295.1万元。

率先在全市基层法院成立家事审判庭，推进家事纠纷专业化、规范化审理。审结离婚、继承、赡养等婚姻家庭纠纷559件，促进家庭和谐和社会稳定。设立专门的温馨调解室、心理舒缓室，布置“家和”文化长廊，推行圆桌审判，总结推出亲情修复六步工作法，合力呵护家庭亲情，实现案结、事了、人和目标。打造综治、司法、妇联、基层组织等多部门联动平台，形成法官、家事调解员、心理咨询师调解“三联手”的调解模式，以调解、撤诉方式结案456件，调解撤诉率达81.6%，名列全市基层法院第一。发挥反家暴协调小组作用，推行反家暴五环维权工作法，发出人身保护令8份，为家暴受害者撑起法律保护伞，泉州中级人民法院和泉州市妇联以现场会形式进行经验推广。

发挥知识产权司法保护主导作用，审结著作权、商标权等知识产权纠纷82件，诉前证据保全44件。完善“以保促用”“1小时证据保全”“‘申请+介入’诉前简易调处”三项机制，形成版权保护“德化经验”。探索专家辅助制度，聘请5名专家辅助人，建立专家智库，解决作品实质性相似认定难的问题，提高裁判公信力。建立“中国瓷都·德化陶瓷知识产权保护教育基地”，加强与行政机关协作，实现行政保护与司法保护双轨运行，保护企业创新成果，版权司法保护工作获得世界知识产权组织肯定。

【行政审判】 坚持平等保护原则，审结行政诉讼案件12件，维护行政相对人合法权益，监督、支持行政机关严格、规范执法。落实行政案件相对集中管辖机制，协助南安市人民法院做好送达、调查、协调等辅助工作。审查非诉行政执行案件1066件，裁定准予执行1064件，执行到位社会抚养费450.4万元，为人口与计生等行政工作提司法保障。加强政府与法院良性互动平台建设，健全府院信息互通共享、及时通报等机制，召开联席会议3场次，解决相关法律问题27个。邀请18个乡镇的派出所所长、新录用公安干警等95人旁听治安行政案件庭审，促进行政机关提升执法水平。

9月25日，泉州市中级人民法院、泉州市妇联家事审判工作现场会在县人民法院召开　（陈公照　摄）

3月11日，泉州市中级人民法院党组成员、副院长韩天明（右一），德化县委常委、政法委书记王志安（左一）为家事审判庭揭牌　　（陈公照 摄）

【案件执行】　执结新收案件2563件，恢复执行旧案622件，执行到位标的9535.7万元。查询银行存款49.8万次，房产、机动车等5.7万次，及时划拨存款1404.8万元。推行网络司法拍卖，成交27宗，金额4410.9万元，为当事人节约拍卖成本100多万元。公示失信被执行人名单2097人次，司法拘留93人次，限制出境7人次，限制乘坐飞机、动车等1773人次，营造诚实守信的社会生态。依托信息平台，探索“跨域”执行新模式，通过远程视频网络与晋江、南安、泰宁等地法院开展核实验证、联合查控等工作，提高执行效率。与县公安交警大队建立查扣被执行人车辆协调联动机制，扣押车辆32部。开展涉民生案件专项执行活动，执结涉及劳动报酬、人身损害赔偿等民生案件123件，为624名农民工兑现劳务工资542.1万元。加大涉及金融债权案件执行力度，为金融机构实际执结欠款2341.1万元。集中清理涉及基金会等历史积案，开展“一打三反”（打击拒不执行判决、裁定罪和反规避执行、反干预执行、反消极执行）专项行动，移送公安机关立案侦查7件7人，追究刑事责任4件4人。

【审判监督】　在基层法庭全面推行办案责任制，由主审法官签发裁判文书，做到让审理者裁判，由裁判者负责。建立审委会委员定期评查案件制度，提升案件评查层级和质量，评查案件146件，发现整改问题20个。发挥审管办日常监督作用，依托司法信息管理系统对案件全程跟踪、预警和监控，对办案数量、质量、效率等情况进行横向对比、纵向分析，做到程序监督与实体监督并重、检查监督与整改督促并行，及时发现并解决具有普遍性、苗头性的问题，改判、发回重审率仅0.3%，审判质量效率得到稳步提升。

【调解工作】　完善多方参与、多措并举、多平台互动的多元化纠纷解决机制，以调解、撤诉方式审结民商事案件2428件，调解撤诉率56.6%。设立“诉调对接中心”，开展委派调解、委托调解、立案调解和司法确认，加强与公安、交通、文体、林业、民政、妇联等部门的诉调对接。聘请家事特邀调解员和商事调解员13名，充实队伍。创新“互联网+”调解模式，利用大数据和信息技术，实现远程视频调解，推动矛盾纠纷在线解决。探索富有闽南文化特色的“茶桌调解法”“谚语调解法”，把调解工作和公序良俗、乡规民约有机结合起来。邀请人大代表、政协委员和其他社会力量参与调解案件130件，调解成功129件。

【诉讼服务】　健全完善诉讼服务中心建设，为当事人提供家门口、一站式、全方位、标准化的诉讼服务。全面落实立案登记制改革，做到有案必立、有诉必理，保障当事人诉权。打造符合山区特色的“跨域·连锁·直通”式诉讼服务平台，实现立案、审判、执行等环节跨域服务，受理和移交异地立案186件，最大限度地方便群众诉讼，让司法更接“地气”，相关做法被《人民法院报》《福建法治报》头版头条予以报道。健全信访督、转、办和远程视频接访系统，及时处理来信来访68件，实现息诉息访。加强司法救济，为困难群众减、缓、免交诉讼费3.1万元，提供司法救助金22.5万元。

【普法宣传】　结合“法院开放日”“国家宪法日”“国际禁毒日”等专项宣传活动，邀请580多名群众旁听庭审。入驻人民日报客户端“移动政务发布厅”，主动开通微博、微信、QQ等自媒体，推介群众通过“扫一扫”关注法院工作，开辟“普法课堂”栏目，发布微博1436条、微信352条。组织干警深入社区、广场和青少年法制教育基地进行专项法制宣传13次，开展“法治巡回讲堂”11次，在县职业技术学校举办校园“模拟法庭”活动，发放普法宣传材料4000余份，在市级以上刊物发表信息、宣传稿件265篇条。

（撰稿人：陈公照　审稿人：曾华海）

检　察

【概况】　2015年，批准逮捕各类刑事案件86件98人，提起公诉244件

337人；立案侦查职务犯罪案件13件13人，继续保持全国检察机关文明接待室、省级文明单位称号，荣获福建青年五四奖章、泉州市未成年人思想道德建设工作先进集体等称号。

【服务发展大局】 维护法治经济环境　与县政府召开联席会议，建立《依法行政与检察监督工作互动机制》；围绕职务犯罪预防、“两法衔接”、行政违法行为监督纠正等建立协作机制，促进依法行政。参与整顿市场经济秩序，批准逮捕各类严重破坏市场经济秩序犯罪嫌疑人3人，提起公诉4人。健全治理商业贿赂长效机制，提供行贿犯罪档案查询218次，促进公平竞争，守法经营。针对不法分子为谋取不正当利益、行贿腐蚀干部的问题，查办行贿犯罪2件2人。对接县委“三比一看”活动，贯彻落实市检察院《关于发挥检察职能服务创业创新和民营经济发展的意见》《关于服务保障国有企业改革发展的意见》，开展服务民营经济、国有企业系列法律服务活动。

民生司法保障　开展厦沙高速公路德化段“三安一廉”（资金安全、质量安全、生态安全、干部廉洁）专项预防活动，保障项目建设推进，被评为全省检察机关优秀预防项目。针对食品药品安全及环境污染等群众关切的突出问题，联合有关部门开展专项监督活动，审查行政处罚案件65件，发出检察建议书4份，建议相关单位移送涉嫌犯罪案件1件2人。重视维护弱势群体的合法权益，开展拒不支付劳动报酬专项立案监督活动，建议相关单位移送涉嫌犯罪案件3件3人；支持提起民事诉讼5件，帮助43名农民工追回欠薪38万余元；加强民事执行监督，帮助17名村民追回征地补偿款50万余元；完善检察环节司法救助制度，为5名生活确有困难的刑事被害人及其近亲属提供救助12000元。

服务生态文明建设　围绕国家级生态县建设，建立生态资源领域“两法衔接”机制，服务和保障生态文明先行示范区建设。强化打击生态资源犯罪职能，批准逮捕破坏生态资源犯罪嫌疑人6人，提起公诉23人。完善生态资源检察联络员制度，组织开展观摩庭审、检察开放日等活动。推行“补植复绿”机制，督促7件涉林刑事案件被破坏的664亩林地得以生态修复。拍摄生态法制微电影《戴云山上我的家》，并于国家宪法日前后一周持续在县电视台播出。市检察院组织省、市人大代表视察县人民检察院生态资源检察工作，经验做法在检察日报、福建日报、福建法治报、泉州晚报等媒体宣传报道。

【维护社会稳定】 贯彻宽严相济，维护社会稳定　坚持把维护社会和谐稳定作为第一责任，坚决依法严厉打击故意杀人、故意伤害等严重暴力犯罪和“两抢一盗”等严重侵财犯罪，依法批准逮捕严重暴力和侵财犯罪嫌疑人59人。坚决打击群众反映强烈的电信诈骗、“黄赌毒”、侵害农村留守老年人合法权益的犯罪，提高群众安全感和治安满意度。注重保障犯罪嫌疑人的合法权益，完善公开审查说理、非羁押诉讼、刑事和解等办案机制，对涉嫌犯罪但无社会危险性的，决定不批捕12人；对犯罪情节轻微、依法不需要判处刑罚的，决定不起诉和附条件不起诉17人；对不需要继续羁押的犯罪嫌疑人建议公安机关变更强制措施24人。

推进信访改革，化解社会矛盾　探索多元化纠纷解决机制，引入人大代表、政协委员、律师等第三方力量参与信访案件，推动社会矛盾化解。开通远程视频接访系统，方便群众就地反映诉求。完善举报电话、网上信访、来访、来信“四位一体”工作机制，建立信访事项的审查甄别、诉访分离等制度，及时将信访案件导入司法程序，方便群众表达诉求。坚持文明接待、有访必接、有诉必理，依法、妥善处理群众来信42件，接待来访132人（次），信访工作继续保持涉检零申诉、零上访。

深化未检工作，提升帮教水平　重视保护涉罪未成年人合法权益，落实专人办理、合适成年人到场、犯罪记录封存等制度，对涉罪未成年人依法附条件不起诉5人，相对不起诉1人，并加强考察帮教，2人考入大学，4人重返校园。牵头成立德化县未成年人

8月12日，市检察院、县检察院、市交通委、县厦沙高速指挥部联合召开厦沙高速公路德化段建设“三安一廉”预防工作推进会　（县检察院　供）

帮教工作协调小组，通过完善协作机制、明确责任主体，整合全县力量深入开展未成年人帮教和犯罪预防工作。加强未成年人帮教中心建设，在县职业技术学校成立“瓷都青少年阳光之家”，设立6个帮教培训基地、法制教育基地、帮教办公室、心理辅导室等，为未成年人提供就业技能培训、救助、普法教育、心理辅导等服务。组织全县20所中小学校2000余名学生到法制教育基地接受普法教育，市人大常委会对该经验做法给予充分肯定。

【查办和预防职务犯罪】 深入开展查办发生在群众身边、损害群众利益职务犯罪专项工作，查办执法司法、涉农惠民等领域的贪污贿赂犯罪案件12件12人（市人民检察院交办5件5人），滥用职权犯罪案件1件1人，其中科级干部1件1人，大案9件9人，为国家和集体挽回经济损失280万余元。围绕社会反映强烈的腐败问题，查处交通管理违章处理过程中的行受贿、贪渎交织窝串案6件6人。贯彻高检院《职务犯罪侦查工作八项禁令》，防范违法违规办案，保障公正司法。与县公安局联合制定《关于加强指定居所监视居住执行协作配合的规定》，落实看审分离，明确责任，促进执法规范化。推进职务犯罪侦查信息化和装备现代化建设，提高干警依法规范开展侦查工作的能力。注重人权司法保障，严格落实同步录音录像制度，慎用查封、扣押、冻结款物等措施，维护发案单位正常的生产、经营和工作秩序。

构建多元化预防网络，编发《预防职务犯罪专刊》，开展预防咨询、预防调查、警示教育、案例剖析、年度预防综合报告等工作，形成查办和预防相互促进、互为补充、整体联动的工作格局。结合办案，向发案单位、相关部门发出预防检察建议书7份。加强与税务、银行、电力等机关及企事业单位的预防共建，建立联席会议、信息通报、走访联络等长效机制，促进腐败源头综合治理。创新运用微信、微博、公益广告、廉政教育短信等多种形式开展预防宣传，提升廉政文化的吸引力和影响力。

【诉讼法律监督】 刑事诉讼法律监督　加强侦查活动监督，开展刑拘后未报捕、未起诉专项检查活动，对侦查机关应当立案而不立案的，监督立案10件；对侦查机关不应当立案而立案的，监督撤案3件；对应当逮捕而未提请逮捕的，追加逮捕3人；对应当起诉而未移送起诉的，追加起诉8人；对侦查机关错误定性的，改变案件定性9件15人；对侦查活动发出规范执法检察建议书12份，对侦查活动违法情形发出纠正违法通知书3份、排除非法证据1件。创新监督模式，联合县公安局出台《关于存疑不捕案件补充侦查分级管理的规定（试行）》，强化对事实不清、证据不足不批捕案件的后续侦查取证工作。加强审判活动监督，全面贯彻证据裁判规则，主动适应以审判为中心的诉讼制度改革，发出量刑建议119份，保障案件公正审判。

12月10日，县检察院与市检察院反渎局联合开展惩治和预防渎职侵权犯罪宣传图画展　（县检察院　供）

民事行政诉讼监督　办理执行监督申请案件26件，促进执行工作的规范有序；针对行政机关执法不规范问题，发出检察建议书6份，促进依法行政；开展行政非诉执行监督工作，向相关行政机关发出检察建议书12份，督促追回行政罚款28万余元。探索公益诉讼制度，制定《关于加强公益诉讼工作内部协作配合的规定》，与县环保局会签《关于环境公益诉讼协作配合的若干意见》，两项制度均被省、市检察院作为经验材料转发。创新宣传载体，编发2000册漫画版《民事行政检察宣传手册》，向群众介绍民事行政检察职能，先后被高检院、省检察院的官方微信转发。

刑事执行监督　将“监所检察科”更名为“刑事执行检察局”，全面加强对刑罚执行活动、刑事强制措施执行、强制医疗执行的监督。开展看守所羁押期限、安全检查等监管执法专项检察，针对发现问题提出安全防范等整改建议53次，发出检察建议书3份，维护刑罚执行和监管场所稳定。对精神病人的强制医疗执行活动进行检察监督2人，对符合特赦条件的罪犯进行检察监督5人。加强社区矫正法律监督，开展社区服刑人员脱漏管专项检察及剥夺政治权利罪犯专项检察，纠正漏管罪犯 1 人。

（撰稿人：陈琼梅　审稿人：冯忠锦）

司法行政

【基层基础】　确定龙门滩、南埕、春美、汤头、浔中等 5 个司法所为 2015 年度规范化建创建单位，全县“规范化司法所”创建率达 100%。

【人民调解】　组织建设　巩固加强县人民调解中心建设，12 月份，县人民调解中心被推荐评选全省“优秀人民调解委员会”。结合村级组织换届，做到村级组织换届选举完成一个，村级调委会调整巩固一个。推广以调解员个人命名的调解工作室建设，5 月份分别在凤池社区成立“方贵生调解工作室”、兴南社区成立“陈丽蓉调解工作室”。至 12 月底，全县设有调解委员会 241 个，其中县级调委会 1 个、乡镇调委会 18 个、村（社区）调委会 210 个、非公经济组织调委会 6 个、行业性调委会 6 个。

队伍建设　加强调解队伍正规化与专业化建设，逐步增加专兼职调解员配备，配套建立全县人民调解人才库，逐步形成“专业互补、技能互补”的调解团队。至 12 月底，全县有调解员 1205 人，建立行业性、专业性人民调解委员会专家库 1 个，专家咨询委员会 6 个。

机制建设　推进“诉调对接”“公调对接”“援调对接”等工作机制，完善“大调解”工作格局。各级各类调委会调处各类矛盾纠纷 832 件，调处率 100%，成功率 96.03%。健全完善经费保障机制，联合县财政局出台《关于加强人民调解工作经费保障的意见》，明确人民调解工作经费、补助经费、补贴经费等保障标准。健全完善宣传工作机制，向省电视台综合频道《调解有一套》栏目组报送 7 起调解案例。

【矫正帮教】　严格依法依规执行社区矫正执法行为，实施手机定位、启用人脸识别考勤系统、配备执法记录仪，以科技手段助推社区矫正执法规范化。至 12 月底，全县接收社区矫正人员 1024 人，解除矫正 872 人，在矫 152 人基本得到有效管控。其中，1 篇以社区矫正实践为视角，题为《农村社区矫正问题与对策》的经验总结文章在省司法厅网站刊发。开展社区矫正工作“质量提升年”活动，强化重点节假日、“两会”期间社区矫正人员排查管控。4 月份，组织 1 场社区矫正人员脱漏管专项排查活动，对全县 2010 年以来所有接收社区矫正人员逐一排查核实，未发现脱漏管现象。9 月份，成立特赦工作领导小组和报请特赦评审委员会，开展特赦专项工作，排摸、筛选、甄别 5 名符合特赦条件的社区矫正人员。公、检、法、司部门定期召开联席会议，及时通报特殊人群监管情况，研究解决困难和问题，推进社区矫正工作。借助司法部、省司法厅信息管理平台核查服刑在教人员基本信息，做好无缝衔接前期准备；派出所、司法所坚持每半个月核对辖区社区矫正与刑满释放人员基本信息，做到派出所、司法所“两列管”。全县设有 229 个帮教安置组织、1917 个帮教小组、2 个安置帮教基地，并与 1 家企业建立挂靠联系，提供过渡性安置、就业信息，全县 1917 名刑满释放人员基本得到妥善安置与帮教。

【普法依法】　“六五”普法检查验收　8 月份，“六五”普法工作通过市检查组检查验收，经验做法在省司法厅网站全文刊发。

法治宣传阵地建设　完成县级唐寨山法治文化广场二期工程建设，改版升级南埕青少年法治教育基地，“国宝法治园”建成投入使用。拓宽法治宣传渠道，每月逢 5 日、20 日，根据不同人群编发通俗易懂和具有警示性的“温情普法”短信累计 12 万多条。

“法律六进”活动　结合领导干部、公务员、青少年、企事业经营管理人员和农民等不同重点对象的特点，协同各有关单位分利用法律法规颁布日、纪念日等重要节点日，采用设摊咨询、分发宣传材料、举办系列宣传活动等形式，开展各类法治宣传教育活动 860 多场次。

法治创建活动　按照县委《关于全面推进依法治县的实施意见》，协调全县各部门、各行业，围绕法治建设重点领域、重点环节，深入开展以

8 月 21 日，市检查组到德化检查验收“六五普法”工作　（县司法局 供）

村（社区）为基础、以乡镇为支撑、以县本级为龙头的“三级联创”活动，提升法治德化创建层次和水平。6月份，德化县荣膺“全省法治县创建活动先进单位。

【法律服务】 公共法律服务体系建设 探索建立由司法行政部门统筹提供的公共法律服务体系，4月份，出台《关于加快推进公共法律服务体系建设的实施方案》，并以县政府办名义转发，正式在全县启动公共法律服务体系建设工作。

法律援助及“12348”工作 坚持“广宣传、拓范围、开通道、优服务”四措并举，做到“应援尽援、应援优援”，撑起弱势群体“援助伞”。9月份，联合县计生协会成立县计生协会法律援助工作站。全年办结各类法律援助案件524件，为受援人挽回各类经济损失101.6万余元；“12348”法律服务专用电话接受群众咨询476人次，接待来访咨询519人次，解答咨询引导当事人依法妥善处理纠纷138件。

公证服务 深入“金龙中心城”“厦沙高速公路德化段”等重点项目一线，依法办理证据保全、现场监督公证等50多件，推进重点工程项目建设。为符合法律援助条件的社会弱势群体提供公证法律援助服务10件，并减免相关公证费用，满足社会弱势群体的公证法律服务需求。落实便民服务举措，开辟“绿色通道”，“零距离”服务社会各界。全年办结各类公证事项526件，其中，国内公证事项355件、涉外（含港澳）151件、涉台公证事项20件。

律师及基层法律服务 引导律师积极参与重点工程建设、信访、调解、群体性案（事）件处置，推动县、乡两级政府以政府购买方式聘请律师担任法律顾问，选派律师进村（社区）担任法律顾问。全县3家律师事务所，执业律师15名，担任政府、企事业单位法律顾问36家，担任86个村（社区）法律顾问；各律师所代理各类诉讼案件1048件。引导基层法律服务所主要为乡镇、村（社区）提供等公益性法律服务，组织基层法律服务工作者协助司法所开展法治宣传、法律服务等基层司法行政工作。县中心法律服务所全年担任法律顾问3家，代理民事诉讼、非诉讼案件56件，代书40件，解答法律咨询110多人次。

（撰稿人：涂福星）

12月4日，县司法局在瓷都广场举办国家宪法日暨全国法制宣传日宣传活动

（县司法局 供）

人民武装

【双拥共建】 利用报纸杂志、电视媒体等方式，加大对拥军优属工作的宣传，强化地方各级领导依据法规政策拥军的意识，拓展双拥工作新领域。组织民兵参加植树造林200余亩，森林灭火12起，出动民兵600余人次，灭火面积360亩，挽回经济损失200多万元。做好与大铭乡大铭村“一部一村”帮扶共建工作，为大铭村新农村建设筹集资金20多万元。

【国防教育】 深化国防教育，成立国防教育联席会议，开展国防和征兵宣传教育；与县团委合作举办少年军事夏令营活动，在中小学中开展国防教育；开展人民防空征文比赛活动，100多名中小学生参加；开展青干班国防知识讲座。

【思想政治教育】 抓好党的创新理论武装，学习习近平总书记系列重要讲话、中共十八大、十八届五中全会精神和新修订的《中国共产党纪律处分条例》等。集中6天开展“三严三实”教育活动。

（县人武部 供稿）

人民防空

【人防工程建设】 2015年，参加建筑规划设计方案、施工图会审 17场次，新批建防空地下室3个，竣工验收防空地下室4个，审批防空地下室易地建设15项，收取易地建设费618.6万元，审批减免防空地下室易地建设1项易地建设费18.6万元。与市人防办质监站工程技术人员深入工地现场，对“结建”人防工程进行查验、验收，确保人防工程质量。

【指挥通信建设】　完成防空地下室物资库的预埋构件安装、主体施工至地面9层；修订完善《防空袭方案》。加强防空警报器的日常维护管理，搬迁安装防空警报中央站设备天馈系统，使防空警报器始终处于良好状态。“9·1”防空警报试鸣成功，警报器设备完好率、鸣响率达100%，城区防空警报音响覆盖率达98%以上。结合防空警报试鸣，城关两镇社区、城区中小学校组织人员疏散演练。

【人防审批管理】　开展以“真诚服务、企业满意”为主题的“干部服务创业竞赛年”活动，推行“预约服务”“上门服务”“代办”等“保姆式”全方位服务。梳理、规范人防行政许可和非行政许可项目，将审批流程简化为“受理－审核－审批”或“受理－审批”，简化审批前置条件6个，精简申报材料14项，简化环节16个，缩短时限合计46个工作日，提速增效人防审批工作。凡是手续齐全的审批项目，当天内办理完毕。

【人防宣传教育】　将《中国人民防空》和《福建人防》杂志分发到县领导手中，让领导及时了解各级党委、政府、部队领导对人防工作的指示和要求。在“9·1”防空警报试鸣期间，在县有线电视台、《瓷都德化报》、德化网、建设信息网等媒体提前5天发布试鸣通告，在瓷都广场设置彩虹门、展板等开展宣传。试鸣日当天共发出防空警报试鸣宣传彩页、人防法律法规宣传册1000多份。

【人防专业队伍】　及时配强配齐人防专业技术人员。按照《泉州市人民防空办公室关于做好2015年泉州市人民防空专业队整组的意见》要求，在原人防保障专业分队的基础上进行调整充实，并对综合应急保障分队、医疗分队、信息防护分队、运输分队、心理防护分队等人防专业队的组建规模、人员结构、人员编组和数量作详细摸底。通过采集核对，完成人防系统国防动员潜力调查工作。

【组织机构】　根据县政府职能转变和机构改革的实施意见（德委〔2014〕80号），县人民防空办公室（民防局）、县住房和城乡规划建设局的职责整合，重新组建县住房和城乡规划建设局，为政府工作部门，加挂县人民防空办公室牌子。5月，县人民防空办公室搬迁至县住房和城乡规划建设局内办公。陈维启任县人民防空办公室主任、林其逊任县人民防空办公室副主任。

（撰稿人：周金贵　审稿人：林其逊）

武警中队

【重要活动】　4月15日，武警中队携手新华书店开展“图书进警营”活动。

8月10日，武警中队做好第13号台风“苏迪罗”防御工作。

12月20日，武警中队与金凤社区举办“弘扬光荣传统　唱响红色歌曲”警民联欢会。

12月25日，武警中队与县老年大学和社区幼儿园举办庆元旦联欢会。

（县武警中队　供）

工商联

【参政议政】 调查研究 深入企业走访，了解经济发展新常态对非公企业发展和非公有制人士思想带来的影响以及非公经济新一代人士成长状况.并做好非公经济新一代代表人物的调查摸底，造册建档工作。

建言献策 2015年，工商联界别的政协委员和非公经济人士中的人大代表积极参政议政、建言献策，提交《关于规划建设物流园区的建议》《关于德化外销陶瓷企业抱团发展的建议》等提案建议案22件。

【组织建设】 吸收培养一大批具有代表性，能带动各项产业振兴的非公经济人士为会员，目前会员数达到580名。做好商协会创建工作，分别成立德化县电商分销协会、德化县电商物流协会、县陶瓷同业公会柴烧分会和翰林府邸陶瓷城分会；筹备成立上涌镇商会、郑州德化商会。

【服务会员】 开展“三严三实”活动 做好“三严三实”专题党课内容的传达和学习，把握“三严三实”的丰富和深刻内涵，查找工商联机关干部“不严不实”问题，提出当好“四员”服务非公企业。当好“宣传员”，及时将上级各部门出台扶持非公企业发展的政策措施通过走进企业、利用门户网站、移动信息平台、微信群、QQ群等渠道进行宣传，让企业知晓；当好“调研员”，发挥工商联参政议政职能，深入企业开展调研活动，通过政协大会提案、报送《呈阅件》、撰写社情民意等形式，及时将非公企业的诉求向党委、政府反映，让党委做决策、订政策时参考；当好“协调员”，通过走访、座谈、征求意见等形式，及时了解非公企业所需、所盼、所困、所求，协助非公企业解决用地、招工、参展等困难；当好“服务员”，按照“把非公经济当作事业来推进、非公经济人士当作主体来服务、工商联机关当做会员之家来建设”工作思路，树立主动靠前服务意识，做到“常规动作”提前安排、“自选动作”及时对接，确保服务高效、优质。

职称评审 针对传统陶瓷雕塑企业较多的现状和县委、县政府提出“传统陶瓷日用化、日用陶瓷工艺化”的要求，开展非公有制企业职称资格评审制度，7月份组织召开非公职称评审会议，评审通过助理工程师26名，助理工艺美术师46名；组织报送并通过高级职称材料5人（其中高级工艺美术师2人、高级工程师3人）。

企业创新平台 8月份，与泉州工业设计协会、德化威尔陶瓷有限公司联合举办海峡两岸大学生陶瓷工业设计大赛，来自台湾成功大学、台湾东海大学、台湾树德科技大学和华侨大学、福州大学厦门工艺美术学院两岸5所高校15名大学生参赛，评出一等奖1名、二等奖2名、三等奖3名。

宣传推广 完善《德化县工商业联合会》网站，为非公企业会员提供方便快捷的网上交流平台，增进工商联与社会各界的联系与交往，增强工商联与会员之间的沟通，促进会员与会员之间的相互了解与协作。通过宣传树立会员企业的良好形象，并对全县的非公有制企业起到引导、示范的带动作用，促进非公有制经济健康发展。

陶瓷文化创意服务平台建设 建成13层封顶，总投资达1300多万元。

协助拓展市场 组织企业参加《上海国际陶瓷艺术博览会》等5场次展会。协助哈尔滨义乌城举办项目推荐会，为德化陶瓷产业扩大市场寻找更多的商机，有投资意向的商家10多家。

【加强交流】 组织36名执委到台商投资区、惠安县参观学习雕艺发展情况，台商投资区和惠安县分别在木雕和石（玉）雕产业集聚，木雕、石（玉）雕技艺见长，与县陶瓷雕塑技艺有许多共性，通过“走出去”参观学习，加强与台商投资区、惠安县工艺技术人员的互动、交流，为今后加强合作提供机遇。陕西科技考察团到德化参观考察，考察团成员来自陕西科技厅、教育厅、西安理工大学、西安建筑科技大学、陕西科技大学、西北大学、西安交通大学、咸阳陶瓷研究院等单位共27多人。考察团希望德化要加大宣传推介力度，引导企业到西安设立营销窗口，扩大德化陶瓷在西部的影响力。

【推荐典型】 泉州龙鹏集团有限公司董事长、县工商联主席、总商会会长苏建堆荣膺年度经济人物；五洲陶瓷股份有限公司董事长郭建洲摘得年度工业设计十佳精英人物；恒忆陶瓷艺术股份有限公司获评年度工业设计十佳创新型企业；佳美集团公司获评年度十大最具成长力科技小巨人企业；创意多宝堂文化发展有限公司进入年度十佳最具成长性商业模式榜单；博为艺品有限公司“言艺”获评年度十佳网络品牌。

【招商引资】 利用元旦、春节、元宵节、“五一”、端午节等传统节（假）日，异地商会企业家回乡团聚、度假，通过入户走访，召开茶话会、恳谈会等多种形式，加强与异地企业家的联系联谊，引导异地企业家响应县委县政府的号召，多为家乡的发展添砖加瓦，为建设“机制活、产业优、百姓富、生态美”的新德化贡献力量。

【公益慈善】 深入非公企业、社区开展乳腺癌预防宣传，提高广大女性职工“早预防、早发现、早治疗”意识。深入15名患病女职工困难户家中，详细了解职工存在的困难和身体现状，送上省“光彩·粉红丝带行动”慰问金各5000元。协助做好蔡尚思学术研究出版基金的筹集，102位爱心人士捐献，筹集资金近20万元。引导上涌镇商会、晋江德化商会、上海德化商会、泉州泉德商会等开展爱心活动，上涌镇商会慰问上涌镇困难老人51人发放慰问金15000多元，晋江德化商会组织爱心人士到雷峰镇慰问困难群众15人发放慰问金及慰问品近15000元，晋江德化商会、上海德化商会、郑州德化商会和德网爱心小分队等为桂阳乡彭坑村患病的邱振极、郑玉花夫妇捐款近10万元。

（撰稿人：程清水 审稿人：雷雪莲）

总工会

【概况】 2015年，县总工会获评全国“安康杯”竞赛优秀组织单位，全省工会优秀审计项目1个，连续4届评为泉州市文明单位。县总工会经审会连续7年获全省工会经审工作规范化建设A级单位。

【工会组织建设】 实施“基层工会建设落实年”和开展农民工入会专项行动。新组建基层工会11家，覆盖企业12家，吸收农民工入会3521人，工会组建率、职工入会率分别为92%和91%。

基层工会规范化建设 出台《关于印发基层组织建设工作规划（2014—2018年）的通知》，开展“工会干部下基层进企业抓组建促提升”行动，落实“六个有”和“双亮”要求，推进基层工会规范化建设，卓越陶瓷有限公司、广安天然气有限公司、协发光洋陶器有限公司等5家企业被评为市级“示范企业工会”。

职工之家建设 开展“1+X”带创工作，基层工会建家覆盖率保持90%以上，现有全国模范职工之家1个、职工小家5个，省模范职工之家15个、小家14个，市先进职工之家31个、小家21个。

【维护职工合法权益】 *职工服务中心规范化建设* 坚持“会、站、家”一体化思路，全县设立职工服务中心（站、点）35个，职工服务网络初具规模。县职工服务中心完成转型升级达到省级示范标准；完善帮扶基础工作，全县建立700多名困难职工档案，对帮扶档案实行动态化管理。

劳动保护 组织开展全县防暑降温政策落实情况检查，到11个单位慰问高温一线职工，发放慰问品2万多元，建设6个户外环卫工人爱心免费饮水点。参与5起工伤事故善后处理，落实善后资金250万元。与相关部门联合对建筑业、矿业、非公企业等开展职工劳动安全卫生、职业病防治检查，督促落实整改4次。配合安监局处理安全生产事故10起，善后资金700多万元。

县庆祝“五一”国际劳动节劳模表彰会议 （县总工会 供）

职工来信来访 解决企业欠薪19件，为242名职工追回被拖欠工资342万元。

【职工经济技术创新活动】 开展“工人先锋号”创建和职工技能大练兵活动，承办全市陶瓷行业职工彩画技能竞赛。2015年，佳美集团公司工会女职工委员会、县总工会职工服务中心获评省级工人先锋号，国网德化县供电公司配电运检与带电作业班、中国联通公司德化分公司营业服务窗口、冠林家用品公司砧板车店等6个获市级工人先锋号。征集11个项目参加2015年“6•18”海峡两岸职工创新成果展，4个项目参加全国发明展，1个项目参加2015年“第67届德国纽伦堡国际发明展”，福杰陶瓷公司的LED灯功能陶瓷散热结构覆膜技术获“第67届德国纽伦堡国际发明展”金奖，万旗非金属公司的一种利用低品位石灰石制作玫瑰型碳酸钙的方法和冠福现代家用股份公司的高耐热陶瓷煲分别获全国发明奖银奖、铜奖。

【基层民主管理】 全县签订行业性、区域性集体合同和工资专项集体合同235份，覆盖企业1500多家，职工6.5万多人。举办全县工会干部和工资集体协商指导员培训班，组织15名工会干部参加省、市总工会举办的工资集体协商、乡镇工会主席等培训班。下发《德化县厂务公开民主管理工作要点》，制订网上厂务公开工作方案，推行网上厂务公开。

【劳动模范管理】 评选表彰曾少凤、郑志源、陈丽玉等20名德化县劳动模范和先进工作者；博古陶瓷研究所所长赖礼同获评全国劳动模范，曾映雪、蔡国珊、黄其树等7人获省五一劳动奖章，苏友谊、郑金滨、陈仁海等12人获评市劳动模范和先进工作者。赖礼同劳模创新工作室和徐志刚劳模创新工作室被评为省级示范劳模创新工作室，陈清殿劳模创新工作室被评为市级示范劳模创新工作室。开展劳模进校园活动，发挥劳模、先进人物的标杆示范、引领带动作用。

各级劳动模范合影 （县总工会 供）

【扶贫帮困送温暖】 *农民工创业扶助工程* 推荐康绿食用菌种植等7个农民工创业扶助工程项目，列入2015年市委、市政府为民办实事项目，每个项目补助资金5万元，并组织参加市总工会举办的百名农民工创业培训班学习。

“两节”送温暖活动 两节期间开展“关注民生、关爱职工”系列活动，组织慰问劳动模范、困难职工、老工会工作者314名、发放慰问金36.63万元。

职工医疗互助活动 组织参加职工医疗互助2.06万人，筹集资金100.87万元，救助困难职工1010人次，发放补助110多万元，2015年10月起实行大病补助，减轻职工医疗费负担，提高职工医疗保障水平。

“金秋助学”活动 筹集助学金71.65万元，资助226名困难职工子女。

女职工“关爱行动” 印发《女职工劳动保护特别规定》，开辟女职工先进事迹宣传专栏，请泉州电视台制作“通花瓷”大师陈明华专题片。举办女职工健康知识讲座，建立2个“女职工书柜”、3个“妈妈小屋”，走访慰问10名非公企业困难女职工、2所小学、2所幼儿园并送上500个书包和慰问金。

【实施职工素质工程】 承办全市陶瓷行业职工彩画技能竞赛，举办行政服务中心窗口行业、旅游行业2个工种技能大赛，评选出岗位能手15名、技术标兵10名。组织基层企业参加2015年中国技能大赛、全市服装行业、雕艺技能、电力行业技能竞赛，县李锦峰、兰全盛获2015年中国陶瓷技能大赛陶瓷雕塑1、2名；许文矛获泉台两岸职工雕艺技能最佳造型奖、陈建阳获最佳创意奖。2015年，全县企业组织开展120多场次的岗位练兵活动。

【职工文体活动】 举办职工元宵游园、摄影比赛、拔河比赛、慰问演出、科技文化卫生三下乡、义务写春联活动、庆“七•一”职工卡拉OK大赛、庆祝抗战胜利70周年书法展等职工文化活动。与广播电台联办《工人之友》，《瓷都工运》出刊30期，“瓷都职工书屋网”“德化工会网”网站升级改版，上报工会信息采用34条。省总工会“聚焦一线•体验劳动”新闻采风团到德化采风，《中工网》《福建日报》《东南卫视》《福建电视台》等媒体报道德化县劳动者风采，营造学习劳模、争当劳模的浓厚氛围。

（撰稿人：陈光汀）

共青团德化委员会

【基层团建工作】 基层团组织建设 加强企业、农村、学校等传统领域团建工作，推进数字共青团建设，截止目前录入团员12670名。加强非公团建，全年新增非公有制企业建团7家。持续推进青年岗位能手、青年突击队、青年安全生产示范岗等品牌项目，促进团的基层组织活力不断增强。

干部队伍建设 召开十七届四次全体（扩大）会议，完成团县委委员、候补委员卸职工作。举办全县乡镇团委书记座谈会、“团干部如何健康成长”大讨论活动、县直团工委青年工作交流会，推动基层共青团工作积极创新。落实好《关于进一步加强少年儿童和少先队工作的实施意见》，组织各学校积极开展雏鹰争章活动。举行少先队辅导员聘任仪式，邀请省团校老师开展“有效沟通”培训课，提高少先队工作水平。

【主题实践活动】 青年志愿服务 深化“共青团员义务星期六”行动，开展环保、助孤助医、贫困帮扶等志愿活动。组织开展“青年爱心志愿活动——走进十八乡镇”，走访赤水、桂阳等7个乡镇19个村，发放慰问物资50多万元。组织100多名青年志愿者走进龙浔镇宝美村开展“迎新春、庆元宵、送温情”活动，丰富老人们的精神文化生活。

助力“美丽瓷都”建设 举办“青年林”认养挂牌种植活动，70多名青年志愿者认植香樟树苗50棵。联合公安局交警大队等单位开展“文明交通 低碳出行”自行车骑行公益宣传活动，宣传倡导文明、绿色出行。

搭建青年交友平台 联合县直党工委共同举办“青春相约 幸福绽放”德化县单身青年交流活动，近100名单身青年参加。举办“奔跑吧，青春”单身青年交流活动2期，吸引50多名单身青年参加。

关爱困难青少年群体 开展“青春同行 温暖相伴”爱心助孤公益行动，为20名孤儿分别送上1000元慰问金和新年祝福。对接省、市“希望工程圆梦行动”，为13名贫困高考生争取帮扶资金5.9万元。联合尚逸主题影城开展“梦圆尚逸·情暖童心”爱心公益观影活动2场，36名孤儿和40名农民工子女在青年志愿者的陪伴下共同观影。

开展服务一线活动 组织60多名团员青年走进德化消防大队开展文化进军营慰问演出。组织30多名青年文艺志愿者为100多名厦沙高速建设者们献上精彩的文艺演出。春运期间，发动青年志愿者200多人次，在西门车站和龙湖车站参与春运一线志愿服务工作，营造安全、文明、和谐的春节氛围。

【就业创业服务】 职业技能培训 依托星辰电脑等培训基地，联合关工委、教育局、妇联等部门，开展陶瓷雕塑、竹藤工艺、计算机应用等技能培训班，为社会青少年提供免费职业技能培训。举办公职类、教师类等公益培训班，为备考青年提供考前辅导。举办青年电商创业特训营，以理论+实战的培训模式，培养综合型电子商务人才。依托农村专业合作社团工委，推广“团支部+合作社+基地+农户”模式，培养农村青年致富带头人。依托冠福家用等11家“青年创业就业见习基地”，为大中专院校毕业生提供寒暑期社会实践、勤工俭学平台。

强化银团合作 探索创新担保方式，开发“团银”专属信贷产品，开通“瓷都青年创业信贷绿色通道”，帮助农村、电商等创业青年解决资金需求（单笔贷款额度1万—2000万元，期限1—5年，利率优惠约30个基点）。对接市青年创业扶持项目，帮助争取每年3万—10万元的免息小额贷款及“一对一”的免费专业创业导师辅导和服务，帮助创业青年跨越创业初期障碍。

青年创业大赛 开展德化县首届青年创业大赛，选树一批有思想、有能力、有抱负的青年创业典型，帮扶一批有志青年实现创业就业梦想，在全社会营造勇于创业、乐于创业、善于创业的浓厚氛围。

【思想政治教育】 各基层团队组织开展“我的中国梦”主题团日活动50多场次，引导广大青少年加强理想信念。开展“我的中国梦--奋斗的青春最美丽”系列分享会，邀请孙炳章、陈

“文明交通 低碳出行”自行车骑行公益宣传活动　（团县委 供）

万利等优秀团干、青年典型组成团员青年宣讲团到基层、学校分享奋斗历程及青春感悟，开展10余场次，覆盖青少年1000余人。开展清明节“网上祭英烈”低碳环保祭奠活动，来自全国各地2万多名青少年通过团县委开设的网页以留言、献花等“绿色”方式表达对先烈的哀思和悼念。组织发动2000多名学生到塔尖山革命烈士陵园进行祭扫活动，缅怀革命先烈，接受爱国主义教育。建队节期间，为全县2000多名小学一年级新生统一举行新队员入队仪式，继承和弘扬少先队的光荣传统。开展“传承五四薪火 青春‘闪’动瓷都”公益快闪活动，100多名各行各业青年用新潮时尚的行为艺术为五四献礼，为青春喝彩。举办德化县庆“七一”县直机关干部职工卡拉OK大赛及文艺汇演，来自县直机关14个系统党委29名选手用经典革命歌曲，向党的94岁华诞献上生日礼物。

依托微博、微信公众平台开设“红领巾相约中国梦”“五四青年榜样风采展示”等版块，发布30余条，吸引800多名青年参与互动。发起“五四·致敬青春”等微话题12个，图文编创、转发微博和微信200多条，阅读量达15000余次，用鲜活的语言和新潮的方式弘扬社会主义核心价值。

（撰稿人：林亚萍 审稿人：赖鋆）

妇女联合会

【妇女创业就业】 联合农业、林业等部门实施“千名妇女培训计划”和“专家快车行”农村实用技术培训，举办“三黑三黄三红三白”种养实用技术培训班50期，培训种养女能手、女技术带头人2450人。建立发兴竹藤工艺、星辰雕塑职业培训学校等4个城乡妇女富余劳动力转移培训基地，先后举办城乡待业妇女竹藤编织、雕塑、电脑、会计、营销等职业技能免费培训班7期896人次。推进城乡妇女创业小额贷款工作，为2012年120名获贷创业妇女发放贴息资金80多万元，助推68个县级巾帼示范基地迅速发展，引导妇女进入产业化经营。组织女能人联谊会会员赴外地考察交流，到厦门大学参加女企业家研修班、到浙江义乌参加中国妇女手工制品博览会，拓宽会员视野，增强联谊会的凝聚力。深化“巾帼文明岗”创建活动，开展以优质服务、规范管理、职业道德等为主要内容的岗位竞赛和巾帼文明岗志愿服务活动，组织巾帼志愿者服务队先后开展法律宣传、健康义诊、慰问帮扶等各类巾帼志愿服务7场次。

【妇女儿童维权】 开展“六五”普法宣传教育系列活动，利用“三八”妇女维权周、“6·26”禁毒日、国家宪法日，通过短信平台、现场咨询、巡回讲座等，开展《福建省实施〈妇女权益保障法〉办法》《婚姻法》《未成年人保护法》等法律法规宣传教育，发送普法短信3万多条，分发各类宣传材料1万多份，接受群众咨询1620人次。推进妇女维权“三制”工作，加强妇联维权窗口建设，健全日常接访、主席接访、“四下基层”等制度，畅通妇联信访渠道。2015年，全县妇联系统受理信访96件次，化解调处婚姻家庭矛盾纠纷，帮助妇女群众依法维护自身合法权益。开展诉调对接工作，成立县妇联婚姻家庭调解室，加大妇干参与陪审和协助调解力度，参与法院11起离婚案件的陪审，维护弱势妇女合法权益。发挥建立在福建岱仙律师事务所的德化县妇联法律服务中心作用，为妇女提供法律咨询服务、诉讼代理68人次，与县法律援助中心、县法院联合开辟司法救助绿色通道，对弱势妇女进行减、免、缓交案件受理费、代写法律文书等，加强对妇女儿童合法权益的司法保护。协调县法院成立家事审判庭，开出人身保护令7份。继续开展“平安家庭”创建活动，制定下发《德化县“平安家庭”创建活动2015年工作要点》，主动参与社会管理综合治理和“平安德化”建设，制作分发“平安家庭”创建活动宣传购物袋4500多个，开展“家庭拒绝邪教”签名承诺活动，全县创建“平安家庭”81232户，创建率达95.2%，培育“平安家庭”示范户32028户、示范社区（村）172个。

【关爱妇女儿童】 实施妇女儿童“两纲”，调整充实实施“两纲”领导小组、监测小组，完善“政府主导、部门协作、社会参与”工作机制，印制分发“两纲”宣传手册2000多份，通过宣传栏、宣传条幅、电视广播等媒介宣传“两纲”，营造全社会关心支持妇女儿童事业发展的浓厚氛围。实施省政府关爱妇女健康为民办实事项目，争取专项资金为全县1400名适龄农村妇女和1000名城乡已婚低保妇女开展免费宫颈癌筛查、免费妇科病检查，查出疑似病例12例，救助帮扶贫困“两癌”妇女患者20名。开展实施两纲2011—2015年度监测评估，把保障和促进妇女儿童事业发展纳入国民经济和社会发展规划同步实施，同步落实，推动县妇女儿童活动中心建设。实施“贫困母亲救助工程”和“春蕾计划”，充实到“贫困母亲救助基金”中。在春节、“三八”节、母亲节期间，组织带领女企业家、巾帼志愿者深入乡镇、村（社区）走访慰问64名单亲母亲、贫困妇女和孤寡老人，送去4.8万元慰问金及食用油、毛毯、大米等生活用品，为“母亲健康1+1”募捐善款25713元。开展2015年“春蕾计划”助学活动，发放助学金150笔108500元，举行“走进校园，心手相牵”关爱留守儿童捐赠活动，建立浔中东埔社区、龙浔南门社区2个市级“儿童之家”，争取财政资金和社会各界爱心善款33.4万元，为全县204名现任村（社区）妇代会主任、111名离退妇代会主任发放工作津贴和生活补助。

【和谐家庭创建】 开展和谐家庭创建活动，参与群众性精神文明建设和全国文明县城、全国卫生县城创建工作。推进家庭教育指导工作，实施家庭教育“十二五”规划，发挥妇女儿童活动中心校外活动阵地作用，举办少儿舞蹈、跆拳道、围棋、书画等培训班22期1200多人次，组织县家教宣讲团巡回宣讲126场次受众4.9万多人次，评选表彰2015年县优秀家教论文65篇，荣获市优秀家教论文二、三等奖共3篇，市优秀家教案例二等奖1篇。立足家庭主阵地，以凝聚妇女、带动家庭、联动社会为着力点，深入推进家庭文化建设。深化文明家庭创建，建立县、乡级和谐家庭文化创建示范点31个；开展寻访“最美家庭”“家庭建设活动年”“巾帼文明行动，共建美丽家园”等系列活动，举办“家训家风伴我成长”“好家风好家训”故事征集、巾帼健身风采展示、才艺比赛等活动，和谐文化洋溢城乡家庭，南埕村被省妇联评为“巾帼美丽家园”。

【基层组织建设】 推进县直机关、企事业单位和两新组织妇工委建设，县直系统妇工委由原来的7个增加到15个，全县乡镇、村（社区）100%建立妇女组织。在全县开展“妇女之家”创建活动，多次召开创先争优推进会和基层妇联组织建设现场会，提升基层妇联组织建设水平。截至2015年底，建成“妇女之家”示范点92个，其中省级示范点10个、市级示范点14个。

（县妇女联合会 供稿）

归国华侨联合会

【服务华侨】 扶贫助困活动 开展春节慰问活动，陪同市侨联领导走访贫困高龄老归侨26人，发放“黄仲咸教育基金会”慰问金13000元；为6位空巢、残疾老人争取省侨联救助资金7200元；争取中国华侨公益基金会扶助款1000元、“黄廷芳慈善基金”4000元慰问低保贫困归侨；为徐明理、林秀英两位残疾归侨申请自动轮椅两台；拨出工作经费6000元，在春节期间慰问贫难侨20人。

金秋助学活动 协助开展“海西春雨·侨青助学”活动，30名品学兼优、家庭困难的德化一中高三学生受到资助，受助金额6万元；另外有28名贫困归侨侨眷子女学生受资助，助学金2.8万元；“骏马育才计划”受助学生3人次，助学金4500万元。

“百侨帮百村”活动 将三班镇龙阙村列为第二个“百侨帮百村”结对帮扶村，向上级及有关部门筹措资金16万元协助修建“金钟山公园”，拟筹集捐建“侨心亭”1个。协助德化县夏里巴人养鸡养殖农民专业合作社争取上级项目资金10万元，为其扩大规模、改善生产经营设施解决资金问题。

服务联系侨企 与顺尔美陶瓷有限公司、芳盛工艺制品有限公司建立“侨企挂钩联系制度”，深入调查企业现状，了解企业存在的困难和发展过程中面临的问题，做好“以侨引侨，以企引企”工作。

【联络联谊】 接待服务 接待马来西亚、新加坡等国家人士和中国港澳台地区同胞回乡、探亲、访友、旅游等10个团组134人次，其中：参与接待“福建省德化县居港人士同乡会、东莞市福建商会”回乡考察团一行40多人，力促闽、港、莞三地经贸交流与合作；接待太平洋国巴布亚新几内亚一行19人，陪同参观顺美陶瓷生活馆，扩大陶瓷文化传播；在彭亨直凉德化会馆创馆75周年庆典之际，通过贺电、电话等方式向其表示祝贺，增进情谊。

海外联谊 利用元旦、春节等节日，通过发送电子邮件、邮寄贺年卡片、编发短信、拨打电话等方式向海外侨胞传递温情与问候。

维护侨益 推荐1名干部作为县法院人民陪审员，在涉侨案件中能够协助和配合法院做好调处工作，维护侨界群众合法利益。为县重点工作彭村水库工程涉侨房屋拆迁提供归侨、侨眷证明15份涉及31户，维护其在安拆迁中的合法权益。

【自身建设】 协助龙浔镇、赤水镇召开第二次归侨侨眷代表大会进行换届选举。以“侨胞之家建设年”为契机，

福建省德化县居港人士同乡会、东莞市福建商会回乡考察

（县归国华侨联合会 供）

做好“和谐侨界”工程，推荐赤水镇侨联参加福建省侨联系统“侨胞之家”的评选，协助赤水镇侨联收集、完善侨情数据档案，通过上级侨联的验收。做好“德化县中国旅行社有限公司”的注销工作。

（撰稿人：徐婉嫣）

文学艺术联合会

【文艺精品创作】 协同有关部门做好德化县孔子文化教育奖评选工作。作家协会会员作品在省级以上刊物发表的以及被辑入文学作品集的文学作品有90多件，庄志佳作品在新春诗词歌赋全国大赛中获三等奖，苏玉珠作品获全省纪念中国人民抗日战争暨世界反法西斯战争胜利70周年诗词联赋三等奖，张晴雯长篇小说选题《幸存者》入选2015年度福建文艺发展基金资助项目。书协会员多次在全省赛事中获奖，其中徐志钰作品获全省刻字优秀奖（最高奖），赖开派获全省“我们的价值观书法征集大赛”银奖。美协会员郭志刚、曾映雪、林丽芳作品获“2015中国工艺美术百花奖大展”金奖。音乐作品《中国龙瓷》荣获2015亚洲（曼谷）国际音乐节词、曲创作大赛双料金奖，声乐类作品《海石花》获福建省第十二届音乐舞蹈节泉州赛区选拔赛优秀节目奖。县摄协会员作品多次在全省摄影大赛中得金奖，摄影作品《法制宣传校园行》在全国公安摄影家协会举办的“感动瞬间”随手拍摄影比赛中荣获铜奖。南音艺术家协会重点培训基地浔中中心小学参加市级中小学南音大奖赛获二等奖。县陶瓷文化研究会会员基本囊括德化艺术瓷在国家级评比中的各项金奖银奖。各文艺协会团体或个人出版书籍《映像德化》等6部，文艺新人辈出。

【开展文艺活动】 协同省、市、县有关部门成功举办“美丽乡村·魅力水口”全省摄影大赛、“中国梦·德化美”全市风光摄影大赛、第十五届陶都广场文化节、2015年新年音乐会暨原创歌曲获奖作品颁奖典礼、2015年秋祭郎君暨中秋南音会唱、“珍爱生命，远离毒品”禁毒宣传文艺晚会、德化县庆“七一”县直机关干部职工卡拉OK大赛文艺汇演、“第十四届亚洲艺术节暨第二届海上丝绸之路国际艺术节”德化县分会场演出等文艺活动。举办“中国人民抗日战争暨世界反法西斯战争胜利70周年”书画展、“美丽德化·卢美彬美术作品展”等本地作者摄影、美术、书法作品展览17场，同时举办“记得住乡愁·昔日知青点”专题摄影展、“我们的价值观”——书法家作品巡回展、中国梦·曹圣书法作品展、“翰墨光影”邱章平个人书法摄影展、李安水“山水精神”个人画展等外地艺术家作品展。南音艺术家、音乐家协会会员经常在村、社区、广场、公园等地常年开展各种形式的演唱会，邀请各地艺术家到德化开展创作交流笔会及文艺下基层活动，丰富人民群众精神文化生活。探索实践书画艺术与陶瓷产品融合发展路子，定期邀请全国各地书画艺术名家在瓷品上挥毫泼墨，提升瓷品价值，推动县陶瓷产业发展。

【文艺创作基地建设】 完善原有9个省、市文艺创作基地的软硬件建设，2015年，省文学院“福建文学创作基地”“福建文学读者俱乐部”、中国乡土艺术协会艺术发展中心德化创作基地、中国音协音乐考级委员会德化考点落户德化。采取“企业+基地”“研究所+基地”“名师工作室+基地”“学校+基地”等模式建立一批陶瓷艺术创作基地，吸引省内外知名艺术家前来采风、创作以德化自然风光、陶瓷艺术为题材的优秀文艺作品，为提升德化美誉度发挥积极作用。

（县文学艺术联合会 供稿）

科学技术协会

【科普创先】 联合县全民科学素质领导小组成员单位和社会力量，落实各项科普创先工作，加大科普基础设施建设力度，实施“基层科普行动计划”，开展科普宣传活动、科技培训等创先工作。

【科普宣传】 *利用阵地开展科普宣传* 定期（2个月）更新科普画廊的科普宣传内容，丰富公众的科技文化生活；继续利用《德化科普》网站，及时传播科技新技术、新知识和科学养生等知识，提高公众科学素质。

实施科普惠农兴村计划 加强对全县25个农技协、15个农村科普示范基地进行指导，发挥典型辐射作用，提高农民群众的科学素质。“德化县夏里巴人黑鸡养殖科普示范基地”被省科协、省财政厅认定为“科普惠农兴村计划”优秀项目，获得市级2015年“科普惠农兴村计划”优秀项目认定的有：“淮山专业技术协会”获评农村专业技术协会先进单位，“江山美人茶叶科普示范基地”和“萌典御草园科普示范基地”获评农村科普示范基地先进单位。

实施科普益民计划 加强社区科普宣传工作，龙浔镇兴南社区获得中国科协、财政部“科普益民示范社区”奖补表彰，龙浔镇“南门社区”和“湖前社区”获得2015年泉州市社区科普益民先进社区。

【科普活动】 *开展文化科技卫生“三下乡”活动* 2月3日，参加市委宣传部、县委宣传部牵头组织在德化开展的以“美丽祝福乡村行”为主题的送政策、送科技、送知识、送医疗、送文化、送欢乐等下乡活动，分发科普宣传材料、组织科技人员接受群众科技咨询。

开展“3•23”世界气象日纪念活动 “3•23”期间，为纪念世界气象组织成立61周年，联合县气象局、环保局在县实验小学开展以“气候知识服务气候行动”为主题的气象科普进校园系列活动。组织开展气象征文比赛、手抄报比赛、儿童画比赛、气象专题讲座、气象知识宣传展览、分发气象知识宣传材料、参观县气象局科普教育基地等活动。

开展“5•12防震减灾”纪念日系列活动 “5•12”期间，联合县地震办、团县委、卫计局等县直有关部门，围绕“科学减灾 依法应对”主题开展“防灾减灾”科普进社区、进军营、进校园、进企业等宣传活动。到浔南社区、嘉盛小区、县消防大队、县职业技术学校等进行播放地震科普宣传片《小蟾童》、举办“地震中的自救与互救”主题讲座、科普展板展览、应急演练、救援器材讲解、医疗救护讲解、分发各类科普宣传资料和宣传手册等活动，普及防震减灾和应急自救互救知识。

开展科技·人才活动周 5月22日，联合县科技和知识产权局、卫计局、司法局、地震办、环保局等县直有关部门在瓷都广场开展以围绕“携手建设创新型城市——海西建设，科技先行”和“科普惠农、青少年科普和节能、环保”为重点的大型科普宣传活动，活动内容包括科普展览、科技咨询、义诊、防震减灾知识宣传等。

开展全国科普日系列科普活动 9月23日，组织县科技和知识产权局等10个县直有关部门在瓷都广场开展以“万众创新 拥抱智慧生活”为主题的2015年全国科普日大型科普宣传活动。9月25日，龙浔镇兴南社区联合戴云山国家级自然保护区管理局、县总工会、气象局、市场监管局、妇幼保健所、移动公司在塔雁广场举办2015年兴南社区“全国科普日”科普宣传活动。

【青少年科技活动】 5月份，联合县教育局、科技局、环保局、关工委下发《关于举办第六届德化县青少年科技创新大赛的通知》（德科协〔2015〕3号），组织发动全县各中小学、幼儿园开展科学探究、科技实践和科技创新、科学幻想等活动，并进行科技创新项目的筛选与制作，提高未成年人的创新意识和动手实践能力。9月19—20日，举办德化县第六届青少年科技创新大赛评比活动，120项（幅）科技作品参赛，经专家评委评审，分别评出一、二、三等奖若干名，并推优选送科技作品参加市第十二届青少年科技创新大赛，获得科技创新项目一等奖4项、二等奖6项、三等奖12项；科技创意项目二等奖1项、三等奖3项，科技实践活动项目二等奖1项、三等奖1项；科幻绘画作品一等奖2幅、二等奖3幅、三等奖5幅。组织中小学生参加福建省、全国第30届青少年科技创新大赛。省赛上，学生组获得一等奖2项、二等奖2项、三等奖1项，科技辅导员项目获得一等奖1项；全国赛上，德化第六中学王枝老师的《自动水闸门稳压输出水轮发电机》获得科技辅导员科技创新项目一等奖，德化第一中学张雅珊同学的《真空室小水电发电装置》（辅导老师徐志刚）和德化县实验小学涂澜露同学的《手持式新型视力表》（辅导老师林永亮、郑秀霞、涂培坤）获得学生科技创新项目二等奖。注重提高中小学校教师的科技辅导水平。5月份，选送2名、9名科技教师分别参加市科协、市教育局联合举办的2015年泉州市青少年科学影像节活动辅导教师培训班和2015年泉州市科技创新教育骨干教师培训班五个学科组（物理组、工程组、生物组、社会科学组、环境科学组）的培训。组织发动全县各中小学校的科技教师结合各校的实际和平时的教学实践，撰写科技教育论文参加市第11届、省第24届青少年科技教育论文评选，省级评选获得一等奖1篇、三等奖1篇；市级评选获得一等奖3篇、二等奖5篇、三等奖9篇。组织在校中小学生和在园幼儿参加“生态文明、清新福建”为主题的第二届全省青少年科学素养网络竞赛活动。注重加强青少年科技活动平台建设，完善“德化县科技活动中心”和龙浔镇兴南社区、南门社区、宝美村校外科学工作室设施，定期免费对外开放，为青少年在节假日开展科学体验和科技实践活动提供服务。

【农函大工作】 制定2015年科技培训方案，以培养高素质、懂技术、善经营的新型农民为目标，确定“淮山种植管理技术、生态黑鸡养殖管理技术、闽西南黑兔养殖管理技术及疾病防治、德化梨生态种植管理技术、生态茶园管理技术、黄花远志种植技术、

2015年德化县“全国科普日”科普宣传活动举行 （县科协 供）

9月19—20日，第六届德化县青少年科技创新大赛举行　　（县科协 供）

生姜种植管理技术”等8个重点科技培训班，分别在相关的乡镇、农技协、科普服务站开展培训，受训人数达560多人次。开展农村劳动力转移培训，联合县关工委、教育局、团县委、妇联等县直有关部门依托星辰雕塑、华兴职业、新华职业、现代职业、新世界等职业技术学校常年招生、办班，为农村劳动力转移就业提供实用技术。举办德化县第四期社会青少年、待业妇女竹藤工艺技术培训班、德化县第九期社会青少年、城乡待业妇女电子商务创业培训班、第十一期社会青少年陶瓷手绘技术培训班等，350多人次参加培训。

【学会（协会）工作】 实施“海智计划” 6月15—16日，日本国际有机自然农法研发中心副所长、首席研究员徐会连博士在省科协国际联络部副部长林缨等的陪同下，到德化县广善茶业有限公司考察，并到茶场、制茶厂等实地，现场进行有机茶、富硒茶的种植、管理和制作的技术指导。6月18日，德化县广善茶业有限公司与徐会连博士就有机生态茶园改造及有机富硒茶研发项目在第十三届中国·海峡项目成果交易会上签约。

抓好乡镇科协换届选举工作 与县委组织部联合下发德科协〔2015〕10号《关于做好乡镇科协换届选举工作的通知》，要求各乡镇于12月25日前完成乡镇的科协换届选举工作，将产生新的基层科协代表650人以上。

推荐科技人才评先创优 福建省德化福杰陶瓷有限公司总经理林福文撰写的《关于促使德化功能陶瓷产业加快发展的建议》参加泉州市科技工作者优秀建议奖评选；推荐龙鹏集团有限公司的苏康福、宁昌陶瓷有限公司的苏友谊参加泉州市优秀科技工作者评选。

配合举办第六届海峡两岸生物多样性与森林保护文化研讨会 6月14—17日，邀请来自两岸100多名在生物多样性与森林保护文化研究领域的专家学者，围绕“生物多样性与林下经济”主题，就致力于保护生物多样性、促进生态产业发展，两岸在林下经济发展的理论研究、实践成效及其如何处理两者之间关系与矛盾等方面展开研讨和交流，提升两岸生物多样性保护与森林保护文化水平。

（县科学技术协会 供稿）

残疾人联合会

【康复工作】 完成省、市为民办实事项目——“助残工程”任务，深入基层做好贫困白内障患者的调查摸底和术前筛查等工作，完成复明手术196例；为37名需康复救助的残疾儿童提供救助；为15名（18例）贫困残疾人提供辅助器具适配救助。继续做好慈善助残复明、助行、助听工程和康复转介及用品用具供应等多项康复服务工作，免费配送轮椅175部，助视器、盲杖等辅助器具60件，为残疾人生产、生活提供便利，为贫困精神病患者发放7.36万元医疗救助。

【就业工作】 贯彻落实《残疾人就业条例》《福建省残疾人就业保障金征缴管理暂行办法》等残疾人就业法律法规，配合地税部门做好残疾人就业保障金地税统一代征工作，依法推进残疾人就业。向1100个单位征收残保金230万，征收覆盖率60%，安置残疾人34人。采取依托社会职业培训机构等形式，多层次、多渠道开展残疾人实用技术培训，举办全省第一期残疾人陶艺培训班，268名贫困残疾人免费参加家电维修、服装裁剪、陶瓷雕塑、电脑制作、盲人按摩等培训；举办2015年残疾人就业专场招聘会，105名残疾人、13家用人单位参与，其中72名残疾人与企业初步达成就业意向；组织企业和残疾人9名参加泉州市残疾人就业供需见面会，达成就业意向并到晋江、石狮、德化等地服装厂就业。

【扶贫工作】 实施省委、省政府为民办实事“重度残疾人居家托养”项目，为185名智力、精神和其它重度残疾人居家托养对象提供每人2000元的补助金；实施机构托养补助项目，为20名在县福乐家园托养的对象提供每人5000元补助金。实施省委、省政府为民办实事“扶助贫困残疾人就业创业”项目，为45名贫困残疾人提供每人5000元补助金。开展节日慰问活动，慰问贫困残疾人和残疾人自强模范700户，发放慰问金23万元。落实残疾人社会保障政策，2366名重度残疾人领取困难救助金。配合民政、劳动、卫生部门将贫困残疾人纳入最低生活保障范围、重度残疾人参加“新农合”“新农保”享受政府补贴工作。开展助学工程，为224名贫困残疾学生和残疾人家庭子女就学提供21.35万元的助学金。建立残疾人自主创业社会保险补贴制度，为32名残疾人发放社保补贴5万元。发放重度残疾人护理补贴，为920名重度（一级）残疾人发放每人每月50元的护理补贴费。

【维权信访】 加大对修订后的《残疾人保障法》《残疾人就业条例》等残疾人法律法规的宣传力度，提高残疾人的法律意识；落实省政府对残疾人实行的各项优惠政策，为残疾人提供形式多样、方便有效的残疾人法律服务和法律援助；协调有关部门做好无障碍建设，为26户贫困残疾人家庭无障碍改造对象提供4.6万元的补助金；组织开展残疾人机动轮椅车调查摸底，向130名对象发放3.38万元燃油补助资金；加快第二代残疾人证的办理进度，办理二代证10149本，办证率达县残疾人数的47.77%；妥善处理来信来访。

【专项调查】 依托残疾人基础信息核查系统开展入户调查，填写残疾人调查表，摸清搞实残疾人的基本服务现状与重点服务需求，重点是持证残疾人、重度残疾人、残疾儿童、就业年龄段残疾人等的生活救助、社会保障、康复服务、接受教育、就业扶持、托养服务、扶贫开发、住房保障、无障碍改造、法律服务等的服务对象数量、现有服务情况、托底服务需求等内容。对18个乡镇上报的调查表进行验收，对所抽取村（社区）的所有调查问卷的填写质量、逻辑关系进行质量审核，严格筛选责任心强、业务能力素质高的工作人员承担调查表初录工作和复录工作，录入前进行培训和试录，严把质量关，坚决把错误率降到最低，按质按量完成录入工作。

福建省第一期残疾人陶艺项目开班仪式举行　（郑锦贵 摄）

【宣传工作】 由中残联主办，省残联和厦门市残联承办的“第七届海峡论坛——2015两岸残障人士交流嘉年华活动”在厦门举行，县选送残疾人徐福坤优秀作品《披坐观音》参加“两岸人士手工艺品技能展示会”活动，荣获二等奖。围绕助残日活动主题，《德化新闻》《浐溪两岸》《德化报》等新闻媒体播放报道助残日期间各级领导走访慰问贫困残疾人及残疾人自强自立和社会各界扶残助残等典型事迹，在全社会营造关心、关注残疾人事业，支持和促进残疾人事业发展的良好社会环境。及时向省、市残联及《瓷都德化》《德化政讯》等报送信息25条。

（撰稿人：张美蓉 审稿人：徐华军）

计划生育协会

【计生宣传】 集中宣传　指导各乡镇在重要纪念日，广泛开展内容丰富的人口计生宣传教育活动，尤其注重宣传十八届五中全会之后国家生育政策的调整、“全面二孩”政策实施的意义和措施。两节期间，各乡镇均结合当地特色举办丰富多彩的宣传活动。

重点宣传　5月23日，县计生协会在德化六中举办首届德化县“瓷都儿女·幸福家庭”亲子陶艺比赛活动，来自各中小学的199名选手参加比赛，比赛分小学低年组、小学高年组、初中组、高中组、职专组五个组别，亲子陶艺以“瓷都儿女·幸福家庭”为主题，自由创作，比赛限时3个小时，现场评出一等奖23名、二等奖36名、三等奖64名。从5月开始至8月，联合县妇联、教育局、关工委在各中小学开展幸福家庭教育理论研讨优秀论文评选活动，收到参赛论文98篇，评出获奖论文52篇，其中一等奖6篇、二等奖18篇、三等奖28篇。7月20日，县举办“瓷都女孩·走进国学”

暑期国学班，72名女学员参加，本期国学班为期5天，主要教授《论语》《弟子规》《三字经》以及讲解中国传统节日，县政府县长欧阳秋虹参加结业仪式。

特色宣传 在“中国梦·协会情”第二届全国计划生育协会会员剪纸作品展评活动中大铭乡选送的剪纸《美丽瓷都 和谐计生》和杨梅乡选送的剪纸《妈妈抱抱》荣获优秀奖。在市计生协会举办的“中国梦·国策情”人口文化艺术节，县选送的《卖鸭蛋满载而归》（摄影）获得二等奖，《魏楷条幅》（书法）获得三等奖，《为幸福保航》（剪纸），《和谐计生·幸福花开》（绘画），《深山里飞出的金凤凰》（摄影）获得优秀奖。

【生育关怀】 **关爱计生特殊家庭** 针对有再生育愿望的失独家庭，开展提供再生育技术服务及再生育全程指导的“五送助孕”行动，即“送安抚”“送健康”“送技术”“送资金”“送孕期指导”。采用人工辅助生育的，给予一次性不低于1500元的补助金；采用试管婴儿辅助生育的，不成功的给予补助检查治疗总金额的30%（补助金额不超1万元/周期），每对夫妻采取试管婴儿辅助生育总共不超过3个周期，成功的每例给予一次性不低于2万元的补助。帮助2对失独家庭实现再生育，怀孕3个。针对目前失独家庭抱养孩子存在落户难等问题，县人口计生领导小组会议同意：失独家庭抱养不符合送养条件的孩子，按不同情况给予办理入户手续：对明确知道小孩生父母的，该小孩应当办理随父或随母落户，然后凭相关证明（民政、司法公正等证明）按照非亲属关系给予办理户口迁移；属于弃婴的，由公安部门按照相关规定，经过采集生物检材进行DNA检验，录入全国打拐DNA信息库比对，并出具弃婴捡拾证明或者调查报告等相关材料，由县社会福利中心到县公安机关办理户籍登记，为其办理县社会福利中心集体户口后和失独家庭签署寄养协议，适时将户口迁入失独家庭中；帮助1个失独家庭抱养的孩子解决户口问题。针对失独家庭张书堤妻子的心理问题，3月24日，县组织德化一中的何巧玲和李春心等两位心理老师，上门进行关心和心理抚慰；6月11日，邀请市计生协会项目部部长张振瑞、心理专家刘富强和陈艺华再次到失独家庭张书堤家中，对其妻子林秀春进行心理疏导。开展定期体检，体检项目分普通健康体检套餐和再生育体检套餐，以满足不同情况的失独家庭的需要，对于有再生育需求的家庭侧重于对其生育力评估和再生育禁忌症排查，参加体检的失独家庭有16对。

开展二女助学工作 对辖区内二女户女儿当年参加高考情况进行调查摸底，2015年参加高考的农村二女户女儿有233人，其中低保户20人。按照家庭困难情况，由县乡村协会分类别给予资助，受资助面100%，发放助学金48万元。同时，争取省、市计生协会的帮扶，受资助66人次，资助金额17.35万元。

做好慰问救助活动 元旦和春节期间，县乡村各级各部门慰问计生困难家庭、失独家庭735户，发放慰问金33.26万元。县级走访慰问20户贫困母亲，各乡镇对计生困难母亲都开展慰问和救助活动。2015年，救助35人，县级救助金额 3.5万元，其中29户因患重病、病情严重，经村、镇、县救助之后上报市计生协会进行救助。

推进幸福工程、小额贴息和计生家庭意外伤害保险工作 各乡镇计生协会组织人员深入各村，对困难计生家庭开展调查排摸和走访工作，确定各类计生困难家庭1386户，其中被列入低保家庭787户。2015年计生小额贴息帮扶300户，幸福工程帮扶30户。计生家庭意外伤害保险对计生特殊家庭、计生低保家庭和二女户家庭实行全覆盖，参保6549户。依托农业专业合作社、种养能手、销售大户、加工企业等新型经济体，创建计生帮扶示范基地，采用“基地+计生户”的模式，让贷款资金发挥规模效益。目前全县创建计生帮扶示范基地8个，投入计生小额贷款资金208万元，104个计生家庭通过基地获得稳定收益。

开展青春健康教育活动 联合教育局、关工委等部门从5月开始陆续在各中小学开展未成年青春健康教育报告活动，开展12场，受教育人数达6000多人次。

关爱妇女健康 邀请“全国三八健康使者万里行”组委会专家文晓琴教授到德化开展4场生殖健康讲座，参加妇女人数达256人。配合市计生协会开展“女性健康企业行”活动2场次，为300多名育龄妇女免费看病赠药。

开展计生家庭法律援助 9月22日，成立德化县法律援助中心计划生育协会援助站，各乡镇相继成立乡镇计划生育协会法律援助服务站。为计生户调解民事纠纷3宗，协调维护计生户合法权益2件，为计生户争取经济利益0.8万元，开展法援宣传12场，发放宣传材料2.3万份，解答法律咨询38人次。

引导计生户发展农村淘宝 阿里巴巴农村淘宝项目走进德化之后，计生协会引导乡镇计生协会挖掘人才，鼓励其加入合伙人，发动计生户报名，帮助计生户进行资质审核，组织培训、参与其签订协议，撰写经营企划、试营业到正式运营等过程。

【组织建设】 **开展“四联创”活动** 县有12个乡镇达到先进乡镇计生协会标准，占乡镇数的66.67%，170个村（社区）被确认为一流村，占“两类达标”村数的83.74%。

基层组织建设 7月29日，全县乡镇秘书长工作座谈会在美湖镇召开。龙浔镇和浔中镇各新增设2个社区，及时建议配全计生协会组织，并在6月12日召开的县人口计生领导小组会议决定相应增加村级会长职数，所需经费列入县财政预算。同时，将村级计生协会换届列入县委2015年村级组织换届选举工作进行总体部署，9月底前换届工作完成。建立经常性财政投入机制，争取到县级生育关怀资金24万元、关爱计生特殊家庭专项资金20万元、计生小额贴息帮扶资金14万元、计生助学款10万元、计生家庭意外伤害保险资金33万元。各乡镇村计生协会争取本级资金投入，充实壮大生育关怀资金规模，目前乡村两级生育关怀资金总金额达390多万元。

基层群众自治 坚持政府指导与群众自愿、行政管理与群众工作相结合，以“六好”示范村（社区）创建活动为抓手，加强计划生育基层群众自治工作。9月底，联合卫生和计划生育局确认龙浔镇丁墘村等50个村（社区）为2015年度计生基层群众自治“六好”示范村（社区），推广经验。

争先创优 葛坑镇龙漈村被评为第五批全国人口和计划生育基层群众自治示范村。县选送的颜毅的作品《军训日记》荣获2014“青春与梦想”中国计生协会青春健康微作品创作大赛平面类优秀奖。5月，县幸福工程项目办公室被幸福工程全国组织工作委员会授予“幸福工程——救助贫困母亲行动‘爱心集体’”荣誉称号，周秋兰被授予“幸福工程——救助贫困母亲行动‘幸福母亲’”荣誉称号。1月，在全市计生协会工作好经验好典型的评选中，县许全福的《作为》、颜荣达的《旧祠堂变身人口幸福堂》、张华英的《外来工夸宋郑花流动育妇娘家人》分别获得二等奖、三等奖和优秀奖。

（县计生协会 供稿）

国际贸易促进委员会

【机构情况】 县贸促会成立于2007年3月，与县经贸局合署办公。2015年5月，根据县委、县政府机构改革会议精神，县贸促会分开独立。主要任务：促进对外关系，促进国际贸易，促进双向投资，促进企业发展。主要职能：国际联络（包括组织出访考察、接待来访、参观洽谈）、国际展览（组织出国办展及举办来展）、国际培训、国际经贸法律（包括调解、仲裁、法律咨询、出证认证和外商投资企业投诉协调等）、信息咨询、业务代理等。贸促会和国际商会实行两块牌子，一套工作机构。

【国际交流】 组织6家企业参与泉州市组团到古丝绸之路终点段欧洲物流的重要枢纽和桥头堡的匈牙利、捷克、意大利等国家参加8场经贸对接会，卓越企业与福州春伦集团两家企业作为全省的代表参加由省贸促会和意大利米兰世博会组委会举办的“2015年福建——意大利推介会”，宣传“世界陶瓷之都——德化”的陶瓷历史、发展状况；卓越企业把德化陶瓷产品赠送给意大利米兰世博会意大利馆馆长。卓越企业赞助意大利米兰世博会福建馆10多万元陶瓷礼品，活动日期间现场分发给国外嘉宾和参观群众，宣传德化陶瓷，提高德化陶瓷的知名度。

【国际拓展】 按照省、市贸促系统2015年出国展览计划和要求，精选重点展会，拓展会展服务范围，帮助企业参加各种展览。全年组织20多家企业参加匈牙利、捷克、埃及等中国出口商品展。

【法律服务】 做好新版产地证衔接工作，确保企业通关贸易便利化；扩大商事证明业务范围，打造德化签发国际商事证明书的机构品牌；发挥贸促系统法律服务优势，帮助企业解决法律疑难问题；邀请市贸促会的法律专家到德化开展涉外法律培训，提高企业涉外纠纷处置能力。新增宏盛4家企业办理原产地证登记注册，累计注册企业91家；签发原产地证116份，出具国际商事证明24份，代办领事认证24份；举办各种法律知识培训班6场次，企业法人和办证员100多人参加。

【会员联络】 发挥国际商会优势，加强会员企业沟通联系，支持会员企业走出去，帮助会员企业应对国际贸易壁垒，做好反倾销案件的应诉工作，激发国际商会新活力。今年走访会员企业30多家。

（县贸促会 供稿）

老龄事业

【概况】 2015年末，全县有60周岁以上老年人40279人，占全县总人口12.06%。其中女20471人，男19808人；60—64周岁12889人，65—69周岁10101人，70—79周岁11550人，80—89周岁5281人，90—99周岁454人，百岁及以上老人4人：浔中镇石鼓村林蕉，女，1914年11月出生（101周岁）；水口镇毛厝村郑麺，女，1914年6月12日出生（101周岁）；龙浔镇德新社区陈德平，男，1915年11月出生（100周岁）；美湖镇上漈村林照高，男，1915年3月出生（100周岁）。独居或只与配偶居住老年人数20881人，入住养老机构的老年人270人，与家庭成员同住的有18832人，与亲戚同住的有208人，其他的有88人。

全县有1551名老年人享受城乡低保；有33593名老年人享受新型农村社会保险；有294名90周岁以上老人享受高龄补贴，2015年发放高龄补贴金16.255万元；有33个村为老年人发放固定生活补贴，4853名老年人享受固定生活补贴。

投入使用的养老机构2个，县老人公寓可容纳220个床位，入住老年人245人；龙门滩镇敬老院可容纳床位40个，入住老人3人。

全县有18个乡镇老年活动中心；191个行政村，17个社区建立老年协会，有村（居）老年活动室194个。

【老龄工作宣传】 推荐评选南埕镇许厝村老年协会会长周文配为泉州市2015年度老有所为先进个人。县老龄办与县委宣传部、文明办、广电局、妇联、老年人协会等部门联合开展评选第三届德化县“孝敬之星”（美伦杯）和第四届德化县道德模范（孝老爱亲）活动，分别评选10名孝敬之星和2名孝老爱亲模范，颁发放荣誉证书和奖金各5000元。利用各新闻媒体，宣传报道各部门、各乡镇开展尊老敬老活动情况和先进典型事迹，向省、市、县有关刊物报送老龄工作信息，22则简讯被采用。10月份，围绕“培育敬老家风，建设和睦家庭”主题开展宣传活动。

【落实老年人优待政策】 贯彻实施《德化县人民政府关于进一步做好老年人优待工作的意见》，做好老年人优待工作。为老年人办理“福建省老年人优待证”，为老年人办理1623张，其中60岁以上老年证600张，70周岁以上老年证1023张。为老年人外出旅游、乘坐公交车等提供服务，县5条城市公交线路，继续对60—69周岁的老年人实行半价优惠和70周岁以上老年人实行免费的优待政策。

【帮扶慰问活动】 2015年春节和老年节期间，开展慰问百岁、特困、失能、空巢等老人和基层老年工作者2468名，发放慰问金51.6万元。10月20日，县委书记吴深生、县政府县长欧阳秋虹分别到龙浔镇、浔中镇和水口镇慰问3名百岁老人和部分困难老人，为每位百岁老人发放慰问金2800元，为每位特困老人发放慰问金500元，并让随同慰问的医生为百岁老人量血压等健康检查。10月20日下午，县老龄办副主任徐春花到美湖镇上漈村慰问百岁老人林照高，为百岁老人送上慰问金2800元，并慰问上漈村、美湖村特困老人林精业、林淑娥，分别送上慰问金各500元。市老龄办和市物价局联合下拨资金14.16万元慰问县472名特困重度失能老人。

【惠老办实事活动】 为90—99周岁老年人发放每人每月50元的高龄补贴，为294名老人发放高龄补贴16.255万元。落实为特困失能老人提供政府购买服务，并在各乡镇开展调查摸底工作，确定符合条件且近期最需要帮助的特困失能老人71名。4月底，下发2015年政府购买服务补助费25.56万元，并从7月起为特困失能老人开展政府购买服务：即由特困失能老人所在的村老年协会，每个月利用补助资金为特困失能老人购买生活必需品（如油、盐、米等），并组织2名以上互助组成员上门为特困失能老人开展互帮互助活动，帮助老年人解决生产、生活上的困难，同时做好购买服务及互助活动情况登记。

【基层老龄工作】 *基层老年协会规范化建设* 推荐三班镇奎斗村为市基层老年人协会规范化建设试点。11月份，县老龄办与县财政局联合下拨给龙浔镇宝美村、浔中镇浔中村老年协会规范化建设补助资金各2万元；下拨给春美乡上春村盖竹尾梁氏0.5万元、三班镇奎斗村1万元、三班村2万元作为老年协会活动设施建设补助资金。

社区居家养老服务工作 2015年，申报龙浔镇浔南、浔东和浔中镇凤池、龙东、金凤等5个社区居家养老服务站提升列为市委、市政府为民办实事项目之一。9月份，下发《德化县老龄办关于转发〈泉州市城市社区居家养老服务站（中心）建设评星定级实施方案〉的通知》（德老龄办〔2015〕13号），对居家养老服务站提升有关工作进行部署，并要求社区对照方案开展自评。4月份，下拨给5个社区县级配套补助资金共10万元。5月份，县老龄办人员分别深入5个社区，对居家养老服务站完善提升进行指导，要求社区开展系列助老活动，多为老年人办实事好事。10月9日，县老龄办结合社区自评情况，深入社区通过听取汇报、查看资料、设施建设等方式进行初评，分别评出浔中镇金凤社区为一星级，浔中镇龙东、龙浔镇浔东、浔南社区分别为二星级，浔中镇凤池社区为三星级，并通过市级的复评，于12月份下拨市级建设补助资金共10万元，即：一星级1万元、二星级2万元、三星级3万元。

基层老年体育工作 开展推荐首批“老年人健身康乐家园”活动，10月份，县文体新局、老龄办、老体协联合推荐龙浔、浔中、龙门滩等7个乡镇共11个村（社区）为德化县“老年人健身康乐家园”，并上报省、市验收确认。

【专项调研】 与县民政局等部门深入到有关乡镇开展调研，了解农村留守老人状况，探讨如何加大力度关爱农村留守老人，完成县人大第十七届四次会议第14号、147号建议答复工作。做好第四次中国城乡老年人生活状况抽样调查工作，通过随机抽取，县4个镇各4个村（社区）共480名老年人被抽中，即：龙浔镇丁溪村、高阳村、英山村、兴南社区，浔中镇凤池社区、龙岸村、石鼓村、浔中村，美湖镇上漈、小湖、美湖、阳山村，上涌镇上涌、西溪、下涌、曾坂村；8月份，做好4个镇各4个村（社区）共480名老年人生活状况抽样调查及老龄工作问卷调查工作。做好90—99周岁、百岁等老人各项调查统计工作，摸清有关老年群体的各项基本数字。12月份，开展2015年老龄事业统计工作，为社会提供科学、准确、翔实的老年人口和老龄事业相关数据。

（县老龄委 供稿）

外 事

【经贸合作】 为企业“走出去”牵线搭桥 5月中旬，富贵红文化发展有限公司参加朝鲜平壤国际商品展；6月下旬，冠鸿陶瓷、卓越陶瓷等6家企业随团参加在匈牙利、捷克等地举办的中国出口商品展暨福建品牌产品交易会；9月上旬，以“互联互通，双赢合作”为主题的第六届中欧企业家峰会在巴黎举行，德化县中国白艺术宫馆长陈仁海应邀参加，向与会嘉宾推介世界瓷都中国白陶瓷艺术。9月22日，县德瓷缘文化发展股份公司受邀参加斯洛伐克驻华使馆艺术展。

【联络联谊】 把客人“请进来”寻求商机 通过承办援外培训班来推介德化，泉州工艺美术职业学院连续举办10期援外培训项目，来自埃及、埃塞俄比亚等80个国家的361名学员参加。

借力“海丝”打造陶瓷文化品牌 举办陶瓷艺术创作交流活动，7月13日，来自欧美、亚洲8个国家的29位知名艺术家、国际策展人、学者和批评家，齐聚万旗艺术中心，开展主题为“回归与启航”的当代陶瓷艺术创作对话；11月9日，来自日本、韩国等3名陶艺家到德化参加亚洲艺术节德化柴烧交流展。

接待外交部及海外的重点人士。2月13日，外交部原部长、中国公共外交协会会长李肇星一行来访。5月9—10日，中华陶瓷大师联盟执行常务副主席夏高生、孟树锋及希腊国家亚洲艺术博物馆馆长赞尼奥蒂一行到德化洽谈《2016年新丝绸之路—中国德化陶瓷希腊文化之旅及展出战略合作备忘录》，商谈中华陶瓷大师联盟走进德化相关事宜并为德化陶瓷艺术大师郑少伟颁发收藏证书。5月19日，德国莱法州福建友好促进会主席、艺术家联合会主席冯·鲍丽斯伯爵夫妇一行6人来访。6月10日，美国蒙特利公园市市长梁侨汉、美国国际经贸商会副会长翁国泉一行3人来访。10月20日，德国诺伊斯塔特市汉斯·盖奥格·瑞夫勒市长一行11人来访。11月12日，孟加拉国文化部辅秘、文物局局长穆罕默德·阿尔塔夫·侯赛因一行3人来访。11月24—25日，新加坡驻厦门总领事池兆森一行7人来访。

侨 务

【联络联谊】 4月27日，旅菲知名侨领、菲华商联总会永远名誉理事长陈永栽先生率其家族17人到德化参观考察。10月10日，马来西亚福建社团联合会总秘书拿督刘国泉局绅一

2月13日，外交部原部长、中国公共外交协会会长李肇星（右一）到德化参观访问 （县外事侨务办 供）

行13人回乡参观考察。10月12日，新西兰福建商会会长陈福祥率领新西兰福建商贸考察团一行17人到德化县考察访问。

【侨务宣传】 结合“六五”普法相关活动，落实好侨务政策，走访侨资企业、归侨侨眷，加大《中国人民共和国归侨侨眷权益保护法》宣传力度，进一步形成懂侨法、落实侨法的良好氛围。

【服务侨企侨胞】 通过走访企业及组织座谈会等方式，加强宣传县招商优惠政策，为企业排忧解难，做好侨商服务保障工作。6月3日，走访侨资企业，并为宏远、儒苑、顺美等3家市级侨资企业联系点授牌。“两节”期间，慰问贫困归难侨24人，发放慰问金12000元。开展归侨低保户调查摸底工作，为2015年度纳入低保的13名贫困归侨发放补助金15600元。跟踪落实6户贫困归难侨的侨居房建设，按时完成市委市政府2015年为民办实事项目，为6户侨居房建设对象争取补助金24万元。做好遭遇大病大灾贫困归侨的调查摸底及补助金发放工作，发放4万元大病大灾补助金。

港台事务

【联络联谊】 4月中下旬，县政府副县长陈祥端组团赴香港开展商贸洽谈，走访乡贤，联络乡情乡谊，共有45家陶瓷企业赴香港参加香港家庭用品展。7月21日，由港澳各大学青年传媒学子组成的“永远在路上：纪念范长江西部纪行80周年—文化寻根之旅”寻访团到德化采风。9月15-18日，德化县居港人士同乡会、东莞市福建商会访问团荣誉顾问颜纯炯、团长郭金发一行40多人到德化访问考察。12月30日，香港新闻教育基金主席陈淑薇带领香港媒体负责人访问团到德化参观考察。

【经贸合作】 为企业赴台交流牵线搭桥 拓展德台产业对接领域，组织陶瓷文化创意、现代农业、生态旅游、林下经济等产业人才赴台考察交流，自组团2批，随省团组10批，共50人赴台考察交流。县政府副县长苏锡培率陶瓷文化古镇企业人才19人赴台考察台湾特色民宿、精致农业、陶瓷文化创意等特色产业；戴云山国家级自然保护区管理局局长涂青云率林业产业人才18人对台湾的林下经济、现代农业、生态产业等进行考察学习，达成6项合作意向。

把台商请进来寻求商机 邀请台胞台商到德化做客，其中包括全球粥会世界总会总会长陆炳文，台湾著名诗人余光中，台湾萧氏宗亲总会总会长萧水三，北京台资企业协会会长谢坤宗，台湾灿坤集团董事长庄兴，台湾导报社社长林文雄等12人。县新增云水窑陶瓷有限公司、广善茗茶等2个台资企业，投资总额2700万元，拟利用台资1050万元。

【联络联谊】 打造文化交流品牌 6月14—17日，作为“第七届海峡论坛•2015年海峡科技专家论坛”系列活动之一的第六届海峡两岸生物多样性与森林保护文化研讨会在德化举行，来自海峡两岸100多名院校（机构）的专家学者、专业人士和企业家等围绕“生物多样性与林下经济”主题，就闽台之间的研究、交流与合作愿景展开深入研讨，会议期间签订3项合作协议：戴云山国家级自然保护区管理局与台湾大学实验林管理处签订科研交流合作协议；德化县祥盛工艺有限公司与台湾森林休憩保育协会签订共同建设“福建观音海森林文化创意产业园区”合作项目；泉州憨鼠电子商务有限公司与台湾金盛台贸易有限公司签订德化、台湾农特产品经贸合作协议。8月12—20日，“2015威尔杯”海峡两岸大学生陶瓷工业设计大赛在德化威尔陶瓷股份公司举行，共有台湾东海大学、台湾亚洲大学、山东大学等8所海峡两岸高校16名学生参赛，两岸学生以2人一小组的合作方式共同参与设计和创作，深化两岸青少年之间的友谊。11月9日，9名台湾陶艺家到德化参加亚洲艺术节德化柴烧交流展。11月28日，由北京798艺术区上舍空间、福建省艺术收藏协会、万旗艺术中心在县万旗艺术中心共同举办“以陶为媒——探索与续航”海峡两岸青年艺术家创作计划成果展，共展出17名海峡两岸艺术家近70件

9月16日，德化县居港人士东莞市福建商会访问团到德化参观考察

（县外事侨务办 供）

作品。8 月 26 日，在海峡两岸关系协会与台湾海峡交流基金会第 11 次会谈上，海协会会长陈德铭将德化白瓷雕刻作品《踏浪送福》做为伴手礼赠送给海基会。

推动基层民间双向交流　依托三代祖师、法祖公信仰文化、陶瓷文化等载体，推动姓氏宗亲、民间信仰及陶艺等双向交流，全年接待来德化的台胞 24 批 395 人次。接待基层民众参访团 4 批：6 月 24 日，北京台资企业协会会长谢坤宗一行 16 人到石牛山法主公庙进香；10 月 6—9 日全球粥会世界总会总会长陆炳文，副总会长、花莲粥会理事长彭明德到德化参加“回乡与续航：2015 海峡两岸艺术家泉州对话——首届闽台当代书画家陶瓷艺术创作暨论坛”活动；10 月 13—14 日，台湾导报社社长林文雄率中南部基层民众一行 40 人到德化参观考察；11 月 7 日，台湾著名诗人余光中一行在全球粥会世界总会总会长陆炳文的陪同下到德化参观考察。接待宗亲及回乡省亲团组 4 批：10 月 9 日，福建省姓氏源流研究会颜氏委员会首届会员大会在德化召开，来自香港、澳门、台湾等颜氏委员会代表 800 人参加会议；12 月 1 日，苏氏台湾宗亲团一行 20 多人回乡参加苏氏宗亲会；德化台北同乡会会长林淑莲一行、台湾萧氏宗亲总会第六届总会长萧水三一行回乡省亲。举办专题讲座 3 场：7 月 24 日，台湾工艺研究发展中心主任许耿修应邀作题为《从传统保守到当代时尚》专题讲座；9 月 14 日，台湾无尽灯文化学会理事长唐瑜凌应邀作关于孔子教育思想的专题讲座；10 月 27—28 日，台湾因特网营销研究协会秘书长陈定震受邀参加首届中国陶瓷电商峰会关于“打造两岸陶瓷电商合作新天地”的主题演讲。选派陶艺大师参加 2 场涉台交流：6 月 1 日，陈明良和林禄扬两位工艺美术大师赴台参加“2015 福建文化宝岛行”活动，现场展示德化瓷塑技艺，并捐献 3 件作品给台湾佛光山佛陀纪念馆；9 月 29 日，县工艺美术大师李甲栈参加第二届大江论坛系列活动之一的艺术家作品展示。

【对台宣传】　与泉州电视台合作摄制《两岸聚焦·林下经济》大型电视访谈节目，特邀台湾和大陆各 3 名代表，聚焦“林下经济”，总结交流台海两地发展经验，探讨德台在林下经济发展方面的技术和投资合作需求与意向，推动台海之间在林下经济方面的深化合作。在德化县举办的第六届海峡两岸生物多样性与森林保护文化研讨会受到海峡两岸 20 多家新闻媒体的关注，其中中央电视台前来采访，并在 CCTV4（中文国际）频道中国新闻栏目播报专题新闻；台湾导报等台港宣传媒体首次派员到现场采访报道；微信、微博等网络媒体多角度宣传报道此次研讨会，宣传报道数量达到 81 条次。

【服务台企台胞】　走访台资企业，组织 1 场台资企业座谈会，为企业排忧解难。加强宣传县招商优惠政策，做好台商服务保障工作。台湾华羽开发有限公司执行长、香港达富国际有限公司董事章富强拟在德化经营台湾特色店，积极帮其沟通协调，联系店面。6 月中旬，邀请台商参加“林下经济与美丽乡村建设”大型专题辅导和业务培训。协调解决德化萧氏宗亲会及台属陈铁雷、陈养生反映的土地纠纷事宜。为 3 名来德化就业台胞解决子女就学问题。为 5 名老龄定居台胞和 12 名困难定居台胞发放补贴及扶助金计 21000 元。

（县外事侨务办　县台工办　供稿）

综 述

2015年，德化黑鸡、黑兔、黑羊全年出栏分别为107.4万羽、17.58万只、2.55万头；德化梨产量1.08万吨，黄花菜680吨；优质米1.5万吨、淮山1.3万吨、红米150吨、巴西蘑菇250吨（鲜品）、竹荪20吨（鲜品）、香菇2000吨（鲜品）。新增市级示范合作社6家、市级种粮家庭农场示范场2家；引入福建省道畋智慧农业科技有限公司建设高效生态循环旅游农业示范园项目，5家农业企业列入市级农产品质量安全可追溯试点单位；新增绿色食品1个（香菇）、地理标志保护产品1个（十八学士茶花）、无公害农产品3个、省著名商标2标、市知名商标3枚，血橙获得省水果鉴评优质奖。全年特色农业产值6.39亿元，增长10.3%。南埕镇被列入福建省农村土地承包经营权确权登记颁证试点镇。

（县农业局 供稿）

种植业

【粮食】 在全县推广规范化水稻旱育秧8万亩，收割前经多点实地测产平均亩增产11.7%；推广超级稻6万亩，主推宜优673、天优3301、两优616等超级稻组合，主推超级稻强化栽培技术。推广优质稻10万亩，主推宜优673、甬优9号、中浙优8号、泰丰优656等优质稻品种。承担省农业厅水稻万亩高产创建示范片1个，在上涌镇17个村，建设中稻万亩高产创建示范片1.0198万亩，涉及农户数4000多户；主推品种：宜优673、中浙优8号、闽丰优3301、泰丰优656等；主推技术：精确定量栽培、机械化栽培、测土配方施肥和病虫害统防统治。9月22日，市农业局组织对上涌镇水稻万亩高产创建示范片进行现场测产验收，示范片平均亩产627.8公斤，比上年同片田亩增12.9公斤，比增2.1%。高产创建示范片总增稻谷13.16万公斤。承担市农业局创建粮食百亩以上高产示范片2个；上涌镇云路村张玉记水稻高产示范片，创建面积105亩，主推品种丰优22，主推技术：精确定量栽培、机械化栽培、测土配方施肥和病虫害统防统治，经现场测产验收，平均亩产614.3公斤，较上年增产6.5%，；雷峰镇瑞坂村陈高明马铃薯高产示范片，创建面积104亩，主推品种兴佳2号，主推技术：脱毒种薯、稻草包芯栽培、晚疫病综防等技术，经现场测产验收，平均亩产鲜薯2164.8公斤，较上年增产8.7%。在汤头乡福山村推广种植德福米402亩，其中东方奇迹有机农场发展有限公司承包该村耕地102亩种植，其余300亩运作方式是公司免费

工作人员检查稻穗情况 （林加乐 摄）

农民采摘蜜柚　　（曾莺玉　摄）

给农户提供种子、有机肥和生物农药，产品由公司统一收购，收购价每百斤干谷400元，每亩保底1600元。培育特色农业，发展红米生产，在龙门滩、雷峰、美湖、南埕、上涌等乡镇发展红米基地1000多亩，引导企业加工、包装、销售，提高产品附加值和生产效益。推广脱毒马铃薯3.5万亩，主要推广兴佳2号、紫花851等，通过推广脱毒种薯、稻草包芯栽培、晚病病综防等技术，提高马铃薯单产。配合县财产保险公司在全县开展水稻种植保险工作，完成投保面积136864亩，总保费164.2368万元，因气候、病虫害等因素造成损失的田块，配合县财保公司到实地勘察、估算，使受灾户按保险条款得到理赔。

【果树、茶叶】　在上涌、美湖、雷峰、三班、水口等乡镇，建立“南方早熟梨高优栽培技术”核心示范片1200亩，亩增产17.5%；在上涌镇辉阳村、雷峰镇蕉溪村建设“梨品种调整优化”中心示范片，新植翠玉、翠冠315亩；在上涌镇辉阳村创建省级早熟梨标准化示范园300亩；在汤头乡福山村创建国家级葡萄标准示范园200亩。从湖南、云南、重庆、厦门、建宁等地新引进种植红皮梨、樱桃、锦绣黄桃、红心猕猴桃、百香果、刺葡萄、桑葚等十几个果树新品种进行品种适应性试验，试验面积300亩。在雷峰蕉溪绿海生态农庄、上涌辉阳翠冠科技示范场进行山地高密度种植、适度密植栽培新模式和“双臂”“单臂”新树形的开发研究。抢在第十三号台风“苏迪罗”登陆前，组织技术人员到果园指导果农进行德化梨抢收工作，台风过后，带领技术人员到上涌、葛坑、美湖、国宝、龙门滩、雷峰等乡镇了解灾情，指导受灾果农抓住时机，进行灾后补救，降低经济损失。完成6个提升现代茶产业项目建设，项目规模2000亩，基本完善6个茶叶生产基地道路、水利等基础设施建设，其中水泥硬化茶园支干道路面4.08公里、步行道路面1.54公里；建设蓄水池总容积498.55立方米。组织茶叶企业参与省秋季名优茶鉴评活动，选送参评茶样23个，其中泉州市绿青茶业有限公司选送的茶样获福建省名优茶鉴评活动（秋季）名茶奖，德化县双旗山生态农场、德化县福门优特农业专业合作社、德化县龙屈茶场3家茶叶经营主体选送的茶样获福建省名优茶鉴评活动（秋季）优质茶奖；组织茶叶企业参加安溪茶博会、海峡两岸茶业博览会等展览，有4家茶企参展。组织2户甜橙种植户参加福建省甜橙果实鉴评活动，其中汤头乡的“德化县鲜丰果场”选送的血橙获2015年度省甜橙果实鉴评综合类金奖。推荐3个特色农产品参加“2015年全国名特优新农产品目录”评选活动，其中九仙山牌早熟梨和芹峰牌淮山被列入“2015年度全国名特优新农产品目录”。举办德化梨栽培技术培训8期，培训205人次；现场进行德化梨冬季管理、高接换种、开心形修剪、果实两次套袋、配方施肥、柑橘黄龙病防控、生态茶园建设等实用技术指导56场，受训283人次。

（县农业局　供稿）

林　业

【概况】　造林绿化　全县完成造林绿化任务1.98万亩，占任务数1.85万亩的107.1%，其中人工造林更新面积1.1万亩，占任务数1万亩的110.8%，完成“四绿”工程建设0.87万亩，占任务数0.85万亩的102.7%。培育马尾松、杉木及乡土阔叶树等造林绿化苗木50亩、容器苗250万株。开展中央、省财政森林抚育项目14.95万亩，实施浐溪流域两侧一重山封山育林3.85万亩；建设竹业经营道路18.3公里，实施竹林垦复抚育1.8万亩，建设竹林道路50公里，完成油茶林垦复抚育1.5万亩，建成珍贵、乡土树木种苗花卉基地515亩。组建专业机械化营林作业工程队1支、建立林业机械维护点1处，实施机械化营林作业试验地1183亩，机械化营林作业服务辐射面积1万亩。实施油茶项目460亩、油茶示范基地建设3142亩。浔中镇凤洋村“竹柏王”被评为第三批福建竹柏王，德化“十八学士”茶花成为省林业行业首个国家农产品地理标志保护产品。

生态保护　开展“长剑”“绿盾”

林业检疫执法行动，检查包装材料79批次，检查调运绿化苗木548批次，全县林业有害生物“四率”全部达标，未发生危险性和暴发性林业有害生物疫情，省重点生态区位防御松材线虫病等重大林业有害生物工作推进会在德化召开。严格落实森林防火工作责任制，健全完善森林防火基础设施，成立各级森林消防队伍63支，完成林下可燃物清理30公里、建设生物防火林带5217亩，被省第二护林联防区委员会授予2015年度护林联防先进单位。做好林木采伐许可证的审批发放和核销，把好伐区规划、伐区设计、采伐证审核发放、伐区管理、伐区检查验收“五个关口”。全县完成林木采伐11.5万立方米。查处林业行政案件405起，没收木材447.6立方米，挽回经济损失185.2万元，通过国家林业局保护发展森林资源目标责任制检查和2015年度占用征收林地行政许可检查。

精品工程　投入700多万元规划实施县级林业精品工程建设项目49个，乡镇级99个；投入1893万元，建立铁皮石斛、金线莲、黄花远志、竹荪珍稀中药材基地5000多亩；新建棘胸蛙养殖基地4处，养殖基础设施达1.5万平方米，养殖棘胸蛙30万只以上。林业物联网建设逐步走上快步发展轨道，竹木茶盘加工产值2亿元，林业总产值34亿元；培育省级林业龙头企业6家、市级15家；创建市级以上规范化建设和示范社9家，其中国家级2家、省级4家；创建市级森林人家2家；6家林业企业实现海峡股权交易中心挂牌展示，向国家工商局注册商标7个。围绕林业资源优势和产业链空白，招商引资10个项目，新引进招商项目2个，到位资金为3500万元。

林业改革　被列入国家林地占补平衡试点单位后，完成三年的林地补充任务1.3万亩，审核审批征占用林地项目167个、8014亩；按照“调重、调优、调高”和“总量不变”的原则，拟定《德化县生态公益林优化布局调整总体方案》；流转森林资源面积5万亩，其中开展“以林权置换进城农民工限价房购买指标”试点4个，面积2.5万亩，可置换进城农民工限价房购买指标212套；制定国有林场改革实施方案，加强县林业总公司（筹建处）建设；在桂阳乡安章村、龙门滩镇内洋村组织发放林业股权证220份，涉及集体林权面积约1万亩，惠及农户200多户；成立樟树王园林绿化有限公司和戴云林业服务有限公司；投入240万元，在国宝乡建设绿化苗木生产基地160亩，定植福建樱花、樟树等珍贵乡土树种4万多株；参与市政绿化工程招投标等工作，拓展服务经营领域。完成6个试点单位的生态公益林护林员管护机制改革，精简护林员队伍。

服务经济　提前介入，主动服务，审核林地47件、1992亩，保障县重点工程建设需求；受理林业行政审核、审批、许可便民服务项目843件；争取上级林业部门扶持资金0.8亿元，推动全县现代林业发展。

（县林业局　供稿）

林下种植示范基地　（连江水　摄）

【林区治安管理】　林区防控　健全以护林员为主干，林区警务室为支撑，依托各行政村党支部、村委会、老人协会等基层实体组织的力量点线面相结合的治安防控网络；合理安排警力，发挥警务室密切联系群众的桥梁和纽带作用，重点强化辖区涉林违法犯罪高发区域巡查；设立举报箱，开通政务微博、微信公众号，公开举报电话，建立奖励制度，畅通案件报送渠道，调动全县人民爱林护林、维护林区稳定的积极性。

严打整治　应对林区治安新情况、新变化，先后组织开展“2015春季行动”“打击整治破坏候鸟等野生动物资源”“雷霆行动”等十余次专项整治，确保瓷都林区社会治安秩序的持续稳定。受理各类森林案件289起（其中刑事案件19起、治安案件1起）；查处各类森林案件286起，其中破获刑事案件16起，查结治安案件1起，查结林政案件269起；抓获犯罪嫌疑人15名（其中网上逃犯3名），林政处罚271人次，林政罚款151.83万元。

调处纠纷　定期或不定期深入到辖区村落和田间地头，把警情提示、法律宣传、入户走访等日常工作与排查涉林矛盾纠纷有机结合起来，了解掌握林区动态。按照“预防为主，教育疏导，依法处理，防治激化”的原则，开展涉林矛盾纠纷排查调处工作，从法律角度分析、解决问题，缩小双方隔阂；落实“一把手”接访、领导包案等制度，依法调处涉林涉警信访事项。出动警力700多人次，摸排重点整治区域75处，化解矛盾纠纷38起，按期查结反馈信访件19件。

法制宣传 开展法律进乡村、进社区、进学校、进企业活动，拓宽法制宣传教育的覆盖面。在日常业务开展中对群众特别是涉案人员有针对性地以案释法，扩大法制宣传工作的受众面，开展法律宣传咨询活动20场次，悬挂横幅24幅，张贴标语95张，举办图片展3次，分发宣传材料5000多份，提供法律咨询近两百人次。协调电视、报纸等新闻舆论媒体，宣传森林公安在维护林区稳定、服务林区发展等方面的成效，上报信息273条，被采用266条（其中国家、省、市各级报刊网络采用13条，省森林公安局58条，市森林公安局54条，市、县有线电视台新闻栏目播出5条）。

装备信息化建设 争取资金政策扶持，推进全县森林公安警务装备和信息化建设，全年投入资金10万余元用于装备信息化建设，其中新购置单警装备暨处置森林火灾装备45套，配备行车记录仪13部，更新执法记录仪14套，使配发的装备适应实际工作需要；通过开展公安网应用系统操作培训，使民警熟练应用公安网提供的各种资源，增强民警运用信息化破解难题的实战能力，提升执法办案水平。

制度建设 建立健全法制股职责、办案单位法制员职责、主协办民警办案职责、审核案件流程图、执法质量考评、通报、点评及整改制度等，完善执法制度体系。严格执行“三级四道”案件审核审批等执法工作制度，坚持实行疑难、复杂案件集体研究制度，避免出现执法偏差。

教育培训 组织经验丰富的民警交流工作经验、介绍办案方法及技巧；采取由执法单位年轻民警自行选取案例进行案例评析发言，全体民警参与讨论，为年轻民警提高综合业务水平提供平台；组织办案民警参与旁听法院典型案件庭审，提高民警的法律意识、证据意识、诉讼意识及规范执法意识；新警全部在各股所单位实行“以老带新、以强带新”的“传、帮、带”制度，所长、股长、骨干民警与新警“结对子、一帮一”，提高队伍规范执法水平。

执法监督 以强化日常监督和重要环节监督为重点，发挥法制部门事前、事中、事后对案件审核把关职能，增强内部执法监督的实效性；开展执法质量专项考评活动，完善考评标准，对执法问题较多的领域和环节是否得到规范、群众反映强烈的执法突出问题是否得到解决进行重点考评；通过警务公开、走访群众、发放征求意见书等形式，邀请人大代表、政协委员、群众代表等定期召开廉政监督员座谈会，向社会各界及时通报执法工作开展情况，征求对执法工作的意见和建议，促进执法工作顺利开展。组织召开监督员座谈会2次，开展执法质量专项考评活动3次，评判的林政案件达标率100%。

（县公安局森林分局 供稿）

【戴云山国家级自然保护区】 *基础设施建设* 基础设施二期工程项目获国家林业局批准，核定项目总投资估算1948万元，其中中央投资1558万元，地方配套390万元。戴云山生态文化教育基地等综合业务用房建筑方案，完成设计并上报审核，生物多样性保护示范建设项目通过环保部、财政部专家的初审；山美水库流域生态保护项目完成扫尾工作，项目完成投资60.2万元；完成木塑围墙、五缘池湿地观测台、步行道及观景平台、石质植物标牌等管理局办公楼区基础设施建设。

资源保护管理 推进森林资源管护机制改革试点，组织制定实施方案，聘用护林员49名；完善保护区生态公益林护林员量化考核制度，每季度对管护片区进行抽查监督，加强日常考核管理；建立以村管护责任主体为基本单位、区域相对独立的森林资源专业化管护模式，实行专业化管护、网格化管理；完善哨卡人员绩效考评方案，加强哨卡工作的监督检查；强化资源管理行政执法，对区内桂格、黄井村发生的违法占用林地案件，及时制止并协同森林公安机关按程序调查、处置；增设桂格、西溪、辉阳、陈溪、梓垵5支村级消防队伍，配齐森林消防器材，加强森林消防队伍建演练，提高实战能力；开展林业有害生物特别是松材线虫病的防控工作，每季度对区内松枯死木进行摸底排查，在大铭乡丁地发现15棵松枯死木，初步排查为天牛幼虫及白蚁危害；完成16公里森林防火二道防线林下可燃物清理；推进资源管理信息化，完成监控布点勘察；开展保护区辖区村联保责任制年度考核，区内6个乡镇评出一等奖2个、二等奖2个、三等奖1个，取消考评资格1个， 22个村评出一等奖12个、二等奖6个、三等奖3个，取消考评资格1个，考评结果计入乡镇森林防火责任状的考评内容，兑现奖惩；召开保护区联保会第八届年会，通报表彰年度先进单位，提出新一年联防联保工作要求。

对外合作交流 举办第六届海峡两岸生物多样性与森林保护文化研讨会，海峡两岸100多名专家学者、专业人士和企业家（其中台湾与会代表53人）到会，围绕“生物多样性与林下经济”开展研讨交流，中国林学会副理事长兼秘书长陈幸良、台湾大学生物资源暨农学院实验林管理处处长蔡明哲分别作主旨报告，本届研讨会成为海峡两岸学术交流的重要平台，推动海峡两岸合作发展的重要载体，

6月15日，第六届海峡两岸生物多样性与森林保护文化研讨会开幕（李宏图 摄）

中央电视台、新华社等20多家媒体宣传报道，《德化县持续推进海峡两岸交流合作》在新华社福建分社《一周热点分析》（2015年第38期）上刊发。举办“林下经济与美丽乡村建设”专题辅导培训，邀请台湾杉林溪森林生态度假园区馆长江华章和福建中医药大学原副校长梁一池作辅导报告，省、市、县、乡、村相关负责人和企业代表约300人接受培训。与泉州电视台合作摄制《两岸聚焦·林下经济》电视访谈节目，介绍闽台林下经济发展经验，探讨合作意向。与福建农林大学、台湾师范大学、南京师范大学等高校合作，完成戴云山黄山松本底资源调查和两栖动物年度监测任务。配合南京师范大学在戴云山开展国家活性氮源及其对空气质量、气候变化的影响机理研究，合作开展蝶类资源调查，出版《戴云山蝴蝶图鉴》。

科普宣传教育　编印《峥嵘岁月》宣传画册，介绍保护区建区30年来历程，展示取得的成果。出版生态文化作品《梦中家园》，内有诗歌、散文、小说、报告文学等作品106篇，展现戴云山良好生态及内涵；开展“戴云山形象概念”作品征稿评选活动，收到省内外作品70件，评出最佳作品《梦幻戴云》及优秀作品3件。与县检察院、林业局联合摄制微电影《戴云山上我的家》，在德化一套《戴云风情》栏目中播放；邀请4名中国书法家协会会员到保护区采风，创作书画作品，弘扬戴云山生态文化。做好生态科技馆日常开放工作，采取“公众开放日”和预约参观相结合的方式，与相关单位开展“一月一主题”宣传等活动。（福建戴云山国家级自然保护区管理局 供稿）

【葛坑国有林场】　经济指标完成情况表4

项目 名称	经济总收入	木材收入	多种经营收入	销售利润	木材利润	多种经营利润	营林生产投资	基建专项工程
计划数	370.11	320.11	50.00	190.02	140.02	50.00	81.97	143.60
实际数	349.75	224.6	125.15	193.95	121.81	125.15	92.07	154.5
完成比例	94.5%	70.16%	250.3%	102.1%	86.99%	250.3%	112.3%	107.6%

木材产销　全年生产木材3246立方米，完成计划3199立方米的101.5%，其中：主伐2655立方米，抚育间伐591立方米。销售木材2151立方米，完成年度销售任务3199立方米的67.2%。按照省政府规定的林价款标准，在木材生产当年一次性足额支付林地使用费。

森林资源培育　春季造林，干管后勤人员到各自挂钩的造林片区，严把苗木起运关、栽植培训关、技术指导关，提高造林成活率与保存率；营林作业，严按设计要求施工，加强技术指导，责任到人；苗木培育，把严“双证”的前提下，强化管理。定株经营项目中，选择其中的176亩间伐后的中龄林，采用现场标记目标树的形式进行修枝，高度达4米，培育“下8米无节优质材”。森林经营示范项目中，对47亩间伐后的中龄林，探索先施肥后深翻的模式进行培育。近自然经营项目中，造林和补植苗木采用苗高达1米以上的营养袋苗，对2-3年生阔叶树进行修枝，保留主杆。对177亩的采伐迹地，一律采用不炼山的方式造林，防止土肥流失。全年完成造林177亩，造林成活率95%以上；完成大田育苗2.5亩，良种马尾松营养袋育苗1.5万株；完成中幼林抚育7434亩；合格完成192亩造林地准备；完成年度幼林进阶考核面积353亩，实际进阶282亩，进阶率为80%。

森林资源保护　加强护林员队伍建设，落实《护林员目标管理责任制考核办法》，每季度开展护林情况互相检查；指导协助护林员开展护林宣传工作，提高林区群众保护森林、抵制盗伐的生态文明意识。在春种秋收时节、防火戒严期和各个节假日等重要时间节点，护林员加强巡山护林，在重点部位加大野外用火宣传力度，瞭望台全天候在岗值勤，加强林情火情监测，严防森林火灾发生。与尤溪县坂面森林派出所及当地乡村护林队开展联防活动，实现信息共享、互通有无，形成群防群治、左右联动的防控体系；召开护林员联席会议时，邀请葛坑森林派出所民警到会参加，通报林区动态，以取得派出所的支持与配合。用灭蚁灵对秃杉种子园和秃杉幼林防治白蚂蚁，使用百菌清、百泰等药物防治樟树、茶花等绿化苗木病虫害。强化防火安全装备投入，配足配齐消防设施和器材，对34.7公里的林区公路用挖掘机疏通排水沟、填平压实路面、清除路旁边坡杂草，确保机动车辆便捷通行。

项目建设　种苗培育项目：做好秃杉无性系种子园、油茶良种繁育基地等项目的日常后续管理工作；对已建520亩绿化苗木采用修剪、压枝等人为方式，培育富于观赏性的树形，提升绿化苗木附加值；新建200亩种苗基地，其中栽植福建山樱花大苗3万株和一年生火力楠嫁接红花含笑1万株，培育市场走俏珍贵乡土树种。资源培育项目：完成2014年度森林抚育试点项目4040亩建设任务，提升林分质量；完成已建400亩近自然森林经营试验基地的苗木补植、抚育和外业样地调查任务，新建200亩试验基地；完成1000亩定株抚育、1000亩森林经营示范片和130亩新建珍稀树种基地的建设计划。

林业科研和技术推广工作　组织完成“十三五”森林经营方案的编制，成果通过市林业局组织的专家组评审；“秃杉优良种质筛选和测土配方施肥试验”完成规定的研究内容，向省林业厅申请验收；开展已选30个油茶种源产量测产工作，进一步筛选优良种质资源。

安全生产　开展安全生产标准化建设和创建安全发展林业行业活动，制定《德化葛坑国有林场安全生产“党政同责、一岗双责”实施方案》，完善领导班子成员安全生产责任制，与各工区、股室签订岗位安全生产目标管理责任状，将责任分解到各工区、股室，落实到每一个具体操作人员；组织职工学习《企业安全生产责任体系五落实五到位规定》，在场部、工区张贴《企业安全生产责任体系五落实五到位规定》《加强安全法治　保障安全生产》宣传挂图，增强责任意识。加强“三工”人员的岗前培训和复训，考试或考核不合格者不得上岗；拨出安全专项资金，给从事木材生产、营林生产的“三工”人员办理人身简易保险。组织应对各类安全生产事故应急预案演练，提高事故抢险救援能力；开展安全隐患排查整治，着重围绕森林防火、木材产销、用电安全、车辆设备安全、汛期安全等方面隐患的排查整治，林区治安安定稳定，无森林火灾和各类安全事故发生。

（葛坑国有林场　供稿）

【大张溪林场】　造林育林　根据县林业局下达的年度造林更新任务，规划、分解到山场地块，造林单位每个山场确定1名以上的技术人员负责，工程质量与完成造林更新任务和施工管理人员的绩效考核挂钩。组织“回头看”检查，对造林成活率低的造林地采取补救措施，确保造林成效。全场完成造林更新面积190亩，抚育生物防火林带11公里，幼林抚育319亩森林抚育423亩。全面检查全场生态公益林管护责任制落实情况，开展生态公益林护林员管理试点工作，探索生态公益林护林员管理的长效机制。

资源保护　坚持森林资源限额采伐、凭证采伐、运输和经营加工，伐区监管人员到伐区山场检查监督和验收，全年设计商品材蓄积量3759立方米。坚持“预防为主，综合治理”的方针，结合林业法制宣传周活动开森林病虫害防治知识咨询活动，提高防范意识，重点防治马尾松松毛虫、毛竹枯梢病等主要病虫害，确保森防目标管理“四率”达标。制定《大张溪林场工区领导森林防火责任书》，划分场部人员森林防火责任区，做到责任到人、到山场地块，规范林场、工区领导责任，与林区重点农户签订森林防火责任书35份。针对“春冬季森林防火和隐患排查”特殊时期，分发防火年历200张，张贴森防宣传材料300张，新制作森林防火宣传牌30块、森林防火警示牌4块，增强群众的防火意识，健全和完善野外用火审批制度、痴呆症人的管护管理制度；建立森林防火长效机制，配齐森林消防专业装备，做好森林防火物资储备库管理，对森林消防人员进行专业技术知识培训，一年来林场未发生森林火灾火警。

（大张溪林场　供稿）

【石龙溪采育场】　“二大体系”工程　实施林业“分类经营”：抓生态公益林管护，管好省级生态公益林13377亩，促进林分生长；严格执行森林资源限额采伐制度，管好用好森林资源，提高森林的社会效益、生态效益和经济效益。

林业生产　完成1457立方米商品材的招标工作，创利20多万元；完成幼林抚育600多亩，森林抚育1300多亩，新建50亩林下中草药种植示范片精品工程。

护林防火　成立1支13人的半专业化森林消防队伍，提高对森林火灾的应急处置能力。发放护林防火宣传单200多份，全年没有发生森林火警。

营林服务　对营林生产进行技术指导，及时检查验收，确保营林生产质量；对木材销售做到依法办证开票，认真检尺，坚持节假日服务制度。

（石龙溪采育场　供稿）

【林业实业公司】　生态公益林管理　按照“调重调优调高”原则，优化生态公益林布局，尽量做到科学界定、连成一片，公司生态公益林界定面积为13730亩，调入面积分布在：水口久住林场3858亩，南埕梓垵林场4176亩，桂阳洪田林场2514亩，水口淳湖林场3182亩。对梓垵林场、久住林场内生态公益林中的低效稀疏林分采取补、疏、抚、封、管等并举措施，加快形成树种多样、层次复杂的森林植被，提升生态公益林林分质量。公司各股室工作人员挂钩林场，协助各林场做好日常工作的开展与护林员的管理监督工作，健全护林员的绩效考核工作，推动安全生产责任制的落实。投入25000多元，完成森林消防体系建设，包括森林防火宣传、业务培训、扑火工具、器材装备、队员保险等。4月、10月份开展森林防火及火灾科学扑救知识培训及现场实际操作，提高森林消防队伍对森林火警预防和现场火灾扑救处置能力，全年无森林火灾事故发生。

商品林经营　按照“农民得实惠、林业得发展、政府得民心”的改革思路和目标，以现有林场基地为基础，以林场化建设为重点，选择林木林地资源较为丰富、群众基础较好的乡镇村联户经营体，依法开展林木林地产权流转，采取联合经营、共同管理、共负盈亏、实现共赢的管理模式，通过买断、承包、租赁、股份和兼并等形式，扩大经营范围和经营质量，提升经营管理水平，增加当地村民资源性、财产性收入。通过协商沟通，与桂阳乡洪田村就森林资源流转工作谈成合作意向，完成5469亩的林地现场勘查，流转协议的内容正在磋商完善中。与公司联营林场合作，整合社会力量，共同参与美丽乡村建设，探索公司与联营村资源共享、优势互补、互利双赢、共同建设美丽乡村的新途径，助推美丽乡村建设。指导上湖村、久住村村民发展林下经济项目，对2014年投入建设的200亩的黄花远志等中草药种植基地做好现场栽培技术指导，该基地初具药用和经济规模；协助淳湖村加强森林消防队伍建设，规范队伍器材设备配备，配发风力灭火机2台，提高队伍的扑火处置能力。

木材战略储备生产基地建设　按照东南沿海地区（福建）木材储备动员中心“规范、完善、管理、提升”的要求，投入资金与技术，培育树种结构合理、林分层次复杂、固碳、基础交通设施完善等生态功能多样、经济效益显著、动员支前保障有力的新型精品林业示范基地，完成幼林抚育59亩，森林抚育838亩，完成防火林带全面锄草抚育1.71公里。

示范基地建设　引进先进的森林经营理念和技术，对上湖林场的136亩大果油茶林幼林，采取全面锄草去杂灌抚育，采用开沟施肥加强幼苗管护，促进油茶的生长，建立示范片标志牌。在梓垵林场牛角垵山场建设近自然林业造林示范基地，实施面积300亩，采用近自然林业经营理念，利用天然林择伐伐区，仿照天然速生林分结构，选择乡土珍贵树种（福建山樱花、枫香、红楠、楠木、黄枝润楠、虎皮楠、红椎、尖叶水丝梨、厚皮香），进行林下套种，投入3000多元，通过抚育管理（劈草、锄草、扩穴、施肥），现长势良好，为德化天然林科学经营培育提供借鉴模式。在梓垵林场梓垵山场，建设木材储备基地示范林基地1000亩，开通林区公路2公里，维修林区公路7公里，通过封山育林、劈草抚育、适当择伐、人工促进天然更新，提升林分质量，培育大径材，提升木材应急生产能力。在梓垵林场东固水库山场建设林下花卉种植示范基地，实施面积125亩，种植福建山樱花、红楠、黄花远志等观赏性植物药物12000多株。

木材生产经营服务　在资金缴纳、办证、检尺、开票等环节，给经营者提供24小时零距离服务保障，保证木材生产销售和资金回收。全年完成年度生产销售木材2497立方米，销售收入374万元，上缴税金8.6万元。

（撰稿人：林启灵　审稿人：赖淑瑜）

畜牧业

【概况】　全县生猪存栏13.67万头、出栏21.1万头，牛存栏1.63万头、出栏0.51万头，羊存栏2.89万头、出栏2.81万头，家禽存栏81.6万羽、出栏140.6万羽，兔存栏17.86万只、出栏40.94万只，肉类总产量2.846万吨。

【地方品种资源保护和开发】　完善畜禽地方品种资源的保种技术方案，做好德化黑鸡、闽西南（德化）黑兔、戴云山黑羊保种场的提纯选育和保种的技术指导，举办德化黑鸡、闽西南（德化）黑兔、戴云山黑羊养殖技术

德化黑兔　（张奎如　供）

培训班各 1 期，参训人员达 120 多人次；向省农业厅争取保种项目资金，得到省农业厅支持“三黑”保种经费 30 万元。

【项目建设】 做好农业部建设项目“德化黑鸡原种场扩建”工程的施工监督管理工作；创建生猪标准化健康养殖示范场，其中雷峰镇洋坑永隆养猪场向上申报生猪标准化养殖示范场，通过加大对粪污的减排治理，使其符合达标排放。

【调查统计】 对全县的畜禽存栏数量、养殖专业户、场的数量、分布情况进行调查统计及数据的填报工作，为指导畜牧业生产工作提供技术依据；配合县政府及相关部门做好生猪养殖污染源的数据调查、统计及整治关闭等治理相关工作。

（县农业局 供稿）

渔 业

【大水面渔业】 龙门滩水库、涌溪水库、东固水库、涌口水库等发展养殖滤食性鱼类为主，投放大规格苗种 100 多万尾增殖。适度发展库区网箱养鱼 6500 平方米，投放大规格的草鱼、鲤鱼等鱼种进行养殖，年产商品鱼 600 吨以上。

【特色水产养殖】 农伯情种养专业合作社引进 10 万尾赤眼鳟水花新品种进行试养，经过 5 个多月培育，平均个体达到 8 厘米以上。泉州龙鑫荣实业有限责任公司建设 7000 平方米大棚养殖大鲵，引进 2.5 万粒受精卵进行孵化。南埕东风水库养殖场、桂阳倒刺鲃养殖专业合作社等养殖倒刺鲃面积 200 多亩，投放鱼种 10 万多尾，年可产优质倒刺鲃商品鱼 10 吨。棘胸蛙驯养繁殖场 2 个，养殖棘胸蛙种蛙达 5000 只、蝌蚪 30 万只、幼蛙 15 万只。

【溪流增殖放流】 在浐溪、大樟溪放流鳙鱼苗种 94.7 万尾，在放流过程中，严把种源关，鱼苗种价格通过询问价采购，在放流时邀请专家现场验收，同时，请市农业局到现场监督指导，确保完成省农业厅下达的增殖放流任务。

【质量安全管理】 按照《水产养殖质量安全管理规定》，督促各养殖场（户）建立健全养殖生产日志和用药记录；在重大节假日期间，全面开展水产养殖执法检查，规范水产品养殖生产行为，推进健康养殖。配合市农业局开展水产品产地抽检工作，抽检岱仙湖养殖有限责任公司、东风水库养殖场、德化大张溪渔业开发专业合作社等单位的白鲢、鳙鱼、倒刺鲃、草鱼、罗非鱼等样品六份。开展水产品药物残留快速检测工作，检测氯霉素、孔雀石绿、硝基呋喃代谢物等样品 30 份，检测结果合格率达 100%；指导和督促农伯情种养专业合作社按市农业局的要求进行水产品可追溯体系建设。

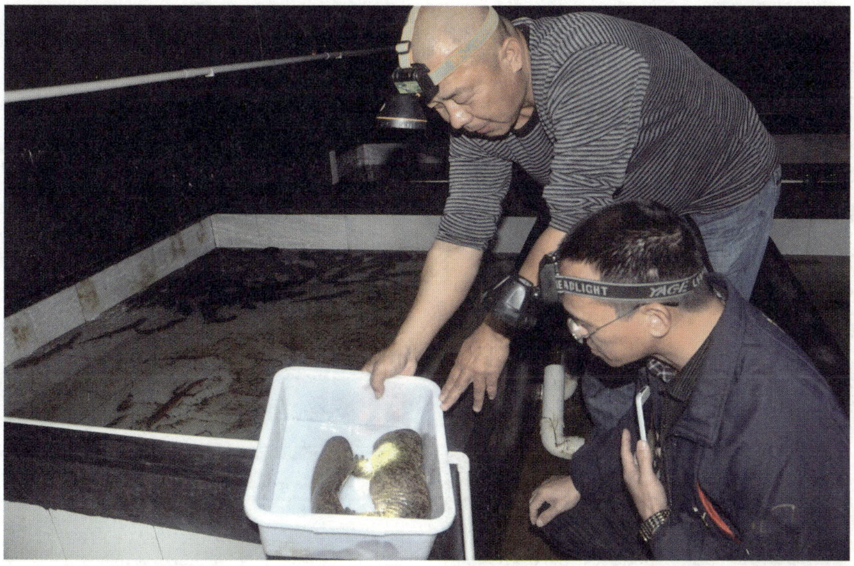

娃娃鱼养殖（李宏图 摄）

【生产服务】 抓好鱼种场苗种生产工作，鱼种场培育及调运家鱼等各种鱼苗种共 70 多万尾供养殖户养殖；做好技术咨询工作，指导鱼病防治、鱼药使用方法等；提供渔业生产信息，协助养殖户、专业合作社开展项目申报，帮群众排忧解难，扶持群众渔业发展。

【休闲渔业】 在龙门滩水库、涌口水库、城关附近池塘，开展游钓、餐饮等休闲渔业，水口镇在涌口水库开发岱仙湖休闲渔业项目已初步形成规模；龙门滩镇在龙门滩库区建设休闲垂钓、烧烤等休闲活动场所，建设闽南特色小吃、山区特色农家菜、有机食品、一鱼多吃等特色餐饮服务区，获省农业厅授牌“水乡渔村”。龙门滩镇“水乡渔村”参加 9 月 17 日在福州举办的海峡两岸渔业交流合作研讨暨休闲渔业项目招商推介会。

（县农业局 供稿）

农业机械化

【装备情况】 全县农机总动力达 9.09 万千瓦。新增各类机具 423 台套（其中：耕整地机械 359 台、收获机械 6 台、田间管理机械 48 台、收获后处理机械 7 台、动力机械 2 台、其他机械 1 台）；机械植保面积 13 万亩，抽水抗旱面积 3.9 万亩，农副产品加工 12 万吨；农业运输 5000 多万吨公里。

【作业水平】 完成机耕作业面积 8.8 万亩，水稻机插面积 15000 亩，水稻机械化收获面积 1.1 万亩，粮食机械发展较快，粮食烘干能力快速提高。2015 年，全年未发生一起 3 人以上死亡的农机重特大事故。

（县农业局 供稿）

农村工作

【美丽乡村建设】 建设 9 个美丽乡村示范村，总投资 2465 万元；抓好市级 4 个环境整治村（乐陶、后所、丁墘、丁溪）、2 个示范村（云路、黄井）、1 条景观带（上涌镇云路—黄井—辉阳美丽乡村景观带）建设，总投资 2465 万元。

【危房改造】 争取到省级造福工程危房改造资金 1515 万元，任务数 1198 户、4598 人，阳馨新村省级集中安置点基础设施建设投资 1095.5 万元。

【扶贫开发】 开展以“县处级领导挂钩帮扶合作社、科级以上干部挂钩帮扶贫困户”为主要内容的精准扶贫“双挂钩”活动，争取到 8 个市级扶贫开发重点村建设资金 950 万元，2 个省级扶贫开发重点村建设资金 110 万元。

（县农业局 县农办 供稿）

水 利

【概况】 德化流域内植被良好，雨量充沛，全县多年平均降雨量在 1600—2100 毫米之间。河流坡降较大，多年平均水资源总量 24.92 亿立方米，约占泉州市的四分之一，平均每平方公里产水量 111.64 万立方米，人均水资源占有量 7880 立方米，居泉州市首位，是全省平均水平的 2.5 倍，全国平均水平的 3.8 倍。水能资源理论蕴藏量 49.7 万千瓦，其中技术可开发的 31.2 万千瓦，已经开发利用 27.91 万千瓦，开发率 89.45%，设计年发电量约 10 亿千瓦时，小水电规模居福建省各县市（区）前列。

【水利改革】 抢抓中央、省、市加大水利投入的机遇，德化被列入全国第七批小型农田水利项目县、全国坡耕地水土流失综合治理试点县、全省农田水利设施维修养护管理试点县、全省万里安全生态水系建设试点县，生态修复与保护项目被列入山美水库生态环境保护试点工程（国家级）；其中：全国第七批小型农田水利项目县，实施期限为 2015—2017 年，项目总投资约 7500 万元，将获得省级以上补助资金约 5700 万元；全省万里安全生态水系建设试点县，2016 年计划投资 1321 万元，建设安全生态河道 10 公里。德化在全市 2014 年度水资源管理制度考核获第一名，全市水利工作目标考核获第三名，闽江防洪工程德化段顺利参加全市拉练检查；陈丽莺同志获“第三届林则徐基金会水利奖二等奖”。

【重点项目建设】 彭村水库工程 总投资 13.3 亿元，2015 年完成投资 4 亿元。完成大坝坝基开挖 30 万立方米，趾板浇筑 15 块；大坝已填筑至 642 米高程，填筑高度 89 米；完成溢洪道高边坡开挖和支护；完成进水渠段基础开挖，正进行支护；完成进水口边坡开挖和支护；完成引水隧洞上游洞挖 120 米，高 64 米的进水塔已浇筑 50 米，年底基本浇筑完成；厂区管理房已封顶并完成砖墙砌筑，厂房边坡支护正在进行。

闽江防洪工程德化段 总投资 2.48 亿元， 2015 年完成投资 1.1 亿，主城区清淤标段和城东试验段已完成建设任务，城西标段完成防洪堤建设 2500 米，城东化工段完成防洪堤建设 1000 米，在规划建设过程中，将自然生态的和谐理念、上善若水的哲学思想以及亲水平台等生态元素融入工程建设中，致力打造“会呼吸的河道”和“能静心的慢道”。

坡耕地水土流失综合治理工程 总投资 5417 万元，完成水土流失治理 5.66 万亩，完成投资 3724 万元。其中：全国坡耕地水土流失综合治理试点工程，投资 1127 万元，完成 2014 年度

县农村产权交易中心服务大厅 （德化报 供）

4月23日，省水利厅厅长尤猛军（左三）到彭村水库调研重大水利项目推进情况 （县水利局 供）

坡耕地水土流失治理项目建设，通过省水利厅验收，完成2015年度的上涌、葛坑、汤头等3个乡镇坡耕地水土流失治理4000亩；硕儒小流域水土流失综合治理项目（中央预算内投资），完成投资200万元，综合治理水土流失面积8400亩，其中封禁7890亩、造水保林510亩、护岸工程2.4公里。省级重点县水土流失综合治理项目（赤水），完成投资187.52万元，综合治理水土流失面积3780亩，其中封禁3180亩、水土保持林270亩、经果林255亩、坡改梯75亩、截排水沟0.56公里、机耕道路0.73公里、生态护岸1.1公里；省级重点乡镇水土流失治理项目（浔中、三班、美湖、上涌、桂阳），完成投资938万元，综合治理水土流失面积19088亩，其中封禁18788亩、造水保林2468亩、坡改梯300亩、截排水沟4.34公里、机耕道路3.21公里、蓄水池8口、生态护岸6.67公里。市级水土流失治理项目，完成投资315.5万元，实施美湖镇水土流失综合治理和龙门滩镇大溪、龙浔镇高阳溪、赤水镇福全小流域生态护岸工程等4个项目，治理水土流失面积5805亩；完成投资159万元，实施赤水镇锦洋村、上涌镇西溪村、水口镇村场村、国宝乡祥云村、龙浔镇英山茶园目等5个市级水土流失治理项目建设，治理水土流失面积400亩。水土保持生态村建设，完成投资70万元，实施水土保持林80亩、水土保持生态园和“四旁”绿化30亩、生态护岸0.35公里、“生态休闲观光”道路0.5公里。

河道疏浚与岸坡整治工程 山美水库流域生态环境保护试点项目，投资1.22亿元，完成高内坑生活垃圾卫生填埋场（续建）、污水处理厂配套管网（续建）、农村生活污水处理（续建）、生活垃圾收集和转运系统（续建）等4个流域污染源治理和生态修复与保护项目建设。其中，生态修复与保护项目，完成投资3021万元，清淤河道7.6公里，建设生态护岸13公里，实施坡改梯、坡地经果林治理3280亩。

【基础设施建设】 **农村饮水安全项目建设** 投资136万元，完成县级水质监测中心建设，使群众用上安全水、放心水。投入315万元对龙浔、浔中、三班、盖德、国宝等5个乡镇农村饮水安全工程一体化净水器及消毒投加器进行维修养护，完成《德化县农村饮水工程现状与需求调查报告》《德化县农村小型水利和农村供水工程管理实施细则》编制和524公里渠系工程、444处农村饮水安全工程、63座小（二）型以上水库、44座山塘的管护工作，完成乡镇水利工作站标准化建设，并通过省水利厅组织的验收。

水电站扩容改造工程 投资1000万元，完成龙门滩一、二级以及美湖二级等3座电站增效扩容改造；推进标准化建设提升工程三年行动和安全发展行业创建工作，开展打非治违和隐患排查治理专项整治工作，强化水电业的安全生产和行业监管。

小型农田水利项目县建设 7月，德化被列入全国第七批新增小型农田水利项目县，完成勘察设计、三年建设方案及2015年度实施方案的编制工作。2015年度计划投资2500万元，11月份动工建设，12月底完成投资1658万元。

水利科技推广 泉州成林林业有限公司德化中药材种植节水灌溉项目被省水利厅确定为“福建省水利科技推广示范基地”；完成永德生态农业高效节水工程建设，建设拦河坝1座、引水渠2.3公里、供水管2.6公里，完成投资120万元。

冬春修水利建设 加大水毁工程修复力度，投资6763.2万元，圆满完成2014—2015年度冬春水利建设，占计划6442万元的104.98%；开展2015—2016年度冬春水利建设，完成投资4699万元，占计划的65.6%，其中完成水毁水利修复440万元，农田水利基础设施逐步完善。

【防汛减灾】 完善“预警到乡、预案到村、责任到人”的防汛减灾工作机制，召开全县防汛抗旱暨水库安全度汛工作会议，举办乡镇指挥长培训班，组织消防官兵及民众开展防汛演练，修订县、乡、村三级防汛抢险救灾应急预案；编制57座小型水库《大坝汛期防洪调度运用计划》和《水库抢险应急预案》等，完成4座中型水

彭村水库建设 （县水利局 供）

库《大坝汛期防洪调度运用计划》和《防汛抢险应急预案》审查；落实全县60座小（二）型以上水库和44座山围塘的包库领导、管理责任人、技术负责人和水库管理员，出动检查人员4000多人次，检查水库、堤防、电站、涉河工程、地灾点、建筑工地、旅游区等700多处，发现安全隐患42处，完成整改39处；建立防汛抢险应急分队98支1562人，县级储备冲锋舟5艘、挖掘机3台、柴油发电机2台、排水泵45台、救生衣200件、编织袋20000条等防汛应急物资。

水库除险加固 完成2016年度浐溪流域龙津桥至彭村水库河段安全生态水系的勘察设计和实施方案编制；投资300多万元，完成浔中镇隆泰、南埕镇昊程和雷峰镇芹潭等3座水库除险加固；投资80多万元，完成南埕镇长垅、盖德吾华等5座山塘除险加固；投资60万元，完成中央水利建设基金（应急度汛）堤防项目——美湖镇仙峰溪防洪堤水毁修复工程；投资30万元，完成浔中镇相垵防洪堤水毁修复；完成红洋、红星等2座水库竣工验收，完成贵宾、东风、愚公等9座水库竣工验收资料上报。

山洪灾害防治 完成投资115万元，完成水文基本资料收集处理、844平方公里小流域基础信息现场核对、外业调查等工作，完成评价工作并提交成果；省统招部分全部招标完毕，无线集群终端完成调试，县级软件升级签订合同，13个图像监测站完成安装调试，将县级平台延伸到乡镇。

【行政执法】 水资源管理 出台《德化县人民政府办公室关于加强“河长制”村级专管员管理工作的通知》，明确全县河流管养资金补助总额为80万元、专管员管理范围、工作职责和考核办法等，并将经费列入县财政预算予以保障，发挥好流域联系部门作用，推进河长制工作落实；推行以水资源红、黄、蓝分区动态管理为核心的水资源管理制度，在全市2014年度水资源管理制度考核中获得第一名，并获20万元奖金；换发取水许可证10本，收取水资源费210多万元；初步建成以相垵水库水源水质监测站和县自来水公司、鑫阳矿业有限公司取水监测点为基础的德化县水资源动态管理系统；完成《德化县节水型社会建设规划》和《德化县节水型社会建设实施方案》编制，并通过市水利局组织的审查；完成鑫阳矿业有限公司水平衡测试。

行政执法 实行采砂许可，加强过程监管，及时取缔和制止非法采砂行为，发出责令改正通知书13份、责令停止水事违法行为通知书3份，依法取缔5个无证采砂点，没收违法所得4.018万元，罚款3.25万元；审批开发建设项目水土保持方案报告书10份、报告表8份、登记表10份，收取水土保持补偿费40.8万元；开展水土保持执法检查29次，监督检查各类开发建设项目23个，发出整改通知书15份，责令停止违法行为通知书5份；督促业主投入水保资金680万元，修建挡土（渣）墙3.1公里、拦土（渣）坝9座、沉沙池15个、排水沟3.9公里，种树种草180亩。

（撰稿人：苏建宁 审稿人：洪忠建）

【龙门滩引水工程】 概况 2015年，龙门滩水库降雨量1816.1毫米，来水量3.64亿立方米，最大入库流量304立方米/秒，跨流域调水3.24亿立方米，完成发电量1.29亿千瓦时，实现售电收入3455.86万元，利润总额100.05万元。截止12月31日，一、二级电站分别实现安全生产3951天和3934天。

安全生产 制定下发2015年安全生产目标责任书，落实安全生产“一岗双责”，严格执行“两票三规四制”等制度，加强安全生产监管考核，把安全生产工作落到实处。全年执行工作票281份；执行操作票346份，两票合格率达100%，主设备、辅助设备完好率100%。做好员工的安全法规学习和教育培训，对新来的同志进行技术考核，落实持证上岗和先培训后上岗制度，组织开展防汛演练和电站黑启动实战演练，营造“以人为本、安全发展”的良好氛围。坚持以“精益求精，严中更严，再创新高”的责任意识，健全和完善安全生产管理制度，以科学发展和安全发展为指导，将安全生产贯穿于各项工作的全过程。结合开展“安全生产月”活动，通过板报、标语等形式宣传安全生产的重要性，强化职工的安全意识和责任感，有效地排查安全生产隐患，杜绝安全生产事故的发生。

修订完善各种防汛应急预案，开展各类反事故演习，落实备汛措施，确保水库安全度汛。严格执行水库供水调度预案，落实汛期24小时值班制，领导带班制，台风、暴雨期间，领导班子成员靠前指挥，各生产部门负责人驻守一线，杜绝缺岗、断岗、空岗的现象出现。严肃防汛纪律，加强大坝安全监测，层层落实防汛责任。开展结对帮扶工作，优秀党员、技术能手及操作能手与技术能力较低的职工结对进行“传、帮、带”，对技术弱的职工进行帮扶。每月组织一次以上现场反事故模拟演习活动，提高事故应急处置能力。一、二级电站运行人员倒闸操作实行复诵制度并进行现场录音，电站安监员到现场监督，遇有重大安全措施站领导到现场参与监督，做到多方位零距离监督确保安全，同时根据“两票”有关规定，严格考核，定时不定时检查“两票”，及时纠正存在问题，不断提高“两票”的合格率。

项目建设　推进项目实施，10个项目争取上级专项补助资金1.625亿元，其中彭村水库1.3亿元，增效扩容2500万元，其他项目争取上级补助资金7笔750万元，截至12月底完成并投入使用的项目有文化中心、二级大坝除险加固、卫生间改造、羽毛球馆、九楼调度中心和巡逻艇购置等6个项目。

彭村水库项目建设。6月，彭村水库代表福建省在建水利工程接受水利部质量与安全的检查考核，以97分的高分位居全国第一。截至12月31日，项目累计完成投资8.83亿元。大坝填筑至621米高程，填筑量115万立方米，填筑高度68米；溢洪道开挖量为25万立方米；进水口边坡完成开挖和支护，开挖量4.4万立方米；引水隧洞开挖120米；进水塔基础砼浇筑34米；厂区管理房封顶，着手进行外装修；厂房边坡及基础土石方完成开挖和支护。

增效扩容改造项目。8月4日，由市水利局主持召开一级电站增效扩容改造工程2#机组启动验收会议，会议认定该机组按规定程序和规范要求完成各项试验，完成72小时的连续满负荷试运行，通过验收委员会的验收。8月21日，二级电站1#机组完成安装调试，8月25日召开启动验收会议并同意启动试运行，9月5日，机组完成72小时连续满负荷试运行，9月6日由启动验收小组通过启动验收并投入商业运行。现在一级电站1#机组安装完毕正准备启动试运行，二级电站2#机组进入紧张的扫尾阶段。

水资源保护项目。根据省水利厅编制大纲，修订完善《大樟溪德化城关下游河段生态修复工程实施方案》，推进大樟溪德化城关下游段水资源保护项目建设，通过对库区周边环境及正常蓄水位以下两岸范围的保护治理、增加鱼苗投放削减水体富营养化和在水库周边种植生态防护林等措施，涵养水源，保护生态。做好“3·22”世界水日、中国水周的宣传活动，通过采用网络、有线电视、报纸、库村共建以及组织志愿者到水库周边村落、上游城区内的广场、街道宣传水法律法规的方式，增强水库周边群众“珍惜水、保护水、爱护水”的意识；同时，加大水政执法力度，防止污水排放、废物堆泄等水事违法行为，约束、规范涉水行为，引导人们爱水、亲水，打造人水和谐的美丽家园。

其他工程建设。建立项目督查机制，以赴推进二级水库大坝除险加固、基层站（所）生活区宿舍楼卫生间（门窗）改造、一级羽毛球馆建设、九楼调度中心改造、防汛调度综合楼建设、文化中心建设和巡逻艇购置等项目工作。

（龙门滩管理处 供稿）

【水文】　概况　德化县水文局下辖凤洋、南埕2个水文站，德化水位站，15个雨量站（赤水、格头、盖德、英山、德化、凤洋、龙门滩、雷峰、荐解、枣坑、涌口、涌溪、东固、葛坑、双翰），6个国家级水功能区水质监测点（水口、龙门滩、尾厝、凤洋、相垵水库、国宝）及3个省级水功能区水质监测点（店仔坂桥、涌溪四级、东固水库）。凤洋水文站位于德化县浔中镇凤洋村，东经：118°17′04.606″、北纬：25°29′37.066″，是国家二类精度水文站，控制流域面积271平方千米。

水文要素　2015年全县平均降水量1791.2毫米，平均降雨日数164天，辖区内最大日降雨量202.5毫米，发生在8月8日枣坑站。凤洋水文站9月4日发生年最高洪水位46228米，相应流量206立方米/秒，年径流量2.528亿立方米，径流深度932.8毫米，平均输沙率5.82千克/秒，平均含沙量0.726千克/立方米。

（县水文局 供稿）

陶瓷产业

【概况】 2015年，全县陶瓷产值188.2亿元，同比增长6.2%，陶瓷用电6.79亿千瓦时，同比增长1.05%，天然气供应量4802万立方米，同比下降8%，陶瓷业纳税3.64亿元；纳税前十名陶瓷企业分别为：冠福家用（1384万元）、协发光洋（1231万元）、佳美工艺品（979万元）、顺尔美工艺品（938万元）、龙峰陶瓷（508万元）、友盛陶瓷（495万元）、恒忆陶瓷（491万元）、锦龙陶瓷（470万元）、宏顺发陶瓷（355万元）、恒瀚艺品（350万元）。

陶瓷文化墙 （王双季 摄）

【陶瓷生产】 争取市政府专门出台《关于促进德化县陶瓷行业健康发展六条措施》，出台关于产业转型升级、智能制造、现代服务业、“互联网+”行动、提升品牌、发展高技术陶瓷等6份配套文件，全年兑现涉企资金1.66亿元；国家循环化改造示范试点园区“德化陶瓷产业园”完成投资7.93亿元；召开9场企业家座谈会、6场政银企对接会，运用1500万元企业应急保障专项资金为12家企业提供应急还贷周转资金1.18亿元；成功列入第六批国家新型工业化产业示范基地，“学徒制”传承陶瓷技艺列入省级试点；举办中国首届陶瓷电商峰会并成为创会会址，德化电商创业园获评国家第二批电子商务示范基地、省电子商务示范园区、省互联网孵化器；举办全国陶瓷技能大赛福建赛区选拔赛、海峡两岸大学生陶瓷工业设计大赛和德化首期在职工业设计培训班；世界知识产权组织在全球推广陶瓷版权保护“德化经验”，德化陶瓷产业园区获评全省首个“福建省版权示范园区”，5家陶瓷企业获评首批“福建省版权示范单位”；新增3家市文化产业示范基地，新增版权登记1.4万件，占全省全年登记总量的三分之一；制定产业转型升级路线图，“瓷智汇”众创空间、顺美集团的瓷客部落、建窑青年电商创业孵化园、三班月记窑被认定为市级众创空间，泉州工艺美院被人社部批准成立国家级高技能人才培训基地，顺美集团获批设立国家级博士后科研工作站，冠福被认定为国家技术创新示范企业，佳美被认定为省首个陶瓷类重点实验室，五洲陶瓷获评市级工业设计中心，功能陶瓷研究院被认定为市新型科研机构，福杰陶瓷的LED灯具获纽伦堡国际发明展金奖；新增国际注册商标2件、中国驰名商标1件、省著名商标5件，佳美主导修订的两项“陈设艺术瓷”国家标准获准发布实施；列入省市产业龙头企业13家，新增海峡股权交易中心挂牌企业6家；实施“机器换工”，对接实施“数控一代”示范工程，坤泰全自动陶瓷滚压生产线、兰星全自动燃气陶瓷窑炉

万枚陶瓷徽章喜迎第十四届亚洲艺术节　（王双季　摄）

装备被列入市“数控一代”示范项目产品名单，太古、坤达列入市“数控一代”运用推广示范项目，推广应用10多条自动化生产线，全县完成工业技改投资8.1亿元。德化县被世界手工艺理事会授予“世界陶瓷之都”，三班镇获评中国茶具之乡。

（撰稿人：苏联锦　审稿人：黄长连）

【陶瓷研究】　项目申报　申报市级项目系数控一代示范项目新产品“陶瓷智能机械设备的开发应用”。

项目实施　组织国家、省、市、科技项目的实施工作，其中国家级火炬计划重大项目“陶瓷新产品研发检测公共服务平台”，为陶瓷企业提供陶瓷原材料化学成分，产品铅、镉溶出量，制品的膨胀系数，白度和热稳定性的检测服务，为70多家陶瓷企业提供540多次检测服务。市级项目，“精品高档陶瓷釉”和服务平台项目按计划进度开展，提交验收材料。

技术咨询服务　通过电话和网上咨询服务，并将长石釉、石灰釉、结晶釉、窑变釉，白云釉、天目釉、铁釉，红壤陶釉、黑里红、碎纹釉等釉种的配方在网上发布（www.qzcks.com），同时将制作工艺技术方法，注意事项加以说明，为企业提供实惠。

样品设计开发　开发陶瓷工艺品，开发新样品55件，并宣传德化陶瓷企业及其产品，在泉州市区设立展示厅宣传展示。

加大基础投入　2015年，投入85万元，其中仪器设备陶瓷原辅材料投入45万元，基础设施投入37万元，改善科研工作环境。

中试楼服务平台建设　筹划中试楼服务平台建设方案，建设规模2500平方米，占地625平方米，建设资金350万元，主要用于：陶瓷科研项目的中间试验、成果推广应用和孵化平台；陶瓷产品原材料检测公共服务平台。

（县陶研所 供稿）

电力工业

【概况】　2015年，全县发电量1510万千瓦时，售电量1495万千瓦时，实现销售收入413.63万元，其中水电销售342.1万元，收入71.53万元，上缴税收88万元。完成电网建设投资约7993万元；售电量12.57亿千瓦时，比增7.24%；最大运行负荷21.2万千瓦，比增8.16%；综合线损率5.00%，比降0.75个百分点。

【国有电力投资经营】　小水电站管理　选派业务素质好、责任心强的分管领导负责小水电站工作，制定系列小水电管理制度，健全完善考核机制，做到量化考核、绩效挂钩，全年国有及国有控股的小水电站年发电量1510万千瓦时；全面完成省厅下达的美湖一级、二级、下涌、土坂4座水电站十二五规划增效扩容改造任务，项目投资610万元，其中，中央和省市到位的补助资金184.5万元，自筹资金425.5万元，装机容量由1604千瓦扩大到2170千瓦。

参股企业监管　涌溪水电有限公司监管，主持股东会和董事会，参加监事会，了解公司的运行管理和财务经营情况，听取各股东代表、董事及监事成员的意见建议，形成纪要文件，履行股东会、董事及监事会各项职责。龙门滩水利水电有限公司监管，参加董事会、监事会，及时了解公司运行管理和财务经营情况，便于监督管理。其他参股、控股电站监管，梓溪、瓮口水电站采用承包方式，保证投资收益；双溪二级电站按电站技改前10年平均上网电量作为原股东的收益，电价随行径流电站的电价相应浮动，收回78.21万元；福建省万旗非金属材料有限公司对外承包经营。

资金运作　由于电力国投公司先后为热电厂贷款形成1.41亿元负债，热电厂拍卖后扣除260万元税收和300万元员工安置费用，仅有2720万元用于还贷，历史包袱使公司经营陷入困境。为维持公司的正常运作，电力国投公司向单位拆借4767万元来偿还被银行压缩的贷款和支付利息；经县政府常务会同意，电力国投公司出让1700万股涌溪水电股权给县国投公司，筹集4760万元（每股2.8元）用以归还向单位的借款。银行贷款余额8689万元，平均每个月有逾720多万元的贷款到期需要“转贷”。面对银行的“先还后贷”政策和降低信用等级、压缩贷款额度等压力，从资金筹措、担保单位确定、放贷规模确认、利率水平认可到放款转账等

国网德化供电公司抢修受损线路和设施 （李宏图 摄）

环节，逐项落实，联系银行转贷。

（县国有电力投资经营有限公司 供稿）

【供电建设】 电网建设 主网方面，完成220千伏金锁变二期工程，110千伏李田变二期工程、110千伏乐陶变2#主变增容改造工程，110千伏诗墩、美湖输变电工程及35千伏乐陶至苏洋线路工程、美湖变配套35千伏出线工程等，开工建设110千伏诗墩变二期扩建工程、110千伏盖德输变电工程、35千伏水口输变电工程。德化首座智能变电站——110千伏美湖变电站于2015年1月31日投入运行。新建（改造）10千伏线路共计28条，线路长度90.38公里，新建（改造）配变39台7190千伏安；改造低电压台区52个、超重载台区5个，解决低电压568户。全年完成配网投资6797万元，创德化历史新高。

安全生产 围绕“执行安规、关爱生命”主题和“不发生人身伤亡事故”目标，抓各级人员安全责任制落实，“十二五”期间公司电网、设备、信息安全未发生一般及以上事故；开展安全文化建设示范企业创建工作并通过省安监局的验收，是全省首批22家安全文化示范企业之一；持续开展“平安电力单位”建设，外破案件同比去年下降60%。

优质服务 在全国率先试行“以租代建”的电能替代新模式（由供电企业投资，建设业扩工程配电设施，用电企业租赁使用）。开展福建电力微信平台、电力APP和95598网站推广，强化“一次性告知”“一证受理”“同城异地受理”等简化办理手续服务，落地实施业扩提速1+1的预约受理成功率100%，开展配电不停电作业112次，减少停电9659时•户；增设便民缴费点177个，银行代收率87.52%。开展“海丝先行区、电力斗阵行”客户大走访活动以及新春客户走访活动，走访大客户5户、县以上重点项目5个、小微企业客户56户，收集意见、建议8条，办结8条。

（县供电公司 供稿）

矿 业

【阳山铁矿】 2015年，采收矿石总量45.94万吨，生产铁精矿11.05万吨，销售结算数11.3万吨，销售收入5275万元，实现利润-1696万元，上缴税、费1420万元，财务费用-369万元，管理费用3074万元，销售费用39万元。固定资产净值3653万元。

降本增效 选矿：加强成本管控，优化生产组织，实现“多破少磨，优质高效”目标，严格材料领用，减少浪费，降低材料消耗，选矿加工成本比2014年下降13.03元/吨，节约成本144万元，完成年初计划。

矿石采收：落实《矿石采收治理方案》，加强采矿现场矿石质量管理，提高了原矿品位；严格采矿全过程管理，减少废石混入，降低抛废率，全年节省原矿消耗1.89万吨，节约成本149.91万元；优化采剥方案，采场土方剥离单价每立方米下降0.39元。

矿渣处理：实行破碎筛分全水力预选流程，减少堆存筛下物约4万吨，节约堆放费18万元；回收劳务费与柴油价挂钩，减少劳务费支出2.5万元，成本下降3.30元/吨。

管理费用：通过对可比价物资采用询价、比价采购，全年节约采购成本24.9万元；加强存货物资管理，年末公司物资库存为284.5万元，较2014年底库存降低48.2万元；严控各种费用开支，下半年以来零星工程采用派工单，控制人工费支出；与银行配合，办理委托贷款5000万元，全年财务费用净额为-369万元；抓好人员兼岗并岗，从紧用工，人员“只出不进”，全年净减员10人。

安全环保 按安全生产标准化三级要求做好矿山生产工作，重点加强对顶板浮石、开采顺序、矿柱留设、爆破安全、采空区的监测，及时处理生产中存在的安全隐患。加强新田矿区井下避险“六大系统”的运行管理维护；办理好新田矿区、狮头矿区安全生产许可证及安全生产标准化的续期换证和采矿证年检工作。修订安全生产事故应急预案；组织开展每月的“安全活动日”安全大检查活动和汛期的防汛抗灾工作；做好井下灾害应急救援演练工作，全年无发生重伤以上安全生产人身事故、重大设备等事故。

编制环保事故应急预案、狮头、新田矿区复垦方案、新田矿区环境影响补充评价；磨矿磁选车间临时排污许可证办理、二采区（年综合利用25万吨采矿废石项目）环评得到验收审批。露天采场、排土场等部位进行生态恢复治理，实现环境友好。

对《爆破作业单位许可证》进行延期和法人代表变更；严格审查民爆从业人员；开展民爆物品安全检查工作；搬迁炸药库值班室和安防监控系统；民爆物品储存库取得安全现状评价合格报告。

（阳山铁矿有限责任公司　供稿）

双旗山金矿强化监管　（德化网　供）

【双旗山金矿】 生产经营状况　2015年，处理矿量44.79万吨，产出含量金622.46千克，冶炼厂产出黄金789.30千克。实现主营业务收入18759万元，同比减少4218万元，下降了18.36%；实现经营性利润总额2457万元，同比减少1807万元，下降42.36%，上交税费1832.50万元，其中税收1269.94万元。

地质探矿　2015年，两个矿山利用坑探、钻探相结合的方式加大生产地质探矿。双旗山金矿完成坑探工程3121米，钻探工程3500.78米，编录巷道5319.3米，发现7AuⅢ-2、7AuⅣ-1、13AuⅡ-2、6AuⅡ-1、6AuⅢ-1、6AuⅣ-1、6AuⅣ-2等矿体，对这些矿体进行工程控制。邱村金矿完成坑探工程1964.62米，钻探工程3912米。两个矿山全年投入探矿工程资金698万元，其中钻探工程247.2万元，硐探工程451.8万元。

探矿权区域：双旗山矿区仙洋矿段委托闽西地质大队完成14Au地质普查设计方案，进入实施阶段，8月可转入详查工作；邱村金矿区，同福建省测绘院合作完成《邱村矿区外围漈头矿段金矿物探勘查项目》，提交成矿靶区，开展野外验证工作；委托福建省地调院开展地质普查工作，矿权延续多次，结合《邱村矿区外围漈头矿段金矿物探勘查项目》成果，编制《邱村金矿区东矿段——漈头矿段地质详查项目》实施方案，6月份进入实施阶段。

安全环保　坚持“安全第一，预防为主，综合治理”安全生产方针，在强化现场安全管理基础上，狠抓安全队伍建设，安全教育培训计划完成率100%；隐患排查及整改率为100%，安全生产事故死亡人数为零，全年无重大安全生产事故、无重大环境污染事故、无重大职业病事故、无重大火灾事故。

风险防控　研究安全生产、环保、土地、劳动、税务、质量监督等方面的法律法规，坚持依法办事、按程序办事，防范行政法律风险。在法律手续办理任务方面，除了在建工程外，历史遗留的法律欠账办理基本完成。运用法律手段，抓紧妥善处理历史遗留问题，应对诉讼、仲裁，维护企业合法权益。江西德兴金矿外购金精矿合同纠纷案件起诉，严格公司采购业务往来和合同履行，清理货款和预付款结算，避免大量拖欠；职业病、工伤等劳动争议案件，涉及职工诉求和企业合法权益的冲突，公司准备相关材料，收集证据，进行答辩，避免不合理、不合法的主张，规范企业职业病、工伤补偿程序和标准；非因公死亡职工家属福利待遇诉讼案件，企业在法律框架内，合理合法地承担应有的社会责任，维护企业合法权益。

按照“公开、公正、公平”原则，加强各种项目招投标组织工作，创造公平竞争环境，避免暗箱操作，杜绝“人情标”“关系标”。组织冶炼厂氰渣无害化处理工程、邱村金矿公路建设、万旗花园店面拍卖、原万旗金行店面出租等项目进行招标，规范工程项目建设程序，预防违纪违法和腐败行为的滋生。贯彻执行“三重一大”决策制度，重点是人员调整和中层干部选拔任用等人事调配、大额经费开支使用以及工程款结算、设备物资采购、废旧物资处置、工程项目招投标等重大决策事项方面，必须经过集体讨论决定，增强领导干部民主决策自觉性，提高决策的科学性，保证权力正确行使，实现权力阳光运行。

发挥内部审计部门在公司管理中的作用，对公司重点建设项目做到全程参与、全程监督。全年提出审计建议22条，所有审计事项均及时出具审计报告，发挥内部审计的监督、服务职能。审计检查出的问题，均制定整改措施，除个别问题因特殊情况未完成外，其余问题均已整改完毕。

成本管理　开展合理化建议活

动，鼓励小改小革，修旧利废；推广使用节能降耗设备，降低生产成本，提高企业经济效益。公司井下使用新型钻探设备，无须施工传统钻机的塔室机台，可减少每个塔室的施工费用1.2万元，同时钻探单价由原来的280元/米下降至180元/米。2015年，减少了3个塔室、施工402米进尺，节约生产成本10.50万元。完善采购管理系统，建立供应商信息库，降低采购成本。经供应部门与钢球供应商商定，改变钢球采购方式，由供应商直接按产量承包单耗。以双旗山金矿作为试点，钢球单耗从原来的1千克/吨降低至0.8千克/吨，仅钢球单项，单耗成本从4.95元/吨降至3.8元/吨，双旗山金矿全年处理16.93万吨，降低直接成本19.47万元。创新融资方式，开展黄金租赁业务，降低融资成本，办理13批次租赁业务，融得资金1.89亿元，全年节省融资成本134.86万元；采用集中付款的方式，利用闲余资金，通过表内理财业务、协定存款等方式增加利息收入20.87万元。取得矿山施工总承包三级资质，2个矿山全部过渡到自主管理，采掘成本下降3.54元/吨。双旗山金矿全年生产15.2万吨（不含副产矿），实现降本增效53.8万元。

（双旗山矿业有限责任公司 供稿）

城镇集体工业

【服务企业发展】 指导木器厂盯紧电子商务市场，研发和采购并举，开发款式新颖、艺术性强、符合时代潮流的木家具和茶盘产品，并选择性购进美观实用木制产品投入本地市场销售，销售额达120万元。指导塑料厂主动跟踪日用陶瓷品种变化，加强日用陶瓷环保型塑料配件的衔接与研发，抢占市场份额，生产销售额达125万元。年度完成二轻工业生产目标250万元。重视安全生产工作，贯彻《中华人民共和国安全生产法》《中华人民共和国消防法》等，鹏祥二轻工业大楼投入3000多元进行消防水管水阀铺设，10月督促梦伴娱乐城建设完善各项消防设施，消除安全隐患。

【调整优化结构】 下属的8家集体企业的经营管理模式主要有两种，即生产型和物业租赁型。对生产型的企业加强服务指导，主动参与市场竞争；对物业租赁型的企业，加强监管，督促公开招投标，杜绝滋生腐败，累计21间店面进入县公共资源交易中心进行公开招投标。腾出1间办公室建设二轻集体企业集中记账中心，花费1万多元，进行翻新装潢和水电安装，添置办公桌椅和档案橱，方便物业租赁型且无办公场所的企业集中财务记账和档案管理，现橡胶厂率先入驻办公。

【职工社会保障】 帮助未参保、无力参保二轻企业老年职工解决医疗、生活保障问题。为7名无力参保破产企业达到退休年龄职工办理最低生活保障金申领申报手续，累计已办理60人。开展困难职工慰问活动，抓好在职职工医疗互助工作，实现参保率100%；争取财政、侨务部门的支持，保证3名企业归侨职工归侨补贴发放。

【服务工美发展】 充实完善工艺美术大师、名人信息库（中国工艺美术大师1名、省级工艺美术大师33名、省级工艺美术名人39名、泉州市工艺美术大师41名）。配合市档案局和市联合社完成为县大师制作个人手模工作，全县累计征集34名省级以上工艺美术大师档案信息资料，并现场制作个人手模，拟永久收藏在泉州档案馆。

创建苏献忠大师工作团队和陈仁海等20位大师工作室，并组织授牌，获25万元专项资金补助；连紫华、林建胜、赖礼同、陈明良等4个大师工作室入选全市11个“优秀大师工作室”，各获10万元专项资金补助。组织申报2015年度工艺美术大师带徒授艺培训补贴，33名大师获批，带徒99名，补助资金54.36万元。发动工艺美术工作者参加泉州市工艺美术高层次人才沙龙和“2015年海峡两岸工艺美术高级研修班”等，加强工艺美术理论学习与技艺研讨，提高创作水平与能力。县委宣传部深入走访17位大师，遴选20件作品参加“第十四届亚洲艺术节·泉州工艺美术精品展”作品展。与县文改办、统计局及有关乡镇合作，开展2014年度（551家）和2015年度的前五个月（100家）、前八个月（100家）工艺美术企业的产业调查统计和汇总上报工作。组织发动参加2015年工艺美术系列高中初级职务任职资格评审，6人申报中初级职务任职资格（5人初级、1人中级）。联合县陶瓷办开展第二届泉州市工艺美术大师评选工作，202人报名，对171名参评者于10月中旬在职校进行为期两天的陶瓷类现场创作考评。11月，组织参评者选送“天工奖”大赛评奖作品，获一等奖作品11件（全市25件）、二等奖31件、三等奖63件。全市大师评审入选150名，其中陶瓷类62名，德化籍50名。

（县城镇集体工业联合社 供稿）

城市规划与建设

【城市规划】 总体规划 做好县城总体规划修编前期工作，进行规划实施评估工作。

专项规划 县城景观风貌专项规划、“三边三节点”城市设计通过泉州市规划局组织的专家和各部门评审编制。

详细规划 城南——城北控规获县政府批复实施；朱紫——蕉溪片区、英山片区控规通过专家和各部门评审；完成城西片区控规评审方案；完成大坂（电商物流园）片区控规初步方案；配合三班镇政府完成上寮工业园区 BT 项目（国际陶瓷创意园）控规成果报批；配合盖德镇政府做好盖德片区、下寮片区控规方案编制。

规划管理 严格建设项目规划审批，办理“一书两证”（《建设项目选址意见书》《建设用地规划许可证》《建设工程规划许可证》），办理建设项目选址意见书 30 宗，建设用地规划许可证 79 宗，建设工程规划许可证 89 宗，建设工程竣工规划核实 128 宗；出具房地产项目用地及工业用地出让地块规划设计条件 34 宗。

【城市建设】 旧城区改造 南后街（路尾巷至隆中路）片区改造：浔阳路道路拓宽改造工程完成工程预算，并送县财政局评审，完成被征收房屋测绘工作。

城东新区 （张奎如 摄）

省道 203 线德化环城路（东段）：征收片区房屋、管线迁移、地上物清理。签订房屋征收协议 130 份，腾空房屋 48 座，腾空面积 17882.17 平方米。完成第一批安置地选地对象 335 户的析产确认，办理安置地土地收储相关手续。安置地台地平整完成土石方挖运总量的 89%。完成安置地建设相关建设手续的办理，安置地道路设计；进行安置地临时用电、用水、临时路建设；防护工程设计单位招投标，护坡钻探。安置房建设改为向社会招标垫资代建。签订开发权益转让合同，工程开工建设，6# 至 9# 楼地下室负二层剪力墙施工。闽江防洪工程德化段城东试验段进行土地征收及地上物清理、化工段防洪堤开工建设。

西门至陶瓷学院二期片区及道路改造：二期安置房及店面交房；三期安置房工程（凤凰新城）主体结构验收，室内装修全部完成，进行室外管道安装及附属设施建设。

瓷都大道大洋段改造工程：做好二期征迁协议的签订工作，签订协议 10 份，发放补偿 264178.73 元；继续做好福阳总部和中、小学用林报批费用缴纳工作；做好一、二期安置地、安置房过渡费发放工作；继续做好 70 岁过渡房管理工作；做好环外安置地、扩征部分及环内水田等的征收工作，完成丁墘村 2、5、6、8、12、14 组山地征收的协议签订、征地款发放、林木报批及砍伐等工作（2、5、6 组的林木砍伐工作正在进行中）。做好罗昌洋安置地供地第一、二次选地及划拨合同签订等工作，共供出136开间；做好被征收房屋协议签订、拆除工作；做好有关部门要求上报的统计工作；做好罗昌洋安置地相关手续报批及配合被拆迁户做好安置地建设前的相关工作；做好诉讼案件应诉及信访件的回复工作；做好项目办日常工作。罗昌洋（荣昌小区）挡墙与排水箱涵工程场地内土方回填完成，护面砼墙浇筑完成100%，人字骨架完成2200平方米，边坡土石方工程进场施工，岩石爆破成孔，岩石爆破，石方外运80000立方米，土方外运5000立方米。凤曙小区土方工程完成招投标工作，进行土地报批；儒林小区工作进行土地报批；科技局至环宇工业园道路完成主路K0+205—K0+280右侧挡土墙150立方米，K0+240—K0+280土方回填2000立方米，完成K0+000—K0+240段土方开挖2000立方米。庠柄小区B8地块1#楼完成七层梁板模板安装、2#楼六层墙柱钢筋安装、3#楼五层柱墙钢筋安装、4#楼五层梁板模板安装。同时庠柄小区B4地块临时用水施工完成，临时用电申请中。办公区活动板房施工完成，完成项目选址、用地规划的建设单位变更工作，工程规划许可证变更手续办理。

迎宾馆：基本完成二期金交椅片区16幢房屋7471平方米的征收，发放房屋征收补偿款275万元，拆除房屋8幢；完成一期遗留问题黄宇份房屋的依法征收及拆除；开展二期土地调查摸底，完成50%面积测量工作任务；完成一期十户拆迁户的罗昌洋安置地的供地工作以及二期部分拆迁户安置房安置工作；一期安置房动工建设；完成二期金交椅土地农转用手续报批前期工作，因德化县现无耕地增减挂钩指标可用（该片区需占用耕地25亩），未上报到省国土厅；终止与原合作开发商的合作事宜、重新规划建设方案；着手开展小溪安置区土地和房屋征收工作，完成88亩耕地农转建手续办理和42亩林地的手续报批，完成13幢房屋面积测量。

浔南路北侧西段旧城改造：瓷城大厦已交房；游乐文化综合体影视华园1、2#楼室外配套工程完成、数字影院室外配套工程完成、儿童乐园及地下商场室内装修及室外配套工程完成；沿溪慢行道完成；跨溪景观桥完成施工招标；涵洞工程完成。

王厝山片区改造：完成投资830万元。完成安置房、阳光小学、幼儿园及周边道路建设权益转让，进场施工；签订东阳瓷厂收购协议；启动依法强制征收程序，王继相户协议签订，曾国星户腾空，瑞金户、柯拔、柯文灿签订安征迁协议；70岁以上老人户选择东埔二期安置房选房结束，22户选择22套。

国际陶瓷艺术城项目：完成投资2400万元。完成龙津林化厂、城龙加油站异地搬迁选址、中介评估及平面施工图纸设计；完成城龙加油站招投标工作、挡土墙建设及加油站主体工程建设招标，开始动工建设；签订龙津林化厂收储协议并支付首期补偿款并供地建设；签订内西环项目遗留问题安置协议，并供地建设；基本完成鹏祥开发区成艺厂征地；完成项目区县供销社655仓库的征收；完成艺术城项目区与鹏祥开发区道路衔接用地征用；配合相关部门做好与厦门汇英通投资有限公司的协议终止工作及和浙江建业集团协商洽谈合作开发事宜；完成小溪加油站旁景观墙建设。

王厝山棚户区改造：做好外区安置户安排选房顺序号1至85号，选房61套：道路、挡土墙等工程设计已二次评审，其中道路设计完成，准备邀请造价部门进行预算。

城东保障性住房：完成投资20192万元。完成1#—6#楼室外排水、排污、小区绿化、硬化等配套设施建设施工，竣工验收；完成西区7#—13#楼主体结构；完成电梯前室墙面砖及地板砖铺贴（商场部分除外）；完成7#—13#楼及地下室文化石（商场部分除外）、内墙抹灰、外架拆除（商场部分除外）、铝合金窗框安装、进户门、外墙雨水管；消防配套安装；室内排水管、通风、电梯安装中；室外配套工程施工中；完成14#—19#楼主体结构（封顶）；完成地下室及14#—19#楼内墙粉刷、外墙面砖、外架拆除（商场部分除外）、14—19#楼及地下室文化石（商场部分除外）、进户门、防火门、电梯前室墙面砖及地板砖铺贴；消防配套安装；室内排水管、通风、电梯安装中，室外配套工程施工中。

（县住建局 供稿）

村镇规划与建设

做好市级试点小城镇综合改革建设试点工作：2015年，县三班、水口两个市级试点小城镇确定建设项目34个，年度计划投资4.348亿元，三班镇以打造“陶瓷重镇，绿色新城”为目标，构建集聚力和辐射力强的现代化新市镇，水口镇以“创建海西生态旅游度假强镇”为目标，推进小城镇建设，建设内容主要包括“三边三节点”、连片示范区、产城融合、基础设施、旧镇区改造提升、村庄整治等方面项目，完成投资5.1135亿元，水口镇获评第二批省级特色景观旅游名镇名村、中国宜居小镇，三班镇获评中国茶具之乡、中国淘宝镇。

2015年，重点抓好全省美丽乡村建设“千村整治、百村示范”工程，包括仙境村、浔中村、高阳村、宝美村、三班村、东山村、南埕村、塔兜村、榜上村、淳湖村、祥光村、美湖村、上岸村、国宝村、双翰村、汤垵村、潘祠村、硕儒村等18个村，年度计划投资7141万元，完成投资7844万元，建设内容主要包括旧房裸房、生活环境、农村道路硬化等基础设施提升，生态环境保护等方面。做好历

水口镇湖坂村　　　　（陈志明　摄）

史文化名镇名村创建工作，上涌镇列入福建省2015年重点扶持改善提升的历史文化名镇，获补助资金750万元，累计投入资金2000多万元，编制《保护规划》、镇区立面改造提升、古村落修缮保护、古遗址古建筑修缮保护、镇区河道整治、上涌公园、滨溪步道、农耕文化展览馆、杏仁古街修缮保护、美丽乡村景观带等10多个重点保护建设项目有序推进；同时推荐水口镇、水口镇淳湖村、春美乡双翰村、龙门滩镇霞山村申报第五批省级历史文化名镇名村。打造特色景观带，南埕镇区——塔兜列入2015年省级美丽乡村景观带，获补助资金300万元，打造南埕村美丽乡村示范村，累计投入资金3000万元，并按照“三整治、三提升”的建设标准对沿线村庄进行整治，打造南埕村美丽乡村示范村，对省道203线沿线及镇区房屋外立面进行统一改造，建成观光亭7座；实施河道治理工程，实施长5.5公里、宽7.5米的南埕至塔兜旅游公路改建工程。做好石结构房屋改造工作，实施石结构房屋改造1.85万平方米，拆除率112.5%，确定2015年造福工程石结构房屋改造144户600人，申报市级石改奖补资金791.24万元。做好传统村落申报工作，三班镇三班村、蔡径村、龙门滩镇碧坑村、水口镇淳湖村入选首批省级传统村落名录。

（县住建局　供稿）

建筑业

【建设工程招投标】　推进阳光招投标工作，实行网上招投标及网上远程评标，从省专家库中随机抽取评标专家，保证项目招标过程公平、公开、公正。2015年，进入交易中心招标发包建设工程项目54个，其中房屋建筑工程18个，建筑面积35.22万平方米。公开招标52个，邀请招标2个，标底总价（最高控制价）为3.72亿元，中标总价为3.28亿元，节约投资0.4386万元，浮动率为-11.79%。发布工程造价信息6期，接受工程造价口头咨询700多人·次，定时向市造价站上报县月度建筑材料价格。办理工程招投标备案52宗，工程中标造价3.28亿元。

【市场监管】　办理建筑工程施工许可证19份，受理工程竣工验收备案10宗。

【质量安全管理】　新建、在建工程积极推广使用施工新工艺、新技术，提高工程质量安全水平。开展建筑工程钢筋、水泥、建筑用砂等建筑材料专项整治，抽测钢筋原材及焊、连接件125组，抽测水泥13组，抽测建筑用砂9组。推行安全文明标准化施工，开展安全文明施工标准化整治，提升建筑工地安全文明施工标准化水平。2015年，创建市安全文明施工示范工地有5个，创建省安全文明施工标准化示范工地有3个，无发生等级以上质量安全事故。每季度召开一次安全生产形势分析会，开展“安全生产月”活动，开展7次建筑工程质量和施工安全大检查工作，检查工程项目226个次，发出责令整改通知单186份，发现质量安全隐患1444条。加强质量安全动态监管，发出《违规事实确认与违规计分告知单》148份，对项目负责人、总监进行违规记分114人次1868分，其中项目负责人58人次1030分，总监56人次838分；配合县政府实施远程信息监控管理，1至10月份督促未按规定到位履职的项目机构人员执行扣罚违约金253人次，涉及金额673300元。推行安全文明标准化施工，并结合大检查进行考核。加大特种设备监管力度，对在建项目311台次施工升降机、253台次塔吊进行检查，其中10台次施工升降机、23台次塔吊被暂停使用。引导创建优质工程和安全文明示范工地，2015年创建市安全文明施工示范工地5个，创建省安全文明施工标准化示范工地3个，申报评审《刺桐杯》市优质工程2个。

【建筑节能和建筑设计】　鼓励建设单位通过设计招标引进较高水平的外来建筑设计队伍参与设计竞标。2015年，泉州泉成勘察有限公司、厦门地质工程勘察院、福建建筑轻纺设计院、福建东辰综合勘察院、福建省现代工程勘察院、福建省闽东工程勘察院、福建省泉州工程勘察院、福建省建专岩土工程有限公司、福建晨光建筑设计院、中铁（石家庄）设计院有限公司、北京中外建建筑设计有限公司、广州市公用事业规划设计院、安徽艺源建筑艺术设计有限责任公司、北京市工业设计研究院、福建泷澄集团设计院有限公司、泉州市城市规划设计研究院、唐山市规划建筑设计研究院、福建省闽武建筑设计院有限公司、北京东方华太建筑设计工程有限责任公司、福建省千亿建筑设计有限公司、厦门市住宅设计院有限公司、福建省沿海建筑设计院。查处无证设计、业余设计、地下设计等违法行为，对没有相应资质设计图章及相应资格技术人员审核签字的图纸，一律不予办理《建设工程规划许可证》，保证建筑工程设计质量。

【建筑队伍管理】 组织举办特种作业人员（架子工）考核取证培训班，建筑施工企业初、中级关键岗位持证人员继续教育培训班，“门窗技术知识”大型讲座，培训 559 人。组织参加泉州市建筑行业职工职业技能竞赛，县住房和城乡规划建设局荣获泉州市建筑行业工程质量监督管理岗位技能竞赛团体二等奖，汤头建筑工程有限公司荣获泉州市建筑行业施工技术管理岗位技能竞赛团体三等奖，陈泽观获“泉州市技术能手”称号，陈泽观、郑德志 2 人获“泉州市建设系统技术标兵”称号。2015 年，全县建筑施工企业 14 家，其中建筑工程施工和市政公用工程施工总承包企业 10 家（一级资质 1 家、二级资质 4 家、三级资质 5 家），矿山工程施工总承包企业 1 家（三级资质），建筑装饰专业承包企业 3 家（二级资质 1 家、三级资质 2 家）。一级建造师 29 人，二级建造师 335 人。（撰稿人：曾庆燊 审稿人：邓爱民）

房地产业

【市场管理】 根据《德化县“十二五”住房建设规划（2011—2015）》规定，开发不同类型的高、中、低档次住房，满足不同收入家庭的住房需求。成立房地产业协会，推动行业诚信守法、公平竞争、依法从业、依法经营。优山美地、鹏祥花园、影城华园、冠益·凤凰国际、百德·畔山云海、凤凰尚书苑、城东保障性住房、美伦·山景叠苑、城市花园等房地产开发项目加快建设。全年工完成房地产投资 214458 万元，同比下降 8.84%；商品房施工面积 234.33 万平方米，同比增长 0.97%；新开工面积 35.81 万平方米，同比下降 29.15%；竣工面积 7.41 万平方米，同比下降 76.26%；销售面积 23.87 万平方米，同比增长 24.58%；销售总金额 132404.32 万元，同比增长 14.66%，住宅销售均价为 5542 元/平方米，同比下降 15.07%（去年住宅销售均价为 6525 元/平方米）；房地产纳税 29500 万元（其中契税 3000 万元），同比下降 3.28%。办理商品房预售许可证 21 宗，批准预售面积 30.24 万平方米，批准预售商品房住宅 3164 套，同比分别下降 46.28%、34.78%；办理商品房合同备案 3237 套、建筑面积 26.11 万平方米。办理房屋权属登记发放房屋所有权证 5366 本，确权面积 112.82 万平方米，办理存量房买卖手续 853 宗、建筑面积 9.43 万平方米。房地产抵押登记 4776 宗（含商品房预购抵押），抵押面积 319.04 万平方米。做好产权产籍的整理归档工作，整理入库房产档案 3320 卷。办理 7 家房地产开发企业资质年检初审，4 家房地产开发企业暂定资质申报；依据《泉州市住房和城乡建设局关于下放物业服务企业暂定三级资质申报事项及操作规程的通知》（泉建审批〔2014〕59 号），办理物业服务企业暂定三级资质申报 2 家。从严处理中介机构违规行为，福建省国土测绘院、泉州市亿美工程勘测有限公司 2014 年度测绘成果错误扣分累计超过 50 分，责令两公司进行内部整改；审查 1 家新进驻德化的测绘企业的资质及人员资格条件并进行备案，规范房产测绘中介行为。

【住房保障】 做好廉租住房和人才房管理工作，2015 年，新进入廉租住房配租 9 户，新进入人才住房配租 4 户，新增发放租赁补贴 13 户。2015 年，退出廉租住房保障户数 11 户、退出人才住房保障户数 4 户，停发租赁补贴 3 户。争取中央专项补助资金 3673.64 万元，国家专项建设基金 2500 万元，省级专项补助资金 357.85 万元，并向国家开发银行争取贷款 9.3 亿元（已

6 月 28 日，城东保障性住房——嘉德新苑一期举行交房仪式（王双季 摄）

到位1亿元）。加快完成县2015年棚户区改造任务3100套（户），推进保障性安居工程建设。截至12月底，开工建设3395套（含2014年结转项目），开工率为109%；年底可基本建成800套。其中：墨苑聚兴安置房（50套）、炭湖坂危旧房改造工程（200套）外架已拆除，进行配套设施建设；城东后所安居工程（170套）主体封顶，进行室内外装修；大洋片区改造项目（庠柄小区、儒林小区650套）、乐陶安置房（陶源新居795套）、王厝山棚户区改造安置房工程项目（700套）、宝美项目进城务工人员安居工程（230套）进行基础施工；庠柄小区（600套）B8地块部分主体结构施工至6层。加快进城务工人员安居工程建设，完成首批进城务工人员安居工程150套选房工作，第二批进城务工人员安居工程151户完成选房顺序号确认工作，开展第三批进城务工人员安居工程报名审核工作。

【物业管理】 贯彻执行《德化县加强物业管理工作若干意见（试行）》（德政〔2010〕63号），初步建立“县、镇、村（社区）”三级小区物业管理协调体系。加大物业管理宣传力度，重点做好已开发小区的物业管理工作，协助指导小区成立业主委员会，选聘有资质的物业公司开展有序的小区物业管理工作。严格执行《泉州市前期物业管理招标投标管理规定》，办理4宗前期物业管理招投标工作，严格执行《泉州市住房和城乡建设局关于加强新建物业承接查验工作的通知》泉建房（〔2012〕15号），办理5宗物业承接备案。按照《泉州市规范提升物业管理工作实施方案和泉州市物业管理工作考核规定》（泉政办〔2011〕79号）要求，对各物业服务小区进行管理，规范物业管理企业的服务行为。厦门市创优物业管理有限公司管理的“嘉盛花苑”被评为2015年泉州市物业管理示范住宅小区。

【房屋征收】 组织房屋征收管理工作人员和各重点工程项目办房屋征收人员等参加《泉州市国有土地上房屋征收与补偿暂行规定》培训学习，每月及时上报县房屋征收情况。配合做好西门至泉州工艺美术职业学院片区、迎宾馆和瓷都大道大洋段两侧片区改造项目的拆迁工作和德化县厦沙高速公路建设房屋征收工作。

【项目建设】 百德·畔山云海：完成投资8235万元；完成2、5、6、7区大部分工程，进行室外管道工程；8区完成主体工程，进入外墙装饰装修阶段。优山美地：完成投资21700万元；一期竣工，二期8＃、9＃、10＃楼砖墙砌至23层；别墅：49#二层板完成，34#屋面隔层完成，40#、35#三层板完成；36—39#CFG桩完成，29、30CFG桩完成。美伦·山景叠苑：完成投资24690万元；1#楼施工完成，2#楼四层梁板模板完成，3#楼四层板完成，4.5#楼桩基完成90%，6#楼桩基完成100%，7#楼地下室顶板完成，8#楼屋面板完成、砌体完成，9#楼天沟拉梁层板钢筋完成，10#楼屋面板完成、砌体完成70%，11#楼屋面板完成、砌体完成，12#楼屋面板完成，13#楼屋面板完成，14#楼地下室墙柱钢筋完成，15#楼地下室顶板完成，16#楼5—25层外墙粉刷完成、铝合金门窗安装，17#楼封顶砌体完成，5—17层外墙粉刷、铝合金门窗安装，30#楼1—7轴屋面板完成、砌体完成，30#楼10—17轴一层模板架搭设，31#楼屋面板完成、砌体完成，32#楼屋面板完成、砌体完成80%，33#楼13—21轴屋面板完成。鹏祥花园：完成投资8936万元；5#—16#楼竣工验收，1#—3#楼的铁塔迁移手续办理，1—3#楼完成图纸设计，10#—16#楼电力配套施工完成。冠益·凤凰国际：完成投资9450万元；一期室外综合管网及景观施工，裙楼店面、别墅外墙石板材干挂施工收尾；二期3#、5#、6#、7#楼内外墙装修；多层住宅11#—25#楼砖墙砌筑及装修阶段，26#—29#楼方案调整进行中。华骏·东方城：完成投资6000万元；G07地块6#、7#楼外立面墙体粉刷完成，外墙砖贴至10层；G08地块2#楼主体施工至3层，3#、5#楼基础承台底板浇筑完成。裕正·城市花园：完成投资9000万元；1#—2#楼进入装修，3#楼、5#楼砌体完成，进入内外墙粉刷；6#楼施工至主体二十七层，砌体施工至主体十六层；7#楼施工至主体二十六层，砌体施工至主体十六层。

（县住建局 供稿）

市政建设

【概况】 城区新增道路3.9公里，道路总长达101.6公里，道路硬化率98%；新安装路灯474盏，路灯总数14949盏，亮化率98.9%；新建或改造污水管网12公里，城区污水收集管网达91.14公里，污水处理率90.1%；新增绿地面积17.64万平方米，绿地率39.7%，绿化覆盖率43.22%，人均公园绿地面积13.7平方米；生活垃圾无害化处理率100%。

【城区路桥建设】 道路方面，蒲坂路沥青加铺及人行道改造工程完成投资500万元，完成沥青加铺1.8万平方米，完成路灯、绿化等配套工程建设，于5月份完工通车。观音岐至车碓岭道路完成投资3500万元，完成道路工程和路灯、绿化等配套建设并完工通车。桥梁方面，龙津桥危桥重建完成投资1500万元，完成桥梁建设并通车，于1月5日动工，12月1日完工。凤洋虎跳港盛凤桥（暂名）于12月18日完成方案设计，进行招投标工作。

【市政设施建设】 高内坑生活垃圾卫生填埋场完成投资4303万元，完成

县城一角 （县市政公用事业管理局 供）

综合楼、水沟、挡土墙建设；完成填埋库区、分隔坝、主垃圾坝、截污坝、综合井、调节池边坡、填埋库区道路路胚、沉淀池前挡土墙、库区南坡石壁挂网喷浆及渗滤液处理站工程招标、填埋库区南、北坡绿化、库区临时道路A段施工及分隔坝南坡排水系统施工；完成渗滤液调节池池底砼浇筑及池壁水泥砂浆粉刷；完成填埋库区粘土层和防渗膜施工；生活垃圾填埋区于10月31日投入使用和工业垃圾填埋区于3月1日投入使用。垃圾场填埋气（沼气）综合利用项目完成投资1000万元，完成沼气电厂可行性研究报告、企业注册、工程施工图设计、燃气发电机组设备订货、配电房基础的浇筑、粉刷、接地电极（避雷）安装、发电机组钢筋制作、移动板房安装；泉州电力公司批复T接点位置；完成发电外线设计、通讯设计并报送泉州电业局审批；于12月10日完成发电设备安装。炭湖坂、墨苑安置房完成投资5000万元，完成外墙装修和竣工验收。新华玉瓷文化产业园完成投资3500万元，完成第二批土地报批、房屋征收协议书的签订及房屋拆除工作。城区中转站和公厕，完成投资500万元，建设和改造墨苑、城南嘉园等4座压缩式中转站及云龙桥等4座公厕。城区人行道，完成投资500万元，完成龙湖路西侧、坪埔中医院门口、车碓岭、龙津路等1.7万平方米人行道改造。城区停车场，完成西门国税对面、寨头新村、教育局旧址等空地停车场建设，新增停车位150个。

【供水供气】 蒲坂高位水厂工程完成投资2000多万元，其中：城区饮用水水源工程引水隧洞进水端开挖440米以及第二标段的招投标并开挖100米；厂区部分：完成土地征用审批，青苗补偿，部分坟墓迁移，厂区地质勘察（钻探），施工图设计，土方开挖4万立方米以及城区部分配水管道预埋，从立项到至今完成投资4350万元。供水管网建设方面，投资1200万元完成建设DN100以上供水主管道17702米，净增管网长度30723米，管道总长达265.4公里；供水管道维修方面，处理供水管道报漏报修2019次。2015年，自来水完成售水1178.35万吨，比2014年增长7.68%，地热水售水总量21.31万吨，与2014年相比下降25.98%。供气方面，抓好全县燃气行业安全生产工作，严厉打击燃气市场非法违法生产经营行为，督促燃气企业建立安全生产标准化管理体系。完成投资420万元，完成中压管线管网建设15公里，天然气销售总量4437万立方米。

【污水处理】 污水厂及污水管网建设方面。污水配套管网建设，完成投资2253万元，完成城东四期800米、德新街污水管网1735米、上寮片区污水管网1370米、城东防洪堤污水管网3100米，南三环安置房250米，城东三期510米，宝美街佳美厂590米，盖德镇至市政界污水管网2509米，龙

瓷都大道 （县市政公用事业管理局 供）

津路雨污分流改造890米，城西防洪堤650米，坪埔影视城665米，宝美溪污水管网670米，科技园片区935米，累计完成14674米。污水厂运营方面，2015年完成污水收集和达标处理排放1214.47万吨，同比去年新增106.28万吨，日污水处理达到3.33万吨以上，完成各项指标减排任务。县污水处理工作在全省上半年城镇生活污水处理考评中在全省67个县级中排在第一位。

瓷都大道被评为“泉州市十大最美道路”。

（撰稿人：廖萍萍）

市容管理与执法

【市容环境卫生整治】 *农贸市场周边综合整治* 联合交管、市政、社区等对南门南后街临时早菜市路口段人行道采取设置隔离铁栅栏，重新标识临时早菜市管理界线，并对南后街临时早菜市管理界线外占道行为不定时进行集中整治。同时，加大对城后、龙湖路、坪埔马路市场进行专项整治活动，安排队员定岗、定路段执勤。纠正农贸市场周边占道经营47690多摊次，南后街临时早菜市路口交通拥堵现象明显好转。

流动摊点占道堆放集中整治 对沿街占道经营、堆放物料和人行道树乱包裹进行促销活动进行集中整治，定期联合交管大队对主次干道、城区桥梁及周边流动摊点进行全面整治。成立由县政府分管副县长任组长的“城区市容和交通环境综合整治工作领导小组”，开展城区市容和交通环境综合整治，特别是对城区主干道、广场周边等开展综合整治行动。纠正占道流动摊点18000多摊次，暂扣非机动三轮车32辆。

沿街商店“门前三包”专项整治 深入各社区、包段责任单位开展沿街商店“门前三包”专项整治，对商店的店外店、乱扔纸屑、乱堆放物料等行为进行现场督促整改，整改沿街店外店11000多间次。

室外和流动餐饮摊点油烟废水专项整治活动 定期安排夜班人员对西门等露天夜市饮食摊的泔水桶、垃圾桶、废水桶使用情况进行不定时现场检查，对未按规范设置废水收集桶，及时纠正，并记录在案。及时查处夜市餐饮摊点乱排放废水行为。重点整治群众反映强烈的夜市大排档和烧烤摊点，组织专项整治16批次，发放行政指导意见书300多份，纠正浐溪休闲栈道、德新街农行、飞龙桥头、百德1号楼周边、时尚华庭周边占道经营的流动餐饮摊点10326摊次，取缔城区浐溪休闲栈道、宝美街、土厝格、诗墩路、西门、进城大道烧烤摊和流动食品大排档32摊次，暂扣烧烤炉13个、流动餐饮车15辆、桌椅108块，对流动餐饮摊点立案处罚13起，罚款金额1800元；对西门夜摊乱排污水进行简易处罚10起，罚款金额500元；拆除夜市大排档2宗（诗墩老人公寓边、场地面积约350平方米，城东旧村部边、场地面积约400平方米）；取缔城区南环路草坪旁边烧烤场1宗，场地面积210平方米，拆除临时铁皮搭盖15平方米、帐篷12个、立式广告牌1块。同时，联合交管、社区、教育主管部门等对校园周边流动餐饮摊点进行集中整治。

加强午、夜间建筑施工噪音扰民监管力度 对城区每个在建工程进行登记，并告知午、夜间建筑施工的相关规定。实行午、夜间联动备勤制度，发现或接到投诉有噪音扰民，立即派人查处或制止。联合环保局对高考、中考期间建筑装修噪音进行联合整治。协同环保局发出通告20多份，夜间建筑施工噪音扰民接出警20次，制止未经核准午、夜间施工18起次。

渣土车辆运载“滴洒漏”专项整治 配合同级渣土部门将渣土运输车辆全部纳入GPS管控平台管理，全县采取密闭措施和安装卫星定位系统的运载车辆61辆，核准13个工地的48部车辆运载路线牌。坚持日常管理和集中整治相结合，定期组织开展专项整治活动，加强对车辆滴、洒、漏和道路扬尘污染现象严重区域的巡查力度，深入工地现场开展执法检查34场次，现场督促清洗路面14起，检查路面运载车辆171部，教育纠正店面及

5月，县行政执法局迁址新办公楼揭牌仪式　（县行政执法局 供）

室内装修乱倒垃圾45起、车辆滴洒漏19起，立案查处“滴洒漏”污染路面、乱倾倒建筑垃圾案件11起、罚款4900元，扣押“滴洒漏”车辆7部。同时，联合交管大队、交通局、住建局等单位对工程渣土车辆运载“滴洒漏”污染路面专项治理25场次。

加大城区城市牛皮癣、户外广告查处和清洗监督力度 续聘专业清理城市“牛皮癣”队伍和雇佣拆除户外广告的专业队伍人员，并扩大清理范围（增加鹏祥、城东、宝美、诗墩四个工业园区和南三环路）。市容巡查人员发现乱涂写和乱张贴，通知、监督当事人自行清理，无法联系的，队员动手清理或及时通知聘用清理队伍清理。组织十多次的清理整治行动，清洗乱张贴、喷写的小广告81235张（处），拆除布幅广告620多条，扣押沿街店面小型立式广告458块，拆除寄杆广告牌7399块。

县行政执法局走访慰问困难群众（县行政执法局 供）

【清理违法建筑】 2015年，全县拆违17.31万平方米，完成年度目标任务144.33%，拆后腾出土地面积13.67万平方米。办结超规划审批面积建设案件106宗，建筑面积10.225911万平方米，罚款1022.5911万元。及时调整充实县“两违”综合治理专项行动领导小组，制定下发《关于转发泉州市违法占地、违法建设认定及分类处置的指导性意见等文件的通知》等文件。将“两违”综合治理工作纳入乡镇党委政府年度目标责任制考核的重要内容，将12万平方米的年度拆违任务分解到18个乡镇，开展各项检查6次、督查4（批）次，依法查处党员干部参与违建8宗。配套出台《“两违”建筑自行拆除补助办法》，引导当事人自行拆除违法建筑。同时，将“两违”综合治理省级“以奖代补”资金69万元用于奖励拆违力度较大、进展迅速、完成任务较好的乡镇。制定出台《德化县城区住房困难农户安置实施方案》，同时加快推进保障性住房建设、棚户区危房和“三旧”改造步伐，制定完善个人建房政策、改进建房审批，满足群众合理的建房需求。落实开展“无违建”创建活动的要求，创建省级“无违建”示范乡1个（大铭）、示范村（居）17个，市级“无违建”示范乡镇4个（杨梅、汤头、春美、桂阳）、示范村（居）33个。加大对群众反映强烈、影响恶劣的“两违”案例查处曝光力度，通过“两违”综合治理短信平台向全县干部群众发送“两违”综合治理信息、发布工作动态、曝光典型案例等。总结典型示例、经验做法和成效，编发“两违”综合治理工作简讯11期，《手机报》45期，在《东南早报》刊播“两违”专题报道5期，电视台、广播电台刊播“两违”专题报道12篇，网络报道49批次，在《东南早报》《东南网》《泉州网》公示“四重点、六先拆”案例40多宗，利用农村圩日市场开展法制宣传21批次，营造“两违”综合治理的工作氛围。7月1日，启动“两违”综合治理“百日会战”行动，组织8场拆违行动，依法拆除违建17宗，涉及面积1.3万多平方米。遏制新增“两违”，先后组织19场拆违行动，依法拆除违建41宗，建筑面积3.2万多平方米。强化拆后土地利用，制定出台《关于加强“两违”拆后土地综合利用实施意见》，结合生态环境治理、美丽乡村建设、重大项目建设等，开展主题拆违，让“两违”治理服务民生、服务社会。

【执法宣传】 发挥报刊、电视、网络等新闻媒体作用，通过电视台、广播电台、德化网等媒体宣传城市管理法规，及时发布专项治理情况，发放各项整治通告1000份，《行政指导书》100多份。通过《德化网》《憨鼠社区》创建《创卫拍客》栏目，在“憨鼠社区”论坛版块置顶。公布举报电话、邮箱、网站举报栏等反映渠道，对市民反映的热点难点问题及时核实，答复并按职责权属快速解决，办结县委、县政府督（转）办、信访（举报、投诉）14件，人大代表、政协委员建议、提案10件，110联动投诉举报85起，政风行风热线网上答复件34件，办结率和反馈率100%。聘请9名德化网网友为城市管理监督员，参与体验一线现场执法行动。

（县行政执法局 供稿）

环境保护

【污染减排】 做好结构减排、工程减排、管理减排等各项减排工作，2015年，预计新增削减COD392吨、NH_3-N 34吨。其中COD、SO_2、NO_x超额完成"十二五"减排目标。加快推进排污权交易和有偿使用，开展排污权有偿使用和交易试点工作，启动首笔排污权交易，收储已关停的减排量COD：219.85吨、NH_3-N：6.82吨、SO_2：297.05吨、NO_x：31.77吨。协议出让NO_x储备量31.77吨。督促重点减排企业海峡水泥严格执行"三同时"制度，鑫阳矿业和城市污水厂加强在线监测监控设备的维护保养和设施运行情况管理，确保在线监控设施稳定运行、正常联网。落实黄标车淘汰政策，确保完成省市下达的淘汰69辆营运黄标车的任务。

【环境监测】 加大投入，环境监测资质由原来的水气声55项监测项目提高至70项。完成区域地表水断面监测5期（每期24项）；饮用水源地水质监测10期（每期29项）；重点污染源监测13家（次），重点污染源完成比对监测8家（次）；建设项目环保设施竣工验收监测24家，监督执法监测和委托监测49家（次）；降水酸雨监测45频次，监测数据均及时、准确、有效。加大环境监测基础设施建设，投入300万元新建改建3座环境空气自动站；投入100多万元，建设省级涌口水质自动监测站站房；投入资金165万元，购买ICP—MS等仪器设备，不断完善环境监测装备水平。

【环境监管】 以"清水蓝天"工程和各类专项行动为载体，先后组织开展陶瓷行业污染"百日整治""保护浐溪，我们在行动"整治和整治违法排污企业保障群众健康等专项执法行动，出动执法人员526人次，简易处罚9起，立案处罚10起，办理查封案件6件，移送公安部门初步决定处以行政拘留的违法案件1件，涉嫌环境污染犯罪、移送公安部门追究刑事责任案件1件。加强环保设施运行检查，先后出动执法人员1230多人次，检查企业环保设施运行情况346家，发出环境违法改正、限期改正通知书及责令改正违法行为决定书65份。2015年，处理完成举报、投诉案件106起。及时办理各级督办件、转办件和信访投诉件24件，人大建议、政协提案8件。严格执行环境影响评价制度，严把项目审批，对于不符合产业政策、环境准入条件的项目，坚决不予以审批，坚决防止低水平重复建设和落后产能向本辖区或农村转移。完成74项各类新、扩、改建项目环境影响报告审批、审查，竣工环保验收46项，核发排污许可证88家。同时，开展环保违规建设项目清查，梳理汇总环保违规建设项目364家。推进生猪养殖面源污染防治工作，协助县农业部门，全面开展畜禽养殖污染防治工作，关闭拆除生猪养殖场（户）42家，削减存栏生猪1059头，拆除猪栏面积1402.8平方米。

2015年，"六·五"世界环境日系列活动暨环保监督员聘任仪式举行

（李宏图　摄）

【环境宣传】 联合非公企业党工委举办全县监测技术比武大赛，比赛邀请海峡水泥、鑫阳矿业等企业及环保局监测技术人员等10支参赛队伍、20名选手参加。组织成立了德化县第四支环保志愿服务队——憨鼠志愿服务队。通过网络报名、考察、选取，从社会中选聘29名社会环保热心人士，成立环保监督员队伍，举办集中监督活动4次。拓宽宣传渠道，建立"河长制"、环保监督等微信群，通过微信群及时发布环保最新工作动态及环保相关知识，并及时处理微信上传的环保问题，通过"微信群"发现涉水问题33起，落实整改24起。

【环境规划】 开展国家生态文明试点示范县建设，委托复旦大学编制《德化县国家生态文明建设试点示范县建设总体规划》，3月通过县人大常委会审议并正式颁布实施。9月份制定出台《德化县国家生态文明建设试点示范区实施方案》，在全县范围内开展生态文明试点示范县建设。

【水环境综合整治】 重点流域整治投入1.77亿元，实施整治项目32个。建设完成饮用水源地隔离网2700米，铺设污水厂二期污水管网主管网21.5公里、收集管网12.1公里，建设垃圾中转站11座、改建2座，新建渗滤液处理站1座、乡镇农村生活污水处理站10座。

贯彻落实“河长制” 推进德化县闽江流域整治工作，成立以县长为组长、分管副县长为副组长、各相关单位和乡镇主要领导为成员的德化县“河长制”工作实施领导小组，组织确定以各乡镇长为河段长、各村主干为专管员的河长队伍，确定部门责任和整治目标，做到“一河一策”。建立“德化河长”微信群，制定出台“月度巡查”和“季度督查”制度，推动“河长制”的落实。完成2次季度督查，组织召开专题反馈会2次，制作督查反馈短片2部，曝光问题50余处。

推进山美水库流域治理 在赤水镇、三班镇、龙门滩镇、盖德镇开展农村面源污染综合治理工作，投入资金1641万元，建设污水处理站4座，铺设污水管网21.67公里，建设压缩式垃圾中转站8座，垃圾收集池180座，购置垃圾箱475个、垃圾运输车6辆。做好2016年的项目申报工作，上报农村面源综合治理项目10个，获得市山美生态办批复确认并下达部分资金。

第二批小流域“赛水质”活动 重点对上涌镇东坑溪、美湖乡小尤溪两条小流域进行水环境综合整治。完成河道治理4500米，改水改厕安装一体式化粪池90座，铺设污水收集管网及入户管网2公里，建设氧化塘7个，修整沟渠6公里，建设压缩式垃圾中转站1座，垃圾屋40座，购置垃圾桶200个。

（县环境保护局 供稿）

商贸服务业

国内贸易

加强"菜篮子"工程建设，推荐上报省级城市副食品调控基地规范化改造建设项目4个、新建或优化市级"菜篮子"工程建设项目8个，并获得省、市"菜篮子"扶持补助资金171万元。做好农贸市场网点规划，推进城乡市场建设或改造，目前新规划6个农贸市场或菜市场网点，国宝、春美等乡镇农贸市场建设项目实施，并于年底竣工投入使用。做好生猪活体储备工作，完成市级下达2520头生猪活体储备任务，发放补助资金10.08万元，同时做好节假日期间市场供应保障。加强成品油、酒类流通、单用途商业预付卡、再生资源回收等行业的监管，规范商务领域市场秩序。

推进商贸行业安全生产标准化建设提升工程三年行动，新华都、永辉2家超市开展创建活动。开展商贸领域安全生产大检查活动，组织开展商场、超市、市场安全生产执法检查32次，出动执法人员64人次，检查商场、超市、市场86家。督促商贸企业做好安全生产"五落实五到位"工作，分发宣传挂图250多张，完成2家企业隐患排查治理信息系统的录入，签订商贸企业安全生产目标责任书和承诺书各10份。

（撰稿人：陈丽婵 审稿人：颜光前）

对外贸易

2015年，全县实现实际使用外资（验资口径）779万美元，同比增长51.3%；合同利用外资1172万美元，同比增长28.2%；全县自营出口22837万美元，同比增长1.9%；社会消费品零售605906万元，同比增长13.2%；电子商务交易额60亿元，同比增长50%；网络零售额16亿元，同比增长33.3%；电子商务运用企业6500多家，同比增长8%。

出台扶持政策，并强化政策兑现，为陶瓷企业兑现省、市、县各项补贴资金1004.88万元。其中省级补贴资金665.13万元（出口信保补贴38.06万元、市场开拓资金204.72万元、外经贸展会补助资金290.35万元、进口贴息专项资金28万元、外贸转型升级和出口产品结构优化资金104万元），市级补贴资金224.06万元（出口信保补贴9.72万元、市场开拓资金154.5万元、外经贸展会补助资金59.84万元），县级补贴资金115.69万元（出口信保补贴18.77万元、出口增量奖励资金96.92万元）。引导内贸企业申请外贸自营进出口经营权备案登记，新增备案登记进出口经营权企业45家，总数达336家。组织企业参加重大展销活动，组织10次374家企业（575个展位）参加国（境）内外知名展会。发挥企业行业

陶瓷生产车间　　（张奎如 摄）

协会的作用，完善进出口预警机制，帮助企业应对各种贸易壁垒。同时，针对欧盟对中国日用陶瓷的反倾销调查，组织新出口企业做好复审申请前期工作。

（撰稿人：陈丽婵 审稿人：颜光前）

电子商务

整合出台《关于推进“互联网+”行动的指导意见》《关于促进现代服务业发展的实施意见》，优化和完善全县电商发展的政策环境。向上级争取电商工作有关补助450万元（其中：省级促进电子商务发展专项资金9万元；省级农村电子商务示范县300万元；市级电子商务发展专项资金141万元）。培育“淘宝镇”“淘宝村”等电商聚集区，电商创业园入驻企业200家，宝美（建窑）电商创业孵化园吸引55家电商企业入驻。同时，成功对接阿里巴巴村淘项目，设立县级服务中心。目前，农村淘宝合伙人招募筛选工作常态化进行中，首批26个村级服务站开业。成功举办首届中国陶瓷电商峰会，全国包括台湾、北京、上海、辽宁等17个省份及各大陶瓷产区1000多人次参会，共同探索陶瓷电商发展之路。组织开展各类电商培训50多场次，选送44家电商企业负责人到淘宝大学参训；举办全省首届青年电商创业大赛，吸引800多名大学生参赛。设立中国国际电子商务中心培训学院泉州分院，优化人才培育平台。阿里全国首个国际站LBS试点落户德化，为德化外贸企业提供外贸商机。

（撰稿人：陈丽婵 审稿人：颜光前）

供销合作

【农资供应】 化肥冬储和春耕备耕工作　储备各种化肥8100多吨（其中碳铵2100吨，过钙1320吨，尿素810吨，进口复合肥700吨，国产复合肥1750吨，有机肥1192吨，其他肥料400吨），农药20吨，农用薄膜25吨。超额完成市发改委下达给德化县的6000吨冬储任务，保证春耕农资供应需求。

农资产品质量监督检查　配合县质量技术监督局组织有关质检机构，检查流通企业销售产品的质量证明是否齐全，打击不符合强制性国家标准或行业标准、有效含量不足、掺杂、掺假、以次充好、以假充真行为。

茶叶罐　（德化报 供）

农资下乡　在美湖镇举办送化肥、送科技、送信息下乡活动，向28户低保户、15户种植大户、7户“二女户”赠送化肥10多吨；当场分发小包装肥料1000多袋，总重量0.5吨、农药100多包；分发各种肥料性能、使用方法、农技知识、假冒农资辨别方法等宣传材料1500多份；庄稼医生现场接受群众咨询问诊200多人次，深入田间地头实地指导科学用肥用药。

【专业合作社】 领办德化仙琦生态黑羊养殖专业合作社、兴茂油茶种植农民专业合作社等6个专业合作社。联合5家带动能力较强、产业链条完整、助农增收明显的农民专业合作社成立德化第2家专业合作社联合社—德化县优果茶油专业合作社联合社，在农副产品深加工、品牌建设、规范管理、争取项目资金等方面合作集聚经营。投入资金180多万元，实施国家农业综合开发合作项目——龙翰黑兔专业合作社扩建项目，扩建后将增加兔舍3000平方米，年新增出栏优质肉兔30000头，增加销售收入480万元，带动农户208户，助农增收200多万元，现完成全部项目建设，等待验收。“改进饲养方法生产黑兔”项目获泉州市科学技术奖专利优秀奖，专业合作社被中国科协、财政部授为全国科普惠农兴村先进单位；组织龙翰黑兔专业合作社、九龙茶叶专业合作社、十八格黄花菜专业合作社参加厦门、福州等地展销会，拓展销路。

【电子商务】 成立县供销电子商务公司和电子商务协会　5月，成立县供销电子商务公司，9月，在全国供销总社电子商务销售平台“供销一家”首期上线试运行，入驻的企业、专业合作社18家。10月，在民政局登记成立德化县供销电子商务协会。县供销社、县供销电子商务协会、电子商

戴云山黑羊养殖　　（张奎如 摄）

务公司联合举办为期5天的电子商务培训班，全县供销系统、农民专业合作社30多人参加培训，邀请淘宝大学德化分校老师授课并进行电子商务实战操作，提升电子商务实战能力。

农村电子商务运营中心　与2家实力较强的农民专业合作社联合成立农村电子商务运营中心。运营中心拥有仓储产品展示厅1500平方米，配送中心200平方米，设配套产品展示区、商务办公区、电商培训区，市场运营部（电商客服区），品牌设计部等；运营中心利用德化的电子商务资源，整合德化特色农副产品，引导具有代表性的农民专业合作社、家庭农场、种养殖大户、电商企业入驻，实现德化农特产品集中规模、统一品牌、抱团发展；11月11日，运营中心上线试运行，上线的德化农特产品有茶油、黑鸡、黑兔、黑羊、黄花菜、红酒、红菇、茶叶等13种单品。

【维修服务】　投入5万元，改造2个乡镇、1个重点村的综合维修服务网点；全县建成1个县级综合维修服务中心，17个乡、镇级综合维修服务站和13个村级综合维修服务点，配备高、中、低级专业维修技术人员49人；维修服务涉汽车、农用车、小农机具、家用电器、炉具等项目，全年接受群众咨询3500多人次，提供零配件45万多元，维修各种电器、农用车农机具等3000多台套。

（撰稿人：赵伟斌　审稿人：李学谦）

物资流通

【概况】　2015年度，销售收入7368万元，实现利润265.6万元，同比增加69%；上缴税利397万元，同比增加70%；税后上缴财政利润41.8万元，同比增加59.5%。被市国税局、地税局授予“纳税信用A级纳税人”。

【市场开拓】　调整液化石油气供应策略，在保证本县市场需求和稳定的同时，辐射周边外县地区供应，2015年销售液化石油气11096吨，同比增长33%；扩大民爆物品销售量，实行阶梯价位，2015年销售炸药1701吨，同比增长116%，销售雷管83.04万发，同比增长41%；与物资供应厂家建立专营代理营销，开展网上销售等，提高市场占有率；根据客户需求，及时送货上门，并做好售后跟踪服务。

（撰稿人：胡志明　审稿人：许金昭）

粮食贸易

做好粮食“危仓老库”维修改造，严格按照技术标准和粮食仓储规范要求，规范操作程序、加强服务监管，将“危仓老库”维修改造工程建设成优质工程。加强监管，维护粮食流通秩序。根据储备粮年度轮换计划，必须等量轮入县级储备粮3559吨，2015年底需完成新增1000吨的储备任务，需轮入县级储备粮4559吨。与财政、物价等部门有关人员到官桥、永春、莆田等主要粮食集散地了解市场供需、价格信息，并根据实地调研情况制定储备粮轮换方案，完成储备粮轮换工作。

（县粮食局 供稿）

烟草专卖

【概况】　2015年，查处非法渠道进货案件67起，查获各类卷烟61.72件，案值21.09万元，罚没款2.06万元；市烟草专卖局暗访市场净化率98.68%，同比2014年提升2.89%。企业获评“综治平安建设工作先进单位”、民主评议政风行风“免评不免建”单位、县局支部获评“先进基层党组织”称号，城关专卖所、客服部创建“省级青年文明号”，获评“全市学雷锋活动示范点”。

【专卖管理】　抓好卷烟打假及真烟非法流通治理，在《观音德化》网站刊登法律专栏，进行打假宣传，开展4次边界区域制假窝点排查，防止制假窝点向两县边界转移、扩散；开展日常监管和同级监管，落实对员工及其亲属从事卷烟经营活动的排查和监管；每月组织两次学习培训，邀请内训师培训真假烟鉴别技巧，提高基层专卖人员真假烟的鉴别能力。

【营销网络建设】 重点品牌培育 三种促销方法：宴席推广法，吸引更多客户参与宴席用烟推广活动，推介法被市公司评为第二季度创意营销金点子，福建中烟报、海峡烟草报都有专题报道；驻店助销法，探索推行AIDA推销模式，提高驻店成效；自主助销法，开展“谈股论金，通运相伴”“亲扫一扫，码上有礼”POS100%扫码客户抱团自主促销。

零售客户培植 开展“守法守价·共同获利”客户之家主题活动，达成按新零售价格销售的统一共识；开展五星级真实性全面核查及客户真实销售能力摸底调查，建立240户零售客户的经营能力档案；每季度召开现代终端零售客户培训会，开展金牌店评选和店堂终端建设5S管理及“终端陈列我最靓”竞赛活动，打造175户现代终端，其中优质客户41户。

营销人员培养 8月份市公司举办服务规范知识竞赛，德化获得团体第二名，个人第三名；开展客户经理工作流程优化改善项目，组织参与“省产烟品牌培育能手”和优秀营销人员评比，打造精益营销团队。

【精益管理】 利用微信群、座谈会、宣传栏等传播途径，导入精益理念；开展各类精益管理专题会议18场次，自行组织或参与上级精益培训21场，召开调研座谈会6场次，以学习、座谈、调研等形式，理清“精益十佳”建设思路；班子成员带头带领员工梳理岗位工作流程，寻找改善点，挖掘改善潜力，2015年市烟草专卖局立项14项，完成14项，县烟草专卖局立项17项，完成17项，精益制度体系构建项目被市局评为优秀精益项目；推动5S管理，建立定期检查机制与多层次的激励机制，促使员工养成良好素养及习惯。

（撰稿人：陈常林 审稿人：李贵星）

旅游业

【概况】 2015年，全县接待游客315.38万人次，旅游总收入17.35亿元，同比分别增长10.03%、10.08%。

【旅游策划规划】 编制完善《德化县旅游总体策划及近期行动计划》，提出“一城、一环、两区”的空间布局结构，对县重点项目和特色产品进行系统策划，确定德化旅游客源市场，关注旅游资源的开发保护及可持续利用，并于8月12日召开评审会。做好《全省旅游业发展“十三五”规划》《戴云山旅游区旅游发展规划》等规划编制工作。与美丽乡村、大聚国际等台湾乡村旅游、观光工厂专业规划团队接洽，提升德化旅游产品发展水平。

【旅游项目建设】 1—12月，全县10个旅游重点项目完成投资3.06亿元，完成年度投资计划的87.73%。其中，九仙山景区累计投入2550多万元，完成景区餐厅、人工湖木栈道、灵鹫岩候车场等建设，美食购物街、酒店二期、景区提升规划设计前期工作等有序推进。游客服务中心完成投资2050万元，完成主体工程及外部装修，进行内部水电管网等铺设。与福建华闽实业有限公司、福建中旅集团公司、新奥集团等做好招商项目对接。

【旅游品牌宣传】 开展旅游形象口号征集，利用微信、微博、旅游网站在全国范围内公开征集旅游形象口号。创新营销方式，在微信、微博发布旅游资讯500多条，改造升级旅游网，与敦煌开展旅游合作，编印《德化旅游》杂志、《德化旅游手绘地图》。举办庆祝“5•19”中国旅游日重走德化瓷帮古道活动，与建发国旅合作开展“寻梦CHINA”万人游瓷都活动，组织做好台湾及省内自驾游踩线及客源地旅行商踩线活动，配合景区做好桃仙溪桃花文化旅游节及九仙山国家AAAA级旅游景区揭碑开园等活动。组织旅游商品企业参加各类旅游商品大赛，在2015海峡两岸文创旅游商品大赛中，柴烧作品系列《谦容》《随缘》《不争》获铜奖；在泉州旅游商品大赛中，获银奖1件、铜奖1件、优秀奖4件，德化创意•多宝堂文化发展有限公司选送的《五行碗》获银奖，泉州工艺美术学院选送的《天天快乐》获铜奖；在第四届泉州伴手礼评选活动中，泰生元“冻干淮山粉”、祥山《茶油奶奶》特供礼盒装、创意•多宝堂“创意瓷系列”三种产品正式入选第四届泉州伴手礼名录。

【旅游行业管理】 开展安全生产月、旅游企业应急演练、假期和汛期安全生产检查等活动，与旅游企业签订安全生产责任状，明确安全责任和履行义务。全年组织安全大检查13次，下发检查通知书219份，排除安全隐

九仙山雾凇 （王双季 摄）

4 月 30 日，九仙山 AAAA 级旅游景区开园仪式　　　　　　（王双季　摄）

患 135 处，现场整改 64 处，限期整改 71 处，整改率达 100%。先后关闭独立社（德化中旅）、旅行社营业部（泉海旅行社德化营业部）各 1 家。编印《外出旅游温馨提示》及《旅游法摘篇》宣传资料 1000 多份，悬挂安全生产宣传标语 32 条，提升旅游安全生产意识。开展文明旅游“六进”和“文明餐桌”活动，提升游客文明素质和市民文明程度。

（县旅游事业局　供稿）

交通运输

【概况】 2015年，全县交通基础设施建设完成投资20亿元，厦沙高速德化段、镇镇有干线工程杨梅至葛坑公路和汤头至下涌村公路建设稳步推进，完成农村公路提级改造46千米、危病桥改造1座，开通城区公交6号线。全县完成公路运输总周转量100244万吨千米，同比下降2%。

【公路建设】 兴泉铁路项目 该方案由中铁二院负责设计，采用国铁一级标准，单线，设计时速160千米/小时，限制坡度单机6‰，双机13‰，电力牵引，在德化县境内里程长28.52千米。至2015年底，该项目可研方案通过国家铁路总公司专家组评审，报送国家发改委审批，设计单位进场完成定测。

德化城关至永泰嵩口高速公路 该项目规划方案由省交通运输厅规划办负责编制，全长约63千米，总投资约65亿元，至2015年底方案通过省发改委和交通运输厅审查，报送省政府审批。

厦沙高速德化段 2015年完成投资14.969亿元，完成年度投资计划的149.69%，累计完成投资20.387亿元，占概算总投资48.3亿元的42.2%。

6月16日，中国铁路总公司鉴定中心副主任任润堂（右二）带领专家组一行到德化现场可研兴泉铁路沿线 （县交通局 供）

其中，工程建设方面：1—12月完成投资14.219亿元。路基土石方完成1594.95万方，占路基土石方工程的83%；涵洞（通道）累计完成80.31道，占80.31%；桥梁桩基累计完成1702根，占96.32%；桥梁墩柱累计完成796根，占79.88%；隧道开挖累计完成20527.3米，占57.09%；隧道二衬累计完成17507米，占48.69%。预制梁片628片，占34.5%；梁片吊装465片，占25.58%。安征迁方面：1—12月累计完成投资0.75亿元。完成征交地5380.384亩，占100%；完成房屋拆除238座、占100%；完成杆线迁移328.04千米、占99.9%，迁移1304根、占99.69%，地下光缆13.549千米、占100%；清点坟墓3178穴，迁移3178穴、占100%；其他构筑物拆迁2124处、占100%；发放各类安征迁补偿款26540万元。

纵四线德化城关至三班大兴岭段 建设里程4.353千米，总投资12483万元，截止12月底，完成土石方131万立方米，填方44万元立方米，砌体3.905万立方米，路面工程完成3.72千米，完成投资12500万元，占总投资的100.1%。

联二线德化诗墩至土坂路段 建设里程3.913千米，总投资2.6亿元，全部完工。

镇镇有干线 杨梅乡至葛坑镇公路：建设里程17.146千米，总投资19958万元，截止12月底，完成土石方挖方98万立方米，填方35.8万立方米，砌体15161立方米，涵洞19座，路基完成3.8千米，完成投资5862万元，占总投资的29.37%；汤头乡至联三线（下涌村）公路：建设里程8.883千米，总投资10500万元，截止12月底，完成土石方挖方36.1万立方米，填方29.2万立方米，砌体6398立方米，涵洞13座，路基完成1千米，累计完成投资3466万元，占总投资的33%。

农村公路提级改造工程　2015年实际完成46千米，完成投资2300万元。

危病桥改造　完成美湖镇中洋桥的改造，投资51万元。

农村公路安保工程　投入85万元完善农村公路安保工程162千米，投入80万元新完成农村公路安保工程17.7千米。

农村公路建制村道路指示牌　规范设置指示牌116面。

公路绿化　完成5.6千米，投入54万元。

【交通运输业】　2015年，全县有道路运输企业33家，拥有营运车辆总数1391辆。其中：从事道路客运企业4家，其中旅游客运1家；货运企业5家；城区公交企业1家，城乡公交企业1家；二级客运站2个；从事机动车维修企业15家，其中一类1家、二类5家、三类9家；B级综合性能检测站1家；驾培机构4家，教学车辆242辆，教练员319人，年培训能力达5140人。全县有货车1013辆；班线客车166辆，其中旅游客车9辆、农村客车27辆、城乡公交车11辆；城区公交车50辆，出租车162辆。全县开通省际客运班线7条、省内市际客运班线19条、市内县际客运线路20条、农村客运线路13条。

【运输市场管理】　春运工作　2015年春运从2月4日起至3月15日结束，计40天。春运期间全县日均投放客运车辆171辆，总座位4850座，发送

城区公交6号线开通　（县交通局 供）

10330班次，组织加班215班次，运送旅客15.89万人次，比2014年同期下降6.3%。投入公交车30辆，运送旅客96.64万人次，比2014年同期下降26.8%；投入出租车162辆；没有发生任何客、货车运输交通事故和长时间大面积旅客滞留现象，道路运输总体正常、安全、有序，满足人民群众节日乘车和各种生产生活物资运输需求。

科学发展城市公交　购买公交车20辆，开通城区公交6号线，优化城区公交5号线。

大力发展绿色交通　投资234.6万元新增、更新17部双燃料出租汽车；投资210万元新增6部客车；投资693万元新增20辆电动公交车。

整合出租汽车行业　新成立的泉鑫出租汽车有限公司拥有162辆单车经营权，在德化辖区内投放30辆，正式运营。

规划建设公交车辆停车场　项目占地22.5亩，总投资2800万元，包括主站房、办公楼、加气站、驾驶员宿舍、维修厂房等，进行图纸设计。

严把企业准入　年审道路运输证861本，货车迁出32辆，个体许可91户；更新教练车12辆，新增教练员2名。根据省运管局及市道管处有关质量信誉考核文件精神和考核方案对各企业进行综合考核，考核结果为：客运企业3A级3家、2A级1家；货运企业2A级3家、B级1家、未参评1家；驾培机构3A级1家、2A级2家、1A级1家；有一、二、三类维修企业15家（其中新办企业3家），参加质量信誉考核12家，其中3A级1家，2A级机动车维修企业9家，1A级机动车维修企业2家。

【安全生产工作】　事故控制目标情况　2015年，县经营性客货运输车辆未发生亡人事故，内河水上运输、交通工程建设零事故，交通运输安全生产形势总体平稳。

强化安全管理　县交通运输局、运管所与交通运输企业，各运输企业与各驾乘人员签订2015年度安全生产责任书，落实安全生产责任制。定期组织召开交通系统季度安全生产例会，并召开专门的安全生产工作会议，传达上级安全生产工作重要精神，分析当前安全生产形势，研究做好安全生产工作的对策、措施。定期组织开展安全生产大检查，至少每季度一次，尤其重视春运、汛期、“五一”、中秋、国庆等重点节日、重要时段的道路客运交通安全教育和安全隐患排查工作。结合年度审验、企业质量信誉考核工

作，对全县的道路运输企业和施工标段进行大排查，并做到记录完整、规范，对查找出来的隐患跟踪落实整改，确保整改到位。组织专项整治检查组15个，参检人员80人次，检查单位154个次，现场提出工作建议59条，发出整改通知书4份，发现隐患12个，当场整改7个，其他的隐患全部整改完成。

道路交通安全综合整治　推进道路交通安全综合整治三年行动，联合公安、安监部门在全县范围内继续深入开展“道路运输安全年”活动。强化源头管理，做好驾驶员资质审查和车辆技术管理工作，要求各客运站严格落实“三不进站、六不出站”规定和《汽车旅客运输规则》。抓好出租汽车、客运企业专项整治工作，加强道路客运市场、旅游客运、公交运营的安全管理，提升服务水平。强化安全生产监管执法，保持“打非治违”高压态势，防范和坚决遏制较大事故发生。强化治理超限运输工作和路政执法力度，强化道路安全隐患排查治理，提升行业的监管水平和服务水平。

交通安全宣传教育　转发客运企业安全管理规范等文件至各相关企业，教育和引导县交通运输系统干部职工、从业人员牢固树立“安全第一，预防为主，综合治理”理念，营造“安全发展、和谐发展”浓厚氛围。各交通运输企业借助企业生产第一线优势，利用横幅、标语、宣传栏、广播、电视、LED滚动视频、车载电视等宣传工具做好交通安全宣传。开展“安全生产月”“安康杯”等主题实践活动，组织人员参加安全生产宣传咨询日活动。全年开展宣传交通培训120场次，参加人员2300多人次，发放《致春运驾乘人员的一封信》《交通行业安全生产基础知识问答》《珍爱生命，注意乘车安全》等各类交通安全宣传材料3000多份，发送手机警示短信700多条，道路运输企业开展应急演练7场次、338人次参加，在客、货运企业、客运站、驾培机构、维修企业等重点位置悬挂“安全生产月”宣传标语26幅，布置安全生产宣传专栏17面。

交通运输企业安全生产标准化建设提升工作　在巩固“泉州标准”安全生产标准化创建成果的基础上，提升全县交通运输企业安全生产管理的整体水平，目前有1家企业部颁标准化一级达标，3家企业部颁标准化三级达标，6家企业通过部颁标准化三级达标考评初审，审核材料送考评机构。

汛期、防抗台风等交通运输安全生产工作　结合“安全生产月”活动，组织全县客运交通企业开展消防应急演练，提高交通运输系统消防安全意识和防范意识。加强与气象部门的联系，密切关注天气情况，利用短信平台及时发布预防预警信息。落实汛期值班制度，建立汛期值班制度和汛期情况报告制度，确保汛期期间联系畅通无阻、反应快速及时。做好台风防御工作，按照德化县道路运输突发公共事件应急预案要求安排应急运力：货车10部，客车10部，装载机5台，挖掘机7台，东风车20部，24小时待命。

【综合行政执法】　以交通运输系统安全生产综合整治三年行动和“创文明、强管理、重服务、提水平”活动为契机，全面落实“六车一船”和路、厂、站、校的执法监管工作。将“两客一危”车辆作为重点，深入开展“黑车”非法营运、道路运输专项整治。加大治超和路域整治工作力度，开展“雷霆”治超和公路清障行动，保障道路运输畅通安全。强化内河水上交通安全监管。突出重点时段重点领域的执法监管，在“春运”“五一”“国庆”前后组织开展“春雷”系列客运专项整治行动；在节假日期间强化南埕、水口、国宝、赤水等旅游景区周边交通运输执法监管；科学安排周末、夜间执法力量，保证执法连续性。逐步建立健全与公安、安监、公路、高速执法等部门的联动协作机制，形成执法合力。全年出动路面执法人员4188人次，检查货运车辆6652辆次，检查客运车辆6422辆次（包含春运设岗检查），检查教练车165辆次；查处违法案件389起，其中道路运输案件118起，公路路政案件271起，处行政罚款86.43万元；教育、纠正轻微违法违规行为526起。

【交通战备】　加强国防交通基础设施建设，抓好杨梅至葛坑路段国家交通战备项目的建设，贯彻落实交通战备工作正规化建设相关规定，开展交通战备动员潜力核查评估，完善应急作战交通保障方案预案，开展民兵整组工作，配合开展夏季征兵工作，落实各项安全保密措施。

（撰稿人：陈晓秋　审稿人：陈神谋　梁福华　蒋剑麟　周光辉）

【泉州市汽车运输总公司德化公司】

概况　2015年，站点营收2120.3万元，主营业务收入为2760万元，其他业务收入187万元，利润-96万元。公交营收649万元，亏损143.7万元；旅游车辆营收211万元，盈利18万元。累计上缴税金为231.6万元。

行车安全基本情况　公司营运车辆79部（其中长期停驶7部），集体行驶里程累计达：8576374千米，无发生一般（含）以上行车事故，发生轻微事故1起，1人轻伤；行车事故直接经济损失7万元。行车安全四项指数（行车事故次数频率0.12次/百万车千米、行车事故伤人频率0.12人/百万车千米、行车事故责任死亡频率0人/百万车千米、行车事故直接经济损失频率0.81万元/百万车千米），无发生机件、商务事故和治安刑事案件。

安全生产教育管理　推进“平安交通”“文明交通”“安全发展企业”“道路客运安全年”“道路交通安全综合整治三年行动”“打非治违”等系列活动。开展2015年“安康杯”竞赛、

"安全生产月""道路运输平安年""道路交通安全综合整治'三年行动'""道路运输安全百日整顿"等活动。至11月，召开安全会议43次，1109人次参加；举办安全教育培训57次，4071人次参加；举办三级安全教育3场，10人参加；发布安全简报22期，刊出墙报22期，悬挂标语和横幅78条；发布安全警示短信42353条；开展消防知识讲座和实地灭火演练活动1次。

业务经营管理　19部德化至泉州普客专线车辆经营期限已满7年，经投标确定19座宇通客车，完成车辆更新，于12月5日投入运行，并全部采用自动投币机售票，减免乘务员工资成本，提高专线经济效益。突破传统站务作业流程，借助互联网技术优势实现拓展新业务，加大宣传手机网络订票、手机微信查询、自动售票机等服务功能，多渠道开展客票营销工作，提升工作效率和服务水平。质量信誉考核评分为705分，获得AA级。

公交旅游生产经营状况　公交发送102924班次，运送旅客653.2万人次，其中老年人和残疾人等群体免费运送54.65万人次。旅游车队市际旅游包车253班次，县内旅游包车710班次，运送游客25384人次。承揽九仙山景区游客接驳运输服务项目，在原有9台车辆基础上，投入资金300多万元购置10台最新旅游环保电动车辆，以满足节日旅游高峰服务需求。

（泉州市汽车运输总公司德化公司 供稿）

公路管理

【概况】　小修养护　全年预算投资912万元，截至11月底，投入991.5788万元，公路养护质量综合优良率90.7%，干线优良率95.9%。

专案工程建设　2015年，计划建设项目17个(含为民办实事项目1个)，计划总投资3248万元，截至11月底，完成16个，其中未完工的上涌公路站建设项目1个于12月底全面完工，完成工作量3173.62万元；

路产路权管理　截至11月底，受理行政许可申请24件，准予许可24件，处理损坏路产案件31起，收取赔补偿费23.9351万元。

安全生产　全年无责任事故发生，安全生产率100%。

引导青少年养成自觉为老年人让座的良好习惯

（泉州市汽车运输总公司德化公司 供）

【工程项目推进】　迎部检工程建设　推进S203线"美丽交通生态公路"工程创建：完成14处景观点绿化提升，投入资金68.9万元；完成2处文化雕塑施工，投入资金40万元；完成景观点及3处停车区的土建工程及绿化工程建设，投入资金361万元（含地方投资）；完成2.58千米/8处的集镇路段整治，投入资金112万元；完成安保工程完善，总投资350万元。灾害防治工程建设：完成S206线K61—K76路段7处边坡灾害防治，投入资金60万元；完成S203线K176.38—K176.58边坡灾害防治工程建设，投入资金20万元，设置C20砼挡墙285.98立方米/131延米。推进S203线边坡灾害防治（喷播植草）工程建设：完成10万平方米，投入资金500万元。推进S203及S206路面破碎板修复、裂缝修补工程：完成路面破碎板修复27098平方米，投入资金596.156万元，裂缝修补767延米，投入资金1.5万元。抓好S203及S206水泥路面清灌缝工作：完成清灌缝441852延米。推进隧道整治工程建设：完成深海格、九仙山、石冻岐、观音岐隧道整治工程，投入资金97万元。推进上涌公路站改造工程建设：投入资金250万元，将于12月底完工。

安保工程建设　主动与县交警、交通、安监等部门联合，对存在安全隐患和危险的路段及交通事故易发路段进行排查建档，按照轻重缓急、先干线后支线的原则，根据道路交通安全综合整治"三年行动"方案要求，加大安保工程建设力度，投入资金686.15万元，完成钢筋混凝土防护栏3214米/59处，波型桥梁护栏4849米/57处，标线更新43134平方米，彩色防滑标线4328平方米/11处，交通标线298面等，提高公路安全保障能力。

【生态公路建设】　提高公路路况水平　K173+050—K176+800路段实施水

公路建设　（县公路分局 供）

泥混凝土路面“白改黑”28342.55平方米/3.75千米；K176+800—K215+635路段实施路面破碎板置换板修复9349平方米；路面清灌缝38.835千米；路面裂缝修补867延米。

提高公路安全水平　安保工程建设方面，更新路面标线28220平方米，增设减速标线2916平方米、警告警示标志110面、防护栏3485延米、增设路侧反光标志8000个；灾害防治方面，完成边坡灾害防治（镀锌铁丝网喷播植草）100000平方米、增设护面墙285.98立方米/1处；排水系统整治方面，完成K202+780—K203+300、K209+000—K209+640共2处土边沟改造为砼边沟632.6延米；隧道安全专项整治方面，完成深海格、观音岐2座隧道的专项安全整治，更新标线264.6平方米，增设猫眼路面突起路标1247个、塑料防撞桶16个、标志牌10面。

提高便民出行服务水平　在村场大桥、南埕大桥、双交林大桥设置视频监控3处；在S203线K239+600设置可变情报板1处；在S203线设置湖坂停车区、石柱停车区、双交林停车区3处；沿岱仙湖设置滨水休闲廊道1处。

提高路域环境综合水平　对沿线2.8千米/8处集镇路段实施路宅分家，设置花池1169延米、绿化3776.2平方米、场地硬化115.2平方米；对沿线14处绿化景观点进行全面提升，种植乔木700株、灌木2100株、地被500平方米、草皮15000平方米；设置公路文化景观墙2处、公路文化雕塑2个、景观点文化点缀3处。

【公路养护管理】　**公路小修日常养护管理工作**　对公路站养护质量进行每月每季度考核评比。整治公路路容路貌，对公路两侧的绿化物进行整形修剪、施肥、除虫、除草，清理两侧水沟，整修场地，刷白沿线的路树、路沿、涵帽，清洗修复桥梁护栏、防护栏、警示柱等。做好路面保洁工作，将路面日常保洁列为公路站月份考核重点，采取机械化作业和人工清扫相结合的方式，及时清除路面垃圾杂物，维护干净靓洁的通行环境。

重点强化预防性养护和灾害防治工程建设　加大对易冲刷淘空下边坡、地质不良和上边坡破碎严重等易发地质灾害路段的巡检。及时做好水泥路面接缝损坏处置、裂缝修补、错台修复、破碎板修复等工作，完成S203、S206线计441852延米/103.1千米水泥路面清灌缝作业，路面裂缝修补767延米，破碎板置换工程27098平方米（其中分局完成18411.53平方米、协调县公路建设总指挥部完成8686.47平方米）。完成S203线边坡镀锌铁丝网喷播植草（TBS）防护100000平方米、增设护面墙285.98立方米/1处，S206线K61—K76路段边坡增设护面墙1185.42立方米/7处。

涵洞、排水系统整治和水毁工程修复　完成对X346线K38+100—K57+956及X354线K111+800—K121+800路段67座涵洞增设检查通道及涵帽，投入资金11万元；完成S203线K202+780—K203+300、K209+000—K209+640计632.6延米/2处及S206线计169.4延米/3处的土边沟改造为砼边沟；清理土石溜方10351立方米/26处、设置挡墙333.5立方米/5处、修复排水系统200延米，投入资金58.4万元。

推进桥梁加固改造和隧道整治　完成S206线赤土洋大桥及初溪大桥2座桥梁的危桥加固改造工程；完成桥梁伸缩缝破损止水带更换353.4延米/13座；完成深海格等4座隧道的专项安全整治，增设猫眼突起路标1609个、隧道LED灯67盏、照明远程控制系统6台，更新交通标线590.5平方米等，投入资金97万元。

公路应急体系管理　完善公路应急预案，全面落实汛期24小时值班制度，加强道路巡查，重点巡查灾害隐患、危险路段和桥梁隧道，确保隐患发现及时、处置及时。加强防汛储备物资库存管理，及时做好防汛储备物资采购补库工作，完善各种配套物资，提高防汛物资储备效能，做到物资、管理、人员三到位。按照水毁抢修预案的要求，及时做好水毁的抢修工作和灾后恢复工作，把水毁的损失降到最低程度，确保公路安全畅通。提高公路养护、应急机械化水平，投入资金113.424万元购置装载机1部、自卸车2部、工程车2部、灌缝机2台、清缝机1台、割草机18台，融雪撒布机2台、压路机、破碎镐、平板夯、柴油水泵机组等设备。

【路产路权管理】　截至11月底，

路产路权管理所上路巡查 272 车次、798 人次，制止涉路违法行为为 226 起，与县交通综合行政执法大队开展联合巡查 37 次，开展专项整治 5 次，清除堆积物 2540 平方米，拆除非交通标志 471 块 2540 平方米，函告县交通综合执法大队 9 件，就违法建筑与县交通综合执法大队联合发函 2 件；在醒目路段利用公路边坡刷写宣传标语 36 面 1988.29 平方米；受理行政许可申请 24 件，准予许可 24 件，处理损坏路产案件 31 起，收取赔补偿费 23.9351 万元。加大巡查力度，重点加大对桥梁、隧道、涵洞、安全防护设施的巡查力度。在巡查中做到“细、密”结合，既在公路巡查中做到仔细，不留死角，又增加巡查的次数和频率，通过路养联动、五大协作机制、与执法大队联合巡查、联合清障等，路政巡查覆盖率达到 100%。严格按照许可审批的程序、权限、时限实施路政许可审批，落实行政服务中心窗口制度。加大宣传力度，以“迎国检”为契机，结合“路政宣传月”活动，利用新闻媒体、宣传标语等多种形式大力宣传公路相关法律法规，与公路沿线商铺签订爱路护路责任状，深入开展法律进村（社区）、进厂矿、进机关活动，向公路沿线群众发放宣传手册、宣传单计 200 余份，营造广大群众爱路护路的良好社会氛围。

（县公路分局 供稿）

邮 政

【概况】 2015 年，完成邮政总收入 1816 万元，完成年度指标的 107.5%，同期比增 16.24%，完成率和增幅均居全区第一。

【代理金融业务】 完成收入 729.18 万元，完成率为 97.88%，全区排名第三。截至 12 月 31 日，代理金融网点期末余额为 35601 万元，平均余额为 34751 万元。

EMS 仓储配送中心 （德化报 供）

【速递物流类业务】 实现收入 379.7 万元，完成率 124.49%。其中，国内小包完成收寄 42.51 万件，累计实现业务收入 322.1 万元，完成市公司年计划指标 220 万的 146.41%，与 2014 年同比增长 80%。

【邮政传统业务】 基础函件业务完成收入 76.36 万元，完成率为 69.42%，全区排名第四。分销业务完成收入 54.06 万元，完成率为 108.12%，全区排名第一，且提前两个月完成全年收入指标。增值业务完成收入 54.06 万元，完成率为 95.89%，全区排名第三。集邮业务完成收入 170.75 万元，完成率为 147.2%，全区排名第一。报刊业务完成业务收入 147.01 万元，完成率为 94.24%，全区排名第八。

【邮政网络建设】 配合电力部门做好空白网点的建设，制定网点布点发展措施。在电力部门摸排的基础上进行选点建设，发展电力空白点便民站 30 家。按照省、市公司的统一要求，做好邮掌柜项目的发展应用工作，发展邮掌柜商家 27 户。加快代理金融网点转型发展，新增三班邮储网点 1 个，提高邮政金融服务水平。

【服务“三农”】 加强沟通联系，主动向政府和相关部门汇报邮政服务“三农”情况和服务“三农”的可靠性，连续六年协助政府做好大化肥冬储工作；加强与政府部门合作，对接政府林业现代竹业、农业农技推广、水稻高产示范片、测土配方施肥项目资金 118.24 万元，配送复合肥 466.20 吨；利用网络优势，在果品成熟期做好德化梨分销配送，将德化梨销往全省各地，打开销售市场，配送德化梨 0.75 万公斤，帮助果农解决德化梨的销售及配送工作，实现农资、农产品“双向物流”双创收。优化 5 个村级“三农”服务站，提升服务“三农”能力，同时还提供支农小额贷款服务，帮助农村种植养殖大户和中小企业主解决“贷款难”问题。

（撰稿人：陈田生 审稿人：卢清墩）

中国电信德化分公司

【概况】 坚持“追求企业价值与客户价值共同成长”的经营理念，主动适应经济发展新常态，创新市场经营管理模式，1—9 月份，完成预算口径考核收入 6384 万元，同比增幅 5.01%，缴纳地税 82 万元，国税增值税额 159

万元；城乡电话用户 5.5 万户，天翼用户 8.6 万户，宽带用户 4.6 万户，ITV 互动电视用户 1.5 万户。

【企业转型】 强化服务职能和消费保障，把服务群众的各项工作列入重点考核指标，打造“金牌”服务，推进服务创新，在营业网点设立体验中心，提高客户感知度。完善渠道网点布设及硬件设施，加快硬件设施的升级换代，不断完善专业化渠道运营体系，营造客户手机卖场化氛围，增强服务能力。加强诚信经营，开展“五个一”服务承诺，接受群众监督；开展道德领域专项教育和治理活动，坚持司务公开制度，将服务事项、收费标准、办理流程和时限、服务质量、监督方式、投诉电话等内容向社会公开承诺，不断提升服务水平，客户综合满意度在 85 分以上。

【网络建设】 光网城市建设 2012 年德化开始建设“全光网县城”，至 2015 年 9 月，累计投资 2458 万元，建成宽带端口 8.75 万个，实现城关区域及各乡镇镇区 100% 覆盖光网络，行政村 ODN 光网络 100% 建设完成，成为“全省首个全光县”，光宽带用户占比超过 90%；落实国家“提速降费”要求，向上级主管部门争取政策，开展免费提速、低费用提速等优惠活动，目前德化电信有线宽带平均速率 25 兆，成为全省首个宽带平均速率超过 20 兆的县市，全县 50 兆以上光宽带用户超过 6000 户。

智慧城市建设 主要有智慧民生（含医疗行业、城市交通、校园、农村 / 社区信息化、数字医院等），智慧政务（含数字城管、电子政务、司法 e 通、工商 e 通、税务 e 通、环保 e 通、林业 e 通、水利 e 通、警务 e 通、消防信息化等），智慧经济（含智慧企业、商铺等）建设等，2015 年计划投资 1500 万元，至 10 月份完成投资 1360 万元，完成年度计划的 84%，在城关及主要乡镇进行智慧城市相关建设。

4G 建设 建设 4G（第四代移动通信）基站，优化城区以及镇区、旅游景点 WIFI 热点，扩容优化天翼 3G 基站，建设和优化光纤网络，满足高速无线上网需求。至 10 月份，完成投资 3425 万，建设开通 4G 基站 287 个，优化扩容 3G 基站 12 个、建设基站配套光缆 1256 纤芯千米，实现城区及镇区 4G 全覆盖，行政村基本覆盖。

【安全生产】 开展“安全生产月”活动，在瓷都广场举办安全活动宣传现场，发放通信设施保护宣传单 600 余份，并向行人讲解电信设施受国家法律保护知识。打击盗窃破坏通信设施的犯罪行为，2011 年以来，与县公安局等部门配合，破获 12 起通信设施盗窃案件，挽回国家财产近 14 万元。坚持“安全第一、预防为主、综合治理”方针，全面落实安全生产责任制。

（中国电信德化分公司 供稿）

中国移动德化分公司

【移动网络建设】 4G 网络建设 4G 是第四代移动通信技术的简称，目前，中国移动采用的 4G 技术为 TD—LTE，网速最快可达百兆；2015 年建设 4G 站点 220 个，实现城关全面覆盖及人口集中的乡镇镇区基本覆盖。

2G（基站、杆路）建设 2015 年建设基站 100 个、杆路建设 300 千米。

小区宽带建设 2015 年建设端口 7000 个。

【数字及信息化建设】 数据专线 2015 年完成 203 条数据专线的建设，其中 IMS 语音专线 44 条、互联网专线 53 条、广域网专线 106 条。

WLAN 建设 2015 完成 20 个热点建设。

（撰稿人：郑丽芬 审稿人：苏瑞德）

中国联通德化分公司

【概况】 2015 年，中国联合网络通信公司德化分公司以“聚焦资源、迅速推动 4G 发展上规模”为工作主线，以“沃赶超行动计划”为抓手，以营销能力提升为核心，扎实落实好“筑基础、拓市场”两大重点，把工作做实、做细，经营业绩取得较大的突破，至 10 月，完成全业务收入 1824 万元，同比 10.3%，预算时序完成率 96.9%，

高校迎新活动现场 （中国移动德化分公司 供）

排名全市第一，实现公司各项指标良性增长。

【规模效益】 以“聚焦资源，迅速推动4G发展上规模”为工作重点，做好销售引导，移动专业出账用户年净增2265户，增幅8%；公众宽带专业用户年净增736户，增幅8%；4G专业出账用户年净增6409户，增幅737%。从“产品上柜、突出宣传、第一推介、利润分析、业绩跟踪”等五方面进行落实，提升存量渠道的销售产能及收入利润，月4G产能达到450户。聚焦于智慧沃家发展重点，发挥自营厅及社区经理的标杆效应，主推智慧沃家，开展“智慧沃家销售竞赛”，打造明星营业员、明星社区经理新增融合2G宽带产品全部转为主推智慧沃家，智慧沃家发展占比达到46%。新增合作团队，从临时性的促销团队变成可长期合作的持续性业务拓展团队，今年高校市场共新增65户用户，对比2014年，增幅530%。

【网络质量】 打造强有力的支撑团队，实现网络新超越，2015年4G开通83个基站，4G城区和乡镇实现基本的覆盖，3G站点达257个。固网小区建设达74个，总端口达25500个，保障县城固网资源的覆盖及市场发展需求；传输网累计投入使用1700千米，通过网络改造和优化，不断提升网络健壮性。

（中国联通德化分公司 供稿）

金融监管

【概况】 至2015年末，全县有银行业金融机构10家、网点52个，其中农发行1个，工商银行3个，农业银行4个，中国银行2个，建设银行2个，农村信用社30个，邮政储蓄6个，农商银行1个，泉州银行2个，民生银行1个。全县银行业金融机构各项存款余额155.33亿元，比年初增加26.59亿元，增长20.66%；各项贷款余额136.46亿元，比年初增加34.12亿元，增长33.34%；不良贷款余额7890万元、占比0.58%。辖区银行业信贷结构不断优化，银行业风险得到有效管控，没有发生重大案件和重大事故，有力支持地方经济回升向好发展。

【监管督导】 组织召开辖区银行业监管情况通报会、收听收看上级监管情况通报会和监管约谈督导，及时传达上级银行业监管意图，突出监管引领作用；引导各行社在风险可控的前提下加大金融创新和信贷投放力度，至年底，全县涉农贷款、小企业贷款增速分别高于各项贷款平均增速0.22、0.17个百分点，小微企业申贷获得率高于上年同期3.18%，实现银监会2015年要求的“三个不低于”目标。各项贷款余额136.46亿元，比年初增加34.12亿元，增长33.34%，增幅全市第一，存贷比88.43%，增量存贷比达128.32%，满足辖区实体经济的多元融资需求。

【风险防控】 辖区银行业机构落实防控责任，加强风险监测、防控和处置化解工作，至年底，全县不良贷款余额7890万元、占比0.58%，比泉州辖区不良率低2个百分点，不良贷款总量和占比均处于全市最低水平，信贷资产质量全市最好，列全省各县第六位，辖区没有出现大的企业主失联跑路事件。

【法人监管】 发挥主监管员作用，督导农村信用联合社开展“加强内部管控遏制违规经营和违法犯罪”自查、规范、整改工作，开展“完善激励机制年”活动，督导完善绩效考核体系，督导加强内部管理，确保主要领导变动时平稳顺利过渡。督促采取有效措施，加强不良贷款防控化解力度，不良率1.24%，为全市八家行社最低，农联社在经济下行的情况下各项监管指标完成较好，被省联社评为“业务增长十佳社”。

【“引银入德”工程及金改工作】 加强与当地政府沟通协调，成功引进筹建村镇银行和民生银行德化支行；对新设立的机构加强扶持和指导，农发行、泉州银行、泉州农商行的德化支行，在同行考评中均位居前列。督导辖区

6月1日，2015年政银企农行专场对接会举行 （张圆圆 摄）

银行业在扩大金融支持小城镇建设范围、增强涉农金融服务功能等方面先行先试，引导各银行业金融机构加大对德化统筹城乡发展和小城镇建设的金融投入，县银监办被县委、县政府评为2015年度招商选资先进单位。

【案防机制建设】 督导银行业增强风险防控的前瞻性和针对性，防控辖区信用风险；组织银行业机构开展消保宣传月“进校园”活动，提高民众风险防范意识；加强新闻舆情、民间融资活动风险监测，严防民间借贷风险向银行业转移传染渗透，保持辖区银行业零案件。

【银行业协会和金融团工委工作】 组织县金融团工委及县银行业协会组成爱心小分队，走访慰问辖内银行业金融机构重病、特困员工；组织指导县银行业协会联合县金融团工委举办银行业首届职工技能竞赛活动；联合团县委召开“银团合作”推进会，开展“银团合作”活动。

（撰稿人：陈丙林 审稿人：陈行泉）

中国人民银行德化支行

【服务经济】 成立支行存款保险工作领导小组，加强存款保险制度出台前后的巡查和应急准备，督促县联社及时全额交纳保费，确保存款保险制度顺利实施；全面落实利率市场化改革，加强监测和反馈；做好县联社合格审慎评估，推动其完善公司治理结构、健全自主定价机制；做好县联社加入银行间同业拆借市场审核、报批工作，获批拆入拆出资金限额4亿元。

推动政银企合作，召开银企对接会5次，受益企业250多家；加强与重点项目、中小微企业等对接，加大经济调整时期的金融支持、服务力度。至12月末，全县人民币各项存款余额154.31亿元，比年初增加26.04亿元，增长20.3%，人民币各项贷款余额136.45亿元，比年初增加34.18亿元，增长33.43%，存贷款增速均位居全市第一位。争取上级行对德化货币信贷政策倾斜，向县联社发放支农再贷款1.4亿元，增加其支持“三农”的资金实力；指导辖区银行业金融机构创新“税易贷”“电商互助贷”、专利权质押等信贷产品，推广“创业贷”“无间贷”“续贷宝”等金融产品，针对陶瓷行业的金融需求和行业特点，推出“银行、大师、瓷商、瓷企”的“瓷金融”银企合作新模式。督促银行业金融机构履行社会责任，提升对计生、助学、就业、保障房建设的金融服务，至12月末，发放计生贴息贷款274户、548万元，生源地信用助学贷款1442户、1807万元，再就业贷款68户、539万，保障房个人按揭贷款1.65亿元。

【服务民生】 推广电子商业汇票，至12月底，全县商业汇票电子化率66.86%，居全市首位；加强助农取款点转型升级，建成农村金融服务中心87个（其中示范点23个）。加强金融IC卡宣传和应用推广，开展整治银行卡网上非法买卖专项行动，与县公安局联办“警银协作防范信息诈骗联席会议”。组织对县工行、县联社的个人银行账户身份信息真实性核验工作。国库管理，全年组织预算收入52万笔，入库金额21.36亿元，办理财政库款支拨6276笔，拨款金额37.04亿元，实现业务处理无差错、无挂账、无迟报、无风险；办理批量出口退税业务980笔、金额1.44亿元，缩短退税资金在途时间，促进出口企业提高资金运用效率，加强对各银行机构代理国库集中支付业务的检查指导，全年办理集中支付5180笔，金额11.65亿元。开展金融机构人民币收付业务服务质量调查，召开金融机构人民币收付业务客户座谈会两次，提高人民币收付服务水平；完善县公交公司与大型超市、商场等企业间小面额票币横向调剂机制，全年调剂39次、金额18.5万元；做好纪念钞、币发行监督工作；加强反假币工作，全年收缴假币1415张，金额11.7万元。开展反洗钱宣传培训，促进金融机构有效履行反洗钱义务；对县联社开展洗钱风险评估，持续推动“法人监管”改革；对邮政储蓄银行德化县支行开展反洗钱监管走访，对德化人寿保险开展《如何提高保险业的反洗钱履职能力》业务培训；做好可疑交易线索的审核、分析和上报工作，全年报送可疑交易线索2条。开展征信宣传，做好农户信用体系建设试点工作和福建省征信业务网上服务大厅推广工作；会同县联社新评定信用村16个，营造农村地区良好的信用环境；做好个人信用报告查询工作，全年办理个人征信查询2181人，发放机构信用代码1213份。开展消费者金融素养问卷调查，开展“3•15金融消费权益日”、金融知识普及月宣传活动；做好辖区两起金融消费者现场投诉调查和处理工作，维护金融消费者合法权益；对县辖银行业金融机构落实金融消费权益保护工作情况进行评估、通报；结合县域经济、金融运行情况，开展快速调查50多次，为县委县政府出台相关政策完善征求意见30多次，为领导提供决策参考。

【外汇管理】 推进个人贸易外汇管理便利化政策，全年开立个人结算账户15户，推广外商投资企业资本金意愿结汇改革，将直接投资外汇登记下放银行办理，支持德化县信用联社外汇业务发展。加强对银行、企业及个人等主体监测，分析资金流与货物流相背离的原因，加强外汇收支风险

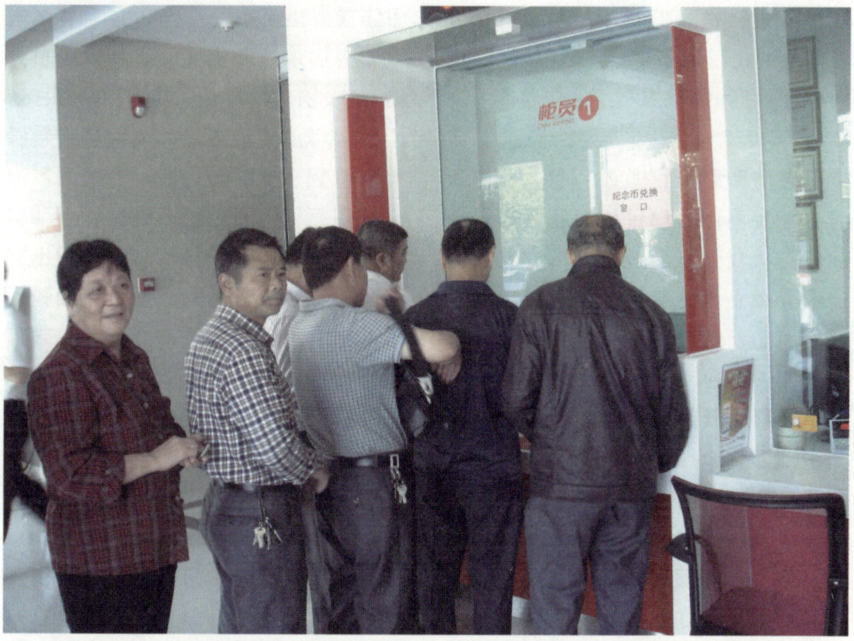

市民排队兑换中国人民抗日战争暨反法西斯战争胜利70周年普通纪念币

（中国人民银行德化支行 供）

监测预警，应用跨境资金流动监测与分析系统开展全口径跨境资金监测，防范异常跨境资金双向流动风险。加强国际收支统计间接申报数据现场和非现场核查，全年完成非现场核查1.2万笔、金额2.83亿美元，及时纠错163笔、金额284万美元，及时处理资本项目信息系统中新增的滞留数据和异常数据，提高系统数据质量。探索对银行由“规则监管”向“原则监管”转变，组织对县农行、县建行等两家银行外汇业务合性开展检查，对其国际收支申报、贸易融资业务等方面存在的违规行为进行移案处罚。

【金融维稳】 召开金融稳定联席会议，做好金融风险信息提示，配合经信局对典当行等准金融机构经营情况开展检查，加强金融风险防范。对县联社、泉州银行德化支行开展综合执法检查，针对泉州银行德化支行支付结算违规行为予以警告并处罚款5000元，做好县联社城东分社、民生银行德化支行开业指导和央行服务管理工作。完善金融风险监测指标体系和法人金融机构风险监测和预警机制，加强对融资性中介机构的情况监测，防范金融风险传导，开展对农行“三农”事业部改革试点情况评估，推动支持“三农”金融。

【内部监管】 制定《德化县支行调查研究工作制度》《德化县支行大额零星采购管理暂行办法》，健全制度体系。改进月度绩效考评，做好专业技术人员、要害岗位人员管理和考核工作，做好干部职工“三龄两历一身份”档案审核工作以及出国、学历变更、计生、老干部管理工作。加强公文管理、会议管理、新闻宣传管理以及政务行务公开、法律事务、保密、应急、信访、档案、科技信息安全、节能减排和后勤服务保障工作。

（撰稿人：张志东 审稿人：黄东晓）

中国工商银行德化支行

【概况】 2015年，德化支行经营考评列B类行第二，比2014年度上升2位；公司专业在全省同类支行考评列第三，在全市列第三；信用卡专业B类行第二，电子银行专业第一，个金专业第七。存款指标：至12月底，支行各项存款余额133223万元，比年初增加5512万元。其中，储蓄余额85511万元，比年初-3645万元；存款余额47712万元，比年初增加9157万元（其中机构余额28311万元，比年初增加1938万元）。贷款指标：至12月底，支行各项贷款余额110168万元，比年初增加27345万元。其中，公司贷款余额98245万元，比年初增加29066万元；个人贷款余额11923万元，比年初增加279万元。中间业务：至12月底，实现中间业务收入1571万，比上年增加67万，完成任务117%。利润效益：至12月底，实现拨备前利润3557万，拨备后利润3167万，净利润2375万，直管支行排名第四。资产质量：支行不良贷款余额15万，全部为个人贷款，公司贷款保持“零”不良。

【壮大客户规模】 围绕“拓规模、增效益、控风险”工作中心，大中小并举，把优质高端客户的拓展摆在一切工作的重中之重，推进拓户工程，充实基础客户群。利用工行的优势产品，加大当地高端客户的渗透率，从源头上拓展客户资源，扩大基础客户群体；拓展新市场、新客户，寻求各项业务新的增长点；巩固与财政、社保、医院、工会等重点机构存款户单位的密切合作关系；加大对龙头企业、100万以上纳税重点户、陶瓷小微企业的营销，拓展优资客户资源，提高优质客户占比。

【存款业务】 实行存款领导挂钩责任制，领导分工负责重点机构户、存款户的营销和维护工作；定期召开专题会，研讨存款工作存在问题和差距，寻找存款新的增长点。构建“大个金”格局，以商友卡、白金卡、存富宝、个人贷款等重点产品为抓手，引导客户经理、员工开展“扫街、入户、进企业”活动，带动零售业务发展；发挥业绩考核导向作用，落实“多劳多得、多营销多受益”的分配原则，开展全员性的营销劳动竞赛，引导全行员工挖掘各种资源，加强个人客户经理配备，完善网点人员结构搭配，加强对网点个人中高端客户的维护。拓展对公账户，与招商办、工商、税务等部门密切联系，加强新落户企业营销开户工作；开展全行性的“拓户工程营销”，对当地未在工商银行开户的规模以上企业、纳税大户，实行名单制管理，加强“行长、主管、客户经理”三级联动营销机制，新增对公结算账户681户；加强与政府、财政等部门的联系和沟通，抓住政府国库统一支付和公务卡改革契机，建立50多户国库统支账户和1000多张公务卡。加强有贷户和个人经营贷款户货款回笼监测，提高公司客户存款留存率，抓好“公私联动、存贷联动”等业务联动，实行产品捆绑营销，带动存款业务和零售产品的全面发展。

【信贷客户培育】 重点客户培育 主动发展优质贷款客户，培育贷款新的增长点，行业选择上，重点支持当地基础产业、地方支柱产业和绿色产业，支持当地经营正常、负债率低、发展前景良好的中小微陶瓷企业，建立一批新的优质信贷客户；客户选择上，重点支持省、市优企业、A+级以上中小企业。

“网贷通”业务 “网贷通”业务灵活提款和还贷、基本不受贷款规模限制，受到企业欢迎和好评，利用“网贷通”业务，制定营销、渗透方案，加大区域内陶瓷小微企业的营销拓展。

当地优质项目贷款 完成省级重点项目——泉州德化厦沙高速有限公司8个亿的评估和授信工作，提款2个亿，并签定3个亿的提款合同；关注县委、县府为民办实事及重点工程项目，配合本县工业开发区的招商引资，扶持新企业、新项目发展，培植核心客户群。

【重点产品营销】 加强捆绑营销和组合营销力度，促进中间业务与资产业务、负债业务的融合互动发展；宣传推介、主动营销商友卡、存贷通、分期付款等优势产品，提升市场客户持有率；以区域内中高端客户、政府机关公职人员、重点纳税企业老板等为重点，营销信用卡，特别是白金卡和分期付款业务的，以汽车分期、车行、车位、装修分期、大宗商品卖场为重点，扩大银行卡的交易额和刷卡业务收入，信用卡业务成为2015年营销的最大亮点和中间业务主要的新增长点；拓展理财、代理基金和代理保险等高附加值代理业务，带动了中间业务收入上升。

（中国工商银行德化支行 供稿）

中国农业银行德化支行

【概况】 业务市场份额 本外币各项存款余额251326万元，同比增长23568万元，增幅10.35%；各项贷款余额306174万元，同比增长68945万元，增幅29.06%。各项存款余额、增量四大行占比为41.51%、58.31%，分别提高1.19、8.16个百分点。

经营利润 首次突破亿元，拨备前利润10346万元、拨备后利润8989万元，同比增幅分别为27.46%、增幅18.89%。其中中间业务收入1357万元，增幅4.38%；人均利润拨备前112.45万元、拨备后97.7万元，分别同比增长29.63万元、20.55万元。

贷款质量 在全国银行业不良资产高企不下的背景下，年末不良贷款余额308万元，控制在限额内，不良占比0.1%，居全县金融同业和市分行系统第二位。

【经营战略调整】 年初，支行制定“年内实现从转化提升行进位成重点提升行、五年内打造成当地领军银行”的目标，力求年内存款增量“四行一社”市场份额25%以上、五年内做成当地最好的银行，通过提升资产、负债、中间业务三项经营指标，实行项目立行、品牌经营、激励触动、精细管理四项措施，跟着政府产业政策干，跟着省行信贷政策走，跟着实体金融需求办。倡导人性化服务，优化劳动组合，全辖4个网点增设超级柜台，提高柜面服务效率；南门支行迁址坪埔营业于年末签订房产购置合同，有望2016年上半年实现迁址营业；支行办公大楼和营业部迁址规划已上报，进行选址筹备。

【重点项目带动】 对厦沙高速、彭村水库、蒲坂水厂、陶源新居、中医院等省市县重点项目进行精准营销，在项目报批、用信、审查等环节与上级行联动，全年营销省市县重点项目4个，授信总额度7.35亿元，投放贷款4.35亿元；对厦沙高速二次营销，新增用信3亿元；注重维系项目上下游资金在体系内循环，对公存款余额、日均存款增量位居市分行系统首位。

【其他业务】 把拓展保障房、二手房和培育中小企业信贷业务作为一项重要的民生工程，推广简式贷款、住房抵押贷款、随薪贷等产品，为城东保障房一、二期项目楼盘授信按揭贷款4.45亿元，投放6474万元，个人住房按揭业务涉及全县18个楼盘，个人贷款余额较年初增加1.87亿元，个贷总量市场占比达60%以上；拓展中小企业8家，发放中小企业主贷款3038万元。以情感营销、利益营销为纽带，以基金、贵金属等业务为突破口，巩固和发展高价值客户阵地。利用春节、母亲节、中秋节、圣诞节等节假日开展“六送”“六请”和“扫街”等活动实行本部与网点挂钩制、本部员工积分制，强化“CFE、PCRM”两个系统的应用推广，实行客户名单制管理，网点人员1+N营销、分组营销PK赛，从面上和点上打造个人业务增长点。年末，个人贵宾客户净增255户，个人贵宾客户日均存款余额占个人日均存款比重的57.73%，比年初提升4.72个百分点，个人存款净增2088万元，增量、存量四大行占比双居第一位；偏股型基金、非偏股型基金、实物类贵金属销售和个金中间业务收入均超额完成全年任务。服务“三农”改变过去“撒胡椒面”式的做法，通过整合信贷资源，重点扶持一批具有特色的农业生产、加工业和专业户，对省棘胸蛙生态养殖基地双全农业有限公司发放省系统首笔大额保证担保贷款100万元，同时储备2个特色农产品生产项目，拟作为新年度扶持对象，对存量农户小额贷款“特事特办”，通过人性收贷、情感收贷、依法收贷，累计压缩农户小额贷款512户、金额1646万元，对967户农户办理收回再贷2941万元。把“惠农通”机具重点布局在城区及城关两镇周围，目前，74个惠农卡服务点，金融性交易11583笔，交易金额1.8亿元；绑定账户余额707.42万元。

（中国农业银行德化支行 供稿）

中国银行德化支行

【概况】 至12月末，净收入为3968万元，完成序时进度94.47%，同比增加87万元；其中利息净收入2989万元，同比增加43万元；中间业务收入978万元，同比增加43万元；实现拨备前利润2577万元，完成序时进度95.46%，同比增加135万元。

至12月末，人民币存款55030万元，较年初增加32万元，完成新增计划%（时点）0.34%，日均新增9.55%；其中：公司存款时点增加517万元，时点增加11.76%，日均负增长3.11%；储蓄存款时点增加770万元，时点增加15.39%，日均负增长26.16%。各项外汇存款567万美元，较年初增长226万美元，时点增长319.56%，日均增加107万美元，完成日均增长252.55%。人民币各项贷款84185万元（含信用卡），较年初增加5519万元。

至12月末，总体授信资产质量保持平稳发展态势，公司贷款除一笔1350万元转关注类外，均为正常；零售贷款五级分类不良余额145.4万元；授信不良率0.53%。银行卡不良余额624万元，增加380万元，不良率5.97%，较年初增加3.41%；新增不良额和不良率均低于辖内平均水平。

【强化营销】 制定各条线各业务开门红任务指标和活动方案，倾斜资源加大对存款考核力度，调动各条线和全体员工争揽存款和拓展各类产品的主动性和积极性，同时以支行领导带头营销带动各条线、网点和客户经理的营销联动和交叉营销。重点加强行政事业存款力度，强化县融资办、财政、国土、交通等关系，开立县法院执行款专用账户；加强与双旗山黄金租赁合作业务，营销泉州工艺美院对公结算账户，并配套安装POS机和签约中银E社区办理易缴通，同时达成学费代收合作，借记卡年发卡量600多张，提升个人有效客户、电子银行客户数量的发展。加强对授信客户的贷存考核，结合报价与退出机制，代发薪营销服务小组主动对接营销，由个金牵头，公司、国业、小企业一道联动，逐户上门营销攻关以保成效，新增代发薪24户，代发金额1.32亿元。强化与分行公司联动，跟踪厦沙高速信贷投放和资本金情况，开立德化厦沙高速结算账户和贷款专户，并与分行联动确保厦沙高速部分建设资金转入标段账户，目前切分授信额度2亿报省高速公司审批，并得前期2000万资本金，并提款2300万。通过与省行、分行公司、风险部门的沟通，以及做好厦门联美集团的跟踪服务，上报德化美伦地产开发贷项目2亿授信额度并获得批复，授信额度启用的前期工作在准备中。

【强化合作】 抓住年初有效时机快速对2014年低住房贷款储备1500多万进行投放，同时与新楼盘进行合作，申请到6.058亿的个人住房贷款额度，累计投放个人按揭9121万，较年初增加6543万，完成全年任务151%；同时加强项目合作营销，某公司3000万授信获批并投放2000万。开展中小企业、小微企业“开门红”营销激励措施，新增中小企业授信客户11户，涉及陶瓷、建材、玻璃等行业，授信总量4990万元，累计投放38343万元（包括新客户投放、存量新增、存量转贷等）。发挥国际结算、产品、汇率等优势，为县外向型企业提供国际结算、贸易融资、跨境结算等各项金融服务，办理汇利宝1081万美元，全年叙做国际结算7666万美元，同比增加411万美元，市场占有率25.8%，较年初提升2.8%。运用好分行贵金属开门红巡展活动机会，推介贵金属产品，活动当日销售贵金属39万；加强新产品“沃金融”对个人网络贷款的重要意义，发放全省首笔“中银沃金融”个人网络贷款业务。营销德化某公司等批量开卡及批量代收付业务，实现开卡64张，同时全部配套办理理财版网银及手机银行。至12月末，新增对公有效客户数11户，完成任务50%；企业网银新激活客户数361户，完成任务84.94%；新增个人网银2370户，手机银行增加1695户，分别完成任务62.3%和77.3%；同时加大激励对大额存单拓展力度，办理303万；做好步步高产品宣传推介，目前签约45笔；中银快付办理155户，完成87%；此外，在严把客户关的同时积极择优发展银行卡客户和卡分期业务，新增发信用卡有效客户206张，实现银行卡中收634.86万，同比增加21%，占中收75.4%；同时抓住时机拓展三方存管542户，完成任务86.7%。

【风险防控】 面对去年以来的经济下行导致企业主跑路、失联、资金链断、民间借贷引发的信贷风险等事件，高度关注当地企业经营情况和行业变化，特别是企业春节过后的开工情况，增强主动风险意识。因受市场价格等因素影响，特别加强对大阳矿业公司密切关注，采取预警措施，加强与企业主沟通，积极寻求政府协助，确保企业按时转贷和归还利息；同时要求客户经理深入多走动，了解一手信息，采取针对性措施，严控企业新生不良贷款。针对年初以来银行卡不良冒升趋势，加大奖罚力度，成立银行卡和零贷不良资产清收抓降攻坚战工作组，实行小组PK清收竞赛，并加强与公安等部门的协作，清收抓降428万，其中现金收回140万、核呆288万。强化内控制度，部署和落实“两个遏制”专项自查整改工作，并按要求上报分行；组织全行员工参加“2015基层网点操作风险管控”专项行动宣导活动；强化员工合规意识，签订责任书，对违反规定的员工及时进行处理，严防员工参与民间借贷活动；执行反洗钱制度，在县外管常规业务、国库支付等检查中，总体情况良好；同时抓好银企对帐、现金收付等工作，配合做好永春金库撤库工作，确保尾箱押运的正常运转；部署落实存款保险制度各项工作，开展规范服务收费自查；加强对本部、营业网点、自助银行等场所安防检查，并抓好节日安保和信息安全等工作，确保健康平稳运营。

（中国银行德化支行 供稿）

中国建设银行德化支行

【概况】 2015年，全行一般性存款余额162153万元，比年初新增8472万元；各项贷款余额168882万元，比年初新增9918万元，全行不良贷款余额86万元，不良贷款率为0.05%，两项指标均控制在分行下达范围内。

【扩大客户基础】 以代发工资为抓手，发展助农取款点、自助银行区等，提高服务半径，扩大个人客户基础；举办小微企业政银企对接会，以拓展优质小企业客户为突破口，拓展对公人民币结算有效账户；加强走访小微企业，加大“大师信用贷”“易税贷”等小企业产品营销，加快对公贷款项目储备。

【拓宽服务渠道】 获上级行批准在坪埔工业区设立自助银行1个，将于近期投入使用；在上涌镇和盖德镇分别设立1个助农取款点，拓宽服务半径；推出自助发卡机，满足客户在自助银行开户的业务需求，缓解新客户人工办卡等候时间长的问题。

【推广特色产品】 宣传推广“公安便民龙卡”“信用卡分期业务”等便民产品，满足建行客户的不同消费需求；配合县电子商务活动，发展善融商务、跨境人民币、建行手机银行、建行网上银行等电子产品，方便电商企业，推动建行产品的覆盖度；做好大师信用贷、税易贷、造价咨询、黄金租借等特色业务，拓展服务范围。

【强化内控管理】 加强现金管理，压缩无效资金占用，防范和化解现金结算风险，严格大额、可疑支付交易的报备制度；开展人民币反假防假宣传，定期开展反洗钱和反假知识的培训，增强反假能力和反洗钱工作水平；按照公安机关和银监部门要求，开展银行业金融机构安全工作，坚持每月信贷客户风险例会和每季度案件防控分析会，在2014—2015年度银行业金融机构安全评估中，以99.8分的成绩位居同业第一。

（中国建设银行德化支行 供稿）

中国邮政储蓄银行德化支行

【概况】 2015年，完成金融业务收入5368万元，同比增长33.8%。其中，自营累计实现收入4694万元，同比增长38.6%。发放贷款307490万元，结余91659万元，较年初增长37830万元，年增长率为70%。涉农贷款结余22473万元，较年初增长6453万元，年增长率40.28%；小企业贷款结余17640万元，较年初新增3945万元，年增长率28.8%；公司项目贷款结余23100万元，较年初新增23100万元。信用卡透支总额10157万元，较2014年同期增加3088万元。其中，不良数75户，金额249.61万元，较年初增加34户，金额119.52万元；不良率2.46%。个人贷款不良余额483.02万元，比年初增加375.5万元，不良率0.95%。其中小额贷款250.82万元，抵押类贷款232.2万元。

【服务“三农”】 为解决现代农业发展资金紧缺瓶颈，开办针对农业发展的“农业贷”，对于处于不同发展阶段的农民专业合作社、家庭农场及其他新型农业主体，予以重点支持；开展扶持中小微企业活动，至12月底，累计小企业贷款授信103笔，授信金额38042万，累计放款71756万元，其中陶瓷企业放款占90%，主要集中在宝美工业区、鹏祥工业区、城东工业区、科技园工业区等，现结余17640万元。

【储蓄业务】 至12月底，各项存款余额76979万元，比年初净增10496万元，增长15.8%。其中：储蓄存款50918万元，比年初下降331万元；对公存款余额26061万元，较年初增加10165万元。

【推动新业务】 排摸准入客户，

成功拓展两笔公司项目贷款。通过前期排查的可准入项目进行逐一走访营销，2015年上半年，成功营销两笔保函贷业务，累计放款2.31亿元。在代发工资和商贸圈建设方面提供便捷的服务，紧跟各类项目建设，跟踪资金动向，通过代发业务提供便民服务；对小企业贷款客户和信贷客户进行回访维护，挖掘客户需求，提供更广泛的金融服务；发展商贸客户，争取行业客户的批量拓展，主要是陶瓷行业客户，提升机具使用率，提高资金流动速度。

【把控资产质量】 组织人员持续不懈进行催收，要求贷后和资产保全岗按“一户一策”制定催收计划，先易后难，降低不良率，同时要在“控新降旧”上下功夫，强化日常贷后检查，对风险性客户及时采取措施，详细了解客户经营情况，来摸清客户底细，避免不良贷款“边清边冒”现象产生。

（中国邮政储蓄银行德化县支行 供稿）

农村信用合作联社

【概况】 至2015年末，各项存款635827万元，比年初增加98719万元，增幅18.38%，市场份额占比42.85%；各项贷款余额达396787万元（涉农贷款388638万元，占全部贷款的97.94%），比年初增加35097万元，增幅9.7%，市场份额占比29.08%；存贷款市场份额均居全县金融系统第一位。不良贷款4912万元，不良贷款占比1.24%。实现各项收入47305万元，同比增加4550.63万元，增幅10.64%；实现利润11599.61万元，同比增加1540.94万元，增幅15.32%。

【普惠金融】 1月18日，联社营业部（浔东北路福万通大厦）正式启用，在城东开发区设立阳光分社，调整搬迁瓷城分社、三角街分社、诚信分社和鹏祥分社，提升联社在城关地区的金融服务能力。为消除偏远山村金融服务“盲区”，优化农村金融服务环境，联社持续推进便民点建设，布设177个小额支付便民点，并将其中条件较好的便民点升级为金融服务站，实现金融服务不出村。普惠金融卡具有一次授信、循环使用、按天计息、随借随还等优点，按照“一个转变、两级营销、三项制度、四道举措”的思路，全面推广普惠金融卡，全县发行普惠金融卡10135张、授信100736.1万元、用信60052.84万元。

【电子银行、自助银行】 推广手机银行、网上银行、短信银行、微信银行等电子银行业务，让客户足不出户即可办理金融业务，2015年，联社电子银行业务交易占比88.77%，成为农村信用社金融服务的主力渠道；新安装9台存取款机，至2015年12月末，有71台自助银行机具。

【服务“三农”】 对农户春耕所需化肥、种子、农膜、农药和农机具等生产资金优先发放，支持农村特色产业和农业产业化发展，为农产品加工、流通、销售等涉农领域提供资金支持，扶持农业专业合作社。全年涉农贷款余额388638万元，增加34446万元，增长9.73%；根据小微企业贷款“短、小、频、急”的特点，以抵押、质押、保证、联保、互保等方式，满足小微企业的融资需求，全年小微企业贷款余额308412万元，增加27407万元，增幅9.75%。特别是在建工程抵押贷款—“创业贷”，担保方式灵活、贷款手续简便、审批机制快速，为工业园区企业解决建设资金难题，累计办理“创业贷”180户，授信35500万元。农村“三权”抵押贷款，让农民手中宅基地、林权、土地承包经营权的资产流动起来，为农户融资提供新途径，办理农权抵押贷款5笔91万元；与科技局、电商协会合作，为企业提供免抵押、免担保、利率低、可循环的“电商互助贷”，办理电商互助贷31户935万元；与大铭乡政府联合举办“农信杯”生姜王评比活动；与“憨鼠购”联合举办“农信杯”“醉美厨娘”创业大赛；通过福万通慈善基金捐资6.5万元捐助13名大学生上大学；发放生源地助学贷款744万元，帮助1164名贫困学生圆大学梦；发放计生小额贴息贷款530万元，帮助265户农村困难计生户发展生产。

【业务创新】 在福万通大厦设立保管箱专区，开办保管箱业务；开办第三方存管业务，满足客户通过信用社账户投资股市的需求；推进外汇、理财、代理贵金属等新业务发展。2015年，国际结算量1753万美元，同比增长261.28%；发行17期个人理财产品，募集资金52729.90万元，发行8期机构理财产品，募集资金13655万元；销售实物品牌金10524克，销售代保管买金102903克，回购100832克，代理贵金属成为客户投资的一大渠道；办理汽车按揭贷款277户2222.3万元，住房按揭贷款483户10847.25万元。

【信用村镇建设】 完成电子建档客户53791户，比年初增加542户，建档面130.01%，较年初上升1.31%；完成信用户7041户、信用镇1个及信用村42个的评定，各个行政村完成信用户评定5户以上，确保村村都有信用户，营造农村地区良好的信用环境。

（县农村信用合作联社 供稿）

泉州银行德化支行

【概况】 2015年，各项存款余额8.1亿元，贷款余额4.7亿元，理财产品余额1.5亿元，发行公务卡3589张，客户结算卡1.2万张，实现利润1500

泉州银行德化支行开业　　（泉州银行德化支行 供）

万元，实现营业税及附加313万元。

【金融业务】　发放特色业务“无间贷”7098万元，贷款企业100%享受到“无间贷”的好处；泉州彭村水库投资开发有限公司贷款余额20000万元，德化县土地储备中心（德阳公路）贷款余额9500万元；销售泉州银行“海西·源泉”理财产品7.6亿多元；发行公务卡307张，个人公务卡消费透支余额3719万元，开立个人结算账户2963户，营销保管箱61户，累计办理结汇19.13万美元；加强对电子产品的推广营销，提高电子产品覆盖率；为市民提供保管箱服务。

（泉州银行德化支行 供稿）

中国人寿保险德化支公司

【概况】　截至12月31日，完成保费总收入9922万元。长险首年期交保费1648.23万元，同比增长25.18%；10年期及以上期交939.38万元，同比增长93.93%；长险首年标准保费791.95万元，同比增长30.65%。短期险保费797.09万元，同比增长4.44%。其中个险首年期交保费1348.36万元，完成率84.27%，同比增长46.44%；10年期830.74万元，完成率96.6%，同比增长71.76%；首年标准保费711.52万元，完成率84.7%，同比增长47.11%；个险短期险保费183.31万元，完成率107.83%，同比增长15.7%；互动业务210万元，完成率93%。个险销售队伍有效新增人力287人；月均持证人力390人；月均主险举绩136人。团险短期险总保费607.75万元，完成率108.53%。其中团险短期意外险保费（含短期寿险）449.32万元，完成率93.61%；借意险保费7.72万元，完成率51.47%。银保首年保费2296.27万元，完成率112.01%。银保首年期交保费415.41万元，完成率103.85%；银保长期险首年标准保费78.81万元，完成率112.59%；银保短期险保费4.88万元。

2015年度总赔付支出：2247万元。其中：死亡给付：73.7万元；医疗给付：55.6万元；满期给付：1386.3万元；年金给付：234万元；赔款支出：497.4万元。

【个险渠道】　实行一人多岗一人多责，深入基层一线，了解营销伙伴和管理人员的需求，做到有的放矢。通过保费的提升大幅提升管理人员的薪酬，从而提升管理队伍的积极性。尊重员工想法，积极研讨，择优采纳，集思广益。秉承精英挑大梁的传统，树典型，以点带面撬动营销队伍。每月每季搭平台做客养，引导伙伴不断储备新客户，举办活动场次累计近百场，参与客户超过2600人。

【银保渠道】　通过“1+1”、职场面谈、校企合作招聘等方式，实现新增31人，超额完成市公司下达的增员目标。在实现增员目标的同时，加大对理财规划师队伍举绩率的追踪，实现理财规划师队伍每月全员举绩，全年举绩达成98人次，达成市公司下达的96人指标。

【团险渠道】　推进“农村小额险”拓展，扩大新农合附加意外伤害保险的承保面，促成德化县人民政府办公室于2015年9月发文《关于转发推行“国寿农村小额意外伤害保险”作为“新农合”补充实施意见的通知》（德政办〔2015〕162号），为推进“农村小额意外险”扩大投保面产生促进作用。拓展信贷险，争取德化信用社的网点，初步意向4个网点，使信贷险成为2016年业务新增长点。扩大计生险承保面，公司领导班子和县计生协的领导建立常态化沟通机制，通过开展慰问“阳光母亲”、参加“生育文明．幸福家庭”知识讲座、“金秋助学”等一系列活动宣传计生险，扩大“计生险”影响力。新农合签订3个经办协议，方便服务群众，进一步深化合作基础。

【拓展业务】　个险渠道依托各类平台，开展销售和客户经营活动，先后开展中秋博饼、妈祖祈福、高端客户养护、港澳旅游、观看电影、橄榄油健康饮食大派送，“136”请客户吃饭等活动。银保渠道组织参加销售平台28场，其中自主平台24场，渠道平台

4场，客养平台29场，累计邀约386人次，取得保费和获客双丰收。在做好平台销售的同时，培训8场，深化银保渠道合作关系。

【风险管控】 2015年，共付股份满期保单394件，满期金额557万元。做好风险排查工作，在给付过程中，耐心细致地向客户做好解释，将业务纠纷和群体性事件消灭在萌芽状态，维护柜面、公司正常的工作秩序。

【客户服务】 5月23日，组织钻石级、白金级、贵宾级VIP客户在德化县医院开展“牵手国寿 保‘胃’健康”VIP客户健康体检，59人获得公司VIP客户免费体检资格，57名客户参与体检，活动参与率达到96.6%。3月至6月份，举行以“牵手国寿 孝善为先”为主题的国寿少儿绘画活动，报名绘画作品362幅，获奖作品共计7幅，少年组5幅、儿童组2幅；另有2名指导老师获市级评选最佳指导老师称号。2015年度，需向符合条件的19名VIP客户发放健康管家卡和龙腾卡，送达客户人数18名，1名未送达，送达率达94%。

（中国人寿保险德化支公司 供稿）

中国人保财险德化支公司

【业务经营】 2015年，实现保费收入5080.59万元，比2014年增长23.90%，为经济建设和人民生活提供风险保障195.86亿元，处理各类保险事故案件3179起，已决赔案支出1902.33万元，未决赔案赔款358.93万元，全年纳税608万元。

【客户服务】 *承保方面* 2015年实施出单集中式管控，方便大众投保，提高出单效率，优化出单服务界面。

理赔方面 年初制订新的量化考核办法，明确理赔案卷在岗位的流转时间，并且按月、按季度实行考核，严格落实奖惩制度。接到客户报案后，查勘员在县城15分钟内到达现场，出城外30分钟内到达现场，不能到达现场的及时与客户联系告知。从单证收集齐全到核赔通过的时间区间，万元以下一小时通知赔付。开辟理赔绿色通道，简化农险理赔程序，每年7—9月份是遭受灾害最为频繁也是最严重的时期，按照“特事特办”的原则，联合农业局、民政局及各个乡镇领导、协保员第一时间赶赴受灾地区，加班加点开展查勘定损工作，让受灾户在最短的时间内得到赔偿。强化“95518”专线服务。2015年，全险种案件处理率为102%，车险一小时通知赔付率为99.3%，件数结案率为97.62%。

【风险管控】 组织学习与公司经营相关的法律法规，开展“两加强、两遏制”“合规文化宣导月”、防范和打击非法集资宣传教育、保险机构案件风险防范培训，增强全体员工的依法合规经营意识。严格遵守统一授权经营制度，建立科学严密的内部管控体系，提升依法合规经营水平。以承保和理赔两个服务部门为切入口，严格管控承保环节，开展综合治理销售误导工作，对存在风险较高的业务，派专员督导其整改，降低风险。根据市场需求和自身实际调整理赔政策，对理赔人员进行实时监控，提高理赔效率和理赔质量。

（撰稿人：石宝玲 审稿人：郑晶晶）

财 政

【概况】 2015年，全县一般公共预算总收入15.31亿元，比上年增收0.39亿元，增长2.6%。其中一般公共预算收入10.7亿元，比上年增收0.7亿元，增长7%；全县一般公共预算支出24.74亿元，增长30.4%。

【结构调整】 会同有关部门制定出台关于促进工业企业创新转型升级、培育高成长企业、加快电子商务发展等一系列稳增长调结构政策，加大对陶瓷业扶持力度，支持企业创新升级，推进经济提质增效；兑现企业优惠政策，拨付涉企资金1.66亿元，减免税费0.29亿元。利用“一带一路”和泉州海丝先行区建设等产业政策，引进产业项目落地；创新发展服务业，促进电子商务发展；推进“互联网+”，推动旅游产业发展，促进县域经济多元化。挖掘增收潜力，做到依法征收、应收尽收、有效增收，努力增加财政收入。

【资金杠杆和导向】 集中财力支持经济发展的重点领域和关键环节；争取上级支持，县纳入省政府批准的县级基本财力保障县，省级各部门新出台的政策及原政策提标扩面补助，德化均享受第一档（最高档）补助待遇；关注财税体制改革动态，会同各乡镇、部门积极向上对接，争取上级提高对德化机关事业单位工资制度改革、生态保护财力、革命老区建设等转移支付补助力度，缓解县财政压力；统筹资金21.09亿元，保障学校扩容建设、公路交通、彭村水库、闽江防洪工程、保障性住房、市政公共设施、工业园区等重点项目建设。推进农村农业发展，落实惠民惠农政策；加大对“三农”、教育、社会保障就业、医疗卫生、住房保障、文化等民生领域的投入，把民生支出作为财政支出的重点，全年民生支出20.4亿元，增长28.3%，占一般公共预算支出的82.5%。

【财政管理】 全面梳理行政权力和公共服务事项清单，推行权力公开透明运行；推进预算决算公开，除涉密单位外，全县所有使用财政资金的部门均向社会公布本部门预决算和“三公”经费信息。盘活和整合沉淀财政资金用于急需支出项目，提高财政资金使用效率；创新融资新方式，推广运用政府和社会资本合作（PPP）模式，拓宽投融资渠道，与上级对接沟通，争取债券置换资金和新增债券资金11.27亿元。落实中央“八项规定”，建立完善资金拨付程序和内部监督管理制度，出台培训费、差旅费、会议费管理规定，从严控制一般性支出和行政经费，压缩因公出国（境）经费、公务用车购置及运行费、公务接待支出。制定出台《德化县恢复预算单位会计核算权和财务管理权工作方案》，7月份开始，分三批恢复预算单位会计核算权和财务管理权；开展预算绩效重点评价和监控，推进绩效目标评价及结果应用；会同县纪委、农业局、审计局对全县行政事业单位会计人员200多人进行业务培训，全面提高财务人员综合素质。强化财政管理监督，规范对外委托评审行为，开展财政性投资项目联合评审工作，提高联合评审实效；组织专项监督检查，抽取部分单位（含乡镇村）财务管理、会计核算及执行中央“八项规定”情况等进行监督检查，及时发现和纠正资金管理使用中的不规范行为。

（县财政局 供稿）

国家税务

【概况】 2015年，组织各项税收收入46668.4万元，完成年度市分计划46800万元的99.7%。其中：直接征收38368.4万元，同比减收2917.6万元，下降6.7%；征收企业所得税6997.8万元，同比增收632.4万元，增长9.9%；陶瓷税收26585万元，同比增收160万元，增长0.6%。落实出口退税新政，全年办理出口退（免）税14390万元，其中退税6090万元，免抵调库8300万元。制定并执行《税收分析工作制度》，按月编制收入快报，按季分析收入增减变动因素，增强收入工作预见性；完成2015年税收调查，扩大调查信息资源应用。按月对辖区税源进行预测，预测准确率处于先进水平，并把该项工作纳入绩效管理工作。加强与财政部门的协调与沟通，加强对完成地方财政口径任务情况的核算和分析，营造良好的组织收入环境。坚持收入目标责任制，科学分解收入任务，落实工作责任，完善质量优先的税收工作考核机制，结合绩效管理系统加大考核力度。

【税收执法】 推进“六五”普法工作，先后聘请知名教授和省市专家学者，开展法治建设专题辅导，参训人员达100余人次；组织“普法学法用法”无纸化全员学考，参学参考率达100%。规范执法行为，严格执法过错责任追究，执法行为监控总量16356条，执法正确率99.79%，申辩调整后执法过错18条，执法正确率99.89%。优化退税服务，促进贸易便利化。加大稽查力度，检查企业户数89户（金税工程系统受托协查：“黄金票”及正常协查67户，机外纸质7户），稽查立案检查2件，查补企业所得税税款389万元，滞纳金8.3万元；入库查补税款397.3万元，入库率100%，占税收收入1.12%。

【税务宣传】 以第24个全国税收宣传月为契机，结合“便民办税春风行动”，借助网络媒体手机终端，依托微博、微信、QQ群、视频等新兴传播工具，开展“送春风”税宣活动。

【税务改革】 推行“一照一码” 从2015年6月1日开始，将工商营业执照注册号、组织机构代码、纳税人识别号合并为统一社会信用代码，办理“一照一码”登记813户。

深化税源管理 强化纳税评估，下达评估任务88户，完成纳税评估任务78户，入库税款423.75万元，加收滞纳金14.79万元，占直接入库税款的1.1%。加强行业税收征管，继续推行陶瓷行业“双控”管征办法。强化税源日常监控，继续开展“厂中厂”及企业出租经营情况等漏征漏管户清理，清理漏征漏管户460户，补税31.1万元，夯实税源基础管理。

贯彻落实推行《国家税务局地方税务局合作工作规范》 主动向县委县政府汇报国地税合作工作，做好信息宣传报道；建立联席会议机制，成立合作领导小组，指定合作项目联络人，明确合作计划、内容和形式，为合作工作提供制度保障；建立信息共享平台，分解落实国地税合作规范意见和时间进度表，确保国地税合作工作取得实实在在的成效。

审批制度改革 推进税务行政审批制度改革，落实权力清单制度，做好“减权简权”和“确权制权”，形成目录清单依法向社会公开，并接受社会和群众的监督。4月1日起施行的增值税一般纳税人资格登记制后有92户企业享受到此便利。

加强各税管理 做好前期实施“营改增”工作跟踪管理服务，2015年“营改增”企业减税664.75万元，税负降低企业占“营改增”企业户数占比92.63%。推行小规模纳税人增值税按季申报纳税管理，推行按季申报小规模纳税人3575户，推行率达100%，减轻纳税人负担。做好增值税发票系统升级版推行工作，对1869户进行升级版推行工作，完成应推行的100%。完成2014年企业所得税汇算清缴2771户，汇算清缴面达到100%，补税242.11万元。做好金税三期优化版推广工作前期各项准备工作。贯彻落实《全国税务机关出口退（免）税管理工作规范（1.0版）》，加快出口退税进度，加快各环节的审核、审批速度，同时做好出口退税宣传与辅导，优化退税服务；全面推行《出口退（免）税企业分类管理办法》，积极探索出口退税分类管理办法，提高工作效率，有效控制风险，力争做到退得快，管得住。

【提升服务】 落实服务规范 自3月1日起全面推行《全国税务机关纳税服务规范（2.0版）》，宣传纳税服务规范，让纳税人真正享受到统一标准的纳税服务；严格执行规范（2.0版）标准，办理各项涉税事项，简化流程，提速时效，为纳税人提供更为优质、高效、快捷服务。

落实合法权益 开展A级纳税人满意度调查工作，全县80%的A级纳税人参与现场问卷调查，收回调查问卷36张、意见建议14条，主要包括特色服务、服务设施、税收宣传、优质服务等四方面，并制定整改措施并逐步落实。召开全县纳税人代表座谈会，通过面对面的税企互动方式，加强沟通，密切关注、回应纳税人需求，提高纳税人遵从度和满意度。

全力服务税户 落实小型微利企业优惠政策，保持实际受惠面达到100%。2015年小微企业减免增值税3987户，减免税额1400.73万元；减免企业所得税1165户，减免税额606.87万元。持续推进“便民办税春风行动”，制定下发《深入开展“便民办税春风行动”实施意见》，细化服务内容和项目，推出简政放权、服务发展、提效减负三大类10项便民办税服务举措。全年举办纳税人学堂7场次，培训人次达到1700余人。与县地税局签订协作共建协议。

（县国税局 供稿）

地方税务

【概况】 2015年，组织各项收入10.9亿元，同比增长8.01%，其中税收收入8.41亿元，同比增长6.62%，一般公共预算总收入7.9亿元，同比增长6.6%；一般公共预算收入6.37亿元，同比增长8.51%；社保五险入库1.96亿元，同比增长15.08%。

【组织收入】 面对县房地产、矿业、制造业等行业下行压力的实际，坚持应收尽收，坚决不收过头税，从加强征管、堵塞漏洞入手，确保组织收入工作的稳步推进。5月份，组织三个清算小组开展工作，清补税款2769.74万元，实现"时间过半、任务过半"；11月份，突出以安置房和公共投资项目为重点的精细化征管，征、管、查协同推进，确保重点项目、重点税源逐户逐项清理到位，税款及时足额入库，超额完成县政府和市局预算调整任务。

【征管改革】 落实《全国税收征管规范（1.0版）》，成立税收分析监控部门，试行纳税评估团队管理；落实县政府《关于进一步加强税收保障工作的通知》，强化涉税信息采集、运用。建立税收风险数据库，统筹管理全县纳税人税收风险。核实省市地税局下发的税收风险指向，加强征管质量管理，减少征管漏洞。辅导企业建账建证，企业所得税查账征收面99.32%，独资合伙企业个人所得税查账面97.82%。

【纳税服务】 推行《全国税务机关纳税服务规范（2.0版）》，为纳税人提供更加规范的纳税服务。印制《涉税风险提醒单》，每月发布《纳税服务质量报告》，试行纳税人端使用的相关软件安装和维护外包快速服务。建立"纳税人学校"，开通"德化地税"官方微信，扩大国地税联合办税窗口业务受理范围。创新税收宣传方式，拍摄《办税日记》微电影；推行税务登记证电子化，将税务登记证电子化与"预填单""免填单"业务结合，精简涉税资料。落实"三证合一、一照一码"登记制度，一照一码登记户已在工商录入采集的信息，不再重复提供资料，即可实现办理税务登记。推广应用福建地税"3A移动税务平台"，实现手机缴税、发票真伪查询、"12366"咨询、社保缴纳、公众查询、涉税事项办理情况查询等功能，最大限度便利纳税人。

（撰稿人：许鸿伟　审稿人：朱翔）

宏观经济管理

【编制发展规划】 编制《德化县2014年国民经济和社会发展计划执行情况与2015年国民经济和社会发展计划（草案）的报告》；配合省城乡规划设计院编制德化县“多规融合”规划及“十三五”规划，完成《德化县国民经济和社会发展第十三个五年规划纲要（草案）》和“多规融合”初稿；配合上级部门做好中海油海西天然气管网德化支线建设项目立项、可研、初设审批等前期工作；配合新奥能源服务有限公司做好市能源利用规划编制工作。

【经济运行监测】 围绕年度目标，进行经济运行的月、季分析，完成《德化县2015年上半年经济运行情况分析》，强化对经济社会发展主要预期目标完成情况的监测预警，重点针对经济社会发展重点领域的变化情况，及时提出有针对性和可操作的对策措施；加强短板指标监测，协调指导短板指标推进工作，力促较好完成全年目标任务；深入调查研究，提出“十三五”产业结构调整方向。

【主要课题研究】 围绕县委、县政府发展战略和经济运行中的热点、难点问题，就陶瓷产业转型升级、统筹城乡发展、“海丝”先行区建设等课题进行深入调研，完成《德化县“十三五”产业结构调整方向、思路与举措研究》《加快推动陶瓷产业转型升级的若干意见》《德化县民营企业走出去课题调研报告》等课题，为县委、县政府提供决策参考。

【重点项目建设】 征集筛选确定2015年城乡“6+4”重点项目，122个在建重点项目总投资430.68亿元，年度计划投资69.46亿元；预备重点项目66个，总投资206.39亿元；前期重点项目2个；一般建设项目75个，总投资5.3亿元，年度计划投资2.36亿元。122个城乡“6+4”提升工程重点项目动工建设110个，开工率90%，完成投资70.33亿元，完成年度投资计划101.26%。

【政策项目对接】 抓住国家发改委对德化县执行西部地区中央预算内投资政策的历史机遇，组织申报产业振兴和转型升级、基础设施建设、城乡社会事业、环境保护等领域中央、省、市项目210个，总投资106.02亿元；其中，中央项目127个，总投资84.94亿元；省级项目80个，总投资20.78亿；市级项目3个，总投资0.3亿元。获得上级资金补助项目、专项建设基金项目65个，总投资259049.77万元，已下达补助资金27713.5万元。筹备参加“6•18”项目成果交易会，全县征集上报项目对接55个，总投资

3D打印助力陶瓷企业转型　　（王双季 摄）

10.16亿元，其中，合同项目46个，投资8.98亿元；协议项目4个，投资1.98亿元；征集技术需求10项，组织31家企业参会，为项目建设提供技术、资本和人才支撑，推进科技成果向现实生产力转化。

【行政审批审核】 用好“绿色通道”“容缺预审”制度，城乡“6+4”提升工程重点项目办理审批手续实行领导负责制，推行“一个窗口受理、一站式审批、一条龙服务、一个窗口收费”的运行模式，做到特事特办，提速186个工作日。全年窗口接受咨询400多人次，办结各项行政审批事项378件。其中，项目审批240件、核准7件、备案131件，审批、核准、招标核准全部提前办结，备案按要求全部即时办结。

【经济体制改革】 出台《德化县贯彻落实＜泉州市民营经济综合改革试点三年实施计划＞的意见》，推进民营经济综合配套改革试验工作；制定《关于进一步加快产业转型升级的实施意见》及《德化县重点产业转型升级路线图》，做好重点企（事）业单位能源碳排放交易摸底前期工作，加快重点产业转型升级。

【国防经济动员】 完成2015年度物资储备、工业企业、医疗卫生、供水供电、油库站设施及危险品生产企业、生物生产企业等方面基础数据的采集整理和录入工作。做好省、市、县三级国动委指挥所成员单位指挥演练，完成经济动员支前任务指示、信息动员支前命令，动员支前行动综合保障指示等演练作业，提高国防动员平战转换能力。

【信息化管理】 推进城市安全、城市管理、医疗卫生服务、无线服务基础设施建设、信息化教育等领域的“智慧城市”重点项目建设，加快10个省数字家庭示范村建设，完成应急指挥中心设计效果图、指挥中心应急平台系统工程规划设计方案。

【“一带一路”战略】 成立德化县海上丝绸之路经贸文化合作先行区建设推进协调领导小组，做好“海丝”先行区建设推进工作；与甘肃省敦煌市缔结友好城市关系，在文化旅游融合、陶瓷生产、瓷土勘探、陶瓷交易、白瓷工艺品定制加工生产等领域开展深度交流合作。

（撰稿人：郑志阳 许云彪 审稿人：陈章武）

国土资源管理

【保障发展用地】 全年获批农转用和土地征收11批次5136.92亩，供应土地65宗6193.02亩，厦沙高速、彭村水库、闽江防洪工程等重大项目用地需求得到解决。

【土地征收储备】 按法定程序组织实施农转用和土地征收，组织旧城改造、工业园区、新区开发的集体土地征收和国有土地储备，助力招商选资和项目建设。2015年，收储国有土地13宗311.72亩，征收集体土地58宗459.09亩；完成房屋征收749宗，建筑面积7.98万平方米；安置集体土地征迁户565宗，建筑面积6.12万平方米。

【重点项目建设】 为主承担德化县城乡“6+4”提升工程重点项目4个，完成固定资产投资2.3422亿元。其中，旧村复垦城东安置区一期865套限价房举行交房入住仪式；二期2397套完成主体结构封顶，预计2016年10月交付使用。

【耕地保护】 对上级下达的耕地保护目标责任逐级分解、层层落实，结合土地利用变更调查动态跟踪耕地保有量变化情况，采取相应措施落实耕地保护工作。2015年，制定出台县级土地开发补助机制，提升补助标准，从严要求耕地保护项目立项、实施和验收各环节管理，确保新增耕地质量，全年经市级验收土地开发整理项目19个，新增耕地2414.19亩；经市县两级验收旧村复垦项目8个，新增耕地382.97亩。

【执法监察】 开展土地矿产卫片执

德化县不动产登记中心揭牌 （县国土资源局 供）

法检查、土地利用动态巡查以及国土资源违法案件查处，同时，利用手机移动执法平台持续深化国土资源执法监察，发现并制止土地违法行为107起，立案查处土地违法行为为4起；检查矿山点（硐）71处，制止非法采矿行为9起；开展土地批后监管巡查170多次，发出开竣工预警提醒5次，依法处置闲置土地2宗。落实信访包案责任、信访事项限期办理等制度，办结涉地涉矿信访件以及上级转（督）办件64件。

【库区移民帮扶】 以生产开发、环境综合整治等为扶持重点，着重解决移民生产生活中急需解决的困难，安排移民项目22个，落实扶持扶助资金1129.4万元；水口镇久住村下路洋自然村入选全省第二批环境综合整治移民村；湖坂村入选2015年度省级库区旅游乡村培育名单。

【地质灾害防治】 对灾害点、隐患点进行全面摸底、排查，掌握滑坡、崩塌、地面塌陷、高陡边坡等灾害隐患情况，排查地质灾害隐患点463处，发放地灾点防灾明白卡、避险明白卡3592份。投入资金2000多万元，分期分批实施地质灾害危险点居民搬迁安置，完成市委市政府为民办实事项目40点61户360人的地质灾害搬迁安置工作，省级地质灾害搬迁安置对象200户全部核定，拟迁入新宅全部建设一层以上。

【办事环境优化】 投资1159万元，实施数字德化地理空间框架项目建设；对群众、企业土地使用权证办理申请，实行提前预约、容缺预审、延时服务、上门服务，办理土地使用权登记发证25批次5516本，面积137.9万平方米，办理抵押登记2729件，抵押金额41.6亿元，分季度审核批准村民住宅建设用地404宗649户，面积5.07万平方米。

（撰稿人：黄华程 审稿人：陈荣斌）

国有资产管理

【概况】 2015年，完成收入5418.96万元，实现利润3825.13万元，上缴税收1450.24万元，实现国有资产保值增值。

【下属企业管控】 梳理下属企业财务资产管理流程和权限，对所属企业的进行宏观调控，加强各企业财务状况监测分析和重大事项的管控力度；梳理员工薪酬、资金管理、银行账户等基本情况，确保全面、完整、真实、准确反映企业财务状况、经营成果和国有资本保值增值情况，并以签订经营责任书的形式，约定双方责任和义务，明确各单位责、权、利关系，防止国有资产流失。

【对外投资监管】 探索国有资本运营的有效实现形式，加大资源性、基础性产业的投资力度；加强对外投资项目监管，向对外投资的10家企业委派董事、监事人员；按股东会、董事会、监事会权限对参股企业的经营活动、经营成果进行管控；重大事项及时向上级单位请示汇报。至年底，公司对外投资数额1.9亿元。

【应急保障资金】 筹集资金，做好应急资金发放、回收和管理，防范和化解企业融资债务风险；使用应急资金23笔，企业14家，累计资金1.5亿元，帮助企业解决应急资金困难。

【融资】 与国家开发银行、市农发行等金融机构协调，签订6.2亿元资金贷款合同，现贷款余额2.75亿元，融资资金用于工业项目区、道路、棚户区改造等重点民生工程项目，缓解重点项目建设资金不足局面。

【职工服务】 关注各改制企业留守处的工作动向，与留守处负责人协调处理历史遗留问题；做好本系统1300多名离退休干部职工、200多名遗属、300多名离岗职工的跟踪、管理、帮扶和服务工作，逐步提高内退人员工资和遗属抚恤金标准，为企业和职工排忧解难解困，维护社会安定稳定。

（撰稿人：余志成 审稿人：郑义先）

审 计

【概况】 2015年，完成17个项目（单位）审计，查出管理不规范资金10990万元，核减工程款1133万元，审计发现非金额计量问题28个，提交审计报告和专项审计调查报告23篇，提交信息简报49篇，工作报告、信息被批示采用67篇次。

【预算执行情况审计】 以促进财政资金使用绩效、深化财税体制改革、完善制度规范管理，维护财政及经济安全，推动政策措施落实为目标，对县财政局、公安局、市政公用事业管理局、陶瓷产业园区管理委员会4个部门2014年度预算执行情况进行审计，并就审计发现的问题，提出完善和改进管理的审计意见和建议，形成年度县级财政预算执行和其他财政收支的审计结果报告，上报县人大常委会和县政府。

【固定资产投资审计】 对省道203线德化县环城东段和城东新隆路道路工程竣工决算进行审计，核减工程款1133万元。

【领导干部经济责任审计】 以客观评价领导干部任职期间经济责任履行，促进被审计领导干部守法、守纪、守规、尽责为目标，对县农业局、统计局等6位主要负责人任期的经济责任审计，协助厦门市审计局对县委书记和县长

省审计厅厅长姜榕兴到德化县挂钩帮扶村慰问和指导扶贫工作

（县审计局 供）

的经济责任审计；审计其任职期间在贯彻国家经济法律法规、重大方针政策、重大经济决策、财政收支、土地等自然资源资产管理、政府重大投资项目建设和管理、个人遵守财经纪律和廉政规定情况等方面情况，准确评价领导干部履行经济责任情况，界定经济责任。

【政策措施落实情况跟踪审计】 重点关注与稳增长密切相关的重大项目建设进度、资金保障、简政放权情况，财税、金融、产业、外贸等政策落实情况，招商引资优惠政策清理情况，提出相应审计意见，反映存在的主要问题，推动政策措施贯彻落实。

【企业经营情况审计】 重点针对国有资本占控股或主导地位的企业。关注企业财务收支合法真实和效益情况、内部控制和管理制度建立健全情况，明晰产权归属，对企业的经营效果、投资效果、资金使用效果、做出判断和评价，分析存在问题，促进企业规范经营。完成对福建省万旗非金属材料有限公司等的审计调查。

【公务支出和公款消费情况审计】 结合年度审计项目，对财政局、公安局等15个部门单位2013、2014年的公务支出预算、会议和培训、公务接待、公务用车配置、因公出国（境）、办公楼等楼堂馆所建设、机构编制等进行审计调查，提出加强管理、促进建立健全加强公务支出和公款消费管理监督的制度体系和政策规定的建议；审计15个单位，公务支出、车辆运行维护费、会议费，2014年度与2013年度分别同比减少76.21%、29.69%、51.28%。

【专项资金审计】 城镇保障性安居工程跟踪审计　对2014年城镇保障性安居工程（包括廉租住房、公共租赁住房、经济适用住房、限价商品住房和各类棚户区改造）的投资、建设、分配、运营等情况进行审计，重点审计棚户区改造安置、保障性住房分配和管理情况。

民生项目资金审计　完成2014年公共卫生服务专项补助资金、坡耕地水土流综合治理资金的审计调查，从审计调查情况看，各专项资金基本能按照有关政策执行，相关工作运行情况较好。存在问题：配套资金不到位，项目管理不完善等。

【审计整改检查】 2015年，对审计涉及的17单位51条问题进行梳理，提出审计建议42条，被采纳41条；德化陶瓷产业园区管委会对2000万元往来账款进行清理。

（撰稿人：郑登山 审稿人：陈宝星）

统 计

【统计服务】 在服务政府方面，向县委、县政府建言献策，做到年度有《统计年鉴》，月度有《统计月报》《主要经济指标监测报告》等统计服务产品；做好科学发展示范县监测工作，同时协助相关部门做好统筹城乡推动城镇化健康发展、创建全国文化先进县、国家生态文明建设试点示范县建设及政府绩效考评等工作；结合各专业实际状况，深入调研、分析、形成《2015年上半年我县规模以上工业企业能源消费情况分析》《对电商企业如何利用大数据的思考及建议》《浅谈互联网经济新常态下德化县如何做好固定资产投资统计工作》《我县“互联网+农业”发展的思考》等课题报告，供领导决策参考。在服务企业方面，针对企业在申报各级名牌产品、驰名商标以及免检产品中出现的各种问题，为企业提供各种数据信息服务；结合本部门的职责，肩负起企业申报省、市节能减排技术改造项目补助和市级促进电子商务专项资金涉及统计数字资料的审核、严格把关。2015年，为97家企业提供相关统计数字证明。

【普查工作】 做好第三次全国经济普查后续数据开发工作及第三次全国农业普查前期工作。按照省、市统计部门的统一部署，及时发布德化县第三次全国经济普查主要数据公报并成立德化县第三次全国经济普查领导小组。

【抽样调查】 开展2015年全国1%

人口抽样调查，成立领导小组和办公室，组织各乡镇召开抽样调查、村级调查小区图绘制、调查摸底业务培训会议，对抽样调查工作的重要性及各类表格数据的填报进行培训，完成人口抽样调查各个阶段的工作任务，完成县2015年全国1%人口抽样调查工作任务。

【常规统计调查】 严格实施国家统计制度方法，完成农业、工业、建筑业、批发零售业、住宿餐饮业、房地产业、重点服务业等行业，以及基本单位、能源、投资、消费、人口、劳动力、劳动工资、文化、科技、信息化等领域各项常规统计调查。

【法制建设】 围绕企业“一套表”改革、正统网等相关工作，加强对企业统计员统计法律法规的宣传学习，贯彻《中华人民共和国统计法》《统计违法违纪行为处分规定》，抓好统计执法检查工作；继续开展统计从业资格认定工作，推进全县统计员全员持证上岗。推进统计依法行政能力，以“弘扬宪法精神，推动创新、协调、绿色、开放、共享发展”为主题开展大型法治宣传活动，通过现场发放《统计宣传材料》356份，现场咨询解说等形式，加深广大社会群众对统计工作的了解；每年派出1名副科级干部为县委党校科级干部培训班的40名同志讲解《统计法》和统计基础等知识；通过网站、电子显示屏、短信、统计员的QQ群和微信群等形式，宣传《中华人民共和国统计法》《统计违法行为处分规定》等统计法律法规。推进行政权力运行程序化和公开透明化，清理规范行政职权18项，其中行政许可权1项、行政强制1项、行政处罚权10项、行政监督检查权5项、公共服务事项1项；绘制行政权力运行流程图6幅，并在德化县统计信息网进行公开，主动接受社会监督。

（县统计局 供稿）

调 查

【专项调查】 组织实施2015年度德化县绩效评估公众评议、城区卫生状况公众满意度调查。

【常规调查】 粮食单产抽样调查 抽选5个国家样本点、5个省样本点进行调查。推算2015年全县中稻单产每亩426.46公斤，总产量48994吨。

主要农作物播种面积调查 抽选16个国家样本点，35个省样本点进行调查，调查数据进行超级汇总。

主要农产品中间消耗调查 抽选18户普通农户和生产单位调查样本进行调查，调查数据进行超级汇总。

主要畜禽监测调查 对主要畜（生猪）禽生产经营单位、规模饲养户共15户以及抽中的14个调查小区的饲养户进行调查，调查数据进行超级汇总。

【居民收支调查】 居民收支调查 抽选15个调查点家庭户进行调查，其中国家样本点10个（凤凰、富东、丁溪、丁墘、三班、浔中、宝美、淳湖、苏洋、后所），县级样本点5个（金凤、金锁、湖头、东山、奎斗），共150户。2015年，全县城镇居民人均可支配收入26987元、人均消费支出18294元，同比分别增长7.7%、7.8%；全县农民人均可支配收入11961元、人均生活消费支出9993元，同比分别增长9.1%、10.4%。

农户固定资产投资调查 抽选丁溪、丁墘、三班、浔中、宝美、淳湖、苏洋、后所等8个调查点（村）各10户家庭户进行调查，农户投资从居民手指调查资料中取得，农户建房投资调查该点（村）所有建房户情况。推算2015年全县农户固定资产投资完成额14133万元，同比增长6.5%。

农民工监测调查 抽选丁溪、丁墘、三班、浔中、宝美、淳湖、苏洋、后所等8个调查点58户农民工户进行调查，调查数据进行超级汇总。

农民工市民化进程动态监测调查 抽选丁溪、德新、东埔等3个调查点各15户外来农民工户进行调查，调查数据进行超级汇总。

【价格与企业调查】 流通和消费价格调查 抽选730种商品与服务项目价格采取定点、定时、定规格品方式

实割实测　　（国家统计局德化调查队 供）

进行直接调查。

生产投资价格调查 抽选26家包括矿产、陶瓷制品、电力、林产化工等涵盖全县主要工业类别的规模以上工业企业进行调查。2015年，全县工业生产者出厂价格指数为97.9（上年同期为100）。

规模以下工业调查 抽选全县14家目录企业、4个样本村（居）内的全部5家非目录企业和173户个体经营单位进行调查。推算2015年全县规模以下工业增加值为10.70亿元，按可比价格计算增长6.7%。

限额以下批发和零售业、住宿和餐饮业调查 抽选14家企业及4个样本村（居）、市场的61户个体经营户进行调查。推算2015年全县限额以下销售额50.32亿元、零售额39.20亿元，同比分别增长15.0%、10.6%。

规模以下服务业调查 抽选27家规模以下服务业企业进行调查，调查数据进行超级汇总。

产品市场占有情况调查 抽选62家企业进行调查，调查数据进行超级汇总。

新设立小微企业和个体经营户跟踪调查 抽选2014年3月至7月新设立的15家小微企业和8户个体经营户进行调查，调查数据进行超级汇总。

（国家统计局德化调查队 供稿）

市场监督管理

【机构改革】 2015年5月，德化县率先完成县级工商、质监、食药监部门“三合一”机构改革，“三局”人员集中办公，6月12日，局“三定”方案正式下发。

【市场主体管理】 实行登记制度改革，推进“一照一码”登记、全程电子化登记等工作，为企业提供延时、预约、跟踪、“零距离”等便民服务，2015年，全县新增内资企业1460家，同比增长33.8%，新增个体工商户2872户；发放“一照一码”营业执照1408户、电子营业执照360户，办理户外广告登记证216件。全县共有市场主体20451户，其中：内资企业5528户、农民专业合作社874户、外资企业65户、个体工商户14030户。把好食品药品企业准入关，办理食品药品类许可证1141件，其中食品流通594件、餐饮服务279件、药品经营267件、医疗器械1件，第二类医疗器械备案16件、第三类医疗器械经营许可证注销1件、小作坊生产加工条件核准1件。办理机构代码证和特种设备登记，新办组织机构代码证1087户，迁入9家，废置92户，换发组织机构代码证993户；办理特种设备使用登记证327家，其中压力容器5家、电梯263家、起重机械3家、大型游乐设施9家、场内机动车7台、锅炉2台、压力管道38家。

【品牌发展管理】 制定《德化县关于进一步提升品牌发展的实施意见》，对区域、国际、质量、产业、特色、电商、科技、版权、旅游等九大品牌的提升作总体规划和部署。建立“商标孵化库”，制定商标注册培育发展规划，促使商标注册量稳步增长，全年新增国内注册商标1098件，马德里商标国际注册3件，有效国内注册商标总量3659件，国际注册商标14件（其中：马德里商标国际注册11件，单一国家注册3件）；新增知名商标14件，著名商标5件，驰名商标1件，全县共有知名商标69件，著名商标45件，中国驰名商标6件，国际注册商标14件，地理标志证明商标3件，商标数量居全省山区县前列。建立创名牌企业资源数据库，实行名牌培育企业滚动计划，发动陶瓷企业申报省名牌产品；新增福建省名牌产品8个、国家地理标志产品专用标志使用企业25家和管理体系认证企业8家，全县有福建省名牌产品26个、国家地理标志保护产品2个。指导佳美集团公司修订的“陈设艺术瓷器”两项国家标准获批发布；完成4项企业标准《陶瓷玩具》《骨锂瓷器》《高耐热日用陶瓷》《高耐热陶瓷器》起草及专家评审会；通过ISO9000质量管理体系认证企业3家、ISO14000环境管理体系认证企业2家、OHSAS18000职业安全管理体系认证2家。提请县政府对2014年度4家创名牌、5家体系认证、1家实施标准战略企业进行表彰奖励，兑现奖励资金26万元；提请县政府对16家

8月11日，县政府县长欧阳秋虹到市场监督管理局调研　（李宏图 摄）

（次）企事业单位申报2015年市标准化项目工作专项补助资金152万元。

【惠民惠企服务】　提升维权效能，消费维权工作做到3个100%（消费投诉热点100%追踪、调解不满意件100%回访、商品质量监测100%处置），全年受理消费者各类咨询、投诉、举报206件，为消费者挽回经济损失11.3万元。为企业、农村医疗机构免费检定电子称、血压计等计量器具1802台（件），完成省名牌申报企业计量器具检定102台（件）、定量包装商品净含量的检验30批次，完成省、市局监督抽检400批、180批任务，抽检合格率98.7%，为企业节约检验费105万元，送检陶瓷样品499批，其中陶瓷材料76批、陶瓷产品423批。牵头做好县网商（虚拟）产业园与市主园区对接工作，确定由德化安成陶瓷有限公司与市网商（虚拟）产业园运营有限公司共同出资组建泉州市网商（虚拟）产业园德化分园区运营有限公司，分园区拟注册资本100万元，其中安成陶瓷有限公司出资49万元，持有49%股份，市网商（虚拟）产业园运营有限公司出资51万元，持有51%股份，县分园区组建方案获县政府同意。指导英山淮山合作社申报省级农业综合标准化示范区建设，促进特色农产品标准化生产；协助冠福公司做好全国日用陶瓷标准化技术委员会年会暨标准审查会在德化召开的相关会务工作，举办全县重点陶瓷企业陶瓷标准化基础知识培训班1期；指导年耗5000吨标准煤的重点耗能企业开展能源计量管理，全县4家企业被列为重点耗能企业，除新隆泰化工、新世盛陶瓷停产外，必德陶瓷、冠福股份完成能源计量审查验收。

【食品安全监管】　以创建省级“食品安全社会共治示范县”为契机，将食品安全工作纳入全县经济和社会发展规划，纳入县、乡综治平安建设、精神文明建设以及年度绩效考核内容进行重点考核；开展“走进市场监管—零距离体验食品安全监管”“我执法，你参与”“你点题，我抽检”等网友公众互动参与的食品安全执法、食品抽检活动3场次，网友累计参与265人次，突查食品经营户58户次，抽检食品34批次；开展食品安全宣传咨询活动3场次，新《食品安全法》网络知识竞赛和征文活动各1次、宣贯活动5场次，参与人数12500人次，收到征文301篇。将食品安全监管纳入智慧城市建设范畴，建设食品安全视频终端监控平台，以“互联网+”技术为支撑，实现食品安全24小时无缝隙在线监控，有12家食品生产企业、大型餐饮服务单位和学校食堂接入食品监控平台，下一步将继续扩大平台监控的范围，逐步实现食品生产企业和重点餐饮服务单位的智慧监控“全覆盖”。开展食品生产环节信用体系试点建设，全县14家食品生产企业均建立企业质量档案，做到“一企一档”；推行生产企业风险分级分类监管，建立健全食品生产质量安全风险管理体系，全县14家生产企业中，高风险等级8家，中等4家，较低2家。制定《餐饮服务食品安全监督量化分级管理实施方案》，推进餐饮服务单位量化分级管理工作，全县完成量化分级800多家；开展餐饮服务单位“明厨亮灶”建设，通过透明厨房、视频厨房、网络厨房等方式，在大型餐饮服务单位、300人以上学校（含托幼机构）食堂中分步实施，梯次推进，目前试点建设5家；开展食品安全“大摸底、大排查、大整治”活动，对校园及其周边、节假日、小作坊等进行食品专项整治行动。

【药品安全监管】　健全监管相对人约谈制度，对新开办、换证及变更许可事项的药品、医疗器械经营企业进行约谈。联合永春县市场监管局开展7次现场认证，认证药店87家次，通过现场认证并发证的药店53家，18家药店（含限期整改的）正在申请认证中。完善药品流通企业安全信用体系，完成71家药品零售企业的信用档案和信用等级评定工作；推进药械不良反应监测，上报药品不良反应243例，医疗器械不良事件43例；推进中国药品电子监管，及时通知辖区企业，督促企业及时取得密钥并入网，组织开展培训或提供培训材料，督促药品经营企业及时核注核销；开展H7N9防控禽流感相关药械、特殊药品，中药材中药饮片、执业药师远程审方、医疗器械“五整治”，打击非法经营装饰性彩色平光隐形眼镜、避孕套、体外诊断试剂、含麻黄碱复方制剂、终止妊娠药品、疫苗类生物制品、兴奋剂、金线莲、打击非法行医、开展校园及周边环境药品安全等专项检查。

【质量监管】　重点对儿童用品、纺织服装、水泥、玻璃、装饰装修材料、食品包装材料等进行规范整治，检查128家（次），责令整改9家。开展产（商）品专项抽查，对15批日用陶瓷、3批（次）汽柴油商品、7批（次）小家电、4批（次）暖冬商品不合格产商品进行责令改正或批转立案处理，发出责令改正通知书15份，责令限期改正15家（次）。

【特种设备安全监管】　成立县电梯安全隐患排查治理工作领导小组，制定《德化县电梯安全隐患排查治理工作方案》，出动检查人员45人次，巡查电梯使用单位75户次，检查电梯356部，发出特种设备安全监察指令书2份。制定《土制升降机专项整治工作方案》，部署土制升降机专项整治，督促使用单位落实安全主体责任，拆除土制升降机1台。组织对厦沙高速德化段特种设备的安全巡查，对设备数量、人员持证及检验情况进行摸排造册，检查特种设备50台次，发出《安全监察指令书》2份，查处1起使用未经检验合格塔式起重机案件，罚没3万元。组织开展易燃易爆企业特种设备大检查，检查易燃易爆企业13户（次），涉危企业在用压力容器13台，压力管道129公里。重新确定全县10家特种设备使用单位为乙类重点使用单位，协调有关单位对德化县德士尼游乐文化投资有限公司和德化石龙溪生态旅游开发有限公司的设备进行监督检验、依法办证使用。协调解决新奥燃气公司充装站、LNG气瓶充装许可证及时尚华庭电梯安全隐患问题；做好2015年人大代表提案《关于加强对高层建筑电梯安全管理的建议》的办复工作。

【企业后续监管】 开展“企业经营行为抽查”“企业公示出资信息抽查”“企业年报信息抽查”等工作，完成经营行为抽查133户、企业出资信息抽查63户、企业年报抽查112户，列入经营异常名录7户。打击无照经营行为，立案查处41件，案值23.95万元，罚款5.79万元。推进2013、2014年度市场主体年度报告公示工作，全县2929户企业、5822户个体工商户公示2013年度年报，年报率分别为90.62%、68.24%；3716户企业、6541户个体工商户、519户农民专业合作社公示2014年度年报，年报率分别为89.09%、58.31%、72.18%。

【市场管理】 加强户外广告市场的巡查和监管，立案查处未经登记擅自发布户外广告和其他违法广告案件25件，案值10.53万元，罚没款4.44万元。开展对媒体广告的监测和整治，抽查监测德化县广播电视台各类广告1662条次，发现违法广告1条给予立案查处，罚没款0.24万元。加大农资市场监管，检查相关经营单位572户（次），发放农资维权、农资商品识假辨假材料876份。加强网络商品交易及服务监管，核实、采集、更新、维护网络经营者相关信息，目前全县网络经营主体1156户，其中企业1018户、个体工商户32户、农民专业合作社106户。

【执法办案】 全年立案查处各类案件187件（大队108件、龙浔所32件、浔中所19件、三班所5件、南埕所7件、赤水所7件、美湖所3件、上涌所6件）；结案185件（大队104件、龙浔所31件、浔中所24件、三班所5件、南埕所7件、赤水所6件、美湖所2件、上涌所6件），罚没款76.36万元，没有出现行政复议、行政诉讼的案件。

【行政事务】 完成机构编制管理实名制信息系统基础数据核对、公务员管理系统的信息录入以及公务员统计工作，完成职级晋升人员的摸底汇总、初审，并报县委组织部、县人社局考察、审批；完成局办公楼的搬迁工作；及时公开政务（政府）信息50多条；加强账务管理，严格公务接待，接待费用比上年同期下降36%；制定车辆管理制度，严格落实定点停放、定点停车和定点维修，全年没有发生车辆事故；编发《市场监管数据月报》6期；梳理合并公共服务清单9项、行政权力592项，保留前置审批13项、前置中介服务10项、涉企（含个人）收费审批4项，编制责任清单647项，其中多部门监管责任事项15项；与县电视台联合举办《市场监管进行时》30期，编发《市场监管简讯》14期，被各类媒体采用稿件183条次，其中国家级3条、省级32条、市级39条、县委办、政府办信息39条、县级其他媒体70条，其中《德化县全面推进“三证合一”“一照一码”登记制度改革工作进展情况、存在问题和建议》一文分别被国务院办公厅、省政府办公厅、省《政讯专报》采用；《德化县“三个融合”抓好机构改革后市场监管干部队伍建设》被省委办公厅《八闽快讯》采用。

（县市场监督管理局 供稿）

价格管理

【价格调控和价格服务】 抓好民生价格信息发布“增容、扩面”工作，新增3个监测点达6个监测点、将民生价格信息由每旬发布调整为每日发布，同时新增一处发布渠道（县有线电视台）。全县征收价格调节基金854.85万元，同比增长48.3%；并拨付356.85万元用于农副产品基地建设、平价商店补助，维持农产品价格稳定。抓好平价商店建设，新设平价商店1家，累计达8家；在春节、全国青运会（10月份）期间启动平价商店运行机制。做好困难群体一次性春节临时价格补贴、重阳节期间特困重度失能老人一次性临时价格补贴资金发放工作，发放48.36万元。加强成本监审和农产品成本调查。完成城区供水价格成本监审，着手开展九仙山景区门票价格、污水处理、林业中介服务等成本监审工作。增加3个省级中籼稻调查户，按时完成农产品成本调查有关工作。完善价格服务网点建设，结合乡镇干部人事变动及时调整充实物价员队伍，并在新成立的4个社区设立价格服务点，聘请4名物价员，持续开展“价格服务进万家”活动。

【商品服务价格】 贯彻落实国家发改委等七部委关于推进药品价格改革意见，全县公立医院实行药品、耗材零差率。基层医疗卫生机构按实际购入价格实行药品零差率销售。对城区重污染耗水行业实行差别水价政策。实行居民阶梯水价政策，拟定城区居民生活用水阶梯水价方案，通过召开听证会并报县政府批准后，于2015年12月1日用水量起实施。开展实行污水处理费调整工作。做好水电站上网电价调整工作，自2015年8月1日起，全县4家上省网的水电站含税上网电价每千瓦时提高2分钱；自2015年9

月1日起，全县139家上县网的水电站含税上网电价每千瓦时提高2分钱。

【行政事业性、经营服务性收费】 核定县春季普通中小学生课本费和作业本费标准。春季各中学高中阶段课本费标准为：高一年139元/生·学期，高二年112元/生·学期。各中学高中阶段作业本费标准为18元/生·学期。全县义务教育阶段公办学校学生实行全部免费提供国家课程和地方课程的教科书及免费提供作业本。

核定县秋季普通中小学生课本费和作业本费标准。秋季各中学高中阶段课本费标准为：高一年259元/生·学期，高二年204元/生·学期。各中学高中阶段作业本费标准为18元/生·学期。全县义务教育阶段公办学校学生实行全部免费提供国家课程和地方课程的教科书及免费提供作业本。

完成21所民办幼儿园2015年秋季保教费收费标准审核报备工作。

核定国宝云龙谷景区门票价格为20元/人·次，自2015年7月16日起执行。着手开展九仙山景区门票价格调整前期准备工作。

推进“阳光价费”，全面梳理汇总收费项目、依据、标准，并及时公布《涉及企业行政事业性收费清单》《行政事业性收费优惠政策清单》《2015年行政事业性收费单位名单》3张清单。将收费公示工作纳入县政府绩效考评，规范全县各收费单位及行政服务中心、各景区的收费公示行为。继续培育“阳光价费”公示示范单位，国网福建德化县供电有限公司获评省级“阳光价费”公示示范单位。取消收费许可证年审制度，改为收费情况报告制度。加强对取消机关事业单位收费许可证、经营服务性收费证制度后的事中事后监管工作，建立收费信息报告、核实登记和收费单位资质网上公布制度，防止乱收费现象发生，强化中介服务收费监管。全面清理行政审批前置服务收费，为转变职能奠定良好基础，对林业中介服务收费标准进行核定。

【依法治价】 对接省、市价格主管部门，梳理权力清单、公共服务事项清单、责任清单，编制行政权力运行流程图，并做好公示工作。梳理出行政权力7大类30项（其中，行政确认2项、行政处罚8项、行政强制1项、行政征收1项、行政监督检查2项、其他行政权力15项）、公共服务事项2大类6项，责任清单43项和多部门监管事项责任2项，编制行政权力运行流程图20张。同时，根据新《福建省定价目录》及时调整了行政权力和公共服务事项目录。公共服务事项进驻县行政服务中心，为企业和群众开辟“便捷通道”。

（县物价局 供稿）

安全生产监督

【概况】 2015年，以创建“安全发展县”为载体，坚持科学发展、安全发展，注重预防，狠抓治本，依法治理，推动全县安全生产形势持续好转。

【安全生产责任体系】 县委、县政府主要领导亲自抓安全生产工作，县委常委会、县政府常务会多次听取安全生产工作汇报，县政府4次召开全县防范重特大生产安全事故会议，部署季度安全生产工作。乡镇和部门全面落实“一岗双责”制度，实现县、乡、村安全生产责任体系“三级五覆盖”和企业安全生产责任体系“五落实五到位”。制定下发《德化县人民政府关于下达2015年安全生产目标责任的通知》，层层签订安全生产责任状，分解下达事故控制指标，将安全生产工作与党政工作同步明确、同步考核。落实安全生产目标责任制考核奖惩制度，2015年初对各乡镇和县直有关部门落实2014年度安全生产目标管理责任制进行考评和结果通报，表彰目标责任制先进单位28个、先进个人44名，奖励资金9.4万元。

【安全发展县创建】 年初，召开安全发展县创建工作会议，部署创建工作；组织3个工作小组，督促指导乡镇、部门开展创建；制定《企业安全生产诚信体系建设实施方案》，抓好淘汰落后产能工作；出台创建安全发展县工作奖励方案，实行奖励扶助机制，2015年年初兑现2014年通过省级安全社区考评的盖德镇奖励5万元；全县18个乡镇全部通过安全社区考评，龙浔镇、浔中镇、盖德镇、三班镇、美湖镇、上涌镇通过省级安全社区考评，其他乡镇通过市级安全社区考评，县直行业部门按照要求抓好发展行业的创建工作，县住建局通过市安全发展行业考评，其他行业主管部门多数向上级主管部门申请考评验收，“安全发展县”创建工作走在全市前列。推进省级安全文化建设示范企业创建活动，县供电公司2014年获省级安全文化建设示范企业称号，县烟草公司接受省安办考评。

【隐患排查治理】 制定下发《关于县领导挂钩重点安全隐患整治的通知》，由县领导分别挂钩整治15个重点隐患，各相关乡镇和县直有关部门分工配合，按时序进度做好整治工作。制定下发《实行分类分级监督管理推进安全生产隐患排查治理体系建设的实施意见》，建立健全安全生产隐患排查治理常态化机制。开展泉州市智慧安监信息管理平台建设，召开企业基础信息采集培训会和隐患排查治理信息系统推广培训会，督促企业认真开展隐患自查自报，各乡镇和县直行业主管部门及时将日常检查记录录入系统，确保监督检查形成闭环管理，全县企业基础信息采集达标、确认206家，确认率100%，全部完成企业基础信息审核和评级；企业隐患平均上报率93%、查出率54.9%、到期隐患整改率100%，智慧安监信息管理平台运行的各项指标均达到市政府考核要求。

【标准化提升工程】 深入开展标准化建设提升工程三年行动，培植10家典型示范企事业单位，发挥典型示范作用。全县应参加标准化提升单位726家，评审达标412家，其中一级21家、二级42家、三级和不分等级412家，达标率65.4%；规模以上企业应达标87家，通过评审达标65家，达标率75%；小微企业159家，通过评审达标104家，达标率65%；个体工商户3893户，通过评审达标3637户，达标率93.4%。

【安全生产】 制定下发《全面开展安全生产大检查深化“打非治违”和专项整治实施方案》，县领导带队开展安全生产大检查，1月5日，县委书记吴深生到厦沙高速公路沿线视察调研，部署安全生产工作；8月27日，县政府县长欧阳秋虹带队到厦沙高速公路德化段各合同段、广安天然气和得盛集团进行安全检查；9月1日，县政府县长欧阳秋虹再次带队检查厦沙高速公路德化段安全生产工作，督促业主单位、施工单位、监理单位做好安全防范工作；县委常委、常务副县长吴顺情多次带队到乡镇、部门、企业对安全生产工作进行检查指导，县委常委、纪委书记叶长青对挂钩隐患治理单位天然气公司整改情况进行复查；8月17日，县委常委、政法委书记王志安、县政府副县长陈祥端召开厦沙高速公路德化段施工单位安全生产约谈会，研究部署安全生产工作；12月17日，县政府副县长苏毅君带队检查建筑工地施工安全生产工作，其他常委、副县长也按照要求对挂钩行业（领域）开展安全检查；各乡镇和部门分别对所辖地区、行业开展安全检查。开展大检查以来，全县组织检查组393个，检查生产经营单位1727家(次)，排查一般事故隐患2166项、整改2064项，整改率95.2%；打击非法违法整治违规违章行为183起，关闭取缔非法违法生产、经营、建设3家，行政处罚罚款19.781万元，安全检查形成常态化。

加强生产安全事故应急预案管理，开展生产经营单位应急预案的编制（修订）、评审、备案和演练等规范化管理工作；及时修订事故应急预案；举办应急救援预案演练周活动，县安监局、住建局、双旗山矿业、鑫阳矿业等分别组织开展尾矿库垮塌、消防等应急救援演练，教育部门组织全县各中小学开展消防、抗震救灾紧急疏散演练。

1月8日，省安监局副局长戴文鹏到德化检查安全生产目标责任制落实情况

（县安监局 供）

严格按照“四不放过”和“依法依规、实事求是、注重实效”原则，依法查处一般生产安全事故，建立跟踪督办机制和督促检查情况通报制度，查处瞒报事故行为和群众举报案。

【重点领域专项整治】 6月19日，县政府县长欧阳秋虹主持召开全县危化企业集体约谈会，部署危险化学品和易燃易爆物品专项整治工作；组织安监、交通、水利、供电等部门对厦沙高速工程德化段、彭村水库、闽江防洪工程德化段等重点工程进行综合检查指导。全面排查整治危险化学品和易燃易爆物品生产、经营、仓储、运输企业、油气罐区、油气管道安全隐患。开展金属非金属矿山专项整治，加大整顿关闭力度，截至2015年，全县整顿关闭金属非金属矿山企业7家；抓好特种设备专项整治，协商明确资金270万元，整治时尚华庭电梯安全隐患。

【道路交通、消防安全综合整治】 把道路交通安全综合整治“三年行动”纳入县政府重要议事日程，道安成员单位通力协作，2015年，全县未发生较大交通事故；强化消防安全整治，严肃查处“三合一”场所，开展易燃易爆等危险品场所整治，消除隐患；全年检查单位1266家，发现火灾隐患1406处，下发《责令改正通知书》589份，责令“三停”23家，临时查封19家，下发《行政处罚决定书》66份，处罚81.81万元，拘留4人。

【宣传教育培训】 4月10日，县人大常委会对贯彻执行《中华人民共和国安全生产法》情况进行调研，对取得的成效给予肯定，对存在问题提出建议意见；邀请省安监局处长林学侬、市安监局副调研员何国强作专题辅导

6月16日，2015年“安全生产月咨询日”活动举行　（县安监局 摄）

讲座，解读新《中国人民共和国安全生产法》及安全生产“党政同责、一岗双责”规定；组织开展安全知识有奖问答竞赛活动，在德化电视台、德化网、瓷都德化报等新闻媒体上开设专栏，及时报道安全生产工作动态，通报安全事故，曝光事故隐患，增强全民安全意识；2015年，全县举办安全生产法律法规及安全知识技能培训20多期，培训企业主要负责人、安全生产管理人员、从业人员7120多人，培训特种作业人员600多人。

（撰稿人：苏炳堃　审稿人：张黎明）

检验检疫

【概况】　1—10月，受理检验检疫业务2257批次，货值3444万美元，同比分别增长-54.26%和-56.84%；其中出境日用陶瓷1215批、货值2488万美元，同比分别增长-66.94%和-62.81%、出境竹木藤草制品1037批次，货值945万美元，同比分别增长5.17%和17.98%，创历史新高；签发各类原产地证书1911份，货值4402万美元。区域性原产地证份数和货值分别比去年同期增长32.43%和47.54%；在德化辖区主要出口委托检测产品日用陶瓷调出法检目录后，德化办事业性收入31.59万元。

【检验监管】　加大辖区出入境货物的检验监管力度，提升企业的质量安全意识，对涉及陶瓷铅镉的产品进行产前把关，降低不合格产品数量，减少企业损失，检验出不合格日用陶瓷42批，货值96万美元，不合格批次和货值比去年同期分别增长-69.78%和-57.90%。德化办事处检验出口的所有出口产品均未被国外通报，维护德化出口产品的安全和在国际市场上的信誉。

【农产品出口宣传】　结合英山淮山合作社申请淮山种植场和生产加工厂出口备案工作，对德化农产品生产经营特别是对出口检验检疫需求进行调研；向英山淮山合作社提供申请出口食品原料种植场和出口食品生产企业备案要求的资料，并多次到企业指导，向黑鸡、黑羊、茶油、棘胸蛙等农产品经营者宣传食品农产品出口政策。

【通关单无纸化及“三个一”通关模式】　组织学习《福建检验检疫局关于全面实施福建口岸进出境货物通关单无纸化通关模式有关事项的通知》和质检总局关于推进检验检疫通关业务一体化工作通知，加大对企业的宣传、指导和工作力度，引导辖区企业实施直通放行、无纸化及“三个一”通关模式。

（泉州检验检疫局德化办事处 供稿）

科学技术

【概况】 2015年，县科学技术局更名为县科技和知识产权局，由部门管理机构调整为县政府工作部门。2015年，建立县级科技项目储备机制，实施科技项目142个、经费1786.5万元，新增高新技术企业、省企业重点实验室、省科技型企业、市科技小巨人企业等省市级创新企业23家。建成“瓷智汇”等一批众创空间，创业园被评为第二批国家电子商务示范基地、全省首批互联网孵化器，建窑电商园被认定为市级科技企业孵化器，顺美、建窑被认定为市级众创示范空间，洞上、瓷智汇被认定为市级众创示范空间。新增专利申请1468件、授权1381件，同比增长18.29%、76.15%；PCT国际专利1件，每万人口发明专利拥有量3.01件，专利权质押贷款总额和贴息总额居全市首位，获评国家知识产权强县工程试点县。

【科技项目管理】 落实《德化县科技计划项目结题管理工作规则（试行）》《德化县科技计划项目管理办法（试行）》等制度，修订县科学技术奖励规定，引入专家评审制度，加强对县级科技项目立项评审、执行监理、验收结题的管理和监督；建立县级项目储备机制，由重项目、重经费、重形式向重创新、重服务、重绩效转变，储备成长型企业科技项目25项、农业类科技项目14项，促进管理科学化和资源高效利用。利用“瓷都科技在线”网站、短信平台、“德化科技”微信公众号、微博等媒介，公开征集项目，公示立项项目；构建“申报单位+推荐单位+业务科室+评审专家+局务会”五位一体的工作链，实现科技项目实施全过程无缝衔接。全年申报上级科技项目86个、同比增长32%；完成项目验收73个、同比增长160%；实施省市级科技项目44个、经费618万元，县级科技项目98个、经费1168.5万元。新增2014年度市科学技术奖2项，国家科技创新创业人才、市科技创业领军人才各1人；恒忆陶瓷、腾兴分别获省科技厅2015年科技创新券补助5.9万元、20万元。

【科技创新】 依托电商创业园，打造全国首个立足“互联网+陶瓷”的“瓷智汇”众创空间，整合“创业+众创+服务+供应链”资源，为创业创新企业成长和个人创业提供政策宣讲、创业项目推介、就业服务、创业指导等服务，全年开展电子商务相关的创业辅导专题讲座、交流沙龙、培训课程等9场次，600多人参加。支持顺美、建窑、洞上等众创空间示范点建设，新增市众创示范空间2家、市众创空间2家。新建工艺陶瓷、功能陶瓷、

全国首个“互联网+陶瓷”众创空间瓷智汇举办众创沙龙活动

（县科技局 供）

陶瓷机械等技术服务机构3个，泉州市陶瓷产业集群产业公共服务平台获市科技计划立项扶持。对百余家企业（个人）兑现创新奖励资金440.4万元，其中，奖励76家（位）2014年度创名牌企业、管理体系认证企业和陶瓷作品版权登记优秀企业（个人）198.5万元；奖励2家高新技术企业各20万元，奖励3家省工程技术中心、1家省创新型企业、1家省重点实验室各10万元，奖励2家省级知识产权优势企业、4家知识产权产业化示范企业各5万元，奖励2家市工程技术研究中心各1万元，奖励15位青年陶瓷拔尖人才各2万元，奖励2件PCT专利、14件发明专利各2万元，奖励193件实用新型专利各0.3万元。

【企业技术进步与技术创新】 中小创新企业集群 佳美集团被认定为全省首个陶瓷类省企业重点实验室，福杰、太古、威尔等3家企业被认定为2015年高新技术企业，威尔、明英华、宏顺等3家陶瓷企业被认定为省科技型企业，恒艺、友盛、坤泰等3家企业被认定为市企业工程技术研究中心，晖龙、华茂、恒星等8家企业被认定为市科技小巨人企业，建窑电商园被认定为市级科技企业孵化器。

“六大创新”工程 开展技术、产品、材料、装饰、创意及管理等“六大创新”，低温烧成技术、柴烧生产工艺等取得新突破；高强易洁日用精瓷、高档镁玉瓷等实现产业化；废弃窑具、废弃石膏等实现回收再利用；重质釉中彩、真空镀铝、磨砂陶瓷釉、窑变艺术釉等工艺成功应用于陶瓷表面装饰。

陶瓷高端化 “玻璃陶瓷白光DC-LED和AC-LED荧光材料中试及产业化”完成中试试验，成功研发高耐热陶瓷、特种电器陶瓷、生物功能陶瓷等产品。

“数控一代”示范工程 7家德化陶瓷公司推广坤泰机械“全自动陶瓷滚压生产线”10条，在广州陶瓷机械工业展上与国内外陶瓷企业签订意向书10多份；集发机械厂自动化注浆线完成装配；兰星自动化公司全自动燃气陶瓷窑炉装备列入2015年泉州市“数控一代”示范项目产品名单，推广应用于德化、靖江、闽清、沈阳等地陶瓷企业。

【科技交流与合作】 组织参加“蓝火计划”、中国（无锡）国际设计博览会等产学研对接会；与厦门大学、福州大学、福建物构所等高校、科研院所交流，上报企业技术需求项目15个，完成产学研合作协议19个，推进政产学研用金对接。

【科技成果与专利】 获评国家知识产权强县工程试点县（全省3家），新增国家知识产权优势企业1家、市知识产权优势企业、试点企业各2家。新增专利申请1468件、授权1381件，同比上年分别增长18.29%、76.15%，PCT国际专利1件。每万人口发明专利拥有量3.01件，企业发明专利拥有量占全县发明专利86.8%，9家企业实现发明专利清零，11项发明专利被征集为市级优秀专利。龙鹏集团通过专利权质押贷款获得2300万元融资，3家企业获省专利权质押贷款贴息110万元，专利权贷款总额和贴息总额居全市首位、全省前列；帮助2家企业6项专利申报省级专利保险业务。

【知识产权宣传】 开展青少年知识产权普及教育专项行动，选派20名优秀骨干教师赴广东省知识产权研究与发展中心、广州第四中学学习观摩；面向全县2857名初一年段学生，开设知识产权课程、举办知识产权知识竞赛，帮助8件青少年科技创新大赛获奖作品申请专利；投入专项经费，联合法院建立陶瓷知识产权保护教育基地。

【农业科技】 组织实施农业科技项目29个，经费172万元。全县获评国家“第二届三农科技服务金桥奖”先进集体、先进项目、先进个人各1项，绿都红米、台湾爱玉果项目被评为国内先进水平，新增泉州国家农业科技园区示范基地（企业）5家、市科技型农民专业合作社3个、市科技特派员示范基地3个；推动“憨鼠购”社区O2O电商项目，下达40万元专项资金扶持合作社发展电子商务，协助英山淮山、大铭生姜、祥山茶油等合作社与成熟电子商务团队对接合作。

（县科技局 供稿）

综　述

【概况】　至2015年底，全县有幼儿园办园点62所（其中公办园14所、民办园44所、集体办园12点），完全小学18所、教学点16个，特殊教育学校1所，中学10所，职业技术学校1所。全县有幼儿园学生12442人，其中城区11756人，占94.49%；小学生21545人，其中城区20129人，占93.43%；初中生9180人，其中城区8647人，占94.19%；高中生5301人，其中城区5301人，占100%；职校学生1377人，100%在城区就读。高考本科上线率高出全省平均水平7.29个百分点达72.09%。全县教师3339人。

【课程改革试验】　以省级教育改革试点项目“进一步优化课堂教学，真正减轻学生负担”课题为重点，开展“高效课堂”教学研究，注重教学模式的探索与突破，加强基础知识和基本能力的教学，做到减负与增效同步。开展省市级课题“自主管理、尝试学习”“外来工子女品行养成研究”“陶瓷特色教育实践研究”等研究工作。开展教学技能和课堂教学比赛活动，促进教师教学水平提高。开展教学视导工作，促进学校对高效课堂教学与管理的实践研究。构建学生学业质量监测三级管理体系，关注学生发展。举行小学数学质量监测命题比赛、小学数学教师片断教学比赛、小学思品与生活课题教学评比、小学综合实践说课比赛等活动，提高教师素质。3月6—7日，泉州市新课程改革实验小学数学（人教版）学科研训活动在尚思小学举行；5月23日，泉州市小学美术学科研训活动在尚思小学举行；6月8—10日，省普教室小学教研室主任陈建志、教研员罗鸣亮、林维超、李想及省内部分名教师一行9人到德化开展大型“同课异构”教学研讨活动；10月13—14日，泉州市教育科学规划小课题研讨活动在龙浔中心小学举行；10月13—15日，县教育局和县教师进修学校组织对第二实小、尚思小学等学校的教学情况进行教学视导，促进学校对高效课堂教学与管理的研究和实践；11月16—17日，泉州市特级教师讲师团讲学活动语文专场在浔中中心小学举行，数学专场在第二实验小学举行，美术专场在龙浔中心小学举行，幼儿园专场在浔中中心幼儿园举行；11月19—20日，泉州市小学《书法练习指导》（北师大版）教材专家回访活动在实验小学举行；12月23日，台盟泉州市委会、市教科所到德化开展大型“送教下乡”活动；12月28—29日，泉州市小学英语学科（闽教版教材）研训活动在实验小学举行。

德化县乙未年祭孔暨孔子文化教育奖颁奖典礼　（县教育局　供）

【德育工作】　坚持立德树人　强化《学校德育工作流程图》执行，加强学校德育工作的指导和管理，增强育人的针对性和实效性。落实《中共中央办公厅关于培育和践行社会主义核心价值观的意见》，丰富德育工作内涵，创新德育工作方式，全面实施中小学德育三年提升计划，分层次、分学段抓好学生养成教育和道德实践。召开德育工作会和名班主任工作座谈会，加强德育队伍和首届50名班主任队伍的管理，充分发挥其示范带动作用，全面提升班主任和德育工作队伍积极性。

推进素质教育　开展中学生汉字听写大赛、优秀童谣征集、小学新生拜师开笔礼仪式、“感恩祖国，从小做起”主题教育活动、现场陶艺比赛暨首届“瓷都儿女·幸福家庭”亲子陶艺比赛、“走进国学”暑期小学生培训班、县中小学生足球联赛、中学生篮球联赛等活动。组织学生参加第30届全国青少年科技创新大赛，实验小学林永亮、郑秀霞、涂培坤老师指导涂澜露同学发明的《防作弊新型视力表》科技作品荣获全国二等奖，一中徐志刚老师指导张雅珊同学发明的《真空室小水电发电装置》科技作品荣获全国二等奖，六中王枝老师的科技作品《自动水闸门稳压输出水轮发电机》荣获科技辅导员创新成果竞赛全国一等奖；组织教师合唱团参加福建省第六届艺术节暨“激情广场大家唱”合唱比赛，荣获省三等奖；组织参加县广场舞比赛，荣获一等奖。发挥县未成年人思想道德建设报告团和青少年法制教育基地等的作用，开展思想道德、法制、家庭等教育活动，完善学校、家庭和社会“三位一体”教育体系。

教育宣传工作　下发《德化县2015年教育宣传工作重点》文件，做好教育宣传工作。做好“义务教育发展基本均衡县”迎检工作，拍摄教育专题片《共沐教育的阳光》，并在德化电视台播出。9月16日，《中国教师报》报道《德化：城镇化背景下的均衡探索》；9月24日，福建电视台公共频道报道浔中中心小学25.8米长的刻纸作品；11月份启动《瓷都教育》新闻专题报道，每周播出一则；中央电视台7套《乡土》栏目组到德化录制陶瓷专题片，到尚思小学拍摄专题片的重要素材——陶瓷传承教育。2015年，在福建省教育厅发表176篇简讯。

推动梦想前行　成立德化腾飞梦想沙龙：协助第二实验小学新建1个梦想中心；10月26—27日，举办2015年“梦想课程”教学比赛活动，评出一等奖2名、二等奖2名、三等奖3名；11月27日，在实验小学举行2015年德化县梦想课程教学研讨活动；11月30日至12月3日，组织参加福建省2015年梦想课程比赛，实验小学郑秀霞老师获得省一等奖；12月28—30日，组织参加2015全国“梦想好课堂”公益展评活动，实验小学郑秀霞老师荣获全国一等奖，并获教案设计奖，实验小学和尚思小学获得优秀组织奖；12月份，举行2015年德化县梦想课程教学设计评选活动。

【教育督导】　推进“基本均衡”迎省检、国检工作，细化工作目标，加强学校精细化管理指导，重视检查结果运用，督促学校不断规范办学行为，提高迎检水平，通过“基本均衡”省级督导评估和国家评估认定。开展督学责任区工作，完善督学责任区挂牌督导制度，及时发现和解决学校工作中出现的问题，推动学校端正办学思想，规范办学行为，提高教育质量，实现内涵发展。开展义务教育质量监测工作，做好数据分析，重视结果运用。

【校园安全】　全县教育系统开展“安全发展学校”、标准化建设提升工程三年行动和“平安校园”等级创建，做好校园治安综合治理和安全保卫工作。新增“学校安全标准化建设提升工程”达标校30所，完成创建达标率66.17%，全县69所学校100%通过“安全发展学校”考评验收，“平安校园”等级创建完成阶段性考核工作。在“安全教育实验区”项目建设中，县教育系统依托“福建省安全教育信息化网络平台”，开设在线安全教育课程，组织线上安全教育活动探索新媒体信息化条件下学校安全教育教学新模式。教学过程和教学效果分获2015年度全市第一名和第二名。在2015年福建省中小学生安全知识网络竞赛活动中，县学生、家长和教师参赛率实现100%“全覆盖”，参赛率居全省前列。

孔子教育思想专题讲座举行　　（县教育局　供）

【硬件建设】 2015 年，投入资金 2304 万元，建设金锁小学及幼儿园，校舍建筑面积 9560.9 平方米，其中小学校舍建筑面积 6651.7 平方米，幼儿园校舍建筑面积 2909.2 平方米，小学设置 30 个教学班，容纳 1500 个学位；幼儿园设置 9 个教学班，容纳 320 个学位，建设完成并投入使用。投入资金 150 万元，建设三班中心小学孝茂楼，建设面积 980 平方米。投入资金 397 万元，为全县中小学、幼儿园配备计算机 789 台，交互式一体机 51 台及网络设备。投入资金 334 万元，更新全县中小学校园技防设备及高考监控网上巡视监控系统，提升学校设施设备水平。

（县教育局 供稿）

学前教育

【概况】 全县 3—5 岁适龄幼儿 12121 人入园 11677 人，入园率 96.33%，其中学前一年入园率达 99.64%。出台《关于第二期学前教育三年行动计划的实施意见（2014—2016 年）》，开创学前教育改革发展新局面。新建的金锁幼儿园投入使用。4 月，组织举行幼儿园教师课堂教学比武比赛，评出公办园组一等奖 2 名、二等奖 4 名；民办园组一等奖 1 名、二等奖 4 名、三等奖 6 名。

10 月 28 日，城关幼儿园通过泉州市示范幼儿园评估验收，提高“示范性幼儿园”比例。4 月 28—29 日，分别在实验幼儿园、双鱼幼儿园和浔中中心幼儿园开展德化县示范性幼儿园开放活动。6 月 11 日，开展德化县幼儿园园际教研成果展示活动，推介两年来学前教育的研究成果，提高教研水平。依托县园际教研中心组深入贯彻《3—6 岁儿童学习与发展指南》精神，持续推进幼儿园各类游戏的开展，防止和克服“小学化”倾向，加强家园共育，提升区域学前教育质量。积极探索幼小衔接的有效模式，9 月 18 日，在浔中中心幼儿园开展“幼小衔接”课题研讨活动。10 月 16 日，召开民办幼儿园管理工作会议，加强民办幼儿园的管理，规范办园行为。下发《关于进一步明确民办幼儿园设立审批等程序的通知》，提高民办幼儿园申报、审批工作效率，依法加强对民办幼儿园的指导和监管。开展城区公办民办幼儿园结对帮扶工作，11 所公办幼儿园分别与 21 所民办幼儿园结对，对参加帮扶的幼儿园帮扶情况进行考核并表彰。

（县教育局 供稿）

义务教育

【推进义务教育均衡发展】 通过国家督导检查组检查认定，被确认为福建省第四批义务教育发展“基本均衡县”。重视义务教育均衡发展工作，在城镇化率高于全国平均水平近 20% 的背景下，加大投入，全县 10 所初中校均通过“义务教育标准化学校”验收；全县小学和初中教育资源 8 项指标综合差异系数，2014 学年分别为 0.356 和 0.388，2015 学年分别为 0.321 和 0.382，均符合基本均衡县的申报条件；12 月，经省督导组评估，县推进义务教育均衡发展工作总评 87.35 分，符合认定标准。

【优化义务教育片区管理】 全面实施并创新城区“小片区”管理模式，与农村薄弱学校委托管理相结合，全县 18 所完全小学、16 个教学点纳入 7 个片区；全县初中分为 4 个片区。建立“三五三”管理机制，实行城乡捆绑考核，实施一体化管理，促进城乡教师队伍建设、学校管理、教科研方面的互动共享，以城区学校的优势弥补农村学校的劣势，合理配置教育资源，缩小办学差距，促进教育公平，助推城乡义务教育均衡发展。

【撤点并校】 城区学龄人口不断增加，城区教育用地不足的问题日益突出，及时调整片区建设规划，城区学校不断扩容提质，完成第三片区的金锁小学改扩建，启动第六片区的后所小学东校区、阳光小学等建设项目。撤并美湖中心小学教学点，雷锋中心小学由完全小学降为教学点，浔南分校教学点并入金锁小学，使学校布局更趋合理，进一步提高规模办学效益

德化县义务教育均衡发展汇报会召开 （县教育局 供）

和质量。

【就学电脑派位】 全县小学新招一年级新生3723名，其中通过电脑派位解决外来工子女和进城务工人员子女1455名，解决纯女户子女120名，全部安排到公办小学就读，入学率达100%，全县小学生总数达21545名。通过电脑派位1492名外来工子女和进城务工人员子女全部安排到公办中学就读。初中“控辍保学”工作取得显著成效，辍学31人，辍学率0.34%。2015届初中学生三年巩固率98.73%，同比增长1.27个百分点。

【办学特色】 “一绳一笔”“养成教育”“悦读教育”“乒乓柔道”“陶瓷击剑”“闽南文化”“跆拳道”“武术教育”“闽南童玩”等特色项目初显成效。

【建立中考激励机制】 县教育局拨出30万元设立中考奖金，各校同时完善中考奖励机制，调动学校和教师的工作积极性。

【规范义务教育办学】 学生、学校、学籍没有“三位一体”和没有学籍的普通中学学生，不能评优评先；在中考中招中不能取得保送生、推荐生、定向生资格，不能参加提前自主招生；在中考语文、数学、英语三科考试成绩总分中扣除10分后，再参加统招生的投档和录取；没有学籍的初中学生，省达标高中不予录取。

（县教育局 供稿）

普通高中教育

【概况】 贯彻落实省教育厅《关于开展普通高中多样化发展改革试点工作的通知》（闽教基〔2013〕22号）工作要求，探索普通高中特色办学、多样化发展之路，提升学校办学品位，增强德化县普通高中教育发展整体水平和核心竞争力。德化一中搭建12个学生社团成为德化一中办学的一大亮点，福建省农民运动跳绳项目基地落户德化三中。2015年，参加高考2139人，高考本科上线人数1536人，本科上线比率72.09%，同比增长11.62个百分点。其中本一上线人数达335人，上线率17.57%，同比增长1.1个百分点。实行高考激励机制。县教育局拔出120万元设立高考奖金，各校同时完善高考奖机制，调动学校和教师的工作积极性。

【德化一中】 概况 2015年，德化一中荣获“泉州市普通高中特色办学多样化发展实验校”“泉州市国防教育示范校”称号。2015年，高考成绩稳步提升：理科参考人数563人，上本科人数512人，上线率90.94%，其中蔡国材、李芳菲、林彬圻、赖盛霖、陈敏分别以665、663、661、656、653的高分被中国人民大学、中央财经大学、西安交通大学、同济大学、四川大学录取；文科参考人数285人，上本科人数263人，上线率92.28%，其中吴宇鸿以636分（进入全省前100名）被浙江大学录取，凌晨、黄靓锋分别以631、624的高分被厦门大学、中国政法大学录取。

校园文化 设计并制作新的校徽，布置“一周一句”宣传板，在墙体和楼道中装饰格言警句以及名人画像浮雕，开展“国学进课堂”教学活动。挖掘春节、元宵节、清明节、端午节、国庆节、中秋节的文化内涵，发挥图书馆阵地作用，弘扬中华民族优秀传统文化。

德育工作 组织学习《中学德育纲要》，制定《德化一中德育工作目标》《德化一中德育成长目标》《德化一中德育工作专业培训计划》，分期分批多形式开展全员德育培训，组织教师参加“百校千师未成年人思想道德建设骨干教师培训”“全国中小学班级管理艺术与班主任魅力养成高级研修班”“德化县德育专题培训”和校内各种专业培训。成立以副校长为组长的心理健康教育指导小组，逐步培养心理健康教育兼职教师，构建合理有效的“三位一体”、家校协作等的德育网络，把对学生的思想道德教育、法制安全教育、国防教育和心理健康教育放在首要地位。

教育科研 坚持科研兴校，邀请高考学科专家（每科1—2名）为全县各高中校毕业班教师解读年度《考试说明》。组织开展高中校际教研活动，与“中学学科网”合作，提供优质教学资源。编印《教育通讯》2期（第33、34期），承担国家级课题7个省级课题42个，市级课题8个；教师发表CN（或相当）34篇。开展竞赛扶优工作，学生获市级以上奖项共19人次，其中有张雅珊同学荣获由中国科协、教育部、香港特区政府等共同主办的第30届全国青少年科技创新大赛二等奖，赖钰薪、庄炜焕同学分别荣获第32届全国中学生物理竞赛复赛福建赛区竞赛二、三等奖，林国梁同学荣获第21届全国青少年信息学奥林匹克联赛福建赛区复赛二等奖。

师资队伍建设 为适应高考全国卷改革的新形势，举行各学科教学经验交流会，提高教育教学质量；举行教学技能大赛，搭建平台，推动教师专业化成长；举行以“同课异构，讲求实效”为主题的面向全市教学公开周，提高教师的综合素质。全校教师227人，县级以上表彰46人次。

（德化一中 供稿）

职业教育

【泉州工艺美术职业学院】 招生就业 2015年，录取789名学生，报到669名，报到率为84.79%，毕业生302人，初次就业率达93.38%。

校园景观　　（德化职业技术学校 供）

平安校园建设　贯彻落实学校安全工作"党政同责、一岗双责"和综治安全目标管理的规定要求，推进"平安校园"创建活动，连续获得"安全教育与管理标准化Ⅰ级学校""平安先行学校""泉州市落实学校综治安全目标管理责任先进学校"和"平安校园"AAAAA级学校。

【德化职业技术学校】　概况　2015年，学校教职工108人，其中，研究生学历3人、省级工艺美术大师3人、省级工艺美术名人2人、省级陶瓷艺术大师4人、市级工艺美术大师2人、高级讲师21人、高级工艺美术师（高级技师）5人、"双师型"教师53人。在校全日制中专学历学生1656人，非全日制大中专学历学生918人。开设有工艺美术（陶瓷雕塑、陶瓷装饰、陶瓷造型）、美术绘画、美术设计与制作（包装设计、花纸设计、美工设计）、会计电算化、电子商务、计算机应用、学前教育、旅游服务与管理（导游服务、酒店管理、展厅解说）、中餐烹饪、观光农业经营等十个专业。

学生成长　以体育节、校园文化艺术节、技能节为载体开展德育工作，开展"三生教育"及爱护校园、爱护公物的教育。以读、诵、讲、演等形式对"弟子规"进行解读、内化、践行。开展志愿者行动，在重阳节、春节、

表5

年度	项目名称	项目类别	支持资金（万元）	项目负责人
2015	陶瓷生产管理系统研发	市科技项目	8	张丽琼
2015	低品位萤石矿的选矿工艺研究与综合开发	市科技项目	8	陈瑞文
2015	"海上丝绸之路"之德化陶瓷工艺品审美研究	市社科规划项目	0.4	黄佳敏
2015	泡沫凝胶注模工艺在多孔氧化铝陶瓷制备中的应用研究	省中青年教师教育科研项目	1	王小芳
2015	电柴烧成一体化设计研究	省中青年教师教育科研项目	1	郑振雷
2015	含低品位萤石长石矿的选矿工艺研究与综合开发	省中青年教师教育科研项目	1	陈瑞文
2015	闽传统村落文化保护及传承研究	省中青年教师教育科研项目	0.4	孙新明
2015	中外文化交互影响下德化陶瓷产品创意研究	省中青年教师教育科研项目	0.4	廖亦彩
2015	德化陶瓷工艺美术研究	省中青年教师教育科研项目	0.4	孙斌
2015	新型城镇化建设背景下泉州土楼的三维数字化修复保护与旅游开发	省中青年教师教育科研项目	0.4	林振忠
2015	唯物史观视野下的大学生价值观问题研究	省中青年教师教育科研项目	0.4	卢允庆
2015	国家级高技能人才培训基地建设	国家级	500	实训部
2015	构建高职院校辅导员职业化团队研究	省中青年教师教育科研项目	0.3	颜雅惠

11 月 16—19 日，第五届福建省陶瓷艺术与设计创新评比在泉州工艺美术职业学院举行（王双季 摄）

元旦等节假日，组织志愿者到老人公寓、特校开展慰问、演出等活动，组织学校青年志愿者参加首届中国陶瓷电商峰会志愿活动。通过举办专题讲座，参观法制教育基地，上好班会课，进行专题教育，举行消防、地震等疏散演练。12 月 4 日，联合德化县人民法院主办“宪法日·模拟法庭”活动，增强学生法律意识。从建设家长委员会入手，结合班主任的家访工作，开展“党支部 + 退教协 + 关工委 + 帮扶学生”关爱问题学生活动，加强家庭教育的研究和指导，提升家庭教育水平。6 月，举行 2015 年春季学生拜师仪式，35 名品学兼优的学生通过双向选择找到师傅。学校每年举行拜师仪式，目前有 316 名工艺美术专业学生与 32 名师傅结对，125 名徒弟出师。2015 年 5 月，“师徒制”被福建省教育厅列为福建省首批现代学徒制试点项目单位。在 2015 年县中小学生运动会中，有 19 名学生在各比赛项目中获奖，总分达 113 分；在“中国梦·劳动美”2015 年福建“绿进杯”烹饪职业技能大赛中，参赛的陈为福、吴文斌 2 位学生分别获得冷拼雕饰金牌和中餐热菜银牌；在 2015 年泉州市中职学生烹饪技能竞赛中，许建辉同学获中餐热菜项目三等奖，王宽进、陈为福同学分别获冷拼与雕刻项目三等奖。2015 年，邀请福建省工艺美术大师、泉州工艺美术职业学院副教授赖双安，福建省雕刻艺术大师、泉州市非物质遗产传承人郑开明，福建省工艺美术大师、高级技师陈春华等 7 位行业专家和企业高管进课堂为学生授课。

服务社会　2015 年，承担县农业局“雨露计划”培训工作，培训 1600 多人次；县劳动局“SIYB”创业培训等共培训 454 人次。

教师队伍建设　注重师德师风建设，通过观看视频、举办讲座、开展演讲比赛、师德承诺活动、与学困生结对帮扶等形式，常年开展“立德树人·敬业爱生”师德师风教育系列活动。打造学习型教师队伍，学校图书馆新增图书 2 万册、电子图书 3 万册，满足师生学习需求。做好各级各类学科带头人、骨干教师培养对象培训、跟踪考察和认定工作，原有省市县各级骨干教师（学科带头人）21 人，县级名师 2 人，2015 年，有 4 位教师通过考核，成为县级骨干教师，2 位老师成为县级学科带头人考察培养对象。青年教师李桂婷在福建省第五届陶瓷创新与评比活动中荣获金奖，曾云燕老师在泉州市技能大赛中荣获一等奖，被授予泉州市“五一劳动奖章”。出台《十佳教师评选办法》《五佳班主任评选办法》《教职工奖励办法》等激励办法，促进教育教学质量整体提升。2015 年，全校 32 人次在市级以上专业竞赛中获奖，其中省级以上金奖 8 个，曾映雪老师被授予福建省“五一劳动奖章”。开设 40 节教学公开课，5 月上旬开展以践行“教学做合一”为主题的县级“教学开放周”活动，建设高效课堂。

推进专业课程改革及专业群建设　以申报福建省示范性现代职业院校建设工程为契机，根据区域产业发展需要，重点建设工艺美术、电子商务及旅游服务与管理 3 个专业特色群。推进省职业教育改革试点项目课题的“工艺美术专业改革试点项目”研究；泉州市教育科学“十二五”规划立项课题《“做中学、做中教、教学做合一”职业教育教学模式研究》，完成各项研究任务，顺利结题；福建省电教馆立项课题《微课程的开发、管理与应用模式研究》完成课题研究工作，申请结题验收。2015 年，全校教师发表 CN 级论文 14 篇，编印《〈“做中学、做中教、教学做合一”职业教育教学模式研究〉课题研究论文汇编》《学陶师陶文集》和《德育论文汇编》等 3 本校级论文汇编，收集教师论文 68 篇。

陶瓷文化传承与创新　8 月获评泉州市首批“闽南文化传承基地学校”，12 月被授予“福建省行知实验学校”。办好“凤凰山讲堂”，开设《美好人生、始于规划》《德化是海上丝绸之路的重要起点》《新时代下微课制作与翻转教学》《谈职业教育人才培养问题》等 4 场专题讲座。苏和平老师先后在县广电局和泉州市七彩艺文会馆举办以“艺路慈行”为主题的慈善义卖书法作品展。卢美彬老师在福尧图书馆和泉州市七彩艺文会馆举办“美丽德化”“江山多娇”书法美术作品展，刘育发老师在县广电

德化职校第四届技能节现场专业技能展示活动　（德化职业技术学校 供）

局举办个人书画作品展。

（泉州工艺美术职业学院 德化职业技术学校 供稿）

特殊教育　民办教育

【特殊教育】 投入200多万元添置教学仪器和康复设备，落实在校生“三免一补”政策，并采取开设学前教育班、随班就读、送教上门等方式，保障三类残疾儿童少年按时接受教育。12月，特殊教育学校通过省标准化评估验收。

【民办教育】 贯彻落实泉州市教育局《关于在全市开展无证教育机构专项治理工作的通知》（泉教综〔2015〕65号）精神，开展无证教育机构专项治理。组织对无证民办园和教育培训机构开展摸底筛查，摸清无证教育机构现状，加强无证教育机构的管理，规范办学行为。下发《抵制“无证教育机构”远离教育欺诈——致全县学生及家长的一封公开信》，连续一周在德化有线电视台滚动播放，各中小学、幼儿园通过印发传单、显示屏、网站、宣传栏、集会、信息等渠道进行宣传，告知全县幼儿、学生不得到无证民办幼儿园和教育培训机构上课；同时，对未经批准、非法开展各种教育教学活动的所有无证民办园和教育培训机构进行曝光，让家长及时了解专项治理信息。9月29日，在德化教育网发布《关于公布德化县2015年秋季民办幼儿园办园资质的通告》，公布15所有证民办幼儿园（其中优秀幼儿园5所，合格幼儿园10所）、新筹办未办证幼儿园8所、原临时办学许可证注销待重新申请办学许可幼儿园6所和无证民办幼儿园16所；教育局及各乡（镇）中心小学对可整改的30所民办幼儿园一一明确整改项目和要求，制定整改对策，限定整改时间；对缺乏基本办学条件，存在严重安全隐患的依法取缔；10月10日，下发《关于德化务本教育培训学校超过筹设期的通知》，依法对德化务本教育培训学校进行取缔。做好全县民办幼儿园年检和等级评估工作，着重检查民办幼儿园的依法办学、办学条件、常规管理及安全管理等方面情况并向社会公示。12月31日，县政府副县长林祖传在县政府会议中心主持召开关于民办幼儿园规范办学问题专题会议，会议就民办幼儿园规范办学问题进行讨论研究。

（县教育局 供稿）

老年教育

【政治思想教育】 把中共十八届四中全会、习近平总书记系列重要讲话精神列入必修课。征订一批《党的十八届四中全会〈决定〉学习辅导百问》《中共中央关于全面推进依法治国若干重大问题的决定》等政治书籍，为政治系授课提供教学素材。组织开展全县思想政治教学研讨会。

【重视示范创建】 巩固示范校成果，评定表彰一批第五轮县级示范校共63所；争创市级示范校，12月份通过市级示范校评估验收。

【远程教育】 重新确立17县级远教示范点，邀请福建省电视台公共频道记者到德化拍摄老年远教纪录片《大山里的远教》，争创全国远教示范点。11月获评首批全国老年远程教育示范区，中国老年大学协会常务副会长袁新立在全国老年远程教育工作总结会上表扬“福建泉州德化以制度管理、队伍建设、教学创新为抓手，规范、扎实推进老年远程教育工作”。

【服务学员】 各乡镇老年学校学员不足100人的，都采取与村联办的形式，扩大办学规模；据学员需求增设音乐班、可乐球班等2个班级。对各学会进行重组，调整充实8个学会（德育、摄影、诗词、南音、山歌、远教、教研、艺术团）组织机构，组织专业学会、艺术团下基层，进学校、进社区、进村落，展示老年教育成果。开展3次教学研讨活动，并组织各乡镇常务副校长、支教老师及相关科目的老师参加研讨，提高教学水平。5月13日，县老年大学承办全市老年大学诗词教学观摩暨教学经验交流会，全市11个县（区）老年大学代表、校诗词学会师生60多人参加。县老年大学举办“庆七一”“ 九九重阳”2次游园活动，近千名学员参加。1月23日，县老年大学举办校歌演唱比赛，比赛分个人组与集体组进行，23支队伍参赛，个人组评出金奖1队、银奖3队；集体组评出金奖5队，银奖8队、铜奖6队；4月份，县老年大学校歌被刊登中国老年教育杂志上；5月3日，县老年大学与美湖镇老校联欢；10月15日，泉州老年大学文化惠民走基层活动，走进县老年大学，与县老年大学文艺联欢演出。开展校外活动，县老年大学对外开放的“南韵”“艺苑”2个戏台，每月都有学员学习成果展示演出活动；组织参与校外比赛演出活动，县老年大学南音2班学员先后与泉州、永春、洛江、南安官桥、晋江安海等地开展南音联欢交流；艺术团新编具有地域特色的舞蹈《德化我的家园》代表县老年大学参加泉州市老年文化艺术节开幕式演出。

【以学促为】 织鼓励学员参加展赛，摄影班学员张圭如的《又是一个丰收年》《银杏树下》获县委组织部、宣传部举办的《寻找最美德化》摄影大赛三等奖；在省委老干部局举办的“我看海西新变化”主题征文中，政治班学员曾宪校的《脚下走过的路》获三等奖；绘画班学员陈启星作品《岱仙飞瀑》在泉州市老年文化艺术节美术组比赛中获三等奖。鼓励学员爱心帮扶，县老年大学南音班的学员们走进老年公寓，为老人们送上一场“献爱心、送温暖”慰问演出；琵琶班的学员多次携手“德化爱心小分队”，为农村留守老人、贫困家庭进行慰问演出；6月份，老年大学名誉校长颜美斯拿出1000元资助三班镇儒坑村高三贫困生赖美媛。推广“十大员”做法，县老教委下文《关于对德化县三级老年学校“十大员”活动先进集体、个人的表彰决定》（德老教委〔2015〕4号），组织评选出先进集体24个、“优秀十大员”75人。5月份，整理汇编德化“十大员”代表风采《红叶》一书并正式出版，该书收录德化县33篇“十大员”先进个人及先进集体的典型事迹，省政协原主席、省老年大学名誉校长游德馨，省委原副书记、省老年大学校长黄瑞霖，市委原副书记、正厅巡视员、市老年大学校长吴汉民，省文化厅副厅长、正厅巡视员、市老年大学副校长庄晏成等为该书题词，推广“十大员”以学促为的做法。

【理论研讨】 组织老教委视导组成员到基层一线调研，按照第二届全国老年远程教育研究课题立题项目，成立课题研究小组，12月份撰写《发挥老教委职能作用 推进老年远程教育》调研文章上报省研究课题组。撰写的调研文章被《中国老年教育》录用刊发1篇，被省《实践与思考》录用刊发7篇。

县老年大学二十五周年校庆校歌比赛 （县老年大学 供）

【基层队伍建设】 9月，签发《关于给予乡镇、村（社区）老年学校常务副校长、支教教师适当年度工作补贴的通知》（德老教委〔2015〕5号），对获得市、县级“示范校”称号的基层常务副校长、支教教师给予每年300至1500元不等的补贴。

（县老教委 老年大学 供稿）

教师队伍建设

【概况】 2015年秋季，针对小学部分学科特别是体育、美术、音乐教师不足的情况，城区及三班、盖德等小学招聘临时代课教师66人。出台《关于加强教师队伍调配管理工作的实施意见》《德化县中小学教师专业技术职务聘后管理实施意见》（试行）、《德化县中小学教职工基本工作量参考标准》等文件，规范教师队伍管理，提高依法治教水平。新增高级教师岗位52个、中级岗位167个，农村学校任教累计满25周年及以上且仍在农村任教的中、高级岗位29个。全面实施教师资格制度，受理教师资格网上申报和现场确认26人次，办理高中、中职教师资格证书8件，审核确认初中、小学、幼儿园教师资格16人次。办理高中、中职教师资格证书16件，审核确认初中、小学、幼儿园教师资格54人次。全县有80名教师退休。举办17个专题培训班，4场学科教师研训活动，1291人次参加培训学习。

【课题研究】 课题研究过程性管理

严格落实《德化县教育科学规划课题管理暂行办法》，设立教育科研管理处，负责全县各级各类教育科研课题管理工作。细化各级各类课题研究管理，县立项课题82项（其中省级课题29项、市级课题8项、县级课题45项）；结题课题92项（省级6项、市级15项、县级71项）。截至2015年，县仍有在研课题127项（省级65项，市级17项，县级45项）。

课题研究成果推广　投入资金30多万元，推广省级课题《德化县陶瓷艺术特色教育研究》研究成果，编辑出版中小学幼儿园乡土教材《陶瓷》，并在全县中小学幼儿园开设《陶瓷》课程。编印《德化县教育科学"十二五"规划课题研究成果汇编》，为全县课题研究工作提供借鉴。出版《德化教育》2015年第1—4期和《德化教科研简讯》2015年第1—9期，推广和展示教育科研成功经验和优秀研究成果。

发挥"名师效应"　做好第二届中小学名教师（30名）管理工作，严格执行《名师考核办法》各项要求。加强名师培训，8月份组织县级名师及部分学科带头人、骨干教师共50人到东北师大培训。做好"名师风采"展示活动，在德化教育网和教师进修学校网站上设立"第二届名教师风采展示"专栏，做好名师"示范课"录制与展示，扩大名师的影响力和辐射范围。

【教学指导】　构建"省市县校"四级教研网络　6月和11月，省普教室小学教研室主任陈建志、中学语文学科组长卓巧文等专家及省内中小学部分名师先后到德化开展大型"同课异构"教学研讨活动，参与教师900多人。与市教科所签订开展教学研究合作意向书，先后承办泉州市小学数学、语文、英语学科研训、幼儿园第四片区教学研讨、初中化学学科研训暨初中毕业班化学教学工作研讨等市级教学研讨、学科研训活动9场，参与活动的各县（市、区）相关学科教研员、教师代表1250多人。制定《关于实行小学县级以上教学研讨等活动申报制度》，举办中小学、幼儿园县级教学研讨活动19场，参与教师1200多人。举办德化"教育论坛"，先后邀请省普教室林维超、朱旭等省内专家、名师、教研员10多人到来德化开设专题讲座10场。

11月13日，省普教室到德化开展"送教下乡"活动　　（许昌谋 摄）

教学视导工作　推进2015年对校教学视导工作，通过参加学校备课组集体备课、驻校听评课、集中反馈、教学观摩及回访送教等形式，帮助教师提高教学水平。先后深入第二实小、尚思小学、霞溪分校和德化三中开展视导活动4场，参与集体备课32场，组织开展集体研讨活动24场，听取4所学校课堂教学计276节；开展视导回访暨送教活动3场，送教10节。

建立中小学学业质量监控体系　实行初中基础年段、小学毕业班期末统一考试和评卷制度，并形成全面科学的质量分析报告。组织初中毕业班市质检、初中基础年段期末考试、小学毕业考试等全县性学业质量监测6场。召开中、高考质量分析会，春秋两季初中基础年段期末考质量分析会以及小学毕业考试质量分析会，为基层学校改进教学、提升质量服务。

搭建师生成长平台　组织学生参加全国初、高中数学、物理、化学学科知识竞赛，组织县级初中语文、数学、英语学科竞赛。组织开展县级以上学生学科竞赛12场，参与学生1700多人，获省市奖励36人次。做好中小学教师教学技能竞赛的组织工作，先后开展优课评选、片段教学、课堂教学比武等县级教师技能竞赛评比活动8场，参与教师2000多人次。推荐优秀教师参加省、市举办的教师技能竞赛，42人次获省、市奖励。

【教师培训】　贯彻落实教育部《关于大力加强中小学教师培训工作的意见》，按照"控制规模、降低频率、着眼高端、提高实效"思路，制定并下发《2015年德化县教师培训计划》。举办"十二五"第三期中小学教师全员培训、中小学名师高级研修、中小学校（园）长研修等培训班17个，培训教师929人，其中，县第二批中小学幼儿园学科带头人培养对象50名、骨干教师培养对象97名经过两年培训学习，顺利结业。

在本地集中面授培训过程中，与省、市教师培训机构和部分高等院校联系，先后聘请上海体育学院教授陈培基、集美大学教授施茂枝等26名专家教授担任培训班授课教师。在异地培训过程中，与东北师大、华中师大、泉州师院、福建教育学院等高等院校和教师培训机构合作，根据教师培训需求制定培训方案，依据培训内容筛选授课教师。借助网络资源提高培训成效，8月3日—9月10日，在实施“十二五”第三期中小学教师全员培训过程中，与福建省中小学教师远程培训中心联合举办小学语文、小学数学和初中物理教师远程培训，3个班级230名学员参与远程培训，观看视频2219.92小时，完成作业511篇，发帖319条，评论和主题研讨回复432条，培训合格率达100%。在开展信息技术应用能力提升培训中，实行“菜单式”培训，让学员自主选择学习内容，并录制与培训内容相对应的微课视频供学员学习观看。同时，探索“订单式”培训模式，将培训班办到基层学校，并由基层学校教师选择培训内容，满足基层学校教师的培训需求。先后到霞溪分校、实验小学、实验幼儿园等学校开展微课制作、优课录制编辑、office2010使用及课件制作技法技巧等“订单式”信息技术应用能力提升培训9场，培训教师500多人。

9月30日，全县第二批学科带头人培养对象培训班结业仪式（许昌谋 摄）

先后开展小学语文、初中英语、语文、数学学科教师研训活动4场，参与教师360多人。投入资金30多万完成学校网络录播教室建设，6月份，录播教室正式启用，完成名师“示范课”录制5节，2015年暑期初中教师竞聘说课录制8节。加强招生宣传力度，招收新生42名。

（撰稿人：许昌谋 审稿人：林义河）

文化事业

【文化服务体系】 陶瓷博物馆提级改造列入议程，扶持石鼓村、大铭村等农家书屋建设。完成浔中、龙浔两镇文化生态专项规划基础材料的收集、编写、整理，做好部分非物质文化遗产实物收集。在县公务大厦建设安装电子借阅机1台，在建窑陶瓷厂建立图书阅览专柜，在武警中队设立武警共建流动书屋。开展文化下乡系列活动，到葛坑、上涌、水口等乡镇为群众送图书、送文化，春节期间，组织县书法家协会到乡镇举行现场“文化走集成，春联送厝边”书法活动。协助省文化厅在德化举办2015年全省村级文化协管员培训班（泉州北片）。

【群众文化活动】 举办“同筑中国梦 文化进万家”第十五届瓷都广场文化活动、“德化县民间职业高甲戏剧团调演周”、纪念世界反法西斯暨抗战70周年胜利书画展等文体活动80多场次。筹划与敦煌市文化项目对接，包括文化艺术交流、图书文化交流、馆藏文物交流、出版《苏履吉诗集》等4个方面，征集图书、地方文献资料388本赠送敦煌图书馆，建成敦煌图书馆德化图书专栏。在《苏履吉古今体诗选读》基础上收集整理苏履吉生平所著诗文，完成纲目章节编著。组织老年学校山歌班参加厦门市“山歌邀请赛”，市摄影家协会到德化县三班镇、雷峰镇、上涌镇、浔中镇等乡镇进行摄影艺术采风。举办“抗战瓷展”“中国瓷都·德化窑名瓷展”“采样—德化当下陶瓷艺术生态展”“纪念陈其泰诞辰100周年作品展”等特色陶瓷文化活动。

【陶瓷文化产业】 组织8家以文化产业示范基地为主的企业参加11月在厦门举行的海峡两岸文博会；新增市级文化产业示范基地3家。

【非物质文化利用】 争取将屈斗宫德化窑遗址纳入“海上丝绸之路：泉州史迹”，申报世界文化遗产；完成《非遗传承人评选方案》，组织评定第一批县级非物质文化遗产代表性传承人；组织申报省市非遗代表性传承人及非遗项目。

【文物保护】 完成《屈斗宫德化窑遗址文物保护总体规划》文本初稿；完成1000多件可移动文物数据的采集、录入、审核上报等工作；投入资金70多万元，修缮县级文物保护单位“大兴堡”，完成崩塌城墙缺口及屋顶修补等工程；编制上报《屈斗宫德化窑遗址环境整治立项报告》《屈斗宫德化窑遗址安防工程立项报告》《九仙山弥勒造像安全防范系统工程设计方案》等；第十个“中国文化遗产日”期间，佳美集团向陶瓷博物馆捐赠“大世界基尼斯之最—整体烧制最大的瓷花篮”的陶瓷作品“和谐瓷花篮”；浔中乐陶孙氏高轩堂管委会向博物馆捐赠文物48件。

2月1日，“记得住乡愁·昔日知青点”专题摄影展举行　（陈志明 摄）

9月1日，“中国人民抗日战争暨世界反法西斯战争胜利70周年”书画展开展 （王双季 摄）

【文化市场管理】 组织开展“迎中、高考文化市场专项检查”行动、“扫黄打非”、校园周边环境整治等文化市场专项整治行动8次；以保护著作权为重点内容，查处销售盗版图书、音像制品和电子出版物违法违规行为，全年检查各类网吧、书店、音像市场及歌舞娱乐场所等650多家次，责令整改21家次，查缴盗版音像制品2800多片，各类盗版出版物（图书）2100多册。

（撰稿人：陈燕婷 审稿人：赖永昌）

档 案

【依法治档】 规范行政权力运行 对现有14项行政权力和7项公共服务事项进行逐项梳理，保留行政权力9项，公共服务事项7项。重新编制行政权力清单，绘制运行流程图，优化运行程序，并及时在网站进行公布。

档案行政执法检查 对县旅游事业局、水口镇、南埕镇等10个单位开展以贯彻执行档案法律法规情况，档案整理、移交情况，电子目录数据报送和档案登记情况，档案安全保管情况，档案信息化建设情况为主要内容的执法检查，对存在的问题提出整改意见，并指定专人跟踪落实，提高基层档案室规范化管理水平。

【监督指导】 重点建设项目档案收集管理 做好彭村水库、东埔二期安置房等8个在建考核类重点项目的业务指导，帮助建立健全文件材料归档、档案安全保管等规章制度，明确相关部门档案工作职责，做好档案材料收集、分类、整理等前期工作，确保重点建设项目形成的文件材料收集齐全完整，档案整理规范有序。

重大活动档案工作 做好党的群众路线教育实践活动、德化首届“山水情·陶瓷缘”暨首届桃仙溪桃花文化旅游节、首届中国陶瓷电商峰会等重大活动形成的文件材料的收集、整理、归档和移交的业务指导工作，接收357卷（册）重大活动档案进馆；协助县文体局、商务局做好泉州市“第十四届亚洲艺术节”形成材料的收集、整理和报送工作。

机构变动单位档案工作 对机构改革中撤销、合并、职能变动及新成立部门的档案工作提出具体要求，明确机构改革中档案的归属和流向。修订《德化县档案全宗名册》，增补并公布县市场监督管理局、商务局、经信局等新组建部门和单位档案全宗，指导相关单位做好《机关文件材料归档范围和文书档案保管期限表》的编制工作。提前介入变动单位档案的处置，指导县人社局、农业局、卫计局等涉改单位做好零散文件清理鉴定、档案整理编目和清点移交工作，确保机构变动单位的档案完整与安全。

新农村建设档案工作 加强对三班镇、水口镇2个市级小城镇建设试点镇的业务指导，做好材料收集、分类、整理和归档工作，确保在建设中形成的各门类档案齐全完整。做好南埕镇

档案业务指导 （县档案局 供）

农村土地承包经营权确权登记档案管理收集、整理的业务指导，助推确权登记试点工作有序开展。指导葛坑村做好“乡村记忆档案”示范项目建设实施方案的编制和项目申报工作，葛坑村被省档案局确定为全省“乡村记忆档案”示范项目建设试点村，获得专项补助6万元，组织葛坑村有关人员到永春县大羽村、丰山村参观学习，汲取成功经验，为项目建设做好前期准备工作。

档案登记和电子目录报送工作　指导78个单位做好档案登记工作，完成72个单位档案电子目录数据报送接收工作，促进机关档案整理规范化，提高基层档案室信息化管理水平。

【保管利用】　档案安全管理　组织干部职工进行消防安全知识培训和应急演练，掌握预防和应对火灾的方法，提高应急处置能力。做好设备维护、温湿度测记、防尘保洁、防火检查等日常工作，强化档案库房“八防”管理。加强档案信息安全管理，做好增量文件级目录数据7751条，电子档案5612件52354页的备份工作。根据《档案数字化外包安全管理规范》要求，加强档案数字化过程的保密工作，签订保密协议和保密承诺书，确保档案实体与档案数字化成果的安全保密。

档案接收征集　开展当代陶瓷发展档案资料征集活动，征集《德化传统瓷雕工艺》《德化陶瓷工艺美术大师作品集》《德化窑精品图集》等有关陶瓷的档案资料118册，并设立陶瓷档案资料专柜保管。下发《德化县档案馆关于印发各单位到期档案移交进馆若干规定的通知》，对各单位档案的移交范围、整理规范、案卷质量、数字化标准、办理程序等方面提出具体要求，规范档案移交工作程序。征集反映德化政治、经济、文化、生活、人物、大事记、族谱等档案资料62册，向“泉州市镇村史料专藏库”移交25册，丰富地方馆藏特色。

档案查阅利用　强化服务意识，简化利用手续，全年接待利用者5130人次，提供馆藏档案8352卷次，出具证明8813份，同比增长分别为207%、140%、461%。为厦沙高速、彭村水库等重点项目征地拆迁、干部档案专项审核材料补充、养老保险申领、编史修志、纠纷调解等方面提供大量翔实的第一手资料。为应对全县干部人事档案专项审核查档潮，采用先进行全文和电子目录数据库查询、后进行手工检索的方式，在20个工作日内，接待查档人员388批次，涉及人员1900多人，手工调阅档案1955卷次，提供佐证材料6039份。

档案抢救保护　做好福建省国家重点档案抢救和保护的申报工作，获专项补助资金4万元。对馆藏档案进行全面清查，分门别类，制定抢救计划，采取相应抢救措施，对发生虫蛀和霉变的1826卷档案进行熏蒸杀虫杀菌处理，确保档案安全，对9.8万页重点档案进行数字化处理，采用复制件代替原件提供利用，避免档案原件损坏。

全体干部职工进行现场消防演练　（县档案局　供）

【信息化建设】　在全市率先推行档案实体与电子档案同步接收制度，帮助解决移交单位档案数字化过程中存在的难点和问题，接收9个单位12.3万页的电子档案。持续推进馆藏重点档案数字化工作，全文扫描60.9万页馆藏档案，完成35.2%馆藏档案数字化任务。按规定办理项目自行询价审批手续，加强监管，确保质量和安全；以县陶瓷管委会为试点，开展档案室数字化试点，规范文书档案数字化工作，为全面推行档案室数字化工作打好基础、积累经验。

【宣传教育】　邀请20多名社会各界人士参加“国际档案日”座谈会，详细介绍档案馆近年来在建设爱国主义教育基地、档案安全保管基地、档案利用服务中心、政府信息公开中心等方面取得的成效，展示档案数字化成果和使用情况。收集整理抗日期间德化军民英勇抗敌的档案资料，在展厅开设“纪念抗日战争胜利70周年”专柜，组织近百名社会各界人士参观展厅，接受爱国主义教育。举办由23名县直单位档案管理人员参加的家庭建档工作培训会，讲解家庭建档的目的意义、收集范围、分类方法及编目保管等知识，演示家庭档案的制作过程

和技巧，免费赠送专用档案盒和目录。（撰稿人：林新超　审稿人：陈文利）

广播电视

【概况】　2015年，加强广播电视新闻宣传，推进城乡广播影视公共服务一体化工作，德化县电视台设有日播《德化新闻》《D1视野》，周播专题《陶瓷视界》《戴云风情》《九仙食谱》《瓷都艺苑》等；广播电台包含资讯、经济、音乐、生活以及与老百姓生活息息相关的停电、停水、气象预报等节目；“观音德化”网络广播电视台通过推进手机客户端开发，建设微信公众号，逐步完善以视音频服务为主的全媒体服务体系；做好“村村响”及农村有线广播应急预警工作，推进防灾抗灾预警“一体化”建设；推动高山台广播电视节目无线数字化覆盖工程建设，提升农村广播电视基本公共服务的质量和水平。连续四届被省委、省政府授予“文明单位”，县电视台被中国广播电视协会评为全国县级“十佳电视台”称号。

【新闻报道】　《德化新闻》采编播新闻2000多条次，《戴云风情》《陶瓷视界》《九仙食谱》播放专题156期，摄制各类汇报片、宣传片20多部。县广播电台开设现场直播栏目8个，与相关单位联办栏目12个；向中央、省、市台报送选题，推介德化典型人物和工作亮点，全年在省台播出新闻100多条，市台播出新闻400多条，被福建省电视公共频道授予新闻协作“先进县级台”称号。多个专题片被中国黄河台理事会选送到欧美电视网播出，两个专题片在东南亚（泰国）展播，向世界展示了丝绸之路起点泉州“一带一路”战略中德化的形象。

县广播电视台获评全国县级广播电视系统“十佳电视台”称号

（县广电局 供）

【电台品牌节目】　新闻类栏目：《资讯60分》综合类新闻资讯节目，传递最新的国内、国际新闻资讯。生活、服务类栏目：《新鲜早世界》介绍保健养生知识，养成科学的生活方式；《百姓热线》解决百姓的难点焦点问题，免费发布招聘求职、家政等各种信息。文化、休闲娱乐类栏目：《音乐传情》倾听美妙的音乐，点歌交友送祝福；《一路好心情》综合性娱乐节目，为听众打造一个放松身心的平台；《咱厝的声音》，瓷都人的乡情乡音；《小德乐未央》，音乐伴随类节目，流行、经典、怀旧音乐的欣赏与互动。

【电视节目创新】　注重宣传德化本土文化、解读老百姓关心关注的热点、焦点问题，反映与百姓息息相关的内容。电视台优化《戴云风情》《陶瓷视界》《九仙食谱》《瓷都艺苑》《D1视野》等栏目，新增《房产新动向》《瓷都讲古》等栏目；广播电台开设《咱厝的声音》《百姓热线》等直播互动栏目，播放与老百姓生活相关的停电、停水、气象预报等节目内容。

【基础设施建设】　“村村响”和农村有线广播应急预警工作　实行广电公共服务片区化管理机制，落实农村“六大员”制度，完善县、乡、村广电公共服务体系；开展农村广播室大检查，加强全县191个村广播室设备维护工作，推进应急预警系统建设，发挥应急广播在处置突发事件、防灾抗灾中的作用，与农业、水利、林业等部门合作，推进防灾抗灾预警“一体化”建设。

高山台广播电视节目无线数字化覆盖工程建设　在九仙山转播台列入中央广播电视节目无线数字化覆盖工程台站的基础上，补增观音岐转播台列入实施中央广播电视节目无线数字化覆盖工程范围，两个台站各级设备及相关配套设施投入500万元。

安全播出与传输维护　投入500多万元，添置新的采、编、播、存设备，整个系统由模拟模式升级为数字模式，实现标清格式播出；完善九仙山、观音岐高山转播台、播出机房的安全播出应急预案和各项规章制度；定期对制作、播出、供电等系统进行安全检查，排除事故隐患；定期对机器设备进行维护检修，保障安全播出和宣传报道效果，实现春节、“两会”等重要节日、重大活动的安全播出。

【电影发行放映】　指导电影公司和

乡镇数字电影放映队做好农村电影放映的监管工作，加强室外放映向室内放映试点建设，确保完成每个年度农村公益电影放映任务，全年播放公益电影 2292 场，完成一村一月放映一场电影的任务；做好老电影放映员历史遗留问题，整理上报相关材料，维护老放映员的合法权益。

（撰稿人：林佳佳　审稿人：林合虎）

新闻出版

【印刷品市场监管】　开展对印刷品市场的清理和整顿，特别对校园周边进行严格清查；与 18 家报刊书籍、音像制品经营单位签订反盗版守法经营承诺书。

【版权服务】　县版权协会代理作品版权登记 3000 多件，为企业节约成本 40 多万元。组织艺韵、吉元瓷业、顺美等 5 家陶瓷企业申报省级版权示范单位；将城东工业区、城后工业区、宝美工业区、诗墩工业区、鹏祥工业区、科技园区等 6 个工业区捆绑申报福建省版权示范基地。6 月 11 日，国家版权局和世界知识产权组织（WIPO）在厦门联合举行德化陶瓷产业版权保护优秀案例示范点调研项目结项暨新闻发布会，调研项目成果——《版权保护促进中国德化陶瓷产业发展的研究》由福建人民出版社以中英文版本面向全球发行，推广德化在陶瓷产业版权保护方面的做法。

【版权保护】　解决版权侵权纠纷 9 起，涉及侵权产品数量 17300 件，案值 46 万多元，销毁侵权产品 2198 件；接待版权咨询 400 多人次。

（撰稿人：陈燕婷　审稿人：赖永昌）

瓷都德化报社

【概 况】　2015 年度（2014. 11—2015. 10）稿件刊发 4266 篇，其中，国家级媒体刊发（转载）1573 篇次，福建日报刊发 446 篇，泉州晚报刊发 530 篇，海都报、东南早报等其他媒体刊发 1717 篇。

【县委、县政府中心工作宣传报道】

“世界陶瓷之都”宣传报道　包括申报、获评、复评时的各项工作、县长汇报 ppt 制作、播放，全程跟随拍摄、记录，及时整理发送，提供给各媒体；在各级媒体上刊发稿件 70 多篇次，并在福建日报头版倒头条刊发《世界陶瓷之都缘何花落德化？》。

首届中国陶瓷电商峰会宣传报道　8 月 26 日，在福州举行的新闻发布会上，做好各项工作，包括撰写新闻通稿、拟定县长答记者问等，70 家媒体到会采访，包括国家级的人民日报、新华社、中新社、光明日报、经济日报等，刊发稿件近 60 篇次；9 月份，为电商峰会宣传造势，9 月 30 日《新华每日电讯》刊发《德化：千年瓷都踏上“互联网 +”风口》，《福建日报》刊发 2/3 版《瓷都打造创业“梦工厂”》，报道德化打造电子商务创业孵化园等“众创空间”的成效及愿景；10 月份，做好会议宣传工作，《泉州晚报》自 10 月 9 日起天天报道电商动态新闻，做好预热，10 月 26 日推出 8 版特刊，10 月 27 日—29 日每天两个版跨版报道，《福建日报》10 月 26 日在第 5 版彩色专版推出德化电商成绩；峰会期间，撰写通稿，做好新闻接待工作。

统筹城乡试点县宣传报道　1 月 5 日，《德化：用足政策调整的时间和空间》在《中国县域经济报》刊发，《德化 沉睡资源活了 致富门路宽了》在《福建日报》3 版头题刊发；3 月 26 日，《田间盘得活地 城里留得住人》在《人民日报》刊发，《“以电代柴”护卫绿水青山》在《经济日报》刊发。

其他方面宣传报道　如陶瓷版权保护经验项目发布会、林下经济、厦沙高速和谐征迁创造“三零”记录、与厦航签订战略合作框架协议、“三比一看”促发展、“三严三实”专题教育活动等。

【县委、县政府各项活动宣传报道】

故宫“魅力中国白——德化窑陶瓷精品展”，媒体刊发（转载）161 条次；“国粹・凝韵”玫瑰青花个展，媒体

6 月 11 日，国家版权局和世界知识产权组织 WIPO 在厦门市联合举行德化陶瓷产业版权保护优秀案例示范点调研项目结项暨新闻发布会　（陈志明　摄）

刊发（转载）31 条次；中国国家博物馆“连紫华瓷艺作品展”，媒体刊发（转载）88 条次；首届“山水情·陶瓷缘”桃仙溪旅游节，在各级媒体上刊发稿件 30 多篇次；第六届海峡两岸生物多样性研讨会，刊发报道文章近 80 篇次；“铭记历史　珍视和平”抗战瓷专题展，邀请十几家媒体，发稿 50 多篇次；还有省总工会“聚焦一线，体验劳动”大型采风活动、泉州晚报“中国最美田园”辉阳赏梨花认养梨树、万旗艺术中心“回归与启航”中外艺术家对话活动、采样——德化当下陶瓷生态展、瓷艺大师陈明良作品展走进首都博物馆、陈其泰诞辰 100 周年作品展及研讨会、顺美第二届陶瓷文化旅游节、国际名校自行车赛等活动的宣传报道。

【陶瓷文化、海丝文化宣传报道】　专题《千年瓷都海丝印迹》11 月 28 日在《泉州晚报》刊发 2 个版；赴广东阳江“南海一号”沉船实地采访，专题《“南海一号”的德化缘》在《泉州晚报》刊发 3 个版；泉州市海丝国际研讨会期间，《德化陶瓷沿着“新丝路”闯世界》在《人民日报·海外版》刊发；做好 50 多个发展中国家“海丝情·陶瓷韵”“一带一路”交流团在德化的活动报道。

宣传青年瓷艺家羊年作品，《“瓷羊”迎新年，文化味更浓》《“羊”溢才华》，先后在晚报专版刊发；《闽南》杂志刊发德化传统建筑和传统工艺大型专题；出版发行《映像德化》诗歌集。

【典型人物事迹宣传报道】　专题《坚守在大山上的民警》，报道桂阳派出所三名干警事迹，在《福建日报》刊发；《联结海陆“丝路”重镇的泉州人》，讲述苏履吉故，3 月 27 日在《泉州晚报》刊发 2 个版；《三重炙烤下的养路工》《与火近距离对话的人》，报道高温中的劳动者，在《福建日报》刊发；《驻村干部乐当“卖油翁”》报道省审计厅下派祥光村的驻村女干部高瑞萍的驻村工作故事，11 月 12 日发于《福建日报》；《陈秀凤：找回梦想，找回快乐》，讲述老年人文化养生的故事，11 月 13 日发于《福建日报》11 版；《IT 青年的农场梦》，报道返乡青年创业的故事，1 月 8 日发于《福建日报》13 版。

【旅游资源宣传报道】　“美丽中国 生态福建”《人民论坛》《人民画报》在德化采风报道；《醉美德化：机制活 产业优 百姓富 生态美》在《泉州晚报》整版刊发；《冬日去德化，沿 203 线看风景》在《福建日报》“旅游休闲”版刊发；《德化：戴云深处美山堂》《德化虎贲山：深处有奇景》《历史遗珠厚德堡》《戴云深处颖川堂》《德化桫椤谷：“闽南神农架”》等在《福建日报》刊发；《德化阳山 深山胜景大白岩》《闪着瓷器光芒的水》分别于 8 月 21 日、8 月 30 日在《台湾导报》刊发。

做好“5•19”中国旅游日重走瓷帮古道的宣传报道；做好“记得住乡愁”的宣传报道，如《百年民俗摆大龟》《德化南埕，公社时代的记忆》《锔瓷 ：修复与再生的艺术》，发于《福建日报》“政文”与“零距离”等；做好生态保护宣传报道，如《烂木头也能变“黄金”》《千年红豆杉倒地两年多仍受保护》《古枫香引客来》《“环保农场”是怎样炼成的》《“只要利用好林地，满山都是财富”》《“争取把德化的鸟类都记录下来”》《河长微信群治河，给力！》等在《福建日报》刊发。

（瓷都德化报社 供稿）

地方志

【二轮修志】　对《德化县志（1988—2007）》编纂篇目进行个别优化调整并上报泉州市方志委审批，3 月份获准实施；完成《德化县志（1988—2007）》初稿编纂和总纂工作，并做好初稿总纂后的修改补充工作。

【年鉴编纂】　按照省、市方志委关于“年鉴编纂要当年开编、当年公开出版发行”的要求，2015 年，《德化年鉴》2013 卷、2015 卷先后正式印刷出版。

【部门志编纂】　12 月底，《德化民俗》正式出版，《德化县地名志》完成初审，送县民政局征求意见，交由印刷厂排

9 月 9 日，2015 年全省设区市地方志机构主任会议暨地方志工作创新经验交流会在德化县召开

（黄鹏辉 摄）

9月10—11日，2015年全省乡镇志编纂业务培训班在德化举办（黄鹏辉 摄）

版《德化县教育志》完成终审工作；《德化县农业志》《德化县建设志》分别完成送审稿和征求意见稿；《德化县财政志》《德化县劳动志》《德化县工商联志》《德化县民族宗教志》继续在编中；新启动《德化县交通运输志》《德化县林业志》《德化陶瓷人物志》的编修工作。

【乡镇志审稿】 组织人员先后到盖德、三班、龙门滩、桂阳、葛坑、上涌、杨梅、雷峰、南埕、水口、国宝、美湖等12个乡镇指导乡镇志编纂工作。《大铭乡志》完成终审，12月份正式印刷出版；《上涌镇志》《葛坑镇志》《春美乡志》《南埕镇志》继续审稿，对《三班镇志》《龙门滩镇志》《盖德镇志》《雷峰镇志》《水口镇志》《国宝乡志》《美湖乡志》《桂阳乡志》《杨梅乡志》《汤头乡志》（重修）等10部在编的乡镇志进行业务指导。《浔中镇志》被列入中国地方志指导小组办公室组织实施的国家文化工程《中国名镇志》丛书编纂第二批计划，8月底，完成初稿编纂工作，报送省、市方志委审稿。参与“千年古县”“世界陶瓷之都”申报材料收集、编撰工作。

【宣传工作】 5月上旬至6月上旬，开展为期1个月的宣传月活动，将《地方志工作条例》《福建省实施〈地方志工作条例〉办法》（以下简称“条例”“实施办法”）等修志法规及其他相关修志知识汇编成册，发送至各乡镇、县直各单位，在“德化方志”网页全文刊发“条例”“实施办法”全文；组织县志办全体干部职工认真学习“条例”“实施办法”等地方志法规全文；编发《德化方志》8期480份、《德化月志》5期1300份；编发《德化方志》简报、《德化月志》；免费发放《德化县志》（1992版）、《德化陶瓷志》《戴云山志》《德化年鉴》2008—2013卷、《德化民俗》等志书1000多本。

【库网建设】 对外收集各类志鉴等资料220册，其中陶瓷资料13册，德化申报世界陶瓷之都、三班申报中国茶具之乡宣传片等CD2碟；开展读志用志活动，方志资料库、地情信息库向社会各界免费开放，提供地情资料查阅、咨询等服务；及时调整德化方志网页栏目，不断充实内容，做好志鉴成果的数字化工作；12月份申请“德化方志网”（www.dhfz.gov.cn）独立域名获批，与县政务网链接。

【业务培训】 选送9名干部参加全国和省、市举办的地方志工作业务培训，选派4名编纂人员参加《石狮市志》《晋江市志》评稿会，邀请省市方志委领导和方志专家学者到德化指导工作，坚持每季度一次的业务学习制度，提升全体修志人员的业务水平。

【省级会议】 9月9日，全省设区市地方志机构主任会议暨地方志工作创新经验交流会在德化召开，会上，县方志办做了题为《求真务实、开拓创新，推动德化县地方志工作再上新台阶》典型发言，省方志委对德化方志工作充分肯定，尤其是乡镇志编纂工作走在全省前头，工作经验具有现实意义和推广价值；10—11日，全省乡镇志编纂业务培训班在德化举办，省方志委市县志辅导处处长吕秋心、副处长曹斌和方志出版社综合编辑部主任李江分别就乡镇志和名镇志编纂工作进行授课，县志办作为乡镇志编纂工作代表做典型发言。

（县方志办 供稿）

卫生　体育

责任编辑：傅建洋

卫　生

【公立医院综合改革】　成立以县委书记为组长的公立医院综合改革领导小组，建立综合组、价格组、医保组、财政组、人事组和医院组等6个工作小组，确保医改工作有序推动。实施改革以来，公立医院药品总收入占医疗总收入的29.8%，同比下降5.25%，达到“业务量、医疗服务收入上升和药品费用比例下降”的预期效果。修改完善《德化县深化医药卫生体制改革实施方案》，县政府常务会议、县委常委会分别于7月23日、8月6日原则上予以通过。

【医疗基础设施建设】　中医院新院区1#楼基本完成室内、外装修，以及水、电、网络与供氧及传呼系统等线路预埋工作，进入装修收尾工作；2#楼完成室内墙体粉刷，进行手术室、ICU等医学专业装修工程及院区围墙等附属工程建设，项目完成后病床将达到500张（含精神科200张）。县医院医技楼建设项目占地面积1465平方米，拟建设面积约16250平方米，于2013年11月立项，列入县重点工程，项目完成后预计增加床位100张。浔中社区卫生服务中心综合楼完成主体工程建设。完成水口卫生院综合楼、三班等3个卫生院环境改造和15个村卫生所标准化建设。

8月11日，县级公立医院综合改革领导小组会议召开　（张圆圆　摄）

【新农合保障】　2015年，全县有28.85万人参合，参合率达99.99%，筹资总额13558.80万元。1—10月份，全县99087人次享受新农合补偿待遇，医疗总费用17361.60万元，实际补偿金额7531.64万元，较2014年同比（8965.81万元）下降15.60%；加上市级统筹大病住院补充补偿721.21万元，基金使用率60.87%。截至10月份，全县3796人次享受大病补助，新农合定额补偿224.67万元；全县住院分娩补助发放2158人，补助金额86.32万元，民政救助补助6885人次，补助242.26万元。

【医疗机构服务】　推进分级诊疗工作，完善以县医院和县中医院为龙头医疗联合体，以强扶弱，通过实行分级诊疗、家庭医生基层签约服务、五个差别化的政策（差别化的财政投入、医保支付、医疗价格、人事、绩效考评）等，引导并方便群众就近就医，做到小病不出乡、大病不出县。开展乡村医生签约服务，在全县范围内开展乡村医生签约服务试点工作，完成以乡镇为单位的100%，常住人口签约率达到30%以上。开展建设群众满意的乡镇卫生院活动，三班镇卫生院、赤水镇卫生院达到“群众满意的乡镇卫生院”活动标准，三班镇卫生院于5月被省卫计委确认为“群众满意的乡镇卫生院”。加强乡村医生队伍建设，组织286名乡村医生进行规范化培训。

【基本公共卫生服务均等化】 截至10月底，建立居民健康档案26.75万份，城、乡居民电子建档率达94%。65岁以上老年人、高血压患者、糖尿病患者、重性精神病纳入规范管理分别有17316人、15400人、3595人、685例，规范管理率分别达74.9%、69.7%、70.2%、93.2%。

【妇幼保健】 至9月底，完成住院分娩补助1939人，免费发放叶酸2142人。至10月底，完成城乡已婚低保妇女常见病检查336人、农村妇女宫颈癌筛查1216人。2015年，产妇数6133人，产前检查6057人，产前检查率98.22%；孕产妇系统管理5538人，孕产妇系统管理率89.80%，住院分娩率99.97%；孕产妇死亡1例，死亡率16.22/10万。新生儿疾病筛查5724人，筛查率为92.82%；听力筛查5582人，筛查率90.51%；确诊甲状腺功能减低症3人，无苯丙酮尿症病例，出生缺陷发生率5.81‰。

【疾病控制】 1—9月份，全县报告法定传染病23种1280例，报告总发病率387.59/10万。做好免疫规划疫苗查漏补种，发送催种短信8625条。

【乡镇卫生院管理】 针对农村留守老人多，看病难、体检难，老年人健康知识缺乏等问题，乡镇卫生院按片区统筹人员、互助互帮，为12584名老年人提供健康体检建档和健康咨询指导服务。抽调乡镇卫生院部分妇幼、公卫人员在妇幼所、疾控中心集中分片包干，为进城务工的各乡镇孕产妇和儿童提供健康管理服务。推行城区两镇符合条件的村卫生所实行信息化建设，即“一村多所”，人员外流多、服务人口少的边远乡镇村落，采用相邻的几村组建中心村卫生所信息化建设，即“多村一所”，3月底全县142所卫生所政务外网全部上线运行。

【卫生监督综合执法】 开展以打击非法行医为重点的传染病防治监督重点检查、医疗废物专项监督检查、违法开展医疗广告及医学美容等专项监督检查工作，净化医疗服务市场。加大职业病防治监管，遏制职业病高发势头。依法监管，稳步推进公共场所卫生监督量化分级管理工作，创造健康舒适的消费环境。

（县卫生局 供稿）

体 育

【群众体育】 贯彻落实《全民健身计划纲要》，举办德化县第十九届全民健身节暨老年人健身节活动、“庆五一”职工拔河比赛、第四届妇女健身风采展示暨“美丽瓷都 巾帼先行”健步走活动等全民健身活动80多场（次），参与人数达6000多人次。同时，按照“百场万人”体育活动的安排，每月至少组织1次大型体育活动，每个体育团体每年至少开展2次活动。加强社会体育指导员培训，邀请省知名老师举办健身气功业务培训。

【竞技体育】 做好日常训练，备战泉州市第十届运动会，县代表团以总分2635分和64金78银81.5铜，位居总分榜和奖牌榜全市第三名，创历届最佳成绩。县少体校输送的福建省队运动员罗剑斌在2015年全国跆拳道锦标赛上获男子54公斤级冠军。

【设施建设】 完善体育设施建设，加快推进县体育场改建建设，12月底可完工并投入使用；与省、市体育部门对接，拟争取新建城市社区多功能运动场所2个、城市社区室内健身房、笼式足球场各1个。

（撰稿人：陈燕婷）

体育场建设 （县文体新局 供）

责任编辑：邓纪烟

居民生活

【居民收支情况】 2015年，全县城镇居民人均可支配收入26987元、人均消费支出18294元，同比分别增长7.7%、7.8%；全县农民人均可支配收入11961元、人均生活消费支出9993元，同比分别增长9.1%、10.4%。全县农户固定资产投资完成额14133万元，同比增长6.5%。

【流通和消费价格】 2015年，全县居民消费价格总指数（以上年同期为100，下同）为101.9，其中：服务项目价格指数为102.7，消费品价格指数为101.5。从居民消费品价格指数八大分类来看：食品类、烟酒类、衣着类、家庭设备用品及维修服务类、医疗保健和个人用品类、交通和通信类、娱乐教育文化用品及服务类、居住类分别为103.7、103.3、103.2、100.0、106.4、98.4、99.4、99.1。

（撰稿：李小燕 审稿：曾荣华）

就业与劳动

【就业】 2015年，全县城镇新增就业7865人，城镇下岗失业人员再就业148人（其中：困难对象再就业49人），农村劳动力转移就业6983人，城镇登记失业率1.135%。

【职业培训】 全年培训各类劳动者15101人次（其中：农村劳动力转移培训3358人次，互联网创业从业人员培训1039人），组织技能鉴定424人（其中：404人获得初级职业资格证书）。

【劳动争议仲裁】 受理工伤认定申请245件，认定工伤233件；处理劳动争议案件177件，涉及1156人，案件金额1490.4万元。

【劳动监察】 走访检查企业354家，发出监察限期改正指令书31份；受理举报投诉案件128件，涉及劳动者1422人，追回被克扣拖欠工资1371.5万元，结案率100%；向公安机关移送2件拒不支付劳动报酬案件，涉及劳动者102人，涉及金额37.88万元。

（撰稿人：郑富源 审稿人：陈能玺）

社会保障

【养老保险】 机关事业养老保险参保人员10020人，征收保险费13534万元，发放养老金11234万元；城镇职工养老保险参保人员36090人，征收保险费11994万元，发放养老金10165万元；城乡居民养老保险参保人数153572人，续缴率达97.23%，征收

文明交通志愿者带领学生过马路 （苏双潮 摄）

保险费1257万元，发放养老金3940万元，向3302名被征地人员发放养老保障金441万元。

【医疗保险】 医疗保险参保人员41200人，征收保险费5953万元，支付医疗保险待遇5943万元。

【失业保险】 失业保险参保人员16743人，征收保险费619万元，发放失业金240万元。

【工伤保险】 工伤保险参保人员38100人，征收保险费901万元，支付工伤保险待遇734万元。

【生育保险】 生育保险参保人员40200人，征收保险费444万元，支付生育保险待遇267万元。

（撰稿人：郑富源 审稿人：陈能玺）

人口和计划生育

【概况】 2015年度，全县出生6158人，出生率18.11‰；政策内出生5441人，政策符合率88.36%；政策外多孩率1.4%；出生人口性别比111.76；1—10月全县免费孕前优检率75.14%。

【计生基础工作】 与有关媒体联合开辟《人口与计生》专栏，开通卫生计生官网，挖掘计生先进典型，开辟《典型风采》栏目，刊发报道23篇，在市级以上媒体发表稿件180条(篇)。坚持实行人口信息部门通报制度，推进户籍、婚姻、社保、教育、殡葬登记、卫生计生、流动迁移等人口基础信息的部门共享，全年核查出生信息近13万条；6—7月，对PIS用户进行规范，修正错报、虚报数据，补报往年出生漏报1374人，修正PIS内错误信息7598条。

【计生服务】 按照“千人一员”比例配齐配强村（社区）计生管理员，增配村（社区）计生管理员99人；实施一孩生育登记制度，下放再生育审批权限，制定推行网上申请办理生育服务证实施方案；稳妥落实“单独两孩”政策，截至9月底，全县发放“单独两孩”再《生育服务证》245本，已生育94人；健全完善计划生育药具服务网络，设立避孕药具免费发放点226个，添置避孕药具发放机5台。

【重点难点工作】 全县“两非”立案40例，结案39例，完成重大案件2例。拨付资金10万元，创建2个示范社区，推进流动人口社会融合示范试点工作，实行流动人口小区“网格化”管理，确保流动人口计生服务管理到位率达到95%以上。严肃查处违反计划生育政策行为，依法征收社会抚养费，对拒不缴纳社会抚养费，纳入个人信用征信系统，县聘请一名专职计生征信系统联络员，建立、实施专职计生征信系统联络员制度。1月至9月，县法院立案审查计生非诉执行案件899件，裁定准予执行899件，立案执行350件，结案135件，依法录入全国法院执行信息失信人员名单980人。在评先评优、代表委员资格审查、干部提拔任用、村级换届选举等工作中，严把计生审核关，全年否决评先评优1名、参评县劳模1名、村（社区）两委候选人23名。

【利益导向】 将计生“五项工程”列入为民办实事项目，计划投入175万元，帮扶21013人次，截至9月底，投入133.44万元，帮扶16113人次。提高独生子女伤残死亡家庭特别扶助金标准，在市定标准每人每月1000元的基础上，提高到每人每月1400元；提高二女结扎户奖励金标准及部分计划生育家庭奖励扶助金标准，确认计划生育家庭奖励扶助对象324名（其中农村249名，城镇75名），提前享受奖励扶助对象519名，贡献奖励对象180名，独生子女伤残死亡家庭特别扶助对象8名，奖励扶助金已全部发放到位。

（县卫生与计划生育局 供稿）

民 政

【社会救助】 灾害救助 2015年，下拨救灾资金95万元，帮助受灾群众解决冬春期间口粮、衣被、灾后重建、因灾损房修缮等。继续实施自然灾害公众责任保险和农村住房统一保险，至12月，全县因灾农房倒损、烧毁53起902户，获保险理赔金121.32万元。

城乡低保 2015年，全县有城乡低保对象6985户8306人，年发放低保金2080.668万元，其中：城市低保对象382户589人，年低保金174.936万元；农村低保对象5553户6611人，年低保金1161.8784万元（县财政负担929.484万元、乡镇财政负担232.3944万元）；农村五保对象986户1041人，年供养资金697.0536万元；散居孤儿64户65人，年供养资金46.8万元。

医疗救助 提高医疗救助基金筹集标准，由原每人每年130元提高到200元，全县共筹集医疗救助基金166.12万元。免费资助低保对象免费参加城镇基本医疗保险制度或“新农合”，补助资金74.754万元；1—12月份，全县共发放医疗救助金7285人次290.42万元。

“救急难”工作 对因灾、因病、突发困难对象实行临时生活救助和访贫慰问。救助困难群体909人次，发放临时困难补助金163.37万元；访贫慰问246人次，发放慰问款10.68万元，有效缓解困难群众的基本生活。

慈善救助工作 完成县慈善总会的换届选举工作，选举产生慈善总会新一届理事会。2015年，县慈善总会共募集慈善资金 312.83 万元（其中："慈善一日捐"108.82 万元，统筹、冠名、定向基金 204.01 万元），组织开展了慈善助困、慈善助学、慈善助医、慈善公益等活动，发放慈善资金 3107 人次 244.72 万元。

【基层民主政治建设】 村（居）委会换届选举 2015 年，县委组织部、县农业局、财政局、民政局下发《关于开展村干部任期和离任经济责任审计工作的通知》（德农〔2015〕11 号），组织开展村级干部离任经济审计、村干部换届考察、"逐村议班子"等活动。制定下发《德化县村（居）委会换届选举工作指导组关于做好 2015 年村（居）民委员会换届选举工作的通知》（德选指〔2015〕1 号），依法组织开展换届选举工作。至 9 月 30 日，完成全县 191 个村、19 个社区的换届选举工作，选举产生新一届村（居）委会班子成员 708 人，其中：村（居）委会主任 210 人、副主任 46 人、委员 452；村（居）委会成员平均年龄 41.95 岁；女性成员 230 人，占 34%；35 岁以下成员 281 人，占 40%。

社区建设 持续推进"美丽社区"建设，将龙鹏、凤池社区作为 2015年创建"美丽社区"示范典型社区，两个社区都制定创建"美丽社区"活动的实施方案，投入 120 万元，完成社区综合服务站标准化建设，设立社区宣传滚动屏，建设社区老年人活动中心、青少年活动中心、老年人学校等，配备电脑、图书、文化及运动器具等相关设施；开展社区环境卫生大整治，配备垃圾桶、垃圾箱等卫生设施。同时，新建浔南、龙东社区综合服务场所（省级为民办实事项目），省民政厅每个给予补助 30 万元；新建龙鹏、龙井社区服务站，市民政局每个给予补助 5 万元；将南门社区列为市级新型社区治理试点社区（市级为民办实事项目），给予资金补助 25 万元（其中：市级 10 万元，县级 15 万元。

【双拥优抚】 落实优抚安置政策 2015 年，全县发放各类抚恤补助资金 475.52 万元，义务兵优待金 228 人 251.25 万元、立功受奖奖励金 98 人 12.93 万元、大学生一次性奖励金 55 人 14.2 万元，随军待业家属生活补助金 5 人 3.42 万元，走访慰问优抚对象 950 人次 23.84 万元。严格落实复退安置政策，将 2 名服现役满 12 年的转业士官安置在县陶鑫建设发展有限公司、县国地房地产有限公司，落实退役士兵就业技能培训政策，鼓励退役士兵 48 人报名参加职业技能培训，推荐就业 12 人次。

军政军民团结 2015 年，县财政投入 907.6 万元支持驻德部队"四项"设施建设，改善驻德部队官兵战备、训练、工作和生活条件。在春节、"八一"期间组织走访驻德部队、泉州军分区和双拥共建 73159 部队、8714 部队活动，发放慰问金 14.4 万元。驻德部队主动承担抢险救灾任务，县人武部组织民兵抢险救灾、森林救火 12 次，出动民兵 600 余人次，灭火面积 360 多亩，挽回经济损失 200 多万元；消防大队出警 185 人次，出动消防车 330 辆次，消防官兵 1750 人次，抢救被困人员 34 人，保护财产价值 41 万元；武警中队出动兵力 564 人次，协助目标单位武装押解、法院庭审警卫勤务、公安部门治安巡逻、看守所监区安全大检查。此外，驻德部队还主动参加地方公益活动，参加义务献血 100 多人次，累计献血 4 万多毫升；参加植树造林活动，义务造林 200 余亩；筹集留守老人救助资金 0.5 万元，走访慰问困难群众 20 余户，赠送慰问金和慰问品 3 万多元。

【社会专项事务建设】 规范社会组织登记管理 新批准成立社会组织 21 个（其中：社会团体 18 个，民办非企业单位 3 个），基本完成社会组织年度检查工作。完成市民政局下放的非公募基金会成立登记和注销审批工作，并制定权力运行清单、运行流程图在县行政服务中心系统中公布运行。协助县委组织部做好离退休人员在社团中兼任领导职务的清理整顿工作。

婚姻收养登记 按照婚姻登记规范化建设要求，完善婚姻登记服务场所，对婚姻登记功能进行重新划分，设置婚姻登记室、颁证室、调解室、档案室。1—12 月，全县办理婚姻登记 4380 对（其中：结婚登记 3108 对、离婚登记 611 对、补领结婚证 640 对、离婚证 21 本）。

关爱留守老人 （寇婉琼 摄）

区划地名服务管理　深入基层，做好新设社区指导工作，5月26日召开由组织、住建、教育、公安等部门参加的浔中镇新设社区协调会，对浔中镇新设社区有关事宜进行协调，经县政府第38次常务会议研究，下发《德化县人民政府关于同意在城东开发区范围内新设立两个社区的批复》（德政〔2015〕185号），同意浔中镇在城东开发区新设立东顺、阳光两个社区。组织上报德化县等5个最美地名和22条福建省地名文化遗产名录。与仙游县联合开展平安边界共建活动，完成8条95.71公里乡级界线联检任务，维护边界地区社会和谐稳定。

老区帮扶建设　《赣闽粤原中央苏区振兴发展规划》出台后，成立县对接落实赣闽粤原中央苏区振兴发展规划领导小组，并着手制定《德化县关于贯彻〈赣闽粤原中央区振兴发展规划〉的实施意见》。2015年，县民政局向上级老区部门争取老区扶持资金197万元，支持31个老区项目建设，其中：老区革命贵遗址4个、基础设施建设25个、农业综合项目2个、老区科技示范项目1个、培育老区特色产业示范项目2个、老区跨越发展帮扶村1个。

殡葬服务水平　1—12月，火化遗体2023具（其中：德化1768具、永春8具、永泰247具），遗体火化率、骨灰寄存率均达100%。改善殡仪服务环境，投资202万元建设“鹤仙山生命公园”，年底可全部建设完成。

（县民政局 供稿）

民族宗教事务

【民族工作】　特色产业培育　组织人员到民族村调研，与镇村干部共商民族特色经济发展，年初上报发展项目、申报补助资金，获各级特色产业补助款38万元。发展项目有：龙塔畲族村大果油茶项目，获得中央补助18万元、市级10万元，完成252亩大果油茶定植；大溪畲族村中药材杜仲项目，获得省级补助款10万元，开挖整地，春节前后定植。

基础设施建设　争取市级补助4万元，县局补助1万元，帮助瑞坂村义民畲族角落1.5公里水泥路硬化，已建成通车；争取市级补助款10万元，帮助高阳村“同心公园”桥梁建设。县民宗局补助5万元，帮助大溪畲族村完成霞山至村部40个错车道建设和大溪小学至“五丘”1.5公里水泥路建设。

美丽乡村建设　龙塔畲族村申报“中国少数民族特色村寨”获得市民宗局同意上报到省民宗厅，待按申报周期向国家民委申报；以建设“中国少数民族特色村寨”为目标，开展龙塔畲族村美丽乡村建设：组织相关人员到宁德上金贝村和猴盾村参观考察畲族村村庄建设和畲族文化，学习先进村建设经验；县政府县长欧阳秋虹带领县直部门到葛坑现场办公，确定龙塔村发展项目，帮助龙塔村解决具体困难和问题；委托厦门缘宏工贸公司规划设计德化北大门，给予龙塔村4万元规划补助；龙塔畲族村寨门完成设计、招投标并开始建设，第二期民房立面装修全面启动，核心区溪流两岸镇村委托测量单位测绘，将进行施工图纸设计及招投标；林业局为龙塔畲族村种植大果油茶特色绿化苗木1000多株。

保障少数民族权益　村级换届宣传发动阶段，到有少数民族的镇村选委会进行沟通，要求各少数民族村换届选举时，村民委员会主任或副主任应当有本村的少数民族公民，换届后，大溪畲族村的支部书记和副主任、龙塔畲族村的1名支委、1名副主任和2名村委（其中1名支委兼）、瑞坂村的1名村委由本村少数民族群众担任；龙塔村主任候选人（少数民族）落选后，指导该村重新确定少数民族副主任候选人再次选举。

帮扶弱势群体。动员居住边远的少数民族实行搬迁，为17个少数民族群众并按每个少数民族群众多补助1000元标准落实造福工程补助17000元；春节期间，开展少数民族困难群众慰问活动；县民族宗教界开展慈善慰问活动，累计发放善款16.25万元，慰问各类对象493人；9月份，开展“民族团结进步宣传月”活动，县委常委、统战部长温文英带队到大溪村召开民族工作座谈会，筹集资金1.25万元慰问民族村弱势群体22人，其中孤儿4人、孤寡老人3人、单亲家庭1户、残疾人6人、80岁以上少数民族老人8人；少数民族大学生困难补助，2015年全县少数民族考生考上大学3人，争取省民宗厅资助1人，市民宗局资助2人，各3000元。

【宗教工作】　道协换届　9月17日，召开德化县道教协会第二次代表大会，选举产生新一届道教协会领导班子。

教职人员管理　开展宗教活动场所主要教职任职备案，城关基督教堂主任牧师、大卿宫主持进行任职备案，动员仙峰寺负责人重新受戒，并报省厅备案。

安全检查　开展各宗教活动场所安全检查，发现安全隐患，下发整改通知书督促整改；国庆节之前，召开节日期间场所安全工作会议，各乡镇分管宗教工作领导参加，加强节日期间的场所安全和防范工作。

场所管理　针对宗教场所大部分民间管理模式，到宗教活动场所宣传宗教政策，推进场所由教职人员管理；在龙湖寺开展场所教职管理试点，按照“积极稳妥、双方同意、互相适应、分期过度、逐步移交”原则，引进罗源隐峰寺门振法师到龙湖寺担任常住，并任管委会副主任，双方签订适应期1年的协议，11月20日，门振法师进住龙湖寺负责日常事务。

宗教活动管理　各宗教活动场所

开展宗教活动，必须报乡镇政府、派出所、民宗局备案；春节前，对各场所开展异地活动进行统计登记，并协调相关乡镇做好有关工作，确保宗教活动安全开展；办理涉及宗教事务信访件2件，通过调查，弄清来龙去脉，及时向信访人进行答复。

宗教慈善事业　以“宗教慈善周”为契机，发动宗教团体、宗教活动场所积极参与慈善事业，全县宗教活动场所发放慈善款94.27万元，其中：道教协会发动道教场所捐资1.15万元，慰问大溪民族村弱势群体，城关基督教堂为县特殊教育学校学生捐玩具5000元，西天寺按收入的10％发放助学金，缨溪宫为所在地60岁以上老人发放养老金。

场所财务管理　引导督促宗教活动场所开设银行对公账户，促进场所财务管理不断规范，全县新开户场所3家，合计开户34家，占场所总数的63％；通过换届，督促县道教协会重新启动银行账号；督促场所定期向社会公布场所财务收支情况，有收入的场所按年度公布，有的场所按季度公布，龙湖寺还开展内部审计，形成审计报告。

政协委员宗教视察　11月13日，县政协组织部分政协委员到盖德镇五华寺、金液洞等开展宗教活动场所管理工作视察，在金液洞召开座谈会，听取民宗局汇报，对宗教活动场所管理工作提出建议意见。

（县民宗局　供稿）

防震抗灾

【地震监测】　台站维护管理　按观测程序每天收取前兆数据，整理周、月、年会商资料，按时向省、市地震局报送观测数据的日、月报表，为省、市地震趋势分析预报提供第一手资料；配合省地震监测预警与社会服务系统工程在德化的项目建设；筹划省地震局在德化投建的GPS基准站（三班桥内），完成建筑主体。

宏观观测　督促德化的两处宏观观测点准时上报地震宏观观测日报表，对宏观观测异常事件及时处理，备案存档；建立宏观管理数据库，及时更新“三网一员”信息，每季度进行确认，实现动态管理；完善充实“泉州市防震减灾信息化管理系统”内德化信息节点系统的各项功能，健全各类基础数据库；完善远程会商视频系统运行管理，每周对系统进行测试，定期参加远程视频会议。

【震灾预防】　地震安评工作　做好地震安全性评价及抗震设防标准办理规程的标准化建设工作；参加县新、重建设项目图纸会审，并提出建议和意见；梳理制作本单位行政执法权限清单。

地震科普宣传　5月12日，开展“科学减灾　依法应对”宣传活动，活动期间，摆放防震减灾宣传展板30多块，发放材料3000多份、发送手机短信500多条、宣传扇子100多份；指导全县各中小学进行消防、防震等专题演练61场次；开放县地震馆，各中小学校自行组织到馆参观5次，受益观众500多人；8月份，在汤头乡草村村建设村级地震综合科普室一处；9月23日，与县科协开展“万众创新　智慧生活”宣传活动，向公众普及科学知识、防震常识等。

防震减灾教育　组织各学校师生参观防震减灾教育基地，学习防震减灾知识，德化县防震减灾教育基地建设至今，年均接待师生4200多人次。

【应急体系】　避难场所建设　对全县4处应急避难场所进行动态自查，并加以整改，确保所有应急避难场所能随时启用；4月，县二期避难场所建设通过市地震局验收。

应急疏散演练　指导各中小学校利用学期开学的安全教育、“安全教育日”，开展地震应急疏散演练。

应急救援队伍建设　配合消防大队，增购地震救援设备；协助县、乡（镇）两级地震灾害紧急救援队、地震应急救援志愿者队伍开展培训演练，开展专业救援知识讲座3场。

（县地震办公室　供稿）

关心下一代工作委员会

【“百万大手牵小手”活动】　捐资助学活动　8月22日，县关工委在老年大学举行2015年助学金发放仪式，向50名符合资助条件的贫困大学生发放12万元助学金。10月份，县关工委主任郑启梓等先后深入一中、二中、三中、五中、六中、八中、鹏祥中学、德化职校等学校为167名贫困学子发放2015年度助学金5.85万元。

科技培训工程　联合教育局、妇联、团委、科协，利用3个实用技术培训基地，举办竹藤工艺、计算机、陶瓷雕塑等实用技术培训班3期，免费培训青少年146人次。根据闽农科教〔2015〕76号文件精神，省关工委组织实施的“福建农村青年致富种子工程”，选择黄花梨特色优势产业，发文德关〔2015〕6号、7号同意把德化县群芳农业专业合作社、祥龙果农林专业合作社列入该项目，由县关工委主任郑启梓予授牌“农村青年致富种子工程示范基地”，并拨款扶持。依托德化群芳、祥龙果农林专业合作社分别举办二期黄花梨栽培技术培训，吸引周边乡镇的300多名青年农民参加，带动广大农村青年科技致富。

帮教转化工程　5月27日，县关工委牵头联合县检察院、法院、综治办、妇联、团县委、司法局等部门到县看守所开展面对面的帮教慰问活动。坚持创新和完善与检察院等联手创造的“关检联手”的品牌帮教工作模式，被市关工委在《大手牵小手》报上全文转发，并被2015年《中国火炬》第

11期刊发。与检察院联手设立“涉罪未成年人帮教中心”，同时在全省率先建立未成年人帮教救助基金。县关工委和检察院利用“涉罪未成年人帮教中心+就业技能培训基地”平台，对不具备有效监护条件的涉罪未成年人创设当地社会帮教条件，由关工委、妇联等工作人员担任“帮教合适成年人”指导、督促法定代理人开展监护工作，《人民网》《福建日报》《海峡都市报》等媒体多次报道德化县“关检联手”帮教模式。

思想道德建设报告团　调整充实县关工委报告团，吸收司法局、计生协会等2个单位参加报告团，共有9个单位（县关工委、法院、检察院、教育局、团县委、综治办、妇联、司法局、计生协会)65人组成报告团队伍。受邀做报告129场次（其中思想道德22场，心理健康22场，法制教育23场，师德教育12场，家庭教育26场，报告员受邀到各社区、老年学校、企事业单位做报告24场），受教育人数达7.89万多人次。

家庭教育工程　协同妇联组织家长儿童共同参与道德实践活动，普及科学家庭教育知识。到埔坂小学、凤林幼儿园、城东幼儿园巡回宣讲，举办讲座、咨询、培训78次。

网吧监督　协助县文体局对11家网吧进行专项整治行动，重点对网吧接纳未成年人上网、超时经营及网吧上网内容的监管。1月9日，召开“五老”志愿者网吧监督员工作座谈会，20位“五老”志愿者网吧监督员持证进网吧监督559次，劝阻未成年人进入网吧56人次。

“心理健康”工程　县未成年人思想道德建设报告团受邀到各校作心理健康专题讲座22场次。全县各级关工委开展心理辅导、讲座、咨询活动148场次，参加活动的青少年30718人次。

“关爱特殊群体青少年”工程　县关工委与县特校联办1期残疾人服装技能培训班并补助培训费2000元给特校，参训人员50多人。县各级关工委组织针对特殊群体青少年为主题开展活动、慰问107场次，协助解决生活、学习等实际困难339次。

祭奠先烈　4月2日，县关工委牵头组织的城关中、小学部分师生和涉老单位的老领导、老革命、老同志共2512人，参加祭吊革命先烈活动暨开展“心向党、讲品德、见行动”主题教育活动启动仪式，缅怀为瓷都德化革命与建设贡献生命的英雄烈士们。

【为青少年办实事办好事】　2015年，创建三班镇蔡径村、浔中镇乐陶村“青少年社会教育活动中心”，目前有包括宝美村、三班村、盖德镇、东山洋村、南门社区等7个活动中心。选址利用各村镇现有的闲置校舍、村镇活动场地或祠堂、闲房等进行改（扩）建，活动中心配备宣传教育栏、科技活动室、文艺活动室、图书阅览室同时还配有必要的器材、图书、设备等。

【组织建设】　县关工委加强推进基层组织建设，全县建有各级关工委组织303个，新组建民企关工委5个，共计43个（其中三班镇6个、龙浔镇17个、浔中镇18个、美湖1个、葛坑1个），基本实现规模以上企业关工委组织大部分覆盖。

（县关工委　供稿）

龙浔镇

【概况】　2015 年，实现工农业生产总值 102.511 亿元，同比增长（下同）6.9%；完成一般公共预算总收入 3.87 亿元，增长 1.2%，其中一般公共预算收入 2.08 亿元，增长 1.2%；农民人均纯收入 14215 元，增长 7.9%；居民人均可支配收入 25564 元，增长 8%。

【经济发展】　工业　全镇工业产值 101.5 亿元，陶瓷业产值 91.06 亿元，增长 6%；规模以上企业 45 家，产值 86.5 亿元，增长 5.5%。实施县《电子商务产业发展三年规划》，协助县举办首届中国陶瓷电商峰会，开展以全国淘宝村——宝美村为首的淘宝村建设，推进建窑电商创业孵化园入驻 B2C、C2C 电商 40 多户，年销售交易额超 1 亿元。新增国家驰名商标、省著名商标各 1 个，市知名商标 10 个；佳美集团入选国家知识产权优势企业。成立全省首个陶瓷类企业重点试验室；顺美集团获批设立博士后科研工作站；中国白、成艺、蕴窑 3 家企业入选第五批市级文化产业示范基地；恒忆陶瓷被省、市、县政府列为重点上市后备企业，进入新三板辅导期；恒忆、卓越 2 家企业列入 2015 年市级中小企业成长专项项目库。

“三农”工作　兑现发放粮农直补及各类支农资金 47 万元。“一村一品”：英山村成功举办第二届淮山节，珍贵淮山合作社芹峰淮山通过良种认证，“芹峰”商标获评省著名商标，淮山粉、淮山果蔬园通过 QS 认证，江山美人庄园投入资金 800 多万元建设服务配套设施 1200 平方米；高阳村建设市级蔬菜基地 300 亩，引进牛樟芝及台湾水果种植 260 亩；大坂村龙盛农林科技有限公司培育金线莲种苗 1200 万株，实现产值 360 万元。“两违”整治：拆除违法建筑面积 3.7 万平方米，腾出土地面积 2.5 万平方米，完成年度计划 149%。水利建设：实施坡耕地水土流失综合治理 1141 亩并完成验收，对接山美水库生态环境保护试点项目，完成高阳溪、宝美溪、丁溪河岸砌筑 3.4 公里。造林绿化：完成 215 亩营林生产任务、景观造林 174 亩。清水工程：印发宣传材料 6500 份，实行“河长制”，制定一河一策方案，推进浐溪流域清水工程，开展综合整治行动 11 次；生猪养殖整治：调查登记存栏生猪 1038 头，削减生猪 758 头，关闭拆除猪舍 8840 平方米。

第三产业　房地产项目建设：裕正·城市花园完成投资 9500 万元，完成主体建筑面积 10 万平方米；瓷城大厦、财富影视广场完成主体结构建设；民生银行正式入驻，速 8 酒店投入运营，丁溪大酒店开始进行内部装修；第三产业产值预计 49.09 亿元，较 2014 年增长 7.8%。

【项目建设】　重点项目建设　辖区内 26 个城乡“6+4”提升工程重点项目完成投资 48.67 亿元，完成年度计划 100%。瓷都大道大洋段二期完成征地 169 亩，房屋拆迁 7900 平方米，罗昌洋荣昌小区完成供地 135 开间；南三环、济科小区安置房建设有序推进；迎宾馆项目二期（宗地 4）征收范围内房屋全部完成腾空验收；浔阳路拓宽改造项目完成房屋摸底测量 8500 平方米；厦沙高速龙浔段安征迁工作进入扫尾阶段，完成土地征收 480 亩，拆除房屋 67 座 2.6 万平方米，迁移坟墓 601 穴，发放补偿款 2942 万元。国道 355 线车碓岭至观音岐道路拓宽改造项目完成 3 家企业 3000 平方米厂房拆迁任务。协助做好龙津桥拓宽改造工作，拆除房屋面积 2800 平方米。世界陶瓷文化创意产业服务平台建设完成投资 3000 万元；龙浔中小企业创业园一期入驻企业 35 家，其中 10 家建成投产；二期项目基本完成台地整理，累计完成投资 2000 万。

招商选资　在建招商项目 5 个，实际到资额 2600 万元；新落地项目 2 个，意向投资 8000 万元。

【宜居环境建设】　城区环境整治　新招收环卫工人 20 多名，投入 40 多万元新购买一辆 8 吨垃圾压缩清运车，新设置垃圾收集箱、收集池 70 多处，垃圾收集延伸到英山村、大坂村，完成南三环、嘉盛花苑、罗蔡径垃圾中转站建设，全镇日常保洁机制不断健全。发放宣传资料5万多份，签订“三包”责任书12500份，清理城中村卫生死角12处、城乡接合部6处，协助完成瓷都大道两侧景观围墙的重新粉刷和图案绘制2500多米。投入资金140多万元，新建便民服务站，完成沿浐溪南岸墙体陶瓷装饰及陶瓷街广告牌规范建设，完成世纪城沥青路面改造2630平方米，兴南社区被评为全国科普示范社区，龙鹏社区被列为县级美丽社区建设示范点。

美丽乡村建设　开展“千村整治、百村示范”行动：宝美、高阳两个村投入资金250多万元，宝美村完成休闲公园修建、河岸整治1654米，高阳村硬化铺仔主干道至过鹿池公路3.5公里，完成河道清淤与岸坡整治1000米，进村大道两侧房屋立面装修4600平方米。丁墘、丁溪两个村投入资金80万元，完成道路硬化2.1公里，河道整治2600米。英山村硬化下坂至大山自然角落道路900米，建设淮山农业休闲观光园道路1000多米、休闲亭3个。

【社会事业】　文明创建　通过“全省农村宣传思想文化示范乡镇”创建验收；再次获评省级文明乡镇，宝美获评省级文明村，英山、南门、兴南获评市级文明村（社区）。开展“道德模范”“善行义举”“孝敬之星”“美德少年”等评选活动，获县级以上模范评选15人次，南门社区入选全县首个市级新型社区治理试点。开展社区微公益文化活动，引导社会力量参与公共文化服务；高阳村成立村级公益慈善组织——高阳村爱心互助协会，通过吸引企业赞助，促进帮扶、助学活动。

民生保障　城乡低保受惠群众708户1085人，累计发放低保补助260万元，优抚、一级伤残、退伍军人等各类补助143万元；新农保继缴率96.47%；英山老人活动中心和丁溪村、宝美村幸福院全面完工；高阳金城新村“造福工程”一期完成投资2000万元，建成房屋17幢340套，惠及群众1200多人，二期基本完成土地平整工作；宝美公租房建设通过主体结构验收，环卫工人及联防队员纳入进城务工人员安居工程政策享受对象。

社会治理　新成立龙井、浔南两个社区，增进城市管理功能；开展“六五”普法教育，落实维稳工作责任制，排查化解纠纷200多起；镇联防队参与抢险救灾、大型活动执勤和维护正常生产秩序225次；加强社区矫正工作管理，全镇无脱、落管现象；在英山、宝美和南门社区开展综治网格服务工作站试点建设；化解劳资纠纷12起，涉及金额26万元，配合县人社局仲裁劳资案件13起，涉及金额130多万元；开展交通安全综合整治“三年行动”，完成黄标车淘汰任务15辆，食品药品安全监管到位；签订安全生产责任状745份，参与安全生产标准化建设三年行动的企事业单位2183家，通过省级安全社区创建验收。

龙浔镇南门社区开展社区服务　（李宏图　摄）

教育事业　金锁幼儿园投入使用，可容纳9个班360名幼儿；金锁小学基本完成建设，可容纳30个班1500名学生；高阳小学被列入市级薄弱学校改造项目，争取上级补助资金600万元；六中一级达标中学正式录取率居全县前列，荣获县中考工作先进单位、学校管理先进单位、文明学校先进单位；中心小学获福建省校园周边综合治理先进单位、福建省校园文化先进校、福建省德育工作先进校、泉州市文明学校。

其他事业　推行计生小区事务网格化管理，镇计生协会获“全国计生协会先进单位”和“泉州市计生协会先进单位”；开展流动人口均等化服务和社会融合试点工作，创建宝美工业区流动人口卫生计生服务中心；中医院新建大楼一期基本完工；老年工作被全国老年远程教育协会、福建省老年大学授予“远程教育先进单位”。

（龙浔镇党政办　供稿）

浔中镇

【概况】　2015年，全镇工农业生产总值82.57亿元，镇财政总收入3.61亿元，城镇居民人均纯收入14195元，农民人均纯收入13850元。被授予“全国文明（村）镇”，省级“文明乡镇”“农村宣传思想文化工作示范乡镇”称号。

【经济发展】　农林生产　培育石山

食用菌专业村、石鼓黑鸡专业村、龙翰黑兔专业村，全镇初步形成以石鼓黑鸡放养、龙翰黑兔养殖、石山食用菌和樱花种植、仙境苗木种植、土坂花卉培育、石山黄花远志中草药种植、龙岸金线莲等为主要产业的特色农业基地。实施“公司＋合作社＋基地＋农户”发展模式，成立石鼓黑鸡、龙翰黑兔、石山食用菌等20多家种养殖专业合作社，发展各类农户近1000户；龙翰黑兔、石鼓黑鸡单户存栏数全县第一，龙翰吉盛黑兔养殖合作社获得农业部农业标准化实施示范项目、省级示范合作社、省级618标准化生产基地、市级农业龙头企业称号，石鼓黑鸡放养合作社成为市级农业龙头企业，石山食用菌专业合作社食用菌存栏超过100万节，成为泉州市首家食用菌专业合作社；“绿都”农业企业产品获“福建省名牌农产品”；“龙翰”牌黑兔获“福建省名牌农产品”称号和省级无公害产品认证、市级农业品牌金奖；黑鸡、黑兔通过原产地保护标志、无公害产品认证，列入福建省农产品质量可追溯建设实施企业；祥意山油茶获QS质量论证绿色产品；石鼓黑鸡获“泉州市知名商标”；龙翰吉盛黑兔养殖有限公司获“福建名牌产品”、福建省著名商标，吉盛黑兔养殖合作社“一种肉兔养殖方法”和“母仔兔舍”获国家发明专利，得到省618科技项目资金转化扶持，成为省级标准化生产示范基地。

工业生产　现有企业300多家，新增2家规模以上企业（年产值2000万元以上），目前规模以上企业38家；推进景图玻璃、兴业陶瓷、安成陶瓷、嘉顺艺品、同鑫包袋、小企业创业园、华晨陶瓷等建设项目，合计投资2000多万，建设厂房3万多平方米；组织城东二期20多家中小企业成立东顺企业联谊会、联合党支部，创建企业应急资金池，筹集资金近100万元；召开成长型企业家座谈会，协调企业落实发展用地50多亩、厂房2万多平方米；在企业集中区建立企业招工专用广告栏3个，对接企业用工5000多人；筹建城东物流中心，完成规划、设计；首创“O2O仓储配送”经营模式，提供便捷服务，成为全市、全省农特产品电子商务先驱；顺美集团获人社部、全国博士后管委会批准设立博士后科研工作站；冠福、顺尔美被列入泉州市2015年产业集群龙头企业目录；宏达陶瓷有限公司被市政府认定为管理创新示范企业；嘉顺、威尔、明英华等3家企业被省发改委确定为2015年“新三板”挂牌后备企业；威尔、明英华、宏顺3家陶瓷企业被认定为省科技型企业；“佰年威尔及图”“石鼓及图”商标被省工商局认定为省著名商标。

【重点项目建设】　2015年，全镇完成征地4000多亩，拆除房屋12万平方米，迁移坟墓3000多穴。有序推进彭村水库安置区及枢纽工程、厦沙高速德化段（浔中段）、闽江防洪工程城东段及城西段、红星·美凯龙、西门“船头”、城东物流园、王厝山片区、乐陶片区、凤洋整村改造等项目征安迁工作。

投资220万元，实施山美水库上游疏浚工程岸坡整治水土流失治理工程，完成治理1212米，其中诗墩河段下游段右岸坡砌筑防洪堤240米，上游段右岸坡砌筑防洪堤250米，浐溪石山段砌筑防洪堤722米；投入8.5万元，完成诗墩岸坡绿化种草2150平方米。

【城镇建设】　重点整治　确定后所村、乐陶村为2015年“美丽乡村”重点整治村，后所村投入75万元，修建旧隆南厂至浐溪排洪渠780米，投入3.5万元，定期清理整治辖区内边角、死角的垃圾；乐陶村投入130万元，完成3公里的环境卫生整治、50户改水改厕、户界安置房片区卫生整治等工作，添置垃圾桶20个、新建垃圾池16个。

宜居环境建设　浔中村投入560万元，完成第一阶段河道治理，新村建设外墙装修以及再就业中心内外装修；仙境村投入175万元，完成5组水尾水土流失治理，完成村部周边至芩山公路两侧排水沟树木绿化，完成洋中路泰山公路2.5公里道路硬化；凤凰国际、优山美地、畔山云海、鹏祥花园等中高档商住区相继建成，美伦·山景叠苑（王厝山）一期、华峻·东方城项目主体工程基本完工，3万多村民成为市民，城镇综合服务功能

城东新区　（张奎如 摄）

不断提升。

【社会事业】 教育 先后投入30多万元，用于添置教学设备、奖教助学、中职招生等工作；2015年高考，德化八中本科上线259人，一本上线4人；阳光小学、阳光幼儿园完成立项和报批，9月份正式动工建设，争取2017年秋季投入使用，9月份以阳光小学名义招生5个班级，寄在浔中中心小学；后所小学东校区进行立项设计，2016年春季动工建设，争取2017年秋季投入使用；城东三期幼儿园进行立项设计，争取2018年春季投入使用。

计生工作 23名“二女”户女儿考上大学，发放助学金3.15万元；51名“二女户”享受中考照顾6分加分政策录取高中；县镇领导挂钩计生“三户”51户，发放1.53万元；安排2户计生“二女户”进城购房，发放补助款4万元；帮助计生户申请贴息创业贷款23名46万元；帮助计生困难户发展经济，发放帮扶资金8.5万元；为703户计生家庭提供意外伤害保险70300元。

平安建设 2015年，发生刑事案件421起，查处治安案件468起，全镇“零发案”村5个，占全镇村社区总数的29.7%；开展交通安全宣传教育和道路安全隐患排查，集中开展安全隐患排查8次，排查隐患点210处，设立进村交通安全警示牌26处、减速坎35处，建立“五小”车辆及驾驶人登记台账6种共1.4万余辆。

老年工作 投入12万元，完善凤池、龙东、金凤三个社区居家养老服务站建设；为6名特困重度失能老人提供政府购买服务每月300元；成立50多个生活、生产、经济等互助小组，成员870人；为3258名60岁以上老年人发放养老金330.94万元，为1233名60岁以上失地农民发放养老金129.12万元。

社会保障 为低保户、五保户、优抚对象、农村籍退役士兵、重度残疾人、义务兵等对象发放各类生活补助金223.96万元；新农保续缴率97.29%，新农合参合人数28920人，参合率102.71%，其中减免对象2474人，减免296880元。

“两违”整治 组织开展治违、拆违统一行动10多次，拆除“违建”100宗，建筑面积3.52万平方米，拆除腾出土地面积2.29万平方米，完成年度计划的144%。

其他工作 完成造福工程危房改造28户受益111人，维修加固15户受益52人；为部队输送9名新兵；“一事一议”财政奖补项目7个，争取上级资金271万元，自筹资金94.6万元。

（撰稿人：张佰凌）

表6　2015年度登九十岁（虚岁）人员情况表

序号	姓名	性别	出生年月	户籍所在地
1	郑梅	女	1926.11	乐陶村
2	陈香	女	1926.10	后所村
3	李文此	男	1926.11	后所村
4	郑说	女	1926.12	仙境村
5	曾昭	男	1926.10	石山村
6	林智贞	女	1926.8	石山村
7	陈前	女	1926.3	石山村
8	徐语	女	1926.4	世科村
9	陈波	女	1926.9	世科村
10	曾莲	女	1926.9	浔中村
11	郑珍	女	1926.2	凤洋村
12	连哲	女	1926.5	石鼓村

盖德镇

【概况】 全镇土地总面积95.15平方公里，有83个自然村，17个党支部，14个村民委员会，131个村民小组。2015年全镇工农业总产值3.269亿元，其中工业产值2.27亿元，农业产值0.999亿元；财政总收入665万元，同比增长1.16%；农民人均年收入11849元，同比增长9.67%。

【经济发展】 盖德镇2015年共有乡镇企业22家，从业人员212人，其中：陶瓷加工企业有13家，木材加工企业有3家，小型化工企业2家，危化企业1家，建材厂1家，非煤矿山2家。2015年，乡镇企业总产值22700万元，已完成年初下达指标的100%，比去年增加1.8%。

【城乡建设】 重点项目有序推进 全力以赴抓好省级重点项目彭村水库

征安迁前期各项工作。完成库区相关村的房屋、土地测量和移民户口、拆迁房屋等实物初步公示工作，以及库区公路规划等，完成迎仙宫、廊桥文物复建工程招标。完成厦沙高速公路征安迁工作，持续做好后续工作。

现代农业势头良好　持续推广“党支部＋合作社＋基地＋农户”促增收机制，强化党支部政治引领，以合作社为依托，大力扶持发展“三黑三黄”特色农产品、生态茶叶、高山佛手瓜、德化梨、油茶、铁皮石斛等特色生态农业发展，促进农业增效、农民增收。目前，全镇注册各类专业合作社、家庭农场33家。注重盘活土地资源，加大土地流转工作，大墘村引进生态农业项目流转林地500亩，种植辣木树30亩；引进绿佳农产品有限公司流转土地50亩，主要种植黄花远志、白花牛奶根，套种无公害水果蔬菜；泉州陶瓷文化古镇开发公司与上海喆畂农业有限公司联合投资开发现代休闲农业项目完成土地流转近1000亩。

“美丽乡村”示范带动　突出“地域特色、因地制宜、分类指导、试点先行”的原则，依托水土流失治理、“千村整治、百村示范”等项目，重点提升有济、三福、下寮等美丽乡村示范点建设，带动全镇“美丽乡村”建设统筹发展。有济村完成房屋立面装修、游步道、垃圾屋、公厕、老人幸福院等建设；对村部周边民居6幢实施立面改造，引导村庄“裸房”按“戴云山筑”整体建设风貌进行外立面修葺和美化。建成宽1.2米，长1公里的游步道。扶持发展“三黑”特色农产品基地150亩；种植铁皮石斛20亩；改造油茶林100亩，完善1000亩铁观音种植基地配套设施；生态茶园套种年桂197亩。三福村“美丽乡村”完成19座房屋立面装修、垃圾屋、垃圾中转站和岸坡疏浚生态治理工程等。

农村环境逐步改善　实施浐溪流域清水工程、山美水库流域生态环境综合整治项目。建设垃圾收集设施、垃圾中转站、购置垃圾收集车辆、建设镇区污水管网、农村污水收集处理等工程；落实“河长制”工作机制，切实提升人居环境水平。

【社会事业】　基础设施务实提升　投资629.84万元完成坡耕地工程项目，综合治理面积3017亩，完成蓄水池建有55口，建设排水沟13252米，道路工程16030米，种树3959株，地埂植物10.86公顷；投资939.44万元完成山美水库疏浚与岸坡整治工程项目，完成河道清淤整治3845米，清淤工程量约74029立方米，新建护岸工程5220米，河道绿化工程12260平方米；投资290万元完成盖德镇区污水管网项目；投资252万元完成市级土地开发项目；投资195.45万元完成县级土地开发项目；投资327万元建设农村污水处理和垃圾中转站项目，已完成并投入使用。

1月16日，国家铁路总公司专家组现场踏勘吉永泉铁路德化盖德站点
（李宏图　摄）

社会保障持续加强　积极推进新农保、新农合工作，全镇新农保参保率达96.41%，新农合参合率99.76%；认真抓好农村最低生活保障工作，积极扶助弱势困难群体，对低保、五保对象进行入户调查、重新审核，确定五保户160人，低保户491人，全年发放五保低保金190多万元；持续落实“造福工程”，改造危房5户，地灾隐患点重建搬迁9户，农村社会保障体系不断健全完善。

教育质量持续巩固　继续加大教育资源整合力度，改善教育教学条件，筹备盖德镇教育促进会，完善教育激励奖励机制，教育质量持续巩固提升。盖德中心小学学龄人口入学率达99.9%；盖德中学今年一中录取11人，录取率为36.7%，位居全县前列。

社会治理不断强化　全面落实安全生产责任制，加强对非煤矿山、企业、消防、危化品、食品药品安全、烟花爆竹等重点领域、重点行业和地质灾害点的安全监测及隐患排查治理，实现全镇安全生产零事故目标。开展道路交通安全综合整治“三年行动”，加强“平安盖德”建设，完善社会管理组织建设；抓好信访息访工作，排查信访源，做好化解、解释、反馈工作，查处非法上访案件，稳控上访势头；加大“两违”整治力度，全镇拆除13宗违建房屋，一定程度上控制“两违”建筑势头。深入开展农村矛盾纠纷化解工作，把农村矛盾纠纷消除在萌芽状态，做好安置帮教工作和社区矫正工作，消除重新犯罪案件发生，促进盖德镇社会总体安定稳定。

（盖德镇党政办 供稿）

三班镇

【概况】 2015年，全镇工农业总产值20亿元，比2010年增长114.36%，年均递增16.5%，其中工业总产值19.2亿元，同比增长118.18%，年均递增16.9%；工商税收6800万元，同比增长65.09%，年均递增13.02%；农民人均纯收入1.33万元，同比增长56.16%，年均递增11.23%。获“中国茶具之乡”和“福建省安全社区”称号，泉州市小城镇综合改革建设试点年终考评获一等奖。

【经济发展】 特色农业 注重“三品一标”品牌打造，“德化戴云黑鸡”示范基地获评福建省著名商标，被列为泉州市金牌龙头企业；戴云生态农业专业合作社通过水稻有机食品认证和鸡蛋绿色食品认证；康乐金兰园种植获评“泉州市休闲农业示范点”；桥内村流转土地150亩，投入100万元扩种槟榔芋；引进道畋公司，计划投资3.1亿元在奎斗建设“高效生态循环旅游农业”示范园，已投入5000万元，完成1500亩土地流转、平整田地400亩、铺设水泥路面2.3公里，着手建设110亩智能温室大棚。

工业 中国茶具城被确定为省级重点项目，投入2.34亿元完成一期用地的征地和手续报批工作，完成110亩部分主体工程建设，预签售店面220间；紫云工业园区总投资3000万元，新建厂房3.5万平方米，铺设紫云中路300米，新引进企业5家，35家企业投入生产；上寮工业区投入1.6亿元，建成市政大道并通车，完成一期300亩工业区和商住区控规，并进行招拍挂；投入100万元在蔡径村建立全国首个村级陶瓷电商孵化园，已签约入驻电商30家。

5月13日，县政府县长欧阳秋虹（左三）到三班镇调研 （陈志明 摄）

【小城镇建设】 全年确定建设项目34个，其中新建、续建项目17个，年度计划投资2.68亿元，全年完成投资3.5亿元。省级统筹城乡发展试点紫云社区完成紫云小区144套限价房并交房，安置房（二期）7幢200套完成土地平整；投资2500万元完成祥云小区160套限价房并交房；投资4000万元完成云龙A区安置区3幢60套和4号、6号地主体工程建设；投资180万元拓宽硬化紫云工业区至蔡径村部道路1.7公里；投资100万元完成洞上至紫云公路边绿化、亮化工程。

【社会事业】 投入950万元建设农村饮水安全工程，建成龙阙、锦山、岭头等10个供水工程，新建水源工程1座；投资250万元，完成农业综合开发项目奎斗田间道路硬化、蔡径村溪岸护堤、桥内护岸、儒坑塘坝等建设；投入260万元，完成奎斗、岭头1165亩坡耕地治理项目，建设石埂梯田204亩，蓄水池23口，排水沟4.18公里，道路工程8公里；投入190万元做好水土流失重点镇项目建设，主体工程基本完工；落实小学奖教助学金9.98万元。新建蔡径村、桥内村农村幸福院，启动蔡径村青少年社会教育活动中心；成立关爱失能老人互助组，组织慰问贫困、高龄、空巢老人120人次，发放慰问金3.8万元；与浔中、龙浔联谊，在东山洋村举办老人健身活动。深入推进依法治镇，加大“平安三班”创建和“六五”普法教育宣传力度，建立完善防汛防灾、森林防火等工作预案，做好黄标车淘汰治理工作。

（撰稿人：曾宪兴 审稿人：苏朝进）

表7 2015年度登九十岁（虚岁）人员情况表

序号	姓名	性别	出生年月	户籍所在地
1	孙俭	女	1918.3.15	三班村
2	黄格	女	1921.11.19	三班村
3	颜环	女	1924.10.19	三班村

续表 7

序 号	姓 名	性 别	出生年月	户籍所在地
4	徐秀明	女	1925.9.9	三班村
5	颜正曲	男	1924.7.2	三班村
6	陈 对	男	1925.10.21	三班村
7	温 专	女	1919.6.2	泗滨村
8	颜心镭	男	1922.9.11	泗滨村
9	寇 清	女	1922.12.4	泗滨村
10	徐 选	女	1926.4.4	东山村
11	刘 齐	男	1925.7.11	奎斗村
12	林 岚	女	1921.4.5	奎斗村
13	庄国帛	男	1914.11.20	锦山村
14	庄光纺	男	1923.12.22	锦山村
15	叶 宝	女	1925.1.10	锦山村
16	林 幼	女	1926.8.12	龙阙村
17	张 饮	女	1924.11.21	龙阙村
18	颜 环	女	1920.11.1	桥内村
19	徐 格	女	1922.12.19	桥内村
20	单 胜	女	1925.6.4	蔡径村
21	黄 力	男	1925.10.29	儒坑村

龙门滩镇

【概况】 2015年，财政总收入556.92万元；农业总产值1.88亿元；工业企业总产值5.94亿元；农民人均纯收入12486元。

【经济发展】 突出一批“一村一品”，培育一批示范效应显著、带动面大的苗木、果蔬等专业合作社，持续发展特色农业产业，帝源农产品专业合作社投入238万元开发140亩用于发展时令蔬菜种植，建设拦水坝1座用于发展河道养鱼70亩；聘请泉州师院旅游学院编制《碧潭生态农业休闲园总体发展规划》，投入资金300万元，完成果蔬采摘园、溪岸沙滩整治、游客服务部、民宿等项目的部分工程建设；苏洋村上亭引进“温控智能大棚”种植草莓，项目流转土地300亩，并投入100多万元进行土地平整、温室大棚钢架建设。推进农林业现代化建设，新购买农机具46台，农作物机械化进一步提高；落实各项支农惠农政策，发放农资综合直补资金33.53万元，良种补贴12.99万元；做好水稻种植保险工作，全镇1507户参保，参保面积8211亩，参保金额19706.4元；投入565万元实施内洋、碧坑、大溪村土地整理项目；投入168.74万元实施8个“一事一议”项目，改善农村的生产生活条件，受益群众12865人。

【项目建设】 总投资5000万元的融霞机械项目，需用地50亩，年生产机械设备铸件1万吨，完成选址及征地，进行项目报批；总投资1000万元的龙门滩镇民俗文化展示馆项目，规划用地调整；总投资1000万元的德化县龙门山综合生态蛋鸡养殖场项目，完成土地流转和土地平整。

【城乡建设】 龙门滩水乡渔村建设及苏洋村特色产业园规划建设　投入400多万元建设水乡渔村生态休闲项目；聘请福建农林大学旅游学院编制《龙门滩镇（苏洋村、硕儒村）乡村旅游与现代农业发展总体规划》。

基础设施建设　投入566.7万元建设大溪、碧坑等11个村安全饮水工程，惠及群众11440人；投入291万元，建设完成生态护岸3.4公里；投入260多万元，拓宽提级改造苏洋至长垅格水泥路2.5公里、霞山村拱桥至白石道路9公里；投入30万元，建设拱桥至白石、上丰至霞山屯12公里公路安保工程；投入110万元，建设268个乡村道路错车道；投入45万元，硬化冷水坑角落至上坂全长1.4公里的路面；冬普养护全镇乡村道路135公里；投入90万元实施硕儒村后寮公路沿线“裸房”立面改造及环境卫生整治。

【社会事业】 社会保障：全镇纳入低保449人，发放低保金130多万元；开展慰问活动，发放慰问金额8万元；新农保续费人数6621人，续费率96.45%，新农合参合14549人，参合率99.12%。计生服务：建立人口生育关怀服务站，慰问贫困计生家庭275人次，7户诚信计生困难户得到创业贴息贷款、6名贫困母亲获得幸福工程免息贷款。教育事业：组织实施

龙门滩镇驻城关便民服务中心　　（龙门滩镇党政办　供）

《德化县乡镇教育工作督导评估方案》，2015年小学入学率100%。安全工作：重视生产安全、食品安全、森林防火、防汛抗旱、交通安全等工作。抓好责任制落实，全年未发生重大安全事故。

【重要活动】　4月9日，市军分区政委郑健带队到龙门滩镇调研。

9月25日，省宜居办督查组组长、省住建厅副厅长王胜熙带队到龙门滩镇硕儒村进行“千村整治、百村示范”调研。

9月29日，市委常委、宣传部部长、教育工委书记陈庆宗，县委书记吴深生到龙门滩镇检查防台风工作。

11月3日，市委副书记周银芳带队到镇驻城关便民服务中心调研。

（撰稿人：谢家怀　审稿人：涂世泽）

雷峰镇

【概况】　2015年，全镇工农业总产值5.06亿元，同比增长7.8%；财政总收入1464.5万元，同比增长10.02%；农民人均纯收入12585元，同比增长9%。

【农林业】　发放种粮补贴等惠农资金105.73万元；粮食经济作物播种面积20050亩，其中播种中稻9295亩；新成立农业生产专业合作社4家，鼓励潘祠“土不土”农业公司发展电商农业，对外配送新鲜蔬菜；加强11个县乡林业精品工程的培育指导，蕉溪养生源铁皮石斛合作社被授予“泉州市林下经济示范基地”；投入45万元，新扩种福建山樱花400亩10万株，村民房前厝后和边角地种植1万株，潘祠村现有福建山樱花850亩50万株；推广特色养殖，现存栏生猪15125头、黑羊2100多只。建立耕地保护目标责任制度，完成瑞坂村土地整理1116亩；完成格后溪美县级土地开发项目338亩；向上争取资金290万元，实施雷峰、瑞坂、潘祠三个村高标准农田建设项目；第四批旧村复垦项目通过县级初验，第五批旧村复垦项目上报省国土厅。养护乡村公路144公里；向上争取库区移民后期扶持项目资金50万元，完成长基、瑞坂村道路硬化1.9公里；投资151.51万元的溪美小流域水土流失综合治理工程完成验收；完成芹潭水库除险加固任务。完成造林1836亩，占总任务数的133%，完成森林抚育5000亩、发展现代竹业3000亩；依托土地流转服务平台流转土地3255亩、林地2600亩。

【重点项目建设】　瓷都印象生态园项目完成年度投资计划，群众安置地完成主体工程及部分房屋装修工作；康泰养老休闲项目投入1100万元，完成项目征安迁工作及林地审批手续，与和美略（上海）建筑设计咨询有限公司签订商业规划和概念方案设计合同，完成项目商业规划初步方案成果；集中迁墓区（一期）建设竣工。邀请

表8　　2015年度登九十岁（虚岁）人员情况表

序号	姓名	性别	出生年月	户籍所在地
1	张　买	女	1923.12	苏洋村
2	温　期	女	1923.11	硕儒村
3	赖　卡	女	1924.2	朱地村
4	陈　勉	女	1924.5	霞山村
5	陈后兑	男	1925.4	苏洋村
6	郑　味	女	1925.10	霞碧村
7	卢　每	女	1925.10	湖景村

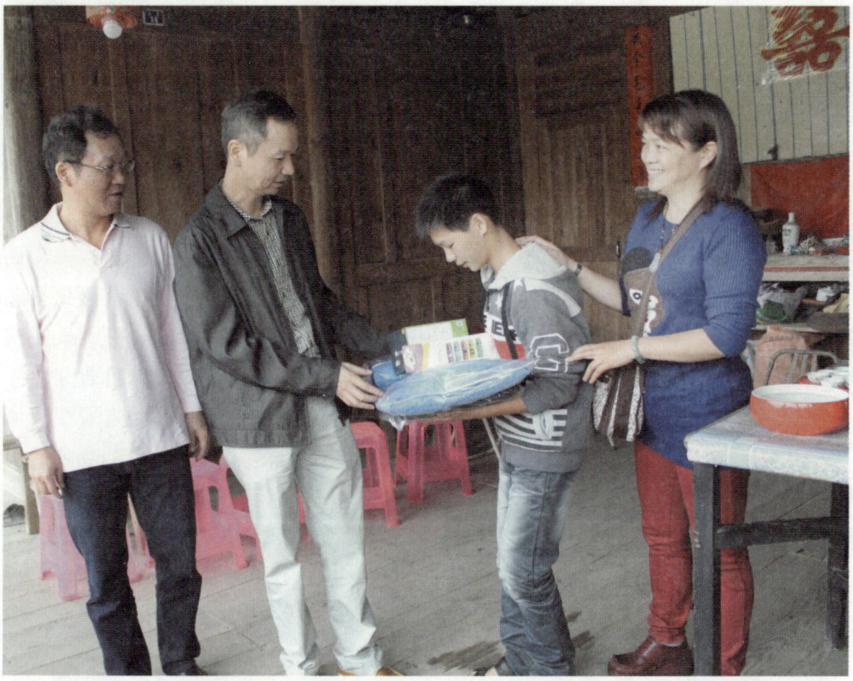

11 月 12 日，雷峰镇开展留守儿童爱心捐赠公益活动　（陈永生 摄）

潜在投资商 80 多人次到场考察，蕉溪度假山庄、蕉溪温泉文化园、雷峰工业项目区 3 个项目达成初步投资意向，引进协议资金 2.8 亿元。

【城乡建设】　投入 100 万元，建成雷峰健身绿道 7 公里；投入 720 万元，“单改双”拓宽改造蕉溪至李溪公路 10 公里，完成 5 公里，李溪段已做好前期工作；投入 108.14 万元，完成梅坂格至虎贲岩公路硬化；投入 90 多万元，修建乡村角落公路累计 5 公里，新建黑鹰潭停车场 1 个；投入 150 万元，编制《潘祠 • 李溪美丽乡村规划设计》，按照“戴云山筑”风格立面装修民居 5 栋 4000 平方米；新建垄内森林人家；投入 100 多万元，进行房屋改造、修缮 60 户；投入 20 多万元，进行环境卫生整治 200 多户；全面贯彻落实“河长制”，推进水流域环境保护，处理养猪场非法排污 3 起。

【社会事业】　文教卫生　投入 8.6 万元，完成镇志初稿编撰；组织肖坑村瑶金木偶剧团开展县域文化下乡 20 场次；投入教育资金 26.81 万元，完善中、小学软环境建设。

社会保障　全镇新农保缴费率 95.95%，新农合参合率 93.45%，3242 人次享受新农合补偿；帮扶弱势群体，发放社会保障资金 100 多万元；向省、市妇联上报“春蕾计划”8 人；投入扶贫资金 200 多万元，实施李溪村精准扶贫；投入 40 万元，实施瑞坂、朱紫村“农村幸福院”项目建设。

表 9　　2015 年度登九十岁人员情况表

序　号	姓　名	性别	出生年月	户籍所在地
1	陈义党	男	1926.4	瑞坂村
2	林　友	女	1926.6	长基村
3	吴　叶	女	1926.8	蕉溪村

造福工程　实施土木石结构危房改造 28 户 103 人，完成石结构危房改造 2 户；完成城东保障房第三期 93 套房屋申购工作；组织拆除“两违”5900 平方米，完成年度任务的 130% 以上。

平安建设　开展“市级安全社区”创建，落实安全生产“党政同责，一岗双责”制度，督促企业履行安全生产主体责任，健全地质灾害防治方案，加大“两违”、地质灾害点等的巡查监测及整治力度，制止查处违法占地、建设行为 34 宗；开展火灾隐患大排查及防火宣传月活动，新建专业灭火队伍 1 支，添置防火器材 2 万元，新建生物防火林带 3 公里，强化森林防火工作。

（撰稿人：陈永生　撰稿人：王往杰）

南埕镇

【概况】　2015 年，围绕“以旅游润色农业，以服务提升农村”工作主线，立足生态资源优势，推进美丽乡村建设与乡村旅游产业融合发展，全镇各项工作有序推进，镇财政收入 1100.93 万元，地方本级税收收入 155 万元，农民人均纯收入 11612 元，分别比 2014 年增长 24.48%、20.32%、7%，在年终考评中，取得农业农村工作第二名、招商选资工作第二名、造林绿化专项考核第三名、最严格水资源管理制度（河长制）先进单位、统筹城乡发展试点工作先进单位，获评“省乡村旅游休闲集镇”“省级特色景观旅游名镇”。

【经济发展】　农业　完成省级农村土地承包经营权确权登记颁证试点工作任务；稳定粮食播种面积，发放农资综合直补 60.76 万元，良种补贴 11.74 万元；出台《南埕镇特色种养业扶持办法》，重点扶持休闲观光农业、特色种养殖业，在蟠龙、连山村种植

南埕镇区立面改造　　（南埕镇党政办 供）

葡萄、观赏苗木等100亩，引进投资商创办全县首个“火鸡”养殖农场，现有火鸡存栏8000羽；抓好重大动物疫病防控工作，春季重大动物疫病防控工作位居全县第一名并代表县接受省检查。获评国家级标准化气象为农服务乡镇。

林业　实施县级护林员改革试点，重新聘请护林员27名，完成造林更新617亩、非林地造林157亩、防火林带5.3公里，抚育森林5500亩；完成林权登记发证83宗地、面积1122.3亩；金线莲、铁皮石斛、黄花远志等林下种植基地达210亩，丽玉生态农林专业合作社在全县率先成功试种竹荪20亩。

乡村旅游业　出台《关于鼓励扶持乡村生态民宿发展的工作意见》，重点扶持省道203线沿线、旅游项目所在村的民宿发展，对农户改建、成片发展给予资金补助；扶持壮大桃源阁“森林人家”综合体，硬化2公里道路连接桃源阁民宿、138亩林下种植观赏基地；石龙溪橡皮艇漂流码头改造工程完成地形图测量、地勘、征地工作以及设计初稿，拟于近期召开设计方案评审会；举办桃花岛旅游文化节，桃仙溪休闲农业园获评省级休闲示范点。

【城乡建设】　南埕村列入省“千村整治、百村示范”美丽乡村建设示范村，塔兜村列入省“千村整治、百村示范”美丽乡村建设整治村以及市级新农村建设试点示范村，高漈村列入市级扶贫开发重点帮扶村，枣坑村列入县级美丽乡村示范村；规划设计南塔公路省级美丽乡村景观带，种植花卉8000株，播撒花籽2万平方米，并启动景观建设；完成《高漈村美丽乡村规划方案》编制，实施东风水库周边环境综合整治；枣坑村完成村部装修、民房外立面装修9000平方米，硬化公路300米；塔兜村完成4950平方米民房外立面装修的验收、四旁四地绿化工作，亮化路灯2公里。实施闽江流域环境综合整治，完成日处理60吨的垃圾中转站建设；推进家园清洁行动。做好黄标车淘汰工作；落实“河长制”，配备25名河道专管员，制止非法采砂行为；加大“两违”整治力度，全年拆违3660平方米。

【社会事业】　全镇纳入低保381人，发放保障金98.79万元；新农保续缴率95.57%，新农合参合率101.2%；落

表10　　2015年度登九十岁（虚岁）人员情况表

序　号	姓　名	性别	出生年月	户籍所在地
1	张　潜	女	1922.5	南埕村
2	罗　来	女	1926.12	南埕村
3	陈　美	女	1926.10	南埕村
4	郭　蜂	女	1926.5	南埕村
5	梁　旺	女	1920.9	许厝村
6	梁华偏	男	1922.11	蟠龙村
7	梁上井	男	1926.1	蟠龙村
8	陈　聪	女	1925.1	蟠龙村
9	林　森	女	1925.1	连山村
10	黄　荔	女	1926.4	连山村
11	黄　八	女	1926.1	枣坑村
12	张　炸	男	1926.5	枣坑村
13	张桂花	女	1925.3	西山村

实中心小学在校师生生活补贴；硬化村级道路5.2公里，养护公路203公里；枣坑村37户二期安置房动工建设；加大计生政策宣传，转变群众婚育观念，计生年终考核获得全县第一名；举办大型综治宣传活动5次，开展平安南埕建设；办理群众信访件15件，化解矛盾纠纷17起；开展安全生产隐患排查工作，市级安全社区创建通过验收。（撰稿人：廖雪梅 审稿人：蒋恭团）

水口镇

【概况】 2015年，全镇实现生产总值32660万元，比2014年增长7.2%；公共财政总收入1395万元，增长10.29%；农民人均纯收入12403元，增长9.3%。

【经济发展】 乡村旅游 投资200多万元改造石牛山景区基础设施；扶持发展"乡村民宿"，新增民宿4家、农家乐3家，全镇现有对外营业酒店、餐馆25家、民宿13家；村场村建设以"山茶油传统制作流程"和"水口放排"为主要题材的民俗馆、雕塑群，打造乡村旅游示范村；"美丽梨坑"整村合作开发；淳湖村邀请专家进行传统村落规划，做好纸龙、纸狮、坐钉轿等民俗文化的传承和保护，被列入首批省级传统村落名录，水口镇被评为中国宜居小镇、省级特色景观旅游名镇，湖坂村被列为省级库区旅游乡村。

农林生产 推广"党支部+合作社+基地+农户"促增收模式，引导农民通过土地托管、入股经营等方式参与专业合作。发放农资综合直补72.4万元、粮种补贴14万元；建设灌溉水渠5公里，流转森林资源960亩，新成立合作社6家，新发展林下种植200亩，现有林下种植基地1100亩；淳湖村野生红菇移植成功，丘坂村黄金蜜柚基地初产，祥光村百香果种植基地初具规模，建设市级油茶林示范基地167亩，完成绿化造林任务2387亩，抚育毛竹林、油茶林1.5万亩；完成58宗、1083亩林地占补平衡试点林权证发放工作。湖心岛种养专业合作社、石牛山金线莲生态种植专业合作社基地被评为省级林下种植示范基地，祥山大果油茶有限公司获"省级林业产业化龙头企业"称号。

【城镇化建设】 2015年，确定续建、新建项目16个，年度计划投资9800万元，预计全年完成投资 9850万元。

辖区交通路网建设 投资700万元拓宽改造湖坂至祥光村、亭坑至长下格、上港至白潭公路18.6公里，投资260万元硬化石柱至半岭、榜上至金凤亭公路5.7公里，投资75万元建设墩头至坂里、榜上环村道路安保工程3.8公里，投资25万元修复环石牛山公路，投入20多万元养护公路218.5公里，投入8万元添置安全警示牌80块、爆闪灯10盏、减速坎48米。国道355线（水口镇段）获评为泉州市"先进道路"。

城镇设施建设 投资400万元建成滨湖休闲景观带800米，安装沿湖仿木栏杆1100米；投资1000多万元建成农贸市场综合楼1座，投资90多万元修建生态护岸工程700米；新建公园1座、公厕1座，投资100多万元建设水质监测站1座、水文站1座，水口加油站、湖兴桥项目正在设计中；铺设入户自来水管12公里。全镇实施"一事一议"项目13个，获得奖补资金229.5万元，受益1.2万人。

镇容镇貌整治 整治占道经营行为和车辆乱停、放现象；办理乡村建设规划许可证16本，完成17宗27户农村宅基地申报工作；制止"两违"

美丽石柱 （水口镇 供）

行为，制止违法占地建房行为5起，组织强制拆违行动2次，拆除建筑物2座、面积205平方米，发出《责令停止土地违法行为通知书》9份。

【生态环境建设】 耕地保护　138亩旧村复垦项目基本完工；淳湖村400亩市级土地整理项目通过市级验收，新增耕地面积43.75亩；梨坑村800亩市级土地整理开发项目预计可新增耕地面积260亩，超额完成县下达的190亩耕地补充任务。

村容村貌整治　投资200多万元实施祥光、八逞村闽江流域农村环境综合整治；村场村新完成房屋立面改造3幢、新建休闲公园1个；湖坂竹锦新村完成立面装修；省美丽乡村建设“千村整治，百村示范”的榜上、祥光、淳湖村，年度规划建设项目基本完成；第二批省级库区环境综合整治示范村久住村下路洋自然村整治工作正在进行中。

环境卫生整治　制定出台《水口镇建设“美丽乡村”环境卫生整治工作实施办法》，建立环卫保洁考评机制，完善镇村环卫保洁设施，年发放保洁经费15万元，投资17.6万元购买垃圾运输车1辆、垃圾桶100个，实行生活垃圾定点收集、集中清理。

【社会事业】 社会保障　祥光、榜上、亭坑村进行省、市级扶贫开发；淳湖、湖坂、承泽、榜上4个村的幸福院建设完成，祥光村幸福院正在施工；开展关心留守老人活动，抓好“党支部+老年协会+互助组+志愿者”关爱留守老人机制，联系泉州爱心人士捐款捐物关心慰问困难群众，全镇列入低保、五保对象400户438人，年发放低保五保金70多万元，发放慰问金 7 万多元；开展新农合、新农保工作，全镇参合率99.9%、续缴率97.16%。镇老年学校被评为市级老年学校示范校。

“平安水口”创建　开展“六五”普法宣传，在村场村建设法治公园，建立完善防汛防灾、森林防火等工作

表11　　2015年度登九十岁（虚岁）人员情况表

序号	姓名	性别	出生年月	户籍所在地
1	林超才	男	1922.1	久住村
2	王　惕	女	1924.2	湖坂村
3	林　楼	男	1920.12	樟镜村
4	黄光镜	男	1924.1	昆坂村
5	黄亦思	男	1924.1	湖坂村
6	方子姝	女	1924.1	淳湖村
7	张　雪	女	1924.1	丘坂村
8	林　眼	女	1924.5	梨坑村
9	林弟使	女	1925.10	淳湖村
10	吴友开	男	1926.12	亭坑村
11	毛　利	女	1924.8	梨坑村
12	陈　论	女	1924.8	梨坑村
13	吴友开	男	1926.12	亭坑村
14	林智恩	男	1923.12	久住村
15	黄金海	男	1924.1	湖坂村
16	杨　菜	女	1920	梨坑村
17	王　齐	女	1925.10	久住村
18	陈　参	女	1925.5	樟镜村
19	江盛阔	男	1925.4	祥光村
20	黄福油	男	1925.10	梨坑村
21	许　水	女	1919.3	八逞村
22	黄绳愢	男	1920.1	八逞村
23	黄　团	女	1921.5	祥光村
24	郑　麺	女	1914.6	毛厝村
25	陈存崇	男	1917.10	昆坂村
26	张　午	女	1918.9	昆坂村
27	王天喜	男	1924.12	八逞村

预案，“六五”普法工作通过县级验收。开展安全生产标准化建设三年行动，突出对安全隐患排查治理，取缔非法采砂点2处；加强对旅游景点、非煤矿山、道路交通等重点部位的检查，防范和遏制重特大安全事故发生，市级“安全社区”创建通过验收；调解矛盾纠纷13件，其中2起成功调解案例被省电视台《调解有一套》栏目组拍摄；开展食品药品安全监管，全年未发生重大食品、药品安全事故。

计生工作　开展“婚育新风进万家”“关爱女孩行动”宣传活动，免费孕前优生检测221例，兑现独生子女奖励费7.3万元，二女扎奖励费和补贴资金10.1万元；投入资金4.6万元，帮扶计生贫困户58户，出资1.65万元，资助11户二女户（独女户）女儿上大学，出资4.12万元为412户计生户办理意外伤害保险，计生协会争取26万元帮助计生户创业小额贴息贷款13户，完成打击“两非”案件3例。

其他工作　举办农业技术培训6场次、培训300余人次；做好中、小学生入学工作，确保“控辍保学”；开展全民健身舞蹈活动，组队参加县广场舞比赛；开展学雷锋志愿服务，配合做好德化县第三届“孝敬之星”、第四届“道德模范”的评选推荐。

（水口镇党政办　供稿）

国宝乡

【概况】　2015年，全乡工农业总产值6.11亿元，其中工业总产值5.04亿元，农业总产值1.07万元，农民人均纯收入11180元。

【经济发展】　农业　分配农资综合补贴资金56.6万元，落实农机补贴17台1.2万元；打造“德化黑兔之乡”，完善省道206线至“德化黑兔”保种场公路设施；出台奖励措施，培育一批专业户；巩固生态观光农业，完善祥云生态农业观光园、内坂苗木基地等配套设施，启动国有林场苗木基地项目，建设休闲农业观光慢道1公里、村级公园1个、休息亭5个、钓鱼池2个；做好2015年南斗县级土地开发项目，新增耕地面积180亩。

工业　发展食品饮料加工等环保型工业，戴康食品饮料有限公司在原有的基础上引进国际标准化PET冷罐装生产线、三片罐生产线和瓶装饮用水生产线，搭建营销平台，扩大销售网络；创办国宝香业园区，成立项目领导小组和办公室，做好香业园区建设指导和协调工作，7家企业预定土地48亩，即将进行厂房建设。

旅游业　打造云龙谷周边景观景点，搭建云龙谷公众微信平台，推介国宝众诚拓展基地，增办暑假拓展训练班，丰富云龙谷旅游内涵；盘活佛岭旧会场，创办国宝窑“土不土”陶艺工作室；进一步完善闽南民俗文化展示馆、非物质文化遗产展示馆、民居走廊、文革印记等景点，佛岭村入选第二批省级特色景观旅游名村；7月份举办祥云生态观光园葡萄采摘节，宣传现代农业休闲观光基地。

【重点工程】　厦沙高速国宝段项目　根据厦沙高速工程设计及项目建设要求，完成征地972亩，拆除验收房屋58座，完成率100%；签订房屋征收协议146份，完成率100%，工程涉及的安征迁工作进入扫尾阶段，格头村聚兴、温厝乾、剧头岭和佛岭、国宝五个安置点，做好“五通一平”。

彭村水库移民工作　完成彭村水库安征迁移民办公室筹建工作，组建动迁工作组；开展移民政策解读工作，进村入户做好实物确权工作，发动群众搬迁腾空，保障大坝枢纽工程建设。

观音山陶瓷文化创意园　到位资金2000万元，做好祥云观音寺的规划设计工作，对红线范围内的土地进行测绘。

【城乡建设】　完善“二带三区”总体布局定位，按照“戴云山筑”风格，加强镇区及省道206线、县道351线沿线民房的立面改造；建立保洁队伍，完善卫生考评奖惩激励制度；落实“河长制”，完善管理制度和考核办法；投入190万元，实施国宝溪流域疏浚综合治理和祥云溪流域治理项目，国宝村完成生态护岸1213米（国宝溪810米，东溪238米，苏坂溪165米），内坂村生态护岸530米；投入150万元，完成福利中心老年养护楼主体工程；投入90万元，铺设格头村石磨岭、冷水坑两个角落道路1.1万平方米水泥路面。

7月7号，国宝乡祥云村葡萄观光园举行采摘节　（陈志明　摄）

【社会事业】 做好低保对象审查确认，发动群众参与新农合、新农保；完成村级换届选举，选出新一届村两委成员50名，平均年龄43.5岁。落实中央财政扶贫资金4.8万元，帮扶群众16户。做好“六五”普法工作，推进法律“六进”活动；开展矛盾纠纷排查化解，及时掌握各类不稳定因素，维护社会安定稳定。完善佛岭村活动中心、休闲广场、老年人活动室，定期开展群众文化体育活动；开展安全生产大检查，推进企业安全生产标准化建设，强化食品药品监管，全面抓好安全生产工作；落实计划生育基本国策，扎实抓好计生服务工作。

（撰稿人：张金昌 审稿人：林绍庄）

赤水镇

【概况】 2015年，全镇实现工农业总值17970万元，比2014年增长6.52%；财政总收入794.24万元，增长2.48%；农民人均纯收入11730元，增长9.78%。

【经济发展】 *旅游业* 建设九仙山旅游风景区，累计完成投资1.6亿元，2015年计划投入4500万元，已投入4000万元，占年度投资计划88.4%。游客服务中心全部完成建设并投入使用；休闲区度假木屋建好29座，年初对外营业；完成道路铺设、木屋室外工程、绿化美化工程；九仙山中心酒店、古镇商业街、休闲疗养中心完成地面平整，进行图纸设计，待报批后即可动工建设；度假区人工湖完成拦水坝、栈桥、湖心亭建设及绿化；景区内停车场、隧道口停车场、度假区主干道完成沥青铺设和绿化；完成景区木栈道3500米、护栏3000米、新建观星廊台300米，改造步石道3.5公里，修建天池、仙鲤湖2座，改造园林景点15处，新改建公厕4座；正在建设2座景区小卖部和1座休闲茶座及餐饮服务部；新增美食街停车场、景区大门口停车场正在建设中。全国晚报协会组团到景区采风，国庆节期间，平均日游客接待量突破4000人。

【农林业】 兑付农资综合补贴资金75.24万元，其中水稻良种补贴资金9.48万元，全镇粮食作物播种面积1.3万亩；兑现15项优惠措施，重点发展油茶、花卉苗木、金线莲、铁观音、黑羊等特色种养殖业，全镇新成立农民专业合作社3家；引导湖岭、福全等村继续发展林下种植金线莲、黄花远志、铁皮石斛，注重产品包装和营销，探索金线莲等名贵中草药饮品、保健品等深加工；引导锦洋村高山铁观音茶不断扩大种植规模，促进农民就业增收；利用农村荒地、闲置地、山垅田等实施土地流转1100亩，建设特色农业基地和名贵苗木基地；引进晋江磁灶商人发展特色农业种植，组建德化县赤水协力农场，投入200万元建设东里村300亩马铃薯、玉米、蔬菜等农业基地；引进晋江安海商人投入200万元建设戴云300亩农业基地，采取“会员+基地”的模式，推进农业有机化生产、订单式及网上销售；引进水口镇种植大户建立苏岭村

表12　2015年度登九十岁（虚岁）人员情况表

序号	姓 名	性 别	出生年月	户籍所在地
1	苏　绵	女	1921.2.23	南斗村南昌
2	叶　茶	女	1924.3.6	内坂村下内坂
3	连良才	男	1922.5.26	格头村格坪后
4	陈　旋	女	1922.12.3	格头村上山湖
5	林　候	女	1925.5.12	格头村农坪
6	叶荣店	男	1925.7.14	佛岭村洋面
7	连合碧	男	1924.6.16	格头村格外
8	林　根	女	1925.5.26	佛岭村洋面
9	颜　英	女	1925.3.20	格头村溪门
10	许　铅	女	1920.1.16	格头村燕仔祖
11	赖　元	女	1913.3.29	佛岭村佛岭街
12	叶允锹	男	1925.11.15	国宝村后表
13	叶成发	男	1921.8.12	国宝村大垭头
14	林　杏	女	1924.1.28	南斗村南昌
15	郑美坤	男	1924.2.3	佛岭村洋面
16	陈　志	女	1924.5.16	南斗村董坑洋
17	童善张	男	1918.3.24	上洋村外洋
18	陈　味	女	1923.6.3	格头村溪坂洋

赤水古街　　（李宏图 摄）

生姜、优质稻生产基地200亩；完成造林任务550亩，建设生物防火林带3公里，森林抚育1万亩，封山育林3000亩。

【招商引资】　项目对接　正在向中央、省市县对接实施项目6个、资金1425万元，分别是：镇区供水项目、土地开发整理项目、水土流失治理项目、山垅田复垦项目、山美水库流域生态保护试点环境综合整治项目、市政垃圾中转站处理项目；湖岭至猛虎溪河道整治项目完成验收；厦沙高速公路赤水段征迁工作完成。

招商引资　引进台商杨闽华拟投资建设四季农业观光园，用地面积300亩，目前正在洽谈；引进泉州欢乐迪有限公司在龙浔镇丁溪村新村部投资建设四星级酒店，正在进行内部装修；引进泉州星星电子有限公司在宝美二期投资建设太阳能光源产品生产基地，正在建设厂房；引进晋江磁灶李锦成农场，在东里村流转抛荒山垅田212亩，规模种植优质水稻、有机蔬菜等现代农业设施项目，完成蔬菜等农作物的种植；引进仙铭生态休闲观光农业，流转土地200亩，建设高山绿色农产品种植、深加工及农家乐，形成可研报告；引进泉州创富农业发展有限公司，在西洋村流转土地150亩，发展生态农业旅游、有机茶种植，天然水和草茶的研发，目前开始基础设施建设。

【城乡建设】　投资550万元，完成赤水街、锦洋村民屋屋面建设1.8万平方米、外墙粉刷2.2万平方米、外墙漆1.84万平方米、门窗油漆1.55万平方米；对赤水街外侧100多间木屋进行修缮，内侧35座混凝土房屋外墙及屋顶进行“戴云山筑”风格白墙黑瓦立面改造；投资200万元，对铭爱村26座民房进行立面改造，并完成房前屋外墙清洗清洁及卫生环境整治；投资100多万元，硬化赤水街前、后街及锦洋村村庄道路、建设消防水池、铺设饮水管道；投资100多万元，对赤水街、锦洋村50多户旱厕进行改造，建设污水收集主管网1700米、入户管2500米，村道、房前屋后实施绿化美化和亮化工程；投资200多万元，建设赤水后街休闲公园，完成公园人工湖、环湖道路、步行道，在公园道路两侧、步行道种植观赏树种花卉。猛虎村发动村民在房前屋后和公路沿线种植茶花3200多株，东里村种植香樟、桂花等700多株，列入县“珍贵树种入村”示范村。

【社会事业】　社会保障　全镇16495人参加新型农村合作医疗保险，参合率101.7%，9442人参加新型农村社会养老保险，续缴率96%，参保率90%；福尧基金发放6.33万元，低保户安居工程（1户）年底可搬迁入住；发动群众实施旧村复垦项目，获129套城关限价房购买指标。

服务老人　成立村级“留守老人服务站”，设立“老年互助基金”；与憨鼠社区爱心小分队开展“重阳暖暖，邀您同行——德化戴云村公益行”，与团县委、县健跑协会结对帮扶，推广猛虎村“爱心厨房”关爱老年人做法等系列活动，帮助留守老人解决生产生活困难问题13件，为580名老年人送上慰问款物价值计11.8万元，其中，九仙山旅游景区为铭爱村180名留守老人送上慰问金1.8万元；在城关成立“驻城关老人服务站”，与外出老人沟通交流。

平安建设　开展“平安先行乡镇”创建活动，辖区“民主法制示范村”创建率100%，15个村（社区）实现“四无”目标，11个村实现零刑事发案；开展防范打击电信诈骗、赌博、入室盗窃、地下鞭炮作坊等专项行动；排查、化解各类矛盾纠纷12起；开展综治集中入户访视活动，签订“家庭拒绝邪教”承诺书4900份，发放《平安瓷都》4900多册；在册110名刑释解教人员和2名社区矫正人员得到有效监管和转化。

人口计生　开展“六清理”“六整治”活动，重点清理初婚漏管、出生漏报、性别错报等情况；开展“关爱女孩、关爱母亲健康”为主题的宣传活动；排查非正常终止妊娠行为，深挖“两非”案源，破获“两非”案件1起；向法院申请强制执行社会抚养费征收47例，征收社会抚养费33.5万元。

安全生产　落实安全生产目标管理责任制，开展安全生产大检查和“打非治违”工作，排查各类安全隐患39处，落实整改19处；开展“两违”综合治理，拆除建筑物16座5205平方米；戴云、东里、吉岭等3个村组建5—10人的村级群众森林消防队；交通、武装、消防、防汛抗灾、食品药品监管等工作有效开展。

（撰稿人：曾锦毅 审稿人：陈杰才）

表13　　2015年度登九十岁（虚岁）人员情况表

序　号	姓　名	性　别	出生年月	户籍所在地
1	陈能帝	男	1926. 9. 16	赤水镇
2	周　石	女	1920. 2. 10	赤水镇
3	叶　端	女	1926. 8. 9	赤水镇
4	陈标元	男	1925. 4. 2	赤水镇
5	陈士来	男	1925. 4. 7	赤水镇
6	陈士前	男	1922. 7. 9	赤水镇
7	陈以从	男	1922. 9. 30	赤水镇
8	陈五福	男	1925. 5. 27	赤水镇
9	叶　存	女	1925. 5. 9	赤水镇
10	陈以南	男	1926. 5. 20	赤水镇
11	陈以纲	男	1923. 10. 24	赤水镇
12	刘金留	女	1922. 4. 12	赤水镇
13	童　炎	女	1923. 10. 10	赤水镇
14	林　草	女	1922. 5. 18	赤水镇
15	陈能球	男	1926. 6. 2	赤水镇
16	周　田	女	1915. 5. 10	赤水镇
17	陈良寻	男	1926. 2. 22	赤水镇
18	陈荣玩	男	1914. 9. 11	赤水镇
19	陈文批	男	1925. 2. 1	赤水镇
20	陈荣町	男	1924. 1. 18	赤水镇
21	陈成画	男	1922. 11. 1	赤水镇
22	许　凤	女	1921. 1. 30	赤水镇
23	林　珍	女	1925. 4. 18	赤水镇
24	周克昌	男	1926. 5. 6	赤水镇
25	周士杰	男	1922. 6. 20	赤水镇
26	周双兴	男	1922. 8. 18	赤水镇
27	陈　玉	女	1926. 9. 26	赤水镇
28	郑　乖	女	1924. 10. 7	赤水镇
29	周吉旋	男	1924. 1. 11	赤水镇

续表 13

序 号	姓 名	性 别	出生年月	户籍所在地
30	许 顺	女	1925.7.29	赤水镇
31	陈利举	男	1924.9.13	赤水镇
32	许 水	女	1926.6.7	赤水镇
33	陈金狮	男	1926.9.2	赤水镇
34	陈亨雨	男	1921.5.27	赤水镇
35	涂 租	女	1919.6.19	赤水镇
36	许金煅	男	1924.7.17	赤水镇
37	苏 壹	女	1926.10.6	赤水镇
38	许成担	男	1925.1.1	赤水镇
39	陈 已	女	1921.6.5	赤水镇
40	林 买	女	1926.3.26	赤水镇
41	周 笑	女	1923.2.23	赤水镇
42	陈 姜	女	1926.3.21	赤水镇
43	陈 帛	女	1922.5.22	赤水镇
44	陈 济	女	1923.4.19	赤水镇
45	许新读	男	1924.3.6	赤水镇
46	陈 金	女	1921.9.14	赤水镇
47	陈 银	女	1917.1.20	赤水镇
48	涂 余	女	1926.1.23	赤水镇
49	许正淡	男	1925.12.4	赤水镇
50	李 换	女	1923.4.22	赤水镇
51	黄美玉	女	1918.5.12	赤水镇
52	涂 楼	女	1917.11.10	赤水镇
53	周 梅	女	1923.10.5	赤水镇
54	许 明	女	1924.6.7	赤水镇
55	黄 鸿	女	1921.5.19	赤水镇
56	陈 潜	女	1924.8.16	赤水镇
57	肖 堆	女	1925.3.20	赤水镇
58	蒋 脱	女	1923.9.15	赤水镇
59	许 镘	女	1923.4.28	赤水镇
60	陈 惜	女	1923.3.26	赤水镇
61	翁秉清	女	1923.7.1	赤水镇

续表 13

序　号	姓　名	性　别	出生年月	户籍所在地
62	涂　俩	女	1925.7.2	赤水镇
63	颜　回	女	1924.7.18	赤水镇
64	陈美质	女	1925.1.14	赤水镇
65	郑隆宜	男	1922.11.6	赤水镇
66	许金凤	女	1924.4.20	赤水镇
67	赖清长	女	1917.10.16	赤水镇
68	许情英	女	1918.7.16	赤水镇
69	苏　镯	女	1923.7.14	赤水镇

美湖镇

【概况】　全年实现工农生产总值21.15亿元，其中规模以上企业产值19.27亿元、纳税4655万元。

【经济发展】　*矿业经济*　抓好海峡水泥、盖阳公路、省阳山铁矿异地技改等项目建设安征迁扫尾工作，协助鑫阳公司做好副坝房屋拆迁和2#尾矿库外农地"吃产"，协助海峡水泥公司完成矿山用电高压线架设和"六大系统"建设，督促金竹坑矿区办好采矿证并做好开矿前准备；开展安全生产月和创建省级安全发展社区活动，配齐企业服务中心工作人员和涉矿村安全员，定时召开安全生产周碰头会、月工作例会，每周企业开展1次安全检查，矿山生产安全有序。

农业发展　全年流转土地850亩；引进晋江陈埭中和种养场种植优质米350亩；上报县现代农业奖励项目22个，新成立农民专业合作社2家、家庭农场1个，申报"无公害农产品"认证2个、省级示范家庭农场1个、县级示范合作社与家庭农场各2个。九龙茶叶专业合作社建立全国首个"茶园+黑兔"生态循环立体茶业基地，拥有"乌玫瑰"乌龙茶、红茶米粉、绿茶水粉三个专利产品。严守耕地保护红线，第三批旧村复垦和2013年土地开发整理项目通过市级验收。完成造林绿化1800多亩、幼林抚育20000亩，聘请护林员12名，查处野外违章用火8起，完成生物防火林带5.4公里、林带抚育35.6公里。落实"一事一议"财政奖补项目7个、兑现奖补资金149.62万元，发放农资综合直补71.08万元。

旅游产业　抓好金书楼修缮和龙湖山公路拓宽改造，完善樟树公园基础设施，筹备建设樟树文化展示馆；开展大龙湖旅游项目开发前期工作，完成一期项目土地租赁、电力资源租用补偿等工作；扶持九龙茶叶专业合作社，完成茶园支干道路建设，尝试发展生态休闲农庄。

【镇村建设】　*家园清洁行动*　开展农村环境卫生督查整治，建立健全"户集、村收、镇运、集中处理"的生活垃圾处理机制，镇聘保洁员14名，新建垃圾中转站1座。抓好上岸村、美湖村"千村整治、百村示范"项目建设，美湖村申报市级示范点。加大"两违"打击力度，全年拆除面积6060平方米。

基础设施建设　向上争取项目15个、资金1700多万元，全面完成斜山桥梁、清水工程、应急度汛、农村安全饮用水和上岸村、美湖村"千村整治、百村示范"等项目建设；推进洋坑村饮用水源备用水库建设，硬化通角落公路11.6公里，新建垃圾中转站1座、

美湖镇举行"祭樟王"民俗活动　　（连江水　摄）

污水处理设施3个，加固桥梁4座。全面落实"河长制"，清淤河道7公里，聘请专兼职水利工程建后管护人员18名。完成财政所、水利站标准化建设和《美湖镇志》纲目调整，建成灯光篮球场1座，配套完善系列健身器材。

【社会事业】 社会保障 全年发放低保金143.65万元、各类救助金32万元。新农合参保率、新农保续缴率皆99.9%；完成地质灾害搬迁安置54户、造福工程搬迁84户，新建农村幸福院2座；走访慰问困难群众2054人次、发放慰问金33.8万元，为1000多名65周岁以上老人和高血压、糖尿病、精神病患者免费提供健康检查。

社会管理 完成村级组织换届选举工作；加强社会治安综合治理，签订综治责任状12份，分发宣传单5000多份，落实重点人员管控，社区矫正人员25人，全部登记在册、落实稳控；立刑事案件4件，办结2件，治安案件5件，办结3件；排查化解矛盾纠纷43件；开展黄标车淘汰治理工作，淘汰黄标车4辆。

（美湖镇党政办 供稿）

大铭乡

【概况】 2015年，全乡完成工农业总产值11935万元，比2014年增长9.9%；财政总收入576.8万元，同比增长8.8%；农民人均纯收入1.01万元，同比增长9.2%。

【经济发展】 农林业生产 兑付农资综合补贴资金42.78万元，粮食播种面积8547亩，联春村生姜专业村等6个项目被列入县"现代农业"工程项目，重大动植物疫情防控免疫密度100%；人工造林绿化面积1245亩，完成县下达造林任务数130%，抚育生物防火林带61公里，封山育林及森林抚育面积10019亩，被确定为县生物防火林带建设示范乡镇。

特色农业 以3家生姜专业合作社为龙头，带动周边群众扩大种植规模，全乡生姜种植面积2000亩，亩产4000斤左右；11月25日，联合县农村信用社举办德化县"农信杯"大铭生姜王评比大赛，申报国家地理标志商标认证，通过无公害产地、产品认证；金黄村试种黄芩中药材20多亩；内春里种植桂花、台湾樱花、紫薇等珍贵树种180亩；发展棘胸蛙养殖基地1个，完成遮阳篷建设1100平方米，被列为市级精品工程通过县级验收。

招商引资 引进汇都购物广场入驻德化，投入1500万元。

【城乡建设】 水利工程 农村安全饮水项目通过省级验收并投入使用；砌筑防洪堤1756米，干砌块石4356.17立方米，建设拦水坝6座，总长度61.5米，安装防护栏234多米；建设节水灌溉水渠12.8公里，建设灌溉拦水坝18个，小型雨水集蓄利用工程8处。

流域治理 推进生态化改造为主的河网水生态专项整治，完成河道砌筑防洪堤2.1公里，河道清淤3.5公里，建设垃圾屋18座，沿河道护岸种植桂花树2000株。

乡村公路改造 总投资450多万元，拓宽镇区至产洋乡级公路工程4.5公里，路基宽6.5米，完成设计和招投标，进行土石方挖填工作，预计年底完工。

美丽乡村建设 投入30多万元拓宽硬化公路1.3公里，实施亮化工程；联春村装修主干道两侧房屋、建设垃圾屋、垃圾中转站，实现垃圾"日产日清"；常态性开展环境卫生整治，市级卫生督查中4次进入全市乡镇前十五名，在市级美丽乡村环境卫生考评中获得乡镇级第1名2次、第2名3次、第5名2次。

【社会事业】 扶贫 闽台缘博物馆、泉州市海交馆等市县7个部门、单位与7个村挂钩，进行开发扶贫，与贫困户结成帮扶对子61对，落实帮扶项目2个、帮扶资金40万元，慰问贫困户4户；资助10万元，建立生姜种植基地，资助贫困学生2人1.2万元。

计生工作 乡计生协会通过泉州市先进乡镇计生协会的验收；琼溪村、金黄村达到"六好"示范村标准并通过验收； 2015年度全县人口计生考核位列第十。

贴心关爱活 组织志愿服务队，定期开展五关怀活动，为留守老人免

11月25日，德化县"农信杯"大铭生姜王评比大赛举行 （大铭乡 供）

费理发、看病送药、代购生活用品等服务。

“平安大铭”建设　开展综治平安建设宣传，综治“三率”综合测评位居全县第1名；开展“智慧家庭”示范村建设，运用物联网技术，做好防火、防盗监控管理试点工作，提升农村智能化管理；开展交通安全整治“三年行动”，杜绝重特大安全事故的发生；开展“无邪教创建”活动，推进示范村建设；安全社区创建工作成为全市首个通过市级安全社区创建工作验收的乡镇。

（撰稿人：林　萍　审稿人：陈南镇）

春美乡

【概况】　2015年，全乡工农业总产值19544.7万元，比2014年增长11.5%，其中，农业总产值7572.2万元，同比增长10.0%，工业总产值11952.5万元，同比增长12.5%；企业总产值16638.3万元，同比增长12.8%；农民人均纯收入11381.3元，同比增长8.6%；乡财自有收入54.1万元。

【农林生产】　粮食生产　完成粮食播种面积1.13万亩（其中中稻7245亩），粮食总产量4450吨；兑现种粮直补、综合直补等优惠政策，全年发放农资综合直补57.7万元，其中综合直补50.18万元、良种补贴7.52万元。

林业生产　完成造林更新1100多亩，完成任务数的136%，其中人工造林770亩、防火林带造林120亩（公里）、四绿工程造林210亩；森林抚育7500亩，毛竹林抚育约5600亩，油茶林抚育约3500亩。

特色农业　巩固黄花菜、油茶、生姜、辣椒、毛竹林、中药材等规模产业，依托十八格农产品有限公司，做好黄花菜、油茶、竹笋等的加工、销售、优惠政策兑现等工作，打造“十八格”系列农特产品；举办“母亲花”休闲观光自驾游活动、开辟网上销售渠道、引进新品种试验种植、开发黄花菜盆景等措施，提升福建省著名商标“十八格”的知名度和黄花菜产品附加值。

新经济增长点　在2014年种植400亩纯种芳樟香料林的基础上，在全乡零星“四旁”及非规划林地继续推广种植芳樟，投资15万元新建芳樟叶油初级提炼点1个，试炼成功并投入使用。

【项目建设】　泉州市契合工贸有限公司和福建省正腾矿业有限责任公司选矿厂建设，投资约300万元完成水、电及矿石破碎设备等安装，进行股权重组合并；引进福建省天利和矿业有限公司，委托中国冶金二勘院对梁春村钾长石进行设计探矿，现完成普查工作，进入详查阶段。

推广复制棘胸蛙仿生态养殖，利用棘胸蛙与植物互补共生模式，在林下山地、溪流旁边发展棘胸蛙养殖，全乡共投资1200多万元建成棘胸蛙养殖基地6000平方米，棘胸蛙存栏量约30万只，其中，现有保种选育专用种蛙池约1000平方米，种蛙种群数量常年保持在1000对以上，后备种蛙常年保持在600对以上，将打石坑棘胸蛙基地转型为种蛙基地，目前两农户正在建设棘胸蛙养殖分场700平方米，“石冻王”棘胸蛙成功打开北京市场。

投资1180万元完成均溪春美乡河道治理工程项目建设；完成第三批农村土地整治、复垦55.7亩，待上级验收，第四批农村土地整治进行旧房拆迁及复垦工作；上春村盖竹尾406亩耕地整理项目，整理后预计新增耕地40.92亩，完成工程量70%；双翰、春美两个村市级土地开发整理项目建设，预计开发规模面积638.57亩，整理面积88.56亩，开发整理后预计新增耕地466.86亩，完成工程量70%；投资100万元做好原春美中学地质灾害点整治，完成设计方案，并通过评审，待招投标。

【城乡建设】　乡村道路提级改造　投资65万元完成尤新路狮子岩路口至尤床村水尾6公里道路拓宽硬化工程；投资82万元完成梁春村军乾角落生产道路1.6公里3.5米宽路面硬化和水毁工程；投资95万元完成古春村温上至梁春村漈头2.8公里公路提级改造工程；投资45万元完成春美村松柏垅仔1.1公里4.5米宽路面硬化改造工

春美乡“母亲花”——黄花菜　（德化报　供）

程；赤水至春美21.2公里镇有干线列入县“十三五”规划项目。

美丽乡村建设　投资25万元在镇区建设垃圾中转站1个，新配置垃圾箱20个、环卫桶120个，设立12块环境卫生保洁宣传牌；落实“河长制”，聘请4名群众为美丽乡村建设卫生监督员，在河流的两岸空地及道路两旁种植炮仗花、爬山虎、桃树、纯种芳樟等700多株，同时，做好公路沿线、河堤和政府大院空地的绿化，不断美化绿化环境；规划建设春美文化公园，完成公园施工图设计及征地等前期准备工作。

【社会事业】　全乡农村最低生活保障对象实现应保尽保；新农保续缴率99.45%，全县第三，新老农保衔接完成95.93%，全县第一；与县农业局联合开展“阳光雨露”培训计划，提高农民的科技意识和应用先进适用技术能力；抓好精准扶贫工作，对480多贫困户人口建档立卡，落实帮扶措施；加强重点交通违法行为整治和道路隐患路段排查整改，查处各类交通违法行为57起，发放整改通知书20份，清理黄标车1辆；连续三届被评为县级文明乡镇，市级文明乡镇通过中期考评；春美乡志编撰完成校对，现报县方志办审核。

（撰稿人：柳志杰　审稿人：曾华基　林国旺）

表14　　2015年度登九十岁（虚岁）人员情况表

序　号	姓　名	性　别	出生年月	户籍所在地
1	徐桂英	女	1926.3.28	尤床村曾村
2	梁国袍	男	1923.11.15	上春村割竹尾
3	章　瑞	女	1926.1.14	梁春村陈庄
4	芦　敬	女	1925.8.20	双瀚村下洋仔
5	章　捐	女	1926.4.19	双瀚村边竹垵
6	章玉山	女	1923.9.10	双瀚村鲤中
7	施桥治	女	1926.12.26	双瀚村边竹垵
8	苏开萼	男	1923.2.19	尤床村下洋
9	施春英	女	1926.9.25	尤床村下洋
10	涂珠璇	女	1926.12.26	梁春村陈庄
11	杨　传	女	1925.3.11	双瀚村上坪
12	邓秀营	女	1924.9.1	梁春村泝头
13	谢惠玉	女	1926.4.16	春美村横垄垅
14	赖　吾	女	1922.5.16	古春村牛寮
15	赖　庆	女	1923.10.10	古春村大坂洋
16	苏艾荣	男	1920.7.16	尤床村下洋
17	陈使海	女	1924.7.9	尤床村曾村
18	苏江荣	男	1924.7.16	上春村店坑
19	苏登万	男	1926.11.20	梁春村陈庄
20	梁　喜	女	1924.10.2	春美村下洋
21	卢大妹	女	1921.3.24	上春村飞龙格

上涌镇

【概况】　2015年，以创建省级“历史文化名镇”为目标，抢抓“厦沙高速”动建机遇，突出抓好“产业转型、名镇创建、招商选资、项目推进、民生保障、自身建设”六项工作，全年争取到各类项目资金1700多万元，用于改善生产生活条件，经济社会保持平稳健康发展。

【产业转型】　持续开展万亩优质米高产示范片基地建设，推广种植红米、黑米450亩；扩大德化梨种植面积达8000余亩；投资350万元扩建食用菌生产基地50亩，实现香菇生产200万袋；各类农业合作社增至57家，其中德化县丰裕硕农民专业合作社获评国家级示范社；发放良种补贴、农资综合补贴160.16万元；主动对接农村淘宝服务项目，全县首批30家农村淘宝服务站有1家在上涌落户，第二批3家拟在上涌落户。引进龙鑫荣生态养殖项目，投入资金500多万元，建设养殖基地7000多平方米，放养娃娃鱼40000多尾；引进上涌村东南葡萄种植项目，投资100万元建设集葡萄种植、销售、研发于一体的现代化种植园27亩；引进西溪村生态农业休闲旅游项目，投资100万元建设养殖基地1000平方米，放养棘胸蛙10000只；流转林地3000亩，发展铁皮石斛、金线莲等特色林下种植。依托"辉阳梨花"和上涌稻田景观被国家农业部授予"中国最美田园"称号，联合泉州晚报社组织200人的赏花团赴辉阳"赏梨花，拍梨花，画梨花"，发起认养梨树活动，不断增加农民收入。

【名镇创建】 聘请设计院编制《上涌历史文化名镇保护规划》《上涌镇十公里生态文化景观带设计方案》《上涌镇建筑整治保护工程设计方案》，以规划设计方案指引省级历史文化名镇创建工作；投入640万元，建设"云路—刘坑—黄井—辉阳"10公里美丽乡村景观带，其中2.5公里滨溪步道、东街后侧道路改造景观提升工程、黄井廊桥等在施工中；按照"戴云山筑"风格，投入资金750万元对6万平方米房屋进行改造，其中屋面改造3.5万平方米、立面改造2.5万平方米；投入300万元完成上涌公园建设及园林绿化工程，新增绿化面积7000多平方米；投入25万元完成杏仁古街等古建筑的测量及修缮保护方案设计；投入6万元完成上涌乡公所的测量及修缮加固施工图设计；投入8万元用于龙虎旗与南音的传承、保护。3月，上涌镇被列为省重点改善提升历史文化名镇，获省、市住建部门及县政府专项奖励资金700万元；11月，省技术评审组通过对上涌历史文化名镇保护规划的技术评审；人民网、福建日报、海都报、福建电视台等多家媒体对上涌镇历史文化名镇创建工作成效进行专题宣传报道。曾坂村省级传统村落申报材料上报至省住建厅。

【招商选资】 上涌工业园区建设完成土方石挖运10万多立方米、截洪沟工程钢筋混凝土箱涵150米及排水盲沟近500米等工程项目，工业区在春节前可供地50亩；与现有玩具生产企业沟通，帮助解决生产经营中的困难和问题，2家玩具生产企业为上涌提供近400个就业岗位。其中，力利玩具厂投入850万元在上涌工业区建设标准厂房2700平方米，2条生产线正式运行生产；成立上涌镇商会，通过商会平台进行招商，引进上涌协峰香厂，厂房面积2500平方米，年产值300万元；泉州市都市酒店用品有限公司、西溪现代农业项目落地上涌，野樱桃山庄项目和酱油生产项目正在洽谈中。

康绿食用菌种植农民专业合作社在上涌镇刘坑村流转180亩土地建设食用菌生产基地 （德化报 供）

【项目建设】 交通设施 厦沙高速完成征用土地2100多亩，房屋拆迁228户75座31300平方米，发放征迁补偿款8200多万元，实现"拆迁零事故，征地零投诉，矛盾零上交"；投资3000万元，建设"镇镇有干线"下涌至汤头二级路4.2公里；提级硬化镇村道路15公里。

水利设施 投资600多万元，动工建设坡耕地水土保持项目及省级重点乡镇水土流失综合治理项目；开展东坑溪"赛水质"活动；落实"河长制"责任，做好上涌生态清洁型小流域建设。

国土资源 做好曾坂村溪南尾滑坡治理项目建设，消除地质灾害隐患，该项目总投资740万元；实施第三、四批土地整治项目，规模151亩，启动第五批土地整治工作，规模70亩；完成桂林等3个村、门头等3个村、下村村市级土地整理开发项目验收工作。

扶贫开发 完成全镇400户968人建档立卡工作；发放专项扶贫资金162.5万元；做好与丰泽城东街道结对帮扶工作。9月，市委书记郑新聪开展调研时，对上涌的扶贫开发工作表示肯定。

生态环境 投入150万元，购买一体式化粪池98只、垃圾桶500个；完成镇区污水处理设施及污水配套管网施工图设计；开展环境卫生综合整治，除镇区8名保洁员外，各村聘用1—2名的保洁员，坚持月检查评比通报，按月发放保洁经费。辉阳、西溪、东山等7个村共获得农村卫生保洁"以奖代补"经费5.5万元。

【民生保障】 新农合参合率99.67%，新农保续保率95.15%；为624户646名困难群众发放低保金165万元。开展"关爱女性健康"义诊、"金秋助学"

等活动，成立全市首个计生协会法律援助服务站，兑现计生家庭奖励资金44万元。清剿火灾隐患，开展“安全生产标准化建设三年行动”及安全生产月活动创建省级安全社区并初步通过省专家组验收。投资25万元建设桂林村幸福院。

（上涌镇党政办 供稿）

汤头乡

【概况】 2015年，全乡工农业总产值1.985亿元，其中农业总产值0.586亿元，同比增长2.5%，工业总产值1.399亿元，同比增长11.45%，乡财税总收入1036万元，全年农民人均纯收入11371.5元，同比增长8.6%。

【特色农业】 新创办黄花远志、油茶和水产养殖等合作社5家，全乡共有合作社28家；实施“一村一品”工程，吉山、草村的佛手瓜，汤头、岭脚的水果，福山的“德福米”，汤垵、格中的油茶，已初具规模；福建生物奇迹科技有限公司在福山村建立500亩的“德福米”生产基地；春秋农场流转福山及周边村闲置、撂荒地1250亩，种植250亩的刺葡萄和500亩的樱花、银杏、桃、梨、红叶李等观赏型经济作物，场部建设基本完成，已投资600万元。

投入220万实施坡耕地治理，投入5.98万元进行水利管护；投入342.16万元完成第三批土地复垦面积26.32亩并通过市级验收，第四批土地复垦工作完成拆除面积26.4亩。

【林业生产】 完成抚育10379亩，退耕还林造林65亩，乡村风景林造林18亩，绿色通道造林20.3亩，绿色村镇造林30亩，其他造林更新1252亩。

【矿业招商】 丘埕铁矿实现产值

汤头乡“德福”大米生态种植基地 （林加乐 摄）

1.28亿元，完成年度任务106%；吉山金矿完成探矿权的转让及矿山整合工作，环评通过省环保部门验收；策划生成矿产、农业观光、温泉开发等三大类10个招商项目，引进厦门忠艺陶瓷原料有限公司对福山瓷土精制厂进行技改扩建项目，投资600万元，对瓷土进行分类选取、除铁提纯。

【项目建设】 下涌至汤头（汤头段）4.675公里的二级路建设，总投资3919万元，目前完成投资1200万元；厦沙高速公路征地工作进展顺利；贵滨溪山洪沟治理项目，总投资1278万元，完成项目初步设计，地质勘探、合规性审查等工作，明年正式实施。

【新村建设】 投入29.7万元，帮助群众进行危房改造，其中完成修缮5户，异地安置19户；完成草村至黄坑206线道路硬化2.5公里、格中清坑坂至湖仔角落水泥路硬化1公里、彭园角落道路硬化2公里、吉山北垅角落路灯建设、汤垵村级森林公园建设等5个项目；投资48万元，修复岭脚村苦茶坂水毁生产道路40米、挡土墙260米（1900立方米）；投资55万元建设街面水库堤岸防护工程660米（2640立方米）；汤垵村、福山村房屋进行立面装修，房前屋后、公路两侧种植大果油茶林绿化；投入50万元建成垃圾中转站1座，日处理量60吨，购买垃圾池20个，拟改厕120户；拨付农村保洁资金6.9万元，健全“组保洁、村收集、乡转运”的垃圾收运体系，完善村庄保洁员绩效考核制度。

【社会事业】 社会保障 全乡216户251名低保对象，发放低保金65.4万元，16名优抚对象，发放补助金23.5万元；新型农村合作医疗“参合”率98%，新型农村养老保险续保率97.4%，完成选购城东保障性住房51户255万元保证金收缴工作。

扶贫工作 为市级扶贫开发的汤头村争取扶贫资金180万元；全年一事一议项目5个，财政奖补资金110.8万元；对村财薄弱的福山村、草村村拨付4万元；投入6.5万元装修福山村部，拨付0.5万元建设福山瓷土精制厂的党员活动阵地。

人口计生 发放生育关怀资金1.5万元，二女户安居工程款2万元，孕前优生健康检查对象补贴0.26万元，扶助二女户上大学7人；吉山村、格中村落实二女户、独生子女户多发放一份生态公益金的倾斜政策，全乡扶助二女户、独生子女户181户，发放扶助资金0.85万元。

关爱慰问　设立村级“关爱留守老人基金”3个，乡补助、社会捐资金额23万元；走访困难党员27人，发放慰问资金1.1万元，解决党员困难问题15件；开展“善行义举榜”发布和县道德模范推选工作，孝敬模范连续三届被县评为德化县“孝敬之星”。

（撰稿人：陈菊花　审稿人：曾小玲）

表15　2015年度登九十岁（虚岁）人员情况表

序　号	姓　名	性　别	出生年月	户籍所在地
1	郑　清	女	1926.11	汤头村洋头
2	苏　联	女	1926.2	汤垵村汤坑
3	周　错	女	1926.11	格中村格丘仔

葛坑镇

【概况】　2015年，全镇工农业总产值8.3亿元，同比增长16.6%，规模以上工业产值7.02亿元，同比增长17.8%，农业总产值1.18亿元，同比增长9.6%，财政总收入671万元，同比增长-17.3%，农民人均纯收入1.12万元，同比增长9.45%。

【农业经济】　加强农作物生产管理及台风暴雨灾后自产自救，完成全年粮食作物播种面积7398.7亩，撂荒地复耕130亩；发放粮食综合直补与良种补贴资金65.16万元，支出资金2.58万元，补贴购买微耕机、割灌机、烘干机等农机具21台架；在4个村种植巴西蘑菇3万平方米，产值280万元，2月份，巴西蘑菇获省级无公害绿色农产品认证授牌；全镇25家农民专业合作社得到巩固发展，种植芦柑7000亩、油茶林7500亩、高山云雾茶1000多亩、花卉苗木基地600多亩，林下种植铁皮石斛、黄花远志100亩；养殖蜜蜂50箱，年产量1500斤，发展稻田养鱼50多亩，存栏黑兔4500多只、羊900多只；开启观光采摘游模式，开展德化梨、柑橘、西瓜等水果采摘活动20多批次，吸引5000多人次参与；出台《关于扩大特色农业规模促进农业产业化经营的实施意见》，申报油茶、铁皮石斛、芦柑、巴西蘑菇、“三黑”等现代农业项目15个；德化黑鸡、土鸡扩繁场基地技术改造3个，新建专业养殖场3个；新种植高山云雾茶100多亩、锥栗250亩、油茶林150亩，扩种花卉苗木基地100亩，下玲村土地流转385亩试种大豆；完成绿化造林4054亩；生产芦柑5000吨，产值达1000万元；邱村、漈头大果茶油产量25.5吨、产值510万元。

【工业经济】　全镇矿业总产值7.11亿元，增长17.74%。双旗山矿业两个选矿厂处理原矿44.73万吨，收入1.8亿元，纳税1998万元；委托闽西地质大队编制双旗山矿区仙洋矿段地质普查、设计方案；完成《邱村矿区外围漈头矿段金矿物探勘查项目》的野外项目，使用新型钻探设备，井下钻探全年节约生产成本50万元，加强井下自建队管理，全年节约成本220万元，完善采购管理系统，仅钢球单项，全年可降低成本23万元；引进厦门倍思达生物公司饲料添加剂项目，拟投资1500万元，新厂房正在施工。

【基础设施】　投资280万元，完成龙际白叶湖1.5公里、大正0.7公里、富地跻格及大安1.5公里、大岭0.3公里、葛坑水尾1.3公里、漈头南方0.7公里、下玲下长坵0.35公里、湖头东方桥0.35公里全镇6.7公里村级道路及水门、富地错车道建设，完成市级656亩土地开发整理，湖头地灾地治理工作通过验收；投资140万元，开展葛坑、龙际300多亩坡耕地治理，项目已完成80%；投资100多万元，建设镇区污水处理厂、垃圾中转站，已投入使用。

【项目建设】　厦沙高速葛坑段项目完成红线内250多亩土地的丈量和117

5月14日，县政府县长欧阳秋虹（右四）到葛坑镇调研美丽乡村建设

（葛坑镇　供）

多亩红线外施工便道、拌和场土地征用工作；采伐林木 114.3 立方米；清点茶果 6166 株；迁墓 30 座；发放各类安征迁补偿款 720 万元。

镇干线项目 杨梅镇区至葛坑镇大正二级公路，累计投资 1500 多万元，完成挖方 20 万平方米、土石方填方 15 万平方米、浇筑片石混凝土 500 立方米，干砌护脚墙 2500 立方米，建成涵洞 5 道，中桥下部结构正在施工中，施工便道全线贯通，完成征地 450 亩，拆除房屋 1095 平方米。

东洋矿业基建项目 完成征地调查摸底，签订征地意向书，拟定征地实施方案，初步确定征地范围。

溪柄尾矿库扩容项目 召开动员会，通报征地范围和初步标准，收集意见和建议。

【社会事业】 *社会保障* 2015 年，全镇"新农保"参保率 97.02%，低保人员 430 人，发放低保金 179 万元。

扶贫工作 富地村与市人防办结对共建，确定道路硬化、溪堤建设、农业示范基地建设等 13 个项目，预计投入 336 万元，到位 145 万元；投入 3 万多元，建设垃圾池、配备垃圾筒等；投入 80 多万元，硬化桥亭尾至田地角落 1.5 公里村道；筹资入股双旗山矿业 50 万元，年增加村集体收入 6.5 万元。

安居工程 为 8 户 31 人建设安居（造福）工程，向上争取造福工程指标 50 户 162 人，获上级补助资金 50 多万元，安排旧村复垦拆迁对象 153 户村民购买城东保障房。

关爱活动 开展关爱老人及女性健康义诊体检活动 12 场次；开展助学奖教活动，发放奖金 3.45 万元，奖励学生 28 人，其中博士生、硕士生各 1 人、计生二女户 7 人。

文体与计生 推进农家书屋、文化中心户等文化设施建设，新建村级体育健身点 2 处；镇志编撰稿送市审核，葛坑村获批 2015 年全市共 6 个"乡村记忆档案"示范项目之一；县级计生考核获全县第 4 名。

【"平安葛坑"创建】 发综治春牛图、平安瓷都宣传材料 1 万多份，发送平安短信 3 万多条次，开展夜间治安巡逻 80 多次；化解矛盾纠纷 13 起，安置帮教刑释解教人员 69 人，累计接收社区矫正人员 16 人；开展安全生产大检查、地质灾害治理和"黄标车"治理；完成村级换届选举，新当选的"村两委"成员 72 名，平均年龄 43.5 岁。

（撰稿人：陈儒林 审稿人：蒋声彬）

表 16　　2015 年度登九十岁（虚岁）人员情况表

序号	姓名	性别	出生年月	户籍所在地
1	苏　兴	女	1922.1.1	葛坑村
2	苏　波	女	1923.11.28	葛坑村
3	李生冰	男	1925.9.23	漈头村
4	李世来	男	1924.10.15	漈头村
5	肖　妹	女	1925.1.2	邱村村
6	陈其进	男	1921.7.12	大岭村
7	王辉著	男	1922.9.13	大岭村
8	苏尚尧	男	1923.9.21	蓝田村
9	苏　棉	女	1921.6.29	富地村
10	苏美墹	男	1924.9.5	富地村
11	赖　宝	女	1923.9.12	龙漈村
12	苏永民	男	1921.8.15	镇直

杨梅乡

【概况】 2015 年，全乡生产总值 2.7 亿元，其中工业总产值 1.85 亿元，同比增长 8%；农业生产总值 0.85 亿元，同比增长 3%；公共财政总收入 1662.71 万元（其中预算收入 681.7 万元），农民人均纯收入 0.998 万元，同比增长 10.2%。

【经济发展】 *矿业* 安村金矿完成延证式组织探采，推动青云矿业探明储量，建设安全"六大系统"；投资 100 多万元更新浮选程序和整修选矿设备，为新一轮矿业发展奠定基础。

招商选资 列入市重点项目的美图（福建）铝业投入近 1.36 亿元完成大部分厂房基建，拟于 2016 年上半年试产；京隆堂健康功能陶瓷投产达产，纳税可超 200 万元；隆兴木材加工厂通过技改加大产能。

农林业 发展专业养鸡、养鸭场 3 个，年可出栏家禽 1.5 万多羽；扶持产业山羊基地，全乡养殖近 1000 头；发展农民专业合作社至 37 家；完成土地流转 100 多亩；建设现代竹业示范基地，增加群众收入 300 多万元，建设野生兰花培育基地；完成造林面积 960 多亩，油茶林抚育 6000 多亩；开展森林防火工作，新组建 1 支村级

12 月 4 日，杨梅乡安村村丁荣自然村银杏风景全貌　　（黄谷莹　摄）

防火队伍，建设防火林带 2 公里；完成水利工作站标准化建设，创建气象标准化乡镇，做好农村安全饮水工程建后管护工作，水电业继续保持平稳增长。

【城乡建设】　杨梅乡至葛坑镇二级路建设　杨梅段全长 9.1 公里，总投资 7365.35 万元，完成投资约 2200 万元，全面开通施工便道，挖、填土石方 112 万立方，建设路基约 2 公里、挡土墙约 8000 立方、涵洞 6 座，基本完成大桥孔桩建设，预计 2016 年上半年基本建成通车。

土地整理与开发　投资 161 万元的安村、和顺土地整理项目通过市级验收，投资 396 万元的上云村市级土地开发项目申报市级验收；计划投资 110 万元的云溪村县级土地开发项目完成设计，计划投资 320 万元的白叶村市级土地整理开发项目完成土地测量、立项报批，组织设计和招投标；第三批旧村复垦项目通过市级验收，第四批完成大部分工程量；投资 30 多万元，完成垃圾中转站基建并添置安装设备。

【社会事业】　新农保、新农合任务全面完成，五保户、低保户实现“应保尽保”；教育“控辍保学”达到创建义务发展均衡县标准；老人健康档案建档率 81%。组织“无邪教示范创建”活动，杨梅村通过“省级示范村”验收；开展“七打七治”、矿山安全、道路安全“三年行动”等专项整治行动，杜绝重大事故发展。实施“利益导向、宣传教育、人文关怀、优质服务”四个工程，年终全县考评获第二名。

（撰稿人：陈丽玲　审稿人：曾世超）

表 17　　2015 年度登九十岁（虚岁）人员情况表

序号	姓 名	性 别	出生年月	户籍所在地
1	林永和	男	1926.8.3	云溪村云溪
2	胞秀德	女	1926.12.26	杨梅村杨梅
3	陈亮铸	男	1926.3.7	杨梅街
4	陈亮铫	男	1926.4.5	杨梅街
5	林建荫	男	1926.2.16	杨梅街
6	林　块	女	1926.2.14	安村村丁荣
7	林明逢	男	1926.2.19	和顺村后坑

桂阳乡

【概况】　2015 年，全乡经济总收入 7800 万元，增长 6.6%；财政总收入 503.69 万元，增长 7.26%，其中一般预算收入 153.89 万元，增长 22.9%；农民人均纯收入 11275 元，增长 10%。

【基础设施建设】　投入 190 万元，继续实施农业综合开发项目；投入 80 万元，实施闽江上游农村环境整治；投入 217 万元，实施土地旧村复垦 16.7 亩；投入 120 多万元，继续实施梓溪、安章村 550 亩土地整理；投入 250 多万元，实施彭坑、王春村 1000 多亩土地整理；投入 100 万元实施涌溪移民新村立面修缮，投入 45 万元完成乡垃圾中转站建设，投入 68 万元实施移民后扶道路硬化；投入 12.3 万元架设路灯 84 盏，投入 130 万元建设角落道路 2.3 公里，投入 10 万元养护角落村公路 65 公里，投入 35 万元建设错车道 65 个。

【农业经济】　农业生产　落实各项惠农政策，全年兑现惠农补贴 50 万元；超额完成粮食播种任务；扶持 32 家农民专业合作社和家庭农场，引导群众走农民专业合作社和家庭农场路子，推动土地科学有序流转，变散户耕种为规模化、集约化经营；新流转土地 1500 亩，复耕撂荒地 1700 亩。

林业生产　人工造林 1718 亩、封山育林 6500 亩，改造抚育油茶林 2000 亩、丰产毛竹林 3000 亩，发展茶油深加工。

涌溪水库　　　　　　　　　　　　　　　　　　　　　　　（张圭如　摄）

表 18　　　　　2015 年度登九十岁（虚岁）人员情况表

序 号	姓 名	性 别	出生年月	户籍所在地
1	周　满	女	1926.10.15	陈溪村
2	黄　束	女	1924.8.15	彭坑村
3	周　菊	女	1923.7.2	桂阳村
4	林先昧	男	1923.10.26	桂阳村
5	肖世宽	男	1918.12.18	陈溪村
6	杨　科	女	1920.10.28	洪田村
7	李万学	男	1923.4.28	洪田村
8	李世金	男	1926.10.8	洪田村
9	陈　荣	女	1918.11.8	彭坑村

矿业　完成大坪山瓷土矿勘探及相关手续办理；联系企业在桂阳创办瓷土粗加工厂；引导民间资本探寻新矿源，建立各类矿产资源开发储备库。

【社会事业】　*关爱留守老人*　坚持村级老年协会会长每月学习交流制度；完善“党支部+老年协会+互助组”工作机制，推动老年人互帮互助，引导更多外出人员定期返乡看望关爱留守老人；邀请德化憨鼠爱心小分队、泉州第一医院及县中医院专家开展上门义诊慰问活动。

扶贫开发工作　抓好市级重点帮扶村安章村、梓溪村的帮扶工作；实施农村“一事一议”项目，不断完善基础设施建设。

民生保障　全乡新型农村合作医疗保险参保率 99%，新型农村养老保险续保率 95.71%，152 户低保对象享受低保和五保；新建计生“二女户”安居工程 1 户，落实造福工程 8 户，发放奖教奖学基金 15100 元帮助困难学生 25 人。

（撰稿人：黄紫龙　审稿人：苏丽萍）

2015 年度领导人名表

一、县四套班子

表 19

机构名称	职 务	姓 名	性 别	籍 贯	任职起止时间	备 注
县 委	书 记	吴深生	男	漳州市平和县	2011.6 —	
	副书记	欧阳秋虹	女	南安市	2005.7 —	
		王传敬	男	水口镇上湖村	2011.7 — 2015.11	
		陈金忠	男	雷峰镇瑞坂村	2015.11 —	正处级
	常 委	陈金忠	男	雷峰镇瑞坂村	2011.7 — 2015.11	正处级
		吴顺情	男	南安市石井镇	2011.7 —	
		温文英	女	浔中镇浔中村	2011.7 —	
		叶长青	男	泉州市鲤城区	2011.7 —	
		方建生	男	泉州市洛江区	2011.7 —	
		曾宪堡	男	浔中镇仙境村	2012.7 — 2015.9	
		王志安	男	南安市洪濑镇	2013.5 —	
		沈俊旭	男	漳州市	2014.3 —	
县人大常委会	主 任	涂健圻	男	赤水镇西洋村	2011.2 — 2015.12	
		王传敬	男	水口镇上湖村	2015.12 —	
	副主任	黄耀昆	男	南安市罗东镇	2011.12 —	
		徐明侃	男	盖德镇福阳村	2010.1 —	
		张秋英	女	龙浔镇丁墘村	2011.12 —	
		连继续	男	杨梅乡杨梅村	2011.12 —	
	正处级干部	林华武	男	大铭乡大铭村	2011.8 — 2015.1	

续表 19

机构名称	职 务	姓 名	性 别	籍 贯	任职起止时间	备 注
县政府	县 长	欧阳秋虹	女	南安市	2011.12 —	
	常务副县长	吴顺情	男	南安市石井镇	2011.7 —	
	副县长	陈祥端	男	雷峰镇李溪村	2011.7—	
		林祖传	男	美湖镇美湖村	2011.4 —	
		许华忠	男	赤水镇永嘉村	2011.7 — 2015.8	
		苏毅君	男	春美乡古春村	2011.7 —	
		苏锡培	男	龙浔镇宝美村	2012.8 —	
		刘惠煌	男	泉州市泉港区	2013.5 —	
		张传晖	男	三明市建宁县	2014.9 —	挂职
	副处级干部	徐文福	男	盖德镇三福村	2014.7 —	
县政协	主 席	苏兴羽	男	春美乡古春村	2011.12 —	
	副主席	陈明灿	男	水口镇昆坂村	2011.12 —	
		李金鼠	男	永春县东关镇	2010.1 —	
		刘志阳	男	水口镇樟镜村	2011.12 —	
		林文昌	男	盖德镇仙岭村	2011.12 —	
	正处级干部	梁丁云	男	南埕镇蟠龙村	2011.8 — 2015.4	
		李文建	男	南安市诗山镇	2011.8 — 2015.9	

二、县委各部门

表 20

机构名称	职 务	姓 名	性别	籍贯	任职起止时间	备注
县委办	主 任	刘振铭	男	美湖镇小湖村	2012.8 —	
	副主任	林让苗	男	美湖镇上漈村	2008.12 —	
		蒋声彬	男	上涌镇黄井村	2012.7 — 2015.9	
		苏文忠	男	大铭乡联春村	2012.9 —	挂职
		陈建军	男	龙浔镇高阳村	2013.7 —	
		陈文锋	男	南埕镇连山村	2015.9 —	
	保密局局长 县委办主任科员	林让苗	男	美湖镇上漈村	2008.12 —	
	机要局（密码管理局）局长	郑世德	男	水口镇淳湖村	2011.5 —	
组织部	部 长	方建生	男	泉州市洛江区	2011.7 —	
	副部长	赖诗坛	男	上涌镇桂林村	2013.9 —	
		陈为垦	男	赤水镇猛虎村	2012.8 — 2015.5	
		陈天铸	男	龙浔镇丁溪村	2006.11 — 2015.9	
		彭钦毅	男	龙门滩镇霞碧村	2012.8 —	

续表 20

机构名称	职 务	姓 名	性别	籍贯	任职起止时间	备注
宣传部	部 长	曾宪堡	男	浔中镇仙境村	2012.8 — 2015.9	
	副部长	陈大孝	男	龙门滩镇硕儒村	2006.11 —	
		苏义和	男	汤头乡格中村	2004.1 —	
		郑清清	男	汤头乡岭脚村	2011.5 —	
		林合虎	男	桂阳乡涌溪村	2012.7 — 2015.8	
统战部	部 长	温文英	女	浔中镇浔中村	2011.7 —	
	副部长	郑金明	男	莆田市仙游县	2014.4 — 2015.8	
		陈 峰	女	赤水镇苏岭村	2011.5 —	
		林大利	男	大铭乡大铭村	2011.5 —	
		周启宗	男	赤水镇铭爱村	2015.8 —	
政法委（综治办）	书 记	王志安	男	南安市洪濑镇	2013.5 —	
	副书记	林祖传	男	美湖镇美湖村	2013.5 —	
		苏华廉	男	春美乡上春村	2006.11 — 2015.5	
		林华宏	男	桂阳乡桂阳村	2008.12 —	
		林新睿	男	大铭乡大铭村	2011.11 — 2015.5	
		张昌联	男	上涌镇中洋村	2015.5 —	
		郭新福	男	上涌镇下涌村	2015.9 —	
	610 办主任	林华宏	男	桂阳乡桂阳村	2008.12 —	
	综治办主任	林新睿	男	大铭乡大铭村	2006.5 — 2015.5	
		郭新福	男	上涌镇下涌村	2015.9 —	
台工办（外事侨务办）	主 任	苏左丹	男	龙浔镇宝美村	2011.5 —	
	副主任	赖宝彬	女	大铭乡琼英村	2012.8 —	
	外事侨务办主任	苏左丹	男	龙浔镇宝美村	2012.8 —	
	外事侨务办副主任	赖宝彬	女	大铭乡琼英村	2012.8 —	
编 办	主 任	黄华玲	女	龙浔镇丁溪村	1999.1 — 2015.8	
		李仁殿	男	杨梅乡安村村	2015.8 —	
	副主任	赖秋凤	女	三班镇龙阙村	2012.7 —	
		罗家渊	男	雷峰镇潘祠村	2015.10 —	
	事业单位登记管理局局长	罗家渊	男	雷峰镇潘祠村	2012.9 — 2015.10	
		吴明慧	女	雷峰镇蕉溪村	2015.11 —	
县直党工委	书 记	郑克昌	男	上涌镇云路村	2006.11 —	
	副书记	郑以文	男	三班镇三班村	2008.12 — 2015.9	
		张丽美	女	雷峰镇长基村	2015.10 —	
	纪工委书记	郑以文	男	三班镇三班村	2012.8 — 2015.9	
		张丽美	女	雷峰镇长基村	2015.10 —	
	人武部部长	苏文清	男	春美乡双翰村	2012.8 — 2015.8	

续表 20

机构名称	职 务	姓 名	性别	籍贯	任职起止时间	备注
非公企业工委	书 记	杨德源	男	桂阳乡安章村	2012.8 — 2015.8	
		赖诗坛	男	上涌镇桂林村	2015.9 —	
	副书记	黄秉文	男	水口镇承泽村	2015.10 —	
老干局	局 长	陈天铸	男	龙浔镇丁溪村	2006.11 — 2015.8	
		黄华玲	女	龙浔镇丁溪村	2015.8 —	
	副局长	赖素文	女	大铭乡琼山村	2013.7 —	
文明办	主 任	苏义和	男	汤头乡格中村	2004.1 —	
	副主任	陈朝阳	男	雷峰镇蕉溪村	2002.4 — 2015.8	
		赖诗造	男	汤头乡福山村	2015.10 —	
信访局	局 长	陈建军	男	龙浔镇高阳村	2013.7 —	
	副局长	张玉霞	女	龙浔镇丁埯村	2006.5 —	
农办（脱贫办）	主 任	刘正铜	男	上涌镇刘坑村	2006.11 — 2015.4	2014.12与农业局合并
		张朝荣	男	上涌镇云路村	2015.4 —	
	副主任	张朝荣	男	上涌镇云路村	2011.5 — 2015.4	
		曾荣城	男	赤水镇赤水社区	2004.12 —	
		陈智钦	男	雷峰镇格后村	2011.5 —	
		张玉彬	男	上涌镇黄井村	2015.4 —	
		蔡成智	男	南埕镇西山村	2015.12 —	
	脱贫办主任	林文寿（正科级）	男	大铭乡大铭村	2011.5 — 2015.4	
教育工委	书 记	曾宪堡	男	浔中镇仙境村	2012.8 — 2015.4	
	第一副书记	许华忠	男	赤水镇永嘉村	2011.8 — 2015.4	
	副书记	黄文和	男	漳州市平和县	2012.7 — 2015.4	
		赖礼锋	男	上涌镇下涌村	2006.11 — 2015.4	
		黄榕生	男	龙门滩镇霞碧村	2011.5 — 2015.4	
党 校	校 长	陈金忠	男	雷峰镇瑞坂村	2013.10 — 2015.11	
		方建生	男	泉州市洛江区	2015.11 —	
	常务副校长	谢英杰	男	浔中镇凤池社区	1998.6 — 2015.8	
		李远平	男	南安市梅山镇	2015.8 —	
	副校长	赖清长	男	汤头乡吉山村	2011.5 —	
		李辉城	男	桂阳乡洪田村	2013.7 —	
党史研究室	主 任	陈永忠	男	赤水镇苏岭村	2013.7 — 2015.5	
		刘劲松	男	南埕镇南埕村	2015.5 —	
	副主任	陈艺斌	男	龙浔镇丁埯村	2012.8 —	
档案局（馆）	局（馆）长	郑文贤	男	雷峰镇长基村	2008.12 —	
	副局（馆）长	陈文利	男	葛坑镇葛坑村	2012.8 —	

三、县人大常委会工作机构

表 21

机构名称	职 务	姓 名	性别	籍 贯	任职起止时间	备 注
人大办	主 任	陈能顺	男	国宝乡南斗村	2011. 5 —	
	副主任	寇文策	男	盖德镇下寮村	2006. 12 —	
		陈煌林	男	赤水镇苏坂村	2012. 8 —	
人事代表工委	主 任	曾昭亮	男	浔中镇凤洋村	2011. 5 —	
	副主任	郭仙仙	女	汤头乡汤头村	2012. 8 — 2015. 11	
		林廉敬	男	桂阳乡桂阳村	2015. 11 —	
环城工委	主 任	苏兴坚	男	春美乡双翰村	2009. 1 —	
	副主任	杨建春	男	龙门滩镇苏洋村	2013. 7 —	
内司工委	主 任	颜义昌	男	永春县达埔镇	2011. 5 — 2015. 5	
		苏华廉	男	春美乡上春村	2015. 4 —	
	副主任	徐文曙	男	盖德镇福阳村	2012. 8 —	
农经工委	主 任	林耀雄	男	浔中镇浔中村	2015. 2 —	
	副主任	蒋世杰	男	上涌镇传豪村	2011. 5 —	
财经工委	主 任	陈成模	男	葛坑镇葛坑村	2009. 1 —	
	副主任	陈建辉	男	南埕镇连山村	2012. 8 —	
教科文卫工委（华侨民族宗教工委）	主 任	陈文辉	男	浔中镇乐陶村	2011. 5 —	
	副主任	郭启建	男	龙浔镇宝美村	2011. 5 — 2015. 11	

四、县政府各部门

表 22

机构名称	职 务	姓 名	性别	籍 贯	任职起止时间	备 注
政府办	主 任	陈东明	男	龙浔镇丁溪村	2008. 12 —	
	支前办主任	黄新颖	女	龙浔镇丁垅村	2011. 5 —	
	副主任	林其粮	男	大田县湖美乡	2011. 5 —	
		王艳琦	女	永春县苏坑镇	2012. 8 — 2015. 12	
		林埔填	男	龙浔镇丁溪村	2011. 5 —	
		赖礼基	男	上涌镇下涌村	2012. 8 —	2015. 10 起挂职
		徐良春	男	盖德镇福阳村	2015. 11 —	
	纪检组长	陈传基	男	国宝乡祥云村	2015. 11 —	

续表 22

机构名称	职 务	姓 名	性别	籍 贯	任职起止时间	备 注
发展和改革局（物价局）	局 长	陈章武	男	葛坑镇水门村	2012.8 —	
	副局长	郑全谋	男	雷峰镇长基村	2011.5 —	
		连新明	男	杨梅乡杨梅村	2011.5 —	
		赖育宏	男	大铭乡琼山村	2012.8 — 2015.10	
		刘元春	男	仙游县大济镇	2015.10 —	
	物价局局长 发改局主任科员	郑全谋	男	雷峰镇长基村	2012.8 —	
	纪检组长	黄榕生	男	龙门滩镇霞碧村	2015.10 —	
国动委经动办	主 任	陈章武	男	葛坑镇水门村	2012.8 —	
经济贸易局（粮食局）	局 长	温明源	男	龙门滩镇霞碧村	2012.8 — 2015.5	
	副局长	颜光前	男	三班镇泗滨村	2011.5 — 2015.4	
		周崇楚	男	赤水镇铭爱村	2011.5 — 2015.4	
		颜全胜	男	三班镇泗滨村	2012.8 — 2015.4	
		苏玉卿	男	春美乡尤床村	2012.8 — 2015.4	
		黄长连	男	水口镇榜上村	2011.5 — 2015.4	
	纪检组长	林荣成	男	上涌镇上涌村	2012.7 — 2015.4	
	市场服务中心主任	陈武汉	男	春美乡梁春村	2011.5 — 2015.4	
	粮食局局长	颜全胜	男	三班镇泗滨村	2011.5 — 2015.5	
	粮食局副局长	王建兴	男	永春县苏坑镇	2008.12 — 2015.5	
经济和信息化局	局 长	温明源	男	龙门滩镇霞碧村	2015.5 — 2015.10	2014.12 组建
	副局长	周崇楚	男	赤水镇铭爱村	2015.5 —	
		黄长连	男	水口镇榜上村	2015.5 —	
	纪检组长	林荣成	男	上涌镇上涌村	2015.4 —	
	市场服务中心主任	陈武汉	男	春美乡梁春村	2015.5 — 2015.9	
商务局（粮食局）	局 长	郑信东	男	永春县达埔镇	2015.5 —	2014.12 组建
	副局长	颜全胜	男	三班镇泗滨村	2015.5 —	
		苏玉卿	男	春美乡尤床村	2015.5 —	
	纪检组长	林进和	男	桂阳乡桂阳村	2015.10 —	
教育局	局 长	黄文和	男	漳州市平和县	2012.8 —	2014.12 重新组建
	副局长	林丽芳	女	美湖镇上漈村	2008.12 —	
		杨奇成	男	桂阳乡安章村	2011.5 —	
		黄榕生	男	龙门滩镇霞碧村	2015.5 — 2015.11	
		余德兴（挂职）	男	南安市诗山镇	2015.10 —	
	纪检组长	陈为正	男	赤水镇苏岭村	2008.12 — 2015.5	
		陈汉雄	男	永春县岵山镇	2015.4 —	

续表 22

机构名称	职 务	姓 名	性别	籍 贯	任职起止时间	备 注
公安局	泉州市公安局副调研员、局长	苏碧江	男	泉州市丰泽区	2012.6 —	
	副书记	李健康	男	厦门市思明区	2012.5 —	
	政　委	李健康	男	厦门市思明区	2012.6 —	
	副局长	黄永坚	男	上涌镇云路村	2011.5 —	
		林亮旺	男	杨梅乡云溪村	2011.5 —	
		林剑峰	男	盖德镇上地村	2012.8 —	
		薛　伟	男	福清市龙田镇	2012.9 —	
	党委委员	林国询	男	桂阳乡桂阳村	2011.5 —	
		郑丹平	男	水口镇久住村	2011.5 —	
		郑文国	男	雷峰镇长基村	2012.7 —	
		苏泉足	男	龙浔镇宝美村	2012.7 —	
		涂俊杰	男	盖德镇上坑村	2012.7 —	
		冯桂滨	男	三班镇蔡径村	2012.7 —	
		赖经国	男	大铭乡琼山村	2013.7 —	
	纪委书记	郑丹平	男	水口镇久住村	2012.7 —	
	经侦大队大队长	林国询	男	桂阳乡桂阳村	2011.5 —	
	经侦大队教导员	陈逢辉	男	永春县五里街镇	2012.8 —	
	政工室主任	苏泉足	男	龙浔镇宝美村	2012.8 —	
	纪检监察室主任	李金德	男	盖德镇盖德村	2015.6 —	
	指挥中心主任	危建全	男	龙浔镇高阳村	2012.8 — 2015.6	
		陈文良	男	雷峰镇瑞坂村	2015.6 —	
	警务保障室主任	林章埔	男	杨梅乡上云村	2011.5 —	
	法制大队大队长	黄建南	男	浔中镇浔中村	2011.5 —	
	法制大队教导员	陈志鸿	男	龙浔镇丁墘村	2011.5 —	
	出入境管理大队大队长	吴辉煌	男	雷峰镇蕉溪村	2011.5 —	
	出入境管理大队教导员	郑惠勉	女	三班镇东山洋村	2011.5 —	
	公共信息网络安全监察大队大队长	邓艳红	女	浔中镇蒲坂村	2011.5 —	
	公共信息网络安全监察大队教导员	郑志鹏	男	三班镇桥内村	2015.6 —	
	国保大队大队长	陈少宏	男	雷峰镇李溪村	2008.3 —	
	国保大队教导员	苏世超	男	春美乡春美村	2015.6 —	
	刑侦大队大队长	涂俊杰	男	盖德镇上坑村	2011.5 —	
	治安大队大队长	赖经国	男	大铭乡琼山村	2012.8 —	

续表 22

机构名称	职 务	姓 名	性别	籍 贯	任职起止时间	备 注
公安局	治安大队教导员	赖孝炎	男	大铭乡琼溪村	2011.5 —	
	交管大队大队长	郑贵军	男	三班镇东山洋村	2012.8 —	
	交管大队教导员	林文涌	男	盖德镇大墘村	2011.5 —	
	看守所所长	林朝晖	男	永春县蓬壶镇	2013.4 —	
	看守所教导员	陈明辉	男	雷峰镇格后村	2013.4 —	
	拘留所所长	张孟泷	男	南埕镇塔兜村	2011.5 —	
	拘留所教导员	郑远峰	男	永春县介福乡	2013.4 —	
	龙浔所所长	冯桂滨	男	三班镇蔡径村	2012.8 —	正科级
	龙浔所副所长	陈遵正	男	永春县介福村	2015.6 —	副科级
	龙浔所教导员	曾昭良	男	浔中镇浔中村	2011.5 —	正科级
	浔中所所长	林朝昱	男	大铭乡大铭村	2012.8 —	正科级
	浔中所教导员	连荣垚	男	国宝乡格头村	2012.8 —	
	盖德所所长	宋志贤	男	美湖镇上岸村	2012.8 —	
	南埕所所长	郑长结	男	国宝乡佛岭村	2012.8 —	
	水口所所长	苏陆文	男	漳州市芗城区	2013.4 — 2015.11	
		许剑峰	男	赤水镇永加村	2015.11 —	
	三班所所长	王晨曦	男	永春县蓬壶镇	2012.8 —	
	三班所教导员	陈文良	男	雷峰镇瑞坂村	2011.5 — 2015.6	
	雷峰所所长	徐良峰	男	盖德镇凤山村	2012.8 —	
	龙门滩所所长	李金德	男	盖德镇盖德村	2011.5 — 2015.6	
		黄景星	男	水口镇湖坂村	2015.6 —	
	春美所所长	李惠国	男	漳州市诏安县	2013.4 —	
	美湖所所长	陈加传	男	雷峰镇瑞坂村	2013.4 —	
	赤水所所长	郑进追	男	上涌镇云路村	2013.4 —	
	上涌所所长	林朝晖	男	永春县蓬壶镇	2013.4 —	
	国宝所所长	郑春明	男	三班镇三班村	2012.8 — 2015.11	
		苏陆文	男	漳州市芗城区	2015.11 —	
	汤头所所长	黄景星	男	水口镇湖坂村	2011.5 — 2015.6	
		周云生	男	浔中镇浔中村	2015.6 —	
	杨梅所所长	叶荣耀	男	国宝乡国宝村	2015.6 —	
	葛坑所所长	苏世超	男	春美乡春美村	2011.5 — 2015.6	
		陈文政	男	美湖乡美湖村	2015.6 —	
	大铭所所长	苏细铭	男	龙浔镇宝美村	2012.8 —	
	桂阳所所长	许剑峰	男	赤水镇永加村	2011.5 — 2015.11	
		郑剑威	男	汤头乡格头村	2015.11 —	

续表 22

机构名称	职 务	姓 名	性别	籍 贯	任职起止时间	备 注
民族与宗教事务局	局 长	周启宗	男	赤水镇铭爱村	2012.8 —	
监察局	局 长	许瑜亮	男	美湖镇上岸村	2012.8 —	
	副局长	连素琼	女	国宝乡格头村	2011.6 —	
		蒋声耀	男	上涌镇后坂村	2012.8 — 2015.9	
		温庆捷	男	浔中镇仙镜村	2015.9 —	
民政局（老龄办）	局 长	陈国城	男	美湖镇阳山村	2012.8 — 2015.12	
	副局长	赖志泽	男	上涌镇下涌村	2006.11 — 2015.10	
		寇永忠	男	盖德镇下寮村	2011.5 — 2015.10	
		陈明山	男	南埕镇连山村	2012.8 — 2015.10	
		张玉树	男	上涌镇黄井村	2015.10 —	
		彭添福	男	龙门滩镇霞碧村	2015.11 —	
	老龄办主任	陈明山	男	南埕镇连山村	2006.11 — 2015.10	
		陈国城	男	美湖镇阳山村	2015.10 — 2015.11	
	纪检组长	黄长泼	男	水口镇承泽村	2011.5 — 2015.8	
		苏文清	男	春美乡双翰村	2015.8 —	
	老龄办专职副主任	徐春花	女	三班镇奎斗村	2015.10 —	
司法局	局 长	郑声威	男	水口镇淳湖村	2013.7 —	
	副局长	林国团	男	桂阳乡溪洋村	2006.5 —	
		蔡伟明	男	漳州市漳浦县大南坂镇	2012.5 —	
	纪检组长	林玉琴	女	雷峰镇蕉溪村	2008.12 —	
	龙浔所所长	曾秀玉	女	上涌镇曾坂村	2011.5 —	
	浔中所所长	陈友福	男	龙浔镇丁墘村	2011.5 —	
	三班所所长	刘正灼	男	上涌镇刘坑村	2011.5 —	
	上涌所所长	林志威	男	龙门滩镇硕儒村	2011.5 —	
	葛坑所所长	林竞辉	男	水口镇久住村	2011.5 —	
	盖德所所长	郭碧丽	女	南埕镇南埕村	2011.5 —	
	龙门滩所所长	陈志恭	男	上涌镇下涌村	2011.5 —	
	雷峰所所长	陈亨锦	男	葛坑镇大正村	2011.5 —	
	南埕所所长	钟志华	男	雷峰镇瑞坂村	2011.5 —	
	水口所所长	查福祥	男	雷峰镇蕉溪村	2011.5 —	
	国宝所所长	刘玉珊	男	美湖镇小湖村	2011.5 —	
	赤水所所长	赖礼贯	男	上涌镇桂林村	2011.5 —	
	美湖所所长	郑泓圻	男	三班镇桥内村	2011.5 —	
	大铭所所长	苏万森	男	汤头乡岭脚村	2011.5 —	
	春美所所长	苏柳华	女	春美乡春美村	2015.11—	
	汤头所所长	曾小玲	女	浔中镇石山村	2015.11 —	
	桂阳所所长	方荣斌	男	雷峰镇雷峰村	2011.5 —	
	杨梅所所长	郑建财	男	国宝乡厚德村	2012.8 —	

续表 22

机构名称	职 务	姓 名	性别	籍 贯	任职起止时间	备 注
财政局	局　长	赖发泽	男	汤头乡吉山村	2012.2 —	
	副局长	蒲贻水	男	春美乡上春村	2011.5 —	
		黄永怀	男	葛坑镇龙塔村	2012.8 —	
	纪检组长	吴荣枢	男	龙门滩镇朱地村	2012.8 —	
	国库支付中心主任	吴耐高	男	盖德镇有济村	2012.8 —	
人力资源和社会保障局	局　长	陈琴堂	男	美湖镇阳山村	2006.11 —	2014.12 重新组建
	副局长	连继任	男	杨梅乡杨梅村	2006.11 —	
		陈秋玉	女	上涌镇上涌村	2008.12 —	
		岳丽君	女	赤水镇赤水社区	2015.5 —	
		陈兴才	男	南埕镇连山村	2015.5 —	
	纪检组长	陈汉雄	男	永春县岵山镇	2011.5 — 2015.4	
		陈忠伟	男	赤水镇岭边村	2015.4 —	
	机关社保中心主任	陈春林	男	上涌镇上涌村	2008.8 — 2015.11	
		林瑾瑜	女	永春县达埔镇	2015.11 —	
公务员局	局　长	陈为垦	男	赤水镇猛虎村	2012.8 — 2015.5	
		陈琴堂	男	美湖镇阳山村	2015.5 —	
	副局长	岳丽君	女	赤水镇赤水社区	2011.5 —	
		陈兴才	男	南埕镇连山村	2012.8 —	
		连继任	男	杨梅乡杨梅村	2015.5 —	
		陈秋玉	女	上涌镇上涌村	2015.5 —	
	纪检组长	陈忠伟	男	赤水镇岭边村	2011.5 — 2015.4	
	人才人事公共服务中心主任	黄德萍	女	泉州市洛江区	2012.8 — 2015.10	
		曾丽花	女	浔中镇石鼓村	2015.11 —	
国土资源局	局　长	陈荣斌	男	国宝乡南斗村	2012.8 —	
	副局长	郑志勇	男	永春县介福乡	2007.1 —	
		赖泽清	男	汤头乡吉山村	2011.5 —	
		郑友端	男	上涌镇桂格村	2012.8 —	
	纪检组长	苏德志	男	春美乡古春村	2012.8 —	
	监察大队大队长	周玉来	男	雷峰镇双芹村	2011.5 — 2015.11	
		林国钰	男	桂阳乡	2015.11 —	
	县水电站库区移民管理中心主任	尤少波	男	永春县蓬壶镇	2011.5 — 2015.11	
		陈春晓	男	上涌镇上涌村	2015.11 —	

续表 22

机构名称	职 务	姓 名	性别	籍 贯	任职起止时间	备 注
	局 长	陈维启	男	南安市码头镇	2009. 11 —	
		林其逊	男	大铭乡大铭村	2002. 3 —	
	副局长	程德强	男	莆田市荔城区黄石镇	2006. 11 — 2015. 5	
		郭少壬	男	浔中镇浔中村	2011. 5 —	
住房和城乡规划建设局（人民防空办公室）		吴友体	男	盖德镇有济村	2015. 10 —	2014. 12 重新组建
	纪检组长	郭禾艳	男	汤头乡汤头村	2011. 5 —	
	人防办主任	刘劲松	男	南埕镇南埕村	2011. 5 — 2015. 5	
		陈维启	男	南安市码头镇	2015. 5 —	
	人防办副主任	林其逊	男	大铭乡大铭村	2015. 5 —	
	局 长	陈德峰	男	龙浔镇丁溪村	2012. 8 —	
	副局长	徐建安	男	盖德镇三福村	2004. 1 — 2015. 10	
		苏玉建	男	春美乡春美村	2011. 5 —	
交通运输局	纪检组长	吴一平	男	广东省潮州市	2013. 7 — 2015. 10	
	运管所所长 地方海事处主任	余晓刚	男	莆田市仙游县	2011. 5 —	
	交通综合行政执法大队大队长	沈建木	男	安溪县龙门镇	2012. 8 —	
交通战备办公室	主 任	陈友化	男	永春县岵山镇	2012. 8 — 2015. 10	
		曾宪升	男	上涌镇曾坂村	2015. 10 —	
	局 长	张昌联	男	上涌镇中洋村	2006. 12 — 2015. 5	
		张朝荣	男	上涌镇云路村	2015. 5 —	
		赖诗琛	男	上涌镇门头村	2006. 11 — 2015. 5	
		张玉彬	男	上涌镇黄井村	2011. 5 —	
	副局长	曾荣城	男	赤水镇赤水社区	2015. 5 —	
农业局（农办）		陈智钦	男	雷峰镇格后村	2015. 5 —	2014. 12 与农办合并
		蔡成智	男	南埕镇西山村	2015. 12 —	
	纪检组长	黄成芽	男	赤水镇锦洋村	2008. 12 —	
	农业机械管理站站长	陈炜潘	男	龙浔镇高阳村	2011. 5 —	
	农业区划办主任	黄成洪	男	赤水镇锦洋村	2011. 5 —	
	农业科学研究所所长	林富杰	男	上涌镇云路村	2012. 8 —	

续表 22

机构名称	职 务	姓 名	性别	籍 贯	任职起止时间	备 注
林业局	局 长	连硕卿	男	国宝乡格头村	2008.9 —	
	副局长	黄志森	男	水口镇湖坂村	2011.5 — 2015.10	
		查福恩	男	雷峰镇蕉溪村	2008.8 —	
		赖景旻	男	大铭乡琼英村	2008.8 —	
		李金宝	男	盖德镇盖德村	2012.8 — 2015.10	
	纪检组长	李金宝	男	盖德镇盖德村	2015.8 —	
林业实业公司	经 理	欧阳锦彰	男	龙门滩镇苏洋村	2015.10 —	
	副经理	赖钟俊	男	大铭乡琼溪村	2008.2 — 2015.10	
		徐巧珍	女	盖德镇凤山村	2012.8 — 2015.10	
石龙溪采育场	场 长	陈文彬	男	龙浔镇丁墘村	2012.8 — 2015.9	
		张贵发	男	龙门滩镇碧坑村	2015.9 —	
大张溪林场	场 长	李文新	男	盖德镇盖德村	2008.3 — 2015.9	
		苏富春	男	葛坑镇龙潆村	2015.9 —	
文化体育新闻出版局	局 长	陈金殿	男	雷峰镇瑞坂村	2006.11 —	
	副局长	赖永昌	男	汤头乡格中村	2008.12 — 2015.10	
		张志聪	男	永春县达埔镇	2008.12 —	
		郑金勤	男	三班镇岭头村	2011.5 —	
	纪检组长	郑秀亮	女	三班镇三班村	2008.12 —	
	文化市场综合执法大队大队长	陈仁杰	男	赤水镇猛虎村	2011.5 — 2015.11	
		洪泉泉	男	石狮市蚶江镇	2015.11 —	
卫生局	局 长	杨厚操	男	桂阳乡安章村	2012.8 — 2015.5	
	副局长	林思燕	男	上涌镇上涌村	2008.12 — 2015.5	
		张登相	男	雷峰镇长基村	2011.5 — 2015.5	
		蒋丽萍	女	上涌镇黄井村	2012.8 — 2015.5	
		李松川	男	盖德镇盖德村	2012.8 — 2015.1	
	纪检组长	陈少安	男	龙浔镇丁墘村	2012.7 — 2015.5	
	卫监所所长	黄琪宁	男	永春县呈祥乡	2011.5 —	
	卫监所党支部书记	陈金玺	男	雷峰镇瑞坂村	2011.5 — 2015.9	
		周庆国	男	赤水镇湖岭村	2015.10 —	
	县医院院长	李松川	男	盖德镇盖德村	2012.8 —	
	县医院党支部书记	许瑜贤	男	美湖镇上岸村	2011.5 —	
	疾控中心主任	颜少聪	男	永春县达埔镇	2011.5 — 2015.10	
		张桂冬	女	龙浔镇丁墘村	2015.11 —	
	疾控中心党支部书记	林雪清	女	雷峰镇李溪村	2012.5 —	
	妇幼所所长	周锦绵	女	雷峰镇荐解村	2011.5 —	
	妇幼所党支部书记	颜杰毅	男	三班镇三班村	2011.5 — 2015.10	
		赖淑丽	女	大铭乡琼英村	2015.10 —	

续表 22

机构名称	职 务	姓 名	性别	籍 贯	任职起止时间	备 注
卫生和计划生育局	局 长	杨厚操	男	桂阳乡安章村	2015.5 —	2014.12 组建
	党组副书记	郑全良	男	雷锋镇长基村	2015.5 —	
	副局长	宋荣勋	男	盖德镇凤山村	2015.5 —	
		林思燕	男	上涌镇上涌村	2015.5 —	
		苏仁河	男	龙浔镇宝美村	2015.5 —	
		张登相	男	雷峰镇长基村	2015.5 —	
		蒋丽萍	女	上涌镇黄井村	2015.5 —	
	纪检组长	周双柔	男	南埕镇许厝村	2015.4 —	
人口和计划生育局	局 长	林宝贝	男	国宝乡南斗村	2011.5 — 2015.5	2014.12 并入卫生和计划生育局
	副局长	郑全良	男	雷峰镇长基村	2004.12 —	
		苏仁河	男	龙浔镇宝美村	2012.8 —	
	纪检组长	周双柔	男	南埕镇许厝村	2008.12 — 2015.4	
	计划生育服务站站长	郭传祖	男	上涌镇传豪村	2011.5 — 2015.11	
		徐仁茂	男	三班镇奎斗村	2015.11 —	
	流动人口计划生育管理站站长	颜宏亮	男	三班镇泗滨村	2011.5 —	
市场监督管理局	局 长	甘建安	男	龙浔镇宝美村	2015.5 —	
	副局长	苏进育	男	春美乡尤床村	2015.5 —	2014.12 组建
		林国英	男	桂阳乡桂阳村	2015.5 —	
		曾俊华	男	浔中镇祖厝村	2015.5 —	
	纪检组长	方明辉	男	雷峰镇坂仔村	2015.4 —	
	食品安全总监	苏亲毕	男	春美乡春美村	2015.5 —	
	食品药品执法大队大队长	林斌超	男	美湖镇上漈村	2014.8 —	
	市场服务中心主任	陈武汉	男	春美乡梁春村	2011.5 —	
工商行政管理局	局 长	陈孝勇	男	龙浔镇丁墘村	2013.10 — 2015.5	2014.12 并入市场监督管理局
		甘建安	男	龙浔镇宝美村	2015.5 —	
	副局长	苏进育	男	春美乡尤床村	2011.8 —	
		林国英	男	桂阳乡桂阳村	2015.5 —	
		曾俊华	男	浔中镇祖厝村	2015.5 —	
	纪检组长	方明辉	男	雷峰镇坂仔村	2011.8 — 2015.4	
质量技术监督局	局 长	陈晓苍	男	泉州市鲤城区	2009.11 — 2015.2	2014.12 并入市场监督管理局
		甘建安	男	龙浔镇宝美村	2015.5 —	
	副局长	曾俊华	男	浔中镇祖厝村	2010.8 —	
		苏进育	男	春美乡尤床村	2015.5 —	
		林国英	男	桂阳乡桂阳村	2015.5 —	
	纪检组长	郑玉莲	女	三班镇三班村	2010.8 — 2015.5	

续表 22

机构名称	职　务	姓 名	性别	籍　贯	任职起止时间	备　注
食品药品监督管理局	局　长	黄激文	男	南安市蓬华镇	2012.9 — 2015.5	2014.12 并入市场监督管理局
		甘建安	男	龙浔镇宝美村	2015.5 —	
	副局长	林国英	男	桂阳乡桂阳村	2014.8 —	
		苏进育	男	春美乡尤床村	2015.5 —	
		曾俊华	男	浔中镇祖厝村	2015.5 —	
	食品安全总监	苏亲毕	男	春美乡春美村	2014.8 —	
	食品药品执法大队大队长	林斌超	男	美湖镇上漈村	2014.8 —	
审计局	局　长	陈宝星	男	浔中镇乐陶村	2006.11 —	
	副局长	戴志辉	男	南安市码头镇	2004.12 —	
		徐荣贵	男	盖德镇三福村	2004.12 —	
	纪检组长	林汉庚	男	盖德镇山坪村	2011.5 —	
统计局	局　长	郑信东	男	永春县达埔镇	2006.11 — 2015.5	
		陈能慎	男	赤水镇猛虎村	2015.5 —	
	副局长	林玉燕	女	赤水镇赤水社区	2008.12 —	
环境保护局	局　长	方文才	男	雷峰镇雷峰村	2013.7 —	
	副局长	李艳誉	男	桂阳乡洪田村	2006.11 —	
		林志鹏	男	厦门市同安区	2011.5 —	
	纪检组长	曾宪湘	男	龙门滩镇碧坑村	2011.5 — 2015.8	
		涂瑞挺	男	赤水镇西洋村	2015.8 —	
安全生产监督管理局（安全生产管理委员会办公室）	局长（主任）	黄其树	男	南埕镇梓垵村	2008.12 —	
	副局长（副主任）	寇正吉	男	盖德镇下寮村	2011.5 —	
	纪检组长	郑进复	男	上涌镇云路村	2015.10 —	
水利局	局　长	洪忠建	男	南安市东田镇	2015.8 —	
	副局长	林思辉	男	桂阳乡涌溪村	2008.12 —	
		赖世源	男	大铭乡琼英村	2011.5 —	
	纪检组长	曾华彪	男	上涌镇曾坂村	2011.5 —	
	总工程师	徐昌寿	男	汤头乡汤头村	2011.5 — 2015.11	
	水保办主任	徐良春	男	盖德镇福阳村	2011.5 — 2015.11	
	防汛办主任	陈丽莺	女	莆田市荔城区黄石镇	2011.5 —	
水文局	局　长	陈志恒	男	雷峰镇	2013.12 —	
科学技术局	局　长 经贸局主任科员	林耀心	男	浔中镇浔中村	2012.8 — 2015.5	2014.12 更名为科技和知识产权局
	副局长	陈仁捷	男	国宝乡南斗村	2004.12 — 2015.5	
科技和知识产权局	局　长	林耀心	男	浔中镇浔中村	2015.5 —	
	副局长	陈仁捷	男	国宝乡南斗村	2015.5 —	
	纪检组长	郑玉莲	女	三班镇三班村	2015.4 —	

续表 22

机构名称	职 务	姓 名	性别	籍 贯	任职起止时间	备 注
行政执法局	局 长	周建阳	男	浔中镇乐陶村	2012.8 — 2015.10	
		张文都	男	南埕镇塔兜村	2015.10 —	龙浔镇主任科员
	副局长	涂瑞挺	男	赤水镇西洋村	2011.5 — 2015.10	
陶瓷产业园区管理委员会	主 任	郑文导	男	国宝乡厚德村	2012.8 —	
	副主任	苏文禄	男	春美乡古春村	2012.8 —	
		赖雄阳	男	汤头乡格中村	2012.8 —	
森林公安分局	局长、公安局主任科员	郑文国	男	雷峰镇长基村	2008.8 —	
	教导员	林其辉	男	大铭乡大铭村	2006.5 —	
	水口所所长	林长城	男	桂阳乡桂阳村	2011.5 —	
	水口所教导员	吴直升	男	盖德镇有济村	2012.8 —	
	龙门滩所所长	张以智	男	上涌镇黄井村	2011.5 — 2015.6	
		张鹏龙	男	晋江市安海镇	2015.6 —	
	赤水所所长	徐建利	男	盖德镇凤山村	2008.12 —	
	赤水所教导员	张文智	男	盖德镇吾华村	2015.6 —	
	桂阳所所长	苏文聪	男	大铭乡联村村	2008.3 —	
	汤头所所长	李晓阳	男	浔中镇浔中村	2011.5 —	
	葛坑所所长	方志盛	男	雷峰镇雷峰村	2011.5 —	
戴云山国家级自然保护区管理局	局 长	涂青云	男	盖德镇上坑村	2007.9 —	
	副局长	李文周	男	永春县达埔镇	2011.1 —	
		徐建国	男	三班镇蔡径村	2012.5 —	
	纪检组副组长	周瑞佳	男	赤水镇铭爱村	2011.5 — 2015.9	
	纪检组组长	苏瑞胜	男	春美乡上春村	2015.10 —	
	综合科科长	陈兴稳	男	赤水镇戴云村	2012.8 —	
	社区管理科科长	曾全固	男	浔中镇祖厝村	2011.5 — 2015.10	
		赖钟俊	男	大铭乡琼溪村	2015.10 —	
	保护科科长	林朝阳	男	雷峰镇雷峰村	2012.8 — 2015.11	
		黄发叶	男	葛坑镇下玲村	2015.11 —	
	科教科科长	张晴文	女	水口镇亭坑村	2012.8 — 2015.11	
		赖雅芬	女	上涌镇下涌村	2015.11 —	
	赤水管理所所长	苏伟民	男	龙浔镇宝美村	2008.12 —	
	后宅管理所所长	陈允泰	男	春美乡新阁村	2008.3 — 2015.11	
		郑晓铃	男	上涌镇云路村	2015.11 —	
	雷峰管理所所长	郑志学	男	三班镇东山洋村	2008.3 —	
广播电视事业局	局 长	林合虎	男	桂阳乡涌溪村	2012.8 —	
	副局长	许志峰	男	美湖镇洋坑村	2008.12 —	
		王世友	男	汤头乡格中村	2011.5 —	
	纪检组长	徐剑莹	女	三班镇奎斗村	2006.11 —	

续表 22

机构名称	职　务	姓 名	性别	籍　贯	任职起止时间	备　注
旅游事业局	局长、宣传部主任科员	颜如春	男	南安市省新镇	2012.8 —	
	副局长	郑江溪	男	三班镇东山洋村	2006.11 — 2015.10	
		陈添树	男	龙浔镇丁溪村	2012.8 —	
	纪检组长	陈志春	男	永春县湖洋镇	2012.8 —	
市政公用事业管理局	局长 规划建设局 主任科员	张金演	男	龙门滩镇霞山村	2011.5 —	
	副局长	林玉泉	男	盖德镇大墘村	2012.8 —	
		姚晓晖	男	福州市鼓楼区	2012.8 —	
	纪检组长	苏瑞胜	男	春美乡上春村	2008.12 — 2015.10	
		王　斌	男	晋江市罗山镇	2015.10 —	
	环境卫生考评中心主任	徐昌寿	男	汤头乡汤头村	2015.10 —	
县志办	主　任 县政府办 主任科员	王世言	男	汤头乡格中村	2011.5 —	
	副主任	郑文欣	男	永春县桃城镇	2007.3 —	行政服务中心管委会副主任（挂职）
		黄鹏辉	男	南埕镇望洋村	2011.5 — 2015.10	
城镇集体工业联合社	主　任	徐少毅	男	盖德镇凤山村	2011.5 — 2015.10	
	副主任	张金章	男	水口镇村场村	2011.5 —	
供销合作社联合社	主　任	王丽红	女	永春县桃城镇	2012.8 —	
	副主任	许从清	男	美湖镇洋坑村	2012.8 — 2015.11	
		李学谦	男	赤水镇赤水街	2012.8 —	
		赖发熙	男	上涌镇曾坂村	2015.11 —	
	纪检组长	林国棣	男	桂阳乡桂阳村	2011.5 — 2015.10	
		林长钜	男	桂阳乡桂阳村	2015.10 —	
教师进修学校	校　长	赖礼锋	男	上涌镇下涌村	2011.5 —	
	党支部书记	余德兴	男	南安市诗山镇	2012.8 —	
	副校长	吴绍晋	男	盖德镇有济村	2011.5 —	
		陈忠顺	男	雷峰镇蕉溪村	2012.8 — 2015.10	
	党支部副书记	林成忠	男	美湖镇美湖村	2011.5 —	
德化一中	党总支书记、校长	苏煌品	男	龙浔镇宝美村	2005.9 —	
	副校长	黄文元	男	龙门滩镇霞碧村	2011.5 —	
		曾宪忠	男	浔中镇仙境村	2011.5 —	
		徐建新	男	盖德镇三福村	2012.8 —	
	党总支副书记	陈荣天	男	南埕镇连山村	2011.5 —	

续表 22

机构名称	职 务	姓 名	性别	籍 贯	任职起止时间	备 注
物资公司	经理、县经济和信息化局主任科员	许金昭	男	美湖镇洋坑村	2011.5 —	2015.10 起挂职
	副经理	连文溉	男	国宝乡格头村	2011.5 — 2015.9	
		林思荣	男	水口镇久住村	2012.8 — 2015.9	
	党支部书记	许丽燕	女	美湖镇洋田村	2012.8 — 2015.9	
地震办	主 任	郑剑华	男	永春县仙夹乡	2008.12 — 2015.11	
		蒋双增	男	上涌镇黄井村	2015.11 —	
国资办	主 任	陈祥端	男	雷峰镇李溪村	2004.8 —	
行政服务中心管委会	主 任 政府办主任科员	郑荣尊	男	三班镇东山洋村	2013.7 —	
	专职副主任	林兴钐	男	美湖镇美湖村	2015.11 —	
	副主任	涂健彪	男	赤水镇西洋村	2007.3 —	2015.10 起挂职
		郑文欣	男	永春县桃城镇	2007.3 —	2015.10 起挂职
效能办	主 任	陈东明	男	龙浔镇丁溪村	2008.12 —	
	常务副主任	许瑜亮	男	美湖镇上岸村	2012.8 —	
	副主任	许荣生	男	泉港区峰尾镇	2011.5 —	
		陈华嵩	男	美湖镇阳山村	2011.5 —	
		林埔填	男	龙浔镇丁溪村	2011.5 —	
招商办	主 任	林祖传	男	美湖镇美湖村	2011.4 —	
	常务副主任	林埔填	男	龙浔镇丁溪村	2011.5 —	
	副主任	庄生汉	男	三班镇锦山村	2011.5 —	
重点办	主 任	陈章武	男	葛坑镇水门村	2012.9 —	
	常务副主任	赖清长	男	汤头乡吉山村	2011.6 —	

五、县政协及其工作机构

表 23

机构名称	职 务	姓 名	性别	籍 贯	任职起止时间	备注
政协办	主 任	杨庆丰	男	龙门滩镇苏洋村	2012.8 —	
	副主任	郑素霞	女	龙浔镇大坂村	2004.2 —	
		谢绍欣	男	龙门滩镇碧坑村	2012.8 —	
专委办	主 任	郭玉旭	男	上涌镇下涌村	2012.8 —	
	副主任	苏永魁	男	春美乡古春村	2012.8 —	
提案与文史办	主 任	许原培	男	水口镇八逞村	2011.5 —	
	副主任	林宜兴	男	盖德镇山坪村	2011.5 —	
经济科技与人口资源环境办	主 任	陈敏坤	男	南埕镇连山村	2012.8 —	
	副主任	吴振伟	男	盖德镇有济村	2011.5 —	

六、县纪委及其工作机构

表 24

机构名称	职 务	姓 名	性 别	籍 贯	任职起止时间	备 注
县纪委	书　记	叶长青	男	泉州市鲤城区	2012.7 —	
	副书记	许瑜亮	男	美湖镇上岸村	2012.8 —	
		林国师	男	桂阳乡桂阳村	2009.1 —	
	常　委	出彩云	女	泉港区涂岭镇	2006.11 — 2015.9	
		林忠营	男	龙浔镇丁墘村	2008.12 —	
		郭昌筑	男	上涌镇下涌村	2011.5 —	
		许荣生	男	泉港区峰尾镇	2011.5 —	
		蒋声耀	男	上涌镇后坂村	2015.9 —	
		童宝春	男	国宝乡上洋村	2015.9 —	
纪委办	主　任	出彩云	女	泉港区涂岭镇	2011.5 — 2015.9	
		周瑞佳	男	赤水镇铭爱村	2015.9 —	
纪检监察室	主　任	陈泰山	男	国宝乡祥云村	2011.5 —	
案件审理室	主　任	危泉美	男	雷峰镇肖坑村	2008.12 —	
信访室	主　任	陈瑞海	男	三班镇奎斗村	2011.5 —	
执法监察室	主　任	温庆捷	男	浔中镇仙镜村	2012.7 — 2015.9	
宣传教育室	主　任	杨厚国	男	桂阳乡安章村	2011.5 —	
党风廉政建设室	主　任	童宝春	男	国宝乡上洋村	2008.12 — 2015.9	
		林国棣	男	桂阳乡桂阳村	2015.10 —	
干部管理室	主　任	林中杰	男	水口镇久住村	2011.5 —	
效能监察室	主　任 正科级监察员	陈华嵩	男	美湖镇阳山村	2011.5 —	
监察综合室	主　任	陈传基	男	国宝乡祥云村	2011.5 — 2015.9	

七、法院　检察院

表 25

机构名称	职 务	姓 名	性别	籍 贯	任职起止时间	备 注
法院	院　长	洪志强	男	泉州市泉港区	2014.1 —	
	副院长	苏德丰	男	龙浔镇宝美村	2003.3 —	
		黄德梅	女	安溪县魁斗镇	2006.5 —	
		林金盛	男	浔中镇后所村	2011.5 —	
	纪检组长	颜丽荣	女	三班镇泗滨村	2011.5 —	
	政治处主任	郑华峰	男	三班镇三班村	2013.9 —	

续表 25

机构名称	职　务	姓 名	性别	籍　贯	任职起止时间	备 注
检察院	检察长	林建平	男	莆田市仙游县榜头镇	2011. 4 —	
	副检察长	李文革	男	龙门滩镇苏洋村	2002. 3 —	
		徐建伟	男	盖德镇福阳村	2011. 5 —	
		蒋鸿滨	男	惠安县崇武镇	2014. 3 —	
	纪检组长	林春荣	男	永春县介福乡	2011. 5 —	
	政治处主任	冯忠锦	男	三班镇蔡径村	2011. 5 —	
	办公室主任	徐福江	男	盖德镇凤山村	2011. 6 —	
	反贪污贿赂局局长	陈茂良	男	龙浔镇丁墘村	2011. 6 —	

八、县群团

表 26

机构名称	职　务	姓 名	性别	籍　贯	任职起止时间	备 注
总工会	主　席	方建生	男	泉州市洛江区	2012. 9 —	
	党组书记 常务副主席	陈章琳	男	葛坑镇水门村	2013. 8 —	
	副主席	苏秀蛏	女	龙浔镇宝美村	2002. 3 — 2015. 8	
		赖开既	男	上涌镇曾坂村	2000. 5 — 2015. 8	
		林能斌	男	南埕镇南埕村	2015. 9 —	
	纪检组长	郑金枪	男	龙浔镇宝美村	2015. 10 —	
团县委	书　记	郭小强	男	汤头乡汤头村	2012. 5 — 2015. 9	
		陈国金	男	安溪县凤城镇	2015. 9 —	
	副书记	陈国金	男	安溪县凤城镇	2011. 11 — 2015. 9	
		林檀靓	女	美湖镇上漈村	2015. 11 —	
		毛寿坤	男	水口镇毛厝村	2015. 7 —	挂职
	书记助理	赖　鋆	女	上涌镇下村村	2014. 9—	挂职
妇　联	主　席	苏培娜	女	龙浔镇宝美村	2002. 3 — 2015. 9	
		出彩云	女	泉州市泉港区	2015. 9 —	
	副主席	黄金梯	女	汤头乡汤垵村	2006. 5 —	
		颜敏属	女	三班镇泗滨村	2012. 8 —	
工商联（商会）	主席、会长	苏建堆	男	龙浔镇宝美村	2011. 5 —	
	党组书记 常务副主席 副会长	林大利	男	大铭乡大铭村	2011. 5 —	
	副主席 副会长	苏光辉	男	春美乡古春村	2011. 5 —	
		雷雪莲	女	龙门滩镇大溪村	2012. 8 —	

续表 26

机构名称	职 务	姓 名	性别	籍 贯	任职起止时间	备 注
侨 联	主 席	颜鸿琪	男	三班镇泗滨村	2006.11 —	
	副主席	郭晓军	男	盖德镇盖德村	2013.6 —	
科学技术协会	主 席	连文通	男	国宝乡格头村	2011.5 — 2015.4	
		林宝贝	男	国宝乡南斗村	2015.5—2015.11	
		徐永生	男	盖德镇三福村	2015.11 —	
	副主席	徐春花	女	三班镇奎斗村	2004.12 — 2015.10	
		颜夏锌	男	三班镇泗滨村	2011.5 —	
计生协会	会 长	林华武	男	大铭乡大铭村	2002.8 —	
	常务专职副会长	宋荣勋	男	盖德镇凤山村	2012.8 —	
	专职副会长	孙义仲	男	浔中镇乐陶村	2011.5 —	
	副会长	林宝贝	男	国宝乡南斗村	2011.5 — 2015.5	
		郑全良	男	雷峰镇长基村	2004.12 — 2015.5	
文 联	主 席	周成灿	男	南埕镇许厝村	2011.5 —	
	副主席	苏梅华	女	龙浔镇宝美村	2001.1 —	
残 联	理事长	徐华军	男	盖德镇三福村	2008.12 —	
	副理事长	徐玉萍	女	三班镇奎斗村	2012.7 —	
		苏孝宗	男	春美乡尤床村	2011.5 — 2015.9	
贸促会（国际商会）	会 长	颜光前	男	三班镇泗滨村	2012.8 —	
	副会长	李甲建	男	龙浔镇丁溪村	2006.11 — 2015.4	
红十字会	副会长	李双良	男	龙浔镇丁溪村	2011.5 —	
老年大学	名誉校长	颜美斯	男	永春县达埔镇	2004.4 —	
	顾 问	苏荣踊	男	大铭乡联春村	2012.4 —	
	校 长	李孝仪	男	美湖镇美湖村	2004.4 —	
	常务副校长	许福海	男	美湖镇洋田村	2011.5 —	
	副校长	邱宏宜	男	浔中镇凤池社区	2012.4 —	
		林建农	男	浔中镇凤池社区	2012.4 —	
		陈明山	男	南埕镇连山村	2012.4 —	
		赖素文	女	大铭乡琼山村	2013.8 —	
老教委	主 任	方建生	男	泉州市洛江区	2012.4 —	
	副主任	许华忠	男	赤水镇永嘉村	2012.4 — 2015.8	
		邱宏宜	男	浔中镇凤池社区	2012.4 —	
		陈天铸	男	龙浔镇丁溪村	2012.4 —	
		陈明山	男	南埕镇连山村	2012.4 —	
	办公室主任	许福海	男	美湖镇洋田村	2012.4 —	

续表 26

<table>
<tr><th>机构名称</th><th>职 务</th><th>姓 名</th><th>性别</th><th>籍 贯</th><th>任职起止时间</th><th>备 注</th></tr>
<tr><td rowspan="3">关工委</td><td>主 任</td><td>郑启梓</td><td>男</td><td>龙浔镇宝美村</td><td>2004.4 —</td><td></td></tr>
<tr><td rowspan="2">副主任</td><td>陈其乾</td><td>男</td><td>龙浔镇高阳村</td><td>2004.4 —</td><td></td></tr>
<tr><td>苏光彰</td><td>男</td><td>水口镇湖坂村</td><td>2004.4 —</td><td></td></tr>
<tr><td rowspan="3">老促会</td><td>会 长</td><td>林昌宝</td><td>男</td><td>水口镇久住村</td><td>2012.4 —</td><td></td></tr>
<tr><td rowspan="2">副会长</td><td>蒋恭祝</td><td>男</td><td>上涌镇传豪村</td><td>2007.11 —</td><td></td></tr>
<tr><td>周金秋</td><td>男</td><td>赤水镇湖岭村</td><td>2012.4 —</td><td></td></tr>
<tr><td rowspan="2">新四军研究会</td><td>会 长</td><td>林昌宝</td><td>男</td><td>水口镇久住村</td><td>2012.4 —</td><td></td></tr>
<tr><td>副会长</td><td>赵银贵</td><td>男</td><td>江苏省如东县</td><td>1994.12 —</td><td></td></tr>
</table>

九、县直各系统党委

表 27

<table>
<tr><th>机构名称</th><th>职务</th><th>姓名</th><th>性别</th><th>籍贯</th><th>任职起止时间</th><th>备注</th></tr>
<tr><td rowspan="3">党群系统党委</td><td>书 记</td><td>陈永忠</td><td>男</td><td>赤水镇苏岭村</td><td>2012.8 —</td><td></td></tr>
<tr><td rowspan="2">副书记
纪委书记</td><td>陈文锋</td><td>男</td><td>南埕镇连山村</td><td>2012.8 — 2015.9</td><td></td></tr>
<tr><td>苏瑞胜</td><td>男</td><td>春美乡上春村</td><td>2015.10 —</td><td></td></tr>
<tr><td rowspan="2">县政府综合
系统党委</td><td>书 记
政府办主任科员</td><td>郑剑平</td><td>男</td><td>三班镇三班村</td><td>2011.5 —</td><td></td></tr>
<tr><td>副书记
纪委书记</td><td>陈子莘</td><td>男</td><td>永春县岵山镇</td><td>2012.7 — 2015.9</td><td></td></tr>
<tr><td rowspan="4">发改系统党委</td><td>书 记</td><td>林振兴</td><td>男</td><td>桂阳乡桂阳村</td><td>2012.8 —</td><td></td></tr>
<tr><td rowspan="2">副书记</td><td>郑铅文</td><td>男</td><td>上涌镇桂格村</td><td>2011.5 — 2015.8</td><td></td></tr>
<tr><td>徐少毅</td><td>男</td><td>盖德镇凤山村</td><td>2011.5 — 2015.8</td><td></td></tr>
<tr><td>纪委书记</td><td>郑铅文</td><td>男</td><td>上涌镇桂格村</td><td>2011.5 — 2015.8</td><td></td></tr>
<tr><td rowspan="2">宣传系统党委</td><td>书 记</td><td>陈大孝</td><td>男</td><td>龙门滩镇硕儒村</td><td>2011.5 —</td><td></td></tr>
<tr><td>副书记
纪委书记</td><td>苏莞尔</td><td>女</td><td>龙浔镇宝美村</td><td>2011.5 —</td><td></td></tr>
<tr><td rowspan="3">政法系统党委</td><td rowspan="2">书 记</td><td>苏华廉</td><td>男</td><td>春美乡上春村</td><td>2006.11 — 2015.4</td><td></td></tr>
<tr><td>张昌联</td><td>男</td><td>上涌镇中洋村</td><td>2015.9 —</td><td></td></tr>
<tr><td>副书记
纪委书记</td><td>毛禄灌</td><td>男</td><td>水口镇毛厝村</td><td>2008.12 —</td><td></td></tr>
<tr><td rowspan="3">教育系统党委</td><td>书 记</td><td>黄文和</td><td>男</td><td>漳州市平和县</td><td>2012.7 —</td><td></td></tr>
<tr><td>副书记</td><td>陈为正</td><td>男</td><td>赤水镇苏岭村</td><td>2011.5 —</td><td></td></tr>
<tr><td>纪委书记</td><td>陈为正</td><td>男</td><td>赤水镇苏岭村</td><td>2008.12 —</td><td></td></tr>
<tr><td rowspan="2">农业系统党委</td><td>书 记</td><td>张朝荣</td><td>男</td><td>上涌镇云路村</td><td>2011.5 —</td><td></td></tr>
<tr><td>副书记
纪委书记</td><td>张智慧</td><td>男</td><td>雷峰镇长基村</td><td>2011.5 —</td><td></td></tr>
<tr><td rowspan="4">林业系统党委</td><td>书 记</td><td>陆木庆</td><td>男</td><td>福安市上白石镇</td><td>2008.7 —</td><td></td></tr>
<tr><td rowspan="2">副书记</td><td>连硕卿</td><td>男</td><td>国宝乡格头村</td><td>2008.12 —</td><td></td></tr>
<tr><td>林其辉</td><td>男</td><td>大铭乡大铭村</td><td>2012.7 —</td><td></td></tr>
<tr><td>副书记
纪委书记</td><td>王天池</td><td>男</td><td>南埕镇高漈村</td><td>2012.7 —</td><td></td></tr>
</table>

续表 27

机构名称	职务	姓名	性别	籍贯	任职起止时间	备注
阳山铁矿党委	书　记	黄宇真	男	龙浔镇丁墘村	2010. 10 —	
	副书记	李志铭	男	安溪县凤城镇	1999. 9 —	
		郑秀娟	女	龙浔镇兴南社区	2010. 4 —	
	纪委书记	郑秀娟	女	龙浔镇兴南社区	2003. 3 —	
国投公司党委	书　记	郑义先	男	水口镇淳湖村	2004. 12 —	
	副书记 纪委书记	曾春凤	女	龙浔镇兴南社区	2012. 8 —	
地税局党委	书　记	柯裕荣	男	泉州市泉港区	2014. 2 — 2015. 8	
	副书记	苏少飞	男	春美乡上春村	2013. 3 —	
	纪委书记	张宗海	男	惠安县洛阳镇	2013. 3 —	
国税局党委	书　记	黄炳昌	男	惠安县黄塘镇	2011. 5 —	
	副书记	邱金传	男	永春县桃城镇	2014. 3 —	
供电公司党委	书　记	高爱统	男	长乐市玉田镇	2013. 3 —	
	纪委书记	苏德鸣	女	龙浔镇宝美村	2010. 9 — 2015. 4	
		许茂林	男	赤水镇吉岭村	2015. 4 —	
工商行政管理局党委	书　记	陈孝勇	男	龙浔镇丁墘村	2013. 12 — 2015. 4	2015. 4 起并入市场监督管理局党委
	副书记	方明辉	男	雷峰镇坂仔村	2013. 5 — 2015. 4	
		颜英俊（专职）	男	三班镇三班村	2013. 5 — 2015. 4	
	纪委书记	方明辉	男	雷峰镇坂仔村	2013. 5 — 2015. 4	
市场监督管理局党委	书记	黄潋文	男	南安市蓬华镇	2015. 4 —	
	副书记 纪委书记	赖杉建	男	三班镇龙阙村	2015. 9 —	

十、省 市驻德单位

表 28

机构名称	职　务	姓　名	性别	籍　贯	任职起止时间	备　注
人武部	部　长	沈俊旭	男	漳州市	2013. 4 —	
	政　委	石渊文	男	湖南省怀化市	2014. 3 —	
	副部长	周　谨	男	湖南省邵东县	2012. 4 — 2015. 3	
		刘建光	男	南靖县	2015. 5 —	
	政工科科长	王　峰	男	安徽省宿州市	2014. 3 —	
	后勤科科长	黄燕青	男	南安市	2012. 4 — 2015. 5	
		游应涛	男	湖北省仙桃市	2015. 5 —	
	军事科参谋	巫　静	男	江苏省盐城市	2013. 4 — 2015. 3	
		魏玉兴	男	山东省巨野县	2015. 4 —	

续表 28

机构名称	职 务	姓 名	性别	籍 贯	任职起止时间	备 注
泉州工艺美术职业学院	书 记	邱少煌	男	泉州市洛江区	2013. 10 —	
	院长、副书记	钟发亮	男	龙岩市上杭县	2013. 6 —	
	副书记	王传敬	男	水口镇上湖村	2012. 11 — 2015. 11	
	副院长	吴志伟	男	雷峰镇蕉溪村	2007. 9 —	
		董美斌	男	福州市台江区	2007. 9 —	
	正处级干部	陈师宪	男	龙浔镇南门社区	2013. 7 —	
		林富儒	男	大铭乡大铭村	2013. 8 —	
	陶瓷艺术系主任、党委委员	张南章	男	南埕镇南程村	2007. 9 —	
	教务处处长	李联益	男	晋江市内坑镇	2011. 3 —	
龙门滩管理处	主任、副书记	苏荣薰	男	春美乡上春村	2014. 10 —	
	书 记	颜建东	男	三班镇泗滨村	2006. 12 —	
	副书记	彭诗针	男	龙门滩镇霞碧村	2002. 11 — 2015. 4	
		王惠力	男	惠安县崇武镇	2015. 4 —	
	纪委书记	彭诗针	男	龙门滩镇霞碧村	1997. 12 — 2015. 4	
		王惠力	男	惠安县崇武镇	2015. 4 —	
	副主任	苏中徽	男	春美乡双翰村	2006. 2 —	
		陈能伯	男	上涌镇上涌村	2010. 5 — 2015. 3	
		郑富智	男	国宝乡厚德村	2015. 3 —	
		林民众	男	美湖镇洋田村	2015. 8 —	
泉州出入境检验检疫局德化办事处	主 任	曾良焕	男	浔中镇浔中村	2011. 10 —	
	副主任	张婉珠	女	南埕镇西山村	2010. 8 —	
国税局	局 长	黄炳昌	男	惠安县黄塘镇	2011. 5 —	
	副局长	徐文益	男	盖德镇三福村	1994. 9 —	
		高建云	男	仙游县枫亭镇	2011. 11 —	
	纪检组长	邱金传	男	永春县桃城镇	2012. 9 —	
地税局	副局长	柯裕荣	男	泉州市泉港区	2013. 12 — 2015. 8	
		苏少飞	男	春美乡上春村	2012. 7 —	
		林国涵	男	桂阳乡梓溪村	2012. 7 —	
	纪检组长	张宗海	男	惠安县	2012. 8 —	
气象局	局 长	颜新春	女	三班镇泗滨村	2011. 6 —	
	副局长	徐才华	男	三班镇奎斗村	2010. 4 — 2015. 6	
		胡晓兵	男	山西省芮城县	2015. 7 —	
		连志萍	女	国宝乡格头村	2015. 11 —	
	纪检书记	连明发	男	国宝乡格头村	2013. 2 —	

续表 28

机构名称	职 务	姓 名	性别	籍 贯	任职起止时间	备 注
公路分局	局 长	蔡国珊	男	莆田市城厢区	2008. 2 —	
	教导员	郭献积	男	南埕镇南埕村	2013. 9 —	
	副局长	李进城	男	安溪县凤城镇	2010. 8 — 2015. 6	
		伊宏杰	男	南平市桃源镇	2015. 7—	
		林鹏飞	男	永春县蓬壶镇	2015. 6—	
瓷研所	所 长	李双展	男	浔中镇富东社区	2002. 11 —	
	副所长	林志辉	男	水口镇樟镜村	2009. 9 —	
消防大队	大队长	邱建鹏	男	漳州市	2012. 7 —	
	教导员	陈万利	男	河南省平顶市	2013. 6 —	
武警中队	中队长	叶建松	男	漳州市	2011. 8 — 2015. 8	
		钟根生	男	江西省吉安市	2015. 8 —	
	政治指导员	陆正瑜	男	安徽省池州市	2014. 8 —	
	副中队长	卓思峰	男	福州市罗源县	2014. 8 —	
国家统计局德化调查队	队 长	曾荣华	女	龙门滩镇碧坑村	2007. 3 —	
	副队长	王生榜	男	永春县蓬壶镇	2007. 3 —	
		李文讯	男	晋江市内坑镇	2015. 1 —	挂职
邮政局	局 长	吴少洹	男	晋江市青阳镇	2014. 10 —	
	副局长	赖宏文	男	汤头乡格中村	2009. 4 —	
葛坑国有林场	场 长	林贤山	男	南安市溪美镇	2001. 4 —	
	书 记	连勇机	男	国宝乡格头村	2011. 1 — 2015. 2	
		林文锋	男	永春县蓬壶镇	2015. 2 —	
	副场长	林根旺	男	安溪县福田乡	2011. 1 —	
泉州住房公积金德化管理部	主 任	郑素兰	女	三班镇桥内村	2007. 10 —	
九仙山气象站	站 长	陈为德	男	上涌镇上涌村	2013. 3 —	
	副站长	苏文元	男	龙浔镇宝美村	2008. 8 —	
中国人民银行德化支行	行 长	李波声	男	浔中镇浔中村	2009. 2 — 2015. 2	
	副行长	黄东晓	男	南安市罗东镇	2015. 2 —	主持工作
		陈朝霞	女	雷峰镇蕉溪村	2004. 2 —	
		苏胜利	男	春美乡上春村	2009. 2 —	
泉州银监分局德化监管办事处	主 任	陈行泉	男	雷峰镇潘祠村	2008. 5 —	
	副主任	林瑞拥	男	上涌镇上涌村	2009. 5 —	
中国工商银行德化支行	行 长	白炳捷	男	安溪县	2013. 1 — 2015. 8	
		庄国华	男	泉州市泉港区	2015. 8 —	
	副行长	林成传	男	龙浔镇兴南街	2009. 5 —	
		梁海生	男	龙浔镇兴南街	2011. 9 —	

续表 28

机构名称	职 务	姓 名	性别	籍 贯	任职起止时间	备注
中国建设银行德化支行	行 长	林双庆	男	永春县	2013.5 —	
	副行长	赖瑞琛	男	汤头乡格中村	1999.8 —	
		陈建礼	男	雷峰镇蕉溪村	2010.8 —	
中国农业银行德化支行	行 长 党委书记	陈金挺	男	南安市溪美镇	2009.6 — 2015.1	
		龚 兵	男	宁德市寿宁县	2015.1 —	
	副行长	张礼栋	男	永春县苏坑镇	2008.2 — 2015.9	
		赖发军	男	上涌镇曾坂村	2010.12 —	
		苏少洪	男	春美乡春美村	2010.12 —	
		颜曼清	男	永春县达埔镇	2015.12 —	
		郑国灿	男	三班镇三班村	2015.12 —	
中国银行德化支行	行 长	邱阿心	男	泉州石狮市	2013.3 —	
	副行长	林紫峰	男	雷峰镇朱紫村	2011.10 —	
农村信用联社	理事长	郑金滨	男	三班镇桥内村	2010.5 — 2015.9	
		林华选	男	大铭乡大铭村	2015.9 —	
	监事长	林忠主	男	杨梅乡云溪村	2006.6 —	
	主 任	林德勇	男	盖德镇林地村	2012.9 — 2015.5	
		林集琪	男	南安市	2015.5 —	
	副主任	苏丽琴	女	龙浔镇浔东社区	2012.7 —	
		林凤彪	男	仙游县	2014.11 —	
邮政储蓄银行德化支行	行 长	刘旭龙	男	上涌镇刘坑村	2014.9 —	
泉州银行德化支行	行 长	陈仁肇	男	上涌镇上涌村	2012.4 —	
	副行长	龚世明	男	莆田市城厢区	2012.4 —	
		周金杰	男	桂阳乡梓溪村	2012.4 — 2015.1	
中国人寿保险股份有限公司德化县分公司	经 理	李文露	男	南安市	2010.1 — 2015.5	
		吴一鸣	男	泉州市	2015.5 —	
中国人民财产保险股份有限公司德化县分公司	书 记	郑晶晶	女	永春县桃城镇	2014.4 —	
	经 理	郑晶晶	女	永春县桃城镇	2013.4 —	
	副经理	李国嵩	男	龙浔镇英山村	2013.1 —	
		叶伟霞	女	龙浔镇德新街	2014.4 —	
大地保险股份有限公司德化县分公司	经 理	李秀香	女	浔中镇凤池社区	2007.10 —	

十二、企 业

表 29

机构名称	职务	姓名	性别	籍贯	任职起止时间	备注
县国投公司	总经理	郑义先	男	水口镇淳湖村	2004.8 —	挂职
	副总经理	涂瑞稳	男	赤水镇西洋村	2004.8 —	
		陈振渡	男	龙浔镇丁溪村	2004.8 —	
		曾春凤	女	浔中镇兴南社区	2012.8 —	

续表 29

机构名称	职务	姓名	性别	籍贯	任职起止时间	备注
供电有限责任公司	总经理	陈　琨	男	泉州市泉港区	2014.6—	
	副总经理	许茂林	男	赤水镇吉岭村	2003.12—2015.4	
		黄金铭	男	龙门滩镇苏洋村	2010.6—	
		王祖家	男	龙岩市武平县	2011.4 —	
		章煌辉	男	大田县济阳镇	2015.4 —	
电力国投公司	董事长、总经理 水利局正科级干部	苏珠辉	男	龙浔镇宝美村	2011.5 —	挂职
	副总经理	曾福礼	男	闽清县省璜镇	2012.8 —	
电信公司	总经理	李移林	男	安溪县	2014.4 —	
	副总经理	陈钢堤	男	龙浔镇丁墘村	2011.2 —	
		王天锡	男	安溪县	2014.4 —	
移动通信公司	总经理	李群雄	男	泉州市洛江区	2014.3 —	
	副总经理	李旭毅	男	南安市溪美镇	2012.8 — 2015.4	
		李子飞	男	三明市将乐县	2013.9 —	
联通公司	总经理	留荣立	男	晋江市	2014.11 —	
	副经理	苏温悦	男	泉州市鲤城区	2014.4 —	
汽车运输公司	经　理	叶炯辉	男	永春县达埔镇	2012.5 — 2015.3	
		吴振麟	男	莆田市仙游县 枫亭镇	2015.3 —	
	书　记	连吉新	男	国宝乡格头村	1993.2 —	
阳山铁矿 有限责任公司	董事长	李志铭	男	安溪县凤城镇	2015.6 —	
	总经理	李志铭	男	安溪县凤城镇	2011.6 — 2015.6	
		江源泉	男	永定县高头乡	2015.6 —	
双旗山金矿有限 责任公司	董事长	李文建	男	南安市诗山镇	2012.4 — 2015.10	
		黄永怀	男	葛坑镇龙塔村	2015.10 — 10	挂职
	书记、总经理	谢文清	男	安溪县	2009.3 —	
烟草专卖局 （烟草公司）	局长（经理）	李贵星	男	永春县	2015.8 —	
	副局长（副经理）	李贵星	男	永春县	2014.8 — 2015.8	主持工作
	副局长	林文利	男	晋江市	2015.2 —	
	副经理	郑德群	男	永春县	2015.2 —	
	纪检员	陈　功	男	福州市	2015.6 —	
新华发行（集团） 有限责任公司	经　理	徐才理	男	三班镇奎斗村	2009.7 —	
福建广电网络集 团股份有限公司 德化分公司	总经理、 广电局主任科员	曾昭瑜	男	浔中镇仙镜村	2013.8 — 2015.1	
	总经理	陈长安	男	泉州市丰泽区	2015.1 — 2015.12	
	副总经理	许秀霞	女	美湖镇洋田村	2013.8 —	
	总经理助理	林建阳	男	赤水镇	2015.1 —	

十三、乡镇

表 30

机构名称	机关类别	职 务	姓 名	性别	籍 贯	任职起止时间
龙浔镇	党 委	副处级干部 书 记	苏惠生	男	龙浔镇宝美村	2010. 1 — 2011. 5 —
		副处级干部 副书记	刘永强	男	浔中镇蒲坂村	2013. 6 — 2012. 8 —
		副书记	林传景	男	浔中镇后所村	2012. 7 — 2015. 10
			张文都	男	南埕镇塔兜村	2013. 7 — 2015. 9
			蒋朝阳	男	上涌镇黄井村	2015. 10 —
			陈国跃	男	国宝乡南斗村	2015. 10 —
		企业党委副书记	彭添福	男	龙门滩镇霞碧村	2006. 5 — 2015. 10
			陈孝杜	男	龙浔镇丁墘村	2015. 10 —
		综治副书记	赖孝炎（挂职）	男	大铭乡琼溪村	2013. 9 — 2015. 7
		纪委书记	张文都	男	南埕镇塔兜村	2013. 7 — 2015. 9
			蒋朝阳	男	上涌镇黄井村	2015. 10 —
		组织委员	陈能鹏	男	赤水镇岭边村	2011. 5 —
		宣传委员	吴友体	男	盖德镇有济村	2012. 8 — 2015. 8
			黄鹏辉	男	南埕镇望洋村	2015. 9 —
		秘 书	甘文渊	男	浔中镇龙翰村	2011. 5 —
		统战委员	张丽美	女	雷峰镇长基村	2011. 5 — 2015. 10
			吴一平	男	广东省潮州市	2015. 10 —
		委员、人武部部长	蒋朝阳	男	上涌镇黄井村	2011. 5 — 2015. 10
			林明将	男	大铭乡大铭村	2015. 10 —
	人大主席团	主 席	郭新福	男	上涌镇下涌村	2011. 12 — 2015. 9
			苏宏亮	男	龙浔镇兴南社区	2015. 12 —
	政 府	副处级干部 镇 长	刘永强	男	浔中镇蒲坂村	2013. 6 — 2012. 8 —
		副镇长	陈江海	男	赤水镇苏岭村	2011. 12 —
			苏沂尧	男	春美乡上春村	2009. 1 —
			陈立峰	男	赤水镇赤水社区	2011. 12 — 2015. 9
			陈志雄	男	龙浔镇丁溪村	2012. 8 —
			陈江艺（科技）	男	三班镇奎斗村	2012. 8 —

续表 30

机构名称	机关类别	职务	姓名	性别	籍贯	任职起止时间
浔中镇	党委	书记	黄世兴	男	水口镇湖坂村	2012.8 —
		副书记	周益国	男	雷峰镇荐解村	2012.9 —
			吴勇民	男	盖德镇有济村	2011.5 — 2015.9
			叶长占	男	国宝乡国宝村	2012.7 — 2015.9
			郑惠顺	男	汤头乡岭脚村	2015.10 —
			陈为富	男	龙浔镇高阳村	2015.10 —
		企业党委副书记	林贵扬	男	龙门滩镇村兜村	2011.5 —
		综治副书记	黄宗固（挂职）	男	桂阳乡王春村	2013.9 — 2015.9
		纪委书记	叶长占	男	国宝乡国宝村	2012.7 — 2015.9
			郑惠顺	男	汤头乡岭脚村	2015.10 —
		组织委员	徐福前	男	盖德镇福阳村	2015.10 —
		宣传委员	涂瑞萍	女	盖德镇上坑村	2012.8 —
		秘书	陈素华	女	国宝乡南斗村	2011.5 — 2015.9
		统战委员	陈素华	女	国宝乡南斗村	2006.5 — 2015.9
		秘书、统战委员	林华实	男	杨梅乡云溪村	2015.10 —
		委员、人武部部长	林进和	男	桂阳乡桂阳村	2011.5 — 2015.10
			陈文渊	男	雷峰镇瑞坂村	2015.10 —
	人大主席团	主席	徐陆平	男	龙门滩镇霞碧村	2011.6 —
	政府	镇长	周益国	男	雷峰镇荐解村	2012.9 —
		副镇长	张其国	男	龙浔镇丁墘村	2011.6 —
			陈为富	男	龙浔镇高阳村	2011.6 — 2015.10
			李添发	男	龙浔镇英山村	2011.6 — 2015.10
			裴承祖（科技）	男	龙浔镇宝美村	2012.9 —
			陈立峰	男	赤水镇赤水街	2015.12 —
			危文元	男	南埕镇前峰村	2015.12 —

续表 30

机构名称	机关类别	职 务	姓 名	性别	籍 贯	任职起止时间
盖德镇	党 委	书 记	郑德全	男	三班镇桥内村	2012.7 —
		副书记	李远平	男	南安市梅山镇	2011.5 — 2015.8
			王传换	男	水口镇上湖村	2015.8 —
			陈仁桂	男	浔中镇后所村	2011.5 — 2015.9
			柯进福	男	永春县苏坑镇	2015.10 —
			颜志忠	男	三班镇四滨村	2015.10 —
		综治副书记	李晓阳（挂职）	男	浔中镇	2013.9 — 2015.10
		纪委书记	柯进福	男	永春县苏坑镇	2015.10 —
		组织委员	柯进福	男	永春县苏坑镇	2012.9 — 2015.10
			陈为仙	男	雷峰镇瑞坂村	2015.10 —
		宣传委员	林振阳	男	杨梅乡云溪村	2011.5 —
		秘书、统战委员	许丽燕	女	美湖镇洋田村	2015.9 —
		委员、人武部部长	张利堤	男	水口镇亭坑村	2006.5 —
	人大主席团	主 席	苏开良	男	春美乡上春村	2013.8 —
	政 府	乡 长	李远平	男	南安市梅山镇	2011.6 — 2015.8
			王传换	男	水口镇上湖村	2015.12 —
		副乡长	陈金殿	男	美湖镇阳山村	2007.1 — 2015.8
			曾华峰	男	浔中镇仙境村	2011.6 —
			张诗煊	男	南埕镇西山村	2012.9 —
			郭庆宏（科技）	男	浔中镇世科村	2012.9 —
			林思荣	男	水口镇	2015.12—

续表 30

机构名称	机关类别	职　务	姓　名	性别	籍　贯	任职起止时间
三班镇	党　委	书　记	张培基	男	水口镇亭坑村	2012.8 —
		副书记	陈能慎	男	赤水镇猛虎村	2011.5 — 2015.4
			林思毅	男	桂阳乡涌溪村	2015.8 —
			郭建雄	男	南埕镇南埕村	2011.5 —
			肖玉传	男	上涌镇后宅村	2012.7 — 2015.9
			张璋印	男	南埕镇西山村	2015.10 —
		综治副书记	苏池锌（挂职）	男	龙浔镇宝美村	2013.9 — 2015.9
		纪委书记	郭建雄	男	南埕镇南埕村	2015.10 —
		组织委员	罗贵贤	男	南埕镇高漈村	2011.5 —
		宣传委员	张璋印	男	南埕镇西山村	2012.8 — 2015.10
			毛录闽	男	水口镇毛厝村	2015.10 —
		秘书、统战委员	潘文剑	男	永春县达埔镇	2012.7 — 2015.10
			许宝明	男	美湖镇上岸村	2015.10 —
		委员、人武部部长	涂春雷	男	盖德镇上坑村	2015.10 —
	人大主席团	主　席	赖育朕	男	大铭乡琼溪村	2013.8 —
	政　府	镇　长	陈能慎	男	赤水镇猛虎村	2011.12 — 2015.5
		副镇长	毛录闽	男	水口镇毛厝村	2007.1 — 2015.10
			黄凤山	男	水口镇凤坪村	2008.12 —
			郑金端	男	国宝乡厚德村	2011.12 —
			郑金枪	男	龙浔镇宝美村	2011.12 — 2015.10
			苏朝进（科技）	男	龙浔镇宝美村	2012.8 —
			杨巧凤	女	浔中镇浔中村	2015.12 —

续表 30

机构名称	机关类别	职 务	姓 名	性别	籍 贯	任职起止时间
龙门滩镇	党 委	书 记	涂德望	男	赤水镇小铭村	2011. 5 — 2015. 8
			方华宇	男	雷峰镇雷峰村	2015. 8 —
		副书记	郑宝林	男	三班镇桥内村	2011. 5 — 2015. 8
			涂世泽	男	赤水镇西洋村	2015. 8 —
			方兹勇	男	雷峰镇长基村	2008. 12 — 2015. 9
			苏明珺	女	龙浔镇宝美村	2011. 5 —
			陈 炜	男	永春县岵山镇	2015. 10 —
		纪委书记	苏明珺	女	龙浔镇宝美村	2011. 5 —
		组织委员	寇凝一	男	盖德镇下寮村	2011. 5 —
		宣传委员	徐福前	男	盖德镇福阳村	2011. 5 — 2015. 10
			颜杰毅	男	三班镇三班村	2015. 10 —
		秘书、统战委员	潘文剑	男	永春县达埔镇	2015. 10 —
		委员、人武部部长	颜志忠	男	三班镇四滨村	2008. 12 — 2015. 10
			肖友宗	男	上涌镇后宅村	2015. 10 —
	人大主席团	主 席	蔡文兴	男	浔中镇凤池社区	2012. 9 —
	政 府	镇 长	郑宝林	男	三班镇桥内村	2011. 6 — 2015. 8
			涂世泽	男	赤水镇西洋村	2015. 12 —
		副镇长	许云彪	男	美湖镇上岸村	2006. 11 — 2015. 10
			罗仁春	男	雷峰镇潘祠村	2011. 6 — 2015. 12
			郑文达	男	国宝乡厚德村	2011. 6 —
			陈建平（科技）	男	龙浔镇德新街	2012. 9 —
			陈文彬	男	龙浔镇丁墘村	2015. 12 —
			徐星火	男	浔中镇乐陶村	2015. 12 —

续表 30

机构名称	机关类别	职务	姓名	性别	籍贯	任职起止时间
雷峰镇	党委	书记	苏奕垲	男	大铭乡联春村	2012.7 —
		副书记	林亮国	男	杨梅乡云溪村	2011.5 —
			林思泽	男	上涌镇上涌村	2011.5 —
			郑智煌	男	三班镇桥内村	2011.5 —
		纪委书记	林思泽	男	上涌镇上涌村	2011.5 —
		组织委员	王往杰	男	浔中镇富东社区	2011.5 —
		宣传委员	郭仙仙	女	汤头乡汤头村	2015.10 —
		秘书、统战委员	郑森林	男	三班镇三班村	2011.5 — 2015.9
			黄发梓	男	水口镇榜上村	2015.10 —
		委员、人武部部长	陈建旺	男	永春县苏坑镇	2011.5 —
	人大主席团	主席	林承墩	男	上涌镇上涌村	2011.6 — 2015.8
			吴勇民	男	盖德镇有济村	2015.12 —
	政府	镇长	林亮国	男	杨梅乡云溪村	2011.6 —
		副镇长	赖诗造	男	汤头乡福山村	2007.1 — 2015.10
			彭珍珠	女	浔中镇浔中村	2012.9 —
			彭金键	男	龙门滩镇霞碧村	2012.9 —
			张炳滋	男	水口镇村场村	2015.12 —
			陈允泰	男	春美乡新阁村	2015.12 —

续表 30

机构名称	机关类别	职　务	姓　名	性别	籍　贯	任职起止时间
南埕镇	党　委	书　记	连　婷	女	国宝乡格头村	2012. 7 —
		副书记	李波宁	男	浔中镇浔中村	2012. 8 —
			陈祖承	男	春美乡梁春村	2011. 5 — 2015. 9
			林文滨	男	大铭乡大铭村	2012. 8 —
			许仙瑞	男	赤水镇永嘉村	2015. 10 —
		纪委书记	林文滨	男	大铭乡大铭村	2012. 8 —
		组织委员	蒋恭团	男	上涌镇传豪村	2015. 10 —
		宣传委员	郑梅英	女	三班镇三班村	2011. 5 —
		秘　书	陈胜发	男	赤水镇赤水社区	2008. 12 —
		统战委员	陈胜发	男	赤水镇赤水社区	2011. 5 —
		委员、人武部部长	林明将	男	大铭乡大铭村	2006. 5 — 2015. 10
			苏清景	男	春美乡古春村	2015. 10 —
	人大主席团	主　席	张黎明	男	雷峰镇溪美村	2007. 1 — 2015. 10
			陈祖承	男	春美乡梁春村	2015. 12 —
	政　府	镇　长	李波宁	男	浔中镇浔中村	2012. 9 —
		副镇长	许仙瑞	男	赤水镇永嘉村	2011. 12 — 2015. 10
			苏宜发	男	龙浔镇宝美村	2011. 12 —
			毛寿群（科技）	男	水口镇毛厝村	2012. 9 —
			周玉来	男	雷峰镇双芹村	2015. 12 —
			郑世保	男	上涌镇桂格村	2015. 12 —

续表 30

机构名称	机关类别	职 务	姓 名	性别	籍 贯	任职起止时间
水口镇	党 委	书 记	林耀雄	男	浔中镇浔中村	2008.12 — 2015.1
			涂德望	男	赤水镇小铭村	2015.9 —
		副书记	方华宇	男	雷峰镇雷峰村	2012.9 — 2015.9
			陈子苹	男	永春县岵山镇	2015.9 —
			潘堡强	男	永春县达埔镇	2011.5 —
			林建兴	男	大铭乡大铭村	2012.8 — 2015.9
			许从清	男	美湖镇洋坑村	2015.10 —
		纪委书记	潘堡强	男	永春县达埔镇	2011.5 —
		组织委员	苏轩凤	女	龙浔镇宝美村	2011.5 —
		宣传委员	曾良贤	男	浔中镇浔中村	2011.5 —
		秘书、统战委员	连文溉	男	国宝乡格头村	2015.9 —
		委员、人武部部长	郑国洪	男	国宝乡厚德村	2011.5 — 2015.10
			李自有	男	龙浔镇丁溪村	2015.10 —
	人大主席团	主 席	吴福联	男	盖德镇有济村	2012.9 —
	政 府	镇 长	方华宇	男	雷峰镇雷峰村	2012.9 — 2015.9
			陈子苹	男	永春县岵山镇	2015.12 —
		副镇长	苏开聪	男	春美乡上春村	2011.6 — 2015.9
			周金燧	男	赤水镇铭爱村	2011.6 —
			郭毓勋	男	石狮市宝盖镇	2011.6 —
			尤少波	男	永春蓬壶镇	2015.12 —
			黄兴源	男	桂阳乡王春村	2015.12 —

续表 30

机构名称	机关类别	职 务	姓 名	性别	籍 贯	任职起止时间
国宝乡	党 委	书 记	徐永生	男	盖德镇三福村	2011.5 — 2015.11
			徐剑峰	男	三班镇奎斗村	2015.11 —
		副书记	曾宪升	男	上涌镇曾坂村	2012.9 — 2015.8
			赖胜德	男	三班镇龙阙村	2015.8 —
			罗新章	男	南埕镇高漈村	2008.12 — 2015.9
			郑进碧	男	三班镇奎斗村	2011.5 —
			曾逸升	男	浔中镇石鼓村	2015.10 —
		纪委书记	罗新章	男	南埕镇高漈村	2011.5 — 2015.9
			曾逸升	男	浔中镇石鼓村	2015.10 —
		组织委员	梁儒波	男	南埕镇蟠龙村	2011.5 —
		宣传委员	张晴文	女	水口镇亭坑村	2015.10 —
		秘书、统战委员	徐巧珍	女	盖德镇凤山村	2015.9 —
		委员、人武部部长	陈能瀛	男	上涌镇上涌村	2006.5 —
	人大主席团	主 席	张美川	男	南埕镇枣坑村	2011.12 — 2015.11
			彭建稽	男	龙门滩镇霞碧村	2015.12 —
	政 府	乡 长	曾宪升	男	上涌镇曾坂村	2012.9 — 2015.8
			赖胜德	男	三班镇龙阙村	2015.12 —
		副乡长	陈孝杜	男	龙浔镇丁墘村	2011.12 — 2015.11
			许剑强	男	赤水镇永嘉村	2012.9 —
			陈志华（科技）	女	水口镇昆坂村	2012.9 —
			林思锐	男	上涌镇上涌村	2015.12 —
			李文新	男	盖德镇盖德村	2015.12 —

续表 30

机构名称	机关类别	职 务	姓 名	性别	籍 贯	任职起止时间
赤水镇	党 委	书 记	甘建安	男	龙浔镇宝美村	2011.5 — 2015.4
			陈正忠	男	水口镇村场村	2015.8 —
		副书记	陈正忠	男	水口镇村场村	2011.5 — 2015.8
			郭小强	男	汤头乡汤头村	2015.9 —
			郑惠顺	男	汤头乡岭脚村	2006.12 — 2015.10
			李光华	男	桂阳乡洪田村	2011.5 — 2015.9
			陈金玺	男	雷峰镇瑞坂村	2015.9 —
			李添发	男	龙浔镇英山村	2015.10 —
		纪委书记	郑惠顺	男	汤头乡岭脚村	2011.5 — 2015.10
			李添发	男	龙浔镇英山村	2015.10 —
		组织委员	童双利	男	国宝乡南斗村	2011.5 —
		宣传委员	曾逸升	男	浔中镇石鼓村	2011.5 — 2015.10
			郑双智（挂职）	男	永春县仙夹镇	2015.10 —
		秘 书	陈为仙	男	雷峰镇瑞坂村	2004.12 — 2015.10
		统战委员	陈为仙	男	雷峰镇瑞坂村	2011.5 — 2015.10
		秘书、统战委员	苏剑秋	男	春美乡双翰村	2015.10 —
		委员、人武部部长	吴金德	男	盖德镇有济村	2011.5 —
	人大主席团	主 席	赖清德	男	汤头乡草村村	2012.9 — 2015.9
			郑以文	男	三班镇三班村	2015.12 —
	政 府	镇 长	陈正忠	男	水口镇村场村	2011.7 — 2015.8
			郭小强	男	汤头乡汤头村	2015.12 —
		副镇长	陈孝模	男	水口镇昆坂村	2007.1 —
			王丽琼	女	龙浔镇宝美村	2011.7 —
			江作民	男	水口镇祥光村	2011.7 —

续表 30

机构名称	机关类别	职 务	姓 名	性别	籍 贯	任职起止时间
美湖镇	党 委	书 记	林金雪	女	南埕镇南埕村	2012.8 —
		副书记	林思毅	男	桂阳乡涌溪村	2012.7 — 2015.8
			林恭兴	男	桂阳乡桂阳村	2015.8 —
			赖呈游	男	大铭乡琼山村	2011.5 — 2015.9
			卢美纪	男	上涌镇西溪村	2015.10 —
			郑国洪	男	国宝乡厚德村	2015.10 —
		综治副书记	黄奇微（挂职）	男	桂阳乡梓溪村	2013.9 — 2015.7
		纪委书记	卢美纪	男	上涌镇西溪村	2015.10 —
		组织委员	卢美纪	男	上涌镇西溪村	2011.5 — 2015.10
			罗良全	男	南埕镇高漈村	2015.10 —
		宣传委员	陈玲玲	女	上涌镇上涌村	2011.5 —
		秘 书	林能斌	男	南埕镇南埕村	2006.11 — 2015.9
		统战委员	林能斌	男	南埕镇南埕村	2011.5 — 2015.9
		秘书、统战委员	郑新接	男	上涌镇桂格村	2015.10 —
		委员、人武部部长	张英森	男	龙浔镇丁墘村	2011.5 —
	人大主席团	主 席	苏宏亮	男	龙浔镇宝美村	2011.6 — 2015.8
			郭启建	男	龙浔镇宝美村	2015.12 —
	政 府	镇 长	林思毅	男	桂阳乡涌溪村	2012.9 — 2015.8
			林恭兴	男	桂阳乡桂阳村	2015.12 —
		副镇长	林华实	男	杨梅乡云溪村	2005.1 — 2015.10
			江宏墩	男	水口镇祥光村	2011.6 —
			苏晓峰	男	龙浔镇兴南社区	2012.9 —
			郭昌棠	男	上涌镇下涌村	2015.12 —
			庄勇生	男	三班镇龙阙村	2015.12 —

续表 30

机构名称	机关类别	职 务	姓 名	性别	籍 贯	任职起止时间
大铭乡	党 委	书 记	赖佳忠	男	三班镇龙阙村	2011.5 —
		副书记	林恭兴	男	桂阳乡桂阳村	2012.8 — 2015.8
			杨德源	男	桂阳乡安章村	2015.11 —
			曾华艺	男	上涌镇曾坂村	2011.5 — 2015.9
			颜荣达	男	三班镇泗滨村	2012.8 —
			王文发	男	雷峰镇肖坑村	2015.9 —
		纪委书记	曾华艺	男	上涌镇曾坂村	2011.5 — 2015.9
			王文发	男	雷峰镇肖坑村	2015.9 —
		组织委员	陈志明	男	浔中镇后所村	2015.10 —
		宣传委员	曾碧婷	女	浔中镇石鼓村	2011.5 —
		秘 书	王文发	男	雷峰镇肖坑村	2011.5 — 2015.9
		统战委员	王文发	男	雷峰镇肖坑村	2006.5 — 2015.9
		秘书、统战委员	陈忠顺	男	雷峰镇蕉溪村	2015.9 —
		委员、人武部部长	徐凤伟	男	浔中镇乐陶村	2012.8 —
	人大主席团	主 席	赖胜德	男	三班镇龙阙村	2011.7 — 2015.9
			曾华艺	男	上涌镇曾坂村	2015.12 —
	政 府	乡 长	林恭兴	男	桂阳乡桂阳村	2012.9 — 2015.9
			杨德源	男	桂阳乡安章村	2015.12 —
		副乡长	陈永生	男	葛坑镇葛坑村	2011.7 —
			陈仁杰	男	龙浔镇浔东村	2015.12 —
			陈清峰（科技）	男	美湖镇阳山村	2015.12 —

续表 30

机构名称	机关类别	职　务	姓　名	性别	籍　贯	任职起止时间
春美乡	党　委	书　记	洪忠建	男	南安市东田镇	2012.9 — 2015.8
			曾华基	男	上涌镇曾坂村	2015.8 —
		副书记	曾华基	男	上涌镇曾坂村	2011.5 — 2015.8
			林国旺	男	桂阳乡溪洋村	2015.9 —
			张奕敬	男	龙浔镇丁墘村	2011.5 — 2015.9
			陈国跃	男	国宝乡南斗村	2011.5 — 2015.10
			林德东	男	国宝乡南斗村	2015.10 —
			赖发进	男	上涌镇曾坂村	2015.10 —
		纪委书记	张奕敬	男	龙浔镇丁墘村	2011.5 — 2015.9
			赖发进	男	上涌镇曾坂村	2015.10 —
		组织委员	赖传双	男	汤头乡福山村	2011.5 —
		宣传委员	赖发进	男	上涌镇曾坂村	2011.5 — 2015.10
			邱宏伟	男	浔中镇凤池社区	2015.10—
		秘书、统战委员	许章槐	男	美湖镇上岸村	2015.10 —
		委员、人武部部长	陈文渊	男	雷峰镇瑞坂村	2011.5 — 2015.10
			苏基壁	男	春美乡上春村	2015.10 —
	人大主席团	主　席	林国旺	男	桂阳乡溪洋村	2011.7 — 2015.9
			张奕敬	男	龙浔镇丁墘村	2015.12 —
	政　府	乡　长	曾华基	男	上涌镇曾坂村	2011.7 — 2015.8
			林国旺	男	桂阳乡溪洋村	2015.12 —
		副乡长	林德东	男	国宝乡南斗村	2009.1 — 2015.10
			叶剑华（科技）	男	国宝乡佛岭村	2012.9 —
			张文琳	男	雷峰镇荐解村	2015.12—
			吴楚莹	女	雷峰镇蕉溪村	2015.12—
			张光辉	男	雷峰镇长基村	2015.12—

续表 30

机构名称	机关类别	职务	姓名	性别	籍贯	任职起止时间
上涌镇	党委	书记	黄振宇	男	桂阳乡梓溪村	2011.5 —
		副书记	颜清平	男	南安市省新镇	2012.9 — 2015.6
			郑宝林	男	三班镇桥内村	2015.8 —
			徐明晓	男	盖德镇福阳村	2011.5 — 2015.9
			郑耀辉	男	上涌镇辉阳村	2012.8 —
			许启奋	男	赤水镇永嘉村	2015.10 —
		纪委书记	徐明晓	男	盖德镇福阳村	2011.5 — 2015.9
			许启奋	男	赤水镇永嘉村	2015.10 —
		组织委员	陈　炜	男	永春县岵山镇	2008.12 — 2015.10
			曾宪鹏	男	浔中镇仙境村	2015.10 —
		宣传委员	肖文金	男	盖德镇有济村	2008.12 —
		秘书	许启奋	男	赤水镇永嘉村	2011.5 — 2015.10
			林新柔	男	大铭乡大铭村	2015.10 —
		统战委员	许启奋	男	赤水镇永嘉村	2006.11 — 2015.10
			林新柔	男	大铭乡大铭村	2015.10 —
		委员、人武部部长	陈子杰	男	葛坑镇葛坑村	2015.10 —
	人大主席团	主席	涂世泽	男	赤水镇西洋村	2012.9 — 2015.8
			徐明晓	男	盖德镇福阳村	2015.12 —
	政府	镇长	颜清平	男	南安市省新镇	2012.9 — 2015.6
			郑宝林	男	三班镇桥内村	2015.9 —
		副镇长	林新柔	男	大铭乡大铭村	2011.12 — 2015.10
			陈爱玲	女	国宝乡内坂村	2011.12 —
			张炳滋	男	水口镇村场村	2011.12 — 2015.9
			颜杰臻（科技）	男	三班镇三班村	2012.9 —
			林朝阳	男	雷峰镇雷峰村	2015.12 —

续表 30

机构名称	机关类别	职 务	姓 名	性别	籍 贯	任职起止时间
汤头乡	党 委	书 记	黄东胜	男	南安市码头镇	2012. 9 —
		副书记	黄金沙	男	水口镇昆坂村	2011. 5 —
			徐文昌	男	盖德镇福阳村	2008. 12 — 2015. 9
			张奕宏	男	龙门滩镇磻坑村	2011. 5 —
			李仁浩	男	葛坑镇漈头村	2015. 10 —
		纪委书记	徐文昌	男	盖德镇福阳村	2008. 12 — 2015. 9
			李仁浩	男	葛坑镇漈头村	2015. 10 —
		组织委员	黄绳波	男	水口镇湖坂村	2011. 5 —
		宣传委员	林加乐	男	桂阳乡涌溪村	2011. 5 —
		秘 书	李仁浩	男	葛坑镇漈头村	2006. 5 — 2015. 10
		统战委员	李仁浩	男	葛坑镇漈头村	2011. 5 — 2015. 10
		秘书、统战委员	吴衍鸿	男	雷峰镇蕉溪村	2015. 10 —
		委员、人武部部长	肖友宗	男	上涌镇后宅村	2006. 5 — 2015. 10
			林修文	男	美湖镇上漈村	2015. 10 —
	人大主席团	主 席	王传换	男	水口镇上湖村	2012. 9 — 2015. 8
			徐文昌	男	盖德镇福阳村	2015. 12 —
	政 府	乡 长	黄金沙	男	水口镇昆坂村	2011. 6 —
		副乡长	郭昌棠	男	汤头乡岭脚村	2011. 6 — 2015. 12
			王丽明	女	浔中镇乐陶村	2012. 9 —
			曾全固	男	浔中镇祖厝村	2015. 12 —
			郑剑华	男	永春县仙夹乡	2015. 12 —
			李小霞	女	浔中镇土坂村	2015. 12 —

续表 30

机构名称	机关类别	职务	姓名	性别	籍贯	任职起止时间
葛坑镇	党委	书记		男	杨梅乡安村村	2011.5 — 2015.8
			林美兴	男	盖德镇林地村	2015.8 —
		副书记	林美兴	男	盖德镇林地村	2012.9 — 2015.8
			蒋声彬	男	上涌镇黄井村	2015.9 —
			林星波	男	盖德镇上地村	2011.5 —
			陈明阳	男	美湖镇阳山村	2011.5 — 2015.9
			林承锻	男	桂阳乡桂阳村	2015.10 —
		纪委书记	林星波	男	盖德镇上地村	2011.5 —
		组织委员	林国明	男	水口镇上湖村	2008.12 —
		宣传委员	方萍萍	女	雷峰镇坂仔村	2011.5 —
		秘书、统战委员	苏文忠	男	大铭乡联春村	2011.5 — 2015.9
			叶义旭	男	国宝乡佛岭村	2015.10 —
		委员、人武部部长	林国助	男	桂阳乡梓溪村	2011.5 —
	人大主席团	主席	赖长城	男	上涌镇门头村	2011.6 —
	政府	镇长	林美兴	男	盖德镇林地村	2013.1 — 2015.8
			蒋声彬	男	上涌镇黄井村	2015.12 —
		副镇长	张玉树	男	上涌镇黄井村	2005.1 — 2015.10
			涂双金	男	盖德镇上坑村	2011.6 —
			林承锻	男	桂阳乡桂阳村	2011.6 — 2015.10
			林振发	男	浔中镇浔中村	2015.12 —
			连俊强（科技）	男	国宝乡格头村	2015.12 —

续表 30

机构名称	机关类别	职　务	姓　名	性别	籍　贯	任职起止时间
桂阳乡	党　委	书　记	徐剑峰	男	三班镇奎斗村	2011.5 — 2015.11
			苏宏斌	男	龙浔镇宝美村	2015.11 —
		副书记	苏宏斌	男	龙浔镇宝美村	2012.8 — 2015.11
			王艳琦	女	永春县苏坑镇	2015.11 — （主持政府工作）
			陈能智	男	赤水镇岭边村	2011.5 — 2015.9
			郑建新	男	龙门滩镇湖景村	2013.7 —
			苏添钦	男	春美乡双翰村	2015.10 —
		纪委书记	郑建新	男	龙门滩镇湖景村	2013.7 —
		组织委员	宋　健	男	莆田市城厢区	2011.5 —
		宣传委员	曾华丰	男	浔中镇仙境村	2011.5 —
		秘书、统战委员	郑声超	男	水口镇淳湖村	2011.5 —
		委员、人武部部长	蒋朝挥	男	上涌镇黄井村	2011.5 —
	人大主席团	主　席	彭建稽	男	龙门滩镇霞碧村	2011.12 — 2015.11
	政　府	乡　长	苏宏斌	男	龙浔镇宝美村	2012.9 — 2015.11
		副乡长	林思锐	男	上涌镇上涌村	2011.12 — 2015.10
			陈公培	男	春美乡新阁村	2012.9 —
杨梅乡	党　委	书　记	许金标	男	美湖镇洋田村	2011.5 —
		副书记	黄全忠	男	汤头乡汤垵村	2011.5 —
			曾世超	男	浔中镇浔中村	2011.5 — 2015.9
			许全福	男	美湖镇洋田村	2011.5 —
			陈国安	男	南埕镇连山村	2015.10 —
		纪委书记	曾世超	男	浔中镇浔中村	2011.5 — 2015.9
			陈国安	男	南埕镇连山村	2015.10 —
		组织委员	苏添钦	男	春美乡双翰村	2008.12 — 2015.10
			陈海民	男	南埕镇连山村	2015.10 —
		宣传委员	郑秀春	女	三班镇桥内村	2011.5 —
		秘　书	陈国安	男	南埕镇连山村	2011.5 — 2015.10
		统战委员	陈国安	男	南埕镇连山村	2006.5 — 2015.10
		秘书、统战委员	方建辉	男	雷峰镇雷峰村	2015.10 —
		委员、人武部部长	王杰生	男	雷峰镇肖坑村	2015.10 —
	人大主席团	主　席	黄其兑	男	水口镇凤坪村	2011.5 —
	政　府	乡　长	黄全忠	男	汤头乡汤垵村	2011.5 —
		副乡长	陈成法	男	龙浔镇大坂村	2011.5 —
			庄克强	男	浔中镇浔中村	2015.12 —

说明：1. 本表收录 2015 年度德化县县直各单位、县直各系统党委、各乡镇在职副科级及以上领导（包括挂职）职务和副处级及以上非领导职务；一人在两个单位担任两个或两个以上领导职务的分别收录到相应单位；一人在某单位担任主要领导职务，在另一单位担任非领导职务的，由担任领导职务的单位同时将其非领导职务一并收录，担任非领导职务的单位不予收录。

2. 县人大常委会主任、副主任，县人民政府县长、副县长的任职时间以在县人大会议上当选时间为准，县政协主席、副主席以在县政协会议上当选时间为准，各乡镇人大主席团主席，政府乡镇长、副乡镇长以在乡镇人大会议上当选时间为准。

荣誉榜

【先进集体】

表 31

获奖单位	奖励名称	颁奖单位	获奖时间
德化县	世界陶瓷之都	世界手工艺理事会	2015.5.29
德化县	2014 年度社会管理综合治理先进县	泉州市委、市政府	2015.4.2
德化县	全省第三轮首批平安县	福建省综治委	2015.10.13
德化县	2014 年度实行最严格水资源管理制度优秀等次	泉州市政府	2015.8.10
德化县审计局	2015 年度审计信息宣传工作先进单位	福建省审计厅	2015.1.16
德化县人民法院	全国优秀法院	最高人民法院	2015.1
德化县人民法院民事审判第一庭	全省法院系统先进集体	福建省高级人民法院	2015.1
雷峰镇政府	全国农村公路养护与管理先进集体	中华人民共和国交通运输部	2015.2
浔中镇人民政府	全国文明村镇	中央精神文明建设指导委员会	2015.2.28
德化九仙山气象站	全国文明单位	中央精神文明建设指导委员会	2015.2.28
浔中镇人民政府	全省农村宣传思想文化工作示范乡镇	福建省委宣传部	2015.3.2
德化县报道中心	福建日报 2014 年度十佳报道组	福建日报报业集团	2015.3
德化农村信用社联合社	2014 年全省农信系统业务增长十佳单位	福建省农村信用社联合社	2015.3
雷峰镇瑞坂村	全省民族团结进步模范单位	福建省人民政府	2015.5
德化县财政局	模范职工之家	福建省总工会	2015.5
德化县人民检察院青年志愿服务队	第十二届“福建青年五四奖章”	共青团福建省委、福建省青年联合会	2015.5
泉州工艺美术职业学院	第十二届省级文明学校	中共福建省委教育工作委员会	2015.5
共青团德化县委员会	泉州市创建全国文明城市·志愿服务工作先进集体	中共泉州市委、泉州市人民政府	2015.5
德化县人民检察院	泉州市创建全国文明城市·未成年人思想道德建设工作先进集体	中共泉州市委、泉州市人民政府	2015.5
中共德化县委办公室	福建省（2012 — 2014 年度）文明单位	中共福建省委、福建省人民政府	2015.6
中共德化县纪律检查委员会机关	福建省（2012 — 2014 年度）文明单位	中共福建省委、福建省人民政府	2015.6
中共德化县委宣传部	福建省（2012 — 2014 年度）文明单位	中共福建省委、福建省人民政府	2015.6

续表 31

获奖单位	奖励名称	颁奖单位	获奖时间
德化县财政局	福建省（2012 — 2014 年度）文明单位	中共福建省委、福建省人民政府	2015.6
德化县广播电视事业局	福建省（2012 — 2014 年度）文明单位	中共福建省委、福建省人民政府	2015.6
德化县人民检察院	福建省（2012 — 2014 年度）文明单位	中共福建省委、福建省人民政府	2015.6
德化县邮政局	福建省（2012 — 2014 年度）文明单位	中共福建省委、福建省人民政府	2015.6
泉州市公路局德化分局	福建省（2012 — 2014 年度）文明单位	中共福建省委、福建省人民政府	2015.6
德化县工商行政管理局	福建省（2012 — 2014 年度）文明单位	中共福建省委、福建省人民政府	2015.6
中国农业银行股份有限公司德化县支行	福建省（2012 — 2014 年度）文明单位	中共福建省委、福建省人民政府	2015.6
德化县人大常委会机关	福建省（2012 — 2014 年度）文明单位	中共福建省委、福建省人民政府	2015.6
德化县人民政府办公室	福建省（2012 — 2014 年度）文明单位	中共福建省委、福建省人民政府	2015.6
中共德化县委组织部	福建省（2012 — 2014 年度）文明单位	中共福建省委、福建省人民政府	2015.6
德化县住房和城乡规划建设局	福建省（2012 — 2014 年度）文明单位	中共福建省委、福建省人民政府	2015.6
德化县国家税务局	福建省（2012 — 2014 年度）文明单位	中共福建省委、福建省人民政府	2015.6
国网福建德化县供电有限公司	福建省（2012 — 2014 年度）文明单位	中共福建省委、福建省人民政府	2015.6
龙浔镇	福建省（2012 — 2014 年度）文明村镇	中共福建省委、福建省人民政府	2015.6
龙浔镇宝美村	福建省（2012 — 2014 年度）文明村镇	中共福建省委、福建省人民政府	2015.6
浔中镇浔中村	福建省（2012 — 2014 年度）文明村镇	中共福建省委、福建省人民政府	2015.6
德化县实验小学	福建省（2012 — 2014 年度）文明学校	中共福建省委、福建省人民政府	2015.6
德化县住房和城乡规划建设局行政服务窗口	2013 — 2014 年度全国青年文明号	共青团中央、最高人民法院、公安部、司法部、住房城乡建设部	2015.6
泉州工艺美术职业学院	《传承陶瓷技艺　弘扬陶瓷文化—泉州工艺美院以传统工艺文化丰富校园文化内涵》荣获福建省高校校园文化建设优秀成果二等奖	福建省教育厅	2015.7
德化县工商行政管理局	全省工商系统第十二届省级文明单位	福建省工商行政管理局	2015.8.24
德化县地震办公室	2014 年度地震监测预报工作质量全国统评（水位、水温）测项优秀奖	中国地震局	2015.8.27

续表 31

获奖单位	奖励名称	颁奖单位	获奖时间
泉州工艺美术职业学院	艺术设计（陶瓷方向）专业、视觉传达艺术设计专业获得“2015 年高职教育省级示范专业”	福建省教育厅	2015.8
三班镇人民政府	中国茶具之乡	中国陶瓷工业协会	2015.8
中共德化县委宣传部	2014 年度全省宣传文化系统调研工作先进单位荣誉称号	中共福建省委宣传部	2015.8
德化县地震办公室	2014 年度地震监测预报工作质量全省评比（水位、水温、产出应用）优秀奖	福建省地震局	2015.9.1
三班镇人民政府	福建省安全社区	福建省政府安委办	2015.9
德化县司法局	2015 年度人民调解宣传工作先进集体	中华全国人民调解员协会	2015.9
南埕镇	省乡村旅游休闲集镇	福建省旅游局	2015.10.21
南埕镇	国家级气象标准化为农服务乡镇	中国气象局	2015.11.2
德化县广播电视台	全国县级广播电视系统“十佳电视台”	中国广播电视联合会城市广播电视台县级工作委员会	2015.11
南埕镇	省级特色景观旅游名镇	福建省住建厅、福建省旅游局	2015.11
南埕村	省“巾帼美丽家园”	福建省妇联	2015.12.31
泉州工艺美术职业学院	艺术设计（陶瓷方向）、电子商务专业获福建省 2015 年高等学校创新创业教育改革点专业	福建省教育厅	2015.12
德化县畜牧站、德化县新绿野养殖场	科技进步奖三等奖	泉州市人民政府	2015

【先进个人】

表 32

姓名	工作单位	奖励名称	奖励单位	颁奖时间
曾华海	德化县人民法院办公室	全省法院系统先进工作者	福建省高级人民法院	2015.1.15
连　婷	南埕镇党委书记	福建省三八红旗手	福建省妇联	2015.2
寇婉琼	《瓷都德化》编辑中心	2014 年度优秀通讯员	福建日报社	2015.3
寇婉琼	《瓷都德化》编辑中心	《产权能流动 进城可安家》获福建日报 2014 年度通讯员好新闻二等奖	福建日报社	2015.3

续表 32

姓名	工作单位	奖励名称	奖励单位	颁奖时间
陈志明	德化县报道中心	新闻宣传工作积极分子	福建日报社	2015.3
李宏图	《瓷都德化》编辑中心	《自编自演“青花瓷”舞蹈（照片）》福建日报 2014 年度通讯员好新闻三等奖	福建日报社	2015.3
张圆圆	德化县报道中心	新闻宣传工作积极分子	福建日报社	2015.3
孙炳章	德化县憨鼠网络团工委	2014 年度全国优秀共青团干部	共青团中央	2015.4
黄丽红	德化县人民检察院	“党性·纪律·廉洁·职业良知”主题征文优秀奖	福建省人民检察院	2015.4
冯金添	个体工商户	泉州市创建全国文明城市工作志愿服务先进个人	中共泉州市委、泉州市人民政府	2015.5
苏雪华	德化县中医院	泉州市创建全国文明城市工作志愿服务先进个人	中共泉州市委、泉州市人民政府	2015.5
张丹萍	德化县未成年人思想道德建设办公室	泉州市创建全国文明城市未成年人思想道德建设工作先进个人	中共泉州市委、泉州市人民政府	2015.5
周锦辉	德化县教育局德育股	泉州市创建全国文明城市未成年人思想道德建设工作先进个人	中共泉州市委、泉州市人民政府	2015.5
卢允庆	泉州工艺美术职业学院	我们的价值观 我们的中国梦——精彩课堂”展播视频高校组三等奖	福建省教育厅	2015.7
吴风琴 林国枝 徐铭泽	泉州工艺美术职业学院	“2015 年全省职业院校教师信息化教学大赛（信息化教学设计）”三等奖	福建省教育厅	2015.8
黄永星	泉州工艺美术职业学院	雕塑作品荣誉出展“新态 2015 年太原国际雕塑双年展”	中国美术家协会、中央美术学院、太原市人民政府	2015.12
颜杰毅	中共德化县委宣传部	2014 年度全省宣传文化系统调研工作先进工作者	中共福建省委宣传部	2015.8
林清云	德化县农业局	全国农机安全监理示范岗位标兵	国家安全监管总局	2015

德化县委、县政府2015年度表彰先进名单

【2015年度获表彰企业（个人）名单】

一、获得中国驰名商标的企业1家

1. 福建泉州顺美集团有限责任公司的“顺美SHUNMEI及图”商标

二、股权改制先进企业1家

1. 泉州阳光创艺陶瓷股份有限公司

三、获得中国陶瓷行业名牌的zheg企业13家

德化县万盛陶瓷有限公司的“福庆（FOR.KING）牌日用陶瓷” 福建省德化县卓越陶瓷有限公司的“恒越牌日用陶瓷” 福建省德化县锦龙陶瓷有限公司的“锦荣牌日用陶瓷” 德化恒瀚艺品有限公司的“恒瀚牌日用陶瓷” 福建省德化臻南陶瓷有限公司的“ZN CERAMIC陈设艺术陶瓷” 福建省春秋陶瓷实业有限公司的“弘艺春秋陈设艺术陶瓷” 福建省德化县宁昌陶瓷有限公司的“宁昌牌陈设艺术陶瓷” 福建省德化县华达陶瓷有限公司的“华达牌陈设艺术陶瓷” 福建省德化铭丰金花纸有限公司的“铭丰牌陶瓷花纸” 福建省德化福杰陶瓷有限公司的“福杰牌工业陶瓷” 福建省德化县创捷窑具有限公司的“创捷窑具” 德化县宏顺陶瓷有限公司的“Flowing Collection/流动系列” 福建省德化县华茂陶瓷有限公司的“华茂日用陶瓷”

四、获得福建省著名商标的企业5家

德化县宏顺陶瓷有限公司的“第7257943号图形”商标 福建省德化县铭志陶瓷有限公司的“童明手造 我行我道及图” 福建省德化臻峰陶瓷有限公司的“臻峰陶瓷及图”商标 德化县吉盛黑兔养殖有限公司的“龙翰及图”商标 德化县英山珍贵淮山农民合作社的“芹峰及图”商标

五、获得马德里商标国际注册的企业3家

福建省嘉顺艺品股份有限公司 福建省德化县华茂陶瓷有限公司 德化恒瀚艺品有限公司

六、参与国家标准修订的企业15家

（一）参与GB/T 13524.1—2015《陈设艺术瓷器 第1部分：雕塑瓷》国家标准修订

福建省佳美集团公司（第一起草单位） 德化县质量计量检测所 福建省日用陶瓷产品质量监督检验中心 福建省泉州龙鹏集团有限公司 德化县苏清河艺瓷苑 福建冠福现代家用股份有限公司 德化县聚益瓷雕工艺厂

（二）参与GB/T 13524.3－2015《陈设艺术瓷器 第3部分：文化用瓷》国家标准修订

福建省德化县佳美工艺品有限责任公司（第一起草单位） 福建省日用陶瓷产品质量监督检验中心 德化县质量计量检测所 福建冠福现代家用股份有限公司

福建省德化金东宝瓷业有限公司 德化县万盛陶瓷有限公司 福建省德化县华达陶瓷有限公司

（三）参与GB/T 4739－2015《日用陶瓷颜料色度测定方法》国家标准修订

福建省德化金东宝瓷业有限公司

七、获得国家地理标志保护产品专用标志使用权的企业25家

福建省太古陶瓷有限责任公司 福建省德化坤恒工艺品有限公司 德化县琢瓷草堂瓷雕研究所 德化县三福陶瓷礼品有限公司 德化县盛唐陶瓷礼品厂 福建省德化县崇善堂陶瓷研究所 福建省德化县格瑞瓷业有限公司 福建省德化县新星陶瓷有限公司 福建省德化千禧龙陶瓷有限公司 德化县吉利欣陶瓷艺术研究所 德化县迪云洲陶瓷有限公司 泉州市宏盛集团公司 德化县飞越工贸发展有限公司 德化县聚荣陶瓷厂 福建省德化荣信陶瓷有限公司 福建省德化县雅佳工

艺品有限公司　福建省德化金凤祥工艺有限公司　德化县聚益瓷雕工艺厂　德化县苏清河艺瓷苑　福建省德化县泰威陶瓷有限公司　福建省德化臻南陶瓷有限公司　福建省德化县伟恒陶瓷有限公司　德化县金燕陶瓷有限责任公司　福建省德化县鸿意达陶瓷工艺有限公司　德化县兴艺陶瓷厂

八、通过 ISO14000 环境管理体系认证并取得认证证书的企业 3 家

福建省德化县华达陶瓷有限公司　福建省汤头建筑工程有限公司　德化县宏顺陶瓷有限公司

九、通过 OHSAS18000 职业健康安全管理体系认证并取得认证证书的企业 3 家

福建省汤头建筑工程有限公司　福建省德化县继裕陶瓷有限公司　德化县宏顺陶瓷有限公司

十、陶瓷作品版权登记优秀企业（个人）121 家（人）

福建省威尔陶瓷股份有限公司　德化县顺尔美工艺品有限公司　福建德化五洲陶瓷股份有限公司　德化恒忆陶瓷艺术股份有限公司　德化县太阳脸艺品有限责任公司　福建省德化县腾艺陶瓷有限公司　福建省德化县晟艺佳工艺有限责任公司　泉州市宏盛集团公司　福建省德化唯艺陶瓷有限公司　福建省德化县恒星陶瓷有限公司　福建省德化县宝源陶瓷研究所　福建省德化昌森工艺有限公司　福建省德化县鑫洋陶瓷有限公司　福建省德化泉诚陶瓷有限公司　德化县阳光工艺陶瓷有限公司　福建省德化明英华陶瓷有限公司　德化通利工艺有限公司　福建省德化县嘉鸿工艺陶瓷有限公司　德化恒瀚艺品有限公司　德化县青龙陶瓷工艺有限公司　福建省德化鑫盛衍陶瓷有限公司　泉州舜家陶瓷有限公司　福建省德化县金德陶瓷有限公司　福建省德化县中盛陶瓷有限公司　蒋永安　福建泉州顺美集团有限责任公司　福建省德化县零度创意有限公司　张樟铭　福建省德化县鹏煌陶瓷有限公司　林良珠　陆升（德化）陶瓷有限公司　福建省德化县圣晴工贸有限公司　福建省德化县茂隆工艺有限公司　徐春妹　福建省德化县恒新工艺有限公司　福建省德化县冠鸿陶瓷有限公司　福建省德化臻峰陶瓷有限公司　福建省德化县艺韵陶瓷有限公司　福建省德化县尚益陶瓷有限公司　德化县京隆堂陶瓷有限责任公司　福建省德化鑫城美工艺有限公司　德化县先锋陶瓷厂　德化县飞越工贸发展有限公司　福建省德化戴玉堂陶瓷有限公司　福建省德化县宏盛达工艺品有限责任公司　德化县好淘器工艺有限公司　德化县吉元瓷业有限责任公司　福建省德化县锦福陶瓷有限公司　泉州市泰源谷陶瓷文化有限公司　德化县龙晟顺陶瓷原料研究所　福建省德化县丹瓷工坊有限公司　福建省德化县顺兴达陶瓷工艺有限公司　福建省德化县金博瓷厂　福建省佳美集团公司　福建省德化万顺捷陶瓷有限公司　林礼良　福建省德化协发光洋陶器有限公司　福建省德化佳旺达陶瓷有限公司　苏更新　福建省德化县东进礼品有限公司　福建省德化县伟杰陶瓷有限公司　李茂章　福建省德化县华兴陶瓷有限公司　福建省德化县华达陶瓷有限公司　福建省德化县有加陶瓷有限公司　福建德化品匠匠窑陶瓷有限公司　福建省德化县尚和陶瓷有限公司　福建省德化县泉艺陶瓷有限公司　德化县享陶瓷业有限公司　张辉煌　赖秀婷　郑桂耀　福建省德化县冠捷陶瓷有限公司　德化县乾玉堂陶瓷有限公司　福建省德化县新星陶瓷有限公司　吴晋益　曾庆清　曾叔真　德化县盛德竹木工艺厂　福建省德化县好自然陶瓷厂　福建省德化县乾峰陶瓷有限公司　福建省德化县东阳陶瓷有限公司　福建省德化一修缘陶瓷有限公司　德化县贝唯艺品有限公司　德化县陶器贸易有限公司　福建省德化县百家陶瓷有限公司　福建省德化县乾龙陶瓷有限公司　德化县申然陶瓷研究所　许志君　许成志　彭钦智　李书福　福建省德化县耀弘陶瓷有限公司　福建省德化县匠心陶瓷有限公司　福建省德化县祥玉瓷厂　徐育龙　吴益华　徐庆欣　福建省德化鑫道瓷业有限公司　郑明礼　福建省德化荣信陶瓷有限公司　福建省德化县三德陶瓷有限公司　福建省德化县泰诚陶瓷有限公司　德化县锦铭陶瓷研究所（普通合伙）　陈子泰　徐小燕　福建省德化闽林陶瓷有限公司　德化县祥窑艺瓷研究所　德化县佳年华陶瓷有限公司　林丽霞　张奕杰　福建省德化县恒昇陶瓷有限公司　福建省德化县福荣陶瓷有限公司　蒲日圣　福建省德化县鼎艺礼瓷有限公司　福建省德化坤恒工艺品有限公司　德化问瓷阁陶瓷研究所　德化县摸泥世家陶瓷艺术研究所　德化县德福堂陶瓷厂　福建省德化县御泉工艺有限公司　德化县天诺陶瓷有限责任公司

【德化县 2015 年度企业工作先进乡镇名单】

龙浔镇　三班镇　盖德镇

表 33　　德化县 2015 年度纳税 400 万元以上企业集团名单

单位：万元

序号	集团名称	法人代表	缴纳税款
1	福建省泉州龙鹏集团有限公司	苏建堆	2122
2	福建省佳美集团公司	陈志翰	1764
3	福建冠福现代家用股份有限公司	林文智	1584
4	福建泉州顺美集团有限责任公司	郑泽洽	1342
5	福建省泉州得盛集团有限公司	颜竞峰	589
6	泉州市创意集团公司	温雅国	580
7	福建泉州意顺集团有限公司	郭金煌	580
8	福建省泉州伟盛集团有限公司	林东星	450

表 34　　德化县 2015 年度自营出口创汇前十名企业名单

单位：万美元

序号	企业名称	出口创汇
1	福建泉州顺美集团有限责任公司	2172
2	福建省德化协发光洋陶器有限公司	1609
3	福建省佳美集团公司	1275
4	福建省德化县三峰陶瓷有限公司	585
5	福建省泉州龙鹏集团有限公司	583
6	福建省德化必德陶瓷有限公司	441
7	福建省德化县华茂陶瓷有限公司	415
8	德化县宏顺陶瓷有限公司	402
9	福建省德化县兴业陶瓷有限公司	396
10	德化恒瀚艺品有限公司	390

表 35　　德化县 2015 年度纳税 50 万元以上企业名单

单位：万元

序号	纳税人名称	法人代表	税额
1	泉州德化厦沙高速公路有限公司	刘志平	5594
其中	A1 中铁十七局集团第六工程有限公司	李永珑	842
	A2 中交第二航务工程局有限公司	王世峰	1000
	A3 中铁十一局集团有限公司	何义斌	882
	A4 中铁一局集团有限公司	张为和	535
	A5 中铁二十三局集团第一工程有限公司	曹德岗	672

续表 35

序号	纳税人名称	法人代表	税额
	A6 中交一公局厦门工程有限公司	白　著	907
	A7 四川公路桥梁建设集团有限公司	熊国斌	721
2	泉州彭村水库投资开发有限公司	张金飚	4334
3	德化县农村信用合作联社	苏德胜	4108
4	国网福建德化县供电有限公司	陈　琨	3144
5	福建省德化鑫阳矿业有限公司	李志铭	2748
6	德化县银厦房地产开发有限公司	苏德县	2273
7	德化金龙置业有限公司	蔡金山	1797
8	德化县城镇房地产开发公司	连其文	1773
9	泉州建坤房地产开发有限公司	陈志民	1734
10	福建省汤头建筑工程有限公司	郑海容	1701
11	德化县国地房地产有限公司	林渊硕	1642
12	福建龙元天地房地产开发有限公司	陶永春	1583
13	泉州裕正置业有限公司	张宝忠	1465
14	福建省阳山铁矿有限责任公司	江源泉	1417
15	德化县国有资产投资经营公司	曾春凤	1416
16	福建冠福现代家用股份有限公司	林文智	1384
17	德化华骏房地产开发有限公司	吴为民	1378
18	福建省双旗山矿业有限责任公司	谢文清	1251
19	福建省德化协发光洋陶器有限公司	陆镇源	1231
20	泉州冠益置业有限公司	杨志洪	1224
21	德化广安天然气有限公司	张子钢	1161
22	德化县万佳房地产开发有限公司	苏银凯	1156
23	德化县中冶房地产开发有限公司	叶远彩	1043
24	福建群盛集团有限公司德化分公司	林玉燕	1012
25	福建省德化县佳美工艺品有限责任公司	苏尧鸿	979
26	德化县顺尔美工艺品有限公司	郑鹏飞	938
27	福建省浔益建筑工程有限公司	陈钢梁	872
28	福建省银厦建设工程有限公司	蒋耀坤	858
29	德化涌溪水电有限公司	李文章	823
30	百德（泉州）置业有限公司	林连堆	820

续表 35

序号	纳税人名称	法人代表	税额
31	德化美伦房地产开发有限公司	李向阳	811
32	中国农业银行股份有限公司德化县支行	龚　兵	796
33	中国建设银行股份有限公司德化支行	林双庆	783
34	德化县丘埕矿业有限公司	林碧栋	782
35	德化县影视城开发建设有限公司	苏良金	777
36	德化万晖房地产开发有限公司	方朝晖	718
37	中国人民财产保险股份有限公司德化支公司	郑晶晶	608
38	德化春秋置业有限公司	叶文海	545
39	德化县阳光房地产有限责任公司	苏建堆	533
40	福建省德化龙峰陶瓷有限公司	苏建堆	508
41	福建省德化友盛陶瓷有限公司	颜竞峰	495
42	泉州市龙门滩引水工程管理处	苏荣薰	493
43	德化恒忆陶瓷艺术股份有限公司	林鸿福	491
44	泉州市泉德盛房地产开发有限责任公司	陈清阳	471
45	福建省德化县锦龙陶瓷有限公司	林贵基	470
46	福建省八闽建设工程有限公司德化分公司	李绳农	454
47	福建省德化县佳美彩印有限公司	苏尧鹏	423
48	德化县源益电力工程有限公司	郑瑞龙	417
49	德化县物资公司	连文溉	399
50	德化县群发水力发电厂	苏力克	384
51	中国工商银行股份有限公司德化支行	庄国华	382
52	景远（德化）建材有限公司	陈志武	372
53	中国银行股份有限公司德化支行	邱阿心	362
54	福建省德化县宏顺发陶瓷工艺有限公司	颜晋钦	355
55	德化恒瀚艺品有限公司	林锦明	350
56	中国平安财产保险股份有限公司泉州中心支公司德化营销服务部	潘文贵	342
57	福建省德化县三峰陶瓷有限公司	郑永章	339
58	德化县水利局	洪忠建	336
59	福建省德化县兴业陶瓷有限公司	林东兴	335
60	中国移动通信集团福建有限公司德化分公司	李群雄	330
61	德化金盛置业有限公司	王为民	317

续表 35

序号	纳税人名称	法人代表	税额
62	泉州银行股份有限公司德化支行	陈仁肇	313
63	福建省毅龙建筑工程有限公司	陈国单	312
64	中国电信股份有限公司德化分公司	李移林	312
65	中华联合财产保险股份有限公司德化支公司	赖瑞昶	312
66	福建省德化县成艺陶瓷有限公司	郑成全	303
67	福建省建茂房地产开发有限公司	李建雄	288
68	德化县宏顺陶瓷有限公司	曾新宇	288
69	福建省德化臻峰陶瓷有限公司	李传芳	283
70	福建省德化晃星建筑有限公司	蒋文明	281
71	德化县永正建筑工程有限公司	蒋淑梅	279
72	德化县城乡建设投资有限公司	蒋双卿	268
73	福建省海峡水泥股份有限公司	李传吉	262
74	德化县太阳鸟工艺品有限公司	邱振科	261
75	德化县四星投资有限责任公司	苏尧政	259
76	德化县民益建设投资有限公司	吴孝奇	256
77	福建德化五洲陶瓷股份有限公司	郭建洲	256
78	福建青草明方化妆品有限公司	林联泉	252
79	福建省威尔陶瓷股份有限公司	危连进	247
80	福建省德化县富盛陶瓷有限公司	苏端阳	245
81	中国邮政储蓄银行股份有限公司德化县支行	刘旭龙	242
82	福建省德化必德陶瓷有限公司	林　鸿	226
83	中国人寿保险股份有限公司德化县支公司	李文露	207
84	福建省德化真泰尔陶瓷有限公司	颜真革	206
85	德化县万盛陶瓷有限公司	陈宏昆	206
86	福建省德化县继裕陶瓷有限公司	李文质	206
87	福建省德化县中昱陶瓷有限公司	危明理	206
88	福建省嘉顺艺品股份有限公司	陈金贵	206
89	福建泉州顺美集团有限责任公司	郑泽洽	202
90	中国太平洋财产保险股份有限公司德化支公司	林维辉	200
91	福建省德化县华茂陶瓷有限公司	陈能谨	199
92	福建省德化环宇陶瓷有限公司	黄美罗	195
93	德化县自来水公司	陈焕颖	193

续表 35

序号	纳税人名称	法人代表	税额
94	福建省德化县紫云陶瓷工艺厂	颜紫云	191
95	福建省德化意达陶瓷有限公司	郭华松	190
96	德化县阳光工艺陶瓷有限公司	郑金鼎	189
97	德化县医院	李松川	187
98	德化县高圣工艺品有限公司	郑贵高	184
99	福建省德化县晖德陶瓷有限公司	王光明	183
100	曼妮丝绸时装（德化）有限公司	林少民	182
101	福建省德化县全丰陶瓷有限公司	曾文昌	180
102	福建省德化县宝晶瓷厂	林友星	178
103	福建省德化县冠鸿陶瓷有限公司	李桂贤	177
104	福建德化精艺陶瓷有限公司	徐贵阳	177
105	福建省德化县永煌陶瓷有限公司	林信增	177
106	德化县畅德陶瓷配件有限公司	吴学畅	176
107	福建省德化县宏达陶瓷有限公司	吴洁清	171
108	泉州市汽车运输总公司德化公司	吴振麟	170
109	德化东华陶瓷有限公司	郑荣文	168
110	德化县顺德包装彩印有限公司	郑圻增	167
111	福建省德化佳诚陶瓷有限公司	苏建源	164
112	德化开元瓷业有限公司	苏银凯	163
113	福建省德化县冠捷陶瓷有限公司	郭伙瑞	161
114	福建省德化县联达陶瓷有限公司	颜华智	161
115	福建省德化益盛彩印有限公司	林东营	160
116	泉州德化县嘉欧利工艺品有限责任公司	颜丕云	160
117	德化县建益瓷业有限责任公司	江恺洵	159
118	福建省德化县昱晟工艺品有限责任公司	颜建煌	159
119	福建省德化县龙门爆破有限公司	吴贤卿	159
120	福建省德化县锦华陶瓷有限公司	颜东升	159
121	泉州德化芳盛工艺制品有限公司	苏明芳	158
122	福建省德化县优扬工艺品有限公司	郭春材	155
123	德化豪晟艺品有限公司	陈建文	155
124	中石化森美（福建）石油有限公司泉州德化城龙加油站	戴尽良	155
125	德化宏晟陶瓷有限公司	苏志勤	154

续表 35

序号	纳税人名称	法人代表	税额
126	福建省德化县腾艺陶瓷有限公司	曾昭腾	154
127	福建省泉州景玉纸业有限公司	邓玉堂	152
128	德化县嘉顺建筑工程有限公司	颜爱民	152
129	福建省德化佳旺达陶瓷有限公司	李家往	152
130	德化县京隆堂陶瓷有限责任公司	颜金启	150
131	福建省德化明英华陶瓷有限公司	林建华	148
132	福建省万旗科技陶瓷有限公司	张金池	145
133	福建省德化县宏泉工艺品有限公司	苏宏伟	145
134	福建省泉州市契合工贸有限公司	陈敦添	143
135	福建省德化县欣德益现代家用有限公司	赖清波	143
136	福建省德化佳浩陶瓷有限公司	郑家坦	140
137	福建省德化县秦顺陶瓷有限公司	陈星煌	139
138	福建省德化同鑫陶瓷有限公司	曾俩相	138
139	福建省德化博龙陶瓷有限公司	张金涵	138
140	泉州市德化县恒峰陶瓷有限公司	郑荣怀	137
141	福建德化新耀华瓷业有限公司	颜光耀	136
142	福建省德化隆南陶瓷有限公司	李文溪	136
143	泉州新华都购物广场有限公司德化瓷都店	陈耿生	135
144	福建省德化县百货公司	曾宪胜	134
145	德化鼎力机械有限公司	黄　平	133
146	福建省德化县嘉威陶瓷有限公司	林罡华	133
147	德化县日臻陶瓷工艺有限公司	林建辉	133
148	泉州坤泰机械精工制造有限公司	柯国镇	133
149	德化县德辉彩印包装有限公司	陈彩国	131
150	福建省德化县永德信陶瓷有限责任公司	郭山玉	131
151	福建省德化汇远陶瓷有限公司	曾俩丰	128
152	德化县建筑工程公司	王文良	128
153	德化县吉元瓷业有限责任公司	陈素梅	127
154	福建省德化县鹏煌陶瓷有限公司	赖礼煌	127
155	福建省德化福杰陶瓷有限公司	林福文	126
156	福建省德化县豪鹏陶瓷有限公司	许光权	125
157	福建省德化县新飞陶瓷有限公司	郑瑞文	121

续表 35

序号	纳税人名称	法人代表	税额
158	德化县百盛房地产开发有限公司	陈书经	121
159	福建省德化县先达瓷厂	叶文贤	121
160	福建省德化县华达陶瓷有限公司	李甲栈	119
161	中国大地财产保险股份有限公司德化支公司	李秀香	119
162	福建省德化业美陶瓷有限公司	苏朱坤	118
163	福建省德化县戴云大酒店有限责任公司	施能其	118
164	福建省德化必达陶瓷有限公司	林　鸿	118
165	德化县木材公司	苏玉春	115
166	福建省德化百合工艺品有限公司	颜文谦	111
167	福建省德化龙辉陶瓷有限公司	李成参	109
168	德化县市政建设工程公司	郑渊明	108
169	福建省德化县龙津林化有限公司	曾宪民	108
170	福建省德化县华晨陶瓷有限公司	危大沣	108
171	德化县万德建筑工程有限公司	陈忠碑	108
172	德化县泉龙工贸公司	赖更松	107
173	福建省德化县双龙陶瓷有限公司	陈梓耀	107
174	德化县鑫美陶瓷有限公司	苏生辉	105
175	德化县富东陶瓷工艺有限公司	林建全	104
176	福建省德化县祥晖陶瓷有限公司	苏银章	104
177	福建省德化县锦福陶瓷有限公司	吴学文	104
178	中国石化销售有限公司福建泉州德化添力加油站	林文雄	104
179	福建省德化县驰宇陶瓷有限公司	张建榕	102
180	福建省德化万顺捷陶瓷有限公司	苏国平	101
181	福建省德化新吉利工艺有限公司	颜志湧	100
182	福建省德化县豪发陶瓷有限公司	曾昭波	100
183	德化县源翔工艺有限责任公司	陈能千	100
184	福建省德化县尚品陶瓷有限公司	郑忠诚	99
185	泉州坤达礼品有限公司	吴珊珊	98
186	福建省德化县金珠陶瓷有限公司	王佳耀	98
187	福建省德化县浔达陶瓷有限公司	郭德新	97
188	德化县泉德汽车运输有限公司	许从培	96
189	福建省德化县富盈工艺有限公司	林炯雄	94

续表 35

序号	纳税人名称	法人代表	税额
190	福建省德化县中天陶瓷有限公司	刘小燕	94
191	福建省德化县东盛陶瓷有限公司	林东星	93
192	福建省德化多福陶瓷有限公司	郑福裕	93
193	福建省德化县霞玲水电有限公司	黄有浣	93
194	福建省德化县盛煌陶瓷有限公司	连建宗	93
195	福建泉州青草明方生物科技有限公司	王国强	93
196	泉州农电服务有限公司德化分公司	黄金铭	92
197	福建省德化县三顺艺品有限公司	苏建洪	92
198	福建省德化龙飞瓷土有限公司	林金成	91
199	福建省德化正和陶瓷有限公司	郑进东	91
200	福建省德化县鸿意达陶瓷工艺有限公司	郭金煌	89
201	福建省安厦房地产开发有限公司	陈梓耀	88
202	德化县祥泰建筑工程有限公司	郑志忠	88
203	福建省德化县国有电力投资经营有限公司	曾福礼	88
204	德化县供销合作社冠龙资产运营管理中心	徐荣聪	88
205	福建闽中矿业集团公司（福建省德化县矿产工业总公司）	陈振渡	87
206	福建省德化县华兴陶瓷有限公司	苏锡坂	87
207	德化县上玖陶瓷创作有限公司	林瑞红	87
208	德化县松峰陶瓷工艺厂	郑春松	86
209	福建省德化县兴达瓷厂	陈斯顷	85
210	福建省德化亿邦陶瓷有限公司	危明巧	85
211	德化县供水劳动服务部	陈焕颖	85
212	福建省德化县祥盛工艺有限公司	颜正聪	84
213	福建省德化县豪达陶瓷有限公司	陈东南	83
214	德化县德益水利电力勘察设计有限公司	黄永健	83
215	福建省德化县现代陶瓷有限公司	林思博	83
216	福建省德化新奇丽工艺有限公司	曾金钟	82
217	福建省德化先锋广告有限公司	林朝民	81
218	福建省德化县飞腾陶瓷有限公司	颜杰林	78
219	德化全盛陶瓷有限公司	林文胜	77
220	德化梅园国际大酒店有限公司	朱庆洪	77
221	福建省春秋陶瓷实业有限公司	周志勇	77

续表 35

序号	纳税人名称	法人代表	税额
222	福建省德化县有加陶瓷有限公司	曾俊崴	76
223	福建省德化安成陶瓷有限公司	曾振会	76
224	德化县通宇纸浆工艺有限公司	林子哲	76
225	德化县永兴抗磨材料厂	许水冰	76
226	中鼎国际工程有限责任公司德化分公司	洪秀金	74
227	福建省德化县顺捷宏陶瓷有限责任公司	郑荣榆	74
228	福建省德化县旭晟瓷业有限公司	林建忠	73
229	德化县鑫汇丰小额贷款有限公司	郑成全	73
230	福建省德化县宏艺陶瓷有限公司	林传统	73
231	德化县瓷国明珠酒店有限公司	陈秀江	73
232	福建省德化县福盛工艺品有限公司	黄建斌	72
233	福建省德化县三诺陶瓷有限公司	孙建军	72
234	中国石油天然气股份有限公司福建德化县泉德加油站	曾建强	71
235	福建省德化虹晨礼品有限公司	苏文渊	71
236	紫金财产保险股份有限公司泉州中心支公司德化营销服务部	危双跃	71
237	福建省德化县顺华达瓷业有限责任公司	郑文敏	71
238	福建省德化县腾兴陶瓷有限公司	陈斯练	71
239	德化县龙锦陶瓷有限公司	徐有爽	70
240	福建省德化县星星陶瓷有限公司	吴晓星	70
241	福建省德化县南祥陶瓷有限公司	赖育南	70
242	泉州永辉超市有限公司德化分公司	方文忠	70
243	福建省德化县新创意工艺有限责任公司	曾晓红	70
244	德化县中医院	郑国进	70
245	福建省德化第五瓷厂	温伟智	69
246	福建兴宏昌铸造有限公司	赖景煌	69
247	福建省德化县顺忆陶瓷有限公司	郑忆府	69
248	德化儒苑礼品有限公司	徐添福	69
249	中国人寿财产保险股份有限公司德化县支公司	吕云琼	68
250	德化县昕涛陶瓷工艺厂	易　辉	68
251	福建德化铄阳陶瓷文化有限公司	苏庆阳	68
252	德化县万宝古建陶瓷有限公司	林主团	68
253	福建省德瓷缘文化发展股份公司	林国华	68

续表 35

序号	纳税人名称	法人代表	税额
254	福建省德化县溢茂工艺有限公司	黄美溢	67
255	福建省万旗非金属材料有限公司	谢文清	67
256	福建省德化稳定瓷业有限公司	卢允定	67
257	福建省德化县龙源陶瓷有限公司	王荣华	66
258	福建省德化县美博陶瓷有限公司	许能博	66
259	福建省德化县隆兴陶瓷有限公司	郭正沛	64
260	福建省德化县零度创意有限公司	曾国彬	64
261	德化县德鸿陶瓷有限公司	方国栋	64
262	德化县隆杰陶瓷工艺品有限公司	林建明	64
263	福建省德化县晖龙陶瓷有限公司	张国平	63
264	福建省德化县紫嘉工艺有限公司	苏银斑	63
265	福建中亚建筑工程有限公司德化分公司	卢荣杰	63
266	福建省德化县艺龙陶瓷有限公司	颜尤波	63
267	福建省德化县鹏欣陶瓷有限公司	李文韧	63
268	福建省德化县豪顺丰陶瓷工艺有限公司	陈建文	61
269	福建省德化宝德陶瓷有限公司	苏义峰	61
270	德化县饮食服务公司	林仁强	61
271	福建省德化县贤德利陶瓷有限公司	郑子贤	60
272	德化县后井窑瓷业有限责任公司	苏德华	60
273	泉州市烟草公司德化分公司	李贵星	60
274	福建省德化县宝瑞陶瓷有限公司	苏璋珉	59
275	德化县星艺陶瓷工艺厂	曾玉辉	59
276	福建省德化县泉鑫陶瓷有限公司	苏志扬	59
277	福建省德化县悦盛工艺有限公司	颜少萍	59
278	福建省德化县中盛陶瓷有限公司	单　军	59
279	福建省泉州得盛集团有限公司	颜竞峰	58
280	福建省太古陶瓷有限责任公司	郑泽洽	58
281	福建省德化县龙腾酒店有限公司	苏建政	58
282	福建省德化臻南陶瓷有限公司	苏昆仑	58
283	福建省德化华宇工贸有限公司	颜泽南	58
284	福建省德化华厦陶瓷有限公司	刘建红	57
285	福建省德化县泉艺陶瓷有限公司	张泉德	57

续表 35

序号	纳税人名称	法人代表	税额
286	福建省德化艺飞工艺品有限公司	黄飞巧	57
287	福建省德化县臻晖陶瓷有限公司	苏启伟	56
288	福建省德化金东宝瓷业有限公司	陈国凡	56
289	福建省德化县雅丽达陶瓷有限公司	颜志达	56
290	福建省德化县帝窑陶瓷有限公司	方锦聪	55
291	福建省德化县顺佳瓷厂	庄加基	55
292	福建省德化县万里阳陶瓷有限责任公司	陈登科	54
293	德化县双溪水库水电有限公司	林绍锋	54
294	福建省德化县灿东陶瓷有限公司	陈秀勉	53
295	福建省德化县宁昌陶瓷有限公司	苏友谊	53
296	德化县中晟工艺有限责任公司	卓仕国	53
297	福建省德化宏宇陶瓷有限公司	郭秀勉	53
298	泉州市德化广达工艺有限公司	郑丽珍	53
299	福建省德化县福艺陶瓷有限公司	郑义心	53
300	福建省德化县嘉德利陶瓷有限公司	曾炳煌	53
301	福建省德化县鸿发陶瓷工艺品有限公司	黄钟宏	53
302	福建省德化县亿加艺品有限公司	曾俊崴	52
303	福建省三班投资开发有限公司	郑永生	52
304	福建省德化秦盛陶瓷有限公司	涂德华	52
305	五矿二十三冶建设集团矿业工程有限公司德化项目部	李建云	52
306	福建省德化县希尔凯陶瓷有限责任公司	王桂环	51
307	福建省德化县宝艺陶瓷有限公司	苏文勤	51
308	福建省德化明源陶瓷有限公司	颜建源	51
309	福建省德化县艺韵陶瓷有限公司	陈能谟	51
310	福建省德化县君福陶瓷有限公司	魏成云	51
311	福建省戴云房地产开发有限公司	沙建国	51
312	泉州市亿利达陶瓷材料有限公司	黄永忠	51
313	福建省德化县唐丰陶瓷有限公司	李建阳	51
314	德化县电力服务有限公司	林月华	51
315	福建省德化县真华陶瓷有限公司	苏秀真	50
316	福建省德化县凯凯瓷业有限公司	王卫平	50
317	福建省德化艺德工艺实业有限公司	颜俊卿	50

续表 35

序号	纳税人名称	法人代表	税额
318	德化县德盛窑业研究所	庄惠卿	50
319	福建省德化炎宏陶瓷有限公司	苏锡炎	50
320	德化县鑫源箱包制品有限公司	陈美燕	50
321	福建省德化龙顺陶瓷有限公司	陈朝榜	50
322	福建省德化县协峰陶瓷有限公司	颜劲峰	50

【德化县 2015 年度农业和农村工作先进单位、先进个人名单】

一、农业农村工作先进乡镇

第一名：大铭乡

第二名：南埕镇

第三名：春美乡

二、现代特色农业示范典型

表 36

1	设施农业示范典型	陈洪源	福建省道畋智慧农业科技有限公司
2	水稻机械化种植典型	林锦钟	泉州市德化县中和农场
3	山垅田改造示范典型	李锦成	德化县赤水协力农场
4	生态休闲茶庄示范典型	李鹏春	福建省德化江山美人茶业专业合作社
5	“五新”示范园（德化梨）	张文王	德化县禾木生态农业专业合作社
6	农产品质量安全可追溯示范典型	陈清殿	德化县吉盛黑兔养殖有限公司
7	省级“最美农民”	刘志军	德化县戴云黑鸡养殖有限公司
8	农民互助生产示范典型	曾天福	德化县石山食用菌专业合作社
9	回乡创业示范典型	李奕标	德化县臻标志农林专业合作社
10	水果规模化生产示范户	赖万家	德化县鲜丰家庭农场
11	设施蔬菜种植大户	林让燕	德化县泰丰园家庭农场
12	众筹农业示范典型	吕斯达	市派驻春美乡梁春村干部
13	棘胸蛙生态养殖示范	苏雅滨	德化县高泉农业综合开发农民专业合作社
14	林下中草药种植典型	陈利忠	德化县优仙发农业综合专业合作社
15	林业特色采摘休闲示范点	黄爱煌	德化县湖心岛种养专业合作社

续表 36

16	丰产油茶精致栽培示范	陈德挺	德化县儒园种养殖专业合作社
17	精品花卉苗木经营典型	罗仁治	德化县辉豪绿化苗木专业合作社
18	生态公益林红菇扩繁示范点	郑世接	德化县盖山菌业发展专业合作社
19	林产品电子商务营销示范园	林安娜	德化县祥山大果油茶有限公司
20	木材综合利用典型	苏建政	德化县龙腾木雕工艺有限公司

三、农业农村工作先进单位及先进个人

1. 先进单位

德化县财政局
德化县供销合作社联合社
德化县农村合作经济经营管理站
德化县南埕镇西山村民委员会
德化县三班镇奎斗村民委员会
德化县雷峰镇潘祠村民委员会
德化县赤水镇森林消防队
德化县葛坑林业工作站
德化县桂阳乡安章村民委员会
德化县上涌镇水利工作站

2. 先进个人

甘　泉　中共德化县委组织部人才股副股长
叶剑华　中共德化县委统战部办公室主任
颜新春　福建省德化县气象局局长
赖开浚　德化县住房和城乡规划建设局工程师
苏俊基　德化县科技和知识产权局综合股负责人
龚　兵　中国农业银行股份有限公司德化县支行行长
黄雅琼　德化县统筹城乡办干部
陈智钦　德化县农业局副局长
林小端　德化县农业局种植业技术推广站农艺师
林婉丽　德化县农业局水产技术推广站助理工程师
陈少全　德化县林业局林权办副主任
林礼坡　德化县防汛抗旱指挥部办公室副主任
陈　斌　福建戴云山国家级自然保护区管理局科员
郑金端　德化县三班镇人民政府副镇长
蒋朝挥　德化县桂阳乡人武部长
苏鹏达　德化县公安局森林分局副教导员
张生朝　德化县葛坑林业工作站站长
郑道强　德化县盖德镇水利工作站长
高瑞萍　福建省审计厅派驻水口镇祥光村党支部第一书记
蔡伟忠　泉州市派德化驻村蹲点工作队领队、驻龙浔镇英山村党支部副书记

2015 年职称变动情况

【高级职称】

表 37

姓名	工作单位	技术职务	任职资格时间
陈春华	福建省德化县明艺特特种陶瓷厂	高级工艺美术师	2015.2.12
林明渊	福建省德化百蕴瓷业有限公司	高级工艺美术师	2015.2.12
卢美彬	福建泉州顺美集团有限责任公司	高级工艺美术师	2015.2.12
徐文渊	福建省富贵红文化发展有限公司	高级工艺美术师	2015.2.12
郑玉林	德化县兴艺陶瓷厂	高级工艺美术师	2015.2.12
苏振文	福建省佳美集团公司	高级工艺美术师	2015.2.12
刘松青	福建省德化县万莲堂陶瓷工艺有限公司	高级工艺美术师	2015.2.12
刘铭志	德化县铭记陶瓷研究所	高级工艺美术师	2015.2.12
蒋耀坤	福建省银厦建设工程有限公司	高级工程师	2015.2.12
张金族	福建省银厦建设工程有限公司	高级工程师	2015.2.12
卢允照	福建省德化闽通瓷业有限公司	高级经济师	2015.2.12
陈文森	德化职业技术学校	高级讲师	2015.2.26
林鹏程	德化职业技术学校	高级讲师	2015.2.26
曾两旺	德化职业技术学校	高级讲师	2015.2.26
林思棕	德化县种植业技术推广站	高级农艺师	2015.4.29
郑钊彬	德化县矿物质分析中心	能源专业高级工程师	2015.8.20
陈琼花	德化县龙浔中心小学育英幼儿园	高级教师	2015.9.7
陈玫玫	德化县实验小学	高级教师	2015.9.7
冯三妹	德化县第二实验小学	高级教师	2015.9.7
陈文魁	德化县第三实验小学	高级教师	2015.9.7
吴孝毅	德化县龙浔中心小学	高级教师	2015.9.7
林星海	德化县国库支付中心	高级会计师	2015.9.29
苏景河	德化县国库支付中心	高级会计师	2015.9.29
陈丽芳	德化县陶瓷博物馆	文物博物专业副研究馆员	2015.10.14
黄瑞琛	德化县医院	副主任医师	2015.12.8
陈明德	德化县医院	副主任医师	2015.12.8
连文浅	德化县医院	副主任医师	2015.12.8
李嘉琳	德化县医院	副主任医师	2015.12.8

续表 37

姓名	工作单位	技术职务	任职资格时间
连继龙	德化县医院	副主任医师	2015.12.8
罗全芳	德化县医院	副主任医师	2015.12.8
苏宏树	德化县医院	副主任医师	2015.12.8
叶长坡	德化县医院	副主任医师	2015.12.8
林永鑫	德化县医院	副主任医师	2015.12.8
周东炬	德化县中医院	副主任医师	2015.12.8
林秀珠	德化县中医院	副主任医师	2015.12.8
黄金簪	德化县妇幼保健所	副主任医师	2015.12.8
陈苹苹	德化县妇幼保健所	副主任医师	2015.12.8
郭新卿	德化县精神病医院	副主任医师	2015.12.8
郑文辉	德化县中医院	副主任药师	2015.12.8
黄丽军	德化县医院	副主任护师	2015.12.8
徐冬梅	德化县医院	副主任护师	2015.12.8
陈梅花	德化县医院	副主任护师	2015.12.8
郑丽娟	德化县中医院	副主任护师	2015.12.8

【中级职称】

表 38

姓名	工作单位	技术职务	任职资格时间
郭志刚	德化县文化馆	工艺美术师	2015.1.20
林建瓯	德化职业中专学校	讲师	2015.2.12
蒋丽英	德化县种子公司	农艺师	2015.5.29
陈明朗	德化县植保植检站	农艺师	2015.5.29
李志勇	德化县盖德镇农业服务中心	农艺师	2015.5.29
蒋世春	德化县雷峰镇农业服务中心	农艺师	2015.5.29
曾昭春	德化县南埕镇农业服务中心	农艺师	2015.5.29
郑清春	德化县上涌镇农业服务中心	农艺师	2015.5.29
郑素珠	德化县畜牧站	畜牧师	2015.5.29
黄婉珍	德化县畜牧站	畜牧师	2015.5.29
赖丽容	德化县广播电视台	一级播音员	2015.6.16
张大岩	泉州市万联达测绘技术有限公司	工程测量工程师	2015.7.21
方　晖	泉州市万联达测绘技术有限公司	工程测量工程师	2015.7.21

续表 38

姓名	工作单位	技术职务	任职资格时间
徐叮叮	德化县永正建筑工程有限公司	市政工程施工工程师	2015.7.21
许志斌	德化县永正建筑工程有限公司	建筑工程施工工程师	2015.7.21
杨国河	德化县永正建筑工程有限公司	建筑工程施工工程师	2015.7.21
周　庆	福建省浔益建筑工程有限公司	建筑工程施工工程师	2015.7.21
章龙水	福建省汤头建筑工程有限公司	建筑工程施工工程师	2015.7.21
赖清伟	福建省汤头建筑工程有限公司	建筑工程施工工程师	2015.7.21
赖瑞宝	福建省汤头建筑工程有限公司	建筑工程施工工程师	2015.7.21
赖开保	福建省汤头建筑工程有限公司	建筑工程施工工程师	2015.7.21
苏建泉	福建省汤头建筑工程有限公司	建筑工程施工工程师	2015.7.21
赖礼嘉	德化县建筑工程公司	建筑工程施工工程师	2015.7.21
许永明	德化县源益电力工程有限公司	电力工程施工工程师	2015.7.21
苏泉福	德化县源益电力工程有限公司	电力工程施工工程师	2015.7.21
赖诗华	德化县源益电力工程有限公司	电力工程施工工程师	2015.7.21
叶庆峰	德化县源益电力工程有限公司	电力工程施工工程师	2015.7.21
陈自强	德化县源益电力工程有限公司	电力工程施工工程师	2015.7.21
苏荣福	德化县源益电力工程有限公司	电气工程施工工程师	2015.7.21
肖坤元	福建省汤头建筑工程有限公司	市政工程施工工程师	2015.7.21
苏孝文	德化县永正建筑工程有限公司	建筑给水排水工程施工工程师	2015.7.21
吴碗霞	福建省德化县瓷言坊陶瓷工艺有限公司	工艺美术师	2015.11.24
郑志刚	福建省德化县瓷言坊陶瓷工艺有限公司	工艺美术师	2015.11.24
吴兴森	福建省德化县华达陶瓷有限公司	工艺美术师	2015.11.24
曾莲春	福建省德化金凤祥工艺有限公司	工艺美术师	2015.11.24
林玉镯	德化县瓷视界陶瓷研究所	工艺美术师	2015.11.24
陈华扬	福建省德化县尚益陶瓷有限公司	工艺美术师	2015.11.24
李淑清	德化县恒忆陶瓷有限公司	工艺美术师	2015.11.24
曾丽红	德化县恒忆陶瓷有限公司	工艺美术师	2015.11.24
许德辉	德化县宏鹏瓷业工艺厂	工艺美术师	2015.11.24
赖瑞华	德化县博友陶瓷艺术有限公司	工艺美术师	2015.11.24
陈秋云	德化县博友陶瓷艺术有限公司	工艺美术师	2015.11.24
林榕华	德化县博友陶瓷艺术有限公司	工艺美术师	2015.11.24
黎志升	德化县博友陶瓷艺术有限公司	工艺美术师	2015.11.24
颜荣湖	福建省德化县锦阳艺术陶瓷研究所	工艺美术师	2015.11.24
庄晓明	福建省德化县锦阳艺术陶瓷研究所	工艺美术师	2015.11.24
吴海英	福建省德化振华陶瓷有限公司	工艺美术师	2015.11.24

续表 38

姓名	工作单位	技术职务	任职资格时间
赖小丽	福建省德化博古陶瓷研究所	工艺美术师	2015.11.24
陈辉奕	福建省德化博古陶瓷研究所	工艺美术师	2015.11.24
林明理	福建省德化县瓷韵陶瓷有限公司	工艺美术师	2015.11.24
林森林	德化县聚益瓷雕工艺厂	工艺美术师	2015.11.24
郑清海	德化蕴玉陶瓷雕塑艺术研究所	工艺美术师	2015.11.24
陈德生	德化蕴玉陶瓷雕塑艺术研究所	工艺美术师	2015.11.24
林玉芬	福建省德化县运钧楼陶瓷文化有限公司	工艺美术师	2015.11.24
郭坚墙	福建省德化县运钧楼陶瓷文化有限公司	工艺美术师	2015.11.24
张建平	福建省德化县驰宇陶瓷有限公司	工艺美术师	2015.11.24
林文昌	福建省德化县驰宇陶瓷有限公司	工艺美术师	2015.11.24
林进明	德化县艺进高白薄胎瓷研究所	工艺美术师	2015.11.24
林彬彬	德化县凝韵瓷阁陶瓷研究所	工艺美术师	2015.11.24
杨德宝	泉州市德化县尚缘陶瓷厂	工艺美术师	2015.11.24
黄清杰	福建省德化县瀚唐陶瓷有限公司	工艺美术师	2015.11.24
杨建智	福建省德化县创盛陶瓷研究所	工艺美术师	2015.11.24
高　越	福建省德化非凡陶瓷有限公司	工艺美术师	2015.11.24
郑金镇	福建省德化县金德陶瓷有限公司	工艺美术师	2015.11.24
郑建忠	德化县至鼎陶瓷研究所	工艺美术师	2015.11.24
林尧铨	德化县至鼎陶瓷研究所	工艺美术师	2015.11.24
林建春	德化县琦宏陶瓷研究所	工艺美术师	2015.11.24
甘春梅	德化县琦宏陶瓷研究所	工艺美术师	2015.11.24
曾玉取	福建省德化县华生陶瓷有限公司	工艺美术师	2015.11.24
林少煌	福建省德化县华生陶瓷有限公司	工艺美术师	2015.11.24
危丽芬	福建省德化县希尔凯陶瓷有限责任公司	工艺美术师	2015.11.24
白锦灿	福建省德化县白氏陶瓷研究所	工艺美术师	2015.11.24
周德民	福建省德化县永成陶瓷有限公司	工艺美术师	2015.11.24
许春美	福建省泉州得盛集团有限公司	工艺美术师	2015.11.24
许志笔	福建省德化县艺韵陶瓷有限公司	工艺美术师	2015.11.24
郑智辉	德化县琢瓷草堂瓷雕研究所	工艺美术师	2015.11.24
李诗塔	德化县兴艺陶瓷厂	工艺美术师	2015.11.24
陈振宇	德化县兴艺陶瓷厂	工艺美术师	2015.11.24
苏燕玲	德化县兴艺陶瓷厂	工艺美术师	2015.11.24
苏诗存	德化县兴玉陶瓷研究所	工艺美术师	2015.11.24
李永祥	德化县韵瓷轩陶瓷艺术有限公司	工艺美术师	2015.11.24

续表 38

姓名	工作单位	技术职务	任职资格时间
许晋瑞	德化县雅赏博艺古陶瓷研究所	工艺美术师	2015. 11. 24
徐长选	福建省德化县云姿陶瓷有限公司	工艺美术师	2015. 11. 24
颜来源	福建省德化县云姿陶瓷有限公司	工艺美术师	2015. 11. 24
林兼锦	福建省德化县云姿陶瓷有限公司	工艺美术师	2015. 11. 24
陈仁理	古都（德化）商贸有限公司	工艺美术师	2015. 11. 24
林国宗	德化县优彩陶瓷研究所	工艺美术师	2015. 11. 24
林国富	德化县优彩陶瓷研究所	工艺美术师	2015. 11. 24
陈丹娇	德化县优彩陶瓷研究所	工艺美术师	2015. 11. 24
王少真	德化县嘉云达瓷业有限责任公司	工艺美术师	2015. 11. 24
方丽萍	福建省德化县松荣陶瓷制品厂	工艺美术师	2015. 11. 24
苏富东	福建省德化县松荣陶瓷制品厂	工艺美术师	2015. 11. 24
陈仁晓	福建省德化艺园瓷业有限公司	工艺美术师	2015. 11. 24
黄美罗	福建省德化环宇陶瓷有限公司	工艺美术师	2015. 11. 24
郑文渊	福建省德化环宇陶瓷有限公司	工艺美术师	2015. 11. 24
徐银花	德化县凤凰陶瓷雕塑研究所	工艺美术师	2015. 11. 24
寇德路	福建省德化县凤德堂陶瓷研究所	工艺美术师	2015. 11. 24
李夏美	德化涌溪水电有限公司	电气专业工程师	2015. 12. 17
陈其军	德化涌溪水电有限公司	电气专业工程师	2015. 12. 17
陈友震	德化县环境监测站	环境监测专业工程师	2015. 12. 17
林琼丽	德化县市政公用事业管理局	城乡规划建设管理专业工程师	2015. 12. 22
苏双魁	德化县建设工程安全监督站	工程建设管理专业工程师	2015. 12. 22
周爱生	德化县市政公用事业管理局	工程建设管理专业工程师	2015. 12. 22
张金统	德化县永正建筑工程有限公司	建筑工程施工专业工程师	2015. 12. 22
王恭富	德化县永正建筑工程有限公司	建筑工程施工专业工程师	2015. 12. 22
苏孝文	德化县永正建筑工程有限公司	建筑工程施工专业工程师	2015. 12. 22
欧阳华健	福建亿龙装饰设计工程有限公司	建筑设计专业工程师	2015. 12. 22
陈美德	德化县林业技术设计室	林业专业工程师	2015. 12. 25
林启灵	德化县林业技术设计室	林业专业工程师	2015. 12. 25
赖淑瑜	德化县林业技术推广站	林业专业工程师	2015. 12. 25
黄晓敏	德化县林业苗圃	林业专业工程师	2015. 12. 25
王伟婷	德化县森林病虫害防治检疫站	林业专业工程师	2015. 12. 25
陈元笃	德化县水口林业工作站	林业专业工程师	2015. 12. 25
陈子贵	德化县龙浔镇农业服务中心	农业机械专业工程师	2015. 12. 25

2015年度人物

【逝世人物】

罗 浪

罗浪，1920年7月28日出生，原名罗南传，福建德化人。他是中国音乐界传奇人物，荣获中国音乐最高荣誉奖——“金钟奖”，创作歌曲、大合唱及歌剧歌曲等200余首，其中影响最广的作品是1945年改编创作的《哀乐》，成为60多年来全国广泛使用的葬礼配乐；他是当代出色的革命音乐家和指挥家，也是新中国军乐事业的主要奠基人，开国大典上，他指挥200 多人的联合军乐团，第一次把中华民族最雄壮的旋律——《义勇军进行曲》播入亿万人民的心田；他也曾屡次荷枪实弹冲锋陷阵，征战沙场，参加过著名的狼牙山战斗，指挥的军乐队在硝烟弥漫的峥嵘岁月里，用音乐激励革命战士冒着密集的炮火奋勇向前。

2015年7月12日，95岁的著名音乐艺术家罗浪，走完了自己的人生旅程，他创作的那首曾经伴着无数人走完“最后一程”的《哀乐》，也成为众人送别他的最后一曲，低回呜咽的旋律，尽诉对他的不舍。

一生热爱音乐创作

罗盘指引向东方，浪漫情怀系战场；军气高昂军威振，乐章起处赤旗扬。谈到音乐创作，罗浪生前曾这样总结：“我一生中就是两句话：一是听党的话，我是听党指引走上革命道路的；二是做好工作，作曲、指挥都是革命工作，是革命工作就要认真做好。”

罗浪1920年7月28日出生于德化雷峰镇潘祠村盖云岐。幼年曾随父南渡马来亚，13岁时回国求学。带着国恨家仇，罗浪于1938年秋奔赴延安，数十年戎马生涯，在音乐指挥和乐曲创作方面做出卓著的贡献。

罗浪创作内容丰富，果实丰硕。自抗日战争、解放战争时期至今，有歌曲、大合唱及歌剧歌曲等200余首，如流传全国的《狼牙山谣》《五壮士之歌》《子弟兵进行曲》《冲破黎明的黑暗》等。这些歌曲，是当时鼓舞人民、打击敌人的锐利武器，其中部分选辑于《抗日战争歌曲集》。

中华人民共和国成立后，罗浪又创作和改编了数十首军乐曲和礼乐曲。如《东方红》《中国人民解放军进行曲》《军队进行曲》《分列式进行曲》《航空员进 行曲》《军歌联奏》《哀乐》等。他还为话剧《子弟兵与老百姓》《戎冠秀》，为电影《晋察冀新闻》一、二、三号，为《百万雄师渡长江》等创作乐曲，指挥录音。在军事教育电影方面，他领导拍摄了民兵教育片《地道战》《地雷战》及《单兵教练》《班进攻》等百余部军事教育片。

除《中国人民解放军进行曲》《东方红》《三大纪律八项注意》《英雄赞》等大家耳熟能详的作品外，《哀乐》是罗老影响最广、最优秀的作品之一，那是他根据北方一首民间吹打乐曲调改编而成的。

《哀乐》首次演奏是1945年在张家口悼念阵亡烈士的典礼上。1949年在天安门广场举行人民英雄纪念碑奠基仪式，中央批准将《哀乐》正式作为国家葬礼乐曲。中央人民广播电台发布讣告之前，首次完整地将《哀乐》播放全国。自此，《哀乐》一直沿用至今。

新中国军乐事业主要奠基人

“新中国的军乐事业，从1949年建立到1959年的十年大庆从幼稚达到成熟，他是第一位功勋卓著的奠基人，是真正名副其实的元勋。” 著名作曲家王西麟曾在回忆罗浪的文章中这样写道。

罗浪奔赴延安后，进入延安陕北公学。之后进入鲁迅艺术学院音乐系，受到冼星海、吕骥、向隅、李焕之等民族音乐家指导。《黄河大合唱》第一次在延安演 出时，罗浪在乐队中担纲打击乐声部的演奏。从华北联合大学文艺学院音乐系毕业后，罗浪任晋察冀一分区战线剧社音乐教员和指挥。之后他随革命队伍一路辗转，奉命组建晋察冀抗敌剧社音乐队、华北军区军乐队、联合军乐队等军乐队，并担任队长兼指挥，成为新中国最早的军乐事业奠基人。

1949年10月1日下午，伴着“中华人民共和国中央人民政府今天成立了！”的庄严宣誓，29岁的罗浪作为中国人民解放军联合军乐团团长，沉着地指挥200名军乐队队员奏响雄浑激昂的《义勇军进行曲》，那是他一生难忘的光荣时刻。在开国大典中，罗浪所指挥的联合军乐团先后奏响《东方红》《义勇军进行曲》《中国人民解放军进行曲》《军政大学校歌》《三大纪律八项注意》《没有共产党就没有新中国》《团结就是力量》《解放区的天》等曲目，这些军歌由此获得了特殊的“历史地位”，成为各种庆典仪式上的主角。

罗浪对中国军乐事业的贡献还在于教育。1951年7月，罗浪调回北京组建军委千人军乐团，任团长；1954年，罗浪被任命为军乐团团长与训练总监部军乐处长；1956年他兼任我国第一批军乐学校的校长，培养了一批批军乐演奏员，使军乐团人数达到了1500人。罗浪是新中国军乐事业从组织、建立、训练、教学、创作到演奏的全部工作亲力亲为的组织者和领导者。在新中国迄今为止的14次国庆阅兵典礼上，罗浪将军曾10次担纲指挥军乐团的演奏。2002年，罗浪将军荣获中国音乐家协会第二届中国音乐“金钟奖”——中国音乐最高荣誉奖，被誉为新中国的“军乐之父”。

故土情深心系家乡

“我是德化人，不是北京人，我没有北京户口，只是在军队里的老战士。如果有一天国务院和中央军委下令我们回地方，我还是要回老家德化。”罗浪曾在一次德化乡亲联谊座谈会后这样深情而幽默表述过。

罗浪生前最高兴的事就是接待家乡来的客人，“父亲90岁以前，每年都要参加北京的德化同乡会。”女儿罗静还记得早些年，每年春节刚过，她和几个姐妹要轮流陪同父亲参加德化同乡会，“会上听到家乡人说德化的发展、变化，父亲觉得欣慰”。直到前些年，随着老人年岁渐增，行动不便，身体也不太好，他才没有参加同乡会活动。

罗浪心系家乡发展，曾多次回到家乡德化。图为1993年回德化时留影

（德化报 供）

“父亲最后一次回德化，应该是1993年。”据罗静回忆，父亲罗浪自18岁到延安参加革命工作以后，就很少再回家乡德化。在她的记忆中，新中国成立后，父亲仅在1952年、1970年、1993年回到过家乡。罗静说，父亲十分关心家乡德化，每周从德化寄到北京的《瓷都德化》和《福建日报》，父亲都认真阅读，“他总说家乡美”。

“他是我的兄长，更是我的偶像。”罗浪在家乡的弟弟罗杰回忆说，哥哥一直和自己保持书信联系，信中内容最多的就是对亲人的关怀和家乡的关注，逢年过节，哥哥总会从北京寄来家人的照片，并在照片背面写上“新年快乐”等祝福语。

罗杰说，哥哥还心系桑梓，关注教育。从解放初起，他每年都要给家乡小学寄赠图书，“文革”后又连年寄钱给家乡学校添置图书。1993年，听说家乡人准备在被认为“风水宝地”的出生地老厝建小学分班，在与弟弟罗斌、罗杰商量后将宅基地无偿献出，并一起捐赠1000元。多年来，他一直担任北京德化同乡联谊会荣誉会长，一直关注家乡的发展，关注家乡的教育和家乡的青少年。

游子赤子学子五线谱中弹指金钟迴响，军乐军影军教开国典礼上挥棒哀乐流芳。

2015年7月17日，罗浪遗体告别仪式在北京八宝山殡仪馆举行，馆内回旋的《哀乐》仿佛是最好的导引，将怀着哀思的人们聚拢到了一起，送别这位把青春和生命献给音乐的“军乐之父”。

【文件选编】

德化县农村工作暨扶贫开发工作会议文件摘要

践行五大发展理念 全面推进脱贫攻坚

——在全县农村工作暨扶贫开发工作会上的讲话

吴 深 生

（2016 年 2 月 18 日）

同志们：

新旧交替，时岁更迭。假期刚过，我们立即召开全县农村工作暨扶贫开发工作会，主要是贯彻落实中央和省市农村工作会议、扶贫开发工作会议精神，尤其是中央 1 号文件精神，研究部署我县“三农”和扶贫开发工作。刚才，欧阳县长总结部署了工作；锡培副县长作了计生专题讲话，大家要抓早抓紧、认真落实。会上，还表彰了一批先进单位、先进个人。在此，我代表县委、县政府向受表彰的单位和个人表示热烈的祝贺！向辛勤工作在农村第一线的同志们致以诚挚的问候和新春的祝福！下面，我再讲三点意见。

一、审时度势，以“清醒的研判”传导共识、凝聚动力

“处大事贵乎明而能断，临大势贵在顺而有为。”今年是“十三五”的开局之年，只有认准方向、顺应大势，才能在新起点上推动“三农”和扶贫开发行稳致远、争先进位。

1. *遵循三农工作“大逻辑”*。习总书记强调，重农固本，是安民之基。“十三五”时期，必须坚持把解决好“三农”问题作为全党工作重中之重。中央确立的“创新、协调、绿色、开放、共享”的发展理念，既有矢志创新的时代气息，也有一脉相承的深厚积淀，为“三农”发展规划了新蓝图。一是阐述了“六期同至”的新形势。全面建成农村小康社会的决胜期，巩固农业农村好形势的关键期，农业发展方式的转型期，提升农业竞争力的爬坡期，全面深化农村改革的攻坚期，推进城乡一体化的深化期。二是研判了“五个压力加大”的新挑战。保障粮食等主要农产品稳定供给的压力加大；破解“谁来种地”，加快培育新型农业经营主体的压力加大；提高农产品质量安全水平，确保“舌尖上的安全”压力加大；确保农业可持续发展的压力加大；统筹利用“两种资源两个市场”，确保国内农业产业安全的压力加大。三是指出了“五力齐发”的新机遇。加快补齐农业农村短板成为全党共识汇聚强大推动力；新型城镇化加快推进带来持续牵引力；城乡居民消费结构加快升级增添巨大带动力；新一轮科技革命和产业变革正在孕育兴起、注入强劲驱动力；农村各项改革全面展开提供不竭源动力。四是明确了“六个全面提升”的新任务。全面提升粮食等重要农产品供给保障水平、多种形式适度规模经营的引领水平、农业技术装备水平、农业生产经营效益水平、农产品质量安全水平、农业可持续发展水平。

2. *把握扶贫开发“大方向”*。扶贫开发事关国家长治久安，已进入啃硬骨头、攻坚拔寨的冲刺期，从中央到地方，都充分释放出坚决打赢脱贫攻坚战的强烈信号。一是顶层设计升格提级。去年 11 月底召开了堪称“史上最高规格”的中央扶贫开发工作会议，中央政治局常委与地方党政一把手全部出席，习近平总书记、李克强总理亲自作重要讲话，发出了脱贫攻坚的“总动员”、吹响了“冲锋号”；

深入回答了如何解决好“扶持谁”“谁来扶”“怎么扶”“如何退”的问题；必须拿出硬办法，确保实现脱贫目标，决不让贫困地区和贫困人口在全面建成小康社会征程中落伍掉队。中央“一号文件”提出，要实行最严格的脱贫攻坚考核督查问责。二是刚性压力层层传导。中央扶贫工作会议一结束，汪洋副总理就来到福建调研考察，在宁德主持召开东部地区扶贫工作座谈会，明确要求东部地区率先脱贫。省、市两级对扶贫开发工作高度重视，相继召开专题会议，对当前和今后一个时期扶贫开发工作进行再分析、再研究、再部署，并层层签订脱贫攻坚责任书，为我们打赢脱贫攻坚战指明了方向、提供了遵循。全县各级各部门要深刻认识和把握打赢脱贫攻坚战的重要性和艰巨性、面临的矛盾和问题以及精准扶贫精准脱贫的基本方略、总体要求和重点任务，切实把思想和行动统一到中央和省市的部署要求上来，进一步增强责任感、使命感、紧迫感，扎扎实实做好我县脱贫攻坚各项工作。

3. 明晰德化发展“大短板”。“十二五”期间，全县上下锐意进取、矢志拼搏，统筹城乡发展改革成效初显，农业生产能力提升、农民生活显著改善、农村社会和谐稳定，成为发展的“压舱石”和“稳压器”。形势向好，尤需谨慎。我们要清醒看到，农业依然是“四化同步”的短腿，土地经营方式粗放，规模化、设施化程度不高，产业化水平、精深加工水平低下，“靠天吃饭”的状况还没有得到根本改变，随着农产品价格“天花板”和成本“地板”双重挤压凸显，资源和环境双重约束趋紧，农业生产和价格补贴逼近“黄线”，产业提质增效的难度进一步加大；农村依然是“统筹城乡”的短板，土地、生态、水等优势资源有效转化为经济优势的力度不足，村庄空心化、设施薄弱化、务农人员老龄化“三化”依旧，农民增收难、新村建设难、民生改善难、服务管理难“四难”犹存，进城农民难以市民化、公共服务未能均等化等瓶颈仍未有效突破；贫困依然是“幸福瓷都”的短项，目前我县共有贫困户（含低保户）4297户9984人，对照国定标准（2300元）1486户3098人、省定标准（3000元）1966户4928人、市定标准（4000元）845户1958人，差距还很大，不仅数量相对较多，而且地处偏远、交通不便，脱贫形势严峻，攻坚任务艰巨。

“务农重本，国之大纲。”会不会遵循大逻辑，能不能有新作为，是对各级党组织和党员领导干部的重大考验。我们要牢固树立强烈的“补齐”意识，把“三农”作为重中之重的责任，把扶贫开发作为重大政治任务，以明确的导向、坚定的决心、过硬的措施，凝聚各方力量，破解发展难题，突破制约瓶颈，让“三农”这块希望的田野焕发勃勃生机、结出累累硕果。

二、务实求进，以“科学的理念”稳妥践行、谋求突破

“常制不可以待变化，一途不可以应无方。”理念是行动的先导，管全局、管根本、管方向、管长远，要贯彻落实创新、协调、绿色、开放、共享发展理念，激发动力、释放动能、加快发展，努力争创国家新型城镇化综合改革试点。

1. 坚持“创新强农”，持续培育动能。农村改革已经进入攻坚期和深水区。“入之愈深，其进愈难。”必须紧跟上级深化农村改革的总体部署，加紧探索、大胆创新，最大限度释放统筹城乡发展试点改革的示范、突破、带动效应。

一要围绕解决“权怎么放”，推进农村产权改革。中央《深化农村改革综合性实施方案》针对五大关键领域，提出26个方面的改革举措，其中排在第一位的是深化农村集体产权制度改革。要不断巩固深化、总结提升我县在农村产权交易、林权“两换”、农村产权抵押贷款等方面取得的改革成果，努力形成更高效、可复制、能推广的鲜活经验和示范样板。要严格落实集体所有权、稳定农户承包权、放活土地经营权的基本方向，实施不动产统一登记制度，在全县开展土地承包经营权、农村宅基地、集体建设用地确权登记，推进城镇低效用地和低丘缓坡土地开发利用改革试点，稳妥推进宅基地置换和流转试点，规范开展农村土地综合整治；继续深化林权制度改革，探索建立森林资源收储机制，扩大林权“两换”流转规模，抓好县属公司林场改革，持续盘活林地林木资源。创新运行管护机制试点项目，探索实施水权交易制度，实现水资源使用效益最大化、效率最优化。

二要围绕解决“钱从哪来”，推进农村投融资改革。要优先保障财政对农业农村的投入，探索整合设立农业发展专项资金，强化投入精准性，确保力度不减弱、总量有增加。要加快发展村镇银行、小额贷款公司、融资担保公司等新型金融业态，发展农村普惠金融，鼓励民间资本进入农村金融服务领域，有针对性地创新农村金融产品和金融服务，扩大农村产权抵押贷款范围，降低融资成本，激活农村金融服务链条、打通金融服务“最后一公里”。要创新投入机制，充分发挥财政政策的导向功能和杠杆作用，积极探索农民出、村里筹、乡镇扶、上级补、社会帮的投入机制，逐步形成“多干多补、少干少补、不干不补”的政府投入模式，鼓励和引导金融资本、工商资本更多投向农业农村。

三要围绕解决“地如何种”，推进土地流转改革。发展现代农业要适度规模经营，土地流转是重要方式。要从我县农村劳动力转移就业程度较高的现状出发，既重视解决耕地抛荒问题，实施抛荒山垅田复耕项目；又持续抓好省级试点南埕镇农村土地承包经营权确权登记颁证工作并在全县推开，通过农村产权交易中心，推动土地规范有序加速流转，支持农户通过土地股份合作、土地托管、订单农业等方式适度规模经营，发展以合作社适度规模经营为基础的产业基地，建设现代农业示范园区，壮大专业大户、农业基地规模，探索建立家庭经营、集体经营、合作经营、企业经营“四种经营”共同驱动的规模经营模式。

2. 坚持“协调惠农”，持续焕发活力。我县产业间、城乡间发展失衡问题突出。“千钧将一羽，轻重在平衡。”必须加强农业供给侧结构性改革，促进一、二、三产业融合叠加、互促共进，打造全产业链融合体。

一要注重“农＋城”，大力推进产城融合。充分发挥“大城关”的辐射带动作用，加快完善农产品流通体系，探索构建以城关为中心、跨区域的冷链物流体系，推动农产品物流枢纽平台扩容提质。要主动顺应城乡居民消费新常态，充分发挥城关周边乡镇地缘和自然优势条件，依据资源禀赋、地域特色以及乡情村情，科学布局、分类施策、稳步推进，大力推进城郊休闲农业发展，逐步形成“布局优化、主题突出、类型各异、优势互补、内涵丰富、功能完善、特色明显”的产业格局。要持续建设农特产品一条街，大力培育推广如“憨鼠购”“农业众筹”等模式，大力发展农产品“O2O”社区电商，服务城市居民生活。

二要强化“农＋工”，一、二产融合发展。摒弃农业就是“面朝黄土背朝天”的传统认识，坚持用工业化的理念发展农业。要大力发展农产品加工业，集聚农产品加工研发、仓储、物流、信息等服务，推广英山淮山、红米米粉、祥意茶油等产地加工或精深加工模式，叫响英山淮山和“茶油奶奶”。要强化关键技术研发攻关，推进农科教结合、产学研联姻，加快新品种新技术新成果转化应用，持续巩固发展壮大“三黑三黄三红三白三菌”“石冻王”棘胸蛙和铁皮石斛、黄花远志、金线莲“德化药材三宝”等特色农业。要加强农业农村人才培训，增强农民吸纳应用新技术和新成果的能力，提高农业科技贡献率。鼓励支持特色农产品申报商标注册和地理标志证明商标，积极争创“中国名牌”和“中国驰名商标”。要加快农业“五新”推广，推动先进适用的农业物质技术装备进村入户，全面提高农业机械化、自动化、信息化水平，减轻劳动强度，提高劳动生产率、资源利用率和土地产出率。

三要拓展“农＋游”，“接二连三”发展。绿水青山就是金山银山。在以旅游为代表的现代服务业蓬勃发展的今天，要认真做好结合文章，充分挖掘开拓农业生态、休闲、文化等多种功能，积极融入旅游业发展大潮。要坚持“点绿成金”，有效发挥“五区两园”等7块“国”字号生态品牌的辐射带动作用，积极举办特色推介活动和休闲农业节会，念好“山海经”、唱好“民俗戏”、打好“蔬果牌”，把农产品变成旅游产品，把农业优势转化为旅游优势、经济优势。要坚持“变闲为宝”，依托高山密林、溪流湿地，利用闲置房舍、农田鱼塘等既有资源，积极发展特色游、乡村游、观光游、体验游，大力发展创意农业、休闲农业、观光农业、生态庄园，鼓励现代农业基地景区化建设，打造民宿、“农家乐”“驴友之家”等旅游设施，促进现代农业与文化创意、休闲体验和乡村旅游融合发展、转型升级。

四要壮大“农＋社”，发挥引领带动作用。农民合作社是我县农业发展的生力军。要持续推广“党支部＋合作社＋基地＋农户”模式，扶持壮大龙头企业，通过直接投资、参股经营、签订长期合同等方式，探索发展“龙头企业＋农民合作社＋基地＋农户（家庭农场）”的农业综合体，壮大规模、打响品牌、提升效益。创新产业链和农户利益联结模式，围绕股份合作、订单合同的利益联结模式，鼓励龙头企业建立与农户风险共担的利益共同体；引导龙头企业创办或者入股合作社、合作组织；支持农民合作社入股或者兴办龙头企业，实现龙头企业与农民合作社深度融合，发挥龙头企业“联农带农”的激励作用。要积极发展行业协会和产业联盟，鼓励社会资本投入，提高农户对等协商的能力，探索建立新型合作社的管理体系，拓展农民合作领域和服务内容。

3. 坚持“绿色兴农”，持续厚植优势。清新空气、干净饮水、安全食品、优美环境已成为全社会关心关注的民生问题。必须坚持生态优先，走产品安全、资源节约、环境友好的可持续之路，为“三农”长远发展创造条件、留下空间。

一要注重产品质量安全。质量安全是现代农业的重要标志。近年来，随着社会大众对食品质量安全关注度越来越高，容忍度越来越低，我国时有发生的农产品质量安全事件，成为农业发展的“心头之痛”“大众之殇”。信心就是品牌、就是效益。要时刻把增强消费者信心放在突出位置，一方面抓好“产”，推广节水、护地、治污，构建绿色生产模式，加大畜禽养殖业等农业面源污染治理力度，推广低毒低残高效农药和绿色防控技术，推进现代生态循环农业发展，从源头上保障农产品质量安全；另一方面抓好“管”，健全从农田到餐桌的农产品质量安全过程监管体系，加大“三品一标”（无公害农产品、绿色食品、有机食品和农产品地理标志）认证，确保“舌尖上的安全”。

二要注重生态文明提升。绿色是德化的根本底色，生态是瓷都的最大优势。要大力创建国家级生态文明建设试点示范县，持续加强“五区两园”、生态公益林等林业重点区位保护和矿山生态环境恢复治理，扎实推进生态城市、生态村镇、绿色社区创建工作，继续开展“全县动员、全民参与、绿满德化、香遍瓷都”公益行动，持续完善天然林保护制度，规范人工商品林采伐，确保森林覆盖率和林木蓄积量有新提高。要扎实推进彭村水库、闽江防洪工程等重大水利项目，抓好水土流失治理以及山美水库流域生态环境保护试点，严格落实好“河长制”，深化重点流域水环境整治和闽江、晋江流域及浐溪上游的饮用水源地保护，真正让天更蓝、水更清、空气更清新、生活更舒心。

三要注重美丽德化建设。要以打造“海丝”最具中国山水艺术特质的生态旅游养生宜居之城为定位，持续融入“山魂、水魄、瓷韵、人文”城建理念，坚持疏解与承接同步推进、“瘦身”与“健体”双管齐下，坚定不移解决“城市病”，持续抓好市民素质、绿化美化、卫生保洁、交通秩序、市场规范等基础性工作，加快城市综合体、特色街区、停车场、农贸市场、公共文化等重点基础设施建设，探索推进“海绵城市”和地下管廊建设，持续提高城市发展的持续性、宜居性。山水田园是农民赖以生存的家园，是从乡村走出来、在城市追梦人的港湾，也是城市居民放松身心的乐园。要树牢“看得见青山绿水、记得住乡愁”理念，按照布局美、环境美、建筑美、生活美的要求，加快推进“美丽乡村”标准化建设，因地制宜、内外兼修，重点先行、以点带面，注意乡土味道，保留乡村风貌，注重嫁接生态文化、传承历史文化、挖掘民俗文化，积极融入农耕、饮食、休闲、养生等文化内涵，全力争创省级“美丽乡村”示范县。这里要特别强调一下，节前我县文明县城迎检期间，城区大街小巷干净整洁，交通秩序井然有序，绿化亮化错落有致，受到了市民群众的交口称赞。今后，要继续深入实施城市精细化管理，持续增加财政投入、健全责任体系、强化跟踪问效，进一步强化城乡卫生监督考评，加大道路沿线、河道两侧、背街小巷等区域垃圾清理和高峰时段的交通秩序管控疏导力度，力求文明县城创建成果机制化、常态化、长效化，真正把实事办好办实、办到市民群众的心坎上。

4. *坚持“开放助农”，持续增添后劲。*当前，农业开发开放力度前所未有，“地不分南北、时无论冬夏”，只要有需求，农产品就能供应。必须顺势而谋、应势而动，加快形成进出有序、优势互补、互利共赢的农业对外开放格局，推动农业竞合提升、农村多姿多彩、农民紧跟时代。

一要大力推进农村电商发展。中央“一号文件”明确提出，要促进农村电子商务加快发展，形成线上线下融合、农产品进城与农资和消费品下乡双向流通格局。当下，“互联网+”气势如虹、不可阻挡，为传统产业转型发展带来了千载难逢的新契机。近年来，在党委政府大力扶持、陶瓷企业先行先试、青年创客争相“触电”的合力驱动下，我县陶瓷电商迅速崛起、脱颖而出，位列“中国电子商务百佳县”第7位、全省第2位，并成功举办了首届陶瓷电商峰会。当前，全社会对农村“土产品”情有独钟，但是我们的很多“土产品”因为渠道闭塞，一直“养在深闺无人识”。要全力搭乘“互联网+”顺风车，积极复制陶瓷电商成功经验，统筹整合、落实用好上级和我县各类优惠扶持政策，加快农村网络等基础设施和30个村级服务站建设，持续完善县乡村三级物流配送体系，加强对本地大学毕业生以及有电子商务从业经历、实践经验、创业意愿的青年农民的技能培训，切实打通“村淘”发展的“任督二脉”，真正“淘”出一个光明灿烂的未来。

二要持续完善产品营销体系。积极推行以订保销，引导龙头企业、专业合作社，采取“订单+生产”方式，将单兵作战的农户与种养能人、农业经纪人、龙头企业、合作社紧紧捆绑在一起，巩固老客户，发展新客源，实现企业、合作社与农户的互惠双赢，打造一支经得起市场风雨的“集团军”。加强农超对接销售，积极对接超市、农贸市场等散品主战场，让“德”字招牌农产品在县内外各大型商超占位列席、发光发亮。组织参加各类农产品展销会、博览会，开展节会促销，并打造诸如英山淮山节、大铭生姜王评比等展示活动，不断提升德化农产品的知名度和美誉度。

三要不断加强对外交流合作。融入国家“一带一路”战略和省自贸区建设、泉州海丝先行区建设大局，积极策划生成特色农业项目、生态旅游项目，大胆走出去招商选资，推动农业由自我发展、县内循环为主向全面开放合作转变。努力引进国内外农业种质资源、高新技术装备和农业科技创新人才。拓展与敦煌友好城市合作关系，交流取经、互通有无，将我县农特产品与敦煌瓜菜林果、优质肉羊等有机结合，在基地建设、技术培训、产品营销等领域开展合作。要充分发挥优势，在农业农村商贸、信息、旅游以及各种专业服务业方面加强合作，推动德台交流、山海协作、区域融合向更宽领域、更高层次拓展。

5. *坚持“共享富农”，持续增进福祉。*全面小康是全体人民的小康，绝不能“富者累巨万，贫者食糟糠”。必须以共建共享为引领，努力让农民，尤其是贫困群众更多分享改革发展成果，感受更多获得感，不断提高幸福指数。

一要守底线、强基础，推动扶贫开发精准化。习总书记强调：“扶贫开发贵在精准，重在精准，成败之举在于精准。”要把脱贫攻坚作为第一民生工程，认真按照“扶持谁”“谁来扶”“怎么扶”的要求，聚焦用力、力求实效，做到扶真贫、真扶贫、真脱贫。要精准识别，坚持贫困标准、公开公正、规范建档，深入细致开展扶贫开发建档立卡“回头看”，确保对象准确，做到应进则进、应退则退，防止“富人戴帽，穷人落榜”。要精准施策，产业扶贫突出因地制宜，推广“基地托养”模式，对有劳动能力的扶持发展特色产业和转移就业，增强造血功能；保障扶贫突出全面覆盖，对丧失劳动能力的实施政策保障，对因病致贫的提供救助保障，增强兜底功能；搬迁扶贫突出积极稳妥，符合群众意愿，增强致富功能，确保贫困群众断“穷根”；科技扶贫包括光伏扶贫要因村施策、因户制宜，统筹考虑投入产出和空间布局，点面结合、稳步推开，使贫困村和农户的收入稳定、细水长流；社会扶贫要持续完善“党支部+老年协会+互助组+志愿者”关爱农村留守老人机制，推行“瓷海红心·公益党建行动”，广泛发动社会力量特别是人大代表、政协委员参与结对帮扶，推动技术培训、助残创业、走访慰问、慈善救助等常态化，引领形成“人人献爱心、同圆小康梦”的良好氛围。要精准管理，强化党政一把手“第一责任人”责任，健全“县负总责、乡镇抓落实、工作到村、帮扶到户”的长效机制，落实领导挂钩、干部驻村、山海协作、基地托养、社会参与等机制，实行最严格的脱贫攻坚考核督查问责，不能按期脱贫的将严肃追究责任，确保脱贫有效性和可持续性。

二要拓渠道、强扶持，推动增收致富长效化。充分利用现有的农业生产要素、农业资源和政策支持，帮助农民发展特色、优质、高效农业和适度规模经营，探索农业补贴同农业生产挂钩机制，实现有产有补、多产多补，打通务农的致富通道，使农民成为体面、有尊严的职业。要盘活闲置资产，扩大农村产权交易，引导农民投身休闲农业、乡村旅游、“村淘”等新业态，把房屋、土地等资源要素的内在价值转化为现实收益，不断提高农民财产性收入。要大力支持农民工返乡创业，综合运用创业投资引导、小额担保贷款等办法，落实定向减税和普遍性降费等政策，帮助他们解决开办经营和发展壮大过程中遇到的融资难题，进一步激发创新创业积极性，真正让农村留住农民、富裕农民。

三要破藩篱、促公平，推动公共服务均等化。推动基本公共服务从户籍人口向常住人口覆盖，让制度“红利”均等保障，实现人民群众对美好生活的向往。要集中财力扩充资源总量、提高供给能力，抓好医疗资源、教育规模、保障性住房的扩容提速，加快城区学校扩建扩容、中医院搬迁投用和城东保障性住房、进城务工人员安居工程、彭村水库移民安置区等建设。要坚持保基本、补短板、兜底线，完善全民医保体系，深化机关事业单位养老保险改革，完成新老农保衔接，规划建设县医院城东分院，巩固提升基本养老、基本医疗保障水平。要深化关爱农村留守老人机制，发挥“关爱老年人幸福基金”“党员互助基金”作用，加快居家养老服务中心、土坂老人活动中心建设，持续提升社会救助水平。要稳妥实施全面两孩政策，深化社区网格化服务管理和“平安德化”“法治德化”创建，抓好生产、交通、校园、消防、防汛抗灾、食品药品等安全监管，创建“安全发展县”，确保德化这方乐土和谐稳定、人民安居乐业。

三、守正出新，以“强烈的意识”合力攻坚、狠抓落实

农村是我们的家，农业是我们的根，农民是我们的亲人。我们要牢记使命，全力以赴，勇担当、敢作为、干实事，推动“三农”和脱贫攻坚各项任务落细、落实、落地。

1. 树牢“重农固本”意识，进一步转变工作职能。表面上看，搞农业的“政绩”并不“耀眼”，时间长、见效慢，但我们要安定民心、端好饭碗、全面建成小康社会，农业的基础地位就必须强化。要坚持顾大局、识大体，讲政治、守纪律，坚决贯彻落实中央和省市委的决策部署，按照“重中之重”要求，动真情、动真格，办实事、求实效，切实补齐“三农”短板。对上级惠农政策，要快速有效落实，并加大争取力度，争项目、争资金、争先行先试。立足我县实际和发展形势，调整完善我县的惠农补贴政策，加强财政支农项目统筹和资金整合，探索农业过桥资金模式，不撒“芝麻盐”，集中财力向重点工作、重点领域倾斜，确保财力用在“刀刃”上。各级领导干部要率先垂范、亲力亲为，协调解决涉农问题。各乡镇、各部门要对照年度计划，细化分解任务、压实工作责任，不折不扣落到实处。

2. 树牢“与时俱进”意识，进一步转变工作方式。当前，农村发展环境发生重大转变，不能“老马拉新车”，仅靠过去那点知识家底、靠传统的惯性思维和惯常做法干工作。要把熟悉乡情、村情、民情作为“第一课堂”，巩固深化“驻进帮”“四下基层”、群众路线教育实践活动成果，常态化深入田间地头，走进千家万户，使各项决策和工作更加接地气、符合群众意愿。要认真学习上级的新精神、新要求，学习农村政策法规，切实提高民主管理、依法办事的本领，提高带领群众发展经济、增收致富的本领，提高做好新形势下群众工作的本领，更好地承担起引领“三农”发展的重任。要善于从全局角度看发展的脉络，统筹运用改革的办法、市场的手段、法治的思维推动工作，善于借法、借势、借力，敢于冲破条条框框，破除思维定式，突破工作惯性，推进“三农”工作思路创新、政策创设、方法创造。

3. 树牢“三严三实”意识，进一步转变工作作风。新常态下，对党员干部的要求越来越严、问责的力度越来越大，有的干部以此为借口，不想干事、不敢干事，宁愿不做事、也不担事，工作等靠拖拉，对上级政策不跑不争，对新生事物不理不睬。我们要清醒地认识到，新常态下，越需要具备勇于担当的气魄、放眼长远的胸襟、临渊履冰的谨慎、务实苦干的作风。各级领导干部要时时处处体现担当，拿出“遇事不怕事，有事能扛事，干事定成事”的干劲、韧劲和闯劲，以“钉钉子”“咬定青山不放松”精神狠抓各项工作落实。要强化新一届村“两委”班子素质培训提升和实践锻炼，加强督促检查、跟踪问效。要全面从严治党，抓好县乡换届，落实党风廉政建设“两个责任”，自觉践行“三严三实”，严格执行《廉洁自律准则》《纪律处分条例》和八项规定精神，把纪律和规矩挺在前面，持之以恒纠正“四风”，始终做到党性坚强、党纪严明，以清纯简朴、风清气正的政治生态，为各项决策部署和目标任务落实到位提供坚强保障。

同志们，发展新理念正当其时，改革新举措正当其用。让我们以更加饱满的热情、更加过硬的作风、更加有效的措施，振奋精神、积极作为、不懈奋进，开创“三农”和脱贫攻坚新局面，为全面建成“实力、文化、美丽、幸福、清纯”的现代化瓷都做出新贡献！

落实新理念　引领新常态　奋力开创农业农村工作新局面

——在2016年农村工作暨扶贫开发工作会议上的讲话（节选）

德化县人民政府县长　欧阳秋虹

（2016年2月18日）

同志们：

今天，我们在这里召开全县农村工作暨扶贫开发工作会议，主要目的是贯彻落实中央和省、市农村工作和扶贫开发工作会议精神，回顾总结“十二五”农业农村工作，研究部署“十三五”和2016年工作。等一下，县委吴书记将作重要讲话，大家要认真学习领会，抓好贯彻落实。下面，我先讲三方面意见：

一、顺势而为，“十二五”农业农村工作取得明显成效

“十二五”时期，全县农业农村经历了一个重要的发展黄金期，县委、县政府以锐意改革的勇气、扎实稳健的举措推动上级各项决策部署落实，让广大群众感受到了更多看得见、摸得着的变化。主要表现在四个方面：

（一）机制更活，改革统筹形成示范带动效应。全县各级各部门发扬“敢拼敢赢”的德化精神，敢于担当，主动作为，锲而不舍推动改革统筹“开花结果”，一些领域走在省市前列。33项改革试点有序推进，建成全省首个县级农村产权交易中心并在全市推广，完成国家林地占补平衡试点和南埕镇农村土地承包经营权确权登记颁证省级试点任务，浔中、三班列入全国重点镇，龙浔、浔中列入省级机构改革试点镇，盖德、美湖实现撤乡设镇；244项重点任务扎实推进，118项投资性项目累计完成投资114.8亿元；跑项目、争资金力度加大，五年争取涉农资金11.45亿元、支农投入20.3亿元，分别是“十一五”的3.6倍、3.7倍。

（二）产业更优，农业林业形成特色品牌体系。出台实施“十百千万”工程，五年投入1.16亿元，扶持项目642个，名优特成为我县农林业发展的主渠道。**一是一批农特产品获得认可**，德化黑鸡、淮山、黄花菜、“十八学士”茶花列为国家地理标志保护产品，五年新增“三品一标”认证产品18个，国家和省名牌产品9个，建立市级以上农产品质量安全可追溯试点单位13家，打造了“三黑三黄三白三红三菌”“林下三宝”、棘胸蛙等特色品牌。**二是一批新型主体培育壮大**，建成农产品特色街，引进发展道畈智慧农业，创建众筹农业企业6家，市粮食行业协会牵手4家泉州大米加工龙头企业与一亩良田众筹合作社签约共建优质米产销基地，五年新增国家农业科技园区示范企业11家、国家和省级合作社示范社28家，省市级家庭农场示范场9家、龙头企业15家。2015年特色农林业产值9.8亿元，“十二五”年均增长12.18%。**三是一批农村电商蓬勃兴起**，建成农特产品114电商平台、“憨鼠购”社区电商020平台，全市首家农村淘宝县级服务中心落地德化，县农村电子商务中心成立运营，三班镇和4个村分别被认定为全国淘宝镇、全国淘宝村，获评电子商务进农村省级示范县。

（三）百姓更富，农民生活形成富足安居局面。始终坚持民生为重，五年财政民生支出68.39亿元，是“十一五”的2.7倍，年均增长20.1%；189件省市为民办实事项目全面完成。**一是有了更好的教育资源、更好的医疗条件**，五年教育事业共投入9.03亿元，新改扩建教师进修学校、职业技术学校、特殊教育学校及中学4所、小学11所、幼儿园9所，全县94%的学生集中在城区学校就读，“义务教育发展基本均衡县”通过国家认定；投入2.15亿元，建成县医院门诊病房综合大楼、中医院新院区综合大楼等一批医疗卫生设施。**二是有了更完善的社会保障、更舒适的居住条件**，新农合、新农保、被征地人员养老保障、户籍实现城乡一体化，各类社会救助体系不断健全，民生保障基本实现全覆盖；投入14.9亿元，建设城东旧村复垦安置房、进城务工人员安居工程、矿区搬迁、造福工程等各类保障性住房9188套，一大批农民实现“安居梦”。**三是有了更有力的扶贫举措、更有效的脱贫成果**，下派驻村干部138人，投入1.69亿元，扎实开展扶贫济困，丰泽区7个街道结对帮扶我县7个扶贫乡镇，扶持省市县级扶贫村138个，实施扶贫项目500多个，完成造福搬迁3835户1.58万人，2014年建档立卡以来1.05万人实现脱贫。**四是有了更好的就业、更多的收入**，一批敢想敢干的农民、返乡创业大学生、驻村干部积极投身大众创业、万众创新，目前全县有涉农企业259家、合作社862家、农场林场110家，带动农户2.67万户。2015年农民人均可支配收入11961元，“十二五”年均增长10.2%，增幅连续3年高于城镇居民收入。**五是农**

村精神文明建设也取得丰硕成果，南埕镇首创的老年人义务互助模式全面推广，林秀香获评全国孝亲敬老之星，毛碧华获得全国道德模范提名奖，3人荣登福建好人榜，两度荣膺国家文明县城。

（四）生态更美，美丽乡村形成串点成线布局。始终把生态立县、绿色GDP理念贯穿经济、社会、生态“三赢”发展全过程。**一是绿水青山成为看点，**五年投入2.2亿元，完成造林绿化21.2万亩、花卉种植1.2万亩、义务植树325万株；投入15.1亿元，全面落实“河长制”，抓好浐溪流域、重点流域水环境等治理，推进彭村水库、闽江防洪工程德化段等一批水利项目建设，塑造一批水生态景观，打造了“2个100%”“3个第一”“10块自然生态品牌”。（“2个100%”：即地表水水质、饮用水源水质达标率均为100%；“3个第一”：即全县森林覆盖率保持全市第一，2015年度上半年城镇污水处理考评全省第一，县长环保目标责任书考核连续5年全市第一、连续7年考核优秀；“10块自然生态品牌”：即国家生态县、国家生态文明建设示范区、国家森林公园、国家地质公园、国家级自然保护区、国家水利风景区、国家水土保持生态文明县和省级园林县城、省级森林县城、省重点生态功能区。）**二是戴云山筑成为亮点，**五年投入3220万元，改造乡镇立面26万平方米，形成了雷峰－南埕－水口、国宝－赤水－上涌两条示范线；同时，整合涉农资金16.1亿元，支持一批县级以上美丽乡村（社区）、美丽公路、美丽库区、美丽景观带、美丽田园示范创建，获评国家卫生县城、福建十大醉美县城。**三是乡村旅游成为热点，**各乡镇都能够立足实际，创新思路，大力开发各具特色的乡村旅游产品，打造了3个国家AAAA级、AAA级景区，水口镇列入全国宜居小镇示范镇，南埕、水口2个镇和佛岭村获评省特色景观旅游名镇名村，5个村入选省传统村落，云龙谷获评省四星级乡村旅游经营单位。

可以说，“十二五”时期我县不仅进一步提升了农业农村发展水平，也积累了新形势下做好“三农”工作的宝贵经验，为今后发展奠定了坚实基础。这凝聚着县四套班子的集体努力，离不开各级各部门的勤勉敬业，还有长期扎根基层一线的干部群众、农民企业家的艰辛付出，在此，我代表县政府向大家表示衷心的感谢和崇高的敬意！

德化县企业工作会议文件摘要

稳中求进 创新转型 加快突围

——在全县企业工作会议上的讲话

吴深生

（2016年2月18日）

各位企业家代表、同志们：

猴年新春，我们召开一年一度的企业工作会，主要是贯彻落实中央和省市经济工作会议精神，提振信心、政企携手，着力解决好新常态下“怎么看、怎么干”的问题，推动全县经济稳中有进、行稳致远，确保“十三五”开好局起好步。去年，面对前所未有的经济下行压力，我县主动适应新常态，全力化解各种困难，经济运行呈现缓中趋稳、稳中有进的态势，这是全县上下团结一心、奋力拼搏的成果，更是广大企业家咬紧牙关、负重前行的结果。在此，我代表县委向全县广大企业家表示衷心的感谢和崇高的敬意。刚才，欧阳县长就做好新一年的企业工作作了具体部署，请大家认真领会、抓好落实。下面，我再讲四点意见。

一、遵循大逻辑，以底线思维谋划发展

大盘谋局，首在度势。必须遵循新常态这一大逻辑，按照习总书记提出的战略思维、辩证思维、系统思维、创新思维、底线思维，把握新一年的发展大势，坚定稳中求进的信心与决心。

1. *切实把握上级的大势研判*。去年底，中央和省市先后召开经济工作会，从全局深入分析和研判了宏观大势。从国际看，世界经济将延续疲弱复苏态势，发达经济体总需求不足和长期增长率不高现象并存，新兴经济体总体增长率下滑趋势未能有效遏制，国际贸易保护主义抬头，贸易壁垒持续高筑；但要看到三个有利的积极因素，即美国等一些发达国家宽松货币政策转向正常化，新兴市场国家加快经济发展方式转变、推进结构性改革，全球大宗商品价格从泡沫化状态回归常态。从国内看，我国经济全面进入新常态，面临着“四降一升”的矛盾和问题，即经济增速下降、工业品价格下降、实体企业盈利下降、财政收入增幅下降、经济风险发生概率上升，这些问题不是周期性的，而是结构性的，不可能通过短期刺激实现V型反弹，可能会经历一个L型增长阶段；但要看到，我国经济发展长期向好的基本面没有变，经济韧性好、潜力足、回旋余地大的基本特征没有变，而且在适度扩大总需求的同时，加强供给侧结构性改革，并把降低企业税费负担作为改革重点，进一步释放市场活力，必将引领经济上一个新的台阶。

2. *清醒把握德化的发展现状*。当前，我们步入改革开放以来最为艰难的时期。从整体看，“总量不大、动力不足、转型不快”的局面仍未有效破题，投资增幅下滑、去年工业投资下降47.5个百分点，招商选资困难、缺乏打破原有增长格局的新项目，经济下行压力仍然较大。从产业看，“单科突出，总分不强”问题突出，陶瓷业整体需求疲软，矿产业面临亏损经营，水电业“看天吃饭”，农业综合效益偏低，三产增速低位徘徊。从企业看，面临“融资贵、用工难、市场缩、成本高、利润薄”五大困境，2015年全县规上企业109家，产值两位数增长的31.2%，个位数增长的27.5%，减停产的41.3%，并且出现“几家欢喜几家愁”的明显分化，龙头企业做不大，大企业不景气，中小微企业成长较快。困难是普遍的现实的，下行压力也不是德化独有。我们更应看到，去年我县已经制定了陶瓷业、矿业、旅游业转型升级路线图，出台产业转型升级等一系列政策，主要经济指标保持稳定增长，有的指标还位居全市前列，成功举办首届中国陶瓷电商峰会，荣膺“世界陶瓷之都”，被列入国家电商示范基地、国家智慧城市试点县，成功争取兴泉铁路途经德化并设立客货站点、城关至嵩口高速公路列入省规划，全县上下对新常态的认识更加清晰，应对困难的措施更加充分，这些都为今年发展奠定了扎实基础。纵观德化发展历程，每一次遭遇难题、面临危机，都是政企互动、党群一心、携手突围。只要我们鼓足信心、抢抓机遇，积极化解“难”，努力巩固“稳”，不断推动“进”，就能在新的一年里实现新发展、取得新突破。

3. *精准把握今年的思路重点*。中央和省市经济工作会，直指当前经济怎么看、怎么稳、怎么转的要害，要求落实创新、协调、绿色、开放、共享“五大发展理念”和宏观政策要稳、产业政策要准、微观政策要活、改革政策要实、社会政策要托底“五大政策支柱”以及去产能、去库存、去杠杆、降成本、补短板“五大重点任务”。这是经济新常态下的行动路线图，为我们攻坚克难指明了主攻方向，提供了方法论。具体到德化，就是要全面贯彻落实中央和省市一系列重大决策部署，围绕全面建成“实力、文化、美丽、幸福、清纯”的现代化瓷都总体目标，积极适应经济发展新常态，坚持稳中求进工作总基调，以提高发展质量和效益为中心，以改革开放创新为动力，以供给侧结构性改革加快产业转型升级，做大做强主导产业、特色产业和企业主体，培育经济新增长点，突出做好稳增长、调结构、强动力、惠民生、防风险，努力保持经济平稳较快发展，确保“十三五”发展开好局起好步。

二、抓住关键点，以战略定力推动发展

今年是全面建成小康社会决胜阶段的开局之年，也是推进结构性改革的攻坚之年。必须坚持问题导向，战略上把握好节奏和力度，战术上抓住要害和关键点，推动经济发展基本盘稳中有进、稳中向好。

1. *更大力度稳增长*。稳增长仍是今年的首要任务，要精准施策、精准发力，确保经济运行在合理区间和预期区间。**一要发挥投资的关键作用**。投资对稳增长的关键作用短期内还不能替代，当前投资品价格较低，也是增加投资的有利时机。要紧扣“有效”二字，坚持长中短期项目统筹、大中小项目配套、财政性和生产性项目齐抓，尝试PPP等投融资新模式，打好扩大有效投资组合拳。要对接市里开展“项目前期工作活动年”，组织力量攻坚，积极对接上级重大工程包、专项建设基金，集中力量抓审批申报、资金拼盘、用地保障等工作。要坚持行之有效的项目推进机制，抽调精兵强将充实一线，按照“五阶段”节点（立项许可、用地报批、初设、施工图、施工许可），实行时间倒排、任务倒逼、责任倒查，抓开工、促续建、快扫尾，确保143个在建重点项目年度投资77.11亿元，固投增长13%目标的实现。**二要发挥消费的基础作用**。用好上级出台的各项促销费扩内需的政策措施，在适应消费结构升级中培育新增长点。要立足大城关人口集中的优势，挖潜力、拓市场、稳预期，提高城乡居民收入，培育消费新热点、新模式；尤其要落实市里提出的“同等优先、手拉手”措施，鼓励多用本地企业优质产品，让本地企业承揽更多本土工程。要立足我县的产品供给现状，花大力气推动产品的升级换代、结构调整、质量提升，创新生产方式和商业模式，创造供给、引领需求、扩大消费，形成需求升级与产业升级相互促进的格局。要立足我县的资源优势，主动适应消费的新业态和新热点，大力发展绿色农业、生态旅游、健康养生等产业，有效承接沿海城市的市场需求和消费潜力。**三要发挥调度的促进作用**。困难年景，差距是一点点拉开的，决不能等到木已成舟再算总账，必须从年初开始就动态监控、精打细算，以旬保月、以月保季、以季保年。要目标任务清单化、时间要求节点化、主体责任层次化，传导稳增长压力，既抓大户又算细账，抓牢每个百分点、细微点，积少成多、多点支撑。要以“帮扶企业发展 促进项目落地”为抓手，发挥产业发展委员会、项目调度会作用，坚持问题导向，抓住关键、集中资源、精准施策，化解企业最突出的困难，突破项目“卡脖子”的问题，营造比学赶超氛围。

2. *更大力度调结构*。加快打造德化产业升级版，关键在于落实产业转型升级路线图，坚持“加减乘除”并举，做优一产、提升二产、突破三产。**一产要特色发展、壮大融合**。立足土地资源、生态优势，加快建设现代农业示范园区，发展家庭农场、专业大户、职业农民、“众筹农业”等新型经营主体，实施特色现代农业科技创新行动计划，壮大“三黑三黄三红三白三菌”“德化药材三宝”“石冻王”等特色现代农业规模，打响“德”字系列“绿色健康牌”。加快“接二连三”步伐，大力发展设施农业、精致农业、休闲农业、观光农业、体验农业、生态庄园，推动农产品精深加工、冷链物流、文化创意、电子商务、“美丽乡村”旅游等跨界融合、转型升级。在这方面，英山村积极做好淮山产业发展与乡村休闲旅游结合文章，最近又在推进江山美人庄园建设，值得各乡镇学习借鉴。每个乡镇致力打造一两个有特色的现代农业示范点，全县将呈现生机盎然、春色满园的局面。**二产要优化存量、创造增量**。擦亮用好世界陶瓷之都这张世界级“名片”，坚持“传统瓷雕精品化、工艺陶瓷日用化、日用陶瓷艺术化、新兴陶瓷规模化”发展方向，深入实施智能制造、服务型制造、提升质量品牌“三大行动”和科技、文化、品牌、创新“四轮驱动”，开展培育百家亿元企业、百名优秀企业家、百名省级陶瓷艺术大师“三百工程”和培训换脑、机器换工、电商换市、产品换新、管理换优、股改换骨“六换工程”，致力产业公地建设，大力发展陶瓷文化创意产业、“大师经济”，破解国际陶瓷艺术城建设难题，加快中国茶具城建设，塑造依靠创新驱动、发挥先发优势的产业集群和发展模式。要积极应对矿产业产能过剩局面，加快兼并重组、关小建大、延长链条，实施科技兴矿和技改挖潜，深度开发、综合利用、精深加工，提高附加值和市场契合度，寻找新的转型发展出路。**三产要加快速度、提升比重**。实施《旅游发展总体策划和近期行动计划》，加速九仙山、石牛山景区和要素市场建设，着力提高景区的可进入性；搭建项目规划与申报立项、旅游综合管理、旅游招商融资等平台，策划推动文化体验、工业旅游、康体旅游、温泉旅游、乡村旅游、悟道禅修等旅游项目，推动“一城、一环、两区”建设，打造“海西”“海丝”旅游目的地，让旅游业真正成为有人气、有效益、有品位的新经济增长点。着手建设“数据库”，实施“互联网+”行动计划，加快建设国家电子商务示范基地、陶瓷信息文化产业园、“中国陶瓷”在线交易平台和陶瓷全球购平台，探索跨境电商、农村电商“德化模式”，打造全国最大的陶瓷电子商务基地，促进互联网与实体经济融合发展。规划建设城东物流中心、城南物流园，探索互联网金融、消费金融、金融租赁等新型业态，培育引进工业设计中心、市场交易中介和法律、财务、信息等服务机构。推动政策落地，打通商品房、安置房、保障房的转换通道，分类施策、消化存量，探索适合德化县情、符合发展阶段的住房供给模式。

3. *更大力度增动力*。动力不足、后劲乏力，始终是困扰我县加速发展的关键问题。**一要深化改革开放**。敢于啃硬骨头，深入推进统筹城乡发展试点改革，积极争取各类“带帽性”、政策性改革试点，努力争创新型城镇化综合改革试点县。坚持简政放权、放管结合，持续推进行政审批制度改革、商事登记改革、不动产登记、政府购买服务和“五张清单”（政府行政权力、基本公共服务、政府部门责任、涉企收费项目、投资准入负面清单），探索“互联网+”政务服务，让数据“多走路”、企业“少跑腿”，用政府权力的“减法”换市场活力的“加法”。抢抓“一带一路”、福建21世纪海上丝绸之路核心区、泉州“海丝”先行区建设等战略机遇，强化与“海丝”沿线国家、地区以及港澳台、敦煌的交流合作，推动企业“走出去”开展合作、拓展市场。**二要突破招商选资**。始终保持清醒头脑和忧患意识，算总账、看长远，充分把握陶瓷文化历史积淀、生态旅游资源优势和厦沙高速、兴泉铁路带来的发展良机，围绕既有产业的强链补链、有中生新和空白产业的生成培育、无中生有，策划生成、建好“项目库”。要坚持问题导向，落实责任、创新机制、强化运作，增强在谈项目的谈判和落地实效，努力引进一批陶瓷文化创意、生态特色农业、健康饮料食品、休闲养生旅游、新能源新技术新材料等适合德化未来发展的项目，让传统产业“老树开出新花”，让新兴产业“新芽长成大树”。要用软环境补硬环境的不足，既鼓励支持本地企业投资有市场前景的项目，又下大力气拓展央企、外企、民企对接的领域，发挥异地商会的作用，实施“回归工程”，决不能因为工作做不到家、服务不到位，让好企业、好项目跑掉，更不能招来“女婿”、气走“儿子”，应该内外兼顾、舍得让利、精心服务，逐年突破、补齐短板、积累后劲。**三要加快创业创新**。“大众创业、万众创新”始终是推动发展的核心力量，要建好“人才库”“公共智库”，构建有效的综合创新生态系统，让更多人才、技术、资金更快汇聚到创新创业链上，“让创客在创新的风口上飞起来”。要加快培育科技领军人才、企业家人才、高技能人才队伍，采取“人才+项目+团队”引才方式，加强带团队、带项目、带资金的创业创新人才引进。要深化产权保护平台建设，支持发展新型研发机构，鼓励企业建设运营各类“技术研究院”，加快自动化生产线、数字化车间的研发推广，促进企业智能化发展。要突出整合线上服务平台、线下孵化载体、创业辅导体系、技术与资本支撑等四大要素，培育壮大“双创空间”，支持发展众创、众包、众筹、众扶，引导创二代、创三代涉猎科技型、创新型项目孵化培育，加快发现、支持和孵化真正有市场价值的创业创新项目。

4. *更大力度强服务*。政府支持企业是天职，要坚持“发展有所需、企业有所求、政府有所为”，暖企业的心、鼓企业的劲，松绑放手、造好环境。**一要提升精准服务水平**。工业品价格持续走低，生产经营成本持续上升，是造成企业经营困难的主要原因。中央已经明确要开展降低实体经济企业成本行动，省市正在制定行动方案。我们要及早对接落实，通过降低交易成本、人工成本、物流成本、财务成本以及降低税费、社会保险费和电价等，使企业经营成本有明显降低。要进一步梳理惠企政策，提高政策的针对性，增强普惠性，防止碎片化，对过去管用的要坚持，对新近出台的要落实，对安排不合理、成效不明显、企业不认可的，该转向的转向，该修订的修订。要多上门，“点对点”“面对面”掌握企业实情，帮助解决实际困难，对有市场、有订单但暂时遇到困难的企业，要想办法帮助其渡过难关；对有创新活力、有增长潜力的中小微企业，要集中资源、加大扶持，推动其上规模、上水平。**二要提升要素保障能力**。尽快实质性运作产业投资基金，创新财政资金使用办法，逐步从无偿补助向无偿与有偿相结合转变，从补建设向补运营、从补企业向补平台转变，更多采用以奖代补、股权投资、贷款贴息、分险化险、担保体系建设等措施支持企业。强化政银企三方协同，优化金融生态，拓宽企业融资渠道。进一步清理闲置用地、节约集约用地，加快城东、宝美、紫云等工业园区建设。力促海西天然气管网德化支线尽早供气。实施现代学徒制，发展“二元模式”职业教育和订单培训，建设综合性公共实训基地和中心。**三要提升风险防控等级**。今年一些企业可能会更加困难，要居安思危、未雨绸缪，“政、银、企、保、司”密切协作，加强动态监测，通过提供“过桥”资金、抵押物“戴帽过户”、融资应急保障，支持转续贷。要及时关注、高度警惕民间借贷风险，坚决打击恶意逃废债行为，有力有效防止经济风险向社会稳定领域扩散蔓延。要加强对各类风险的调查研究、实时预警、对症下药、综合施策，切实做好地方政府债务化解、社会治安防控特别是反恐处突、食品药品安全、安全生产等工作，力争把风险化解在源头、解决在萌芽状态。新常态下，我们要坚持金融安全、生产安全、生态安全、社会安全、政治安全统筹兼顾、一并抓好，切实做好应对各种风险挑战的思想准备和工作准备，为省、市安定稳定大局做出积极贡献。

三、把握窗口期，以创新精神突围发展

当前，经济发展进入新常态，也是企业加速转型的窗口期。企业如何面对新常态，关键要以全新的思维，走出

"舒适地带"、摆脱"路径依赖"，创新发展、加快突围，开启新征程、新时代。

1. *要有危机意识*。有专家概括了企业危机的"四阶段论"，第一阶段，依靠原有积累维持经营，坐等经济回暖；第二阶段，现金储备用完了，开始用资产抵押贷款熬冬天；第三阶段，银行借不到钱了，就拼个人信用借高利贷拼死一搏；第四阶段，停产倒闭或成为"僵尸"企业。看不到危机，就是最大的危机。和以往危机不同，此轮"危机"，不能叫"危机"，而是一种常态，即新常态。从表观上看，体现在增速放缓、生意不好做；而从本质上看，是发展动力、发展模式、消费模式的转变，以要素驱动的旧实业逐渐出局，以创新为动力的新实业、以消费者为主导的新消费成为新方向。如果企业再固守陈规、不思求变，势必被淘汰出局；反应迟缓、畏首畏尾，亦要付出沉重代价。比如移动、联通、电信一天几百亿条的短信业务，转眼间就被微信抢得一干二净。世间没有不痛不痒的蝶变，也没有一帆风顺的转型。大家一定要有危机思维、忧患意识，咬紧牙关、忍着阵痛，主动调整、扬长避短、化危为机，才能在新一轮竞争中脱颖而出。

2. *要有机遇思维*。新常态蕴含新机遇，新机遇带来新发展。一方面，大数据和"互联网+"背景下，生产生活方式发生重大改变，大众创业、万众创新成为新潮流，中央、省、市各级都出台系列鼓励扶持政策，力度空前。另一方面，新常态下，企业的洗牌、动力的更替、消费的改变，催生大量新技术、新业态、新模式，释放许多新商机、新人才、新市场。比如，六大新兴产业"财富第五波"潜力巨大，健康产业潜在价值达 14—16 万亿，文化产业达 11—16 万亿，节能环保业达 11—16 万亿，信息技术达 12—15 万亿，高端装备达 8—10 万亿，生态旅游达 5—6 万亿。这六大新兴产业，我们德化在健康、文化、节能环保、生态旅游这四个产业都具有较好基础和比较优势。"明者因时而变，知者随事而制。"企业家市场意识最强，洞察力最敏锐，最善于把握机遇，要放眼德化未来美好前景，敢为人先，积极参与，内外联合，引资引智，提早布局，抢分蛋糕，切实打好转型升级"突围战"。

3. *要有创新能力*。习总书记在多种场合下，用"苟日新、日日新、又日新"来激励创新。不创新，企业就会丧失竞争力，就难逃被市场淘汰的命运。新常态下要实现新发展，根本出路也在于加快产品、品牌、管理、模式等全方位创新。要围绕开发产品、提高质量、降低成本，引进和培养创新人才，与高校、科研院所共建研发中心，为自身为行业研发更多新技术、新工艺、新产品，并通过打造自动化生产线、数字车间，减少劳动用工、提高生产效率、提升产品质量。要实施以精品为基础的品牌战略，在产品个性化、差异化上下功夫，人无我有，人有我优，人优我特，实现生产经营的专一化、精品化、品牌化，增加优质产品供给，引领开拓市场。要重视企业治理现代化，不是说家族企业要放弃家族制，而是要在家族制基础上实行现代公司治理，把企业股份分配给家庭成员，有经营才能的参与企业经营管理，没有这方面才能的就不参与；有条件的企业，要通过股改，到海峡股权交易中心、"新三板"挂牌上市。要适应"生产走向相对集中，生产和产业组织呈现小型化、智能化、专业化"的新趋势，推动生产模式和组织方式变革，努力包装、策划、生成和建设真正有市场价值的创新创业项目，打造适合自己的新商业模式，助推企业能量释放、转型突围、发展壮大。

4. *要有抱团胸怀*。各位企业家都明白，市场竞争不只是单个企业的竞争，而是整个产业体系和配套能力的竞争，尤其是面对经济寒冬更应抱团取暖、齐心向前。当前，一些企业为了眼前利益，不惜相互压价、自相残杀，抄袭跟风、互相诋毁、抬高自己、排斥别人，形成恶性竞争，一些实力雄厚的企业也元气大伤。要坚持互利共赢战略，在追求自身利益时兼顾竞争对手的合理关切，避免同行业间相互压价和恶性竞争。要依托重点产业园区，将同类或产业链条关联密切的企业聚集发展，形成产业集聚新形态，摆脱"各自为战、小打小闹"局面，降低生产及物流成本，形成规模优势。龙头企业要"上下延伸""主辅分离"，加强与其他企业协作配套，取长补短、降低成本；中小微企业要走"专、精、特、新"路子，逐步在研发设计、网上市场开发、新材料应用等培育优势，筑牢共同发展的根基。商会、同业公会、行业联盟要发挥作用、尽到职责，加强协调、引导协作、有效监督，打造互相褒扬谋发展、握指成拳拓市场的"利益共同体"。

5. *要有底线品质*。当前，经济形势确实很难，但再困难都不能当作失守诚信底线、法律底线的借口。我县大部分企业信誉一直很好，每年都能获得新增贷款，技改扩建有资金保证，实现了银企"双赢"。有些企业家宁可自己勒紧腰带，也不让工人空着口袋回家过年，变卖心爱的汽车和老旧厂房，优先支付工资和债务，获得广泛好评。但也有一些企业不讲诚信，比如拖欠工程款，不及时发放工人工资，不按时归还银行贷款和民间借款等，结果是形象受损、影响恶劣，有的寸步难行。去年炒得很热的"青岛大虾"事件，也给大家诚信经营敲响了警钟。一个企业最大的破产就是信用的破产，希望大家诚实守信、诚实经营。政府依法行政，不是为了多收一点税，而是要努力构建一种良好的经济秩序，为企业搭建一个公平竞争的平台，维护更多守法者的权益，促使企业自觉树立规范意识、法制意识，从而健康发展、茁壮成长。在此，也请广大企业家理解和支持政府部门的依法行政行为。企业是相对独立的经营实体，但是自主经营并不是闭门经营，既不能蛮干也不能盲干。新常态下，广大企业家也要用更多的时间和精力去研究经济形势和国家的政策法规，积极探寻创新创业的空间，巧妙运用政策要素等外力促进企业高效运营、永续发展。

四、提振精气神，以实干作风保障发展

形势越是严峻，任务越是艰巨，就越需要调动方方面面干事创业的积极性，上上下下拧成一股绳，心往一处想，劲往一处使，形成攻坚克难的强大合力。

1. *强化正面激励*。现在一些干部干事创业的积极性有所降低，对标看齐意识不强，怕出错、怕担责，不适应新常态提出的工作新要求。要加强对干部的思想教育，注重培养政治强、懂专业、善治理、作风正的领导干部，大胆使用那些敢于担当、攻坚克难、实绩突出的干部。要健全激励机制，完善容错纠错机制，旗帜鲜明给那些呕心沥血做事、不谋私利的干部撑腰鼓劲。对勇于作为的要表扬，对庸政懒政怠政的，要严肃约谈、大胆处理，决不能让“太平官”混日子；要结合县乡换届，对不担责、不想干、不会干的干部，坚决采取组织措施、纪律措施予以调整和处理，推进干部优进庸退、能上能下，把干部的士气调动起来，换出凝聚力、换出战斗力。

2. *提升执行能力*。再好的决策执行不好，也是空谈。要围绕新常态下“怎么看、怎么干、怎么干好”问题，持续开展“三比一看”活动，对县委、县政府的决策部署以及重大项目、重点工作、重点企业，都要有具体的执行方案和路线图，做到全年任务目标化、所有目标项目化、一切项目责任化、每项责任具体化。对于一些看准了的事情、瞄准了的项目，必须紧抓不放、“马上就办”，遇到矛盾问题不躲闪、不推托，勇担当、敢碰硬、能化解，坚定不移地向前推进；分管挂钩领导和牵头抓总部门，要跟踪协调督促，定期向县委、县政府报告工作进度、存在问题、推进建议。要通过“一月一协调一调度、一季一督查一通报”等方式，一级抓一级，提升督查的权威性，综合运用责任追究、绩效评估、通报批评等手段，严格兑现奖惩。

3. *加强舆论引导*。预期是影响宏观经济和微观企业行为的重要变量，信心比黄金更重要。要进一步增强新常态下的舆论引导能力，用好各种新媒体，讲好德化新故事，增强投资者了解德化、投资德化的信心。要开展企业家素质提升培训专项行动，现场观摩、现身说法，讲行业动态、说转型前景，运用逆势而上、成功转型的典型案例，坚定企业转型闯关的信心和勇气，警醒“守摊守旧”还在观望的经营者、企业主。要加大对政策解读宣传，善于把握本质、主流和趋势，善于把握时、度、效，善于把握社会心理，深度分析，及时发声，澄清是非，引导企业家和社会正确看待经济运行矛盾、经济下行压力等问题，稳定市场预期，增强发展信心，为推进转型、加快发展营造良好氛围。

各位企业家、同志们，做好今年企业工作，意义重大、任务艰巨。让我们牢固树立创新、协调、绿色、开放、共享的发展理念，以更加坚定的信心、更加有力的举措、更加务实的作风，奋力推进全县经济平稳较快发展，确保实现“十三五”良好开局！

审时度势 敢拼敢赢
在引领经济发展新常态中再续企业发展新辉煌

——在全县企业工作会议上的讲话（节选）

欧阳秋虹

（2016年2月18日）

各位企业家、同志们：

春节刚过，我们就在这里隆重召开年度企业界盛会，目的是贯彻落实中央、省、市经济工作会议精神，及早谋划部署全年企业工作，力促全县企业把握大势、灵活应对、行稳致远，力争“十三五”开好局。等一下，县委吴书记将作重要讲话，大家要认真学习领会、抓好贯彻落实。下面，我先讲两点意见。

一、回顾2015年：我们敢拼敢赢、有为有效

过去一年，我们面临的困难比预料的多，经济下行压力持续加大，在县委的正确领导下，全县上下攻坚克难，取得的结果比预想的要好，这从各项经济运行指标得到了充分体现，2015年全县工业用电11.18亿千瓦时，增长8.1%；自营出口商品总值2.28亿美元，增长1.9%；金融机构存贷款余额为155.33亿元、136.46亿元，分别增长20.7%、33.3%；一般公共预算总收入15.3亿元，增长2.6%，其中一般公共预算收入10.7亿元，增长7.0%。这些经济指标增幅都处在全市前列。主要表现在以下3个方面：

1、*在新常态中稳住了阵脚*。去年年初，我们最担心的是面对严峻经济形势，企业丢失信心、自乱阵脚。但事实充分说明，全县广大企业不但保持定力、稳住阵脚，而且灵活应变、度危求进，促使全县生产经营保持稳定。突出表现在2个方面：①应对的能力在提升：新产品、新材料、新技术不断推出。锦龙成功研发高耐热陶瓷，福杰成功研发特种电器、生物功能等高新陶瓷，真泰尔高强易洁日用精瓷、冠福高档镁玉瓷等新产品实现产业化。腾兴“玻璃陶瓷白光、荧光材料中试及产业化”完成中试。佳美主导修订的两项“陈设艺术瓷”国家标准获准发布实施；坤泰全自动陶瓷滚压生产线、兰星全自动燃气陶瓷窑炉装备被列入市“数控一代”示范项目产品名单，太古、坤达列入市“数控一代”运用推广示范项目。②发展的办法在增多：新业态、新模式、新活力竞相迸发。企业发展电商意识增强，全年网络零售交易额突破16亿元，增长33%；戴玉堂、辉跃经典、甲馨、南埕、唐丰5家电商企业分别获评中国日用陶瓷十佳网货品牌、中国工艺陶瓷十佳网货品牌。顺美、卓越2家企业列入省“旅游+工业”首批33家观光工厂。全国首个立足“互联网+陶瓷”的“瓷智汇”众创空间、顺美集团的瓷客部落、建窑青年电商创业孵化园、三班月记窑被认定为市级众创空间。大众创业、万众创新浪潮不断掀起，全县新办工业企业870家；新增规上工业企业14家、亿元企业5家；新增自营出口权企业45家；工业技改完成投资11.79亿元。

2、*在新常态中迈开了步子*。去年，全县广大企业科学把握新常态下经济发展新特征、新趋势，顺势而为、稳健前行，发展方式由规模速度型向质量效率型转变。①**科技创新方面**。冠福被认定为国家技术创新示范企业，顺美获批设立国家级博士后科研工作站，福杰陶瓷LED灯具荣获德国纽伦堡国际发明展金奖。佳美被认定为省首个陶瓷类重点实验室。顺美、顺尔美、嘉顺3个项目被列为省级“两化融合”重点项目。恒忆、友盛、坤泰3家企业被认定为市级企业工程技术研究中心。新增高新技术企业3家、省科技型企业3家、市科技小巨人企业8家。②**品牌建设方面**。新增国内注册商标1075件、马德里商标3件；新增中国驰名商标1件、省市商标18件；8家企业被认定为省名牌企业。③**知识产权方面**。新增授权专利1381件，增长76.2%；新增授权发明专利42件，每万人口发明专利拥有量达3.01件；获得专利质押贷款2300万元、专利贷款贴息110万元，居全市首位、全省前列。④**股权改革方面**。新增海峡股权交易中心挂牌企业6家，总数达24家，其中5家实现挂牌交易，占全市的27.8%；3家企业被确定为新三板挂牌后备企业，5家企业被确定为重点上市后备企业；恒忆、锦龙申请全国新三板挂牌交易。

3、*在新常态中增强了责任*。去年，全县广大企业在创造财富、吸纳就业、依法纳税上做出了不凡贡献。2015年全县税性收入12.26亿元，增长1%。工业纳税 5.95亿元，其中陶瓷业纳税3.64亿元；矿业纳税0.68亿元；电力业纳税0.61亿元。建筑业纳税2亿元，增长70.3%。三产纳税3.83亿元，其中房地产纳税2.95亿元。新增纳税1000万元以上企业4家总数达24家，实现纳税额4.76亿元，增长13%；新增纳税500万元以上企业4家总数达40家，实现纳税额5.97亿元，增长9.7%。纳税前十名的企业分别是：厦沙高速5594万元、彭村水库4334万元、信用联社4108万元、供电公司3144万元、鑫阳矿业2748万元、银厦房地产2273万元、金龙置业1797万元、城镇房地产1773万元、建坤房地产1734万元、汤头建筑1701万元。

在企业积极应对新常态的同时，政府把服务企业发展放在工作的首位，想企业之所想、急企业之所急、解企业之所困，着力管好企业“围墙”以外的事情，让企业专注生产。

1、倾力政策扶持。坚持以企业需求为导向，打好政策“组合拳”，倾力帮扶企业稳增长、快转型。对接落实上级各项稳定工业经济增长政策，配套出台产业转型升级、智能制造、现代服务业、“互联网+”行动、提升品牌、发展高技术陶瓷等6份配套文件。争取市政府专门出台《关于促进德化县陶瓷行业健康发展六条措施》。研究制定重点产业转型升级路线图，出台规范矿业管理、稳定住房消费支持刚性住房需求、扶持企业出口等政策，深入实施科技小巨人企业培育、龙头企业引领计划、小微企业扶持、工业技改重点项目等计划，持续开展“手拉手”三年行动、“送政策进企业”等活动，全年累计兑现涉企资金1.66亿元；争取上级补助11.66亿元，增长27.3%。

2、倾心打造环境。过去一年，我们从品牌、平台、交通、城市、市场、社会六大方面入手，着力优化企业发展环境。**①致力于扩大区域品牌影响力。**全球唯一获评“世界陶瓷之都”。版权保护“德化经验”成为全球典范，入选国家知识产权强县工程试点。成功举办首届中国陶瓷电商峰会并成为创会会址。成为同时获评中国电商百佳县、中国电商百强县、国家电商示范基地的全国唯一陶瓷产区、全省唯一的县份，阿里研究院、淘宝大学在全国推广“政府推动型”德化电商经验。三班镇获评“中国茶具之乡”。**②致力于搭好企业发展平台。**健全企业创新公共服务平台，新建工艺陶瓷、功能陶瓷、陶瓷机械等技术服务机构3个。建设中青年陶瓷艺术大师新秀园，支持优秀青年人才创新创业。陶瓷产业园区列入第六批国家新型工业化产业示范基地，电子商务创业园列入省电子商务示范园区、省互联网孵化器。**③致力于激发市场主体活力。**深化行政审批制度改革，推行行政权力清单制度，审批服务提速提效，审批时限压缩至法定时限的35%以内。深化商事制度改革，全面实施“三证合一、一照一码”登记，新注册市场主体3991个，增长26.9%。**④致力于改善道路交通条件。**成功争取兴泉铁路途经德化并设立站点，德化城关至永泰嵩口高速公路列入海西高速公路网规划；投入3.07亿元完成北环路、车碓岭至观音岐道路建设和蒲坂路段沥青加铺，环城路形成闭合；投入16.86亿元超时序推进厦沙高速德化段建设，完成三班市政大道建设。**⑤致力于完善城市配套功能。**突出以城市功能为主的市政设施建设，25个市政提升工程项目完成投资18.98亿元，动工建设蒲坂高位水厂，完成高内坑生活垃圾卫生填埋场建设。城东综合停车场和城南物流园建设有序推进。城区学校扩容提质步伐加快，完成金锁小学及幼儿园、三班中心小学扩建，推进丁墘中学、阳光小学及幼儿园、城东幼儿园、后所小学东校区、第二实验幼儿园等新扩建工程。完成中医院新院区综合大楼、浔中社区卫生服务中心主体工程建设。现已开通城区公交线路达5条，运营车辆50部，基本实现城区道路全覆盖。列入国家智慧城市试点县并启动建设。**⑥致力于保障社会安定稳定。**强化重点行业、重点领域安全生产隐患整治，安全生产态势平稳。社会保持安定稳定，获评省第三轮首批平安县、省食品安全社会共治示范县，群众安全感连续9年居全市首位、连续5次进入全省前十位。

3、倾情服务企业。**①着力解难题。**充分发挥县陶瓷、矿业、土地管理、旅游发展委员会的作用，深化“三比一看”和“促进项目落地、帮扶企业发展”活动，召开16场现场办公会、10场专题调研座谈会、9场企业家座谈会、6场政银企对接会，解决企业难题243个。**②着力育人才。**成功争取全国首批中国国际电商中心培训学院泉州分院落户；实施“陶瓷艺术创业”“电商创客孵化”等人才试点项目。成功举办全国陶瓷技能大赛福建赛区选拔赛、海峡两岸大学生陶瓷工业设计大赛和德化首期在职工业设计培训班。健全大师评选机制，“学徒制”传承陶瓷技艺列入省级试点。加强职业培训，开展SYB创业培训13期371人，培训各类劳动者15101人、互联网创业从业人员1039人。**③着力拓市场。**坚持“线上与线下”结合，成立电商分销协会和物流协会；成功争取阿里全国首个国际站LBS试点落户，在2015年全国网商创业最活跃的25个县榜单中，位居全国第9位、全省第2位。组织321家企业参加广交会、德国法兰克福礼品展等国内外知名展会；成功举办世界瓷都·德化陶瓷（柴烧）艺术交流展、“百态观音·慈航普渡”德化瓷艺大师作品巡回展；积极与英蓝集团洽谈对接，推动陶瓷艺术大师参与中法文化论坛艺术陶瓷展览。**④着力保要素。**着力缓解企业“资金难”，政银企对接会解决企业信贷资金1亿多元；设立企业应急保障周转资金1500万元，帮助12家企业周转资金1.18亿元。着力缓解企业“留人难”，动工建设各类保障性安居工程3395套，完成首批144套进城务工人员安居住房和951套第二批农村土地整治安置房选房等工作。着力缓解企业“用地难”，争取上级土地指标4987亩，累计供应土地6173亩，建设工业园区1635亩。

有付出，就会有收获。在“三期叠加”的经济发展新常态下，我们能够取得这样的成绩，是县委正确领导、四套班子齐心协力、乡镇部门狠抓落实、广大企业克难奋进、全县上下鼎力支持的结果，在此，我谨代表县政府，向全县人民、全县企业家以及关心支持德化发展的各级领导、社会各界人士，表示衷心的感谢并致以崇高的敬意！

德化县国民经济和社会发展第十三个五年规划纲要

——（2015 年 12 月 23 日县十七届人大五次会议批准）

前 言

《德化县国民经济和社会发展第十三个五年规划纲要》是以党的十八届五中全会精神为指导，根据县委十二届十五次全会审议通过的《中共德化县委关于制定德化县国民经济和社会发展第十三个五年规划的建议》编制，明确未来五年经济发展的总体要求、目标任务和政策措施，对我县加强统筹规划和前瞻性布局，精心绘就引领未来发展的蓝图，妥善解决经济社会发展的重要问题，扎实推进“世界陶瓷之都”和“海丝”路上最具中国山水艺术特质的“生态旅游养生宜居之城”建设具有突出的重要意义。

第一章 发展背景

第一节 发展基础

“十二五”时期，全县上下深入学习贯彻习近平总书记系列重要讲话、来闽重要指示精神和中央、省委、市委决策部署，积极应对复杂多变的外部环境和经济下行压力，牢牢把握“稳中求进”总基调，以创建科学发展示范县和统筹城乡发展先行县为抓手，全力推动科学发展跨越发展，基本完成了“十二五”规划确定的主要目标和任务。

经济实力稳步提升。“十二五”期间，我县经济稳中有进、稳中向好，产业结构不断优化提升。GDP 增速持续保持在两位数，高于全省同期水平。2015 年，全县实现地区生产总值 182.38 亿元，年均增长 11.1%。各项主要指标在泉州市的份额进一步扩大，一般公共预算总收入达到 15.31 亿元，年均增长 11.9%；全社会固定资产投资达到 99.25 亿元，年均增长 24.1%；人均 GDP 达 6.44 万元，年均增长 9.8%。

工业支撑不断增强。落实上级稳增长政策，制定陶瓷业转型升级“1+7”系列政策，规范矿业管理，实体经济发展质量和效益进一步提升。规模以上工业企业数量和产值分别由 2010 年的 105 家、97.94 亿元增至 2015 年的 116 家、217.04 亿元。陶瓷产值、规模以上矿业产值达 188.2 亿元、26.28 亿元，分别比 2010 年增长 128.5%、81.3%。产业结构不断优化，三次产业比例从 2010 年的 7 ∶ 57 ∶ 36 调整为 2015 年的 5.3 ∶ 59.9 ∶ 34.8。打造电商新名片，成功举办首届中国陶瓷电商峰会，成为全国唯一同时获评中国电商百佳县、中国电商百强县、国家电子商务示范基地的陶瓷产区。陶瓷版权保护“德化经验”被世界知识产权组织作为典型向全球推广，获评全球首个世界陶瓷之都。

统筹城乡成效显著。按照做强城关统筹城乡的发展思路，坚持“一张蓝图绘到底”，以“大城关”为核心，积极开展全省首个统筹城乡发展试点县建设，推动新型城镇化健康发展。城区建成区面积由 2010 年的 11 平方公里扩大到 2015 年的 26 平方公里。全县城镇化率达 73.6%，比 2010 年提高 16.9 个百分点。立足实际、因地制宜，有效推进小城镇和“美丽乡村”建设。浔中镇、三班镇列入全国重点镇，国宝乡佛岭村列入国家级传统村落，三班、蔡径、碧坑、淳湖等 4 个村列入省级传统村落，上涌镇、水口镇、龙门滩镇霞山村列入省级历史文化名镇名村，水口镇、南埕镇、国宝乡佛岭村列入省级特色景观旅游名镇名村，三班、水口两个市级小城镇试点建设扎实开展。三届蝉联全国文明县城，获评千年古县、国家卫生县城、福建十大醉美县城。

生态环境更加优美。坚持开展“全县动员、全民参与、保护浐溪、绿满德化、香遍瓷都”行动，累计完成造林绿化 21.2 万亩。全县林木蓄积量、森林覆盖率分别从 2010 年的 1308 万立方米、77.3% 增至 2015 年的 1800 万立方米、78.96%，保持泉州市首位。全面完成节能减排任务，县长环保目标责任书考核连续五年居全市首位。获评省级园林县城、省级森林县城、国家生态县、国家生态文明建设示范区、国家水土保持生态文明县、国家循环化改造示范试点园区、全省唯一列入国家资源综合利用“双百工程”示范基地称号，在生态文明建设方面走在全省前列。

改革开放水平逐步提高。民营经济综合配套改革扎实推进，产业发展、金融服务、土地管理、行政管理、文化建设、新型城镇化、生态文明等十大方面体制改革取得新突破、新进展。德台经贸合作、文化交流更加密切。开放型经济发展水平全面提高，利用外资、贸易规模效益不断提升。“十二五”期间，企业自营出口规模扩大，实现外贸出口总额 10.69 亿美元，比“十一五”增长 26.0%。

基础设施建设日臻完善。“十二五”期间，全县固定资产投资累计完成 353.4 亿元，比“十一五”增长 194.2%。建成泉三高速德化连接线和进城大道延伸段，省道提级改造全面推进，通往行政村公路硬化率达 100%。水电气配套设施不断改善，城区污水处理率、垃圾无害化处理率分别达 90.1%、100%。城区绿地率 39.7%、亮化率 98.9%。“智慧城市”启动建设，率先在全省完成 4G 建设任务，城区公交实现到站信息实时查询，城区学校公交覆盖面达 90%。

社会民生事业全面发展。民生保障能力提高，全县财政民生支出 68.39 亿元，年均增长 25.7%。城镇居民、农村居民人均可支配收入年均分别增加 10.95%、10.2%。实现城乡居民养老保险、医疗保险、城市社区居家养老服务站、乡镇敬老院“四个全覆盖”。校安工程建设任务全部完成，义务教育标准化学校全面建成。全县 94% 的学生集中在城区就学，教育发展基本实现均衡化。列入全省县乡医疗卫生服务管理一体化试点县，县医院成为华侨大学附属医院，医疗卫生设施建设力度加大，群众就医条件明显改善。实现乡镇青少年校外活动中心、农民健身点和村级农家书屋全覆盖。群众安全感连续 9 年居全市首位、连续 5 次进入全省前十位。多次获评全国科技进步先进县，四届蝉联中国民间文化艺术之乡，连续两届获评全国科普先进县。

第二节 发展环境

“十三五”时期，国内外宏观环境将继续发生深刻变化，中国经济正在进入一个增长动力切换和发展方式转变的新常态，新一轮科技革命和产业革命蓄势待发，机遇和挑战相互交织，但时势总体于我有利。

面临的机遇：中央陆续出台支持福建省进一步加快经济社会发展的一系列政策措施，福建省在全国的战略地位更加突出。泉州加快建设“东亚文化之都”“海丝”先行区、21 世纪海上丝绸之路战略支点城市、金融服务实体经济综合改革试验区、民营经济综合配套改革试点和“中国制造 2025”样板城市。我县纳入原中央苏区振兴发展规划实施范围、列为全国生态文明建设试点县和省生态主体功能区等，不断释放新红利，激发发展新动力。我县陶瓷文化底蕴深厚、生态资源独具特色、统筹城乡发展试点改革“三大独特优势”蓄势突破。厦沙高速、兴泉铁路将建成通车，德化进入高速、高铁“两高”时代，迎来一小时经济圈、半小时生活圈“两个圈”发展机遇。

面对的挑战：国际金融危机深层次影响依然存在，全球利益格局的战略博弈更加复杂，世界经济格局、国际分工结构、需求结构和消费市场发生重大变化。我国经济发展进入新常态，增长速度从高速转向中高速，经济发展方式转向质量效益型，“人口红利”“土地经济”等日渐式微，经济下行、产能过剩、行业洗牌，企业组织形态变革、产业链分工细化、集群跨界融合加速，区域竞争白热化，被“虹吸”势能增大，避免系统性、区域性风险面临考验。我县产业结构不优、竞争力不强，陶瓷业“一家独大”，矿产业精深不足，水电业阴晴不定，农业综合效益偏低，新兴产业招引乏力，三产增速低位徘徊，“单科突出，总分不强”问题突出。同时，我县还面临着保持稳定增长与加快转型升级、发展需求强烈与投资增量不够、深化改革创新与活力动力不足、要素成本上升与企业效益下降、做大做强城关与统筹城乡发展、财力增量有限与民生保障提高等矛盾。

我们要准确把握战略机遇期内涵的深刻变化，强化机遇意识、忧患意识和责任意识，更加有效地应对各种风险和挑战，始终保持昂扬向上、奋发有为的精神状态，充分调动各方面的积极性、主动性和创造性，科学谋划、真抓实干，求新求变求突破，努力开创“十三五”发展新局面。

专栏 1：“十二五”规划主要经济指标完成情况

指标		单位	规划数		完成情况	
			2015 年	规划年均增长率	2015 年	年均增长率
经济发展指标	地区生产总值	亿元	200	12.5% 以上	182.38	11.1%
	工业总产值	亿元	266	14.0%	253.36	17.3%
	农业总产值	亿元	17.9	2.5%	18.45	1.0%
	一般公共预算总收入	亿元	16	13% 以上	15.31	11.9%
	一般公共预算收入	亿元	8.4	11% 以上	10.70	16.6%
	社会消费品零售总额	亿元	52	11.0%	49.55	7.7%
	全社会固定资产投资	亿元	84	20.0%	99.25	24.1%
	自营出口总额	亿美元	2.9	5.0%	2.28	4.7%
	实际利用外资	万美元	460	5.0%	779	16.6%

指 标		单 位	规划数		完成情况	
			2015 年	规划年均增长率	2015 年	年均增长率
结构优化指标	第三产业增加值占 GDP 比重	%	38		34.8	
	规模以上工业占比	%	85		85.7	
	旅游总收入	亿元	17.35	10.0%	17.35	10.0%
	陶瓷产值	亿元	140	10.0%	188.2	18.0%
	矿业产值	亿元	33	15.0%	30.81	14.0%
创新能力指标	高新技术产业增加值占 GDP 比重	%	12	0.86	6.2	-
	R&D 占 GDP 比重	%	2	0.2	2.1	-
	专利申请量年均递增率	%	12		43.4	
	专利授权量年均递增率	%	10		44.6	
城镇建设指标	城镇化率	%	66		73.6	
	县城建成区面积	平方公里	20		26	
	城区人口总规模	万人	控制在 23 万人以内		20.4	
	城区绿地率	%	35		39.7	
	户籍人口总人数	万人	33.45		33.2	
民生改善指标	人口自然增长率	‰	8.8		9.5	
	人均 GDP	元	69600	13.0%	64445	9.8%
	城镇居民人均可支配收入	元	24696	9.0%	26987	10.95%
	农村居民人均可支配收入	元	11320	9.0%	11961	10.2%
	居民消费价格指数	%	103% 以内		-	
	城镇居民恩格尔系数	%	40.5		35.2	
	农村居民恩格尔系数	%	41.5		40.95	
公共服务指标	国民平均受教育年限	年	9.6		9.6	
	五年累计新增城镇就业	万人	3.5		3.43	
	五年累计转移农村劳动力	万人	3		3.39	
	新农合参保率	%	99		99.99	
	城镇登记失业率	%	1.6		1.14	
环境保护指标	单位 GDP 综合能耗水平	吨标煤 / 万元	完成市下达任务		完成市下达任务	
	二氧化硫排放量	万吨	完成市下达任务		完成市下达任务	
	化学需氧量	万吨	完成市下达任务		完成市下达任务	
	氮氧化物排放量	万吨	完成市下达任务		完成市下达任务	
	氨氮排放量	万吨	完成市下达任务		完成市下达任务	
	单位工业增加值用水量	吨 / 万元	比 2010 年下降 20%		比 2010 年下降 20%	
	耕地保有量	万亩	21.12		24.29	
	森林蓄积量	万立方米	1400		1800	
	森林覆盖率	(%)	79.05		78.96	
	城镇垃圾无害化处理率	%	98		100	
	城镇生活污水处理率	%	90		90.1	

第二章 总体构想

第一节 指导思想

高举中国特色社会主义伟大旗帜，全面贯彻党的十八大和十八届三中、四中、五中全会精神，以马克思列宁主义、毛泽东思想、邓小平理论、“三个代表”重要思想、科学发展观为指导，深入贯彻习近平总书记系列重要讲话精神和对福建工作的重要指示，坚持全面建成小康社会、全面深化改革、全面依法治国、全面从严治党的战略布局，坚持发展是第一要务，树立创新、协调、绿色、开放、共享的发展理念，以转型升级、跨越发展为主线，以提高发展质量和效益为中心，以打响“世界陶瓷之都”品牌和打造“海丝”路上最具中国山水艺术特质的“生态旅游养生宜居之城”为抓手，加快形成引领经济发展新常态的体制机制和发展方式，统筹推进经济建设、政治建设、文化建设、社会建设、生态文明建设和党的建设，推动经济、社会、生态发展再上一个新台阶，全面建成“实力、文化、美丽、幸福、清纯”的现代化瓷都。

第二节 基本原则

坚持创新发展，加快转型升级。实施创新驱动战略，不断推进理念创新、科技创新、文化创新和制度创新等各方面创新，激发全社会创新活力和创业热情。加快经济结构战略性调整优化，加快陶瓷、矿业等主导产业的改造提升，大力发展新兴产业，推动产业规模做大、质量做优、实力做强。

坚持协调发展，提升综合效益。全面促进城乡区域协调发展，扎实推进山区基础设施和公共服务设施建设，不断增强发展整体性和协调性。推进“多规合一”工作，协调安排生产、生活和生态空间，发挥县域空间综合效益。

坚持绿色发展，保护生态环境。加快生态文明先行示范区建设，推进绿色循环低碳的生产方式，倡导节约健康环保的生活方式，强化环境保护和生态建设，不断提高生态文明水平，努力实现经济效益、社会效益和生态效益的有机统一。

坚持改革开放，激发红利动力。以解放思想为先导，把深化改革贯穿于经济社会发展的各个领域，统筹推进“五位一体”的全面改革，推进重点领域、重点环节改革。主动融入国家“一带一路”战略布局和泉州海丝先行区建设，协同推进经贸合作与人文交流，促进“走出去”与“引进来”相结合，努力形成深度融合的互利合作格局，全面提升开放型经济的质量和水平。

坚持共享发展，共建和谐公平。以人为本，坚持发展为了人民、发展依靠人民、发展成果由人民共享，充分发挥人民群众的首创精神，营造人人参与、人人尽力、人人享有的浓厚氛围。推进基本公共服务均等化和普惠化，促进社会事业全面进步，加强保障和改善民生。创新社会治理，促进社会公平正义，让人民在共建共享发展中有更多获得感。

第三节 发展架构

突出“创新、协调、绿色、开放、共享”的新理念，建设“五个瓷都”，打响“世界陶瓷之都”和 “生态旅游养生宜居之城”品牌，再续丝绸之路新辉煌。

产业繁荣的“实力瓷都”。坚持科学发展，着力稳增长、调结构、重创新、深改革、扩开放，激发市场主体发展新活力、增强创新驱动发展新动力、培育开放型经济发展新优势、构建现代产业发展新体系，促进主导产业高端化、特色产业集群化、新兴产业规模化发展，增强长期发展后劲，争创科学发展示范县，建设有质量、有效益、可持续的“实力瓷都”。

魅力彰显的“文化瓷都”。着力推动文化大发展大繁荣，提升文化软实力。注重文化的挖掘保护、传承创新，全面彰显我县灿烂悠久的陶瓷文化、兼容并蓄的民俗文化、勤劳质朴的传统文化、无私奉献的红色文化，丰富和发展“崇文尚德、包容善化、传承创新、敢拼敢赢”德化精神的内涵和实质，全面提升城市的文化品位和群众的心灵境界。

生态宜居的“美丽瓷都”。坚持把生态宜居作为核心价值来追求、生态环境作为公共产品来供给、生态优势作为后发潜力来挖掘，坚持走集约、智能、绿色、低碳的新型城镇化道路，尊重自然、顺应自然、保护自然，加强生态建设和环境保护，完善循环经济发展模式，建设美丽城市、美丽乡村、美丽社区，努力把城市建在“森林中、浐溪旁、瓷海里和市民群众心坎上”，把农村变成“白墙黑瓦，绿树成荫，设施配套，天蓝水净，和谐宁静”的绿野仙踪，把德化建设成为天蓝地绿水净、宜居宜业宜游的绿色瓷都、养生圣地。

共建共享的“幸福瓷都”。加快破解城乡“二元”结构问题，推进进城农民市民化，补齐均等化服务短板，激发农村发展活力，缩小城乡发展差距，做到生活水平与发展水平同步提升，民生改善与经济增长保持一致，实现学有优教、劳有多得、病有良医、老有颐养、住有安居，社会公平正义，市民安居乐业，人人共建幸福，处处共享和谐，成为群众公认的首善之区、幸福之城。

风清气正的“清纯瓷都”。以执政能力建设、先进性和纯洁性建设为主线，以干部清正、政府清廉、政治清明为目标，以积极创建学习型、服务型、创新型政府为载体，突出思想建设这个灵魂，夯实作风建设这个保证，凸显反腐倡廉这个重点，强化制度建设这个根本，以优良的政风带民风，带动全社会法律至上、依法办事的善治良序，营造“敢想敢闯敢干”的思想环境、“亲商安商富商”的商务环境、“高速高效高质”的政务环境、“安全安定安兴”的社会环境，全力打造风清气正的“清纯之都”。

第四节 发展目标

到2020年，全县经济综合实力、城乡区域协调程度、创新创业能力、改革开放活力、人民生活品质、生态环境优势显著提升，小康社会全面建成。

经济综合实力大幅提升。经济保持中高速发展，全县生产总值超过272亿元、年均递增7.8%以上，人均地区生产总值达9.0万元以上；消费和投资良性互动，产业升级和消费升级协同共进，创新驱动和经济转型有效对接。产业转型升级路线图加快实施，现代产业体系逐步形成，产业结构持续优化，健康产业蓬勃发展。第三产业增加值占生产总值比重达40%，高新技术产业增加值占GDP比重达9%。

城乡区域统筹协调发展。“一主一副、两轴三片”的县域发展空间格局进一步优化，“大城关”辐射带动和综合承载能力显著提升，城乡间协作协同效益显著，新型城镇化建设加快推进，城乡一体化发展迈上新台阶。县域常住人口城镇化率达75%，户籍人口城镇化率达41%，城关建成区面积达38平方公里，城区人口规模25万人。

创新创业活力显著增强。把创新摆在发展全局的核心位置，推动制度创新、科技创新、文化创新等迈上新水平，让创新在全社会蔚然成风。致力产业公地建设，基本形成适应创新驱动发展要求的制度环境，区域创新创业生态体系更趋完善。研发投入占地区生产总值比重达2.3%，每万人发明专利拥有量达4.6件，年均增长15%，基本形成与经济社会发展相适应的区域创新体系。

改革开放红利更加显现。“五位一体”全面深化改革统筹推进，重要领域和关键环节改革取得实质性突破，若干领域改革成为省市“排头兵”和“试验田”，建成富有创造力、充满活力的改革先行县份。开放型经济发展水平全面提高，利用外资、贸易规模效益不断提升。德台经贸合作、文化交流更加密切。

人民生活品质全面提高。实现城乡居民人均收入比2010年翻一番、现行标准下贫困人口全部脱贫，就业、教育、文化、社保、医疗、住房等公共服务体系更加健全，基本公共服务均等化水平稳步提高。人民文明素质和社会文明程度显著提升。法治德化建设全面推进，人民权益得到切实保障。

生态文明先行示范效应凸显。资源节约型和环境友好型社会建设取得重大进展，生产方式和生活方式实现绿色、低碳发展，系统完整的生态文明制度体系基本建成，可持续发展水平明显提高。单位生产总值能耗下降、二氧化碳和主要污染物减排总量控制在市下达的指标内，土地、水等资源利用效率进一步提高，县域森林覆盖率保持在78%以上。

专栏2：“十三五”经济社会发展主要目标表

分类	序号	指标名称	单位	2015年	2020年目标	年均增长(%)	属性
经济发展	1	地区生产总值	亿元	182.38	272	7.8	预期性
	2	人均地区生产总值	万元	6.44	9	7.1	预期性
	3	一般公共预算收入	亿元	10.70	13.66	5	预期性
	4	社会消费品零售总额	亿元	49.55	80	10	预期性
	5	全社会固定资产投资	亿元	97.84	156	10	预期性
	6	自营出口总额	万美元	22837	30000	5	预期性
	7	实际利用外资（验资口径）	万美元	779	983	5	预期性

续表

分类	序号	指标名称		单位	2015 年	2020 年目标	年均增长(%)	属性
创新转型	8	第三产业增加值占 GDP 比重		%	34.8	40		预期性
	9	高新技术产业增加值占 GDP 比重		%	6.2	9		预期性
	10	全员劳动生产率（规上工业）		万元 / 人	11.12	13.4		预期性
	11	陶瓷产值		亿元	188.2	300	9	预期性
	12	矿业产值		亿元	30.81	45	8	预期性
	13	旅游总收入		亿元	17.35	27	10	预期性
	14	互联网普及率	固定宽带家庭普及率	%	76.3	84		预期性
			移动宽带用户普及率		65.3	87.2		
	15	R&D 经费支出占 GDP 比重		%	2.1	2.3		预期性
	16	每万人发明专利拥有量		件	2.5	4.6		预期性
城乡建设	17	城镇化率	常住人口城镇化率	%	73.6	75		预期性
			户籍人口城镇化率	%	-	年均提高 1 个百分点		约束性
	18	县城建成区面积		km^2	26	38	9.23	预期性
	19	城区人口规模		万人	20.4	25		预期性
社会民生	20	居民人均可支配收入		元	22573	-	7	预期性
	21	城镇新增就业人数		人	7865	5 年累计新增 2.5 万人		预期性
	22	贫困人口减少		万人	-	全面消除贫困人口		预期性
	23	城乡基本社保综合增长率		%	-	比 2015 年增长 14.2%		预期性
	24	保障性住房覆盖率		%	7.2	12.92		约束性
	25	每万人口接受高等教育人数		人	723	805	2.17	预期性
	26	每千人口医疗机构床位数		张	4	6	10	预期性
	27	每千人口执业（助理）医生数		人	1.75	2.5	20.5	预期性
	28	每千名老年人拥有养老床位数		张	25.68	35		约束性
	29	注册志愿者人数占城市建成区常住人口比例		%	5	13		预期性
生态文明	30	耕地保有量		万亩	24.29	19.57		约束性
	31	万元 GDP 用水量		立方米	116.2	95.74		约束性
	32	单位 GDP 能源消耗		吨标准煤 / 万元	-	完成市下达指标		约束性
	33	单位 GDP 二氧化碳排放下降		%	-	完成市下达指标		约束性
	34	森林发展	森林蓄积量	万立方米	1800	1910		约束性
			森林覆盖率	%	79.96	78.40		约束性
	35	城市空气颗粒物（PM2.5）浓度		mg/m^3	-	完成市下达指标		约束性
	36	主要流域水质优良比例		%	100	完成市下达指标		约束性
	37	主要污染物排放总量	二氧化硫排放量	吨	1275.42	完成市下达指标		约束性
			化学需氧量排放量	吨	3033.58	完成市下达指标		
			氮氧化物排放量	吨	769.95	完成市下达指标		
			氨氮排放量	吨	316.81	完成市下达指标		

第三章 主要任务

第一节 提升产业发展新层次

立足“大产业”，按照“抓龙头、铸链条、建集群”思路，以“调高、调优、调强”为方向，主动对接福建省实施《中国制造2025》行动计划、“泉州制造2025”发展纲要和泉州发展智能制造专项行动计划，发展特色县域经济，打造德化产业发展的“升级版”。

1. 推动制造业智造升级。实施陶瓷产业、矿产业提升计划，做大做强陶瓷、矿业两大主导产业，加快我县制造业固本强基、提档升级、高端发展，推进产业高端化、智能化、互联网化、特色化、集群化发展，进一步提升产业核心竞争力。

加快陶瓷产业转型升级。坚持“传统瓷雕精品化、工艺陶瓷日用化、日用陶瓷艺术化、新型陶瓷规模化”发展方向，按照培训换脑、机器换人、技术换新、产品换优、电商换市、股改换骨的“六换”思路，推进大众创业、万众创新，实施培育百家亿元企业、百名企业家、百名艺术大师“三百”工程，致力推动陶瓷产业向工业化、智能化、信息化、创意化转型升级、融合发展。依托德化生产力促进中心等科技创新平台，提升陶瓷科技含量，扶持培育高技术陶瓷，将高技术陶瓷作为经济发展的重要增长点。培育大师经济，健全“名师带徒”机制，鼓励支持“大师+企业”“大师+创业园”“大师+电子商务”等发展模式，鼓励劳模、技能大师、陶瓷类大师设立工作室，加快推进青年大师新秀园建设，推动大师作品在线上拍卖，不断提高德化陶瓷产品的知名度、艺术性和附加值。实施品牌提升工程，促进“区域品牌+企业品牌+产品品牌+大师品牌”有机融合，推进省日用陶瓷产品质量检测中心等检测机构建设，鼓励参与各种标准制修订，抢占行业话语权。鼓励企业开展商标注册、创建，组建“产品+企业+大师+德化”品牌联盟，争取与世界手工艺理事会合作举办国际陶瓷双年展活动，组织精品陶瓷到联合国知识产权展览，举办“藏（德化）瓷”“百态弥勒”“百态观音·慈航普渡”“德化明瓷”等展会，提高“世界陶瓷之都·德化”品牌知名度和影响力。支持发展军工陶瓷，重点扶持取得军工认证“四证”资质、列入全军物资采购目录、军民两用技术开发项目等企业发展。

推动矿业规模化经营。充分发挥县矿业发展委员会的决策作用，从增储、扩能、提质三方面入手，做大做强矿业板块，实现矿产资源规模化、集约化开发，打造福建重要的矿产业基地。铁矿要以美湖镇阳山矿区、汤头乡丘埕矿区为主攻方向，阳山、鑫阳、阳春、丘埕等重点铁矿企业要进行“探边摸底”，积极寻找新的接替资源，延长矿山服务年限，推动铁矿企业持续发展；金矿要以葛坑、汤头、杨梅、桂阳等北部金矿区为主攻方向，重点抓好双旗山、阳兴等重点金矿企业及尾矿库建设，加强金矿区整装勘查，为我县金矿企业的发展提供后备资源保障；石灰石矿要充分利用上涌的石灰岩资源，加快推进曾坂、湖头等石灰石矿的整合进度，发展碳酸钙等石灰石产业链；瓷土矿要以开发优质高岭土为主攻方向，积极鼓励和引导民间资本寻找优质瓷土矿，为陶瓷企业提供优质原料。积极发展地热水、矿泉水等新兴无污染的养生产业，打造“闽南温泉之都”和矿泉水生产基地。实施“科技兴矿”，持续推进矿产品精深加工，延长矿业产业链，增强矿业创新发展能力。规范矿产资源管理，强化矿山安全生产，打击非法违法采矿，实施矿山生态恢复治理，抓好国家级绿色矿山试点建设，建设绿色矿山。

培育壮大新兴产业。发挥产业政策导向和促进竞争功能，实施新兴产业倍增计划。重点引进和发展电子信息、新能源、新材料、节能环保等科技、低碳、效益型新兴产业。加快发展功能陶瓷、结构陶瓷等新材料产业，加快形成具有德化特色的陶瓷新材料产业园区，推进传统陶瓷产业转型升级。积极引导半导体陶瓷、高温超导陶瓷、介电陶瓷、压电陶瓷、磁性陶瓷材料、纳米功能陶瓷、透明功能陶瓷、保健功能陶瓷、自洁功能陶瓷、军工陶瓷等新材料项目入驻，建设陶瓷窑炉耐火材料、高科技陶瓷材料、环保新材料、废瓷再生陶瓷等循环化改造项目。加快开发“钙类无机粉体”系列技术产品，为高分子材料行业提供物美价廉的“无机绿色化工助剂”。大力引进资金和新技术，加快建设应用于食品、医药、饲料等行业钙类精细化工添加剂，打造我省重要的“精细钙类产品生产基地”。培育新兴产业龙头企业，提升新兴产业集约、集聚水平，推动产业结构多元发展。

提升智造研发水平。对接实施“数控一代”示范工程，贯彻落实加快实施《泉州制造2025发展纲要》的实施意见、发展智能制造专项行动计划的实施意见，引导企业引进国内外先进数控技术、管理系统、自动化生产设备，探索在陶瓷产业建设智能工厂、数字化车间，实现“机器联网”“工厂联网”，加快智能控制、自动化生产线在生产过程中的推广应用，引导坤泰等本土企业研发适合我县陶瓷生产的先进生产设备，力促陶瓷生产由“制造”走向“智造”，实现生产经营集约化、数字化、网络化、智能化。注重发展工业设计业，引进和培育国家、省、市级工业设计服务机构，以工业设计创新引领智造升级，加强基于新技术、新工艺、新装备、新材料、新需求的设计应用研究，引导企业创建国家、省、市级工业设计中心，推动工业设计与关联产业融合发展，加快工业设计服务领域延伸和服务模式升级，以创意设计专业化服务促进传统产业转型升级。着力推进工业互联网，推进“智慧园区”建设，推动工业园区两化融合，打造智能工厂、智能生产、智能物流为主的工业4.0升级版。

推动建筑业发展。不断优化建筑业产业结构，支持建筑业骨干企业从施工总承包向工程总承包发展，由单一的建筑施工向关联度较高的上下游产业延伸；提升建筑业工业化水平，推广工业化建造模式，加强建筑工业化技术开发应用，提升建筑品质和水平；引导建筑企业创新经营管理模式，提升资质等级，加大建筑专业人才培养，提升建筑业综合竞争力。深化建筑施工企业安全生产标准化建设，实施绿色建筑行动计划，推广应用新型节能材料，推动建筑节能。

专栏3：制造业智能升级重点工程

陶瓷产业：城东陶瓷园区配套基础设施（三期、四期）；新秀园；瓷土集中加工区；城东四期工业集中区；协发光洋；锦龙陶瓷；吉元瓷业；华德陶瓷卫浴；高鸿陶瓷；优扬工艺；盛杰陶瓷；兴业科技；祥窑艺瓷；福杰陶瓷；兴立达陶瓷；益美陶瓷；龙浔中小企业园二、三期；中国茶具城；上寮工业区；紫云中小企业园。

矿产业：海峡水泥石灰石矿项目；钾长石生产加工；阳兴金矿选矿厂；双旗山冶炼厂异地技改；双旗山溪柄尾矿库扩容；尾矿渣综合利用；吉山金矿探矿、开采。

新材料产业：纳米分子水、陶瓷滤芯环保新型材料产业化；LED陶瓷生产项目；玻璃陶瓷白光DC-LED荧光材料中试及产业化；微纳米碳酸钙产业化技改项目。

智能制造业：数控一代陶瓷自动生产线；坤泰陶瓷机械；融霞机械。

2. 加快发展现代服务业。坚持生产性与生活性并重、新老业态和线上线下并举、服务产业化与制造服务化并行，加快服务业关键领域、薄弱环节发展，推进服务业与一、二产深度融合，大力发展2.5产业，推动现代服务业发展提速、比重提高、水平提升。重点推动发展旅游、现代物流、金融服务、健康服务、社区服务等产业。

着力打造全域旅游产业。把旅游业作为战略性支柱产业来培育，打造“海丝”路上最具中国山水艺术特质的“生态旅游养生宜居之城”。主动融入海峡旅游体系，落实旅游发展总体策划和近期行动计划，突出陶瓷文化和栖养度假两大主题，构建“一环、一城、两区”旅游发展空间布局，培育壮大旅游经济。以龙头项目为引领，以精品项目为支撑，推动旅游产品点、线、面开发，形成“众星拱月、遍地开花、串珠成链”的局面。组织实施“双十双百双遗”工程，加快九仙山、石牛山等旅游重点项目建设，打造乡村旅游、陶瓷旅游、生态旅游、水利风景区等各类旅游精品，积极培育医疗、养老、休闲、保健等新业态，发展健康产业。综合宗教、民俗、瓷艺等要素，策划生成不同体验的精品旅游路线；构筑城关陶瓷文化创意旅游区、西部宗教文化乡村休闲旅游区、东部生态温泉休闲旅游区“三大旅游板块”。整合旅游资源，探索建立旅游国投公司，吸引社会资本参与旅游开发建设，不断完善旅游配套设施，加快旅游综合服务中心建设，积极开展省级智慧旅游试点县工作，提升服务品质。注重策划、包装，借助微博、微信等新媒体，建立多元化营销平台，争取联合周边五县申报“环戴云山国家休闲区”，努力培育“中国白之恋·戴云山之旅”旅游品牌。

扶持壮大现代物流业。依托厦沙高速、兴泉铁路德化站等道口区位优势，着力抓好现代物流载体建设，加快建设具有较强集散能力和服务功能的商品交易市场、专业批发市场，引进大型连锁超市、商贸集团。鼓励大数据、云计算在物流领域的运用，提高物流仓储的智能化水平和运转效率，降低物流成本。加快发展电商物流，构建电子商务物流服务平台和配送网络，吸引制造商、电商、快递和零担物流公司、第三方服务公司入驻区域性仓储配送基地，建设快递运转中心，提高物流专业化服务水平。重点抓好城南工业物流园、红星美凯龙项目建设，加快传统商贸流通业向现代商贸流通业转型。着力培育会展经济，发挥世界瓷都的影响力，举办陶瓷展销会。

规范发展现代金融业。围绕泉州市建设国家级金融改革综合试验区，加快建立主体多元的金融市场体系，建立功能完备的金融产品创新体系。加快金融集聚发展，积极引进或设立金融机构和准金融机构，稳妥培育发展小贷公司、融资性担保公司、典当行、企业票据服务公司等。探索建立多层次产业股权投资基金体系，培育发展股权投资、融资租赁等机构，支持新创业企业发展。积极发展互联网金融、消费金融、金融租赁等新型业态。支持P2P网贷、众筹平台发展，探索互联网技术与大数据、云计算结合的本地化应用，加快发展以互联网征信体系为依托的互联网金融融资模式。

努力拓展其他服务业。培育发展总部经济，引导龙头企业自建总部，依托国际陶瓷艺术城、城东陶瓷总部商务区等发展总部经济，吸引全国乃至世界各地知名瓷商入驻，把我县打造成世界陶瓷业重要的总部基地。加快发展经纪代理、咨询评估、法律公证等社会中介服务。建立覆盖全生命周期、内涵丰富、结构合理的健康服务业体系。促进传统服务业改造升级，着力推动批发零售、住宿餐饮、家庭服务、市政服务、农村服务、医疗卫生保健、文化娱乐等传统服务业发展。推动房地产业转型升级，注重引导、消化存量，促进房地产健康平稳发展。

专栏 4: 现代服务业重点项目

旅游产业：“双十双百双遗”工程（即十个 3A 级以上景区、十家 3 星级以上旅游饭店、百家特色餐饮、百名导游，德化陶瓷文化遗产、戴云山自然遗产分别整合捆绑申报世界文化遗产、世界自然遗产）；彭村水库旅游观光度假区；石牛山旅游开发项目；九仙山旅游风景区；康泰休闲山庄；蕉溪度假山庄；大龙湖旅游；大南埕旅游综合开发项目；三班唐尚陶艺村旅游综合开发项目；陶瓷文化遗址公园；上涌休闲养老产业园；德化金液洞宗教生态旅游区；特色集镇提升工程。

现代物流业：城南工业物流园、红星美凯龙项目。

金融业：“引银入德”工程，筹建民生银行德化支行，德化成功村镇银行。

其他服务业：国际陶瓷艺术城；城东陶瓷总部商务区，优山美地（一、二、三期）；鹏祥花园；东方城；冠益·凤凰国际（一、二、三期）；美伦·山景叠苑等项目。

3. *积极发展互联网经济*。充分把握“互联网 +”机遇，加快移动互联网、云计算、大数据、物联网与陶瓷、旅游、农林等传统产业结合，积极创新产品与服务，打通生产、流通、服务环节，培育发展新产业、新业态、新模式，形成经济发展新形态，打造新的产业增长点。

大力营造全民电商氛围。推动更多企业“触网”，加大电商品牌培育力度，抓好德化网商学院、中国国际电商中心培训学院泉州分院建设，实施打造十家超亿元零售网商、培育百个网货品牌、引导千家传统企业上网开设旗舰店、培训万名网商人才“十百千万”工程。推动传统商贸业深化电商应用，实现线上线下深度融合。推进国家级省级电商示范县建设，打造海峡两岸最大的陶瓷电子商务交易中心和全国最大陶瓷电子商务产业基地。

重点发展跨境电子商务。依托中国陶瓷在线交易平台及陶瓷全球购平台，引导企业发展跨境电子商务，促进传统外贸企业向跨境电商转型，实现“买全球、卖全球”。规划建设网商（虚拟）产业园、陶瓷信息文化产业园，提升电子商务创业园，进一步提升电子商务聚集发展水平，打造全国最大的陶瓷电子商务示范基地。

大力发展农村电子商务。以全市首家“村淘”落地和列入电子商务进农村升级示范县为契机，努力创建“国家电子商务进农村综合示范县”。主动对接全国供销总社电子商务平台“供销 e 家”，拓展农产品、民俗产品、乡村旅游的网上营销渠道，推动“农产品进城，工业品、农业生产资料下乡”，促进农村电子商务与农村一、二、三产业深度融合。加快推进县级农村电商仓储中心建设，建立完善县、乡、村三级物流配送体系，打造一批电商镇、电商村，争创全国供销总社电子商务示范县。

培育互联网云服务平台。支持和鼓励行业骨干企业在工业生产经营中应用大数据技术和云服务模式，培育具有鲜明行业特色的本地互联网服务平台。建设交通、旅游、教育、健康、医疗、社区、农业、社交网络等智慧应用云平台，构建“平台 + 应用 + 终端 + 内容”、网络化运营的现代服务业。积极发展网络教育、网络医疗、养老服务。加强与电信运营商云计算方面的合作，开发建设经贸、科技、舆情、金融、视频、健康等大数据平台，推动政务、生产、流通、公用事业等领域大数据应用。

专栏 5: 互联网经济

交易平台：中国陶瓷在线交易平台；“憨鼠购”社区电商 020 平台。

支撑项目：中国国际电子商务中心培训学院泉州分院；泉州网商（虚拟）产业园德化分园区；三班月记窑；德化电商创业园邮政 EMS 仓储配送中心；阿里全国首个国际站 LBS 试点；淘宝网特色中国福建馆德化频道；淘宝德化茶具馆；京东德化陶瓷馆。

4. *推进特色现代农林业发展*。稳定粮食安全生产，着力提升农林品牌生态价值，以转变农业发展方式为主线，促进农业生产经营集约化、专业化、组织化、社会化，强化政策、科技、设施装备、人才支撑，完善产业体系，加快发展高产、优质、高效、生态、安全的特色现代农业。

做优特色农业。大力实施“一村一品、一乡一业”，扶优“三黑三黄三红三白三菌“和棘胸蛙等特色种养殖产业。加大“五新”推广，培育娃娃鱼、鳗鱼、生姜、葡萄、百香果、黄金蜜柚等新的特色农业。完善农产品质量安全监管体系，培育和提升“德”字系列农产品品牌，发展农特产品精深加工，力促农业产业增效，助推农民增收。

做强高效农业。推广“龙头企业 + 合作社 + 农户”的经营模式，进一步增强龙头企业辐射能力，全面提高农业产业化经营水平。推动农业生产企业与设施设备、生物农药、冷链物流、电子商务等组团发展，大力发展农产品精加工、农产品流通产业，拓展农业产业链。提升水利设施及农业智能化装备水平，支持关键技术装备研发、引进，提升农业信息化、农业产出效率和管理水平。加强道畋高效生态循环旅游农业示范园建设，力争建成设施农业 4000 亩。

做活休闲农业。结合德化旅游资源，立足乡村特点，培育采摘果园、农业主题公园、休闲渔村、农家乐休闲村、现代农业示范园区等多种特色休闲农业模式，重点围绕风味餐饮、果蔬采摘、生态体验、农事体验、农活休闲、农庄民宿、农产销售，打造具有德化生态、特色、品牌的休闲农业亮点，聚集“产、游、住、吃、购、娱”要素，推动农业休闲化发展。

做大森林经济。推动生态优势转化为经济优势，大力发展特色林业基地和林下经济，着力推进“民生林业”建设。规划建设花卉苗木、速生丰产林、丰产竹林、优质大径材、珍贵树种、木本油料林、生物质原料林、森林食品等 8 大资源培育基地，做优做强特色林业基地。加强整体规划和资源重整，依托戴云山国家级自然保护区、石牛山国家森林公园等独特自然生态资源，加快发展生态、休闲、养生林业。积极培育和发展森林地产、生物制药产业，加大“林下药材三宝”（金线莲、铁皮石斛、黄花远志）扶持力度，不断拓展中草药新品种，大力发展林下种植业，实现“不砍树也致富”。

培育新型农业经营主体。大力发展“龙头企业 + 农民合作社 + 基地 + 农户（家庭农场）”的农业综合体。鼓励农民返乡创业，实施新型职业农民培育工程，培育“有文化、懂技术、会经营、会管理”的新型职业农民和“一村一品”产业带头人。鼓励工商资本发展适合企业化经营的现代种养业、农产品加工流通和农业社会化服务，积极培育服务主体多元化、运行市场化的新型农业服务组织。

保障食品药品安全。深化创建省级“食品安全社会共治示范县”，加强食品药品安全监管，完善产地准出、市场准入、问题食品药品召回和信息可追溯制度。健全食品药品企业“黑名单”制度，开展食品药品安全风险和舆情监测，建设食品安全信息系统和药品安全电子协同监管平台，加快建立最严格的覆盖全过程的监管制度。加强食品安全检测室建设，强化质量抽检，严惩制假、贩假等违法犯罪行为。

专栏 6: 现代农林发展重点项目

特色现代农业：棘胸蛙及黑鸡、黑羊、黑兔养殖基地，上涌龙鑫大鲵养殖项目；黄花菜、德化梨、淮山、香菇、巴西蘑菇等种植基地。

高效农业：道畋高效生态循环旅游农业示范园；国家立项农业综合开发项目。

休闲农业：德化梨、茶叶、葡萄、百香果等种植产业休闲园区；湖坂、龙门滩、东方水库、涌溪等水乡渔村项目；英山、高阳等城郊型休闲园区；春秋家庭农场。

绿色生态经济：水口森林经济项目；森林资源培育工程；林下经济示范项目。

第二节 激发创新驱动新动力

实施创新驱动发展战略，把握投资、消费、出口对拉动经济增长的作用，推动科技创新、理念创新、文化创新、业态创新和制度创新，鼓励基于基层实践和互联网的各类创新，把德化打造成为体制机制优势的“高地”和创新创业资源流入的“洼地”。

1. *培育经济发展新动力*。积极扩大有效投资，加大公共财政投入和公共服务购买力度，引导社会资本投向新领域、新业态。积极拓展投资载体，创新项目策划生成机制，加强重大项目策划储备，健全完善项目储备库管理制度，形成“投产一批、续建一批、开工一批、储备一批”的滚动发展态势。完善推进机制，促进更多大项目、好项目落地。全面释放新需求，完善收入制度，着力提升消费能力，培育和释放农业转移人口等新兴群体消费潜力。进一步拓展消费空间，大力通过产品换代升级、深化供给侧改革，提高产品附加值，促进产业中高端化，以提升产品市场竞争力赢取市场。拓展旅游休闲、教育文体、养老健康、家政服务等消费新热点，着力优化消费环境，合理布局消费网点设施，改造提升城乡流通体系，健全“互联网 +”消费新模式，突出解决电商配送“最后一公里”问题。积极开拓新市场，实施优进优出战略，加快培育外贸新优势，加强国家级陶瓷外贸转型升级示范基地和陶瓷工艺品省级重点商品出口基地建设，组织参加各类大型知名展会，巩固欧美日市场、拓展南美、东欧、中亚、非洲等新兴市场，推动出口市场多元化。

2. *加快构建自主创新体系*。以科技创新为核心，强化创新服务平台、载体建设和优化整合，切实增强全社会自主创新能力。探索建立适应我县科技创新发展需求的科技服务体系，完善陶瓷机械、陶瓷泥料、窑炉设备、技术培训、信息服务等科技创新公共服务平台，规划建设陶瓷产业创新云平台，申建博士后科研工作站，巩固提升泉州市高档日用瓷产业技术创新战略联盟，积极组建其他产业技术创新战略联盟，推动产业链与创新链的有机衔接，鼓励企事业单位、行业协会、产业技术创新战略联盟联合攻关产业链关键技术，努力突破一批核心关键共性技术。充分利用 6•18 虚拟研究院、蓝火计划、泉州科技云等平台，深化产学研合作，加强创新平台建设和科技成果落地转化。

3. *发挥企业创新主体地位*。鼓励企业加大创新投入，支持企业产业组织、商业模式、技术和品牌创新。加大“科技小巨人”企业培育计划、龙头企业引领计划、成长型企业带动计划和小微企业扶持计划等科技专项扶持，促进企业技术创新集约化。鼓励龙头企业、优势企业强强联合，鼓励龙头企业对产业链上下游中小企业进行兼并重组。鼓励和支持企业探索形式多样且市场接受的商业模式。引导品牌创新、品牌管理和品牌经营，拓展品牌企业市场，扩大“世界陶瓷之都·德化”品牌知名度和市场占有率。

4.建设众创示范空间。实施科技创业家培养计划，支持泉州工艺美术职业学院建设公益性大学生创业创新大本营，通过众创、众包、众扶、众筹“四众”，规划建设一批创业示范基地、大学生创业场所和新型众创空间。创建劳模、国家级技能大师工作室、陶瓷艺术大师工作室、农村创新驿站等市场化的众创空间。重点发展基于“互联网＋陶瓷”的特色众创空间，打造顺美集团创客空间、唐尚陶艺村等一批众创空间示范基地，培育文化创意类、智能制造类、产学研协同创新类及特色农产品类等新型众创空间。

专栏7：众创空间项目

德化电子商务产业园、宝美（建窑）电商孵化园、顺美集团创客空间、唐尚陶艺村、青年大师新秀园、福建安成青年创业园

5.优化创新创业环境。推进创新体制改革，深化科技计划（专项）管理改革，健全项目储备机制，建立企业主导产业技术研发创新的体制机制。创新科技创业投融资体系建设，加强政府财政资金投入的引导作用，引导资金投向技术攻关、产品创新及成果转化应用；建立健全科技担保体系，支持天使投资和创业投资发展，鼓励更多“创二代”、科技人才、高校毕业生等社会成员创业。大力推进知识产权质押、科技创业企业信用、科技保险等各类科技金融创新，拓宽科技企业的债权融资渠道。深化知识产权战略，强化“数量布局、质量取胜”的专利申请政策导向，统筹构建适应德化发展需要的知识产权服务体系，推动知识产权与经济、科技多元融合发展，建设知识产权强县。

6.培养创新创业人才。深入实施人才强县战略，建好事业发展所需的人才库，突出“高精尖缺”导向，加快培养科技领军人才、企业家人才、高技术能人等人才队伍。大力实施德化县中长期人才发展规划和“海纳百川”高端人才集聚计划，创建“民营企业人才聚集区”，探索建立服务民营经济创新发展的人才引进培养、流动、服务、评价等人才开发机制。加快发展现代职业教育和在职培训，以促进就业为导向，深化产教融合、校企合作，建立首个国家级高技能人才培训基地，培养高素质劳动者和技术技能人才。优化人力资本配置，消除人才流动障碍，实行以增加知识价值为导向的分配政策，提高科研人员成果转化收益分享比例。组织实施德化县人才引进与人才培养政策，重点抓好“名师带徒”、人才子女入学、人才住房、各类优秀人才遴选等政策的贯彻落实，积极培育有创业创新激情、有社会责任感的新一代民营企业家。

第三节 打造城乡统筹新样板

以人的城镇化为核心，优化县域城镇布局，促进“大城关”扩容提质，积极推进美丽乡村建设，努力走出一条“产城并重、中心突破、聚集发展、辐射带动、城乡融合”的新型城镇化道路，争创国家新型城镇化综合改革试点，树立全省统筹城乡协调发展的成功典范。

1.优化县域城乡空间格局。树立“全域规划”的空间规划理念，做到县域发展“一盘棋”思考，整体构建“一主一副、两轴三片”的城镇空间格局。以“大城关”为县域主要辐射中心，以上涌为县域副中心，水口为中心镇，以厦沙高速／省道215和国道355两条发展轴为纽带，带动沿线乡镇发展，形成“大城关”产城融合发展区、西北部旅游工矿发展区、东部生态旅游养生发展区联动发展的城镇空间格局。

“大城关”产城融合发展区。以浔中、龙浔为核心，将三班、盖德、龙门滩、雷峰、国宝等周边乡镇纳入“大城关”范畴，加强组团间联系，构建“中心＋外围”的组团式“大城关”整体框架。整合、重构现有产业用地，形成由城东工业区、瓷土集中加工区、鹏祥工业区、宝美工业区、诗墩工业区、紫云工业区、上寮工业区、民营科技园、城南工业物流园构成的“7区2园”的产业园区体系，引导陶瓷企业退城入园，实现集群化发展；推进国际陶瓷艺术城、中国茶具城等一批区域性专业市场、技术创新平台、文化创意平台、电子商务平台等建设，完善服务业发展空间。

西北部旅游工矿发展区。以上涌为片区中心，推动葛坑、赤水、杨梅、桂阳、汤头、美湖、春美、大铭等乡镇组合发展。以美湖、葛坑、杨梅、桂阳、汤头为重点，促进矿业规模化经营，壮大矿业板块；积极推进九仙山等旅游景区高水平开发建设；以上涌闽台现代农业创业园和沿海产业转移园为平台，推动德台农业交流合作和现代制造业发展；以春美、上涌等新森林经济发展为契机，打造全省最大棘胸蛙养殖基地。

东部生态旅游养生发展区。大力发展融养生健康、生态旅游与休闲度假为一体的参与性和体验性旅游项目，深度开发生态旅游养生资源。以德化城关至永泰嵩口高速建设为契机，带动东部生态旅游养生片区发展。以石牛山、岱仙瀑布、塔兜温泉综合体等主要景点开发为着力点，大力推进生态休闲旅游业的发展。

2.促进“大城关”扩容提质。重点完善城区公共交通，梳理城区南北向交通通道，解决城区交通拥堵问题，满足居民出行需求。提升城关景观风貌，融入“山魂、水魄、瓷韵、人文”理念，加快景观走廊、公园、公共绿地建设，体现瓷都景观特色。按照“西进、东拓、南联、中优”的

空间拓展思路，引导老城功能向新区疏解，拉伸“大城关”框架，形成“一城五片”的“大城关”整体格局。“一城”即中心城区（“一心四组团”：包括老城区、城东、城西、城南、城北组团）。老城区应积极推动城中村、旧厂房改造，引导老城区工业企业退城入园，盘活存量用地。增加商业配套、公共服务设施和休闲绿地，做好城区困难户保障性用房建设，重点推进旧中医院片区、南后街（路尾巷至隆中路）片区、瓷都大道两侧等片区改造工作。城东组团应加强城东三期、四期工业集中区建设，完善商务办公、现代物流、科技创新等支撑平台，打造成为产业发展基础好、城市服务功能完善的城市综合功能区；城西组团应以厦沙高速建设为契机，打造成为集商贸交流、会议展览、陶瓷研发设计、旅游购物、陶瓷文化体验、高尚居住等为一体的陶瓷商贸文化新城；城南组团应以民营科技园和宝美工业园为载体，以建设中国陶瓷电子商务产业基地为契机，打造以陶瓷生产、电子商务为主导的产城融合组团；城北组团应以城后工业用地整合、商品房开发及服务配套提升为重点，形成生活服务组团。“五片”（包括三班、盖德、朱紫—蕉溪、英山—大坂、龙门滩五大片区）应加强与中心城区对接联动，实行差异化、特色化发展。

专栏 8:“大城关”扩容提质重点项目

土坂安置小区；世界瓷艺城片区；浔南路北侧西段；瓷都大道两侧大洋片区；迎宾馆片区；新华玉瓷片区；墨苑片区；霞田片区；南后街片区；西门至陶瓷学院片区；新寨片区；王厝山片区；东环片区；岭头贡片区；凤洋片区；世科大樟树东侧棚户区；旧中医院片区；宝美龙井片区；创意集团后片区；龙泰文创园片区；城后片区等片区改造。

3. 建设美丽乡村。按照布局美、环境美、建筑美、生活美的要求，支持有条件的乡村连片成带建设新农村综合体，加快推进“美丽乡村”标准化建设。遵循“以人为本、突出特色、注重创新、梯级推进”的原则，坚持生态理念、宜人理念、文化理念，建设山水一体、人文一体的宜居、宜业、宜旅村庄。加强村庄人居环境整治，逐步推行农村垃圾减量化、无害化处理，资源化利用，加快污水、河道治理等建设进度。加强村庄道路建设，完善道路交通安全设施；推广“白墙黑瓦”戴云山筑风貌，大力实施山绿、路绿、河绿、城绿、园绿、村绿、院绿工程。挖掘利用田园风光、山水林资源和乡土文化，大力发展乡村花园、乡村民宿、观光农园、教育农园、休闲农场等新型业态。拓展延伸“点、线、面”，打造一批美丽乡村精品村和示范村。提升上涌省级历史文化名镇创建水平，争创国家级历史文化名镇。

专栏 9: 美丽乡村建设项目

小城镇建设：三班、水口市级小城镇建设项目；

美丽乡村建设：“雷峰—南埕—水口”、“浔中—国宝—赤水—上涌”示范线建设；

民俗文化建设：龙门滩镇民俗文化展示馆；上涌省级历史文化名镇等。

4. 加快城乡一体化进程。围绕“人进城、建好城、管好城”，积极探索新型城镇化和城乡一体发展新路径，构建以人为核心、中心城区与乡镇协调发展、产业和城镇融合发展、新型城镇化和新农村建设协调推进的格局。落实财政转移支付同农业转移人口市民化挂钩机制，对接城镇建设用地增加规模同吸纳农业转移人口落户数量挂钩机制。全面放开农业转移人口落户条件，在自愿基础上，逐步推进农业转移人口及随迁家属在城镇落户。完善城乡统一的户口登记管理制度，实行以居民合法稳定职业、合法稳定住所为基本依据的户口迁移政策。以实有人口、实有住所为依据，按居住地登记，剥离依附在户口制度上的身份、职业、公共服务、社会保障等附属功能，使进城农民既保留农村的地权、山权、林权、水权、房权等“旧衣服”，又能穿上城市的就业、住房、教育、医疗、社保等“新衣服”，切实解决好“人进城、稳得下、无后忧、有保障”问题。推进城乡基础设施一体化、公共服务设施均等化、城乡社会保障制度有效衔接，逐步实现城乡一体化。

5. 深化农村产权制度改革。以中央《深化农村改革综合性实施方案》为指导，严格落实集体所有权、稳定农户承包权、放活土地经营权的基本方向，实施不动产统一登记制度，在全县开展土地承包经营权、农村宅基地、集体建设用地确权登记，健全县农村产权交易中心，规范农村产权交易行为，推进耕地、林地有序流转。稳妥推进宅基地置换和流转试点，持续深化林权制度改革，探索建立森林资源收储机制，实施林地林木纳入不动产统一登记制度，完善林业股权证发放使用制度，大力推进森林资源流转，扩大“林权两换”流转规模，加强县林业总公司（筹建处）建设，推进县办公司林场体制改革。完善农村产权抵押贷款机制，增强农村产权资本融资能力。

6. 推进精准扶贫精准脱贫。落实“六个精准”和“四个一批”要求，全力推进脱贫攻坚工程。支持 11 个省市级新农村示范村、扶贫开发重点村建设，扶持少数民族地区经济社会发展。创新扶贫工作机制，实施专项扶贫、行业扶贫、社会扶贫“三位一体”的大扶贫格局。建立健全党员干部结对帮扶机制，采取产业帮扶、转移就业、易地搬迁、教育支持、医疗救助、生态保护脱贫、生育关怀帮扶、低保政策兜底等措施，精准帮扶贫困户脱贫致富。逐步推进贫困地区农村住房保障制度，完善社会救助体系，推动各项城市社会救助政策向农村延伸。加快基层农业技术推广体系建设，加大农业科技推广服务，提升贫困地区自我造血能力。培育专业合作社、家庭农场等经营主体，规范农村土地流转，稳定和完善农村基本经营制度，因地制宜发展多种形式的适度规模经营，提高贫困地区生产效率。加快推进农村产权制度改革和金融体制创新，规范发展村镇银行、小额贷款公司、农村资金互助社等多种形式的新型农村金融机构，加快重点地区脱贫致富步伐。

第四节 强化基础设施新支撑

进一步完善基础设施布局，加快进出口通道、闽中山区交通枢纽建设，促进城乡交通一体化，增强“同城效应”。加快防灾减灾体系建设，推进发展信息化，为跨越发展提供强力保障。

1. *建设现代交通运输网络*。加快形成包括铁路、高速、省道、县道在内的布局合理、纵横交错、衔接顺畅、互联互通的综合交通运输体系。协调推进城关至永泰嵩口高速公路前期工作，完成厦沙高速公路德化段建设，动工建设兴泉铁路，积极融入厦漳泉同城化建设。着力实施城区南北畅通工程，通过大外环路建设，促进城关从“3 环”迈向“4 环”，以“内外双环、四纵三横”为主骨架，形成“环形放射状”“大城关”路网格局。完善干线公路、农村公路网络，加快推进国省干线、“镇镇有干线”等县乡公路建设，完善农村公路网络，构筑承东启西、纵贯南北、沟通相邻县的对外重点干线骨架网。

2. *完善市政基础设施*。合理布局城市停车场，加快建设城东公交总站及公共停车场等基础设施，大力发展公共交通，构建城区公交体系。加快开发区、工业区、主干道等市政道路、绿化、环卫、排水、排污、燃气等配套设施建设。完成龙门滩一、二级等 7 座电站扩容改造，新增水电装机容量 4596 千瓦。动工建设 220 千伏厚德（国宝）输变电工程，竣工投产 110 千伏盖德、三班输变电工程、诗墩变二期扩建工程及 35 千伏水口输变电工程，进一步完善电网主网网架结构；加大配电网投资，完成新建（改造）10 千伏线路 400 公里，进一步增强供电能力，满足负荷增长需求，打造安全可靠的现代化配电网。加大城乡电网改造资金扶持，推进城市主干道部分架空电力线路缆化改造。推动海西天然气管网德化支线建设，尽早实现供气。加快城市给排水和生活污水垃圾处理设施、管沟改造。加大城市公园建设力度，实施多维增绿，抓好美化花化彩化，推进“美丽社区”建设。加强市容市貌、交通秩序、环境等综合整治，提升市政设施精细化管理水平。

3. *推进“智慧德化”建设*。以开展国家智慧城市试点县建设为契机，加大基础通信网络设施建设，提高城市信息化水平。以“智慧德化”建设为平台，推进社区（村）网格化管理平台、智慧公共安全、智慧交通、智慧教育、智慧档案、智慧医疗、智慧社区工程的建设，不断提升政府服务、城市治理、生活宜居等领域的建设成效，创新城市管理方法，提升城市服务水平。加快完善宽带普遍服务机制，构建城乡一体的宽带网络，推进下一代互联网和广播电视网建设，促进“三网融合”。推动云计算、物联网等新一代信息技术创新应用，构建统一开放、复合集约的公共数据库和大数据中心。加快电子政务、电子商务和公共服务信息化，推进广播电视数字化和宽带化，扩大电话网、移动通信网、数据通信网和广播电视网覆盖面。

4. *加强水利和防灾减灾设施建设*。以创建“水生态文明县”为目标，认真贯彻“节水优先、空间均衡、系统治理、两手发力”的治水新思路，突出“清洁流域、生态河道、风景库区、安全水源、节水社会”五大重点任务。积极争取中央专项补助资金支持，加快推进彭村水库、闽江防洪工程德化段等重大水利项目建设，实施民生水利提升工程，提升城区防洪安全和水资源保障能力。切实加强防洪排涝、水利除险保安、蓄水引水、气象减灾、防震减灾、地质减灾、农业减灾、林业减灾、灾害紧急避险场所等“防御工程”建设。加强居民小区的防灾减灾设施建设，抓好城乡消防工作，着力整治各种火灾隐患。全面推进气象现代化建设，加强气象防灾基础设施建设，构建布局合理、结构完善、功能先进的气象现代化体系，提高气象灾害防御水平。建立健全森林、农业、地震等防灾减灾机制，着力打造安全可靠的防灾减灾基础设施体系。

专栏 10: 基础设施建设重点工程

交通建设：兴泉铁路途经德化盖德并设立客货站点；厦沙高速德化段；德化城关至永泰嵩口高速公路；镇镇有干线（杨梅至葛坑、汤头至上涌、上涌至桂阳、赤水至春美）；公交总站；盖德经英山、高阳、洞上至东沄大外环建设。

市政基础：县城地下排水管网改造建设工程；城区绿道网改造建设工程；污水配套网工程；蒲坂水厂（一期）及配水管网工程。

智慧城市：智慧德化建设项目；移动通信 4G 网络建设；光网县城建设；“移动同步课堂”教育信息化项目建设。

水利工程：彭村水库工程；闽江防洪工程德化段；农村饮用水巩固提升工程；第 7 批小型农田水利重点县建设；城区饮用水水源工程；城区应急备用水源工程。

第五节 突出生态文明新优势

以创建国家生态文明示范县为引领，推进国土空间科学开发，引导生态环境与城市发展相互促进，实现“百姓富、县域强、生态美”的有机统一。

1. 优化国土空间开发格局。落实主体功能区战略，推进“多规合一”。合理确定生产、生活、生态空间的规模和比例，科学划定城市开发边界、永久基本农田红线、生态功能红线，落实用途管制，基本形成生产空间集约高效、生活空间宜居适度、生态空间山清水秀的县域国土空间体系。加强规划实施全过程监督，确保“一张蓝图管到底”，引导和约束各类开发行为，严控总量、优化增量、盘活存量，全面推行节约集约用地。

2. 加强生态保护。建立生态文明建设联席会议制度，扎实推进生态城市、生态村镇、绿色社区创建工作，积极创建国家级生态文明建设试点示范县。加强自然保护区建设与管理，对重要生态系统和物种资源实施强制性保护，强化“三区两园”建设。着力构建生态安全屏障，完善天然林保护制度，规范商品林采伐，加强造林绿化和森林抚育;落实森林资源管护网格化、全覆盖化，增强森林生态功能，确保水源涵养、水土保护、洪水调蓄、生物多样性保护等生态服务功能稳定发挥。持续推进水土流失和矿山生态环境恢复治理，开展自然灾害隐患地区生态移民补偿试点。实施造林绿化和森林经营、沿海纵深防护林人工造林、生物多样性与森林保护文化研究、森林火灾防控、林业有害生物防控、保护区基础设施等林业重大生态建设工程，强化科技推广、信息化网络、林业综合执法能力等林业保障体系建设，持续改善生态环境质量，着力打造“生态林业”。

3. 强化环境整治。从源头治污减污，严把规划关、准入关、监管监测关、排放总量关，落实“河长制”，开展“赛水质”活动，实施重点流域水环境综合整治和“千村整治、百村示范”工程。深化重点流域水环境整治和闽江、晋江流域及浐溪上游的饮用水源地保护，加大畜禽养殖业等农业面源污染和陶瓷业、矿业污染治理，强化大气污染防治，推进土壤修复试点建设，切实改善大气、水、土壤环境质量。提高城市和镇村污水、垃圾收集处理设施的规划建设和运营管理水平。深化危险废弃物污染防治，提升环境风险防控水平。推进环境网格化监管，打击生态环境污染违法犯罪。实施农村家园清洁行动，开展农村环境连片整治。继续实施“硬化、净化、绿化、亮化、美化”五大工程，强化饮用水源保护，全面开展溪流清淤疏浚、沿岸垃圾治理、护岸绿化美化，打造“蓝天净水”。

4. 加强制度建设。抓住福建省取消对我县 GDP 考核的契机，建立健全以绿色 GDP 为核心的国民经济核算体系和以生态文明为核心的政绩考核制度。实行环境保护“党政同责”“一岗双责”，落实书记县长环保目标责任制，对接落实省以下环保机构监测监察执法垂直管理制度，实施生态环境损害赔偿和责任追究制度，严格执行省政府制定的生态红线一、二级管控制度和生态保护红线绩效考核制定，将生态保护红线区生态环境质量纳入绩效考核体系。创新生态文明建设体制，健全自然资源资产产权制度和用途管制制度，完善生态补偿和资源有偿使用制度。实施最严格的水资源管理制度，完善农田水利设施、推广节水灌溉，提高渠系水利用系数，努力降低万元 GDP 用水量，建设节水型社会。实施环境网格化监管，探索开展二氧化碳总量控制及碳排放权交易，健全污染处理设施第三方委托运行机制。

5. 完善循环经济发展模式。加快发展绿色循环经济，巩固国家循环经济典型模式示范县成果，持续完善“1+3+1”循环经济体系，积极开展循环经济实践，加快尾矿、废瓷、废石膏、废纸等资源大批量回收利用技术攻关。开发应用源头减量、循环利用、再制造、零排放和产业链技术，推动国家循环化改造示范试点“福建德化陶瓷产业园区”、德化县产业废物综合利用示范基地建设，促进企业间原料互供、资源共享、废物互为利用，基本建立起“瓷土加工—陶瓷—废瓷、废石膏—再利用—陶瓷”“尾矿—制釉—陶瓷”“铁矿—尾渣—建材”等多条循环经济产业链，全面推进各类资源综合利用，大力提升静脉产业在工业中的比重，实现社会、经济、生态可持续发展。加强国家资源综合利用“双百工程”示范基地建设，加快技能环保技术的中试运用，淘汰落后产能，强化高耗能行业管控，加强对企业执行产品质量标准、能耗限额标准和安全生产规定的监督检查，实现节能降耗。倡导绿色消费，建设低碳家庭、低碳社区、低碳单位、低碳城市。

专栏 11: 生态建设重点项目

清洁流域：“两江”源头重要水源地和水源涵养区生态保护；万亩水土保持生态工程；清洁型小流域综合治理。

生态河道：百里城乡水系生态；山洪沟防洪治理工程；闽江流域上涌段综合治理项目。

第六节 释放改革开放新红利

积极融入“一带一路”核心区建设格局，深化区域合作，找准改革的着力点和突破口，确定政府行为边界，破解深层次体制机制矛盾，使市场在资源配置中起决定性作用，激发民营经济活力，促进金融服务实体经济，全面释放改革开放红利。

1. 建设阳光高效服务型政府。协同推进简政放权、放管结合、优化服务，加快行政体制改革，打造一流营商环境。进一步深化行政审批制度改革，精简前置审批环节和中介服务事项。加快推进行政审批标准化、信息化，全面推行“一口受理”服务模式，整合行政审批平台、便民服务平台和电子政务平台，实现线上线下相统一、运转事项、流程、时限的公开透明。深化商事制度改革，完善“一照一码”登记制度。进一步规范行政权力运行，建立健全权力清单、责任清单、公共服务事项清单制度。深入推进机关效能建设，结合政府效能考核和媒体、公众监督，强化行政问责制，提高行政运行效能。建立和完善市场主体信用信息平台，构建集中统一的综合监管和执法体系。加快财税体制改革，进一步完善财政管理体制，创新预算管理制度。

2. 深化金融服务实体经济改革。加大民营企业金融支持力度，争取上级银行对县域银行机构下放贷款审批权限，支持创新产品在德化先行先试，创新适合德化小微企业的金融产品和服务，提高小微企业信贷的可获得性，不断扩大小微企业信贷覆盖面。大力发展产业链融资和产业集群融资，积极开展知识产权质押、应收账款质押、动产质押、股权质押、订单质押、仓单质押、保单质押等抵押质押贷款业务。推动信贷审核方式创新，盘活信贷存量，扩大信贷规模，加大对重点项目、战略性新兴产业、小微企业、“三农”、民生以及环保等重点领域、薄弱环节的信贷投放。积极引进发展互联网金融和第三方支付机构，鼓励电子商务企业申请支付牌照。支持企业到“新三板”挂牌，积极推进企业股权改制工作，引导一批有意向的企业到海峡股权交易中心挂牌融资，引导行业协会、异地商会设立重点产业全产业链创业投资基金、产业投资基金，引导民间资本投入实体经济。

3. 增强市场主体活力。深化民营经济综合改革，加快土地、资本、技术、人才等要素市场建设，推动要素自由流动和公平交换，实现优化配置。用好国有融资平台，鼓励国有企业开展股权多元化改革，健全协调运转、有效制衡的国有企业公司法人治理结构。健全市场准入制度，落实支持民营经济发展的各项政策措施，进一步放开民间投资准入条件，降低垄断行业和公共领域进入门槛，创新融资形式，鼓励和推广公共私营合作制（PPP）模式，积极引导社会主体参与公共服务设施的建设和公用事业运营，加快教育、医疗卫生、文化、社会福利、节能节地节水、环境、技术、安全等领域引入社会资本的步伐，建立多元化的投资和运营机制，营造民营经济发展的良好环境。

4. 进一步扩大开放。主动融入国家“一带一路”布局，以建设21世纪海上丝绸之路先行区契机，落实“复兴中国白”计划，加强与“海丝”沿线文化之都、国际友好城市的交流往来，深化“海丝情·陶瓷韵”中外文化交流活动，扩大与“海丝”国家间的国际贸易，进一步密切同发达国家和新兴市场国家的经贸合作；拓展友城网络，深化与敦煌的交流合作，缔结友好城市，合作开展重走德化瓷帮古道。创新外经贸体制机制，坚持“走出去”与“引进来”相结合，创新招商平台，建立广泛有效的投资促进网络，大力开展以诚招商、以优招商、产业招商、以商招商，提高招商引资活动的针对性、有效性。深化新时期德台港澳交流合作，促进德化陶瓷博物馆与台湾莺歌陶瓷博物馆、德化陶瓷学院与台北莺歌陶瓷职业学校合作交流，建立陶瓷销售、技术交流平台，创建陶瓷创意示范基地，推动陶瓷产业合作创新。引进台湾农业技术、良种和设备，推广发展台湾精致农业、休闲农业。以戴云山国家级自然保护区为平台，加快海峡两岸生物多样性与森林保护文化研究基地建设。以三代祖师、法主公等祖地文化及宗亲文化为纽带，加强与台湾基层、民间的交流往来。加强区域合作，深化戴云山脉旅游区区域联盟合作，积极对接《戴云山脉旅游区发展总体规划》，建立健全区域旅游合作机制，推动德化成为戴云山脉重要旅游目的地，培育“阿里山·戴云山双向之旅”特色旅游品牌。积极对接“厦漳泉”城市网络，相互融合、优势互补，借力抱团，提质增效，不断增强县域竞争力。促进城际之间在经济发展、生态环保、社会管理和服务等方面的交流合作，共同探索城市可持续发展的新模式。

第七节 开创民生保障新局面

坚持民生为本、城乡一体、区域协同、统筹兼顾、循序渐进，加快发展各项社会事业，着力完善共享型、普惠型、均等化民生保障制度，构建覆盖城乡、布局合理、功能完善、有效回应的宽领域、多层次的公共服务供给体系，切实提高民生保障共建能力。

1. 促进教育均衡发展。推进教育综合改革，加强统筹协调，促进城乡之间、区域之间、学校之间的义务教育资源均衡发展。围绕建设省级“教育强县”发展目标，大力发展各级各类教育。全面普及学前教育，发展普惠性幼儿园，完善学前教育公共服务体系。促进义务教育优质均衡发展，普及高中阶段教育，推动高中教育多元办学、特色发展。发展壮大职业教育，办好泉州工艺美院。重视发展老年教育、社区教育，完善区域终身教育服务体系，努力建成学习型城区。加强各级各类学校信息化基础设施建设，推广信息技术在教育资源、教育管理、课程教学和公共信息服务等方面的应用，建设一批数字化教室和数字化示范学校。加快“大城关”中小学和幼儿园扩容建设，重点解决城东、城西、城南、城北片区以及旧城区内教育设施配套不足的问题，实现“大城关”教育均衡布局。办好城郊乡镇农村中心幼儿园和寄宿制学校，加快义务教育阶段标准化学校建设步伐。深化义务教育学校“片区管理”和农村薄弱教学点“委托管理”，科学调整农村学校布局，盘活农村闲置校产，优化农村教育资源，提高农村学校办学效益。

2. 提升公共卫生服务水平。以建设“健康德化”为导向，推进医药卫生体制改革，完善公共卫生服务体系和医疗服务体系，提高医疗卫生技术水平和服务水平。改善公共卫生和医疗服务设施，加强基层卫生服务机构一体化建设，逐步提高基本公共卫生服务补助标准。加大传染病和地方病防治力度，有效遏制艾滋病、结核病等重点传染病流行。创建妇幼健康优质服务示范工程，全面提升妇幼健康服务质量和管理水平，不断提高妇女儿童健康水平。鼓励引导社会资本创办民营医院，引导社会资本投向高端医疗服务、有特色专科医院、社区医院或配套医疗服务中心和相关妇幼保健服务业、养老服务业。重点推进县医院医技大楼、县中医院整体迁建、社区卫生服务中心、妇幼保健院、乡镇卫生院改扩建、村卫生所标准化建设等项目。探索将部分乡镇卫生院改制为医护型养老机构，为农村留守高龄老人、有老年病、慢性病或身体残疾的老人提供长期的集疾病预防、治疗、护理和临终关怀为一体的医护型养老服务机构，为居民提供公平、优质、便捷和负担合理的医疗卫生服务，实现基本医疗卫生服务均等化。全面实施一对夫妇可生育两个孩子政策，促进人口长期均衡发展，提高出生人口素质，促进社会性别平衡。

3. 完善住房保障体系。建立健全政府主导、鼓励社会力量参与的住房保障制度，形成以限价房、廉租住房、经济适用房、公共租赁住房和商品房为主要内容的多层次住房保障供应体系。针对创新创业人才、外来务工人员、城区中低收入群体、企业技术管理人员、高级技工、被征地农民等不同群体的住房需求，制定相应的住房保障政策和实施规划。重点推动产业工人本地化、外来人口本地化，加快与进城务工农民购买力相适应的住房建设，在大城关周边统一建设造福工程、裕民小区。加强实施“宅地换房”“林权两换（换收益、换住房）”模式，让进城农民享有“双份”收入。关心城乡居民住房需求，统一规划布局各类居住用地，分期建设不同类型社区，形成混合居住环境。

4. 积极促进就业创业。实施更加积极的就业政策，鼓励创业带动就业，完善扶持创业的优惠政策。健全就业援助机制，重点加强对大中专毕业生、产业结构调整转移人员、被征地人员、农村富余劳动力等重点群体的就业帮扶。加快建立统一规范的人力资源市场，建立人力资源数据中心和公共就业服务信息系统，完善职业介绍所等服务平台。规范职业培训市场，健全面向全体劳动者的职业教育培训制度，加强面向市场的就业和再就业培训。充分发挥基层劳动保障平台作用，推进农村富余劳动力向非农产业转移。实施新生代农民工职业技能提升计划和“农民创业创新行动计划”，培养创新创业型职业农民。

5. 完善社会保障体系。巩固和扩大各类基本社会保险覆盖面，实施全民参保计划。完成全县机关事业单位工作人员养老保险制度改革，实现机关事业单位与企业养老制度并轨，与新型农村社会养老保险制度衔接。进一步推动参保扩面，将养老、医疗、失业、工伤、生育保险参保对象扩大到所有企业、所有从业人员，实现无障碍参保。组织实施《德化县妇女儿童发展纲要（2016—2020 年）》，大力发展儿童福利事业，加强儿童福利机构建设，筹建县级儿童福利院。加强对慈善组织的指导、服务、协调和监督，充分发挥慈善公益组织的社会救助保障补充作用。大力发展老龄事业，积极应对人口老龄化，发展公共养老的福利设施，继续增加投入，迁扩建县社会福利中心，改善敬老院、老年公寓、老年文体活动场所等养老机构和设施。开展“双拥共建”，加强国防教育，增加国防动员投入，加大战略通道和战备物资储备基地建设力度，完善国防动员预案体系和国防动员运行机制，提高战时国民经济快速反应能力、保障能力和重点经济目标防护能力，促进军政军民团结。

6. 健全基本公共服务载体。加大财政资金对公共服务领域的投入，鼓励各类非营利性社会组织和机构承接公共服务项目，构建多方参与、责权明晰、配置合理的公共服务运行机制。加强公共服务载体建设，建成公共服务中心，强化社区事务受理服务中心、社区卫生服务中心、社区文化活动中心的服务功能，健全社区资源共建共享机制，促进政务服务、公益服务、便民服务的有机结合。加快民生领域电子商务应用，运用电子商务手段整合我县公共服务资源，推动以智能交通、旅游、教育、医疗、金融、社区服务等为主的城市公共网络服务平台建设，实现传统民生服务向智慧城市服务模式的转变，全面提升我县民生公共服务品质。

专栏 12: 民生保障重点工程

教育事业：丁墘中小学；阳光小学、幼儿园；城东小学；后所幼儿园；鹏祥中小学、幼儿园；乐陶中小学、幼儿园；盖德中小学、幼儿园迁建。

公共卫生：县医院医技楼；中医院迁建；妇幼保健院建设；农村幸福院建设；县社会福利中心迁建。

住房保障：进城务工人员安居工程（城东新区）；进城务工人员安居工程（宝美二期）；进城农民工公寓（进城务工人员安居工程）；裕民小区（进城务工人员安居工程）；城东保障性住房；英山安置房；大坂兴盛新村等项目建设。

第八节 谱写文化传承新篇章

注重对陶瓷文化之根的发掘、传承和创新，有效保护文明遗迹、历史建筑等物质文化遗产，传承发扬红色文化、宗教文化等非物质文化遗产，注重文化项目开发和建设，延续历史文脉，弘扬德化精神，彰显瓷都的文化影响力。

1. 巩固提升文明城市形象。用中国梦和社会主义核心价值观凝聚共识、汇聚力量。深入推进公民道德建设工程，加强爱国主义教育基地建设。广泛宣传“崇文尚德、包容善化、传承创新、敢拼敢赢”德化精神，使德化精神成为全县人民共同的价值观念、精神追求和行为准则。深化文明县城创建，提升党政机关干部的文明素质，发挥带头示范作用，强化市民文明素质教育，持续开展 “讲文明树新风”“做一个有道德的人”“建设美丽瓷都、提升服务水平”“公共生活好习惯”等道德实践活动。推动行风、校风、家风建设，营造良好的社会风气。牢牢把握正确舆论导向，健全社会舆情引导机制，加强网上思想文化阵地建设，传播正能量。推进诚信建设、志愿服务、文明旅游等制度化，加强新型智库建设，注重培养和延揽青年学术才俊。

2. 构建公共文化服务体系。深入实施文化惠民工程，推进县、乡（镇）、村三级公共文化体育设施建设，持续推进城区文体设施和服务网络建设，努力实现城乡公共文化体育服务均等化。大力开展全民健身运动，提高全民身体素质。全面完成第二轮《德化县志》及乡镇志编纂工作，建设德化方志馆。继续加大对县文化馆、图书馆、博物馆、气象科普馆、体育场馆、革命烈士纪念馆建设力度，提升县图书馆等级，增加公共图书馆图书藏量。推进社区文化室、农家书屋、图书流通点等公共设施建设，满足各阶层群众对文化资源共享的需求，形成覆盖城乡、结构合理、功能健全、实用高效的公共文化设施网络。

3. 大力发展文化产业。实施陶瓷文化创意专项工程，大力培育陶瓷文化创意产业，推进陶瓷历史文化街区、唐尚陶艺村、月记窑、龙鹏、冠福、新华玉瓷、观音山、臻峰等文化创意产业园项目建设。以陶瓷文化为题材和要素，开展各类陶瓷版权创意大赛。注重文化项目建设，延续历史文脉，深度挖掘历史文化资源，延长文化旅游产业链。加快盖德陶瓷文化古镇、曾成刚创作基地、“何朝宗公园”等项目建设，打造不同类别的陶瓷工业旅游示范点，深入挖掘“德化窑”“瓷圣”“窑神”和“屈斗宫窑遗址”等丰富的陶瓷文化内涵，加强德化瓷烧制技艺等非物质文化遗产项目保护，打造祖龙宫祭“窑神”大型陶瓷文化旅游活动，增强陶瓷文化吸引力和感召力。着力培育彩印包装、广告、演出等文化产业，促进文化产业提升和发展。培育体育品牌，发展体育产业，利用山水优势，开发体育休闲旅游产品。

4. 打响“世界瓷都”文化品牌。把握“东亚文化之都”和“海丝先行区”建设的重大历史机遇，注重对陶瓷文化根脉的发掘、传承和创新，有效保护文明遗迹、历史建筑等物质文化遗产，传承发扬红色文化、宗教文化、民俗文化等非物质文化遗产，不断提升“千年瓷都”文化内涵，彰显城市人文精神和地域文化特色，打造闽南文化生态整体性保护、活态化保护、数字化保护独具特色的“泉州模式”的“德化范本”。打响“世界陶瓷之都”文化品牌，全面展示千年瓷都文化魅力，重点抓好陶瓷文化遗址公园、德化瓷遗迹群落保护展示项目规划建设。加大非遗保护及文博事业的保护力度，逐步推进“海上丝绸之路·德化瓷遗迹群落保护展示项目”建设。积极争取屈斗宫窑遗址等纳入“海上丝绸之路：泉州史迹”申报世界文化遗产。做好非遗项目和传承人的申报工作。实施“‘记得住乡愁’历史文化街区、村镇保护计划”，保护有历史记忆、地域特色的城乡建筑。

专栏 13: 文化创意产业重点工程

海上丝绸之路·德化瓷遗迹群落保护展示项目；陶瓷文化创意产业服务平台；观音山陶瓷文化创意园；观音海森林文化创意产业园；龙鹏陶瓷文化创意园；臻峰陶瓷文化创意产业园。

第九节 推进依法治县新进程

全面推进依法治县，建设法治城市，维护公平正义，为社会和谐稳定提供有力法治环境。

1. 深入推进依法行政。依法履行政府职能，推进机构、职能、权限、程序、责任法定化。健全依法决策机制，把公众参与、专家论证、风险评估、合法性审查和集体讨论决定确定为重大行政决策法定程序。深化行政执法体制改革，探索跨部门综合执法体制，推进集中行政处罚权改革，严格规范公正文明执法。建立行政执法公示制度，落实执法全过程记录制度，建立重大执法决定事前听证制度、法制审核制度和重大处罚备案制度。强化对行政权力的制约和监督，全面推进政务公开。

2. 切实保障司法公正。深入推进司法体制改革，落实确保依法独立公正行使审判权和检察权的制度，建立领导干部干预司法活动、插手具体案件处理的记录、通报和责任追究制度。建立健全司法人员履行法定职责保护机制，健全行政机关依法出庭应诉、支持法院受理行政案件、尊重并执行法院生效裁判的制度。推进以审判为中心的诉讼制度改革，实行办案质量终身负责制和错案责任倒查问责制。加强对司法活动的监督，健全冤假错案有效防范、及时纠正机制。构建开放、动态、透明、便民的阳光司法机制，全面推进审批公开、检务公开、警务公开、狱务公开，保障人民群众参与司法调解、司法听证、涉诉信访等司法活动的权利。大力推进信访法治化建设，严格落实依法处理信访事项“路线图”，推动全社会通过法律途径维护权益。抓好未成年人帮教中心和青少年法制教育基地建设，健全社区矫正制度。

3. 加强法治社会建设。健全民主决策及重大行政决策机制，完善民主集中制与行政首长负责制相结合的集体审议制度，实行跟踪反馈和责任追究制度。依法规范公共权力和保障公民权益，不断扩大民主参与，支持智库发展，完善政府重大决策听证制度。实施“七五”普法，实行政府机关“谁执法谁普法”的普法责任制。建设覆盖城乡、惠及全民的公共法律服务体系，完善法律援助和司法救助体系，健全依法维权和化解纠纷机制，维护困难群众的合法权益。加强法治工作队伍建设，逐步建立以政府法制机构人员为主体，吸收专家和律师参加的政府法律顾问制度。

4. 提升社会治理水平。建立健全党委领导、政府负责、社会协同、公众参与、法制保障的社会治理体制。建立健全“大城管”工作机制，鼓励和支持社会各方面参与治理，推动实现政府治理和社会自我调节、居民自治良性互动。探索社区管理新体制，构建社区综合服务管理平台，推进基层社会服务管理网格化、信息化。完善“大调解”工作机制，加强重大决策社会稳定风险评估，依法解决信访问题，有效应对网络舆情，化解社会矛盾。积极创建“安全发展县”，完善公共安全体系，落实“党政同责、一岗双责”安全生产责任制，深入开展安全生产标准化建设，健全重点行业领域隐患排查治理和安全预防控制体系，有效防止各类重特大事故发生。深化新一轮“平安德化”创建，积极拓展平安创建领域，深化“23610”管理机制，持续开展“两违”专项整治行动，探索建立执法权相对集中的城市综合管理和综合执法体系；扎实开展“村际联防联调”工作，建立治安巡逻和联调机制，确保农村治安问题和矛盾纠纷及时妥善处置。进一步整合全县公安、消防、交通、气象、水利（防汛）、森林防火、卫生、环境、城管、安监、地震等部门公共安全与应急信息，建立基于大数据的集运行感知、信息资源统筹协调、决策指挥于一体的应急指挥中心，促进综合监控以及突发事件的协同处置。

第四章 保障措施

全面实施“十三五”规划纲要是实现德化科学发展跨越发展的重要保证，要以规划为指导，进一步完善规划落实的管理机制，形成实施规划的强大合力和制度保障，确保“十三五”规划各项目标任务的顺利完成。

充分发挥党的领导核心作用。党的领导是实现“十三五”时期我国经济社会发展目标的根本保证。要坚持解放思想、更新观念，增强战略思维、创新思维、辩证思维、底线思维、法治思维和互联网思维，提高谋划全局、制定措施、推进改革、依法行政的素养和能力。完善党领导经济工作的体制机制，充分发挥党在经济社会发展中的领导核心作用。坚持党管干部原则，积极稳妥推进干部人事制度改革，完善考核评价体系和奖惩机制，选好干部、配强班子、建好队伍，形成有利于科学发展的用人机制。严格落实党建工作责任制，加强基层党组织建设，充分发挥组织战斗堡垒和先锋模范作用。坚持全面从严治党，践行“三严三实”要求，全面落实党风廉政建设主体责任和纪委监督责任，制定落实“两个责任”清单和问责办法，扎实推进惩治和预防腐败体系建设，努力形成干部清正、政府清廉、政治清明、社会清纯的良好政治生态。

加强民主政治建设。坚持和完善人民代表大会制度、中国共产党领导的多党合作和政治协商制度，坚定不移走中国特色社会主义政治发展道路。加强人大常委会制度及其组织建设，支持、保证人大及其常委会依法履行职权。加强和改进人大代表工作，密切人大代表同人民群众联系，发挥代表反映民意、集中民智的作用。推进协商民主广泛多层制度化发展。支持政协围绕团结和民主两大主题履行职能，推进政治协商、民主监督、参政议政建设。充分发扬民主，贯彻党的群众路线，巩固壮大最广泛爱国统一战线，充分发挥民主党派、工商联和无党派人士作用。切实做好民族宗教工作。加强和改进党的群团工作，发挥工会、共青团、妇联等人民团体作用，充分调动方方面面积极性，最大限度凝聚全社会推进改革发展、维护社会和谐稳定的共识和力量。

完善规划实施保障机制。完善规划体系，强化国民经济和社会发展总体规划的引导地位，专项规划要贯彻总体规划的战略意图和主要任务，加强与总体规划指标的衔接，确保各级各类规划在总体要求上方向一致、空间布局上相互协调、时序安排上科学有序。积极开展“多规合一”试点，推进主体功能区规划、总体规划、城乡规划、土地利用规划、生态环境和社会发展等规划相互衔接、相互协调、配套实施。加强政策引导，围绕发展重点领域，研究制定一系列能够有效解决突出矛盾、营造公平环境、激发社会活力的重大政策举措，为各项发展目标提供有力支撑。重点围绕推进转型升级、创新驱动发展、提高民生保障水平、促进城乡区域一体化发展、加强资源节约环境保护等重点领域和关键环节，加强政策储备、研究制定和协调落实，推动形成有效的政策预期和导向。落实目标任务，规划提出的发展目标、重点任务和重大项目要纳入经济社会发展年度计划，并分解到各乡镇、各部门，确保规划目标任务有计划、按步骤得到落实。预期性指标主要依靠市场在资源配置上起决定性作用，通过加快转变政府职能和简政放权，激发市场主体的积极性和创造性实现。约束性指标要纳入各乡镇、各部门经济社会发展综合评价和绩效考核体系。

加强规划监测考评。完善规划实施考核评价机制，加强规划实施的监测评估，自觉接受人民代表大会及其常务委员会对规划实施情况的监督检查，完善政府向人大、政协的报告和沟通机制。加强规划实施的社会监督，发挥新闻媒体和群众社团的桥梁和监督作用，健全政府与企业、市民的信息沟通和反馈机制。加强规划评估考核，强化对深化改革、转型升级、创新驱动、城乡协调、生态文明、扩大开放、民生福祉等目标任务完成情况的综合评价；完善规划年度考核和中期评估制度，加强审计督查，检查规划落实情况，分析规划实施效果；邀请社会各界参与或委托第三方开展评估。动员全县干部群众团结奋斗，积极参与规划实施，进一步凝聚共识，使规划实施成为全社会自觉行动。广泛采取灵活多样形式，加大规划宣传力度，推进规划实施信息公开，提高规划实施的透明度。集全县之力、集各方之智共同落实规划。

深化重点项目带动。坚持以规划确定项目、以项目落实规划，进一步集聚要素资源，提升项目管理水平，发挥重点项目对经济社会发展的带动作用。谋划实施重点项目，深入实施项目带动，抓好重大项目推进落实，抓好央企、外企和民企项目对接。健全重大项目协调推进机制，提高项目建设质量和效益，提升项目策划生成和储备水平，形成“谋划一批、储备一批、建设一批、投产一批”滚动发展态势。强化要素资源保障，加强资金、用地、能源、环境容量等要素对重大工程落实的保障作用。优化财政支出结构和政府投资结构，优先安排涉及民生、公共服务和城乡一体化等领域的财政支出和项目投入，集中财力保证政府投资重大项目的资金需求。优化土地资源配置和空间布局，优先保证保障性住房、重点发展平台开发、公共服务改善、重大基础设施和高端产业项目建设等方面的土地需求。积极推进规划实施载体建设，为重大工程有效落实提供坚实保障。落实重大项目分组管理和目标责任制度，加强项目动态管理，提升项目建设的全过程、精细化、标准化管理水平。加强重大工程项目建设社会稳定和环境风险防控，严格项目建设程序，规范招投标管理，强化安全质量监管。

索引

说明

一、本索引采用主题词分析法，按主题词首字汉语拼音字母顺序排列。
二、栏目、分目标题用黑体字。“特载”“大事记”“专记”“人物名录”“附录”文件夹内容不作索引。
三、索引主题词后的数字表示页码，数字后的 a、b、c 表示栏别左中右。
四、空一字起排的款目为上一主题的“附见”。

A

安全发展县创建　183c
安全生产　161b
　安全生产监督　184a
安全生产工作　156c
安全生产监督　183b
安全生产责任体系　183b
案防机制建设　164a
案件执行　100a

B

把控资产质量　169a
“百万大手牵小手”活动　211c
版权保护　202b
版权服务　202a
办事环境优化　177a
办学特色　191a
帮扶慰问活动　118a
保管利用　200a
保障发展用地　176b
编印出版文献　76c
编制发展规划　175a
标准化审批　88c
标准化提升工程　184a
部门志编纂　203c

C

财政　172a
财政管理　172b
财政税务　172
参政议政　106a
残疾人联合会　114c
查办和预防职务犯罪　102a
产业转型　233b
常规调查　179b
常规统计调查　179a
常务委员会会议　79a
撤点并校　190c
城区路桥建设　143c

城市规划 139a
城市规划与建设 139a
城市建设 139b
城乡发展 55a
城乡建设 216c
　德化县人民政府 85b
　龙门滩镇 219c
　雷峰镇 221a
　南埕镇 222b
　国宝乡 225c
　赤水镇 227b
　大铭乡 231b
　春美乡 232c
　杨梅乡 238a
城镇化建设 223b
城镇集体工业 138a
城镇建设 215c
赤水镇 226b
抽样调查 178c
储蓄业务 168c
畜牧业 128c
创新执纪方式 60a
春美乡 232a
瓷都德化报社 202b
村级组织建设 63b
村镇规划与建设 140c
存款业务 165c

D

大铭乡 231a
大水面渔业 129a
大张溪林场 127b
代表大会 78a
代表工作 81b
代理金融业务 160a
戴云山国家级自然保护区 125b
档案 199a
党的建设 56b
党史工作 76c
党史宣传教育 77a
党史征集研究 76c
党外人士队伍建设 70a
党校 76a
党员电化、远程教育 64b
党员教育管理 64a
党组织设置和发展党员工作 63a
道路交通、消防安全综合整治 184c
德化县人民代表大会常务委员会 78
德化县人民政府 84
德化一中 191b
德化职业技术学校 192b
德育工作 188c
地方品种资源保护和开发 128c
地方税务 173c
地方志 203c
地理位置 30a
地震监测 211a
地质地貌 30a
地质灾害防治 177a
第三产业 84c
典型人物事迹宣传报道 203a
电力工业 135b
电视节目创新 201b
电台品牌节目 201a
电影发行放映 201c
电子商务 150a
电子银行、自助银行 169b
对台宣传 121b
对外贸易 149b
对外投资监管 177b

E

二轮修志 203c

F

发挥老干部作用 76a
法律服务 104a
　国际贸易促进委员会 117b
法人监管 163b
法院 99a
法制建设 179a
法治军事 96
防汛减灾 131c
防震抗灾 211a
房地产业 142a

房屋征收　143b
非公有制企业党建　63c
非物质文化利用　198b
风俗　35a
风险防控　163b
　中国银行德化支行　168a
风险管控　171a
　中国人保财险德化支公司　171c
扶贫帮困送温暖　108b
扶贫工作　114c
扶贫开发　130a
服务“三农”　160c
　中国邮政储蓄银行德化支行　168c
　农村信用合作联社　169b
服务发展大局　101a
服务工美发展　138b
服务华侨　111a
服务会员　106a
服务经济　164a
服务民生　164b
服务企业发展　138a
服务侨企侨胞　120a
服务台企台胞　121c
服务学员　194c
妇女创业就业　110a
妇女儿童维权　110b
妇女联合会　110a
妇幼保健　206a

G

改革统筹　84a
盖德镇　216a
干部宏观管理　61b
干部监督工作　61c
干部教育培训　61a
干部培训　76a
干部人事制度改革　61b
港澳台及海外统战工作　70a
港台事务　120a
葛坑国有林场　126b
葛坑镇　236a
个险渠道　170b
个性化服务　89a
耕地保护　176c
工业　134
工程项目推进　158c
工会组织建设　107b
工伤保险　208a
工商联　106a
工商联群众团体　106
工业经济　236b
　德化县人民政府　84b
公安　96a
公立医院综合改革　205a
公路管理　158b
公路建设　155a
公路养护管理　159b
公民思想道德建设　70c
公务支出和公款消费情况审计　178a
公益慈善　107a
共青团德化委员会　109a
供电建设　136a
供水供气　144b
供销合作　150b
固定资产投资审计　177c
关爱妇女儿童　110c
关心下一代工作委员会　211c
关心下一代活动　75c
贯彻会议精神　68b
广播电视　201a
归国华侨联合会　111a
规范化管理　88b
规范义务教育办学　191a
规模效益　162a
桂阳乡　238c
国宝乡　225a
国防教育　104c
国防经济动员　176a
国际交流　117b
国际贸易促进委员会　117a
国际拓展　117b
国家税务　172c
国内贸易　149a
国土资源管理　176b
国有电力投资经营　135c
国有资产管理　177b
果树、茶叶　123a

H

行政服务　88bb
行政区划　34c
行政审判　99c
行政审批审核　176a
行政审批制度改革　72b
行政事务　182b
行政事业性、经营服务性收费　183a
行政体制改革　72c
行政执法　132b
和谐家庭创建　111a
河流　31a
宏观经济管理　175a
环境保护　147a
环境规划　147c
环境监测　147a
环境监管　147a
环境宣传　147c
会员联络　117c
惠老办实事活动　118b
惠民惠企服务　181a
活动阵地建设　75b

J

机构编制　72b
机构编制管理　73b
机构改革　180a
机构情况　117a
基本公共卫生服务均等化　206a
基层队伍建设　195c
基层基础　103a
基层老龄工作　118b
基层民主管理　108a
基层民主政治建设　209a
基层团建工作　109a
基层组织建设　62c
　妇女联合会　111a
基础设施　236c
基础设施建设　131b
　广播电视　201b
　桂阳乡　238c
疾病控制　206a
计划生育协会　115c
计生服务　208b
计生基础工作　208a
计生宣传　115c
纪检监察　59c
纪律审查　60b
加强交流　106c
价格管理　182c
价格调控和价格服务　182c
价格与企业调查　179c
监督工作　79c
监督检查　59c
监督指导　199c
监管督导　163a
检察　100c
检验监管　185b
检验检疫　185a
建立中考激励机制　191a
建设工程招投标　141b
建设环保　139
建置沿革　34a
建筑队伍管理　142a
建筑节能和建筑设计　141c
建筑业　141b
交通邮政通信　155
交通运输　155a
交通运输业　156a
交通战备　157c
矫正帮教　103b
教师队伍建设　195c
教师培训　196c
教学指导　196b
教育　188
教育督导　189b
结构调整　172a
金融　163
金融监管　163a
金融维稳　165a
金融业务　170a
经济发展　213a
　浔中镇　214c
　盖德镇　216b
　三班镇　218a
　龙门滩镇　219a

南埕镇 221c
水口镇 223a
国宝乡 225a
赤水镇 226b
美湖镇 230a
大铭乡 231a
杨梅乡 237c
经济工作 54a
经济体制改革 176a
经济运行监测 175a
经贸合作 119a
港台事务 120b
经营战略调整 166c
精神文明建设 70b
精益管理 152c
竞技体育 206c
就学电脑派位 191a
就业 207b
就业创业服务 109b
就业工作 114c
就业与劳动 207b
居民生活 207a
居民收支情况 207a
居民收支调查 179b

K

开展文艺活动 112a
康复工作 114c
科技成果与专利 187b
科技创新 186c
科技交流与合作 187b
科技项目管理 186a
科普创先 112c
科普活动 112c
科普宣传 112c
科学技术 186
科学技术协会 112c
客户服务 171a
中国人保财险德化支公司 171b
课程改革试验 188b
课题研究 195c
库区移民帮扶 177a
库网建设 204c
矿业 136b
矿业招商 235a
扩大客户基础 168b

L

劳动监察 207c
劳动模范管理 108a
劳动争议仲裁 207c
老干部工作 75a
老龄工作宣传 118a
老龄事业 117c
老年教育 194c
雷峰镇 220b
“理论武装”工程 65a
理论研讨 195b
利益导向 208b
联络联谊 111c
联络联谊 119a
侨务 119c
港台事务 120a
粮食 122a
粮食贸易 151c
林区治安管理 124c
林业 123c
林业生产 235a
林业实业公司 127c
领导班子和干部队伍建设 61a
领导干部经济责任审计 177c
流通和消费价格 207a
龙门滩引水工程 132c
龙门滩镇 219a
龙浔镇 213a
路产路权管理 159c
落实老年人优待政策 118a
落实生活待遇 75b
落实政治待遇 75a
旅游策划规划 153a
旅游行业管理 153c
旅游景点 36b
旅游品牌宣传 153b
旅游项目建设 153a
旅游业 153
旅游业 153a

旅游资源宣传报道 203b

M

矛盾纠纷排查 74b
美湖镇 230a
美丽乡村建设 130a
民办教育 194a
民商事审判 99a
民生保障 234c
民生事业 56a
　德化县人民政府 85c
民政 208c
民主监督 92c
民族 35a
民族工作 210a
民族宗教界人士统战工作 69c
民族宗教事务 210a
名镇创建 234a

N

纳税服务 174c
南埕镇 221c
内部监管 165b
内外经贸 84c
年鉴编纂 203c
农产品出口宣传 185c
农村工作 130a
农村信用合作联社 169a
农函大工作 113c
农林生产 232a
农林业 220c
　赤水镇 226c
农业和农村工作 122
农业机械化 129c
农业经济 236a
　桂阳乡 238c
农业科技 187c
农资供应 150b

P

品牌发展管理 180b
品牌建设 85a
“平安葛坑”创建 237c 普查工作 178c
普法宣传 100c
普法依法 103c
普惠金融 169a
普通高中教育 191a

Q

其他业务 166c
企业后续监管 182a
企业技术进步与技术创新 187a
企业经营情况审计 178a
企业转型 161a
气候 33a
强化打击整治 96b
强化合作 167c
强化内控管理 168b
强化营销 167b
侨务 119c
侨务宣传 120a
青少年科技活动 113a
清理违法建筑 146a
泉州工艺美术职业学院 191c
泉州市汽车运输总公司德化公司 157c
泉州银行德化支行 169c
群众体育 206b
群众文化活动 198a
群众性精神文明创建 70b

R

人才队伍建设 62a
　人事人才 89c
人防工程建设 104c
人防审批管理 105a
人防宣传教育 105a
人防专业队伍 105b
人口 35a
人口和计划生育 208a
人民防空 104c
人民调解 103a
人民武装 104c
人事管理 89c

人事人才　89c
人事任免　81a
人文地理　34a
人物　37b
日常服务管理　75c
融资　177b

S

三班镇　218a
三农工作　84a
“三严三实”专题教育　62b
山脉　30c
商贸服务业　149
商品服务价格　182c
上级领导视察调研　57c
上涌镇　233a
设施建设　206c
社会保障　207c
社会救助　208c
社会民生　207
社会事业　214a
　浔中镇　216a
　盖德镇　217b
　三班镇　218b
　龙门滩镇　219c
　雷峰镇　221b
　南埕镇　222c
　水口镇　224a
　国宝乡　226a
　赤水镇　227c
　美湖镇　231a
　大铭乡　231c
　春美乡　233a
　汤头乡　235c
　葛坑镇　237a
　杨梅乡　238a
　桂阳乡　239a
社会治安防控　97a
社会专项事务建设　209c
申报创建“世界陶瓷之都”　88a
深化改革　55b
审计　177c
审计整改检查　178c
审判监督　100b
生产服务　129c
生态公路建设　158c
生态环境建设　224a
生态建设　55b
生育保险　208a
生育关怀　116a
省级会议　204c
失业保险　208a
石龙溪采育场　127c
实施职工素质工程　108c
食品安全监管　181a
市场管理　142a
　市场监督管理　182a
市场监督管理　180a
市场监管　141b
市场开拓　151b
市场主体管理　180a
市容管理与执法　145a
市容环境卫生整治　145a
市政建设　143c
市政设施建设　143c
事业单位分类改革　73a
首届中国陶瓷电商峰会　87c
数字及信息化建设　161c
双旗山金矿　137c
双拥共建　104c
双拥优抚　209b
水环境综合整治　147c
水口镇　223a
水利　130b
水利改革　130b
水文　133c
税收执法　173a
税务改革　173a
税务宣传　173a
司法行政　103a
思想建设　73c
思想政治教育　104c
　共青团德化委员会　109c
诉讼法律监督　102b
诉讼服务　100c
速递物流类业务　160b

T

汤头乡　235a
陶瓷版权保护　88a
陶瓷产业　134a
陶瓷生产　134b
陶瓷文化、海丝文化宣传报道　203a
陶瓷文化产业　198b
陶瓷研究　135a
特色农业　235a
特色水产养殖　129b
特殊教育　194a
特殊教育民办教育　194a
特种设备安全监管　181c
提案工作　92b
提升服务　173c
体育　206b
体制改革　60c
调查　179b
调查统计　129a
调解工作　100b
调研考察　93a
调整优化结构　138b
通关单无纸化及“三个一”通关模式　185c
统计　178c
统计服务　178c
统战“同心”工程　68c
统战工作　68b
透明化运作　89b
土地征收储备　176b
土壤　31a
团险渠道　170c
推动新业务　168c
推广特色产品　168b
推荐典型　107a
推进义务教育均衡发展　190b
拓宽服务渠道　168b
拓展业务　170c

W

外汇管理　164c
外事　119a
外事侨务港澳台事务　119
网络建设　161a
网络质量　162c
危房改造　130a
为青少年办实事办好事　212c
维护社会稳定　96a
　检察　101b
维护职工合法权益　107c
维权信访　115a
维修服务　151a
卫生　205a
卫生监督综合执法　206b
卫生体育　205
未成年人思想道德建设　72a
文化　198
“文化瓷都”工程　67c
文化服务体系　198a
文化市场管理　199a
文化事业　198a
“文明创建”工程　67a
文史工作　93b
文物保护　198c
文学艺术联合会　112a
文艺创作基地建设　112b
文艺精品创作　112a
污染减排　147a
污水处理　144c
武警中队　105c
物业管理　143a
物资流通　151b

X

溪流增殖放流　129b
下属企业管控　177b
县级领导接访活动　74c
县情概览　30
县委、县政府各项活动宣传报道　202c
县委、县政府中心工作宣传报道　202b
县委主要领导调研　59a
县长办公会议　87b
县政府常务会议　86a
县政府全体会议　85c
县直机关党务　73c
乡镇概况　213

乡镇卫生院管理　206a
乡镇志审稿　204a
项目带动　85a
项目建设　129a
　房地产业　143b
　龙浔镇　213c
　龙门滩镇　219c
　春美乡　232b
　上涌镇　234c
　汤头乡　235b
　葛坑镇　236c
项目协调调度　54c
消防工作　97c
小城镇建设　218b
校园安全　189c
新村建设　235b
新农合保障　205cc
新社会阶层人士统战工作　69b
新闻报道　201a
新闻出版　202a
信贷客户培育　166a
信访工作　74b
信访突出问题化解　74c
信访网络建设　74c
信访制度建设　75a
信息、网宣工作　64b
信息化管理　176a
信息化建设　200c
信用村镇建设　169c
刑事审判　99a
休闲渔业　129c
宣传工作　65a
宣传教育　60a
　档案　200c
宣传教育培训　184c
学会（协会）工作　114a
学前教育　190a
浔中镇　214c

Y

烟草专卖　151c
阳山铁矿　136b
杨梅乡　237c
养老保险　207c
药品安全监管　181b
业务创新　169c
业务经营　171b
业务培训　204c
“一带一路”战略　176b
医疗保险　208a
医疗机构服务　205c
医疗基础设施建设　205b
依法治档　199a
依法治价　183b
宜居环境建设　213c
移动网络建设　161b
以学促为　195a
义务教育　190b
银保渠道　170c
银行业协会和金融团工委工作　164a
隐患排查治理　183c
印刷品市场监管　202a
“引银入德”工程及金改工作　163c
营销网络建设　152a
应急保障资金　177b
应急体系　211b
硬件建设　190a
优化义务教育片区管理　190c
邮政　160a
邮政传统业务　160b
邮政网络建设　160b
“舆论引导”工程　65c
渔业　129a
预算执行情况审计　177c
远程教育　194c
运输市场管理　156a

Z

招商选资　234b
招商引资　107a
　赤水镇　227a
震灾预防　211b
镇村建设　230c
征管改革　174a
政策措施落实情况跟踪审计　178a
政策项目对接　175c

政协德化县委员会　91
政治思想教育　194c
政治协商　92a
知识产权宣传 187c
执法办案　182b
执法监察　176c
执法宣传　146c
职工服务　177b
职工经济技术创新活动　108a
职工社会保障　138b
职工文体活动　108c
职业教育　191c
职业培训　207c
植被　32a
指挥通信建设　105a
质量安全管理　129b
质量安全管理　141b
质量监管　181c
中共德化县委员会　54
中国电信德化分公司　160c
中国工商银行德化支行　165b
中国建设银行德化支行　168a
中国联通德化分公司　161c
中国农业银行德化支行　166b
中国人保财险德化支公司　171b
中国人民银行德化支行　164a
中国人寿保险德化支公司　170a
中国移动德化分公司　161b
中国银行德化支行　167a
中国邮政储蓄银行德化支行　168c
中文域名注册　73c
种植业　122a
重点产品营销　166b
重点工程　225b
重点领域专项整治　184c
重点难点工作　208b
重点项目带动　166c
重点项目建设　130c
　宏观经济管理　175b
　国土资源管理　176c
　浔中镇　215b
　雷峰镇　220c
重视示范创建　194c
重要会议　85c
　中共德化县委员会　57b
　政协德化县委员会　91a
重要活动　87c
　组织工作　64c
　常务委员会　82a
　政协德化县委员会　93b
　武警中队　105c
　龙门滩镇　220a
主题实践活动　109a
主要课题研究　175a
住房保障　142c
专卖管理　151c
专项调查　115b
　调查　179b
专项调研　118c
专项资金审计　178b
专业合作社　150c
装备情况　129c
壮大客户规模　165c
资金杠杆和导向　172a
资源　32b
自然地理　30a
自身建设　111c
宗教　35a
宗教工作　210c
综合行政执法　157b
综合经济管理　175
总工会　107b
组织工作　61a
组织机构　105b
组织建设　73c
　工商联　106a
　计划生育协会　116c
　关心下一代工作委员会　212c
组织收入　174a
作风建设　60c
作风建设　74b
作业水平　130a